MERCADORES DE CULTURA

FUNDAÇÃO EDITORA DA UNESP

Presidente do Conselho Curador
Mário Sérgio Vasconcelos

Diretor-Presidente
José Castilho Marques Neto

Editor-Executivo
Jézio Hernani Bomfim Gutierre

Assessor Editorial
João Luís Ceccantini

Conselho Editorial Acadêmico
Alberto Tsuyoshi Ikeda
Áureo Busetto
Célia Aparecida Ferreira Tolentino
Eda Maria Góes
Elisabete Maniglia
Elisabeth Criscuolo Urbinati
Ildeberto Muniz de Almeida
Maria de Lourdes Ortiz Gandini Baldan
Nilson Ghirardello
Vicente Pleitez

Editores-Assistentes
Anderson Nobara
Jorge Pereira Filho
Leandro Rodrigues

JOHN B. THOMPSON

MERCADORES DE CULTURA
O mercado editorial no século XXI

TRADUÇÃO
ALZIRA ALLEGRO

editora
unesp

2011 © da tradução brasileira
2012 © Traduzido de John B. Thompson, Second Edition, *Merchants of Culture*
Esta edição é publicada por acordo com a Polity Press Ltd., Cambridge

Direitos de publicação reservados à:
Fundação Editora da Unesp (FEU)
Praça da Sé, 108
01001-900 – São Paulo – SP
Tel.: (0x11) 3242-7171
Fax: (0x11) 3242-7172
www.editoraunesp.com.br
www.livrariaunesp.com.br
feu@editora.unesp.br

Dados Internacionais de Catalogação na Publicação (CIP)
(Câmara Brasileira do Livro, SP, Brasil)

T39m

Thompson, John B. (John Brookshire)
   Mercadores de cultura: o mercado editorial no século XXI / John B. Thompson; tradução Alzira Allegro. – São Paulo: Editora Unesp, 2013.
   Tradução de: *Merchants of culture*

   Inclui bibliografia
   ISBN 978-85-393-0393-9

   1. Editores e edição – Grã-Bretanha – História. 2. Editores e edição – Estados Unidos – História. 3. Editores e edição – Inovações tecnológicas. 4. Livreiros e livrarias – Grã-Bretanha. 5. Livreiros e livraria – Estados Unidos. 6. Agentes literários – Grã-Bretanha. 7. Agentes literários – Estados Unidos. I. Título.

13-0299.   CDD: 070.5720941
                                                        CDU: 655.41(41)
                                                        042183

Editora afiliada:

Asociación de Editoriales Universitarias de América Latina y el Caribe

Associação Brasileira de Editoras Universitárias

SUMÁRIO

PREFÁCIO À SEGUNDA EDIÇÃO INGLESA...1

PREFÁCIO À PRIMEIRA EDIÇÃO INGLESA.......................................3

INTRODUÇÃO 7

Capítulo 1
O CRESCIMENTO DAS REDES VAREJISTAS....................33
De shopping centers para megastores / A revolução da capa dura / A chegada da Amazon / O crescente papel dos comerciantes de massa / As peculiaridades dos britânicos

Capítulo 2
O SURGIMENTO DOS AGENTES LITERÁRIOS..............69
As origens do agente literário / O surgimento do superagente / A proliferação de agentes / Construindo uma carteira de clientes / O papel do agente

Capítulo 3
A EMERGÊNCIA DAS CORPORAÇÕES EDITORIAIS 113
A fase da "sinergia" / A fase de crescimento / Os grupos editoriais dominantes nos Estados Unidos / Os grupos editoriais dominantes no Reino Unido / Concentração e criatividade / Cinco mitos sobre as corporações editoriais

Capítulo 4
A POLARIZAÇÃO DO CAMPO.......................................161
Os benefícios da escala / As virtudes e as vulnerabilidades das pequenas editoras / Um acidente de trem em câmera lenta / Por que é tão difícil ser de porte médio / Formando agremiações e associações / À margem do campo

CAPÍTULO 5
LIVROS "IMPORTANTES"..205
O enigma do crescimento / Valorizando o que não tem valor / As conveniências do renome / As virtudes da backlist

CAPÍTULO 6
LANÇAMENTOS DE OPORTUNIDADE 243
Cuidado com o vão / Em busca dos "incógnitos" / Entusiasmo desesperado / Empresas de capital aberto versus empresas limitadas/ Quando o vão é ignorado

CAPÍTULO 7
"JANELAS" EM RETRAÇÃO......................................259
A luta pela visibilidade / Da comunicação de massa à micromídia / O crescimento do marketing on-line */ A batalha pelo globo ocular / Respaldando o sucesso (e "deixando o peixe morto descer rio abaixo") / A regra das seis semanas / O efeito Oprah / Devoluções em alta*

CAPÍTULO 8
O OESTE SELVAGEM 317
A lógica do campo / As guerras dos descontos / Dançando com o diabo / A compressão das margens

CAPÍTULO 9
A REVOLUÇÃO DIGITAL 341
Os altos e baixos dos e-books / A revolução oculta / Tecnologias e valor agregado / Tecnologias e áreas de publicação / Construindo o arquivo digital / A ameaça da pirataria / O espectro da deflação de preços

CAPÍTULO 10
TURBULÊNCIA NO MERCADO 409
A questão do curto prazo / Carreiras prejudicadas / A diversidade em questão

CONSIDERAÇÕES FINAIS
ENFRENTANDO UM FUTURO INCERTO 437

APÊNDICE 1
**ALGUNS SELOS DAS PRINCIPAIS CORPORAÇÕES
EDITORIAIS**...445

APÊNDICE 2
NOTAS SOBRE OS MÉTODOS DA PESQUISA..............................451

REFERÊNCIAS BIBLIOGRÁFICAS 461

ÍNDICE REMISSIVO 465

– PREFÁCIO À SEGUNDA EDIÇÃO INGLESA –

Escrever sobre a indústria nos tempos atuais é sempre como atirar em um alvo móvel: mal terminamos o texto e a matéria já se modificou – as coisas acontecem, os eventos seguem em frente e a indústria que havíamos captado em um momento específico do tempo logo parece levemente diferente. Obsolescência imediata é a sina com a qual se defronta cada cronista do presente. Não há qualquer remédio, exceto revisar e atualizar o texto, se e quando uma oportunidade se apresentar, embora, mesmo assim, sempre estejamos um passo aquém do fluxo dos eventos, congelando um mundo no próprio momento em que ele foge de nós.

Trinta ou quarenta anos atrás, os riscos de obsolescência não teriam parecido tão grandes para alguém que estivesse escrevendo sobre a indústria editorial de livros: sem dúvida, importantes aspectos da indústria estavam se transformando, mas os princípios e as práticas que a caracterizavam não foram questionados. Grandes corporações estavam adquirindo editoras, cadeias varejistas e agentes literários tornavam-se mais poderosos, e o tradicional mundo editorial comercial transformava-se em um grande negócio. Porém, o livro propriamente dito, como um objeto cultural – essa combinação única de impressão e papel, a fusão entre a palavra escrita e o artefato material – vinha sendo produzido de maneira muito semelhante à que ocorria há séculos. Hoje, as coisas são diferentes. À medida que adentramos a segunda década do século XXI, a mais velha das indústrias da mídia se debate em meio a mudanças tumultuosas, lutando para enfrentar o impacto de uma revolução tecnológica que está destruindo as velhas certezas, erodindo modelos tradicionais e abrindo novas possibilidades que são ao mesmo tempo estimulantes e desnorteadoras. O que uma vez parecia um fim das indústrias da mídia, de repente tornou-se novidade.

Ao preparar o texto para a segunda edição, concentrei meus esforços no sentido de garantir que o livro considere novos e relevantes desdobramentos e que os dados empíricos sejam atualizados nas partes necessárias.

Há muitos contextos em que dados de 2008 ou 2009 continuam a oferecer um bom quadro de como está a indústria atualmente, e, portanto, deixei esses números como estavam. Há, entretanto, outros contextos, sobretudo no capítulo sobre a revolução digital, em que houve necessidade de uma atualização mais completa – quando estamos no meio de uma revolução, dois anos podem parecer uma eternidade. Voltei a cerca de vinte de minhas fontes em Londres e Nova York e falei com todos sobre as mudanças que aconteceram, em parte para me assegurar de que eu estava plenamente informado a respeito dos desdobramentos mais significativos e também para ver como a percepção deles havia se modificado com o passar do tempo, à medida que eles lutavam para lidar com as mudanças que rodopiavam ao redor. Mais uma vez, sou profundamente grato a essas pessoas – que, como antes, continuarão anônimas – pelo tempo que dedicaram a mim, por sua generosidade e sinceridade. Contudo, resisti à tentação de reescrever o texto e revisitar cada um dos atores e cada organização; embora muita coisa tenha acontecido, as estruturas básicas e a dinâmica do mundo editorial comercial anglo-americano continuam em boa parte como as descrevi. Evidentemente, não podemos excluir a possibilidade de que essas estruturas e essa dinâmica se modifiquem com o tempo por causa das mudanças que ocorrem atualmente: ninguém deve subestimar o potencial disruptivo das novas tecnologias. Porém, ao mesmo tempo, precisamos entender que o desenvolvimento e a implementação de novas tecnologias são sempre partes integrantes de um conjunto mais amplo de relações sociais: agentes e organizações estão conectados em relações de cooperação, concorrência e, algumas vezes, de conflito, ao passo que resultados são moldados tanto por estruturas de poder quanto por propriedades intrínsecas das tecnologias. Este livro descreve essas estruturas, mostra como elas surgiram, como elas moldam as práticas daqueles que atuam na área e como elas estão mudando atualmente, e, de propósito, deixa em aberto a questão sobre até que ponto essas estruturas serão alteradas em um futuro que permanece – e, possivelmente, permanecerá por mais algum tempo – incerto.

J. B. T., Cambridge

– PREFÁCIO À PRIMEIRA EDIÇÃO INGLESA –

É motivo de alguma perplexidade o fato de que um setor das indústrias criativas, sobre o qual sabemos muito pouco, seja aquele com o qual temos convivido por mais tempo – a indústria livreira. Inicialmente estabelecidos no século XV, graças às célebres invenções de um ourives de Mainz, os negócios com impressão e publicação de livros existem há mais de meio milênio, e, ainda assim, sabemos muito pouco como essa indústria está organizada hoje e como ela está mudando. Os livros continuam a dominar grande parte da atenção de jornais, do rádio e de outros meios de comunicação; continuam a ser uma fonte básica de inspiração e de matéria-prima para filmes e outras formas de entretenimento popular; e escritores – sobretudo romancistas, historiadores e cientistas – ainda desfrutam de certo prestígio na sociedade, uma aura conferida a poucas profissões. Entretanto, nas raras ocasiões em que a indústria editorial se submete a uma detalhada análise pública, de maneira geral, é porque algum jornalista está ansioso para anunciar que, com a chegada da era digital, a indústria editorial como a conhecemos está condenada. Poucas indústrias tiveram sua morte prevista com mais frequência do que a indústria editorial, e, ainda assim, miraculosamente, de alguma forma, ela parece ter sobrevivido a todas elas – pelo menos até o momento.

Foi em parte com o objetivo de preencher essa lacuna em nossa compreensão que me propus, quase uma década atrás, estudar sistematicamente a indústria editorial de livros contemporânea. Iniciei abordando um setor dessa indústria que se encontrava próximo de meu próprio universo de acadêmico – ou seja, o campo de publicações acadêmicas, que incluía as editoras universitárias, as editoras acadêmicas comerciais (como a Taylor & Francis, a Palgrave Macmillan e a SAGE Publications) e as editoras de livros universitários de cunho didático (como a Pearson e a McGraw-Hill). Os resultados dessa pesquisa foram publicados em 2005 em *Books in the Digital Age* [Livros na era digital]. Desde então, venho mergulhando em um mundo muito diferente – o mundo de publicações comerciais de interesse geral, o mundo de best-sellers como *O Código Da Vinci*, de Dan Brown, e *O segredo*, de Rhonda Byrne, de autores de renome, como Stephen King e John Grisham, dos vários estilos e gêneros de ficção e de não ficção, do comercial ao literário, das memórias de infortúnios a histórias sérias, de política e atualidades. Estudei esse mundo como um antropólogo estudaria as práticas de uma tribo de alguma ilha remota no sul do Pacífico, porém, no meu caso, a tribo vive e trabalha, na maior parte, em uma pequena região de uma ilha espremida entre os rios Hudson e East, em Nova York, e às margens do Tâmisa, em Londres. Suas práticas podem inicialmente surpreender o observador externo por serem estranhas, até mesmo bizarras. Entretanto, a suposição subjacente ao meu trabalho é a de que, uma vez que compreendamos a estrutura desse mundo e como ele tem evoluído ao longo do tempo, até mesmo as coisas mais surpreendentes, afinal de contas, não parecerão tão estranhas.

A pesquisa empreendida para a realização deste livro foi realizada durante um período de quatro anos – de 2005 a 2009. Agradeço ao Economic and Social Research Council [Conselho de Pesquisa Econômica e Social – ESRC] do Reino Unido pelo generoso subsídio que financiou esta pesquisa e permitiu que eu passasse longos períodos em Nova York e Londres. Durante esse tempo, realizei cerca de 280 entrevistas com alguns executivos, publishers, editores, diretores de vendas e de marketing, publicitários, entre outros gestores e funcionários de muitas editoras, desde as grandes corporações até as pequenas editoras independentes. Entrevistei também muito agentes, escritores e autores de best-sellers, incluindo alguns compradores centrais das grandes redes varejistas. Agradeço a todos por terem sido tão generosos ao me dedicarem seu tempo – e, em alguns casos, permitindo que eu os entrevistasse mais de uma vez. Numa época em que o tempo é controlado tão cuidadosamente quanto o dinheiro, tenho plena consciência de que fui contemplado com dádivas temporais. A disposição que eles mostraram em participar, suas pacientes explicações sobre o que fazem e como o fazem e suas honestas avaliações dos desafios que enfrentam formaram a base indispensável sobre a qual construí minha análise de seu mundo. Na maior parte das vezes, meus entrevistados continuam anônimos; há alguns poucos casos em que deixei que eles – depois de sua própria permissão – falassem em seu próprio nome; isso ocorreu quando senti que seria útil para o leitor (ou fácil para que um leitor com algum conhecimento da área os reconheça). Entretanto, o fato de a maioria de minhas fontes permanecer anônima e tanto elas como suas empresas geralmente receberem pseudônimos não deve ser visto como algo que pode obscurecer a magnitude da dívida que tenho para com elas.

Eu não teria conseguido terminar este livro sem a generosa colaboração de Alanna Ivin e suas assistentes, que transcreveram muitas horas de entrevistas com enorme profissionalismo e uma determinação inabalável. Agradeço também a Michael Schudson, Angus Phillips, William Shinker, Helen Fraser, Drake McFeely, Andrea Drugan, quatro leitores anônimos do ESRC e vários de meus entrevistados – que também permanecerão anônimos –, os quais reservaram parte de seu tempo para ler um original deste livro e fizeram comentários muito valiosos. Agradeço também a Ann Bone, pelo competente e meticuloso copidesque, a David Drummond, por seu inspirado design da capa, e a muitos da Polity – incluindo Gill Motley, Sue Pope, Sarah Lambert, Neil de Cort, Clare Ansell, Sarah Dodgson, Breffni O'Conner, Marianne Rutter e Colin Robinson –, que guiaram este livro até o processo de lançamento. Finalmente, meus sinceros agradecimentos a Mirca e Alex, que ajudaram a criar o espaço para que este livro fosse escrito e que, no caso de Alex, jamais parou de me lembrar da alegria primordial que existe na leitura de livros.

J. B. T., Cambridge

– INTRODUÇÃO –

Por um momento, imagine-se no escritório de uma "olheira" em Nova York, em uma tarde ensolarada de novembro de 2007; o céu é de um azul brilhante e faz aquele friozinho de final de outono. O escritório fica num prédio construído no final do século XIX, que foi reformado com bom gosto: as paredes são claras e o assoalho é de madeira polida. Lá fora, veem-se vários tanques de água nos telhados dos edifícios, uma vista bastante comum que se tem de escritórios localizados em andares mais altos na parte central de Manhattan. Uma "olheira" é uma caçadora de talentos. Em geral, ela (normalmente são mulheres) trabalha sob um contrato de prestação de serviços para editoras na Itália, Espanha, Alemanha, França, Escandinávia e outros países, à procura de livros adequados para seus clientes, que possam ser traduzidos para as respectivas línguas e publicados. As "olheiras" são os olhos e os ouvidos de editoras estrangeiras nas áreas de maior potencial econômico e estratégico do mercado editorial de língua inglesa. Elas se estabelecem principalmente em Nova York ou Londres e trabalham para editoras de Roma, Frankfurt, Berlim, Paris, Madri, Lisboa, Copenhague, Estocolmo, Rio de Janeiro, São Paulo, Tóquio, entre outras capitais, raramente na direção contrária. A "olheira" com a qual estamos conversando hoje – vamos chamá-la de Hanne – conta-nos como descobre os novos projetos de livros que são submetidos às editoras de Nova York e que provavelmente serão lançados no próximo ano, ou um pouco mais tarde, e, no decorrer de seu relato, menciona uma proposta para um livro chamado *A lição final*, de Randy Pausch. "Quem é Randy Pausch?", você pergunta. "Você não sabe quem é Randy Pausch?", responde ela, demonstrando certa surpresa no tom de voz. "Não, nunca ouvi falar. Quem é ele e qual é o tema do livro?" E, então, ela começa a contar a história de Randy Pausch e *A lição final*.

Randy Pausch foi professor de Ciências da Computação na Carnegie Mellon University, em Pittsburgh (agora, a história precisa ser contada no passado, embora em 2007 Hanne tenha usado o presente). Ele era especialista na interface entre ser humano e computador e havia publicado vários artigos técnicos sobre aspectos de programação, realidade virtual e design de software. Entretanto, em setembro de 2007, a carreira de Pausch sofreu uma súbita reviravolta. Ele havia sido convidado para dar uma palestra na Carnegie Mellon, como parte de uma série intitulada "A Última Palestra" – uma série de palestras em que professores eram convidados a pensar sobre o que lhes parecia mais importante e resumir o conselho sábio que gostariam de passar aos alunos em uma única palestra, como se fosse a última. Por um trágico capricho do destino, essa foi, muito provavelmente, uma das últimas palestras que Randy Pausch daria: esse homem de 46 anos, pai de três filhos, estava em estágio terminal de um câncer no pâncreas. A palestra, sobre o tema "realizar de fato os sonhos da infância", para uma plateia de quatrocentos estudantes e para o corpo docente, aconteceu em 18 de setembro de 2007; durou uma hora e foi gravada em vídeo, para que seus filhos pudessem assisti-la quando fossem mais velhos. Na plateia, encontrava-se Jeff Zaslow, colunista do *Wall Street Journal*, que ouvira falar da palestra e viera de carro, de Detroit, para assisti-la. Como muitos outros que lá estavam, Zaslow ficou profundamente emocionado e escreveu um pequeno artigo sobre o evento para sua coluna. O artigo foi publicado em 20 de setembro, com um *link* para um pequeno clipe de cinco minutos, mostrando pontos altos da fala de Pausch. A produção do show *Good Morning America*, do canal de televisão ABC, viu o artigo no *Journal* e convidou Pausch para uma entrevista na manhã seguinte. O interesse da mídia aumentou, e, em outubro, Pausch foi convidado a participar do *Oprah Winfrey Show*. Nesse ínterim, o vídeo foi postado no YouTube e milhões de pessoas assistiram a um pequeno clipe ou à versão completa.

Logo depois que o artigo foi publicado no *Wall Street Journal*, as editoras de Nova York começaram a enviar e-mails a Pausch sondando-o sobre seu interesse em escrever um livro baseado em sua história. "Achei isso hilário", disse Pausch, "já que nessa época a quimioterapia paliativa ainda não estava fazendo efeito, e achei que me restavam talvez seis semanas de boa saúde". Porém, após refletir melhor, ele concordou em fazê-lo, entendendo que escreveria o livro em coautoria com Jeff Zaslow, mas que, na verdade, seria Jeff quem iria escrevê-lo. Jeff entrou em contato com seu agente em Nova York, e a agência cuidou da preparação de uma proposta e submeteu-a à apreciação das editoras; a agência rejeitou uma oferta preferencial e, em outubro, enviou uma pequena proposta de quinze páginas a várias editoras de Nova York. Em duas semanas houve um acordo. "Então de quanto foi a proposta?", você pergunta a Hanne. "6,75 milhões de dólares", responde ela. "6,75 milhões?! Você só pode estar brincando!" "Não, é sério; o livro foi comprado pela Hysperion por 6,75 milhões", diz ela. "Eles fecharam o contrato algumas semanas atrás. Será um livro pequeno, com aproximadamente 180 páginas, e eles estão planejando lançá-lo em abril." Você não consegue acreditar no que acaba de ouvir. Por que alguém pagaria 6,75 milhões de dólares por um livro chamado *A lição final*, escrito por um professor de Ciências da Computação sem qualquer histórico prévio como autor de sucesso? Talvez 40 ou 50 mil dólares, imagina você, ou talvez até mesmo uma modesta cifra de seis dígitos, sendo especialmente otimista, mas 6,75 milhões de dólares? Como podia uma editora convencer-se a investir essa quantia no que parecia uma aposta maluca? Para quem observa de fora, isso parece surpreendente, absolutamente bizarro. O próprio Pausch confessou ter-se assustado com o valor do adiantamento: "Esse enorme adiantamento de royalties para o livro nos pegou de surpresa". Como entender esse comportamento aparentemente extravagante? Para muitos, parecerá outro exemplo da "exuberância irracional" do mercado, mas será que é mesmo tão irracional quanto parece?

Para responder a essas questões mais adequadamente, precisaremos dar um passo atrás em relação aos detalhes de nossa história e mudar de direção. Precisaremos compreender um pouco como o mundo das publicações comerciais mudou nos últimos quarenta, cinquenta anos e como ele se organiza atualmente – quem são seus protagonistas, que pressão eles sofrem e que recursos têm à sua disposição. Precisaremos também introduzir alguns conceitos que nos ajudarão a entender o sentido desse mundo e a ver como as ações de cada protagonista são condicionadas pelas ações de outros, pois eles não agem sozinhos: sempre agem dentro de um contexto particular ou dentro do que chamo de "campo", em que as ações de qualquer agente são condicionadas pelas ações de outros – e, por sua vez, as condicionam.

CAMPOS EDITORIAIS

O que é um campo? Tomo esse termo emprestado do sociólogo francês Pierre Bourdieu e o adapto livremente aos meus propósitos.[1] Um campo é um espaço estruturado de posições sociais, que pode ser ocupado por agentes e organizações e no qual a posição de qualquer agente ou

---

1 Ver Bourdieu, *The Field of Cultural Production*; id., Some Properties of Fields, *Sociology in Question*, p.72-7; id., *The Rules of Art*.

organização depende do tipo e da quantidade de recursos ou "capital" que eles têm à sua disposição. Qualquer área social – um setor de negócios, uma esfera da educação, um departamento esportivo – pode ser tratada como um campo, no qual agentes e organizações estão interligados em relações de cooperação, competição e interdependência. Os mercados são uma parte importante de alguns campos; porém, os campos são sempre mais do que mercados. Eles se constituem de agentes e organizações de diferentes tipos e diferentes níveis de poder e recursos, de uma variedade de práticas e de formas específicas de concorrência, colaboração e recompensa.

Há quatro razões pelas quais o conceito de campo nos ajuda a compreender o mundo editorial. Primeiro, ele nos permite entender imediatamente que o mundo editorial não é único, mas uma pluralidade de mundos – ou, como direi, uma *pluralidade de campos*, cada qual com suas características distintas. Assim, há o campo de publicações comerciais, o campo de monografias acadêmicas, o campo de publicações para o ensino superior, o campo de publicações profissionais, o campo de livros ilustrados de arte, e assim por diante. Cada um desses campos tem suas peculiaridades – não se pode generalizá-los. É como os diferentes tipos de jogos: há xadrez, damas, banco imobiliário, War, detetive etc. Para quem observa de fora, eles podem parecer semelhantes – são todos jogos de tabuleiro, onde pequenas peças são movimentadas, mas cada um deles tem suas próprias regras, e pode-se saber como jogar um e não saber como jogar o outro. De maneira geral, a editoração funciona dessa maneira: as pessoas que trabalham na área tendem a atuar em um campo específico. Elas se tornam especialistas nesse campo e podem ser promovidas a posições mais altas e de mais autoridade dentro dele, mas podem não saber absolutamente nada do que se passa em outros campos.

A segunda razão pela qual a noção de campo é útil é que nos obriga a olhar além de firmas e organizações específicas e, em vez disso, nos faz pensar em termos *relacionais*. A noção de campo é parte de uma teoria de caráter fundamentalmente relacional, no sentido de que presume que as ações de agentes, firmas e outras organizações estão orientadas para outros agentes e organizações e baseiam-se em cálculos sobre como eles podem ou não atuar no campo. Agentes, firmas e outras organizações nunca existem isoladamente: encontram-se sempre em complexas relações de poder, competição e cooperação com outras firmas e organizações, e a teoria dos campos nos obriga a focalizar a atenção nesse espaço complexo de poder e interdependência. A teoria nos lembra constantemente que as ações de qualquer agente ou organização em particular são sempre partes de um todo maior, um sistema, por assim dizer, do qual fazem parte mas sobre o qual não têm nenhum controle.

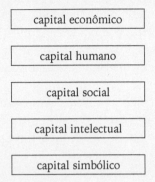

Figura 1. Principais recursos das editoras.

A terceira razão pela qual a noção de campo ajuda é que ela chama nossa atenção para o fato de que o poder de qualquer agente ou organização dentro do campo depende dos tipos e da quantidade de recursos ou *capital* que possui. O poder não é uma propriedade mágica que algum indivíduo ou organização possui: é a capacidade de agir e de garantir que as coisas sejam feitas que está sempre arraigada e dependente dos tipos e quantidades de recursos que o agente ou organização tem à sua disposição – e também é dependente deles.

Então, que tipos de recursos ou capital são importantes nos campos editoriais? A meu ver, podemos considerar que cinco tipos de recursos são especialmente importantes nesses campos: trata-se do que chamo de "capital econômico", "capital humano", "capital social", "capital intelectual" e "capital simbólico" (Figura l).[2] O capital econômico corresponde aos recursos financeiros acumulados, incluindo estoque e instalações, bem como à reserva de capital à qual as editoras têm acesso, seja diretamente (em suas próprias contas), seja indiretamente (por sua capacidade de recorrer aos recursos da matriz ou de levantar fundos em bancos ou outras instituições). O capital humano consiste do pessoal empregado pela firma e seu conhecimento, habilidades e *know-how* acumulados. O capital social refere-se às redes de contatos e relações que um profissional ou uma organização construiu ao longo do tempo. O capital intelectual (ou propriedade intelectual) consiste dos direitos de conteúdo intelectual que uma editora possui ou controla, que são certificados pela quantidade de contratos que ela tem com autores

---

2 Esse relato baseia-se em Thompson, *Books in the Digital Age*, p.30-6. Entretanto, acrescentei capital social ao esquema original, pois ficou claro que essa forma de capital, importante em todos os campos editoriais, é especialmente importante no mercado editorial, onde o *networking* é vital.

e outros agentes e que pode explorar por meio de publicações e da venda de direitos subsidiários. O capital simbólico significa o prestígio acumulado e o *status* associado à editora. A posição de qualquer editora no espaço social irá variar, dependendo das quantidades relativas dessas cinco formas de capital que possuir.

É fácil perceber por que as editoras precisam de capital econômico: sendo as que mais correm riscos na cadeia editorial, elas precisam ter condições de utilizar seus recursos financeiros (ou os recursos dos agentes e instituições financeiros aos quais estão ligadas, tais como bancos ou matrizes) em várias fases, a fim de financiar a produção e a publicação de livros, além de estabelecer e expandir os negócios. No início do processo que leva à publicação, elas precisam estar preparadas para pagar um adiantamento em royalties a um autor ou ao agente de um autor. Nas fases posteriores, precisam investir na produção do livro, pagar copidesque, diagramadores, designers, gráfica etc. e empatar recursos no estoque, que poderá ou não ser vendido; precisam também investir em marketing e na divulgação do livro. Quanto maiores forem as suas reservas de capital, maiores serão os adiantamentos que elas poderão oferecer no jogo altamente competitivo de aquisição de conteúdo, e mais capacidade elas terão de investir em marketing e divulgação e de diluir os riscos de lançamento, investindo em um número maior de projetos, na esperança de que alguns deles deem frutos.

Fica também fácil de entender por que as editoras precisam de capital humano: como outras organizações, as empresas editoriais valem pelo pessoal que têm. Uma força de trabalho bem qualificada e motivada é um recurso vital para uma editora e, de muitas maneiras, é a chave de seu sucesso. Isso é verdadeiro para todos os níveis, mas sobretudo em relação ao corpo editorial, já que este é o núcleo criativo da editora. O sucesso da empresa depende de forma crucial da capacidade de atrair e manter os editores altamente motivados; editores que sejam capazes de identificar e adquirir novos projetos com chance de sucesso e que sejam capazes de trabalhar efetivamente com os autores para maximizar o potencial desses projetos. No campo extremamente competitivo do mercado editorial, um editor vale tanto quanto – e apenas isso – o histórico dos livros que adquiriu e lançou ao longo do tempo: esse registro é o seu currículo. Editores que possuem a combinação certa de capacidade crítica, gosto, instinto social e bom senso para lidar com finanças representam um valioso ativo, e sua capacidade de identificar livros de sucesso torna-se vital para o sucesso geral da firma. Porém, existe o outro lado dessa equação: um editor que paga caro por um livro que fracassa, ou que compra uma série de livros cujas vendas ficam abaixo das expectativas, pode vir a ser considerado mais como um passivo do que um ativo, e pode descobrir que sua capacidade crítica é questionada, seu emprego corre perigo e sua carreira está em risco.

Contudo, nem mesmo os melhores editores trabalham sozinhos: eles precisam de bons contatos. Grande parte do seu tempo é dedicada ao cultivo de relações com agentes, dos quais eles são muito – e cada vez mais – dependentes para garantir o suprimento de novos projetos de livros: o famoso almoço das editoras não é apenas uma mordomia do cargo, mas uma condição necessária para que o serviço seja feito com competência, justamente porque se trata de um campo em que *networking* e relações – isto é, capital social – são cruciais. A importância das relações se aplica também a outros aspectos do negócio. As editoras investem boa parte do seu tempo e esforço no desenvolvimento de estreitas relações com fornecedores e varejistas, e trabalham arduamente para administrar e proteger essas relações, porque elas são vitais para o seu sucesso. E quanto maior for a editora, mais condições ela terá de visitar seus parceiros comerciais para que lhes prestem favores – por exemplo, pedir a uma gráfica que priorize uma reimpressão importante e a entregue dentro de três ou quatro dias, ou telefonar para um gerente de produto de uma prestigiada rede de livrarias e lhe pedir que preste atenção especial em um livro que a editora considera muito importante.

As editoras possuem outro tipo de recurso vital para obter sucesso: capital intelectual (ou o que é, com frequência, chamado de propriedade intelectual). O traço distintivo da editora é que ela possui o direito de usar e explorar o conteúdo intelectual, de publicar ou tornar disponível esse conteúdo para que ele gere retorno financeiro. Esse direito é regulado pelos contratos que a empresa assina com autores ou agentes e outras fontes de controle de conteúdo, tais como editoras estrangeiras. Portanto, o estoque de contratos de uma editora é, potencialmente, um recurso muitíssimo valioso, já que estabelece direitos legais sobre o conteúdo (ou conteúdo potencial) que a editora pode explorar; no entanto, o valor exato desse recurso depende de muitos fatores. O valor de um contrato para um livro em particular depende, por exemplo, se ele será realmente escrito e entregue dentro de um prazo adequado, de quão rentável ele será (isto é, que tipo de fluxo de receita menos os custos, incluindo adiantamentos, ele tem probabilidade de gerar) e de que direitos territoriais e subsidiários ele inclui (se inclui direitos globais em todas as línguas ou apenas os direitos norte-americanos, por exemplo). O número de contratos de uma editora representa a soma total de direitos que ela possui sobre o conteúdo intelectual que busca desenvolver e explorar. Um contrato pode ser um recurso valioso, mas também pode ser um passivo, no sentido de obrigar a editora a produzir um livro que, considerando o nível do adiantamento feito e outros custos incorridos na produção e no marketing do livro, pode acabar se tornando um fator de prejuízo em vez de um negócio rentável.

É fácil perceber por que as editoras precisam de capital econômico, humano, social e intelectual – mas por que elas precisam de capital simbólico? Entende-se capital simbólico como o prestígio acumulado, o reconhecimento e o respeito conferidos a certos profissionais ou instituições.[3] Trata-se de um daqueles bens intangíveis extremamente importantes para editoras, pois elas não são apenas empregadoras e passíveis de riscos financeiros; elas são também mediadoras culturais e parâmetros da qualidade e do gosto. Seu selo é uma "marca", um sinal de distinção em um campo altamente competitivo. As editoras procuram acumular capital simbólico da mesma forma que procuram acumular capital econômico. Isso significa muito para elas, em parte porque é importante para a sua imagem, para a maneira como elas se veem e querem ser vistas pelos outros: em sua maioria, as editoras se veem e querem ser vistas como organizações que publicam trabalhos de alta qualidade, não importa como isso possa ser definido (e há muitas maneiras de fazê-lo). Nenhuma grande editora iria abraçar de boa vontade a ideia de que seu único propósito na vida é publicar livros de segunda categoria (mesmo que admitam, como fazem algumas, que precisam publicar um pouco de porcaria para poderem fazer outras coisas). No entanto, isso também é importante para elas por boas razões organizacionais e financeiras; fortalece-as na batalha pela aquisição de novos conteúdos, porque torna a sua organização mais atrativa aos olhos dos autores e agentes: muitos autores querem suas obras lançadas por editoras que estabeleceram uma alta reputação em seu gênero específico, seja ficção literária, romances policiais, biografia ou história; fortalece também sua posição nas redes de intermediários culturais – inclusive livreiros, resenhistas e "fiscais" da mídia – cujas decisões e ações podem ter um grande impacto no sucesso ou fracasso de livros específicos. Uma editora que tem uma reputação estabelecida pela qualidade e confiabilidade de seus lançamentos é uma editora na qual agentes, livreiros e até mesmo leitores tendem a confiar mais. E isso também pode ser diretamente traduzido em sucesso financeiro: em geral, um livro que recebe um importante prêmio literário significa vendas ascendentes e pode até mesmo aumentar as vendas de outros títulos do mesmo autor.

Embora o capital simbólico seja de grande relevância para editoras, é também importante ver que outros protagonistas do campo, incluindo

---

3 Ver Bourdieu, *Language and Symbolic Power*; Thompson, *The Media and Modernity*, p.16.

agentes e escritores, podem acumular – e, de fato, acumulam – capital simbólico próprio. Nesse sentido, autores podem se tornar marcas comerciais por seu próprio mérito – como Stephen King, John Grisham, James Patterson, Patricia Cornwell e grande parte dos escritores conhecidos. Eles adquiriram grandes estoques de capital simbólico e conseguem usá-los a seu favor. Quando iniciam uma carreira literária, uma editora pode investir na construção de um nome ou uma marca comercial para eles; porém, à medida que se tornam mais conhecidos e sedimentam uma base de leitores aficionados, seu nome comercial se desvincula do nome da editora e se torna cada vez menos dependente dela. Isso os coloca, ou seus agentes, em uma posição cada vez mais forte quando se trata de negociar condições contratuais com as editoras e tende a assegurar que seus novos livros, independentemente de quem os lança no mercado, estejam bem posicionados com distribuidoras e nos pontos de venda.

Todas as cinco formas de capital são vitais para o sucesso de uma editora, mas a estrutura do campo editorial é moldada, acima de tudo, pela distribuição diferencial de capital econômico e simbólico, pois essas são as formas de capital especialmente relevantes na determinação da posição competitiva da empresa. Editoras com estoques substanciais de capital econômico e simbólico tendem a ocupar uma posição marcante no campo, capazes de concorrer efetivamente com outras e vencer desafios das rivais, ao passo que editoras com estoques e capital simbólico muito pequenos ficam em posição mais vulnerável. Isso não significa que editoras menos favorecidas terão necessariamente mais dificuldade para sobreviver – pelo contrário, o campo editorial é um território muito complexo e há muitas maneiras de pequenas empresas conseguirem concorrer de forma competente, superando outras maiores ou encontrando nichos especializados nos quais podem prosperar. Além disso, é importante perceber que o capital econômico e o capital simbólico não andam necessariamente lado a lado: uma empresa com pequeno estoque de capital econômico pode ser bem--sucedida na construção de um significativo estoque de capital simbólico nos domínios onde atua, ganhando uma reputação que excede em muito sua força em termos puramente econômicos; em outras palavras, ela consegue enfrentar um páreo difícil. A acumulação de capital simbólico depende de processos cuja natureza é muito diferente da daqueles que levam à acumulação de capital econômico, e a posse de grande quantidade de um não implica necessariamente a posse de grande quantidade do outro.

A importância do capital econômico e do capital simbólico no campo de publicações comerciais pode ser vista sob outra perspectiva. Para a maioria das editoras comerciais, o "valor" de um livro específico, ou o projeto de um livro, pode ser entendido de duas maneiras: suas vendas ou potencial de vendas, isto é, sua capacidade de gerar capital econômico; e sua qualidade, que pode ser entendida de várias formas, mas inclui seu potencial para ganhar vários tipos de reconhecimento, tais como premiações e críticas elogiosas – em outras palavras, sua capacidade de gerar capital simbólico. Esses são os dois únicos critérios – simplesmente não há outros. Algumas vezes, os critérios andam juntos, como nos casos em que uma obra valorizada por sua qualidade também acaba vendendo bem, mas, com muita frequência, eles são divergentes. Mesmo assim, um editor ou um publisher[4] pode ainda valorizar uma obra porque a considera boa, mesmo que saiba ou suspeite fortemente que as vendas serão, na melhor das hipóteses, modestas. Ambos os critérios são importantes para todos os publishers do campo, mas a importância relativa atribuída a um critério ou outro varia de um editor para outro, de um selo ou editora para outra e de um setor do campo para outro. Em grandes corporações editoriais, não é incomum que certos selos sejam apropriadamente considerados "comerciais", isto é, orientados sobretudo para vendas e acumulação de capital econômico, enquanto outros selos são apropriadamente considerados "literários" – cujas vendas também são importantes, mas ganhar prêmios literários e acumular valor simbólico são, por si só, metas legítimas.

Como ocorre em outros campos de atividade, o campo editorial é um território de forte concorrência, caracterizado por um alto grau de competição interorganizacional. As empresas lançam mão de seus recursos acumulados numa tentativa de conceder uma vantagem competitiva sobre as concorrentes – contratar autores de best-sellers, garantir o máximo de atenção da mídia etc. A equipe de qualquer editora está sempre de olho no que as concorrentes estão fazendo; esquadrinha as listas de best-sellers e analisa os livros mais bem-sucedidos dessas concorrentes para ver se consegue pistas de como desenvolver seus próprios programas de lançamentos. Esse tipo de concorrência interorganizacional tende a produzir certo grau de homogeneidade de lançamento – ou "eu-também" – entre as empresas que publicam nas mesmas áreas – um *chick-lit* (literatura "para mulheres")

---

4 No Brasil, em geral, é designado como publisher o profissional que faz a prospecção de novos títulos e define a linha editorial de uma editora ou a pauta de um veículo de imprensa. Os termos "editor", "diretor editorial" e "editor executivo" também são comumente utilizados para designar o profissional com tais incumbências. É possível, no entanto, a dicotomia publisher – editor, em que o segundo termo se aplicaria especificamente ao profissional que coordena o processo de edição. [N.E.]

bem-sucedido irá gerar uma série de livros parecidos; entretanto, isso também produz um intenso desejo de encontrar a próxima grande aposta, pois as empresas estão sempre tentando prevalecer sobre suas concorrentes, buscando detectar uma nova tendência antes que outras o façam.

Embora muitos campos de atividade envolvam intensa concorrência, o campo editorial possui uma estrutura competitiva diferente em certos aspectos. A maioria das editoras adota uma postura de dupla face: elas precisam competir tanto no *mercado de conteúdo* quanto no *mercado de clientes*; precisam competir no mercado de conteúdo, porque a maioria das organizações editoriais não cria ou detém seu próprio conteúdo. Elas precisam adquirir conteúdo, entrando em relações contratuais com os autores ou seus agentes, e isso as coloca em posição competitiva frente a outras editoras, que podem querer adquirir o mesmo conteúdo ou conteúdo semelhante. Editores e publishers investem um esforço enorme no cultivo de relações com os agentes e outras pessoas que controlam o acesso a conteúdo. Porém, da mesma forma que os publishers têm de disputar conteúdo, eles também têm de disputar o tempo, a atenção e o investimento de redes de livrarias e clientes depois que o livro foi produzido. O mercado de livros é saturado – e fica cada vez mais saturado à medida que, a cada ano, aumenta o número de títulos lançados. O pessoal de vendas e de marketing dedica tempo e esforço enormes, tentando garantir que seus títulos sobressaiam e não fiquem simplesmente perdidos no dilúvio de livros novos que aparecem a cada temporada. Os recursos financeiros da empresa, as habilidades sociais e os *networkings* da equipe, o capital simbólico acumulado do selo e do autor – todos esses fatores são importantes na configuração do nível de visibilidade que as editoras podem alcançar para seus títulos em um mercado extremamente competitivo e cada vez mais saturado.

Mencionei três razões pelas quais a noção de campo é útil para compreendermos o mundo editorial, mas há uma quarta razão – no meu entender, a mais importante. Defendo a ideia de que cada campo editorial tem uma dinâmica distinta – o que chamo de "lógica do campo". A lógica de um campo editorial é um conjunto de fatores que determinam as condições sob as quais agentes individuais e organizações podem participar do campo – ou seja, as condições sob as quais eles podem participar do jogo (e obter sucesso). Os indivíduos que operam no campo possuem algum grau de conhecimento prático dessa lógica: eles sabem como participar do jogo e podem ter alguma noção de como as regras estão mudando. Eles podem não ser capazes de explicar a lógica do campo de forma clara e concisa, podem não fornecer uma fórmula simples que resuma tudo isso, mas podem descrever em detalhes como foi a primeira vez que entraram em campo, como funciona agora e o que mudou com o passar do tempo. Usando uma metáfora diferente, a lógica do campo é como a gramática de uma língua: os indivíduos falam corretamente e, nesse sentido, têm um conhecimento prático das regras de gramática, mas podem não conseguir formular essas regras de maneira explícita – não conseguem dizer, por exemplo, quais são as regras para o uso do subjuntivo. Como diria Wittgenstein, o conhecimento que eles têm da língua é o de saber como usá-la, saber como prosseguir. E parte de minha função como analista do mundo editorial é ouvir e refletir sobre os relatos práticos dos agentes que estão ativos no campo, para situar esses relatos em relação às posições desses profissionais no campo e, assim, tentar elaborar a sua lógica – isto é, formulá-la de maneira que seja mais explícita e sistemática do que provavelmente encontraremos nos relatos práticos dos próprios agentes.

Meu foco aqui está no campo de publicações comerciais anglo-saxão – isto é, o setor da indústria editorial ligado à publicação de livros, tanto de ficção como de não ficção, tendo como alvo leitores em geral e produtos vendidos principalmente através de livrarias e outros pontos de vendas a varejo. Não irei abordar outros campos editoriais – publicações acadêmicas ou profissionais, por exemplo; esses campos são organizados de modo muito diferente, e não podemos presumir que os fatores que moldam as atividades das editoras comerciais serão os mesmos que moldam as atividades de publishers de outros campos.[5] Meu foco também se restringe à língua inglesa; na prática, isso significa Estados Unidos e Reino Unido,[6] simplesmente porque os campos editoriais, como todos os campos culturais, têm fronteiras linguísticas e espaciais, e não podemos supor que a dinâmica do campo de publicações comerciais em língua inglesa seja a mesma do campo de publicações comerciais em espanhol, francês, alemão, chinês, coreano ou qualquer outra língua – na verdade, a dinâmica do campo de publicações comerciais em outras línguas é bem diferente sob certos aspectos. Há até mesmo diferenças significativas entre os Estados Unidos e o Reino Unido,

---

5 As lógicas muito diferentes dos campos editoriais de livros acadêmicos e de educação superior são analisadas por Thompson, *Books in the Digital Age*.

6 Há, evidentemente, outros países além dos Estados Unidos e do Reino Unido dentro do campo editorial internacional em língua inglesa, incluindo Austrália, Nova Zelândia, Canadá e África do Sul, e a dinâmica de publicações comerciais em cada um desses países tem características próprias. Entretanto, o volume de produção nos Estados Unidos e no Reino Unido e a escala e o alcance geográfico de suas indústrias editoriais significam que esses dois países têm, há muito tempo, papel dominante no campo editorial internacional em língua inglesa.

MERCADORES DE CULTURA   19

ao mesmo tempo que há também grande similaridade estrutural na forma como esse mercado opera no Reino Unido e nos Estados Unidos, tanto que faz total sentido considerar editoras comerciais britânicas e americanas como pertencentes ao mesmo campo anglo-americano.

O fato de que a indústria editorial anglo-americana é, atualmente, a indústria dominante no meio editorial internacional não é mero acaso: ele está profundamente enraizado em um longo processo histórico, remontando ao século XIX – e até antes –, que estabeleceu a língua inglesa como a língua global de fato e deu às editoras anglo-americanas enorme vantagem competitiva frente às suas contrapartidas em outras línguas, as quais se viram operando em campos mais restritos e muito menores.[7] Hoje, os Estados Unidos e o Reino Unido lançam muito mais títulos do que outros países, e suas exportações de livros, medidas em termos de volume de vendas, são muito maiores.[8] Além disso, livros e autores originalmente publicados em inglês tendem a dominar o mercado de tradução. Traduções do inglês destacam-se visivelmente nas listas de best-sellers da Europa, América Latina e em outras partes do mundo, enquanto as de outras línguas raramente aparecem nas listas de best-sellers do Reino Unido e dos Estados Unidos. No mercado internacional de livros, o fluxo de traduções e de best-sellers inclina-se fortemente a favor de livros e autores originários de países de língua inglesa.[9]

Então se o campo de publicações comerciais anglo-americano tem uma lógica, qual é? Essa é a questão que este livro busca responder. Alguns

---

7 Com relação ao crescimento da língua inglesa como língua global, ver Crystal, *English as a Global Language*. Para discussões mais detalhadas sobre o domínio global da língua inglesa e suas implicações na construção dos campos editoriais, ver Thompson, *Books in the Digital Age*, p.41-3.

8 Em 2002, aproximadamente 215 mil novos títulos foram publicados nos Estados Unidos e por volta de 125 mil no Reino Unido, em comparação a cerca de 79 mil na Alemanha, cerca de 70 mil na Espanha e cerca de 59 mil na França. (Para detalhes sobre produção de títulos nos Estados Unidos e no Reino Unido, ver tabelas 9 e 10 adiante.) Para detalhes sobre produção de títulos em países europeus, ver *Publishing Market Watch*, 2006. De acordo com dados das Nações Unidas, as exportações de livros impressos (excluindo dicionários e enciclopédias) dos Estados Unidos em 2008 totalizaram 2,36 bilhões de dólares, e as exportações de livros (excluindo dicionários e enciclopédias) do Reino Unido totalizaram 2,15 bilhões de dólares; esses números ficaram bem à frente da Alemanha (total de 1,5 bilhão de dólares), França (791 milhões de dólares) e Espanha (755 milhões de dólares). Dados disponíveis em: <http://data.un.org>.

9 Analisando dados da Unesco, Wischenbart descobriu que mais da metade de todos os livros traduzidos globalmente são originais de língua inglesa, enquanto apenas 6% das traduções vêm de outras línguas para o inglês; ver Wischenbart, *The Many, Many Books – For Whom?* Para análise mais detalhada de traduções na Europa, ver Wischenbart, *Diversity Report 2008*. Mais discussões sobre tradução e listas de best-sellers na Europa e no mercado anglo-americano podem ser encontradas em Kovač, *Never Mind the Web*, p.121-7.

podem duvidar que o mundo de publicações comerciais tenha, afinal, uma lógica – o que temos, dizem, é uma complexa esfera de atividades na qual muitos agentes e organizações diferentes estão fazendo produtos diversos, e qualquer tentativa de reduzir essa complexidade a uma lógica subjacente ao campo será enganosa. Pois bem, vejamos; talvez eles estejam certos, talvez estejam errados. O mundo social é um lugar desordenado, mas não é totalmente desprovido de ordem, e a tarefa que estabeleci para mim mesmo é ver se conseguimos discernir alguma ordem na infinidade de detalhes que formam as diversas práticas da vida diária. Certamente, não tentarei recontar todos os detalhes – nada seria mais entediante para o leitor – nem afirmarei ser capaz de explicar tudo o que acontece no campo. Sempre haverá eventos excepcionais, atores excepcionais e circunstâncias excepcionais, mas as exceções não devem nos tornar cegos às regras. Alguns autores e detalhes aparecerão com maior destaque em nossa história do que outros, e quanto a isso não me desculpo. Encontrar ordem tem a ver com priorizar detalhes, atribuir mais significado a alguns atores e eventos do que a outros, precisamente porque eles nos falam mais do que outros sobre a estrutura subjacente e a dinâmica do campo.[10]

A CADEIA EDITORIAL

Além do conceito de campo, há outro conceito, ou conjunto de conceitos, do qual precisamos para compreender o mundo de publicações comerciais – a cadeia editorial. A editora é um participante do campo, e a maneira como as editoras se relacionam com outros participantes é moldada por uma cadeia de atividades em que diferentes agentes ou organizações desempenham diferentes papéis, voltados para um objetivo comum – ou seja, produção, venda e distribuição dessa mercadoria especial, o livro.

A cadeia editorial é tanto uma *cadeia de suprimento* quanto uma *cadeia de valor*. É uma cadeia de suprimento, pois fornece uma série de elos organizacionais por meio dos quais um produto específico – o livro – é gradativamente produzido e transferido via distribuidoras e livrarias para um usuário final que o adquire. A Figura 2 oferece uma representação visual simples da cadeia de suprimento do livro. Os passos básicos da cadeia de suprimento do livro são os seguintes:

---

10 A noção de lógica do campo será discutida com mais detalhes no capítulo 8.

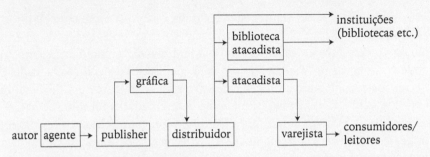

Figura 2. Cadeia de suprimento do livro.

O autor cria o conteúdo e o fornece à editora; no campo de publicações comerciais, esse processo é tipicamente mediado pelo agente, que atua como um filtro, selecionando material e direcionando-o para as editoras adequadas. A editora adquire um pacote de direitos do agente e, em seguida, realiza uma série de funções – leitura, edição etc. – antes de entregar o texto final ou o arquivo à gráfica, que imprime e encaderna os livros e os entrega à distribuidora, cujo proprietário pode ser a própria editora ou terceiros. A distribuidora armazena o estoque e atende encomendas tanto de varejistas quanto de atacadistas, que, por sua vez, vendem livros ou atendem encomendas de outros – consumidores individuais, no caso de varejistas, e varejistas e outras instituições (como bibliotecas), no caso de atacadistas. Os clientes da editora não são consumidores individuais nem bibliotecas, mas instituições intermediárias na cadeia de suprimento – ou seja, atacadistas e varejistas. Para a maioria dos leitores, o único ponto de contato que eles têm com a cadeia de suprimento de livros é quando entram em uma livraria para folhear ou comprar um livro, quando folheiam trechos de um livro *on-line* ou quando retiram um livro de uma biblioteca. Normalmente, eles não têm contato direto com as editoras e sabem muito pouco sobre elas; seu interesse maior é no livro e no autor, não na editora.

A cadeia editorial é também uma *cadeia de valor*, no sentido de que cada um dos elos agrega, de modo significativo, algum "valor" ao processo. Essa noção é mais complicada do que poderia parecer à primeira vista, mas a ideia geral é bastante clara: cada elo tem uma função que contribui com algo substancial para o trabalho, visto como um todo, empreendido na produção do livro e na sua oferta ao usuário final. Essa contribuição é algo pelo qual a editora (ou algum outro componente ou organização na cadeia) está disposta a pagar. Em outras palavras, cada um dos elos "agrega valor". Se a tarefa ou função não é contribuir com algo substancial ou se a editora (ou outro participante) sente que não agrega valor suficiente para justificar as despesas, então a editora (ou outro participante) pode decidir romper o elo da cadeia – isto é, "desintermediá-lo". Mudanças tecnológicas também podem alterar as funções desempenhadas pelos elos específicos na cadeia. As funções do diagramador, por exemplo, transformaram-se radicalmente com o advento da informática, e alguns diagramadores têm procurado assumir novas funções, como, por exemplo, fazer marcações em textos em linguagens especializadas como XML, para resguardarem seus cargos (ou para se reposicionarem) na cadeia de valor.

A Figura 3 resume as principais tarefas ou funções no processo editorial. Esse diagrama é mais elaborado do que o da Figura 2, porque cada organização na cadeia de suprimento pode realizar várias funções (os participantes ou organizações que tipicamente desempenham as várias tarefas ou funções estão indicados entre parênteses).

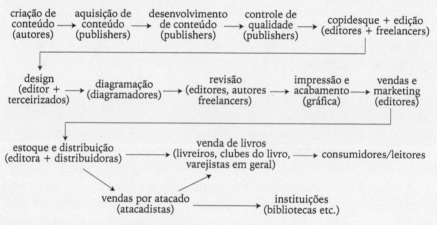

Figura 3. Cadeia de valor na área editorial.

O ponto de partida da cadeia de valor é a criação, a seleção e a aquisição de conteúdo – esse é o território onde autores, agentes e editoras interagem. A interação é muito mais complexa do que, à primeira vista, pode parecer. Algumas vezes, trata-se de processo linear simples: o autor escreve um texto, submete-o a um agente, que o aceita, e depois o vende a uma editora. Geralmente, entretanto, tudo é muito mais complicado do que esse simples processo linear sugere: um(a) agente, sabendo o que as editoras estão procurando, muitas vezes trabalha bem próximo de seus clientes para ajudar a construir seus projetos de livros, sobretudo na área

MERCADORES DE CULTURA 23

de não ficção, e propostas podem se constituir de múltiplos rascunhos antes que o agente se disponha a distribuí-las; ou uma editora pode ter uma ideia para um livro e tentar contratar um autor para escrevê-lo, e assim por diante. Não é de todo inútil pensar em agentes e publishers como "fiscais" de ideias, selecionando aqueles projetos de livros que acreditam valer a pena dentro do grande número de propostas e originais não solicitados que lhes são submetidos por aspirantes a escritor, e rejeitando aqueles que não correspondem às expectativas.[11] Porém, mesmo no mundo de publicações comerciais, que, com boa probabilidade, coincide mais estreitamente com esse modelo do que outros setores da indústria editorial, a noção de fiscal simplifica bastante as formas complexas de interação e negociação entre autores, agentes e editoras que norteiam o processo criativo.

No campo de publicações comerciais, tanto agentes como publishers estão envolvidos na seleção do conteúdo, trabalhando com os autores para desenvolvê-lo e exercendo algum nível de controle de qualidade. A diferença essencial entre o agente e o publisher é que eles se sentam em lados opostos da mesa no mercado de conteúdo: o agente representa os interesses do autor e está selecionando e desenvolvendo conteúdo com a finalidade de vendê-lo (ou, mais especificamente, vender um pacote de direitos de explorá-lo), enquanto o publisher seleciona conteúdo com a finalidade de adquiri-lo (ou comprar o pacote de direitos) e depois desenvolvê-lo para publicação. O desenvolvimento do conteúdo geralmente envolve a leitura do original e a edição (o que pode acontecer várias vezes); pode também envolver pesquisa de imagens, liberação de direitos autorais e vários tipos de controle de qualidade. Muitas das outras funções na cadeia editorial, tais como copidesque, texto e projeto de capa, edição e índice, são feitas por pessoal especializado da própria casa ou, dependendo da editora, são terceirizados. Hoje, praticamente todas as editoras terceirizam a diagramação, a impressão e a encadernação junto a empresas e gráficas especializadas. A maioria delas se responsabiliza pelo marketing e vendas, embora algumas editoras menores possam contratar empresas especializadas ou outras editoras que aceitam terceiros como clientes de seus serviços de vendas e distribuição. Os representantes de vendas vendem para os livreiros, varejistas e atacadistas (muitos livreiros menores são supridos por atacadistas), e esses livreiros e varejistas estocam os livros, colocam-nos em exposição e procuram vendê-los a consumidores/leitores individuais. Os livros são fornecidos a

---

11 A noção de publishers como fiscais de ideias é desenvolvida por Coser, Kadushin e Powell, *Books*, e será discutida mais adiante.

livreiros, varejistas e atacadistas em uma base de consignação, para que o estoque não vendido possa ser devolvido à editora para crédito integral.[12] A editora emprega uma série de estratégias de marketing e publicidade – desde divulgação e turnês dos autores até tentativas de tê-los em programas de rádio e televisão e conseguir resenhas dos livros na imprensa nacional, no esforço de chamar a atenção dos leitores para os livros e impulsionar as vendas (ou rotatividade) nas livrarias, a única maneira de garantir que os livros que são "vendidos" na rede varejista não sejam devolvidos à editora.

Cada tarefa ou função na cadeia editorial existe principalmente porque, de alguma forma, ela contribui em variados graus de importância para o objetivo geral da produção e venda de livros. Algumas dessas tarefas (design, copidesque, diagramação etc.) estão dentro do âmbito de atividades que poderiam ser feitas por uma única organização editorial, embora uma editora possa decidir separar as funções e terceirizá-las para reduzir custos e melhorar a eficiência. Outras tarefas estão concentradas em atividades bastante distintas e que têm, em termos históricos, uma diferenciação institucional mais sedimentada. Essa diferenciação pode se caracterizar por relações harmônicas entre os agentes e as organizações envolvidas, já que todos têm algo a ganhar com a cooperação; mas ela pode também ser caracterizada por tensão e conflito, já que os interesses nem sempre coincidem. Além do mais, posições específicas dentro da cadeia não são necessariamente fixas ou permanentes. Mudanças nas práticas de trabalho, desdobramentos econômicos e avanços tecnológicos podem exercer grande impacto na cadeia editorial, pois tarefas que antes eram lugar-comum ou essenciais são ignoradas ou ofuscadas.

Considerando que a cadeia editorial não é rígida e que tarefas ou funções específicas podem ser ofuscadas por mudanças econômicas e tecnológicas, que razão há para acreditarmos que o papel do próprio publisher não possa se tornar redundante? Quais são as atividades ou funções centrais do publisher?

---

12 A prática de permitir que livreiros devolvam estoque para crédito total tem uma longa história na Europa, mas foi raramente usada – e sem muito entusiasmo – por editoras norte-americanas até a Grande Depressão da década de 1930, quando elas começaram a experimentar de maneira séria políticas de devolução como forma de estimular vendas e encorajar livreiros a aumentarem seu estoque. Na primavera de 1930, a Putnam, a Norton e a Knopf – todas elas – introduziram esquemas para permitir que livreiros devolvessem estoque para crédito ou troca, sob certas condições, e, em 1932, a Viking Press anunciou que encomendas de novos livros seriam retornáveis por um crédito de 90% do custo faturado (ver Tebbel, *A History of Book Publishing in the United States*, p.429-30, 441). Subsequentemente, a prática de devoluções tornou-se um traço típico do comércio de livros, uma característica um tanto incomum entre os setores varejistas.

MERCADORES DE CULTURA

Poderiam essas atividades ser descartadas por novas tecnologias ou feitas por outros? Poderiam os próprios publishers deixar de ser mediadores na cadeia editorial? Essas questões vêm sendo levantadas com bastante frequência nos últimos anos: numa época em que qualquer um pode postar um texto na internet, quem ainda precisa de uma editora? Entretanto, o assunto é mais complicado do que parece à primeira vista, e para discuti-lo melhor precisamos examinar com mais cuidado as principais funções tradicionalmente realizadas pelo publisher e distingui-las de outras atividades que podem ser terceirizadas para *freelancers* ou empresas especializadas. A Figura 4 realça seis funções principais do publisher – é na realização dessas tarefas ou funções que o publisher tem dado, tradicionalmente, uma contribuição especial ao processo de criação de valor.

Como as editoras agregam valor

aquisição de conteúdo e construção do catálogo	investimento financeiro e avaliação de riscos	desenvolvimento de conteúdo
controle de qualidade	gerenciamento e coordenação	vendas e marketing

Figura 4. Principais funções do publisher.

A primeira função é a aquisição de conteúdo e a construção de um catálogo. Essa é, de muitas maneiras, a função básica do publisher: adquirir e, de fato, ajudar a criar o conteúdo que se transformará nos livros que compõem a carteira da editora. O publisher atua não apenas como um filtro ou "fiscal", mas, em muitos casos, desempenha papel ativo ao criar ou idealizar um projeto, ou em perceber o potencial de algo e ajudar o autor a levar isso à fruição. Alguns dos melhores publishers são aqueles que conseguem ter boas ideias para livros e encontrar os autores certos para escrevê-los, ou que conseguem transformar o que poderia ser uma ideia bastante incipiente na mente de um autor em algo especial, ou que sejam simplesmente capazes de ver potencial onde outros veem apenas disparate. Há, aqui, uma habilidade real, que envolve uma combinação de criatividade intelectual e bom senso em marketing, e isso diferencia editores e publishers notáveis dos comuns.

A segunda função se refere ao investimento financeiro e à disposição de correr risco. O publisher age como o banqueiro que disponibiliza recursos antecipadamente tanto para pagar adiantamentos a autores e agentes quanto para cobrir custos de aquisição, desenvolvimento e produção. Em última análise, em toda a cadeia editorial é apenas o publisher quem corre os riscos financeiros reais – todos os outros são pagos (presumindo-se que o autor tenha recebido um adiantamento em royalties e que o publisher tenha pago as contas). Se o livro não resultar em boas vendas, é ele quem dá a baixa parcial de qualquer estoque não vendido e dá a baixa contábil de qualquer adiantamento para o qual não houve retorno. Na cadeia editorial de um livro, o publisher é o credor em última instância.

A terceira e quarta funções são o desenvolvimento de conteúdo e o controle de qualidade. Em alguns casos, o conteúdo fornecido por um autor está em excelentes condições e precisa de muito pouco insumo do publisher, mas em muitas áreas do mundo editorial essa é a exceção mais do que a regra. Originais são normalmente revisados e desenvolvidos à luz de comentários de editores e outros envolvidos. É também da responsabilidade do publisher avaliar a qualidade do texto e garantir que ele satisfaça certos padrões, os quais, sem dúvida, irão variar de um publisher para outro, e diversos procedimentos de avaliação podem ser usados, variando da apreciação crítica dos editores da casa até avaliações feitas por um ou mais leitores externos especialistas na área (embora no campo de publicações comerciais essa avaliação raramente seja feita fora da editora). O controle de qualidade é importante para a editora, porque é um dos meios básicos que possibilitam a construção de um perfil distinto e uma marca no campo editorial, distinguindo-se assim de outras editoras.

A quinta função é o que poderia ser livremente chamado de gerenciamento e coordenação. Esse rótulo descreve uma série de atividades que são partes integrantes do processo editorial, desde o gerenciamento de projetos específicos, que podem ser excepcionalmente complexos, até o gerenciamento de atividades específicas ou estágios no ciclo de vida do livro. Por exemplo, mesmo que a tarefa de copidesque seja terceirizada para *freelancers*, estes precisam receber trabalho e instruções, suas condições de trabalho precisam ser acordadas entre as partes e eles precisam ser pagos; tudo isso requer tempo de gerenciamento e *expertise*; geralmente, quem lida com essa área é um editor da casa ou um coordenador de produção. Da mesma forma, mesmo que a diagramação, o design e a impressão possam ser terceirizados para empresas especializadas, todo o processo de produção – do copidesque do original até a encadernação dos livros – precisa ser gerenciado. Isso geralmente é feito na própria editora por um gerente de produção, gerente editorial ou um produtor editorial. É preciso tomar decisões acerca de preços e quantidade de exemplares a serem impressos, e o estoque precisa ser administrado no decorrer de todo o ciclo de vida do livro. Os direitos autorais também precisam ser administrados por meio da venda de direitos subsidiários (traduções, reimpressões, serializações etc.). Todas essas atividades requerem muito tempo e *expertise*, e na maioria dos casos quem lida com elas são os gerentes da própria casa editorial, responsáveis por setores específicos do processo de produção e publicação.

A sexta e última função se refere a vendas e marketing. Juntei essas atividades em uma única função, embora elas sejam, na verdade, bastante distintas. O marketing consiste de uma série de atividades visando informar e encorajar clientes potenciais a comprar um livro que foi lançado. Tais atividades incluem a elaboração de um catálogo, a remessa postal, a divulgação, a mala direta, o envio de exemplares para a imprensa e, mais recentemente, vários tipos de marketing digital. A maioria das editoras comerciais também tem um gerente de publicidade[13] e/ou departamento em separado, cuja tarefa é cultivar relações com a mídia e garantir a cobertura de um livro – cobertura que varia de resenhas, trechos e entrevistas na imprensa até entrevistas no rádio e na televisão, lançamento de livros com sessão de autógrafos e turnês do autor. O marketing e a publicidade têm o mesmo objetivo – ou seja, chamar a atenção dos consumidores/leitores para os livros e persuadi-los a comprá-los; a única diferença real é que a editora paga pelo marketing, enquanto a publicidade, quando se consegue, é grátis. A tarefa do gerente de vendas e da equipe de vendas é visitar os principais clientes – que incluem redes de vendas de livros, livrarias independentes, livrarias *on-line*, atacadistas e uma multiplicidade de varejistas em geral, desde supermercados a grandes lojas varejistas – e informá-los dos livros que serão lançados em breve, induzir encomendas de compras e administrar as relações entre as editoras e seus principais clientes, com o objetivo de garantir que as livrarias mantenham os livros em estoque, à disposição dos clientes, que poderão folheá-los e adquiri-los.

Essas diversas atividades de venda e de marketing não visam apenas colocar um produto no mercado e informar varejistas e consumidores que ele está disponível; mais do que isso, elas procuram *construir um mercado* para o livro. Publicar, no sentido de tornar um livro *disponível para o público*, é fácil – e nunca foi tão fácil como hoje, quando se poderia dizer que os textos postados na internet são, em certo sentido, "publicados". Entretanto,

---

13 No Brasil, em muitas editoras, no lugar de um "gerente de publicidade" pode haver um "gerente de comunicação" ou "assessor de imprensa", que trabalham com a chamada mídia espontânea, além de ações de marketing e outras no campo da comunicação visando à promoção do livro. (N. E.)

publicar no sentido de tornar um livro *conhecido do público*, visível para ele e atraindo um *quantum* suficiente de sua atenção para encorajá-lo a comprar o livro, e talvez até mesmo lê-lo, é extremamente difícil – e nunca foi tão difícil como hoje, quando o enorme volume de conteúdo disponível a consumidores e leitores é suficiente para sufocar até o mais determinado e hábil esforço de marketing. Bons publishers – como um antigo publisher expõe corretamente – são fazedores de mercado em um mundo onde escassa é a atenção, não o conteúdo.

Essas seis funções-chave do publisher definem os principais aspectos em que empresas editoriais "agregam valor". Se essas são funções que serão sempre desempenhadas por editoras tradicionais, ou se, no ambiente da informação, que está em transição devido à digitalização e à internet, algumas dessas funções serão obscurecidas, marginalizadas, transformadas ou substituídas por outras, são questões para as quais não há, nesse momento, qualquer resposta clara. Porém, antes de especular sobre a iminente desintermediação das editoras, um bom conselho seria refletir cuidadosamente sobre as funções de fato desempenhadas pelas editoras na economia cultural do livro, sobre quais dessas funções ainda serão necessárias no futuro e, se o forem, sobre quem irá realizá-las e como.

O QUE VEM DEPOIS

Há três questões cruciais para o entendimento da lógica do campo de publicações comerciais, e elas ocuparão nossa atenção nos três primeiros capítulos: o crescimento das redes varejistas e a transformação mais ampla e em curso do meio varejista de venda de livros (capítulo 1); o surgimento da figura do agente literário como um corretor importante e poderoso no campo de publicações comerciais (capítulo 2); e o surgimento de corporações editoriais transnacionais, originárias de sucessivas ondas de fusões e aquisições iniciadas na década de 1960, e que continuaram até os dias atuais (capítulo 3). Tentarei mostrar como essas três questões básicas criaram um campo estruturado de maneiras específicas, um campo que molda as formas de ação dos agentes e das organizações e que traz certas consequências; os capítulos 4 a 8 examinam essas consequências. Em seu conjunto, esta análise dos principais desdobramentos e suas consequências desnudará o que estou chamando de lógica do campo de publicações comerciais anglo--americano. O capítulo 9 examinará a revolução digital e suas implicações para a indústria do livro, enquanto o capítulo 10 oferecerá uma reflexão mais normativa a respeito do mundo de publicações comerciais e seus custos. Os comentários finais considerarão de maneira breve alguns dos desafios que a indústria editorial enfrenta ao entrar na segunda década do século XXI.

Ao desenvolver este relato sobre o mundo de publicações comerciais contemporâneo no Reino Unido e nos Estados Unidos, foram fundamentais os *insights* obtidos em minhas entrevistas com participantes do campo (uma discussão mais detalhada de meus métodos de pesquisa pode ser encontrada no apêndice 2). Também recorro a dados obtidos pela Nielsen BookScan, Book Industry Study Group (BISGI) [Grupo de Estudo da Indústria do Livro], Subtext e outras fontes. Utilizo outros estudos e livros sobre negócios com livros, mas, de maneira geral, acho que eles são de uso limitado por diferentes razões. O estudo realizado por Louis Coser, Charles Kadushin e Walter Powell, mencionado anteriormente, continua sendo o melhor deles e uma referência indispensável para qualquer um que esteja interessado na moderna indústria do livro.[14] Entretanto, a pesquisa na qual esse estudo se baseou foi realizada mais de trinta anos atrás, na década de 1970, e, desde então, o mundo editorial vem sofrendo profundas transformações. Além disso, essa análise concentrou-se apenas nos Estados Unidos e, portanto, carece da perspectiva mais comparativa e internacional a que qualquer estudo das indústrias modernas deve almejar atualmente, em nosso mundo cada vez mais globalizado. Não é irrelevante o fato de que, hoje, das cinco maiores editoras com atuação crucial no campo de publicações comerciais norte-americano, quatro são de propriedade de grandes corporações internacionais da mídia, com interesses substanciais nos mercados do Reino Unido, da Europa e de outros países.

Quase na mesma época em que o estudo feito por Coser e colaboradores surgiu, Thomas Whiteside publicou uma série de artigos na *New Yorker*, que mais tarde constituíram um livro que lançou um olhar mais crítico para o mundo de publicações comerciais de Nova York.[15] Essa foi uma época – aproximadamente 1980 – em que a aquisição de muitas editoras por grandes corporações com diversos interesses na mídia trazia à tona uma preocupação crescente em muitos grupos quanto à possibilidade de que os valores literários associados àquelas editoras estivessem sendo obscurecidos pela busca de um novo tipo de conteúdo, mais "peso leve", de apelo popular, que fosse tão adequado a *talk shows* na TV e a adaptações

---

14 Coser; Kadushin; Powell, *Books*.
15 Whiteside, *The Blockbuster Complex*.

cinematográficas quanto aos livros tradicionais. A perspicaz análise de Whiteside corrobora tais preocupações e ressalta algumas das principais tendências que continuam a moldar a indústria até nossos dias. Porém, como ocorre com o estudo de Coser e colaboradores, o valor da análise de Whiteside é limitado tanto pela data em que foi produzido quanto pelo seu foco exclusivo nos Estados Unidos. Além disso, o tema central de seu ensaio crítico – a ideia de que publicações comerciais estavam se tornando parte de um negócio muito atrelado à indústria cinematográfica, em que os grandes estúdios de Hollywood ditavam as regras – agora parece, com o benefício da análise em retrospecto, um exagero. Sem dúvida, é verdade que adaptações para o cinema podem ser um grande negócio para editoras e podem gerar aumentos significativos nas vendas, mas tais adaptações e a venda de direitos de filmes acabaram se tornando menos importantes para editoras do que Whiteside pensava. Outros aspectos de nossa cultura da mídia contemporânea, tais como o *status* de celebridade e de "figura conhecida", derivada do fato de ela ter grande presença midiática, são mais importantes para entendermos o mundo editorial do que os elos com a indústria cinematográfica de Hollywood, ou do que a noção de que livros estavam se tornando o software de pacotes de multimídia em um complexo cada vez mais integrado de comunicação e entretenimento.

Além dos estudos realizados por Coser et al. e por Whiteside, várias outras obras sobre a moderna indústria editorial que têm surgido nas duas últimas décadas foram escritas pelos próprios publishers. Os livros de André Schiffrin e Jason Epstein, *O negócio dos livros* e *O negócio do livro*, respectivamente, são, com toda a probabilidade, os exemplos recentes mais interessantes do gênero.[16] Schiffrin e Epstein foram conceituados publishers e editores no mercado editorial norte-americano – Schiffrin foi diretor da Pantheon durante muitos anos, até que entrou em desavença com os proprietários da empresa e renunciou ao cargo em 1989 para estabelecer sua própria editora sem fins lucrativos, a The New Press, enquanto Epstein foi diretor editorial da Random House durante muitos anos e teve uma longa e respeitada carreira como um dos mais bem-sucedidos editores americanos. As obras que escreveram contêm reflexões muito ponderadas sobre o mercado editorial dos Estados Unidos na virada do milênio; eles vivenciaram pessoalmente as enormes mudanças que atingiram toda a indústria desde as décadas de 1960 e 1970, e seus livros dão o testemunho da escala e dos custos – tanto em termos culturais e pessoais – dessas mudanças. Contudo,

---

16 Schiffrin, *O negócio dos livros*; Epstein, *O negócio do livro*.

MERCADORES DE CULTURA   31

seus relatos estão inexoravelmente entrelaçados com suas próprias experiências pessoais e trajetórias profissionais. Não são relatos imparciais de uma indústria sofrendo uma mudança radical, nem têm a pretensão de sê-lo: são memórias com um viés crítico; são relatos pessoais e algumas vezes dogmáticos – escritos com elegância, ricos em episódios curiosos, coloridos com um quê de nostalgia – de uma indústria, conforme vistos da perspectiva particular de dois protagonistas que registraram suas próprias trajetórias dentro do complexo e turbulento mundo editorial. O fato de que eles tenham mapeado tão bem seu percurso e as recontaram de forma tão eloquente é um tributo ao seu notável talento como publishers e autores, mas isso não altera o fato de que suas histórias são, pela sua própria natureza, parciais. Tais livros são sintomas e reflexões de um mundo em transição tanto quanto uma análise dele.

Embora eu tenha aprendido muito com esses e outros relatos da moderna indústria editorial, tentei fazer algo totalmente diferente. Enquanto a literatura existente tende a se concentrar na indústria editorial de um país, e mais comumente nos Estados Unidos, procurei fazer uma análise internacional e comparativa, focalizando o campo de publicações comerciais de língua inglesa, que, por sua própria natureza, significa algo mais do que o mercado editorial norte-americano, e alguma coisa menos do que a edição de livros – até mesmo da publicação de livros comerciais por si. Procurei fundamentar minha análise em uma criteriosa consideração dos fatos e das tendências empíricas, mas não me limitei a uma mera enumeração de fatos e números. O estudo que ofereço é tanto analítico quanto normativo: uma tentativa de desnudar a dinâmica básica que moldou a evolução desse campo nas últimas décadas e, com base nessa análise, oferecer uma reflexão crítica sobre as consequências desses desdobramentos em nossa cultura literária e intelectual. E tentarei também mostrar que, quando apreendemos a lógica do campo, conseguimos dar sentido àquelas ações de agentes e organizações dentro da área que, de outra forma, poderiam parecer bizarras, inclusive às ações de organizações que se propuseram a publicar um pequeno livro, escrito por um desconhecido professor de Ciências da Computação, cuja última e estimulante palestra foi sobre a realização de nossos sonhos de infância.

– 1 –

O CRESCIMENTO
DAS REDES VAREJISTAS

A drástica transformação ocorrida no panorama varejista tem sido um dos principais fatores que configuram a evolução do campo do mercado editorial de língua inglesa desde a década de 1960. No decorrer da primeira metade do século XX, a venda de livros nos Estados Unidos e no Reino Unido foi dominada, de um lado, por uma enorme quantidade de pequenas livrarias independentes espalhadas pelo país e, de outro, por uma multiplicidade de varejistas não ligados a livros, como drogarias, lojas de departamento e agências de notícias.[1] As livrarias serviam a uma clientela letrada e culta – a chamada "clientela de elite" –, enquanto os varejistas que não lidavam apenas com livros, mas vendiam também muitas outras mercadorias, atingiam um público mais amplo. As lojas de departamento nos Estados Unidos começaram a comercializar livros no final do século XIX. A Macy's de Nova York passou a vender livros em 1869 e, rapidamente, tornou-se um dos maiores comerciantes de livros do país.[2] Em 1951, estimava-se que as lojas

---

1 Ver Miller, *Reluctant Capitalists*. cap. 2.
2 Ibid., p.35.

de departamento respondiam por 40% a 60% de todo o mercado varejista de vendas de livros nos Estados Unidos.[3] Para as lojas de departamentos, livros significavam um atrativo especial, porque eram considerados mercadorias de prestígio, às quais se aspirava. Eles satisfaziam o gosto refinado de clientes abastados, acrescentando uma aura de seriedade e respeitabilidade à loja, além de atrair o tipo de cliente disposto a gastar.

DE SHOPPING CENTERS PARA MEGASTORES

Os padrões tradicionais do comércio varejista de livros – pequenos livreiros independentes, de um lado, e lojas de departamento e varejistas que comercializam outros produtos além de livros, de outro, começaram a mudar nos Estados Unidos com o surgimento dos shopping centers, no início da década de 1960. Essa evolução estava ligada a um grande deslocamento demográfico que, nessa época, ocorria nos Estados Unidos, à medida que a classe média se mudava do centro das cidades para os subúrbios, que formavam os crescentes satélites de cidades norte-americanas.[4] Com a migração da classe média para os subúrbios e com o surgimento do automóvel como principal meio de transporte, o shopping center suburbano tornou-se o novo *locus* do comércio varejista americano. Em 1962, a Walden Book Company, que por muitos anos havia operado uma rede de bibliotecas para locação de livros na Costa Leste, abriu seu primeiro ponto de venda varejista em Pittsburgh. Quatro anos mais tarde, a Dayton Hudson Corporation – uma companhia formada pela fusão de duas lojas de departamento no Centro--Oeste – abriu a primeira livraria B. Dalton em um shopping center na zona suburbana de Minneapolis. Em 1969, a Corporation comprou a Pickwick Bookshop em Hollywood, juntamente com outras distribuidoras Pickwick, e, em 1972, as duas operações se fundiram para formar a B. Dalton Booksellers. Em 1980, havia mais de 450 lojas B. Dalton dentro de shopping centers em todo o território americano. A Waldenbooks também se expandiu rapidamente durante as décadas de 1960 e 1970; em 1981, ela possuía 750 pontos e afirmava ser a primeira livraria a operar em todos os cinquenta estados.

Como acabou se confirmando, a década de 1970 marcou o apogeu de livrarias localizadas em shopping centers; no decorrer da década de 1980, elas foram gradativamente sendo ofuscadas pelo surgimento das chamadas

---

3 Ibid.
4 Epstein, *O negócio do livro.*

megastores, sobretudo as cadeias da Barnes & Nobles e da Borders. A Barnes & Noble era uma antiga companhia de comércio de livros cuja origem remontava ao estabelecimento de um negócio de livros de segunda mão de Charles Montgomery Barnes, em Wheaton, Illinois, subúrbio de Chicago, em 1873. William, filho de Barnes, mudou-se para Nova York em 1917 e abriu uma livraria atacadista com G. Clifford Noble, fornecendo livros didáticos para escolas, faculdades e bibliotecas de Nova York. No início, a Barnes & Noble operava principalmente no atacado, vendendo para instituições educacionais mais do que para clientes individuais, o que a levou a abrir uma grande livraria na esquina da Quinta Avenida com a rua Dezoito, em Manhattan, que viria a se tornar o carro-chefe da companhia. Na década de 1970, entretanto, a Barnes & Noble enfrentou tempos difíceis. John Barnes, neto do fundador, havia morrido em 1969 e o negócio fora comprado pela Amtel, um conglomerado fabricante de brinquedos, ferramentas e outros produtos; os negócios entraram em declínio, e a Amtel logo decidiu desfazer-se da nova aquisição. Em 1971, a Barnes & Noble foi comprada por Leonard Riggio, que havia estabelecido uma bem-sucedida livraria para estudantes, enquanto ele próprio era estudante na New York University, na década de 1960; com muito esforço, ele tentou abrir um negócio de venda de livros. Sob a administração de Riggio, a Barnes & Noble expandiu suas operações em Nova York e Boston, abrindo outras lojas e adquirindo várias cadeias locais. Em 1986, a Barnes & Noble comprou da Dayton Hudson Corporation a rede de livrarias B. Dalton, e em 1989 adquiriu a Scribner's Bookstores e a Bookstop/Bookstar, uma cadeia regional operando no Sul e Oeste dos Estados Unidos. Tais aquisições transformaram a Barnes & Noble em uma varejista nacional e uma das maiores empresas de comércio de livros do país.

Ao mesmo tempo, à medida que a Barnes & Noble expandia sua cadeia de livrarias a partir de sua base original na Costa Leste, a Borders construía uma rede nacional de livrarias a partir de sua base no Meio-Oeste. Em 1971, Tom e Louis Borders abriram uma pequena livraria de livros usados em Ann Arbor, Michigan; mudaram-se para um espaço maior em 1975, expandiram o negócio e prosperaram por muitos anos. Em 1985, abriram uma segunda loja em Detroit para ver se conseguiriam repetir o sucesso em um ambiente menos acadêmico. O sucesso da loja de Detroit os encorajou a expandir o negócio para outros locais no Meio-Oeste e no Nordeste. Em 1992, a Borders foi adquirida pela gigante varejista Kmart, que, em 1984, havia adquirido a rede Waldenbooks, baseada em shopping centers. A Kmart fundiu-se com a Borders e a Waldenbooks para formar o Borders Group, que se transformou em sociedade aberta em 1995. Nessa fase, o Borders Group e a Barnes & Noble haviam se tornado as redes varejistas de livros dominantes nos Estados Unidos; suas vendas eram de cinco a dez vezes maiores do que as de outras redes nacionais, tais como a Crown e a Books-A-Million.

No decorrer da década de 1990, tanto a Borders quanto a Barnes & Noble expandiram-se rapidamente, procurando estender sua presença no território norte-americano e consolidar suas posições como agentes dominantes no comércio varejista de livros. Em ambos os casos, sua expansão baseou-se no conceito de megastore, que diferia em certos aspectos fundamentais tanto das lojas de shopping centers quanto das lojas independentes. Geralmente localizadas em regiões urbanas de alto nível, as megastores de livros foram projetadas como espaços varejistas agradáveis e convidativos, em que os clientes eram estimulados a folhear os livros – eram lojas muito limpas, espaçosas, bem iluminadas, com sofás e cafeterias, além de áreas para relaxamento e leitura; ficavam abertas até cem horas por semana, os sete dias da semana; davam ênfase ao serviço ao cliente e a exposições de livros bonitos e agradáveis de se ver. As redes competiam entre si e com outras redes e lojas independentes, oferecendo grandes descontos (30-40%) na lista dos best-sellers da *frontlist*[5] e descontos modestos (10-20%) em outras obras em capa dura e de acordo com o âmbito e a amplitude de seu estoque. Elas centralizavam a compra de estoque e o controle do inventário, o que lhes dava boa alavancagem nas negociações com fornecedores e permitia que realizassem uma significativa economia de escala. Em muitos casos, estocavam outras mercadorias além de livros, tais como revistas, CDs de música, jogos de computador e vídeos. Procuravam fazer da experiência de comprar livros algo fácil, agradável e estimulante para indivíduos que não estavam acostumados a ir a uma livraria tradicional.

Conforme a concorrência entre a Barnes & Noble e a Borders se intensificava no início da década de 1990, ambas as empresas fecharam muitas das lojas dos shopping centers de suas redes B. Dalton e Walden e abriram outras megastores. Entre 1993 e 1994, por exemplo, a Barnes & Noble fechou cerca de 52 lojas B. Dalton, cujo número total caiu de aproximadamente 750 em 1993 para 698 em 1994; ao mesmo tempo, ela aumentou o número de megastores, de 200 para 268. Durante o mesmo período, a Borders fechou 57 lojas Walden, cujo número total caiu de 1.159 para 1.102, e quase dobrou

---

5 O termo *frontlist* refere-se a livros novos e recém-publicados. Um título é normalmente tratado como *frontlist* por até doze meses, após isso se torna um título *backlist*.

o número de megastores, de 44 para 85 (ver Tabela 1.1).[6] As antigas livrarias dos shopping centers foram, aos poucos, cedendo lugar para as megastores.

Em 2006, a Barnes & Noble operava 723 livrarias espalhadas pelo território norte-americano, o que incluía 695 megastores e 98 lojas em shopping centers; seu total de vendas chegou a cerca de 4,8 bilhões de dólares.[7] A companhia havia se diversificado em negócios no varejo com videogames e softwares para computador, e operava com um grande número de lojas de games e softwares de entretenimento sob diferentes nomes comerciais, incluindo Babbage's, Funco and Software Etc. Ela se envolveu também na área editorial, adquirindo a Sterling Publishing, em 2003 – editora comercial de não ficção com cerca de 5 mil títulos em catálogo –, publicando uma extensa linha de clássicos sob o selo da Barnes & Noble. Em 2009, a Barnes & Noble entrou no mercado de livros eletrônicos, lançando seu próprio leitor de e-books, o Nook, e vendendo títulos em seu próprio *website*.

O Borders Group, com vendas totais de cerca de US$ 4.1 bilhões em 2006, era a segunda maior rede varejista dos Estados Unidos na época, operando com aproximadamente 1.063 livrarias no país, incluindo 499 superlojas sob a marca comercial Borders e aproximadamente 564 lojas Waldenbooks em shopping centers. A Borders havia também se expandido internacionalmente, abrindo várias lojas Borders fora dos Estados Unidos (principalmente no Reino Unido e no Círculo do Pacífico) e adquirindo a Books Etc., no Reino Unido, em 1997. Entretanto, no início da década de 2000, as operações da Borders no exterior começaram a enfrentar dificuldades. Em 2007, os negócios no Reino Unido – que então consistiam de 42 superlojas no Reino Unido e na Irlanda e 28 filiais da Books Etc. – foram vendidos a um grupo de fundo de investimentos, o Risk Capital Partners, por uma modesta soma inicial de £ 10 milhões. Seu controle acionário foi adquirido em julho de 2009 e entrou em recuperação judicial em novembro de 2009. Todas as 45 lojas da Borders no Reino Unido foram fechadas em 22 de dezembro de 2009. Os negócios da Borders nos Estados Unidos também diminuíram; seu último lucro registrado foi em 2006, e, a partir de então, as vendas anuais caíram e as perdas aumentaram. Em fevereiro de 2011, a Borders anunciou que havia pedido concordata, e em setembro todas suas lojas remanescentes foram fechadas.

A falência da Borders marcou o fim de uma era, no sentido de que a rivalidade de longa data entre a Barnes & Noble e a Borders, os dois gigantes

---

6 Ver Horvath, *Logos*, p.43.
7 Oda; Sanislo, *The Subtext 2007-2008 Perspective on Book Publishing*, p.67.

do mercado varejista de livros que haviam aberto superlojas em todo o território norte-americano, chegava ao fim. Porém, as profundas mudanças que atualmente acontecem no mercado varejista significam maiores desafios para a Barnes & Noble e para as cadeias menores que ainda restam. Livrarias físicas vêm há muito tempo enfrentando séria concorrência por parte de varejistas *on-line*, como a Amazon, e de comerciantes do mercado de massa (mais detalhes adiante); agora, elas enfrentam a ameaça real, já que uma proporção crescente de venda de livros será realizada por meio de e-books, superando as livrarias físicas. A receita total das livrarias da Barnes & Noble vem declinando desde 2007. A Barnes & Noble é um importante ator no mercado de e-books, mas está muito atrás da Amazon em termos de participação no mercado, e não está claro se o crescimento de sua renda com e-books será suficiente para compensar o declínio das vendas nas livrarias. Embora a Barnes & Noble possa recuperar parte das vendas que anteriormente eram creditadas à Borders, é provável que a proporção geral das vendas no varejo registradas pelas redes de superlojas e livrarias em shopping centers – que era cerca de 45% em 2006[8] – diminua significativamente nos próximos anos.

Tabela 1.1. Expansão da Borders e da Barnes & Noble, 1993-1994

		Vendas (em US$ milhões)		Número de lojas	
		1993	1994	1993	1994
Borders	Megastores da Borders	225	425	44	85
	Waldenbooks	1.146	1.086	1.159	1.102
	Total	1.371	1.511		
Barnes & Noble	Megastores da B&N	600*	958	200*	268
	B. Dalton	737*	665	750*	698
	Total	1.337	1.623		

*estimativa
Fonte: *Logos* (1996).

Não há dúvida de que a abertura de redes de livrarias em âmbito nacional na década de 1990 e a intensa concorrência que se desenvolveu entre elas aumentaram muito a possibilidade de acesso a livros para milhões de norte--americanos. Pessoas que viviam em regiões do país que, até então, eram servidas por livrarias bastante precárias subitamente descobriram que havia duas – ou mais – grandes livrarias nas proximidades, com uma amplitude de estoque que simplesmente nunca estivera disponível antes em uma loja

---

8 Ibid., p.64.

MERCADORES DE CULTURA 39

convencional, ou seja, em uma loja física; contudo, essa transformação radical do panorama varejista também teve seu preço e suas consequências.

A consequência mais visível – que tem sido muito comentada e causado muita reclamação – foi o declínio acelerado das livrarias independentes. Embora tenha acontecido antes do surgimento das megastores, esse declínio foi, sem dúvida, acelerado por isso. Em 1958, livreiros independentes, proprietários de apenas uma loja, vendiam 72% dos livros comercializados nos Estados Unidos; em 1980, esse percentual havia caído para menos de 40% das vendas comerciais.[9] Conforme as redes abriam novas megastores nas áreas metropolitanas em todo o território norte-americano na década de 1990, mais e mais livreiros independentes fechavam as portas, forçados pela pressão dupla das despesas crescentes (e sobretudo os custos crescentes dos imóveis) e da redução da receita. A American Booksellers Association (ABA), que representa muitos livreiros independentes, perdeu mais da metade de seus membros entre os anos 1990 e o início da década de 2000: o número de afiliados caiu de 5.100 em 1991 para 1.900 em 2004. Se os números de afiliados da ABA são ou não um retrato exato do número real de livreiros independentes nos Estados Unidos é uma questão discutível,[10] mas ninguém duvida que o número de livrarias independentes tenha caído significativamente e que sua participação no mercado tenha diminuído. Em 1993, as redes respondiam por cerca de 23% das vendas a varejo nos Estados Unidos; no final da década, esse número havia aumentado para mais de 50%. Durante o mesmo período, a participação de livreiros independentes no mercado caiu de 24% para 16%. Esse declínio continuou no início do século XXI, de forma que em 2006 as livrarias independentes respondiam por cerca de apenas 13% das vendas a varejo nos Estados Unidos.[11]

Não deve haver dúvida de que o declínio das independentes foi em parte resultado da atividade expansionista predatória das redes – esse não foi o único fator, com certeza, mas seria ingenuidade supor que ele não tenha desempenhado papel algum. Essas grandes cadeias visavam àquelas regiões metropolitanas ou a códigos postais cujos perfis demográficos favoreciam a venda de livros; e tais regiões tendiam a ser os mesmos distritos onde os livreiros independentes já se localizavam. Uma vez abertas as megastores, com sua vasta gama de estoque e descontos agressivos, tornou-se muito

---

9 Whiteside, *The Blockbuster Complex*, p.41.

10 Ver Striphas, *The Late Age of Print*, p.56. Striphas indica que em 1997 a ABA calculou haver cerca de 12 mil livrarias de varejo independentes em operação nos Estados Unidos; os afiliados da ABA responderiam por menos de um terço delas.

11 Oda e Sanislo, *The Subtexts 2007-2008 Perspective*, p.64.

difícil para o pequeno independente da mesma rua competir. Por outro lado, muitos dos independentes que fecharam as portas tinham negócios mal administrados, que não atendiam aos clientes de maneira satisfatória. Suas lojas eram desorganizadas, seu estoque era errático, não havia contabilidade, e eles pouco faziam para tornar a compra de um livro uma experiência agradável e gratificante para o cliente. "Os livreiros independentes fecharam seus negócios porque a Barnes & Noble e a Borders se expandiram e se tornaram predatórias? De certa maneira", disse um ex-funcionário de uma rede responsável pela identificação de pontos para novas megastores no início dos anos 1990. "O outro lado da história é que eles fecharam seus negócios porque não é mais possível ser amador nesse tipo de empreendimento. Como ser livreiro era uma profissão nobre, parecia haver um muro entre nós e o resto da economia; de repente, as pessoas acordaram para o fato de que precisamos saber o que estamos fazendo." As livrarias independentes que sobreviveram foram aquelas que eram bem administradas e que construíram fortes laços com suas comunidades locais, organizando e sediando eventos de vários tipos; também ajudava se esses livreiros fossem proprietários dos espaços das suas lojas, ou se fossem protegidos por regulamentações de zoneamento que restringiam atividades das redes. Em 2007, restavam provavelmente quatrocentas livrarias independentes, que eram de importância real para as editoras comerciais dos Estados Unidos, mas nessa época o declínio das independentes parecia ter se equilibrado, pois aquelas que restaram haviam conseguido encontrar uma estratégia que lhes permitia sobreviver face à forte concorrência das cadeias e outros pontos de vendas. E, para certos tipos de livros, a função que elas desempenhavam foi e continua a ser maior do que seu número e tamanho – a julgar meramente pela receita e participação nas vendas varejistas – poderiam sugerir.

A longa década de luta entre as redes varejistas e as livrarias independentes terminou inquestionavelmente com vitória para as redes, mas houve conflitos ao longo do caminho, que resultaram em ganhos importantes para os livreiros independentes; a mais importante delas foi, sem dúvida, a série de impugnações legais registradas contra as redes e as grandes editoras por associações de livreiros independentes que alegaram que as editoras estavam oferecendo condições preferenciais e descontos às redes, violando, assim, a lei federal antitruste. Ao apresentarem seu caso contra as editoras e as redes, os livreiros independentes invocaram um excerto de uma lei federal chamada Robinson-Patman Act, sancionada em 1936, para coibir o que era considerado uma prática anticompetitiva por produtores que permitiam que lojas de redes comprassem mercadorias a preços inferiores aos de outros

MERCADORES DE CULTURA 41

varejistas. A lei proíbe discriminação de preços na venda de mercadorias a varejistas posicionados paritariamente quando o efeito é reduzir a competição. Após uma impugnação legal apresentada pela Northern California Booksellers Association [Associação dos Liveiros do Norte da Califórnia] contra os editores Avon e Bantam, em 1982, e o início de uma investigação em 1988, a ABA anunciou uma ação legal, em 1994, contra cinco editoras por práticas discriminatórias que favoreciam as redes.[12] No outono de 1996, todas as editoras haviam feito um acordo extrajudicial, segundo o qual não admitiam qualquer ato ilícito, mas concordavam em cumprir as normas, garantindo a não discriminação na fixação de preços, crédito e receitas.[13] Em março de 1998, a ABA ajuizou nova ação, dessa vez contra as duas principais redes, a Barnes & Noble e a Borders, alegando que elas haviam violado a Lei Robinson-Patman e as leis da Califórnia contra práticas comerciais desleais (a ação foi ajuizada junto ao Tribunal Distrital Americano do Nordeste da Califórnia). Novamente, o caso foi resolvido de forma extrajudicial; nem a Barnes & Noble nem a Borders admitiram qualquer violação às leis e concordaram apenas em pagar uma quantia à ABA, descontadas as custas legais. Isso significou uma derrota para as independentes, que concordaram em destruir todos os documentos obtidos no decorrer do caso e em se abster de quaisquer outros litígios por três anos.[14] Entretanto, o desfecho dessa longa batalha jurídica foi o surgimento de um sistema muito mais claro e transparente de descontos e publicidade cooperativa,[15] bem como uma aguda sensibilidade aos riscos envolvidos no desvirtuamento desse sistema. As editoras tornam explícitos seus planejamentos de descontos e acordos de cooperação, para que todos os varejistas saibam quais são eles quando estão comprando livros e elaborando planos de promoção. Em princípio, isso cria um campo de jogo equilibrado, pois as grandes redes não devem se valer de seu tamanho para forçar as editoras a oferecerem descontos maiores, embora, na prática, as questões não sejam tão claras, como veremos adiante.

Uma segunda consequência do surgimento das cadeias varejistas foi uma mudança gradual nas formas como os livros eram estocados e vendidos. Essa mudança começou com as lojas instaladas em shopping centers no final

---

12 Para um relato completo das disputas legais, ver excelente discussão em Miller, *Reluctant Capitalists*, cap. 7.
13 Ibid., p.179-180.
14 Ibid., p.180.
15 Publicidade cooperativa – ou publicidade *co-op* – é um acordo de compartilhamento de despesas entre a editora e o varejista: a editora paga parte dos custos de promoção do varejista. Essa questão é discutida em maiores detalhes no capítulo 7.

da década de 1960 e início da década de 1970, e foi concomitante à comercialização de livros e à aplicação dos mesmos métodos de vendas e gerenciamento de estoque que eram adotados em outros setores do varejo. Localizadas no espaço varejista de grande trânsito dos shopping centers, a B. Dalton e a Waldenbooks tiveram de organizar suas lojas de forma a maximizar a rotatividade do estoque. Mesas de exposição e gôndolas promocionais foram usadas para estimular compras múltiplas e por impulso. Sistemas computadorizados de gerenciamento de estoque foram introduzidos para monitorar os níveis e o giro do estoque, para que novas encomendas de títulos de rápida rotatividade pudessem ser prontamente efetuadas e o estoque de livros não vendidos pudesse ser devolvido. Essas práticas do varejo foram incorporadas aos princípios operacionais das novas megastores abertas na década de 1990. Com seu tamanho avantajado, as megastores Barnes & Noble e Borders tinham mais liberdade de movimento em termos de amplitude e dimensão do estoque. Elas conseguiam estocar mais livros especializados e títulos da *backlist* com fluxo lento de vendas do que as lojas de shopping centers – que tinham um espaço muito menor – podiam manter nas prateleiras, e isso se tornou uma parte relevante de sua proposição de valor. Não obstante, as megastores continuaram a colocar muita ênfase na maximização do giro de estoque no espaço altamente visível da entrada da loja, onde livros novos e best-sellers eram empilhados em mesas e gôndolas ou cubos promocionais, e as editoras pagavam para expor seus livros conforme o espaço ocupado. À medida que a implantação das megastores começou a ser bloqueada, por volta de 2000, e essas redes de megastores começaram a olhar com maior cuidado as relações entre investimento em estoque, despesas gerais e receita, e a se preocupar mais com o fluxo de caixa, elas se tornaram mais cautelosas em suas decisões no momento de comprar livros e mais proativas quanto à devolução do estoque de baixa movimentação. As redes tinham conseguido trazer livrarias para dentro de shopping centers e para o centro das cidades, onde os americanos faziam o restante de suas compras, tinham tornado os livros mais acessíveis do que nunca e transformado a aquisição de um livro em uma experiência igual a qualquer outra. Entretanto, quanto mais os livros eram tratados como qualquer outra mercadoria e sujeitos aos mesmos princípios do varejo, mais as redes eram forçadas a focar em títulos de alta rotatividade, escritos por autores de renome, à custa daqueles títulos que acrescentavam profundidade e relevância à loja, mas que tinham um giro de estoque muito mais lento.

Essa mudança inevitável foi, em grande parte, consequência do alto custo do imóvel. Manter grandes livrarias em shopping centers e nos grandes centros urbanos, onde há grande trânsito de consumidores e, portanto, concorrência por espaço de varejo, é um negócio muito caro, e é difícil cobrir esses custos e gerar lucro em uma atividade de pequena margem como a venda de livros. É difícil resistir à pressão para reduzir o investimento em estoque de escoamento lento, focar nos best-sellers de escoamento rápido e procurar outras maneiras de melhorar a margem de lucro – tais como cobrar mais das editoras pelo espaço de exposição e estocar outras mercadorias em vez de livros, como chocolate e material de papelaria, cujas margens são mais altas. Epstein define bem esse ponto: "No ramo de venda de livros, como em qualquer negócio do varejo, estoque e aluguel são um *trade-off*. Quanto mais se paga por um, menos se pode gastar com o outro".[16] Por isso, o crescente domínio das cadeias varejistas de livros – das lojas de shopping centers às redes de megastores – significava, com o passar do tempo, a tendência a ressaltar a importância, dentro da indústria, de títulos de *frontlist*, de autores com um bom histórico de publicações e certo renome. Era mais provável que as redes estocassem esses livros em grandes quantidades e os expusessem em locais de grande visibilidade na frente da loja, aumentando assim suas chances de obter boas vendas. As obras de autores menos conhecidos não eram ignoradas – pelo contrário, os compradores centrais das redes eram sempre ávidos por encontrar novos autores e novos títulos que pudessem agradar aos clientes. Porém, as decisões sobre que livros comprar, em que quantidade, como promovê-los e expô-los e por quanto tempo manter o estoque nas prateleiras eram tomadas em contextos moldados pelas demandas financeiras, cada vez mais severas, envolvidas no gerenciamento de grandes negócios varejistas em propriedades caras. Esses contextos, no decorrer do tempo, reduziriam os níveis de tolerância a estoques de baixa movimentação.

Uma terceira consequência adveio do surgimento das cadeias varejistas e, embora tenha sido menos valorizada, foi extremamente importante para a evolução da indústria editorial: criou-se um novo mercado para o que podia ser descrito como "versão capa dura para o mercado popular". Muito se tem escrito sobre a revolução da brochura, iniciada por Allen Lane na Grã-Bretanha, com o lançamento do selo Penguin, na década de 1930, e com o surgimento da Pocket Books, Bantam, Dell, Fawcett, a New American Library e outras editoras de brochura nos Estados Unidos no período anterior à Segunda Guerra Mundial. Da década de 1940 em diante, as vendas de brochuras para o mercado popular cresceram enormemente; eram comercializadas em agências de notícias, drogarias, supermercados, aeroportos, terminais de

---

16 Epstein, *O negócio do livro*.

ônibus e estações ferroviárias, bem como em livrarias mais convencionais. As vendas de brochuras para o mercado popular tornaram-se a força propulsora da indústria, e a venda de seus direitos tornou-se uma fonte fundamental de receita para as editoras que comercializavam livros de capa dura. Nos anos 1960, a própria indústria havia se bifurcado em dois negócios separados – edições em capa dura, de um lado, e edições em brochura, de outro. "A percepção era de que a única similaridade entre as duas era o fato de ambas publicarem livros", explicou um executivo de alto escalão que ingressou no ramo de brochuras no final dos anos 1960.

"O lado capa dura era esnobe, literário, prestigiado, elegante – tudo o que seria de se esperar daquela época. E o negócio de brochura era uma espécie de segunda classe – recebíamos os livros um ano mais tarde, não tínhamos crédito pelas palavras, estávamos todos em campo fazendo marketing, embalando, distribuindo e vendendo livros. Assim, tinha-se esses dois universos coexistindo, nenhum deles respeitando muito o outro, mas totalmente dependentes entre si por causa do produto."

Embora o negócio com brochura dependesse do negócio com capa dura por causa do produto, as editoras que trabalhavam com capa dura dependiam muito da renda de royalties das vendas de brochura para manterem seus negócios em atividade.

O surgimento das cadeias de shopping centers no final dos anos 1960 e nos anos 1970 estimulou as vendas de brochura e fortaleceu ainda mais a posição das editoras de brochura, pois as lojas de shopping centers adotaram a brochura e tornaram-na acessível em um ambiente de livraria muito mais convidativo e menos intimidante para consumidores do que a livraria tradicional. Em meados dos anos 1970, alguns do que trabalhavam em editoras de brochura começaram a perceber que seu modelo de negócio – que as tornara dependentes das editoras de capa dura, mesmo que elas, as editoras de brochura, estivessem gerando o volume real de vendas – não era o melhor. Houve até mesmo casos em que o publisher de uma editora de brochura que tivesse uma boa ideia para um livro era obrigado a encontrar uma editora de capa dura para publicar a primeira edição, para que, a partir dela, pudessem então licenciar a edição em brochura. "Era como se eu chegasse até você e dissesse: 'Veja bem, eu não tenho nenhum editor aqui; edite esse livro para mim, publique-o em capa dura; eu lhe dou o livro e, depois que você o lançar, pagarei a você uma parte do sucesso que eu tiver'", explicou um publisher, que havia começado a carreira como editor em uma editora de brochura. Alguns dos funcionários das editoras de brochura – geralmente os mais jovens, que estavam menos atrelados ao modelo tradicional e menos preocupados em ofender as editoras de capa dura, que eram a sua fonte tradicional do produto – viram a necessidade de começar a lançar livros por conta própria. Assim, nos anos 1970, as editoras de brochura começaram a criar seus próprios títulos, inicialmente publicando-os como originais em brochura e depois, no final da década, lançando seus próprios livros em capa dura. Um fato fundamental: eles aplicaram à capa dura algumas das técnicas que haviam desenvolvido no mundo da brochura para o mercado de massa, tais como usar embalagem mais atraente e expandir a distribuição para pontos de venda não tradicionais; assim, conseguiram garantir vendas de capa dura sem precedentes em termos de volume. Essa foi a origem da "revolução da capa dura".

A REVOLUÇÃO DA CAPA DURA

À medida que as redes de shopping centers se transformavam nas redes de megastores que se espalhavam pelo país, a revolução da capa dura ganhava impulso. A aplicação de estratégias de lançamento de livros de capa dura para o mercado popular combinava muito bem com os métodos não tradicionais de comercialização das redes, incluindo o uso de descontos e as gôndolas e cubos promocionais; e o fato de que essas redes estavam abrindo megastores em todo o país e desenvolvendo sistemas mais eficientes para suprir suas lojas significava que o volume de livros que poderiam ser lançados no mercado era muito maior do que jamais havia sido. No início dos anos 1970, um livro que vendesse 500 mil exemplares em capa dura teria sido um enorme sucesso, praticamente algo inédito na indústria. Trinta anos mais tarde, um sucesso equivalente seria entre 8 e 10 milhões de exemplares – isto é, quase vinte vezes mais. No início da década de 2000, a venda de livros de capa dura que excedesse 1 milhão de exemplares não era algo incomum, e novos livros escritos por autores de renome geralmente vendiam mais do que isso. Em 2006, *O Código Da Vinci*, de Dan Brown, publicado pela primeira vez em 2003, vendeu mais de 18 milhões de exemplares em capa dura só nos Estados Unidos; embora excepcionais, números de vendas de capa dura dessa magnitude eram simplesmente inimagináveis em décadas anteriores. Conforme as vendas de capa dura aumentavam, a velha relação entre lançamentos em brochura e lançamentos em capa dura invertia-se gradativamente: enquanto, nos anos 1950 e 1960, lançamentos em brochura eram a força financeira motriz dos negócios na área de publicações comerciais, nos anos 1980 e 1990, lançamentos em capa dura se tornavam cada vez mais a base financeira da indústria.

Três outros aspectos dessa revolução de capa dura foram especialmente relevantes. Primeiro, conforme as editoras de brochura percebiam a importância de publicar seus próprios livros, elas começaram a usar seu crescente poder financeiro para adquirir editoras de capa dura. Isso lhes permitia não apenas expandir suas programações de lançamentos, como também garantia suas cadeias de suprimento, para que se tornassem menos dependentes da compra de livros de editoras de capa dura, que exigiam adiantamentos cada vez maiores por direitos de brochura. Esse foi um dos principais propulsores da chamada "integração vertical" no ramo editorial e se tornou parte integrante da conglomeração de editoras que caracterizou o período compreendido entre 1960 e 1990.

Um segundo aspecto da revolução da capa dura é que ela difundiu os princípios do marketing de massa de livros pela indústria como um todo. Antes dessa revolução, as técnicas de marketing de massa restringiam-se sobretudo ao domínio das editoras de brochura do mercado de massa, que, em geral, era desprezado por muitas que trabalhavam no negócio de capa dura. Entretanto, à medida que a revolução da capa dura ganhava ímpeto nos anos 1980, práticas que originalmente haviam sido desenvolvidas para o marketing de massa de brochura tornavam-se cada vez mais comuns em toda a indústria. Isso ocorreu em parte porque, com a crescente integração vertical da indústria, a bifurcação em lançamentos em brochura e capa dura, que havia sido um traço tão marcante da indústria nos anos 1970 e anteriormente, começava a se desintegrar; e em parte deveu-se também ao fato de que muitos gerentes que assumiram posições de maior poder nas novas corporações editoriais que se formaram nos anos 1980 eram pessoas que haviam investido suas habilidades no mundo de publicações em brochura para o mercado de massa e agora tinham competência para introduzir – até mesmo impor, se necessário – mais valores e práticas orientados para o mercado naqueles setores da indústria que até então haviam permanecido relativamente indiferentes.

O design de capa é um bom exemplo para ilustrar como, nas atividades do dia a dia de uma grande corporação editorial no final dos anos 1980, os valores orientados para o mercado de massa do segmento de brochura começaram a prevalecer sobre os valores e práticas do segmento tradicional de capa dura. Um executivo de alto escalão, que havia saído de uma editora de brochura do mercado de massa para participar de uma das grandes corporações na década de 1980, descreveu como, naquela época, aqueles

MERCADORES DE CULTURA 47

que trabalhavam no segmento de capa dura eram resistentes à mudança das capas de seus livros, não importando o que representantes de vendas pudessem dizer:

Eu me lembro de ter ido um dia a uma reunião de planejamento na divisão de capa dura e levar comigo os representantes de vendas. Eles já haviam participado anteriormente dessas reuniões, mas nunca tiveram permissão para falar. A maioria dos livros não tinha sobrecapa, com exceção de um – era um título importante, e os representantes de vendas sussurravam em meu ouvido que a capa era horrível. Um deles levantou a mão e disse: "Acho que vou ter problemas para vender este livro com esta capa". Bem, não consigo me lembrar quem o atacou primeiro – se foi o diretor de arte, o publisher, o editor, ou os três juntos. Era como se dissessem: "Quem você pensa que é para nos dizer se fizemos a coisa certa ou não?". Eu balancei a cabeça – foi um momento crucial para nós, porque mais tarde eu voltei e disse: "Quer saber de uma coisa? Mantenham esse tipo de abordagem e vocês serão um fracasso total. Esses vendedores têm de entrar nas lojas e vender o seu livro à pessoa que irá vender o seu livro, e se vocês não podem vendê-lo a eles, eles também não poderão vendê-lo a ninguém – vocês precisam acordar". Alguns entenderam mais rápido do que outros, mas eu diria que nos anos seguintes nós transformamos quase todas aquelas pessoas, com exceção de alguns que jamais acordaram.

Para muitos editores e publishers que haviam aprendido seu ofício no mundo das edições tradicionais em capa dura, esse confronto com os valores e práticas das edições em brochura para o mercado de massa foi um amargo despertar. Para muitos, era uma questão de se adaptar à nova maneira de fazer as coisas ou cair fora. Alguns se adaptaram e até mesmo prosperaram, sedimentando carreiras muito bem-sucedidas como publishers de capa dura que adotaram os princípios derivados das edições em brochura para o mercado de massa e os colocaram em prática ao desenvolver seus catálogos de capa dura, tornando-se figuras lendárias por seus próprios méritos. Contudo, muitos publishers de capa dura da velha escola, no final dos anos 1980, simplesmente desapareceram, repelidos pela revolução cultural que ocorria no centro da empresa.

Uma terceira consequência dessa transformação é que, lenta mas inelutavelmente, ela provocou o declínio do mercado do qual a revolução havia surgido originalmente – a brochura para o mercado de massa. Isso se deveu em parte ao próprio sucesso da revolução da capa dura dos anos 1980 e início dos anos 1990, e à capacidade dos novos sistemas de distribuição criados pelas redes varejistas de livros de garantir mais rapidamente grandes quantidades de livros em capa dura para o mercado. Deveu-se também, em parte, à maior utilização de descontos concedidos pelas redes e por outros varejistas que vendiam livros, uma prática que reduziu muito a diferença de preços entre livros em capa dura e brochura. Nos anos 1970 e antes, a diferença de preços era geralmente de cerca de 10 para 1 – uma brochura para o mercado de massa poderia custar um décimo do preço da edição original em capa dura. Nos anos 1990 e início da década de 2000, quando alguns varejistas vendiam livros novos em capa dura com 40% de desconto em relação ao preço no varejo, a diferença de preço podia ser apenas de 3 para 1. Além disso, à medida que a geração *baby boomer*, que havia conduzido a revolução da brochura dos anos 1960 e 1970, envelhecia, eles ficaram mais abastados, e suas necessidades começaram a mudar. A diferença entre 5 e 15 dólares por um livro novo importava menos para eles do que a possibilidade de obtê-lo rapidamente – por que esperar por mais um ano, até que a edição em brochura estivesse disponível? – e de lê-lo em um formato mais agradável para uma visão envelhecida do que os pequenos caracteres da brochura para o mercado de massa. Assim, conforme as vendas de capa dura aumentavam no decorrer da década de 1990 e no início dos anos 2000, o mercado de brochura para as massas encolhia. Os publishers reagiram a essa tendência, utilizando mais o formato brochura, cujo pioneiro havia sido Jason Epstein, no início dos anos 1950, quando, ainda um jovem editor estagiário na Doubleday, teve a ideia de reimprimir livros de boa qualidade em um robusto formato brochura, maiores do que as brochuras para o mercado de massa, mais caros e com papel de melhor qualidade – ideia que sustentou a Doubleday's Anchor Books e os muitos selos de outras editoras que logo seguiram esse modelo.[17] Essa retração do mercado para a brochura do mercado de massa nos anos 1990 e início da década de 2000 coexistiu com a expansão do mercado de brochura comercial, pois cada vez mais livros em capa dura eram produzidos no formato brochura comercial em vez de serem repaginados como brochura para o mercado de massa. Porém, a expansão do mercado de brochura comercial não deveria obscurecer o fato de que a verdadeira revolução que transformou a indústria nos anos 1980 e início dos anos 1990 foi o enorme crescimento das vendas em capa dura, originando-se da muitíssimo bem-sucedida aplicação às edições em capa dura de um conjunto de valores e práticas que haviam sido originalmente desenvolvidos no mundo da brochura para o mercado de massa.

---

17 Ver Epstein, *O negócio do livro*, cap. 2.

A CHEGADA DA AMAZON

À medida que a Barnes & Noble e a Borders expandiam suas redes nacionais de megastores, um novo modelo de venda de livros começava a emergir, e isso daria outra dimensão à reestruturação do panorama do varejo que ocorria nos anos 1990: a venda de livros *on-line*. O protagonista aqui era, evidentemente, a Amazon. Fruto da imaginação de Jeff Bezos, graduado em Ciências da Computação pela Universidade de Princeton, a Amazon.com passou a existir comercialmente em julho de 1995, a partir de uma garagem no subúrbio de Seattle; no final de 1998, ela havia se tornado a terceira maior empresa vendedora de livros dos Estados Unidos.[18] As vendas da Amazon cresceram em um ritmo fenomenal no final da década de 1990, aumentando de 15,75 milhões de dólares em 1996 para 610 milhões de dólares em 1998. Porém, o mesmo ocorreu com os seus prejuízos: em 1998, a Amazon declarava prejuízos de 124,5 milhões de dólares, o que significava mais de 20% de seu faturamento. Em 2000, seus prejuízos acumulados eram assustadores 1,2 bilhão de dólares. Obter lucratividade tornou-se uma meta corporativa cada vez mais premente. Em 2003, a Amazon informou seu primeiro lucro líquido anual de 35 milhões de dólares sobre vendas líquidas de 5,2 bilhões de dólares. Em 2007, sua renda líquida chegou a 476 milhões de dólares sobre vendas líquidas de 14,8 bilhões de dólares.

Estimulados pelo surpreendente crescimento da Amazon no final dos anos 1990, outros negócios começaram a aparecer no mercado de vendas de livros *on-line*. A Barnes & Noble havia acompanhado o surgimento da Amazon com preocupação crescente, e em março de 1997 abriu sua própria loja *on-line*, a b&n.com. Em 1998, a Bertelsmann, que já estava planejando abrir seu próprio negócio na internet, a BooksOn-line, adquiriu 50% de participação na b&n.com por 200 milhões de dólares e nela inseriu sua proposta de operação nos Estados Unidos. Em 1999, a b&n.com divulgou vendas de 202 milhões de dólares, tornando-se o quinto maior estabelecimento de vendas de livros nos Estados Unidos. Embora a b&n.com seja separada da Barnes & Noble e tenha uma estrutura corporativa diferente, as duas companhias mantêm estreitos vínculos e colaboram uma com a outra na aquisição e no gerenciamento de estoque, entre outras coisas. Isso garante à b&n.com certa vantagem competitiva frente à Amazon, sua principal concorrente, já que permite à b&n.com recorrer a uma gama mais ampla de estoque interno. O grupo Borders também iniciou suas próprias

---

18 Spector, *Amazon.com*, p.216.

operações em 1997, mas a Borders.com ficou muito atrás da Amazon e da b&n.com, atingindo vendas de apenas 27 milhões de dólares em 2000. Em 2001, a Borders anunciou que estava passando suas operações *on-line* deficitárias para a Amazon, que ficou responsável por executar a operação, despachando encomendas e prestando serviços ao cliente.

A grande vantagem dos varejistas *on-line* é que eles conseguem oferecer uma enorme gama de títulos, muito mais do que oferecem as livrarias de tijolos. Quando a Amazon.com iniciou suas atividades, ela afirmou que podia oferecer mais de um milhão de títulos – "A Maior Livraria do Planeta" era seu lema – em comparação com cerca de 175 mil títulos da maior livraria de tijolos dos Estados Unidos. Mas é claro que a comparação não era totalmente justa, já que as listagens da Amazon eram obtidas a partir da base de dados da *Books in Print*, e os livros não eram, de fato, mantidos como estoque. A Amazon dependia muito dos grandes atacadistas – Ingram e Baker & Taylor – para suprir seu estoque: quando a Amazon recebia uma encomenda de um cliente, ela encomendava o livro em um dos atacadistas, desembalava-o quando chegava em seu centro de distribuição de Seattle, reembalava-o e o enviava ao cliente. Esse modelo tinha a enorme vantagem de dispensar o estoque, mas a desvantagem de que o processo era relativamente lento, já que os livros tinham de ser encomendados e enviados duas vezes. Assim, em 1996, a Amazon começou a expandir a capacidade de seu depósito e a construir centros regionais de distribuição, o que lhe permitia atender encomendas mais rapidamente e reduzir os custos envolvidos na dupla manipulação dos livros. Porém, quanto mais a Amazon trabalhava para ter seu próprio estoque, mais capital ela empatava em estoque físico e em imóveis, e mais começava a parecer um varejista tradicional e a experimentar as pressões financeiras e os problemas associados com as operações de lojas físicas convencionais.

Os varejistas *on-line* competiam uns com os outros e com as lojas físicas não apenas em termos de variedade de títulos oferecidos e títulos mantidos em estoque, mas também com relação à generosidade dos descontos. A Amazon se preocupava com "a experiência do cliente", e uma pesquisa levou-a à conclusão de que as três coisas mais importantes para os clientes que compravam livros eram: seleção, conveniência e preço. Oferecendo mais de um milhão de títulos, ela poderia se destacar no quesito seleção; estando aberta 24 horas nos sete dias da semana e propondo-se despachar os livros diretamente ao cliente no menor tempo possível, ela poderia ganhar uma pontuação bem alta no quesito conveniência; e oferecendo um desconto substancial em seus títulos, poderia concorrer em preço com as megastores.

A Amazon oferecia desconto de 10% em trezentos mil títulos, desconto de 30% nos vinte principais títulos em capa dura e nos vinte principais títulos em brochura, e desconto de 40% em um número seleto de títulos. Quando a b&n.com entrou em operação, em 1997, ela oferecia descontos em quatrocentos mil títulos, inclusive 50% em alguns best-sellers. Até certo ponto, os varejistas *on-line* podiam oferecer grandes descontos desse tipo, porque suas despesas operacionais eram menores do que as das livrarias de tijolos, mas eles continuavam oferecendo descontos substanciais apesar de estarem sofrendo prejuízo ano após ano, porque achavam que isso era crucial para sua capacidade de concorrência com as megastores. Tanto a Amazon quanto a b&n.com introduziram também a remessa livre de taxas para encomendas acima de certo valor, para garantir que o preço total das compras continuasse baixo.

De sua base original no mercado de livros dos Estados Unidos, a Amazon expandiu suas operações para além-mar e diversificou sua linha de produtos. Uma proporção significativa da sua base de clientes sempre estivera localizada no exterior, mas em 1998 a Amazon mudou-se diretamente para o mercado europeu, adquirindo a Bookpages, livraria britânica *on-line*, e também a alemã *on-line* Telebuch, utilizadas para abrir a Amazon.co.uk e a Amazon.de. Outras filiais internacionais foram subsequentemente abertas no Japão, na França e no Canadá. Em 2007, 45% da receita da Amazon estava sendo gerada fora da América do Norte. A Amazon também diversificou sua linha para além do seu negócio principal com livros, adquirindo outros varejistas *on-line* e acrescentando-os ao que estava se tornando rapidamente um enorme shopping center *on-line*. Em 1998, ela acrescentou CDs de música e vídeos; no início de 1999, passou a comercializar brinquedos e eletrônicos; e em setembro de 1999, lançou a zShops, uma zona de compras *on-line*, oferecendo uma ampla gama de mercadorias – de roupas e utensílios domésticos a suprimentos para animais de estimação.

Em 2006, as vendas de livros *on-line* respondiam por cerca de 11% do mercado varejista de livros nos Estados Unidos.[19] Isso incluía todas os livreiros *on-line*, mas a Amazon havia se tornado de longe a empresa com maior atuação, respondendo por cerca de 70% do mercado *on-line* de livros. Em apenas dez anos, emergiu do nada para se tornar um dos mais importantes *outlets* varejistas para as editoras – na verdade, para muitas editoras universitárias e pequenas editoras, a Amazon se tornara seu cliente único e mais importante. Até mesmo as grandes casas comerciais logo perceberam

---

19 Oda; Sanislo, *The Subtext 2007-2008 Perspective*, p.64.

que a Amazon estava entre as suas duas ou três contas mais importantes – uma grande empresa disse que a Amazon representava cerca de 8% do total de seus negócios em 2006, e crescia cerca de 20% ao ano. Para certos tipos de livros, como não ficção em capa dura, a participação da Amazon no mercado já era de 20%.

Para as editoras, a meteórica ascensão da Amazon e de outros varejistas *on-line* foi um complemento bem-vindo aos canais de comércio existentes. Numa época em que o varejo físico estava se consolidando cada vez mais nas mãos das grandes redes varejistas e muitos independentes começavam a ficar à margem, o surgimento do varejo *on-line* representou uma importante reconfiguração do negócio de venda de livros. Provou ser especialmente interessante para a venda de títulos de *backlist* e de livros de um tipo mais especializado, ou livros de autores ainda não muito conhecidos, que as livrarias de tijolos relutavam em manter no estoque. Um dos atrativos da Amazon como canal de varejo – para editoras e para autores – é que ela responde rápida e claramente à demanda: quanto maior a frequência de encomendas de um livro na Amazon, mais bem colocado ele fica no seu *ranking* de vendas. Portanto, mesmo que um livro não receba grande apoio dos compradores centrais nas redes varejistas, ele pode encontrar um mercado efetivo através da Amazon; e, afinal de contas, se ele tiver um bom desempenho na Amazon, os compradores centrais das redes podem, vez ou outra, reconsiderar sua decisão inicial e fazer uma encomenda mais substancial. "Todo varejista fica de olho na Amazon o tempo todo", explicou um livreiro que costumava gerenciar uma equipe de compradores centrais para uma grande rede. "Porque é ao vivo, é um quadro honesto, muda frequentemente com vendas reais e pode-se ver isso no momento em que acontece. Assim, se houver necessidade, em apenas um dia, você consegue fazer um conserto. Pode fazer a encomenda do estoque e ela estará lá no dia seguinte. E isso é algo que é preciso deixar realmente bem arraigado na cultura dos compradores – se você errar, não entre em pânico; é fácil consertar."

Ao mesmo tempo, o surgimento da Amazon e, de maneira mais geral, da venda de livros *on-line*, criou novos perigos para as editoras e exacerbou alguns perigos antigos. Em primeiro lugar, o ambiente *on-line* deu provas de ser especialmente adequado para a venda de livros usados, pois varejistas *on-line*, como a Biblio, a AbeBooks e a Alibris, podiam operar como centros de coordenação para centenas de pequenos comerciantes de livros usados; eles operavam em todo o território norte-americano e, mais do que isso, em todo o mundo. Quando a Amazon e a b&n.com entraram no mercado de livros usados, atuando como centros de coordenação para comerciantes de livros usados e listando livros usados juntamente com livros novos nos resultados de busca, isso trouxe uma clientela muito mais ampla para o mercado de livros usados – não apenas clientes que procuravam especificamente livros usados e estavam familiarizados com as livrarias *on-line* especializadas que os supriam, mas qualquer um que estivesse comprando livros *on-line*. Embora as editoras americanas de livros didáticos para universidades estivessem acostumadas a operar com o mercado de livros usados já há muitos anos, as vendas de livros usados estavam agora se tornando uma preocupação crescente também para as editoras comerciais. E havia alguma evidência que sugeria que essa preocupação tinha seus fundamentos: uma pesquisa realizada em 2005 indicava que as vendas de livros usados em geral alcançaram 589 milhões de dólares em 2004, com um aumento de 30% em relação a 2003.[20] A receita total de livros usados em 2004 excedeu 2,2 bilhões de dólares, e, embora os livros e outros materiais didáticos representassem a maior cota (73%), a maioria deles vendida em livrarias nas universidades, o crescimento mais surpreendente foi na área de vendas de livros usados em geral e nas vendas através dos canais *on-line*. Numa época em que o aumento nas vendas em geral na indústria era bem modesto, um crescimento de 30% nas vendas de livros usados era, de fato, muito preocupante, já que as vendas de livros usados, embora muito rentáveis para livreiros, em nada contribuíam para as receitas das editoras ou os royalties dos autores.

Havia uma segunda fonte de preocupação para as editoras: à medida que a Amazon crescia em tamanho e se tornava um canal cada vez mais importante para o mercado, ela se tornava mais poderosa e capaz de usar seu tamanho como um instrumento de barganha para tentar extrair melhores prazos e condições das editoras – maiores descontos, mais dinheiro para publicidade *co-op*, melhores condições de pagamento e assim por diante. As editoras estavam acostumadas a enfrentar pressão das grandes redes varejistas por melhores prazos e condições, mas agora elas enfrentavam pressão semelhante de um novo agente, que rapidamente se tornava um de seus clientes mais importantes. "Quer sejam condições de pagamento, publicidade cooperativa ou frete, um gorila de quatrocentos quilos pode encontrar muitas maneiras de obrigar você a fazer certas coisas", refletia um experiente diretor comercial. "E será que isso me preocupa? Claro que sim. Quanto maiores elas forem, mais poder elas exercerão." Sua preocupação refletia-se em seu comportamento: ele hesitava em falar sobre essas questões; minhas perguntas eram seguidas de pausas significativas, enquanto

---

20 *Used-Book Sales*, p.9.

ele media cuidadosamente as palavras, e me pediu mais de uma vez para que seus comentários ficassem anônimos. Nenhum diretor comercial iria querer se indispor com quem se tornou um de seus clientes mais importantes. E há sempre o receio manifestado por esse diretor e por outros – de que a Amazon pudesse usar sua capacidade de remover livros de seu *site* ou desativar o botão "compre" como arma na luta para melhorar suas condições de comercialização. O fato de a Amazon ser um cliente que cresce cada vez mais e se torna importante para a maioria das editoras, de ser muito maior do que qualquer outro varejista *on-line* e também um *site* muito *visível*, no sentido de que muitos leitores procurarão livros na Amazon e muitos autores entrarão na Amazon para conferir se seus próprios livros estão disponíveis, colocou-a em uma forte posição de negociação. Poderia ser muito prejudicial para uma editora não ter mais seus livros listados na Amazon, ou tê-los na lista, mas não disponíveis para compra: estar disponível na Amazon vem se tornando cada vez mais um indicador de disponibilidade por si só.

O CRESCENTE PAPEL DOS COMERCIANTES DE MASSA

As livrarias, sejam elas independentes ou redes, nunca foram os únicos pontos de venda de livro: conforme comentamos antes, normalmente os livros eram vendidos em pontos de vendas varejistas não especializados, como drogarias e lojas de departamento. Nos anos 1980 e 1990, as editoras encontraram novos canais com a expansão das redes de grandes lojas de desconto, como a Wal-Mart, a Kmart e a Target, e com o surgimento dos entrepostos – os chamados Price Clubs [Clubes do Preço]. Sam Walton abriu sua primeira Loja de Descontos Wal-Mart em Arkansas, em 1962; em cinco anos, ela havia se tornado uma cadeia com 24 lojas de descontos espalhadas pelo estado. Da década de 1970 em diante, a Wal-Mart expandiu sua rede, inicialmente abrindo lojas nos estados vizinhos e depois expandindo pelo país e no exterior. Em 2005, a Wal-Mart tinha 3.800 lojas nos Estados Unidos e 2.800 fora do país. Ela havia se tornado a maior empresa varejista nos Estados Unidos, Canadá e México; havia também se tornado a segunda maior mercearia no Reino Unido, graças à aquisição da Asda, em 1999, por 10 bilhões de dólares.[21]

A Wal-Mart abriu seu primeiro clube atacadista, chamado de Sam's Club (em homenagem ao próprio Sam), em Midwest City, no estado de Oklahoma,

---

21 Fishman, *The Wal-Mart Effect*, p.6.

MERCADORES DE CULTURA 55

em 1983, mas a origem da loja-armazém é normalmente atribuída a Sol Price, um advogado de San Diego. Tendo herdado um armazém vazio no início dos anos 1950, Price estimulou vários atacadistas a enchê-lo com um grande sortimento de mercadorias, que variavam de joias a móveis e bebidas, vendidas a preços de atacado para um quadro de associados, composto de funcionários públicos. A empresa, que ele abriu em 1954 com o nome de FedMart, foi um sucesso, e quando Price a vendeu, em 1975, ela havia se transformado em uma rede de 45 lojas. Com base no sucesso da FedMart, Sol Price e seu filho, Robert, fundaram, em 1976, a primeira loja Price Club, na periferia de San Diego. O conceito de varejo era simples: vender uma gama variada de mercadorias em grande volume a preços reduzidos, normalmente remarcados em torno de 10% do preço no atacado. Para garantir os preços baixos, os custos indiretos com despesas gerais eram mantidos em um mínimo: os produtos eram estocados em estrados ou altas prateleiras nos armazéns, localizados em terrenos baratos na periferia das cidades, e o número de funcionários era o mínimo necessário. A restrição no número de afiliados reduzia o risco de cheques sem fundo e de furto nas lojas, e as modestas taxas de afiliação ajudavam a cobrir os custos com as despesas operacionais. Depois de um frustrante ano inicial, os Price passaram a aceitar funcionários de hospitais, instituições financeiras e empresas de utilidade pública como afiliados, e isso foi o suficiente para que o negócio se expandisse. Em meados dos anos 1980, os Price tinham vinte armazéns, a maior parte deles na Califórnia, e a companhia gerava um lucro de 45 milhões de dólares sobre vendas de 1,9 bilhão de dólares.

O sucesso do Price Club produziu muitas imitações, como o Costco Wholesale Club, o Sam's e o BJ's. O Costco foi cofundado por James Sinegal, que havia trabalhado com Sol Price na FedMart e na Price Company, antes de deixá-la para formar o Costco com Jeffrey Brotman, em 1983. O Costco baseava-se em princípios muito semelhantes aos do Price Club e, de sua base original em Seattle, logo se tornou um importante concorrente. O Sam's Wholesale Club foi estabelecido pela Wal-Mart em 1983 e cresceu com muita rapidez; em 1993, estava à frente do Price Club e tornava-se o maior clube atacadista dos Estados Unidos, com 434 lojas e quase a metade do mercado. Em parte como resposta à ameaça do Sam's, os Price decidiram fundir-se com o Costco, o que os colocou em terceiro lugar entre os clubes atacadistas em termos de receita total. A nova companhia, a PriceCostco, revelou-se uma união instável; Robert Price deixou a empresa em 1994, e em 1997 ela mudou o nome para Costco Wholesale. O Costco e o Sam's são agora os clubes atacadistas líderes do mercado e têm porte bastante semelhante; com faturamento de 64,4 bilhões de dólares em 2007, o Costco tem o volume de vendas mais alto, embora o Sam's, com 713 lojas, tenha mais pontos de vendas no varejo.

O surgimento de comerciantes de massa, incluindo a Wal-Mart, a Kmart, a Target e os clubes atacadistas, como o Price Club, o Sam's, o BJ's e o Costco, criou uma ampla gama de novos pontos de vendas de varejo onde se podiam vender livros. Esses eram pontos varejistas que chegavam bem próximos da comunidade e tinham um alto nível de rendimento em termos de tráfego comercial: estima-se que 90% dos norte-americanos moram a quinze minutos de uma loja Wal-Mart, e 93% das famílias americanas fazem compras na Wal-Mart pelo menos uma vez por ano.[22] A partir de meados dos anos 1990, essas redes de comércio de massa tornaram-se pontos de venda cada vez mais importantes no varejo para certos tipos de livros – principalmente best-sellers, e sobretudo livros de ficção comerciais escritos por autores de renome, vendidos inicialmente em capa dura e depois em brochura. "Eles comercializam poucos títulos", explicou um analista de vendas de uma grande empresa editorial, "mas os títulos que comercializam geram muitas vendas".

Tabela 1.2. Market share das principais contas para dois best-sellers comerciais

	Market share (%)	
	romance de 2005	romance de 2008
Barnes & Noble	13	15
Borders	8	11
Costco	21	18,7
Wal-Mart	15,8	18,2
Sam's	17	11
Target	7,5	5,9
Amazon	2,9	5,4

Vendas de capa dura nas primeiras três semanas após o lançamento.

A Tabela 1.2 mostra o market share dos maiores varejistas americanos em relação às vendas de dois romances best-sellers de autoria de um consagrado escritor de ficção comercial. Um deles foi publicado em 2005 e o outro, em 2008; os números baseiam-se nas vendas da edição de capa dura durante as três primeiras semanas após o lançamento. Embora o market share para

---

22 Ibid., p.5-6.

cada conta varie um pouco de um livro para outro, o padrão geral é claro: a Costco é a maior conta, com 21% de market share para o livro de 2005 e 18,7% para o livro de 2008; a Wal-Mart e o Sam's (que é de propriedade da Wal-Mart) estão entre as contas mais importantes na sequência, com 15,8% e 18,2% de market share no caso da Wal-Mart e 17% e 11% no caso da Sam's. Juntos, os comerciantes de massa (incluindo a Target) responderam por mais da metade das vendas desses livros durante as três primeiras semanas após o lançamento – 61,3% em 2005 e 53,8% em 2008. O market share da Barnes & Noble foi de 13% em 2005 e 15% em 2008, enquanto a Borders teve 8% e 11%. Juntas, as megastores responderam por aproximadamente um quarto das vendas (21% em 2005 e 26% em 2008). O market share da Amazon aumentou de 2,9% em 2005 para 5,4% em 2008. Essas sete contas – quatro dos maiores comerciantes de massa, as duas redes de megastores e a Amazon – responderam por 85% das vendas dos best-sellers em capa dura nas três primeiras semanas. Todos os demais pontos de vendas – incluindo as outras redes, como a Books-A-Million e todas as livrarias independentes juntas – responderam por apenas 15% das vendas.

O padrão de vendas ilustrado por essas duas obras é específico para esse tipo de livro – isto é, um romance best-seller comercial de um autor consagrado, lançado inicialmente em capa dura. Para outros tipos de livro – uma obra de ficção literária, por exemplo, uma biografia ou uma obra séria de não ficção –, a distribuição das vendas por canal seria muito diferente: a Barnes & Noble, a Borders, a Amazon e as independentes responderiam por um market share maior, ao passo que os comerciantes de massa teriam um market share muito menor (e, com relação à maioria dos livros, nenhuma participação). O padrão de vendas por canal varia muito de uma categoria de livro para outra, de um formato para outro, de um autor para outro e, de fato, de um livro para outro. A distribuição das vendas também varia de um comerciante de massa para outro, quanto ao tipo e formato de livro, refletindo em parte os diferentes perfis demográficos de seus clientes. Por exemplo, a Wal-Mart tende a se sair melhor com ficção comercial em capa dura e brochura para o mercado de massa, enquanto a Target, com sua base de clientes em melhor situação financeira, tende a se sair melhor com brochuras comerciais. Os comerciantes de massa oferecem uma gama muito limitada de best-sellers, cuidadosamente selecionados para seus clientes. Eles oferecem grandes descontos, algumas vezes de até 43% – cobrando, digamos, 15,95 dólares por um livro de capa dura com preço de catálogo de 27,95 dólares. Outros varejistas, incluindo as redes de megastores, acham difícil competir com esses preços. "Os clubes, a Wal-Mart e a Target roubaram o negócio de best-sellers das lojas de redes, da mesma forma que, anteriormente, as redes roubaram o negócio de best-sellers das independentes", explicou o analista de vendas. "E elas conseguiram isso por causa dos descontos, que é precisamente a forma como as redes roubaram o negócio das independentes." As margens são muito pequenas, mas os comerciantes de massa conseguem tornar rentável o negócio de livros mantendo suas despesas gerais em um nível mínimo e realizando um grande volume de vendas. Os livros geralmente são empilhados em gôndolas ou mesas e mantidos em estoque apenas enquanto estão vendendo em um determinado ritmo – o normal, para um grande clube atacadista, são pelo menos 1.800 exemplares por semana para novas edições em capa dura. Livros que vendem em ritmo mais lento do que isso são devolvidos para abrir espaço para outros títulos. Por isso, as taxas de devolução dos comerciantes de massa tendem a ser altas – geralmente em torno de 50%, mas, para alguns títulos, as taxas de devolução podem chegar a 80%. Esse é um negócio de grande volume e pequena margem de lucro, no qual as oportunidades de vendas são grandes – os comerciantes de massa podem movimentar grandes números de livros –, mas os riscos em termos de devolução são muito mais altos do que em outros canais de varejo.

As mudanças radicais ocorridas no mercado nos últimos quarenta, cinquenta anos vêm produzindo um panorama varejista que fica muito longe do grupo de livrarias independentes, lojas de departamento e outros pontos de vendas onde se vendiam livros nos anos 1950 e anteriormente. A Tabela 1.3 fornece uma estimativa do mercado de livros no varejo nos Estados Unidos em 2006, dividida por canal. As megastores e as redes de livrarias responderam por cerca de 45% dos 12,4 bilhões de dólares do mercado de livros no varejo, enquanto as independentes, por cerca de 13%.[23] Os varejistas *on-line* responderam por cerca de 11% do mercado, e os clubes de livros e encomendas postais, por mais 10%. Outros pontos de venda, incluindo os comerciantes de massa e os clubes atacadistas, foram responsáveis por cerca de 5% do total, embora para certos títulos best-sellers sua participação no mercado teria sido muito mais alta, conforme já vimos. Trata-se de um mercado em que, no decorrer de cerca de quarenta anos, houve uma mudança de market share radical, de uma grande quantidade de livrarias

---

23 O mercado varejista de livros representa apenas parte do total de vendas de livros. Vendas nos Estados Unidos para todos os livros, incluindo testes para o mercado educacional, foram de 38,08 bilhões de dólares em 2006, um aumento de 3,1% em relação a 2005. Vendas unitárias para todos os livros (excluindo testes) não apresentaram variação em 2006 – 3,1 bilhões de unidades, um aumento de 0,5% em relação a 2005. Ver Oda; Sanislo, *The Subtext 2007-2008 Perspective*, p.1.

MERCADORES DE CULTURA

Tabela 1.3. Participação estimada do mercado norte-americano varejista de livros, 2006

	Porcentagem	Estimativa em milhões de dólares
Megastores/redes	45	5.571
Bibliotecas, escolas	16	1.980
Independentes	13	1.609
Internet	11	1.362
Clubes do livro/encomendas postais	10	1.238
Outros (comerciantes de massa, clubes atacadistas, drogarias etc.)	5	619
Total		12.380

Dados de vendas obtidos do Book Industry Study Group; somente vendas de livros (excluindo música, revistas, presentes, papelaria, cafeterias etc.).
Fonte: Oda e Sanislo, 2007, p.64.

independentes e lojas (sejam drogarias ou lojas de departamento) para as grandes redes varejistas – primeiro as cadeias de lojas em shopping centers, depois as cadeias de megastores, e agora os comerciantes de massa e as cadeias de clubes atacadistas – e para varejistas *on-line* (sobretudo a Amazon). E trata-se de uma mudança em que uma grande quantidade de varejistas de peso – a Barnes & Noble, a Borders, a Amazon e, para certos tipos de best--sellers, a Costco, a Wal-Mart, a Target e o Sam's – emergiu como clientes importantes das editoras e como agentes fundamentais na disputa para garantir visibilidade para os livros e chamar a atenção dos consumidores num mercado cada vez mais saturado. Esse pequeno, porém significativo, grupo de varejistas passou a ter enorme poder no campo editorial comercial, já que as editoras não vendem diretamente para consumidores, mas dependem cada vez mais desses gigantes do varejo para tornar seus livros acessíveis a consumidores e encorajá-los a comprar.

AS PECULIARIDADES DOS BRITÂNICOS

A transformação do panorama varejista nos Estados Unidos refletiu-se em mudanças semelhantes no Reino Unido; a maioria dos participantes do mercado era diferente, algumas das práticas costumeiras eram especificamente britânicas e as consequências foram, sob certos aspectos, mais radicais, mas o padrão geral foi o mesmo. Na maior parte do século XX, o comércio britânico de livros fora regulado pelo Net Book Agreement (NBA) – um acordo informal entre editoras e livreiros proposto pela Macmillan por volta de 1890, após um período de grande alvoroço e de acirrada concorrência na indústria editorial.[24] O acordo baseava-se na ideia de que as editoras estabeleceriam um preço fixo, ou um preço "líquido", no varejo para cada livro que lançassem; os livreiros concordariam em vender os livros pelo preço líquido em troca de um desconto que lhes permitiria ter uma margem razoável. Qualquer livreiro que infringisse as regras não receberia suprimento das editoras. O acordo passou a vigorar em 1º de janeiro de 1900 e continuou assim por quase todo o século XX, criando um ambiente relativamente estável para editoras e livreiros.

O NBA, no entanto, não ficou isento de crítica e foi contestado em várias ocasiões. Em 1959, teve de submeter-se ao Restrictive Practices Court [Tribunal de Práticas Restritivas], um tribunal especial estabelecido pela Restrictive Trade Practices Act [Lei de Práticas Comerciais Restritivas] de 1956, e uma audiência sobre o caso ocorreu em 1962.[25] O Oficial de Registro dos Restrictive Trading Agreements [Acordos Sobre Práticas Restritivas] argumentou que o NBA era um cartel ilegal que fixava preços e agia contra o interesse público, ao passo que as associações das editoras e livreiros argumentavam que, dado o valor cultural e educacional dos livros, era de interesse público ter uma ampla rede de livrarias com estoque, e que isso seria arruinado se fossem permitidas vendas abaixo do preço, provocando um declínio na qualidade e na quantidade de livros lançados. O presidente do tribunal decidiu a favor das editoras e livreiros, e o NBA sobreviveu.

O alívio, entretanto, foi apenas temporário. O NBA enfrentou nova pressão no início dos anos 1990 por parte de uma série de varejistas e editoras para o mercado de massa que queriam testar descontos, na esperança de que preços mais baixos pudessem gerar volume maior de vendas. Terry Maher, diretor do grupo varejista Pentos, que em 1977 havia adquirido a Dillons – uma livraria acadêmica com sede na Gower Street, em Londres, e algumas pequenas livrarias em diferentes *campi* – e começado a implementar uma rede nacional de livrarias no final dos anos 1980, sempre ofereceu resistência ao NBA. "O Net Book Agreement foi estúpido, uma pedra no sapato. Quando tínhamos algumas lojas, não havia muitos problemas, mas depois que formamos uma rede nacional e estávamos criando a marca

---

24 Ver Feather, *A History of British Publishing*, p.100-2.
25 Ibid., p.202.

MERCADORES DE CULTURA 61

Dillons em âmbito nacional, acabou se tornando uma grande amolação", lembrou-se ele.[26] A Dillons começou a testar promoções de preços em 1989, incluindo uma tentativa – interrompida por uma liminar garantida pela Publishers Association [Associação de Editoras] – de dar descontos para os títulos finalistas do Booker Prize de 1990. Em 1991, a Red Consumer Books retirou-se do acordo – a primeira das grandes editoras a fazê-lo – e, em agosto de 1994, o diretor-geral do Office of Fair Trading [Escritório de Comércio Justo] deliberou que o NBA deveria ser reavaliado pelo Tribunal de Práticas Restritivas. Seguiu-se um período de confusão e incerteza. Em setembro, a Associação de Editoras anunciou que iria defender o NBA e, no dia seguinte, Tim Hely Hutchinson – então CEO da Hodder Headline – anunciou que iria praticar livremente os preços e descontos de seus livros no dia seguinte ao Natal. Em setembro de 1995, a Random House e a HarperCollins anunciaram que não estariam mais vinculadas ao contrato, e logo depois a varejista WH Smith – anteriormente uma das mais ferrenhas defensoras do NBA – anunciou uma grande promoção dos livros dessas editoras. O NBA estava efetivamente morto. Em março de 1997, o Tribunal de Práticas Restritivas fechou o caixão, decretando que o NBA era ilegal. A partir desse ponto, os varejistas ficaram livres para oferecer descontos em livros e vendê-los a qualquer preço que lhes aprouvesse.

Antes da dissolução do NBA, o Reino Unido tinha vivenciado o crescimento de redes varejistas de livros de forma um pouco semelhante ao que ocorrera nos Estados Unidos. Na década de 1970, e antes, a WH Smith – livraria de rua de comércio geral, papelaria e banca de jornal – era a protagonista no mercado varejista de venda de livros no Reino Unido. Originalmente estabelecida como banca de jornal e papelaria no atacado, operando no East End de Londres no final do século XVIII, a WH Smith havia se expandido rapidamente no século XIX, graças a uma série de acordos exclusivos com as maiores companhias ferroviárias para operar com quiosques de livros em estações ferroviárias.[27] No final da década de 1970, a WH Smith controlava cerca de 40% do mercado varejista de livros no Reino Unido. Pelo restante do mercado, respondiam algumas livrarias tradicionais e bem estabelecidas, como a Hatchards, de Picadilly, algumas pequenas cadeias, como a Blackwell e a Hammicks, e uma grande quantidade de pequenas livrarias independentes. Diferentemente do que ocorrera

---

26 Maher apud Bradley, *The British Book Trade*, p.228. Para um relato completo da campanha de Maher contra o Net Book Agreement, ver Maher, *Against My Better Judgment*, cap. 4.

27 Feather, *A History of British Publishing*, p.94.

nos Estados Unidos, o Reino Unido não tinha vivenciado o surgimento das redes de livrarias em shopping centers nos anos 1960 e 1970, pois esse fenômeno estava associado à geografia social das cidades americanas, com a migração da classe média para o subúrbio e o crescimento dos shopping centers suburbanos, com base nos altos níveis de propriedade de veículos.

Foi nos anos 1980 que o meio de venda de livros no Reino Unido começou a mudar de maneira significativa, em grande parte graças ao rápido crescimento da Waterstone's e da Dillons. Tim Waterstone foi trabalhar na WH Smith no final da década de 1970, mas foi demitido em 1982. Na época, ele estava escrevendo um artigo sobre vendas de livros no Reino Unido e havia elaborado um plano para um novo tipo de livraria – "uma loja que teria um estoque extraordinariamente bem escolhido, funcionários extraordinariamente bem-informados e uma espécie de desejo messiânico de vender livros – de preferência, venda independente de livros – mas vendê-los em rede", conforme afirmou. Waterstone conseguiu levantar seis mil libras para abrir sua primeira livraria na Old Brompton Road, em Londres, e depois obteve mais um financiamento para expandir a rede de lojas pelo país. Tratava-se de grandes livrarias localizadas em pontos centrais de zonas comerciais, com um imenso estoque, incluindo títulos de *backlists*, e projetadas de maneira a se tornarem agradáveis para os clientes, instigando-os a folhear as páginas dos livros. Em concepção e design, as lojas eram semelhantes às megastores que estavam sendo abertas pela Barnes & Noble e pela Borders nos Estados Unidos nos anos 1980, mas a ideia parece ter se desenvolvido de forma independente.[28] Enquanto a Waterstone's expandia sua rede nacional de forma muito agressiva, o grupo Pentos começou, a partir de 1986, a criar uma rede nacional de livrarias com a marca Dillons; em 1989, estavam operando com 61 livrarias espalhadas pelo país. Uma terceira cadeia foi criada em 1987 pelo empresário James Heanage, que tinha formação em publicidade e havia percebido a oportunidade de desenvolver uma rede de livrarias agradáveis, bem administradas, em cidades pequenas e médias no sul da Inglaterra; as duas primeiras livrarias Ottakar's foram abertas em Brighton e Banbury em 1988, e a rede continuou a se expandir

---

28 Tim Waterstone passara um tempo em Nova York, trabalhando para a WH Smith, no final dos anos 1970, e estava familiarizado com a Barnes & Noble, mas naquela época a B&N era conhecida sobretudo por sua grande loja de descontos na Quinta Avenida e não havia começado a criar suas megastores. "Eu realmente não estava observando a Barnes & Noble e a Borders na década de 1980", contou ele. "Honestamente, eu só estava obcecado com o que eu estava fazendo aqui."

na década seguinte. No final dos anos 1980, havia duas importantes cadeias de livrarias abrindo lojas em todo o país, e uma terceira abrindo lojas nas cidades menores do sul da Inglaterra. O espaço para venda de livros no varejo aumentava rápida e drasticamente. As três redes competiam entre si e reduziam a participação da WH Smith no mercado. Elas obrigaram muitas livrarias independentes a fechar as portas, por um lado por meio de ações predatórias e, por outro, porque muitas livrarias independentes eram negócios mal administrados que simplesmente não conseguiam competir com livrarias muito maiores e mais bem administradas, exatamente como nos Estados Unidos.

A concorrência entre a Waterstone's e a Dillons chegou ao fim no decorrer dos anos 1990, quando o setor varejista de livros do Reino Unido sofreu um processo de consolidação. Em 1993, Tim Waterstone vendeu a companhia ao seu empregador anterior, WH Smith, por 49 milhões de libras, e o negócio foi integrado a 48 lojas Sherratt & Hughes, transformando-se na marca Waterstone's. Como um empreendimento autônomo dentro do grupo WH Smith, a Waterstone's expandiu-se rapidamente e tornou-se a principal livraria especializada do Reino Unido. Em 1998, a Waterstone's foi vendida ao grupo HMV Media, estabelecido, sob a presidência de Tim Waterstone, pela corporação musical EMI e por um grupo americano de capital de risco chamado Advent para adquirir a Waterstone's e fundi-la com a Dillons. A HMV havia comprado a Dillons em 1995, quando o grupo Pentos, que era proprietário da Dillons à época, foi à falência. O grupo HMV Media pagou 300 milhões de libras por 115 lojas Waterstone's e 500 milhões de libras por duas redes EMI – 78 lojas Dillons e 271 lojas de música HMV. Durante um ano, as duas marcas concorrentes na venda de livros foram mantidas, mas em 1999 o nome Dillons foi abandonado e as lojas foram rebatizadas como Waterstone's. Em 2002, o grupo HMV operava com 197 lojas Waterstone's, a maioria delas no Reino Unido e na Irlanda, e 328 lojas HMV, que comercializavam música, filmes e jogos. A WH Smith também expandiu-se nos anos 1990, usando os lucros de vendas da Waterstone's para adquirir 232 lojas da rede John Menzies, baseada na Escócia – o que ocorreu em 1988 –, elevando para 741 o número total de filiais das lojas WH Smith na zona comercial.

No final dos anos 1990, a absorção da Dillons pela Waterstone's havia colocado a recém-expandida Waterstone's em uma posição dominante no mercado varejista de livros do Reino Unido, e isso também marcou o início de um período de mudança para a gigante varejista. As lojas de música da HMV desfrutavam enorme sucesso na época, e a administração da HMV resolveu aplicar à Waterstone's alguns dos princípios de varejo que haviam funcionado tão bem nas lojas de música – incluindo ênfase maior em campanhas e promoções na frente da loja, maior giro e redução da variedade de estoque. Esse modelo colidia com a concepção de Tim Waterstone para a venda de livros: "A HMV queria entrar no mercado intermediário, reproduzir no mercado de livros o que haviam feito de forma tão brilhante no mercado de música, mas isso simplesmente não funcionou com livros, e eu nem mesmo quis experimentar isso", explicou ele. "A Waterstone's depende de estoque pesado; ela depende de investimento pesado em estoque, depende da qualidade dos títulos de sua *backlist*. Quando se começa a reforçar o estoque, o que se está fazendo é reforçar a *backlist*. E, quando se começa a persistir na *backlist*, todo o perfil de venda de livros muda. Fica-se com uma *frontlist*, e, quando isso acontece, acaba-se entrando em uma guerra de descontos." Em 2001, Tim Waterstone renunciou ao seu cargo de presidente.

No final dos anos 1990 e início da década de 2000, a Waterstone's também enfrentou ameaças de novos agentes que haviam entrado no mercado. Em 1997, o Grupo Borders, com matriz nos Estados Unidos, expandiu suas operações para o Reino Unido, adquirindo a Books Etc.; em cinco anos, a Borders estava operando com 37 lojas Books Etc. e 21 superlojas no Reino Unido, e havia se tornado uma das maiores concorrentes da Waterstone's. Porém, a expansão da Borders não durou muito: o negócio foi vendido em 2007, conforme já foi comentado, e todas as suas lojas no Reino Unido foram fechadas em 2009.

O outro varejista norte-americano que entrou no mercado do Reino Unido provou ser mais resiliente. Tendo adquirido a Bookpages, livraria britânica *on-line*, em 1998, a Amazon rapidamente expandiu sua presença no Reino Unido e teve uma participação crescente no mercado. Em 2006, livrarias na internet haviam abocanhado cerca de 11% do mercado varejista de livros do Reino Unido – a mesma participação que tinham nos Estados Unidos –, e a Amazon era incontestavelmente a que tinha maior atuação. Embora a Amazon venda todo tipo de livros, ela é especialmente adequada para vender livros mais especializados e títulos antigos de *backlist*, afetando dessa forma a receita que a Waterstone's e outras lojas físicas conseguiam gerar com as vendas de *backlist*.

Outro grupo de protagonistas entrou no mercado varejista britânico de livros no final dos anos 1990: os supermercados – Tesco, Asda e Sainsbury's. Foi a derrocada do Net Book Agreement, em meados dos anos 1990, que abriu caminho para a entrada dos supermercados nesse segmento. Antes, os supermercados não demonstravam interesse pela venda de livros; os únicos livros que vendiam eram os de pechincha. A razão era simples: para os supermercados, a capacidade de concorrer em preço é crucial – para eles, é uma das principais maneiras de garantir vantagem competitiva frente a outros varejistas. Enquanto o NBA estava em vigor, a capacidade de usar preço como instrumento de concorrência para a venda de livros simplesmente não existia para eles. Entretanto, depois que o NBA desapareceu, os livros começaram a se tornar um complemento atrativo para os grandes supermercados no setor de produtos não alimentícios. Parte do objetivo estratégico de grandes supermercados como o Tesco era aumentar o setor de não alimentícios para se tornar tão forte quanto o de alimentos, e não alimentícios "pode referir-se a funerais, centros de jardinagem ou qualquer coisa que se explore agora", disse um ex-comprador para o Tesco. "Os livros eram considerados parte de entretenimento e parte da renda de lazer do consumidor." Porém, os supermercados tinham de vender os livros a preços suficientemente baixos para que não "fossem mais considerados compras especiais – é aquele lance, sabe, de 'colocar no carrinho'". Como o NBA havia desaparecido, os supermercados conseguiam negociar condições com as editoras que lhes permitiam oferecer grandes descontos, e alcançar os preços que achavam necessários para fazer do livro o tipo de mercadoria que estimulava o "colocar no carrinho". E os livros significavam uma vantagem adicional para os supermercados: eram das poucas mercadorias que poderiam ser devolvidas ao fornecedor se não vendessem, protegendo dessa forma o varejista do risco de ficar com um enorme estoque não vendido nas prateleiras; e eram dos poucos produtos em um supermercado a um preço recomendado na própria embalagem; assim, os compradores poderiam ver quão mais barato podiam comprá-los no supermercado.

Os supermercados começaram com brochuras e depois – três ou quatro anos mais tarde – passaram para a *frontlist* em capa dura e livros para o público infantil. Assim, no final dos anos 1990, desenvolveu-se dentro dos supermercados uma oferta diversificada. As principais redes contrataram compradores especializados em livros, que trabalhavam nos escritórios centrais e recebiam visitas regulares de representantes de vendas das editoras mais importantes. A prioridade do comprador era o "ranking" – ou seja, livros que estavam na lista de best-sellers em brochura ou capa dura, ou que provavelmente iram fazer parte dela. Os supermercados examinavam as listas de best-sellers produzidas por jornais como o *Sunday Times*, mas também produziam suas próprias listas de best-sellers, baseados em seus registros de vendas. Até mesmo os maiores supermercados tinham uma quantia limitada de espaço disponível nas prateleiras destinadas a livros; portanto, o comprador tinha um espaço pequeno – talvez o suficiente para acomodar de seis a doze livros, dependendo da loja – que podia ser preenchido com novos títulos a cada duas semanas. Os títulos sobem e descem no ranking e permanecem nas prateleiras enquanto as vendas vão bem. Se continuar vendendo bem, o livro será mantido nas prateleiras. "Coisas como Martina Cole podiam ficar lá por oito meses." Porém, se as vendas caem ou simplesmente estão baixas demais, o título é retirado das lojas e devolvido à editora.

O impacto dessas mudanças no panorama do varejo no Reino Unido no final dos anos 1990 e início da década de 2000 foi marcante. Para as editoras comerciais, as mudanças significavam que uma taxa decrescente de suas vendas originava-se de tradicionais pontos varejistas de vendas de livros, e uma taxa ascendente originava-se de pontos de vendas não tradicionais, sobretudo os supermercados. Pode-se observar isso na Tabela 1.4, que discrimina as vendas por canal de uma importante editora comercial do Reino Unido em 2000 e 2006. Em 2000, a Waterstone's e a Ottakar's, juntas, responderam por 28% das vendas; em 2006, sua participação conjunta havia caído para 23%. (Em 2006, a Waterstone's comprou a Ottakar's; elas estão agrupadas aqui tanto em 2000 quanto em 2006, para estabelecer um ponto comum de comparação.) A participação da WH Smith mostrou leve queda, de 13% em 2000 para 12% em 2006. Outras cadeias, incluindo a Borders, a Books Etc., a Blackwell e outras, responderam por 11% em ambos os anos. A participação das livrarias independentes caiu significativamente – de 8% em 2000 para apenas 3% em 2006. Os atacadistas caíram de 14% para 9%. Contrastando com isso, as vendas pela internet – que são preponderantemente da Amazon – aumentaram de 2% em 2000 para 7% em 2006; talvez até esses números subestimem o volume real e o aumento das vendas *on-line* no varejo, já que a Amazon e outros varejistas na internet adquirem parte de seu estoque de atacadistas. Contudo, os percentuais mais surpreendentes nessa tabela são aqueles que indicam vendas em supermercados, que duplicaram de 12% em 2000 para 25% em 2006. Para essa editora comercial, as vendas em supermercados responderam por um quarto de suas vendas em 2006, e os supermercados ultrapassaram a Waterstone's em termos de volume de vendas. Além disso, enquanto a participação da Waterstone's declinava com o passar dos anos, a participação do varejo *on-line* (Amazon) e dos supermercados aumentava rapidamente. Esses pontos de vendas não tradicionais foram as áreas de crescimento para essa e outras editoras comerciais, enquanto as tradicionais livrarias físicas continuavam estacionadas ou declinavam como canais de vendas.

MERCADORES DE CULTURA

Tabela 1.4. Vendas por canal de uma grande editora comercial do Reino Unido, 2000 e 2006

Canal	2000 (%)	2006 (%)
Waterstone's/Ottakar's	28	23
WH Smith	13	12
Outras redes	11	11
Independentes	8	3
Atacadistas	14	9
Biblioteca	4	2
Viagem	8	9
Internet	2	7
Supermercados	12	25

Em junho de 2011, o Grupo HMV anunciou a venda da Waterstone's ao bilionário russo Alexander Mamut por 53 milhões de libras. A HMV enfrentava sérias dificuldades financeiras, com as vendas em declínio e altos níveis de empréstimo, e a venda da Waterstone's foi parte de uma estratégia mais ampla com o objetivo de reduzir sua dívida total e garantir novos acordos de empréstimos com os credores. O novo proprietário da Waterstone's ofereceu a James Daunt o cargo de diretor administrativo. Como fundador da Daunt Books, uma pequena rede independente de comercialização de livros em Londres, ele ganhara reputação como administrador de livrarias bonitas, de alta qualidade, que contavam com uma clientela fiel. Administrar uma grande rede de livrarias em âmbito nacional e que enfrentava pressão crescente de supermercados, da Amazon e do crescimento nas vendas de e-books é um desafio de uma ordem completamente diferente.

Em capítulos posteriores, retornaremos às consequências dessas enormes mudanças no panorama de vendas de livros no varejo nos Estados Unidos e no Reino Unido; primeiramente, precisamos examinar as outras transformações estruturais do campo editorial.

– 2 –

O SURGIMENTO
DOS AGENTES LITERÁRIOS

AS ORIGENS DO AGENTE LITERÁRIO

O segundo fator que moldou a evolução do campo de publicações comerciais em língua inglesa nas últimas décadas foi o crescente poder do agente. O agente literário não é uma figura nova no campo editorial: os primeiros agentes profissionais surgiram em Londres no final do século XIX.[1] A mecanização de tecnologias de impressão no século XIX e o crescente letramento haviam contribuído para a criação de um mercado em expansão para jornais, periódicos e livros, gerando, dessa forma, uma demanda cada vez maior por material escrito. Agentes literários informais começaram a surgir nas décadas de 1850 e 1860, postando anúncios em periódicos como o *Athenaeum,* solicitando histórias para jornais e outras publicações; mas o primeiro agente literário profissional é uma designação normalmente reservada a A. P. Watt, um escocês de Glasgow que começou sua carreira como

---

1 Ver Hepburn, *The Author's Empty Purse and the Rise of the Literary Agent;* Gillies, *The Professional Literary Agent in Britain, 1880-1920.*

livreiro em Edimburgo antes de se casar com a irmã do editor Alexander Strahan e se mudar para Londres para trabalhar como leitor de originais e gerente de publicidade na editora de Strahan.[2] Quando a empresa de Strahan começou a enfrentar dificuldades, por volta de 1870, Watt passou a trabalhar como agente de publicidade, cargo que gradativamente se transformou em agente literário. Seu trabalho nessa função parece ter começado em torno de 1878, quando um amigo – o poeta e romancista George MacDonald – pediu-lhe que vendesse suas histórias. No início, ele o fez como um favor a um amigo – algo que outros haviam feito antes dele –, mas logo viu nisso possibilidades comerciais. Em 1881, Watt fazia divulgação de si mesmo como agente literário e como agente de publicidade. Começou a cobrar de seus clientes uma taxa para tarefas específicas, mas logo decidiu mudar para o sistema que adotava como agente de publicidade, ou seja, uma comissão de 10% sobre o valor recebido pelos clientes para as transações comerciais que fechava. Por duas décadas, Watt praticamente dominou esse campo, e, no final do século XIX, era representante de alguns dos escritores mais importantes da época, incluindo Walter Besant, Thomas Hardy, Rudyard Kipling e Arthur Conan Doyle. Nesse período, porém, outros indivíduos empreendedores – notadamente Albert Curtis Brown e J. B. Pinker – haviam percebido as oportunidades existentes e entraram na área, divulgando seus serviços e competindo com Watt na função de agentes de autores.

Não era incomum os primeiros agentes trabalharem tanto para editoras quanto para autores – na verdade, muitas vezes, eles eram "agentes duplos", buscando, por um lado, editoras e pontos de vendas para as obras de seus escritores e, por outro, buscando negociar direitos de séries ou de obras para editoras. Watt concebia sua função como um serviço de venda ou de locação de direitos autorais, e sentia-se feliz em atuar nessa posição, tanto para editoras quanto para autores. O fato de Watt, de vez em quando, trabalhar para editoras não lhe garantia a estima de todas elas, algumas das quais o viam como uma ameaça que poderia romper a relação tradicional entre a editora e o autor, e degradar a literatura, enfatizando o aspecto comercial. Foi, sem dúvida, A. P. Watt que o editor William Heinemann tinha em mente quando redigiu seu mordaz retrato do agente literário em 1893: "Esses são os tempos do intermediário", escreveu Heinemann. "Ele é, geralmente, um parasita. Prospera sempre. Ultimamente, venho me sentindo forçado a lhe dar um pouco de atenção em meus negócios particulares. Ele designa a si

---

2 Hepburn, *The Author's Empty Purse*, p.52 ss; Gillies, *The Professional Literary Agent in Britain*, p.27 ss.

mesmo como agente literário."[3] Não obstante o desprezo de Heinemann, no início do século XX, as editoras de Londres viram-se forçadas a aceitar a existência de agentes literários – eles haviam se tornado uma realidade na área editorial. Ao adquirir um conhecimento especializado das diferentes editoras, jornais e periódicos que tinham interesse em obter matéria escrita e se dispunham a pagar por isso, os agentes tinham condições de fornecer uma série de serviços a autores – oferecendo material para editoras e veículos de imprensa apropriados, negociando condições e contratos e recolhendo pagamentos e royalties – e isso era valorizado por muitos autores, inclusive alguns dos mais importantes da época.

Os agentes literários começaram a surgir nos Estados Unidos mais ou menos na mesma época de seus correspondentes ingleses. Entre os mais importantes dos primórdios estava Paul Revere Reynolds, que começou sua carreira trabalhando para a editora Lothrop, em Boston, antes de se mudar em 1891 para Nova York, onde lhe foi oferecido o cargo de agente americano da editora inglesa Cassell.[4] Embora suas principais funções fossem procurar editoras norte-americanas que pudessem ter interesse em publicar os livros da Cassell nos Estados Unidos e oferecer consultoria à editora sobre livros americanos que poderiam ser do interesse dela, Reynolds logo começou a procurar autores americanos que pudessem ter interesse em publicar com a editora. Em 1895, ele estava trabalhando de forma independente para alguns autores, oferecendo seus livros a editoras e cobrando 10% de comissão, se fechasse o negócio. Como Watt, Reynolds trabalhava como agente tanto para editoras quanto para escritores. Ele se via como intermediário, como um corretor no mercado literário, ajustando acordos entre compradores e vendedores de bens literários, independentemente de quem fossem eles.

Desde que começaram a atuar no mercado editorial, no final do século XIX, em Londres e Nova York, os agentes literários cresceram paulatinamente em número, e suas funções adquiriram contornos mais claros. Cada vez mais, os agentes passaram a ver que seus interesses estavam do lado dos autores, e, aos poucos, o papel ambíguo do agente duplo mudou para a concepção moderna do agente literário, cuja lealdade maior era para com os autores, que, de fato, os empregavam. Isso não significava que os agentes não tinham interesse no bem-estar das editoras. Eles precisavam trabalhar com as editoras e manter relações cordiais com elas, mesmo que não estivessem mais trabalhando diretamente para elas. Na maior parte das vezes,

---

3 Heinemann apud Hepburn, *The Author's Empty Purse*, p.3.
4 Hepburn, *The Author's Empty Purse*, p.73 ss.

eles se viam como mediadores entre autores e editoras e atendiam a seus autores, negociando acordos que ambas as partes – autores e editoras – considerassem justos e razoáveis. Conforme Curtis Brown afirmou em 1906, o agente literário "está entre o autor e a editora, e deve advogar melhor do que qualquer um destes a importância da maior obviedade no comércio, ou seja, que nenhuma barganha jamais é realmente sólida e honesta se não for lucrativa para ambas as partes envolvidas".[5]

Essa concepção moderna do agente literário continuou a moldar o desenvolvimento da profissão durante o século XX, mas, nos anos 1960 e 1970, novos fatores entraram em cena e ajudaram a aumentar o poder dos agentes; também alteraram a maneira como alguns agentes viam sua função. O mais importante desses fatores foi a expansão maciça do mercado criada pelo surgimento das redes varejistas. Começando com as cadeias de livrarias de shopping centers nos Estados Unidos e depois com as cadeias de megastores nos Estados Unidos e no Reino Unido, os livros se tornavam cada vez mais acessíveis a consumidores, de maneiras e em uma escala que antes era absolutamente impossível. Como qualquer outra mercadoria, vendiam-se livros em shopping centers e ruas comerciais, e, para vender livros, as redes usavam os mesmos princípios de varejo utilizados para vender música, filmes e outros produtos. Como resultado, elas conseguiam vender um volume muito maior, e os livros que já eram sucesso comercial tornaram-se sucesso em uma escala sem precedentes. Com interesses cada vez maiores, sobretudo para autores de best-sellers, os agentes sentiam-se mais fortalecidos para negociar uma participação crescente em um fluxo de receita também em expansão para seus autores. E quanto mais os autores ganhavam, mais os agentes também ganhavam, o que lhes permitia expandir e estabelecer seu próprio negócio.

Um segundo fator que entrou em cena foi o crescimento das oportunidades de exploração dos direitos ligados a uma obra. Hollywood estava faminta por matéria que pudesse se transformar em filmes, e a indústria editorial estava fornecendo um fluxo constante de histórias com boas tramas, que se prestavam bem a adaptações para a tela. Além disso, o domínio global da língua inglesa significava que livros escritos e publicados originalmente em inglês tinham potencial para ser explorados em múltiplos mercados ao redor do mundo, tanto por meio da venda de direitos em língua inglesa em diferentes territórios (com mais frequência, vendendo direitos

---

5 Brown, "The Commercialization of Literature" and the Literary Agent, *Fortnightly Review*, v.80, p.359.

norte-americanos separadamente de direitos britânicos e da *Commonwealth*) quanto por meio da venda de direitos em língua estrangeira (que, novamente, em alguns casos poderiam ser divididos em termos territoriais – direitos em espanhol para a Espanha poderiam ser vendidos separadamente dos direitos em espanhol para a América Latina, por exemplo). Entretanto, explorar efetivamente os direitos requeria conhecimento especializado de diferentes mercados e boa dose de respaldo administrativo. Muitas editoras careciam desse conhecimento especializado e simplesmente não conseguiam ou não se dispunham a fornecer o tipo de esforço conjunto necessário.

Um terceiro fator foi o surgimento, nos anos 1970 e início dos anos 1980, de uma nova linhagem de agentes literários que vinham de fora e chegaram ao campo editorial, mas não estavam, de modo algum, ligados às práticas convencionais de editoras e agentes. Eles entendiam a função do agente de uma nova maneira, não tanto como mediador entre autor e editora, mas como um autêntico defensor dos interesses de seus autores – que eles consideravam clientes. Os agentes tradicionais, em sua opinião, estavam imbuídos demais do *ethos* do mundo das editoras; tomavam como certas as formas tradicionais de fazer as coisas e preferiam a moderação, o meio-termo, ao tipo de defesa direta e franca que podia gerar o risco de arranjar problemas. Os novos agentes não tinham esse tipo de compunção. Alguns, como Morton Janklow e Andrew Wylie, surgiram do nada e destacaram-se entre os mais poderosos na área; o surgimento deles é tanto um sintoma como um testemunho da profunda mudança que ocorreu na natureza do agenciamento e nas relações de poder que estruturavam o campo editorial. Sem muito exagero, poderíamos descrever a emergência dessa nova linhagem como o surgimento do superagente.

O SURGIMENTO DO SUPERAGENTE

Morton Janklow chegou à indústria editorial por acaso. Graduado em Direito, trabalhava como advogado empresarial em um escritório de advocacia em Nova York, no início dos anos 1970, quando um ex-colega de classe, Bill Safire, telefonou um dia para ele pedindo ajuda na publicação de um livro que queria escrever sobre Richard Nixon. Safire escrevia os discursos de Nixon e, como conhecia bem o funcionamento da Casa Branca, sabia que havia mais do que o escândalo Watergate deixava claro na época; ele queria deixar a administração, tornar-se jornalista e escrever um livro. Janklow nada sabia sobre a área editorial, mas concordou em representar seu velho amigo e tentar encontrar uma editora para ele. Conhecia duas pessoas no mundo editorial de Nova York; telefonou para elas, convidou-as para um almoço e pediu que lhe enviassem uma cópia de um contrato padrão para publicação. "Depois que li os contratos, liguei para os dois e disse a eles: 'Quero fazer uma pergunta: será que algum escritor que tenha a cabeça no lugar assina esse contrato?'. E eles disseram: 'Qualquer escritor assina esse contrato. O que há de errado?' 'Quase tudo', eu respondi. 'A data e as partes estão ok, mas o resto é uma confusão total.' Então, pesquisei um pouco, não porque eu pretendia entrar no negócio – tratava-se de uma situação excepcional, até onde eu sabia –, mas porque Bill era um grande amigo e eu queria garantir que ele fosse adequadamente representado." Safire preparou um esboço para um livro sobre Nixon, Janklow convidou várias editoras para irem ao seu escritório e ver o esboço; começou, então, uma disputa pelo livro, e eles venderam os direitos por cerca de 250 mil dólares – na época, um adiantamento extraordinariamente alto para um livro de não ficção.

Quando Safire terminou o livro, o escândalo Watergate estava no auge, e a política americana era consumida pelo caso. O clima político havia mudado, e a editora, que havia comprado o livro com tanto entusiasmo cerca de um ano antes, ficou receosa; chegaram à conclusão de que não pretendiam mais publicar o livro e queriam seu dinheiro de volta. Janklow ficou enfurecido. Ameaçou processar a editora. "Ninguém jamais tenta forçar uma editora a publicar um livro", disse o editor. "'Ah', eu disse, 'não estou tentando forçar vocês a publicarem o livro; estou apenas tentando forçar vocês a pagarem por isso. Vocês não têm obrigação de publicá-lo. Apenas me deem 250 mil dólares e não o publiquem; vou procurar outra editora que aceite publicá-lo'". Janklow intimou a editora; o caso foi a juízo, ele ganhou, e eles acabaram ficando com o dinheiro e vendendo o livro para outra editora. "Meu cliente ficou feliz, sua reputação foi preservada, seu livro seria publicado e eu voltei ao meu escritório de advocacia. E, a partir daí, as portas começaram a se abrir. As pessoas começaram a me ligar e a dizer: 'Sabe de uma coisa? Meu agente nunca teria feito isso. Meu agente é um mediador entre mim e a editora; ele não defende os meus interesses'." Cada vez mais autores o procuravam e lhe pediam para representá-los, e logo isso passou a interferir muito em sua outra atividade, a de advogado. Assim, ele decidiu mudar de profissão e abriu uma agência literária.

Ao mesmo tempo, Janklow se tornou cada vez mais atento ao fato de que muitos autores eram mais importantes do que editoras para encorajar as pessoas a comprarem livros. "Um dia, entrei numa livraria apenas para ter uma ideia do lado varejista do negócio e percebi que ninguém entra lá e diz: 'Qual é o último título lançado pela Knopf?' 'Qual é o último título da Simon & Schuster ou da HarperCollins?'. Eles dizem: 'Onde posso encontrar o novo livro de Crichton?' 'Você tem o novo livro de Tom Wolfe?' Portanto, o escritor é a estrela – como acontece no cinema. Ninguém vai ao cinema para assistir a um filme da Paramount; eles vão lá para ver um filme com Tom Cruise. Então, comecei a negociar a partir da perspectiva de alguém que achava que estava com o controle da negociação. Isso nunca havia sido feito antes na área editorial, por mais simples que possa parecer." Ele não se sentiu constrangido pelas práticas e cortesias tradicionais do mundo editorial, já que esse não era um mundo no qual ele próprio havia se formado ou pelo qual sentia algum tipo de afinidade pessoal. "Os outros agentes na época tendiam a ser da velha guarda. Consideravam-se parceiros do escritor; eram gente com tino literário, não advogados. O escritor dizia: 'Quero isso', e eles diziam: 'Não vai ser possível, a editora nunca daria isso a você', e ponto final. A última coisa no mundo que eles faziam era advogar. Eles apenas aconselhavam." Em comparação, Janklow considerava que o autor, e não a editora, era quem estava em posição de poder, e que sua função como agente literário era atuar como advogado do autor, revisando contratos se sentisse que eram injustos para o autor. Por exemplo, Janklow não queria aceitar que a editora, depois de fechar um contrato com um autor, retivesse o direito unilateral de rejeitar um original entregue pelo autor, alegando que era inaceitável:

Desenvolvi uma cláusula na qual eu insistia que fosse aplicado um padrão à aceitabilidade de um original. A editora não podia simplesmente decidir por conta própria; isso era inaceitável. Escolhem-se livros quando se fecha um contrato. O autor é o autor desses três livros e a editora concorda *agora* que, se o livro sob contrato for escrito de acordo com esse padrão, ele será considerado aceitável, e que nenhuma alteração de circunstância econômica entre o contrato e a data de entrega pode afetar a aceitabilidade. Esse era um conceito totalmente novo, nunca utilizado anteriormente. As pessoas se sentiam ultrajadas com isso, e durante dois ou três anos algumas editoras não assinaram contratos. "Muito bem, então não aceite o autor", eu dizia. "Vou vendê-lo a outra editora. Vou derrubar esse sistema".

Foi em parte graças às ações de *outsiders* como Janklow que o padrão tradicional das relações no campo editorial se rompeu. Os direitos dos autores passaram a ser defendidos com mais vigor por agentes que se consideravam menos como intermediários – mediando a relação entre autor e editora – e mais como defensores leais dos interesses de seus clientes. Eles viam sua tarefa principalmente em termos legais e financeiros e deslocaram a centralidade da editora, reivindicando o controle dos direitos da obra de seus clientes e decidindo que direitos alocar, para que editora e em quais condições. Do ponto de vista dos agentes, a editora não era a protagonista da área, mas simplesmente um meio de obter o que eles queriam em nome de seus clientes, que era inserir sua obra no mercado da maneira mais efetiva e bem-sucedida possível. As tradicionais relações de poder entre autor e editora foram gradativamente derrubadas. "A editora era o rei, e o autor era grato pela oportunidade de ter sua obra apresentada ao público; agora o autor é o rei, e a editora é usada por mim e pelo meu autor como um instrumento para inserir o livro no mercado."

Morton Janklow criou uma agência extremamente bem-sucedida com base em uma sensata atitude comercial e legal, que dava pouca atenção às práticas editoriais tradicionais. Sua agência retinha direitos de peças teatrais e de publicação no exterior, e dedicava grande parte de sua atenção à administração desses direitos da maneira mais efetiva possível. "Nós *orquestramos* o uso desses direitos e como eles irão se relacionar um com o outro. Quando fecho um acordo, cada parte dessa transação é uma sinfonia, e cada segmento tem que tocar na tecla certa e no tempo certo."[6] Direitos de publicação no exterior, direitos de filmes, direitos de séries – tudo é parte da sinfonia que, regida com cuidado, pode ajudar a fazer de um livro um sucesso comercial. Ele aumentou a comissão para 15% para ajudar a cobrir os custos de gerenciamento de um grande escritório, com vários funcionários administrando direitos do exterior e direitos de royalties – uma comissão que agora se tornou mais ou menos padrão na indústria. Entre os clientes da Janklow & Nesbit, como a agência é chamada agora, estão alguns dos escritores mais famosos do mundo na área de ficção comercial, como Danielle Steel, Judith Krantz e Jackie Collins, bem como muitos escritores conhecidos de ficção literária e de não ficção séria.

Como Janklow, Andrew Wylie entrou no mercado editorial com a atitude de um *outsider*. Geralmente chamado pelos jornalistas de "chacal", ele é famoso – se não infame – por sua disposição de "roubar" autores de outros agentes e por sua busca obstinada por grandes adiantamentos, práticas que lhe valeram a ira e o respeito de colegas em medidas mais ou menos iguais. Quando decidiu criar uma agência literária em 1980, ele não tinha qualquer experiência na área editorial; seu pai fora editor na Houghton Mifflin, e ele havia estudado línguas neolatinas e literatura em Harvard, mas era um

---

6 Janklow apud Whiteside, *The Blockbuster Complex*, p.60.

neófito com relação ao mundo editorial. Considerando seus conhecimentos acadêmicos de literatura comparada, não era particularmente interessado em best-sellers de ficção comercial. O que o interessava eram obras de valor duradouro, que continuassem a vender com o passar dos anos, e a pergunta que se fazia era se poderia construir um negócio viável representando autores que estivessem escrevendo obras de boa qualidade. Quando viu as grandes agências de Nova York da época, ficou impressionado ao descobrir quão calorosas eram as relações que elas mantinham com as editoras:

> Quando olhei para as grandes agências, vi que o dinheiro vai da editora para o agente e, depois, para o autor. E por causa desse processo e da direção da receita, as grandes agências mantinham relações muito estreitas com as editoras; elas iam praticamente para a cama com as editoras, e essas pessoas aqui, os escritores, não tinham cultura, eram desinformados, sentimentais, tolos egoístas, infantis. E eles eram usados pelas agências para ficarem junto das editoras. Encontrei exemplos assombrosos de agências que tinham lealdade absoluta para com as editoras. E o que percebi, e que naquela época era revolucionário – parece estranho dizer isso, mas é verdade – foi que eu era empregado do escritor. Meu serviço era me tornar forte o bastante para meus empregadores – não se tratava de força para mim mesmo, mas para meus empregadores –, para que eu pudesse agir diretamente no interesse deles com a comunidade editorial, que nada podia fazer, exceto o que eu quisesse, por causa de nossa força, por causa daqueles que nós representávamos. Portanto, eu precisava de um grande número de empregadores. Eles tinham de ser de altíssima qualidade; nós iríamos encurralar o mercado em qualidade, por assim dizer, e iríamos impulsionar o preço para cima.

Os três principais componentes da estratégia de Wylie eram construir uma massa crítica de escritores de boa qualidade; ser extremamente atencioso e eficiente na busca dos interesses deles; e ser internacional. Diferentemente de Janklow, Wylie se posicionava, de forma consciente, do lado da qualidade do mercado literário, em parte porque coincidia com seus gostos literários ("Eu queria curtir a vida; portanto, não queria ler Danielle Steel"), em parte porque havia menos concorrência e em parte porque acreditava que era uma maneira melhor de construir um negócio a longo prazo. Havia menos concorrência, porque na época, por volta de 1980, a maioria dos agentes e editoras buscava autores de best-sellers, cujos livros pudessem ser vendidos em grandes quantidades pelas redes varejistas. Tom Clancy, Stephen King e Danielle Steel eram muito procurados, ao passo que Philip Roth, Saul Bellow e Salman Rushdie eram relativamente ignorados. Era uma maneira melhor de construir um negócio a longo prazo, porque ele estava voltado para a *backlist*: as vendas eram mais modestas, mas duravam mais, e, portanto, a longo prazo, produziam uma forma de receita mais estável, menos arriscada. "O melhor negócio é ter na lista cem autores que serão lidos em cem anos, não dois autores que serão lidos em cem dias. Portanto, sinto muito, mas vamos exigir um acordo melhor, uma avaliação mais precisa do valor da contribuição feita ao resultado líquido de uma editora por alguém como Roth."

Assim, Wylie se empenhou em construir uma grande base de clientes, com autores que estavam escrevendo o que achavam que seria de boa qualidade, tanto em ficção como em não ficção. Alguns não eram representados, mas muitos eram, e é aqui que sua controvertida prática de "roubar" autores entra em cena: ele telefonava para escritores que sabia já serem representados por outros agentes e apontava as deficiências de seus acordos atuais, chamando-lhes a atenção, por exemplo, para o fato de que alguns de seus livros anteriores estavam esgotados e que, com o esforço conjunto de um agente, eles poderiam voltar a ser impressos, ou que seus livros não estavam disponíveis em línguas e países onde poderia haver um mercado significativo. Muitos agentes achavam que essa prática ultrapassava os limites do razoável; ela infringia as normas às quais achavam que a classe deveria se ater. "É imoral", disse um agente, visivelmente enfurecido com a prática; "é como roubar a sua namorada". Porém, Wylie não queria saber de escrúpulos morais desse tipo:

> Acho que é preguiça ou exotismo, ou ambos, alguém assumir que não "rouba". É fingir que o mercado editorial é um negócio habitado por membros de uma elite social que tem uma espécie de jogo de cavalheirismo, e esse jogo de cavalheirismo colocava o escritor em desvantagem. Se um escritor ou escritora, como um contratante independente, está pagando uma taxa a um agente para cuidar dos seus negócios de forma adequada, e esse negócio não está sendo administrado da maneira apropriada, então me parece que o escritor ou escritora merece saber disso. Eles merecem saber a diferença entre uma agência que não tem consciência de que os direitos do escritor na Holanda não são explorados e uma agência que tem essa consciência. Eles devem pagar ao agente que sabe que esses direitos estão disponíveis na Holanda e pode vendê-los com uma ligação telefônica, não ao agente que não tem os sistemas para perceber que seus livros não estão disponíveis naquele país. Portanto, francamente, que eles vão para o inferno.

Wylie não abriu um negócio para melhorar a vida de outros agentes, mas para melhorar a posição de autores que escreviam o tipo de obra de boa qualidade que ele queria representar, e se ele irritava outros agentes no processo – como, de fato, aconteceu –, então que assim seja.

O segundo aspecto da estratégia de Wylie implicava ser extremamente atencioso e aguerrido na satisfação dos interesses do cliente. As necessidades e os desejos de cada cliente tinham de ser cuidadosamente compreendidos, já que cada pessoa tem seu próprio conjunto de exigências, e estas devem ser satisfeitas da maneira mais eficiente possível. E quanto mais forte fosse a base de clientes como um todo, mais condições ele teria de conseguir o que qualquer cliente desejasse individualmente. "Se um novo escritor disser: 'Quero pular por cima da parede', eu respondo: 'Podemos dar um jeito de você fazer isso'. E então eles dizem: 'Mas eu sou tão baixinho; como você pode me ajudar a pular essa parede?'. Aí digo: 'Bem, você sabe, há quinhentos outros escritores que nós representamos e você vai subir nos ombros deles'." Wylie não se desculpava quanto a satisfazer os interesses de seus clientes de forma combativa, sobretudo quando se tratava de negociar adiantamentos. "Somos criticados como agência por adotarmos uma estratégia mais agressiva para conseguirmos que Philip Roth, Salman Rushdie e Susan Sontag recebam um belo pagamento. Mas eles não são bem pagos, de forma alguma. Quem recebe muito dinheiro é Danielle Steel e Tom Clancy. Tom Clancy está recebendo 35 milhões de dólares por um livro. Michael Crichton, 22 milhões, Philip Roth, 22 milhões de dólares pela vida toda. Mas daqui a vinte anos o único que continuará vendendo será Philip Roth."

Então por que Wylie era tão determinado em assegurar altos adiantamentos para seus autores? Como muitos outros agentes, Wylie acredita que a única coisa que poderá garantir que uma editora fique atrás de uma obra e a publique com energia é o tamanho do adiantamento pago: quanto mais paga, mais está na retaguarda do livro, mais o priorizará, alocará recursos para garantir que ele seja um sucesso – "É uma lei de ferro".

A única pressão a que uma editora reage é a do demonstrativo de lucros e perdas que assina quando adquire um livro. Portanto, quando se está tentando vender um livro é preciso conseguir um adiantamento bem alto. O número de exemplares impressos tem relação direta com o adiantamento pago ao autor, não com a experiência de leitura do livro e de uma decisão do tipo: "Ah, esse é *A montanha mágica*, e esse não é", mas, em vez disso, é: "Ah, paguei a Thomas Mann 1 milhão de dólares e paguei a ele 100 mil dólares". Se paguei a Thomas Mann 1 milhão de dólares, irei imprimir 200 mil exemplares. Se paguei a ele 100 mil dólares, irei imprimir 30 exemplares. Tudo é estabelecido com base no demonstrativo de lucros e perdas, que se baseia no preço de capa.

Muitas editoras discordariam dessa fria avaliação sobre como as editoras determinam suas prioridades de lançamento e alocam seus recursos; e os editores e diretores de vendas citarão vários exemplos que parecem desafiar a lei de ferro de Wylie. O fato, porém, de que alguns agentes procedem com base na suposição de que essa lei prevalece – e, sem dúvida, há aspectos na maneira como grandes editoras trabalham que dão fundamento a essa suposição, como veremos – significa que a busca agressiva de grandes adiantamentos tornou-se um princípio condutor de alguns setores do mundo do agenciamento.

O terceiro elemento da estratégia de Wylie era desenvolver a agência em nível internacional. Isso era importante porque "qualidade vende com o tempo e vende internacionalmente", e, quando se tem os sistemas apropriados para explorar direitos de forma efetiva na arena internacional, pode-se gerar fluxos de receita adicional significativos tanto para o autor quanto para a agência. Entretanto, a maioria dos agentes não tinha bons sistemas para explorar isso. Ou elas administravam esses direitos de maneira precária e ineficaz, ou confiavam nos subagentes que atuavam em seu nome em mercados de língua estrangeira, ou cediam direitos do exterior à editora que adquiriu os direitos em língua inglesa. Na visão de Wylie, é improvável que tanto os subagentes como as editoras de língua inglesa sejam incentivados da mesma forma que o agente que trabalha em estreita colaboração com o autor. "Quando se compreende os objetivos do escritor, pode-se realmente fazer as coisas acontecerem ao redor do mundo com o mesmo nível de compromisso com que se faz as coisas acontecerem aqui nos Estados Unidos." Então, por exemplo, quando Philip Roth escreve um livro novo, um agente que está bem informado pode fechar um contrato com a Espanha ou com a Itália, não para apenas um, mas para 27 livros. Administrando cuidadosamente os direitos autorais, ele pode garantir que, quando as licenças para as edições em espanhol ou italiano de seus livros tiverem expirado, elas possam ser alocadas para uma nova editora. "A nova editora tem agora 27 livros de Roth para lançar, e não consigo dizer se estão entusiasmados. Eles pagam muito dinheiro pelo novo livro e muito dinheiro por todos os livros antigos. De repente, tem-se um volume tal que Philip Roth está chegando – em termos de compromisso da editora para com o autor – ao nível de Tom Clancy ou Danielle Steel. De repente as condições de concorrência estão niveladas, e quando o campo de jogo está nivelado, Shakespeare é o vencedor." Como gerente dos direitos autorais de seus clientes, o agente está, de maneira geral, em condições de determinar que direitos atribuir a que editoras. Uma editora pode querer adquirir direitos globais em todas as línguas e pode sinalizar seu desejo de fazer o máximo para obtê-los, mas é o agente que tem o poder de decidir, em consulta com o autor, se cede os direitos globais ou os fragmenta em diferentes mercados, conforme a língua e a região do mundo. E isso não gera conflitos com as editoras? "Há algumas desavenças", diz Wylie, "mas elas não são tão sérias a ponto de podermos chamar suas intenções de discórdia." As grandes editoras tornaram-se corporações globais com subsidiárias operando em muitos países de línguas diferentes, como veremos adiante; mas, nessa nova arena globalizada da palavra impressa, é o agente, e não a editora, que controla as chaves.

Andrew Wylie continua de certo modo um *outsider*, até mesmo um pária, no mundo dos agentes literários, e sua disposição de roubar autores de outros colegas é vista com desdém por muitos de seus contemporâneos. Porém, mesmo aqueles agentes que desprezam alguns de seus métodos costumam admitir que ele mudou as regras do jogo. "Andrew está completamente fora do *establishment*", comentou um agente sênior. "Ele é um homem brilhante e tem sido muitíssimo bem-sucedido. Atua fora do sistema, e acho que vem exercendo grande influência, sobretudo na maneira como alguns agentes mais novos atuam. Nos últimos quinze anos, foi provavelmente ele, mais do que qualquer outro indivíduo, que mudou o panorama do agenciamento."

A PROLIFERAÇÃO DE AGENTES

Morton Janklow e Andrew Wylie exemplificaram uma nova linhagem de agentes literários que entraram em campo nos anos 1970 e 1980, como *outsiders*, e desenvolveram uma abordagem para a defesa dos interesses de seus clientes muito mais assertiva e agressiva do que a adotada pelos agentes no passado. Nem todos os agentes seguiram os passos deles ou aprovaram seus métodos, mas, conforme suas agências cresciam em tamanho e potência, ficou difícil ignorá-los. Eles foram modelos – se bem que controvertidos – de um novo tipo de agente literário e de um novo estilo de agenciamento; e muitas de suas características iriam se tornar cada vez mais comuns no decorrer dos anos 1980 e 1990.

Ao mesmo tempo, as décadas de 1980 e 1990 testemunharam uma explosão no número de agentes operando nos centros metropolitanos do mundo editorial de língua inglesa – em Nova York e em Londres. Surpreendentemente, não há estatística precisa sobre o crescimento do número de agentes no decorrer das últimas décadas. A Association of Author Representatives [Associação de Representantes de Autores] – a associação profissional dos agentes literários – registrou 424 membros em 2008, mas isso nos diz

82 JOHN B. THOMPSON

muito pouco, já que muitos agentes e agências, incluindo algumas das mais poderosas, não são afiliados. Um agente em Nova York calculava que nos Estados Unidos havia 1.500 agentes, dos quais "97% estavam baseados em Nova York, que é onde se localiza o coração do mercado editorial", mas isso é apenas uma estimativa aproximada. A falta de dados estatísticos precisos é, em parte, reflexo de que o agenciamento literário sempre foi, e ainda é, uma profissão não regulamentada. Qualquer um pode se estabelecer como agente literário – basta se autodesignar agente, pegar um telefone (e agora uma conexão na internet) e mostrar algum conhecimento, por mais superficial que seja, de como funciona a indústria editorial.

Embora atualmente não haja dados precisos sobre o número de agentes em atuação nos Estados Unidos e no Reino Unido e de como esse número mudou com o passar dos anos, podemos ter uma ideia do aumento em números examinando os nomes de agentes e agências utilizados em contratos de livros nos últimos anos. O *site* publishersmarketplace.com – serviço *on-line* bastante conhecido por hospedar a *Publisher's Lunch*, um boletim popular para editoras e agentes – vem, desde 2004, monitorando os nomes de agentes e agências utilizados em contratos nos Estados Unidos, Canadá e no Reino Unido. Seus dados não são abrangentes; cobrem apenas contratos relatados a eles por uma das partes da transação, mais um pequeno número de acordos compilados de publicações de terceiros; portanto, agentes que fazem pequenos acordos à margem do campo provavelmente não aparecem nos números, mas os dados de que dispõem representam a compilação em grande escala das informações que temos sobre contratos relativos a obras do mundo anglófono. A Tabela 2.1 mostra o número de agentes e agências envolvidos em contratos de livros monitorados pela publishersmarketplace, entre 2004 e 2008. Em 2004, 811 nomes de agentes apareceram em contratos; em 2008, esse número havia aumentado para 1.018 – um crescimento de 25%. Em 2004, foram utilizados 471 nomes de agências; quatro anos mais tarde, esse número havia aumentado para 569 – 20% mais. Mesmo que esses dados não sejam abrangentes e se relacionem apenas com um breve período entre 2004 e 2008, eles evidenciam um crescimento significativo no número de agentes e agências na área.

Tabela 2.1. Número de agentes e agências em contratos registrados, 2004-2008

	2004	2005	2006	2007	2008
Agentes	811	954	1.019	1.006	1.018
Agências	471	554	578	555	569

Fonte: publishersmarketplace.com, 2009.

Então por que o número de agentes cresceu de forma tão significativa nas últimas décadas? Parte da explicação encontra-se na crescente oferta de indivíduos bem qualificados no campo editorial, os quais se encontravam sem emprego ou estavam insatisfeitos com a direção que sua carreira estava tomando. Esse crescente suprimento deve-se principalmente às mudanças que ocorreriam nas próprias editoras (mudanças que serão examinadas em maiores detalhes no capítulo 3); em suma, a crescente consolidação das editoras forçou muitos editores e gerentes a sair – inclusive alguns editores sêniores muito experientes, que tinham grande conhecimento da indústria. Outros não foram forçados a sair, mas mudaram-se para grandes corporações que exigiam que eles trabalhassem de novas maneiras, e alguns escolheram deixar os empregos e abrir seus próprios escritórios de agentes, em vez de se adaptarem a um novo conjunto de práticas pelas quais não tinham muita simpatia. "Houve muitos editores, como eu, que se tornaram agentes nos anos 1990", explicou um agente baseado em Londres.

E nos tornamos agentes em parte porque éramos vítimas da consolidação da indústria e não havia muitos empregos para pessoas como nós, e em parte por inclinação. Eu queria ver como era ser um agente – isso foi há quinze anos, e posso dizer que é muito bom. Você tem um extraordinário grau de liberdade de ação; não precisa angariar o apoio dos colegas para aquilo que deseja fazer. Como agentes aqui, não consultamos um ao outro sobre os autores que aceitamos. Numa editora, uma reunião editorial tem de produzir uma decisão coletiva. Aqui, contanto que se pague as contas, contanto que se pague a si mesmo, há completa liberdade de ação. Há muito pouco da burocracia que atormenta o mercado editorial atualmente; e outra coisa: fica-se próximo da fonte; estou no mercado editorial porque gosto de trabalhar com autores, e, como agente, sou, falando de maneira bem genérica, o primeiro ponto de contato com o autor.

Contudo, a crescente disponibilidade de indivíduos bem qualificados é apenas parte da explicação: o outro lado da história é que a demanda por agentes crescia. Houve várias razões para isso, mas duas delas se destacam por serem especialmente relevantes. Primeiro, com a consolidação que ocorria nas editoras, os editores passaram a ter cada vez mais mobilidade. Alguns foram forçados a deixar seus cargos, e outros escolheram deixá-los; alguns eram "caçados" pelas novas corporações que buscavam desenvolver seus programas editoriais, e outros mudaram-se para novas empresas em busca de melhores salário e emprego. Foi uma época de turbulência e de mudança, e os vínculos tradicionais entre autores e editores se romperam.

"Os escritores viram que seus interesses não estavam sendo protegidos", comentou um agente. "Ou eles ficavam com a editora e perdiam seu editor, ou tinham de se mudar com o editor e perder a *backlist*. Portanto, eles precisavam de alguém que estivesse realmente do seu lado." O agente tornou-se cada vez mais o principal ponto de contato com o mundo editorial. A maioria dos escritores não dispunha de tempo nem de inclinação para tentar manter-se a par de todas as mudanças que estavam ocorrendo na indústria – a maior parte, como o mesmo agente explicou, "não tinha a menor ideia de como era esse negócio no qual eles estavam tangencialmente envolvidos". Eles precisavam de um agente para cuidar de seus interesses e lidar com um mundo que, dia após dia, tornava-se cada vez menos pessoal e mais corporativo, mais complexo e mais prático.

Havia outra razão por que os escritores precisavam cada vez mais de agentes: no decorrer dos anos 1980 e 1990, o agente tornou-se efetivamente o *ponto de entrada necessário* no campo de publicações comerciais. Nos anos 1970 e antes, um agente era um extra opcional para um escritor; havia muitos autores que publicavam com editoras comerciais e trabalhavam diretamente com editores, sem a mediação de um agente. No final dos anos 1990, entretanto, ter um agente era uma necessidade: um escritor que quisesse publicar com uma grande editora agora *precisava* de um agente. Evidentemente, havia exceções. Mesmo em grandes editoras, no início do século XXI, havia casos de autores que assinavam contratos diretamente com a editora e que não tinham agente, embora esses casos fossem raros (e vêm se tornando cada vez mais raros). "Há apenas um ou dois autores que me vêm à mente que não têm agentes; e ambos estão agora contratando-os", disse o editor sênior de uma importante editora de Nova York. "Se tenho cem livros sob contrato, talvez 3% a 5% não tenham um agente ou advogado." De fato, a maioria das grandes editoras de Nova York e Londres não aceita mais que autores submetam obras à apreciação se não tiverem agentes, e se houver obras submetidas à apreciação por autores sem agentes – talvez por intermédio de um de seus outros autores – elas geralmente sugerem que o autor contrate um agente.

À primeira vista, isso pode parecer surpreendente: por que as editoras devem encorajar autores a contratar agentes quando sabem que eles provavelmente irão aumentar o preço e forçar um acordo melhor do que a maioria dos autores que, usando seus próprios meios, estaria inclinada a fazer? Parte da resposta é que a maioria dos editores e publishers não quer negociar detalhes financeiros e contratuais com os autores. Eles preferem separar o processo criativo de escrever e editar dos aspectos comerciais de negociação de adiantamentos e contratos; e acham mais fácil e menos incômodo se os aspectos comerciais forem tratados por agentes que, como eles, são profissionais da área editorial. O agente pode estar sentado do outro lado da mesa, mas ele está pelo menos sentado à mesma mesa e conhece as regras do jogo. Lidar com agentes simplifica o processo de negociação, mesmo que aumente os riscos, porque eles passaram pelo processo de negociação muitas vezes antes e "sabem o que pedir", como disse um editor sênior. É menos provável que tempo e esforço sejam desperdiçados na discussão de sutilezas contratuais, que são de importância menor, e isso também protege o editor de ter de se envolver demais com os autores no dia a dia. "Ultimamente, eles não têm tempo", explicou um agente, "portanto, não querem ninguém visitando--os à noite; não querem ninguém visitando-os pela manhã e não querem ouvir os detalhes do divórcio de ninguém. O agente filtra o que pode ser retransmitido, explica algumas das coisas que precisam de explicação, e o editor obtém uma versão concisa de qualquer assunto que seja, em vez de outra conversa de 45 minutos com alguém. É como se eu tivesse as longas conversas com os autores para que os editores não tenham de fazer isso". Muitos editores e publishers também reconhecem que um bom agente pode ajudar um autor a desenvolver suas ideias de forma a melhorar a qualidade da obra, agregando valor real – algo que pode ser de importância especial para novos escritores que ainda estão tentando achar seu caminho. "Muitas vezes, é melhor três cabeças do que duas trabalhando na questão", continuou o mesmo editor. Há, porém, outras razões mais profundas do que essas duas que ajudam a explicar por que os publishers e editores nas grandes casas editoriais tendem a preferir que seus autores sejam agenciados.

Como as editoras vêm se consolidando cada vez mais, a carga de trabalho individual dos editores tem aumentado, e eles, então, passaram a confiar cada vez mais nos agentes para lhes fornecer a triagem inicial de projetos; na realidade, os editores têm terceirizado o processo inicial de seleção para os agentes. "Os publishers nos veem como seus primeiros leitores", disse um agente sênior, "e eles presumem que, se algo vem dessa agência, então valerá a pena verificá-lo para fazer uma oferta ou não." De certa maneira, isso simplifica o serviço do editor, pois significa que ele pode confiar em agentes para empreender a busca inicial de um novo talento, percorrendo as páginas de revistas literárias, viajando para conferências e festivais literários, visitando os *campi* de faculdades e assim por diante. Igualmente importante, pode-se deixar para os agentes a tarefa de enfrentar o lamaçal de pilhas de cartas, e-mails e originais, tentando encontrar uma pérola entre quantidades entediantes de refugo não solicitado. Os agentes fornecem o primeiro filtro no sistema de seleção para que novos projetos de livros sejam canalizados para o mercado editorial. Na maioria das vezes, espera-se que os agentes, e não os editores ou publishers, sejam responsáveis pela descoberta de um novo talento, por encontrar novos escritores que julgam ser promissores e trabalhar com eles para transformar uma ideia ou um rascunho de original em algo que um editor ou publisher possa reconhecer como um projeto interessante de um livro com potencial de sucesso. Esse processo pode demandar muito esforço e tempo. Muitas vezes, ele leva a nada, embora ocasionalmente possa surgir um original que, com certas orientações do agente, resulte em um projeto que será aceito pelas editoras e pode até acabar se tornando um grande sucesso.

Entretanto, a terceirização do processo inicial de seleção para os agentes não é simplesmente uma questão de redução da carga de trabalho de editores e publishers: é também uma questão de dispersão dos riscos de avaliação do original. Como veremos em capítulo posterior, uma das principais características do mercado de publicações comerciais é que, para grande parte da *frontlist* (deixando de lado os autores de renome), ninguém realmente sabe quão bem recebido será um livro novo. É um negócio de alto risco, em que descobertas felizes e acidentais desempenham importante papel. Por isso, editores e publishers estão constantemente buscando formas de garantir apoio para avaliações arriscadas que têm de fazer toda vez que decidem aceitar uma obra de um novo autor ou de um autor que não tem um histórico claro e um público estabelecido. Nesse contexto, o fato de um autor e um projeto de livro terem sido aceitos por um agente é, por si mesmo, fundamental, e importa muito quem é o agente, porque editores e publishers passam a confiar em certos agentes como fontes confiáveis de conteúdo. No centro do mercado de publicações comerciais, há o que chamarei de *rede de crença coletiva*, e, na falta de evidência clara que fundamente as avaliações, o endosso de um agente de confiança confere credibilidade a autores e livros. Em um negócio em que a avaliação é um risco inerente e o sucesso geralmente depende de uma série de fatores intangíveis e imprevisíveis, buscar novos livros a partir de agentes de cujo gosto e sensibilidade se compartilha e que possuem uma trajetória de sucesso na descoberta de novos talentos é uma maneira perfeitamente compreensível – embora eminentemente falível – de dispersar os riscos.

Assim, embora, à primeira vista, os interesses dos publishers e dos agentes possam parecer diametralmente opostos, na prática eles estão entrelaçados em um sistema de interdependência recíproca e de benefício mútuo que traz vantagens para ambos. Os agentes precisam dos publishers e, de preferência, de um grande número deles para colocar no mercado as obras de seus autores, assegurar adiantamentos substanciais e garantir – ou tentar garantir – que seus livros sejam comercializados e vendidos de modo eficiente. Porém, editores e publishers também passaram a considerar os agentes como necessários no cenário, para terceirizar certas tarefas para as quais não têm mais tempo ou disposição de fazer e cujas análises e trajetórias lhes fornecem um recurso valioso para seus próprios processos de tomada de decisão. Os autores, por sua vez, hoje são realmente obrigados a tentar encontrar um agente, se quiserem ter sua obra publicada por uma editora de renome, já que têm pouca chance de colocar seu livro no mercado através de uma grande editora a menos que tenham o suporte de um agente (embora isso não se aplique a autores que se sentem felizes em publicar com uma pequena editora independente, marginal, como veremos adiante).

Os agentes e agências variam muito em termos de tamanho, poder e influência: como, em geral, ocorre com o mundo editorial, o mundo do agenciamento é hierarquicamente estruturado. As agências variam de agências bem estabelecidas, agências multimídia com várias divisões, das quais a publicação de livros é apenas uma, como a ICM (International Creative Management) e a Curtis Brown, a pequenas agências-butique, administradas a partir de pequenos escritórios ou mesmo da casa do agente, com muitas variações e gradações no meio. Contudo, até mesmo as maiores agências são negócios relativamente pequenos, e poucas têm mais do que uma dezena de agentes lidando especificamente com livros, embora os funcionários administrativos façam esse número crescer. (O número total de funcionários da Curtis Brown, uma das maiores e mais diversificadas agências de Londres, é de apenas 65, o que inclui 33 agentes, 10 dos quais são literários.)[7] Exatamente como ocorre com as editoras, o *status* de qualquer agência nesse mundo hierárquico depende dos tipos e da quantidade de capital que possuem – o capital econômico (na maioria das vezes, bastante pequeno), o capital humano (funcionários, sobretudo os agentes), o capital social (suas redes e contatos), o capital intelectual (direitos e direitos autorais que controlam) e o capital simbólico (prestígio e respeito conferidos a eles por outros *players* do campo). Qualquer agente individual será capaz de alavancar parte do capital acumulado pela agência para a qual trabalha – não apenas os recursos financeiros, mas também as redes, os contatos e a reputação que a agência tem no campo –, e isso, sem dúvida, torna seu trabalho mais fácil. Porém, espera-se que todos os agentes,

---

7 Ver De Bellaigue, "Trust me, I'm an agent": The Ever-Changing Balance Between Author, Agent and Publisher, *Logos*, v.19, n.3, p.114.

independentemente de sua posição, gerem um fluxo de receita própria, cultivando seus próprios contatos, construindo sua própria carteira de clientes e estabelecendo sua própria reputação no campo. Como eles fazem isso?

CONSTRUINDO UMA CARTEIRA DE CLIENTES

O mundo do agenciamento editorial é muito diversificado – não há um conjunto de procedimentos único. As formas de atuação variam de agente para agente e de agência para agência, e os problemas que enfrentam depende de quem são, de seus conhecimentos, de sua experiência e dos tipos de livros que estão comercializando. Em alguns casos, indivíduos com algum *status* na indústria são convidados pelo proprietário ou pelos sócios a participar de uma agência – isso, muitas vezes, foi o que ocorreu com editores bem-sucedidos que foram forçados a deixar seus cargos por conta da consolidação dentro da indústria ou que se sentiam insatisfeitos com o cargo que ocupavam e estavam à procura de uma oportunidade diferente. Esses indivíduos trouxeram consigo grande quantidade de capital social, já que haviam trabalhado no setor por um longo período e tinham muitas ligações com editores e autores. Eles também trouxeram consigo seu grande manancial de conhecimento dos negócios editoriais e uma boa percepção daquilo que os editores e publishers procuravam. Quando um indivíduo como esse ingressa em uma agência, ele pode herdar alguns clientes de um agente que está sobrecarregado ou que se aposentou, ou está prestes a se aposentar, mas ele também precisará sair e buscar novos clientes com muita disposição. Um agente que antes havia sido editor descreveu o processo da seguinte forma:

Quando cheguei aqui, herdei de um agente que havia se aposentado aproximadamente uma dezena de autores que já estavam aqui. Isso foi, de fato, muito bom para mim, porque eu tinha algo com que começar, mas não era suficiente. Então, fui à procura de mais. Visitei cursos de escrita criativa; usei um contato que tinha com o diretor de um desses cursos e disse a ele: "Posso fazer uma visita e conversar com os alunos?". Nós fomos jantar depois e ele me disse quem era bom etc. Bem, sabe, tudo mundo está nesse jogo. Escrevi para os que eram promissores e que eu achava que estavam escrevendo coisas interessantes. Um de meus clientes favoritos é alguém para quem escrevi depois que ele publicou um artigo em uma revista. Escrevi a ele e disse: "Acho que você deveria escrever um livro", e disso resultou um livro muito bem-sucedido, e o autor agora é um romancista bem estabelecido, e assim por diante.

Além de encontrar clientes por meio de iniciativas efetivas desse tipo, muitos agentes conseguirão novos clientes aceitando autores que lhes são encaminhados por seus clientes estabelecidos, que atuam eficientemente como olheiros, ou por outros agentes, que estão ocupados demais para aceitar novos clientes, ou até mesmo por publishers, que lhes encaminham autores. "Publishers que sentem que autores devem ter agentes dirão: 'Ah, fulano de tal ficou naquela agência por vários anos; ele está montando sua carteira de clientes – por que você não fala com ele?'", acrescentou o agente citado acima. "Acho que eles pensam que é inevitável que esses autores tenham agentes, e que eles preferem que esses autores tivessem o tipo de agente que eles gostariam de ter em vez do tipo de agente que eles não gostariam de ter."

O indivíduo que se torna um agente depois de ter sido editor ou publisher geralmente achará muito mais fácil construir uma carteira de clientes do que o jovem agente que começa como assistente e então, aos poucos, constrói sua carreira, embora essa seja a maneira como muitos agentes começam. A indústria editorial – tanto em agências literárias quanto em editoras – continua sendo baseada principalmente no aprendizado. "Você precisa, de fato, trabalhar com um mentor para progredir", explicou uma jovem que começava como assistente e havia trabalhado como agente por cerca de um ano. "Muito do negócio tem a ver com as relações. Não existe curso de como se tornar agente literário. É preciso trabalhar em uma agência para aprender." Ao ingressar em uma agência e trabalhar como assistente de um agente já estabelecido, um indivíduo aprende como funciona o negócio e suas idiossincrasias. Ele também tende a assimilar o *ethos* da agência específica na qual está trabalhando ou do agente específico que está assessorando, aprendendo as diferentes formas de fazer as coisas para torná-las suas também. Cada agência tem uma filosofia e uma cultura próprias, frequentemente moldadas pelas percepções e os valores pessoais de seu fundador, ou fundadores, que continuam ativos em muitas agências, e os jovens funcionários que aspiram a se tornar agentes tendem a encontrar sua posição a partir do agente ou da agência para a qual estão trabalhando. Embora gastem grande parte do tempo lidando com correspondência e contratos para o chefe, os assistentes promissores ganham certa liberdade para começar a construir sua própria carteira de clientes. Além do salário básico, eles podem ganhar uma pequena comissão sobre as vendas que fizerem. Alguns de seus clientes podem ser excedentes que o patrão passa para eles, outros podem ser clientes que escreveram para eles ou que eles descobriram na pilha de correspondência refugada, outros podem ser clientes que eles buscaram intensamente indo a conferências de escritores ou lendo artigos ou contos em revistas ou jornais. Aspirantes a agentes desse tipo são especialmente ansiosos por encontrar novos talentos, porque essa é a única maneira que têm de progredir no universo do agenciamento.

Para alguns assistentes, a oportunidade de progredir e tornar-se um agente na agência onde estão trabalhando eventualmente chegará, embora esse possa ser um longo aprendizado. "A partir do momento em que se entra pela porta e se senta para começar a trabalhar como assistente, acredito realmente que sejam necessários cinco anos para que se tenha plena confiança para se autodenominar agente", explicou uma agente sênior, que conquistou seu espaço e treinou muitos jovens. "Não importa se você vendeu cinco ou cinquenta livros nesse período; são cinco anos até que consiga perceber as nuanças." Alguns assistentes apegam-se a isso e, paulatinamente, ganham mais latitude para construir sua própria carteira de clientes, mas outros acham que têm de ir para outro lugar, a fim de poderem criar tempo e espaço para desenvolver sua própria carreira. "Eu estava ganhando muito pouco e não conseguia encontrar uma maneira de ter minha própria carteira de clientes", explicou uma jovem agente. "Se um dos grandes clientes de minha ex-chefe telefonava quando ela estava fora, eles estavam tão acostumados a me ver como assistente dela que pediam para falar comigo, mesmo que eu não fosse mais assistente, e diziam: 'Oh, será que você pode ler meu romance até amanhã?' Claro, eu o leria porque eu ainda trabalhava para a agência e aquele era nosso cliente mais importante, mas isso estava realmente se tornando um sacrifício." Então, essa jovem agente mudou-se para outra agência que tinha vaga para o cargo de agente júnior, onde ela achou que tinha mais liberdade para fazer seu próprio trabalho e construir sua carteira de clientes sem ser tolhida pelas expectativas que provinham de sua posição como assistente.

Alguns cargos de agente júnior como esse oferecem um salário justo; outros oferecem um salário-base baixo mais comissão; e outros apenas a comissão. Nas situações em que o agente ganha comissão, esta se baseará em uma partilha combinada com a agência – isto é, a comissão de 10% ou 18% recebida pela agência será dividida conforme o acordo fechado entre o agente e a agência, que pode ser algo como uma modesta quota de 20% ou 30% para incentivar um agente júnior, cujo principal serviço é administrativo, até uma proporção de 50 por 50 (50% para o agente e 50% para a agência), de 60 por 40, ou até mesmo, no caso de agentes mais experientes ou que trabalham em casa, de 80 por 20. Os agentes que recebem apenas comissão ou ganham comissão conforme e quando vendem seus livros

MERCADORES DE CULTURA 91

recebem-na em um "saque". "Um saque significa que a agência presume que você irá ganhar x mil dólares de comissão por ano e lhe paga como se fosse ganhar essa quantia", explicou uma jovem agente. "Se, no final do ano, você ganhar mais, é quase como um bônus e você recebe o extra. Se ganhar menos, dependendo da agência, eles podem ignorar ou pedir-lhe que devolva a parte deles." Para esses jovens agentes que trabalham com base apenas em comissão, geralmente é muito difícil manter o orçamento equilibrado. "Estou aqui há um ano", continuou a mesma agente, "e ainda não estou conseguindo sobreviver só com as comissões. É um negócio que você desenvolve." Ela dependia de suas economias, da renda do marido e de algum serviço de revisão como *freelancer* para garantir o orçamento mensal. Um ano mais tarde, havia se mudado para outra agência, onde lhe ofereceram um contrato melhor.

Considerando a tarefa de construir uma carteira de clientes, os jovens agentes geralmente têm uma missão muito mais difícil do que aqueles que já chegam lá com alguma experiência prévia e reputação no mundo editorial; falta-lhes o capital social e simbólico dos colegas mais estabelecidos e ex-perientes, e eles têm de acumular isso praticamente a partir do zero. Sarah estava trabalhando em uma agência de Nova York à base de comissão há apenas um ano. Ela explicou que, nessa fase de sua carreira, estava ansiosa para construir a carteira de clientes e tentava conseguir um ou, se possível, dois clientes por mês. Normalmente, recebia, por semana, mais de uma centena de propostas não solicitadas de possíveis escritores e lia todas, mas ignorava a grande maioria – menos de 1% era objeto de melhor análise. De vez em quando, um dos dois clientes que Sarah aceitava a cada mês provinha das quatrocentas cartas estranhas e não solicitadas que ela retirava, todo mês, "do proverbial depósito de rejeição", o que significa que, para essa jovem agente, que ansiava por encontrar novos clientes e prestava mais atenção a propostas não solicitadas do que a maioria dos agentes experientes teria tempo de fazer, as chances de um "candidato" a escritor ser aceito com base em uma proposta não encomendada eram de menos de um quarto de 1%. A maioria dos novos clientes de Sarah era resultado de suas próprias buscas, mas até mesmo esse método era fortuito e geralmente resultava em frustração. Revistas e periódicos especializados eram sua principal fonte. Ela lia com regularidade uma série de revistas femininas, como, por exemplo, *Marie Claire*, e todas as revistas literárias – *The New Yorker, Mississippi Review, Missouri Review, Paris Review, Tin House* etc. Encontrava escritores de cujo trabalho gostava, mas as chances de tê-los como clientes eram pequenas:

Gasto cerca de 50 dólares por ano com a assinatura da *Tin House* e talvez em todas as edições que leio encontro três escritores que me interessam, porque parecem estar naquela fase da vida em que são bons escritores e poderiam ter suas obras publicadas, mas não foram ainda descobertos. E estão prontos para serem descobertos. Então, estendo-lhes a mão. E desses três, o que normalmente acontece é que um já está representado, o outro não tem material com volume suficiente para um livro e o terceiro tem obra suficiente para um livro que eu solicito, leio, mas não gosto, ou que não está pronto ou que não é vendável. Portanto, é muito difícil. É como procurar uma agulha no palheiro. É muita agitação – está-se sempre correndo. Está-se constantemente observando – sobretudo no meu caso, pois não tenho uma carteira fixa de clientes gerando uma renda regular, escrevendo um livro por ano. Está-se constantemente procurando o próximo grande cliente para agarrá-lo antes que alguém o faça.

Um jovem agente lutando para construir sua carteira de clientes irá sempre enfrentar o problema do "roubo", já que muitos bons escritores que publicam nas revistas literárias já terão atraído a atenção de outros agentes que, da mesma forma, estão tentando adicionar novos clientes a suas carteiras. Na maioria das agências, jovens agentes tomam cuidado para não "roubar" abertamente, não apenas porque isso poderá ser considerado uma atitude imprópria pelos mais experientes, que os condenariam, mas também porque temem que isso possa causar danos ao recurso de que mais precisam nessa fase da carreira – a reputação. "Esse meio é muito restrito", explicou Sarah, "e se você adquire uma má reputação por roubar clientes, ninguém irá querer trabalhar com você. Esse tipo de coisa pode se espalhar e chegar até a comunidade de escritores; os clientes poderão não querer mais fechar um acordo com você; os autores poderão desistir de procurá-lo; os editores poderão não querer trabalhar com você; os agentes poderão não indicar clientes. É muito ruim para sua reputação, e ter má reputação é uma coisa que ninguém da área quer, de jeito nenhum".

Embora o tabu contra "roubo" seja intensamente sentido pela maioria dos agentes, e sobretudo pelos jovens agentes que estão lutando para se estabelecer, é um tabu vago o suficiente para permitir que cada indivíduo encontre sua própria maneira de se ajustar a ele. Sarah havia desenvolvido sua própria maneira de separar o que considerava uma atitude aceitável de uma atitude não aceitável. "Estou, na verdade, pensando agora em dois escritores novos, que eu adoraria roubar", confidenciou, logo depois de ter explicado com certa convicção por que ela achava esse um comportamento inapropriado, "e há maneiras sutis de descobrir se eles estão se sentindo infelizes com a situação em que se encontram". Ela elaborou melhor:

Li um conto que adorei em uma revista literária e pensei comigo mesma: "Este escritor tem de ser meu; eu quero este escritor". Então consegui localizá-lo no Google e também a informação sobre seu contato, e na terceira página descobri que ele já tinha um agente. Fiquei com o coração partido. Percebi que o agente era do tipo bem jovem; então, enviei um e-mail para o escritor, dizendo: "Prezado fulano de tal, adorei seu conto; ele me tocou de muitas maneiras. Eu adoraria se pudéssemos almoçar juntos. Por favor, diga-me se ainda não tem um agente, e aí poderemos almoçar". Isso deixa a porta aberta, porque a pessoa poderia responder e dizer: "Sinto muito, mas já tenho um agente e estou feliz pela maneira como sou representado". Nesse caso, eu escreveria de volta e diria: "Fico feliz por saber que você está em boas mãos e estou ansiosa por ler seu próximo conto". Ou essa pessoa poderia responder e dizer: "Não estou feliz com a minha representação; estou reconsiderando isso e adoraria poder me encontrar com você". Se ele já está infeliz, eu estaria disposta a me encontrar com ele, mesmo que ache isso perigoso. Em outras palavras, vou fingir que nunca cheguei à terceira página daquele *site* e que fiquei apenas nas duas primeiras páginas. Essa é uma maneira sutil de fazer as coisas.

Mesmo nesse caso, Sarah explicou, ela esperaria até que o escritor rompesse as relações com a agência e retornasse a ela, antes de lhe perguntar formalmente se poderia representá-lo: "Eu queria que ele tomasse a decisão de forma independente e pessoal".

Para alguns agentes que estão tentando construir sua própria carteira de clientes, há um momento crucial, que muitas vezes ocorre por mero acaso e, repentinamente, dá um impulso em sua carreira e os coloca no mapa dos agentes. Pode ser uma ligação telefônica inesperada, um escritor que lhes foi encaminhado por um amigo ou um original que aparece sem ter sido encomendado – muitos jovens agentes vivem da esperança de que suas carreiras de repente se transformem por um afortunado evento do tipo. Uma agente sênior, que trabalhava na área há vinte anos, lembrava-se da feliz ocasião que a lançou na carreira:

Bem no início de minha carreira, eu era assistente de um agente literário muito conhecido; era uma tarde de verão de uma sexta-feira, e eu estava trabalhando – algo raro nesse segmento no verão – porque tinha de pôr umas coisas em dia. Atendi ao telefonema de um autor que havia escrito um romance. Na época, ele não era nada conhecido – havia publicado umas coletâneas de não ficção por uma pequena editora universitária do Meio-Oeste. Conversamos durante uma hora e meia, e, no final da conversa, ele disse: "Posso enviar meu livro a você?". Respondi: "Claro que sim, mas vou ter de passá-lo para outra pessoa na agência". Ele disse: "Tudo bem, mas realmente acho que este livro é muito bom e gostei muito dessa nossa conversa; por isso, acho que você seria a pessoa certa para lidar com ele". Eu estava apenas começando a aceitar clientes, então li o romance e o passei adiante para os outros agentes da firma, que eram superiores a mim, e, então, eles disseram: "Vá com Deus". E assim foi X (um romance best-seller que vendeu 4 milhões de exemplares nos Estados Unidos, transformou-se em filme, foi traduzido em 25 línguas e vendeu mais de 50 milhões de exemplares no mundo todo); foi assim que iniciei minha trajetória como agente.

Nem todos os agentes são tão afortunados quanto esta. Alguns lutam durante anos e jamais conseguem vender um livro acima de 100 mil dólares, muito menos um best-seller. "Sou agente há três anos e até agora não consegui fechar um acordo de seis dígitos. O que se há de fazer?", disse um jovem agente. Mas, no fim das contas, a situação de qualquer agente na área está indissoluvelmente ligada ao sucesso – ou não – dos livros específicos que eles vendem e dos autores que os contratam. Sua carteira de clientes é seu currículo, e sua reputação como agentes, juntamente com a confiança que conseguem obter dos editores e de outros envolvidos, é moldada pelos clientes que representam e pelos retornos e prêmios – tanto financeiros como simbólicos – alcançados e recebidos pelos livros que venderam.

À medida que um agente constrói sua carteira, os problemas que enfrenta começam a mudar. Ele chega a um ponto – e isso pode acontecer facilmente com um agente bem-sucedido, depois de quatro ou cinco anos na construção de uma carteira de clientes – em que tem um bom elenco de autores, e o tempo e a energia de que dispõe para aceitar novos clientes agora é muito mais limitado. A maioria dos agentes, inclusive sêniores de grande reputação, dirá que sempre tenta se manter aberta a novos autores, mesmo admitindo que isso se torna cada vez mais difícil. "Sou muito menos aberto do que costumava ser", disse um conhecido agente de Nova York, "simplesmente porque o dia tem apenas tantas horas. Minha tendência é de descartar clientes; sou muito leal àqueles que aceitei, e, com sorte, pouquíssimos me deixaram; portanto, não tenho tantos espaços para preencher, mas jamais desejaria não estar sempre procurando novos escritores, porque a emoção da descoberta de um escritor que ainda não teve nenhuma obra publicada é enorme; é diferente da emoção do sucesso de um escritor que já foi descoberto". Para o agente bem estabelecido, o problema se torna cada vez mais uma questão de equilíbrio entre os interesses dos clientes existentes e a inclinação natural da maioria dos agentes de querer renovar suas carteiras, aceitando novos autores. A maior parte das carteiras de agentes divide-se em autores ativos e inativos, já que alguns ficam quietos por um longo tempo, enquanto trabalham em uma nova obra, ou param totalmente de escrever. Isso permite que o agente concentre seu tempo e atenção naqueles autores que estão produzindo e cuja obra está tendo boas vendas e, ao mesmo tempo, possibilita que os autores menos ativos continuem quase passivamente em suas listas. A maioria dos agentes reluta em cortar um autor com o qual aceitaram trabalhar, por mais inativo que ele esteja. Em parte, isso ocorre porque veem a ligação com seus clientes como um elo de lealdade e compromisso mútuo: se um agente estivesse preparado para descartar os clientes menos produtivos, o que impediria que seus clientes mais bem-sucedidos, por sua vez, o descartasse? Em parte, é também porque mesmo o autor mais inativo pode, ocasionalmente, surpreender. "Autores que você pensa que se tornaram inativos, de repente, voltam com um livro novo incrível", comentou um agente. "Já se passaram cinco anos do último contrato, e então fechamos um novo contrato, e, de repente, há aquele novo impulso. O prazer do inesperado é, com certeza, uma das grandes recompensas dessa área."

Embora a maioria dos agentes seja muito leal a seus clientes e espere reciprocidade nesse sentido, há ocasiões em que agentes e autores se separam. Há ocasiões em que um agente chega à conclusão de que não vale mais a pena gastar seu tempo representando determinado cliente, normalmente porque se vê investindo muito tempo e esforço na leitura de rascunhos de material que não levam a lugar algum, embora a tendência seja uma separação com consentimento mútuo. Um agente contou que passou seis meses lendo rascunhos de um segundo romance que, na verdade, nunca deu certo, mas acabou decidindo submetê-lo a algumas editoras, porque não sabia mais o que fazer com o texto. Uma a uma, as editoras o recusaram, e, "no fim das contas, [o autor] e eu olhamos um para o outro bem dentro dos olhos, e simplesmente percebemos que eu não o estava ajudando mais. Sem dúvida, até mesmo a ideia de examinar outro rascunho de qualquer outra coisa que ele fosse escrever me enchia de medo. Então, ele foi procurar outro agente". O outro lado dessa equação é que a maioria dos agentes e agências depende financeiramente de uma proporção relativamente pequena de clientes cujas obras são um sucesso extraordinário, e a possibilidade de perder um desses clientes-chave é um temor constante. "Você vê qualquer negócio nesse meio, e cerca de 70% a 80% de nossa renda são gerados por algo entre 20% e 30% de nossos clientes", explicou o mesmo agente. "É uma equação assustadora e, algumas vezes, até mesmo pior do que isso, com o fluxo e o refluxo do sucesso das pessoas. E, então, de repente, você examina isso sentado à escrivaninha e pensa: 'Meu Deus! Se não tivéssemos X e Y, estaríamos perdidos!'." Há maneiras diferentes de um agente perder um cliente-chave – eles podem ficar doentes, morrer ou simplesmente resolver parar de escrever por um tempo; mas a possibilidade de perdê-los para outra agência é sempre um risco:

> Sem dúvida alguma, há circunstâncias em determinadas fases na existência de uma agência em que certo tipo de cliente – e vi isso acontecer, embora, graças a Deus, nunca tivesse sobrado para mim – diz: "sou agora um autor tão bem-sucedido que parte do que preciso demonstrar ao mundo é que sou representado por uma agência de muito sucesso. Portanto, por mais atraente que sua pequena agência-butique pareça, sabe, olhando de longe, William Morris é o lugar certo para mim. Quero estar lá com os grandes". Bem, não há muito o que fazer para evitar isso, e, sendo otimista, é-se inteligente e perceptivo o bastante na seleção do cliente em primeiro lugar para se proteger da possibilidade de que isso viesse a acontecer. Se você foi aquele que, quando eles realmente estão desnorteados, disse: "Normalmente não fazemos isso, mas que tal eu lhe emprestar uns dólares até seu próximo livro?". Não estou dizendo que é sempre suborno, mas há muitas maneiras de ser aquele que estava lá quando todos os outros pareciam ter desaparecido.

O PAPEL DO AGENTE

Então, como exatamente os agentes entendem seu papel perante os clientes? Em termos mais amplos, a maioria dos agentes descreveria sua função como a de administradores do desenvolvimento a longo prazo da carreira de seus autores. "Trata-se de coreografar uma carreira", como expressou um agente, de maneira magnífica. Isso se divide em vários componentes diferentes, incluindo os seguintes: preparar propostas e originais para avaliação; divulgar; vender; administrar direitos; administrar carreiras. Cada um desses é um assunto complexo por si só, e a lista não é exaustiva, mas um breve esboço dessas atividades serve, de alguma forma, para ajudar a esclarecer as funções do agente.

Depois que o agente decidiu aceitar um cliente, ele precisa trabalhar com o escritor para preparar a proposta ou o original para avaliação das editoras. Isso é especialmente válido para o primeiro livro, mas, dependendo do escritor e da fase de sua carreira, pode também se aplicar a obras subsequentes. Muita reflexão e esforço entram nesse processo. Não é incomum a proposta de um livro passar por seis ou mais rascunhos ou, no caso de um romance, o original ser revisado várias vezes à luz de um *feedback* do agente antes de ser apresentado à editora. "Tenho um autor que é um respeitado jornalista, e ele simplesmente não conseguia acertar a proposta", explicou uma agente sênior. "Examinamos cada rascunho, e isso nos tomou um ano. Provavelmente, eu poderia ter vendido o livro seis meses antes, mas eu queria que ele entendesse com clareza o que precisava fazer." O bom agente sabe – ou, pelo menos, deve supor – o que os editores e os publishers estão procurando, e quer apresentar as propostas de seus clientes nas melhores condições possíveis. "Trabalho como se tivesse apenas uma bala no revólver", continuou a agente, embora soubesse que, na prática, isso não era estritamente verdadeiro. Ela mencionou o caso de um agente mais jovem, que trabalhava na mesma firma e que submetera um romance para apreciação mais de quarenta vezes no decorrer de quatro ou cinco anos e, finalmente, o vendera. Ela admirava a tenacidade do agente, mas não era esse o seu jeito de fazer negócio; também comentou que alguns agentes não tomavam tanto cuidado e não se esforçavam tanto quanto ela. "Há alguns agentes que praticam a teoria do 'joga a merda na parede para ver se gruda'; eles veem algo e simplesmente jogam lá, e se vendem, muito bem; se não vendem, amém. Não sei fazer negócio desse jeito e não ensino as pessoas com as quais trabalho a trabalharem dessa maneira. Acho que o correto é dar o melhor de si."

Preparar uma proposta ou um original para submeter à avaliação de uma editora não é apenas uma questão de burilar um texto; é também uma questão de preparar o escritor. A maneira como se apresenta um escritor pode ser tão importante quanto a maneira como se apresenta um texto: o que esse escritor tem a dizer que não tenha sido dito antes? Que características especiais ele traz que outros já não tenham trazido? Evidentemente, em um mundo saturado de informações, onde a publicidade pode fazer uma grande diferença para as vendas de um livro, a aparência física do autor e quão apresentável ele é podem se tornar um fator relevante, sobretudo para livros de não ficção sobre tópicos específicos, e não é incomum agentes ostentarem seus autores de editora em editora, tanto para que os autores conheçam editores e outras pessoas envolvidas e aquilatem seu entusiasmo por um livro, como para que a equipe das editoras conheça o autor e avalie seu potencial de promoção do livro. Entretanto, preparar um autor para o processo de apresentação da obra é mais do que apenas aparência: é também o que aqueles que estão no negócio chamam de "plataforma".

"Plataforma" é um termo que se tornou especialmente preponderante no mercado editorial de Nova York nos últimos anos, embora as mesmas considerações entrem em cena em Londres, ainda que o termo seja usado com menor frequência. Basicamente, plataforma é a posição da qual um autor fala – uma combinação de suas credenciais, sua visibilidade e sua capacidade promocional, principalmente por meio da mídia. São esses traços e realizações do autor que estabelecem um público preexistente para sua obra, e os quais uma editora pode alavancar na tentativa de encontrar um mercado para o livro. Como disse um agente, "plataforma significa que tipo de público embutido esse escritor traz que possa garantir certo número de venda de livros". Uma plataforma é importante para todos os tipos de livros, mas é especialmente relevante para não ficção, sobretudo para determinados tipos de não ficção, como boa forma e dieta, em que, "atualmente, não há a menor dúvida de que o autor precisa ter uma plataforma nacional para vender seu livro". Se um autor aparece com regularidade na televisão ou tem uma coluna em um jornal ou uma revista, isso dá a ele uma plataforma de alto perfil, que cria um mercado potencial preexistente para seu livro. À medida que o mercado de livros se torna cada vez mais saturado, a plataforma do autor torna-se mais importante tanto para agentes como para os publishers, porque eles a veem como uma base sobre a qual podem construir um mercado para o livro; podem divulgá-lo e fazê-lo sobressair em relação a todos os outros livros que estão competindo pelo tempo e a atenção dos leitores, compradores, críticos e outros.

Alguns escritores já vêm com plataforma; outros precisam adquiri-la. Então, como um autor adquire uma plataforma? É nesse ponto que entra o bom agente. Um agente pode aconselhar o autor sobre como construir sua plataforma – onde publicar artigos, como melhorar seu *website*, e assim por diante. Porém, agentes bem conhecidos – aqueles que têm boa quantidade de capital social, acumulado ao longo de anos de *networking* estratégico – também podem visitar seus amigos e contatos na mídia para ajudar a conseguir exposição para seus clientes. Conforme um agente de uma grande agência explicou:

> Há ocasiões em que peço favores para meus clientes. Uma de minhas escritoras é editora em um grande jornal e lá escreve apenas histórias de interesse humanístico. Ela estava procurando um novo projeto e eu disse: "Esse cara é importante; se você escrever um artigo sobre ele, as editoras irão disputá-lo"; foi exatamente o que aconteceu. Isso é o que chamo de acordo ideal. Ajuda muito. E estar em uma grande agência como essa ajuda. Algumas vezes procuro outro agente e digo: "Será que alguém do *New York Times* pode escrever um artigo sobre isso?". Há, sem sombra de dúvida, um sistema de patronato em curso.

Ao colocarem seus clientes-autores em contato com gente da mídia que pode ajudar a dar-lhes mais exposição e visibilidade, os agentes bem relacionados podem ajudá-los a construir ou ampliar suas plataformas, fortalecendo-os quando se trata de "vender" a proposta às editoras.

A maneira como um agente anuncia uma proposta ou um livro depende muito de dois fatores: se é um novo livro de um autor de renome que já publicou um ou vários livros ou se é um livro de um autor que ainda é uma incógnita. Apregoar um novo livro de um autor já estabelecido é geralmente fácil, sobretudo se o autor tem boa relação com uma editora em especial e com o editor, se tudo está indo bem e se o autor deseja continuar com essa editora. Em casos como esse, que representa uma boa proporção dos acordos feitos pelos agentes que têm uma carteira de clientes já bastante sólida, o agente simplesmente informa o editor ou o publisher sobre o novo livro, explicando como a obra se ajusta ao trabalho anterior do autor, como ele deveria ser posicionado no mercado e discute questões financeiras e condições. Entretanto, essa maneira aparentemente fácil e direta de negociação pode se tornar mais complicada. O autor e o agente podem estar em busca de mais dinheiro e melhores condições, a editora pode estar interessada em reduzir o adiantamento à luz das vendas do livro ou dos livros anteriores, o autor pode estar se sentindo "órfão" em uma editora específica, e assim por diante. Um autor se torna órfão quando o editor ao qual o livro foi originalmente vendido deixa a empresa e o livro é herdado por outra pessoa – algo que acontece cada vez mais com as fusões e aquisições entre as editoras. Nesses casos, muitas vezes, um autor se sentirá abandonado, perdido. "Na maioria das vezes, não dá certo; então, é necessário mudar o autor de editora", explicou um agente. "É um negócio muito pessoal. É preciso entrar em contato com o editor que queria o livro e o queria como escritor e a maneira como escreveu etc., e a pessoa que vem depois gosta de você, mas tem outros escritores dos quais gosta mais. Então, o que mais se faz é promover o livro para uma editora enquanto pensa: 'Isso não vai dar certo; vou tentar outras editoras'."

Quando se trata do primeiro livro de um novo autor, ou de um autor que está publicando um livro comercial pela primeira vez ou buscando intensamente uma nova editora, as questões são um pouco diferentes. A primeira questão que o agente tem de resolver é: quem irá gostar do livro? O agente tem de planejar quais editores ou publishers devem ser contatados para esse livro ou essa proposta. No planejamento, entram muitos elementos diferentes: em parte, é baseado na visão do agente sobre o tipo de livro e a editora ou selo que seria um lar adequado para o texto; em parte, é baseado no conhecimento do agente de quem é quem nas diferentes editoras e quais são suas preferências e tendências; em parte, é baseado no seu conhecimento de quanto as diferentes editoras normalmente pagarão ou quanto ele acha que pode conseguir para esse livro; em parte, é baseado na sua experiência de trabalho com editores e editoras específicas; e, em parte, é baseado na sua avaliação de quão interessado determinado editor ou publisher está em certo momento, e de quanto apoio ele pode conseguir dentro da editora. Frequentemente, essas avaliações são elaboradas, e há muita experiência e conhecimento implícito, colhidos de incontáveis conversas em almoços de trabalho, utilizados pelo agente para elaborar uma estratégia apropriada para um livro específico.

Conhecer o gosto de diferentes editores e publishers é crucial, e isso é parte do conhecimento prático que um agente adquire trabalhando com editores e conversando com eles sobre os livros de que gostam e de que não gostam. "Nesse negócio, conversa-se sobre livros o tempo todo e, pouco a pouco, passa a conhecer o gosto das pessoas", disse um agente. Portanto, ao tentar descobrir a que editores submeter um novo livro, o agente está sempre procurando combinar o conteúdo desse livro em particular, seu estilo e traços específicos, com o que percebe serem os gostos de editores específicos: trata-se de um exercício de equilíbrio de gostos; mas trata-se também de saber quem está procurando o quê, em que momento e quanto poder e respaldo eles têm dentro da organização. Um agente sênior de Londres colocou a questão da seguinte maneira:

É preciso saber o que está acontecendo; é preciso saber quem está lá em cima e quem está lá embaixo; é preciso saber quem tem a carteira cheia e quem não tem a carteira cheia; é preciso saber quem está procurando que espécie de livro; é preciso saber quais editores têm a capacidade de fazer os livros passarem pelo sistema e quais editores não têm condições de fazê-lo; e fazemos isso falando com eles o tempo todo. Fazemos isso almoçando com eles, indo a festas, lendo o que sai na imprensa – isto é, tentando descobrir o que está acontecendo nas editoras. De certa maneira, é uma forma de espionagem – você se torna um espião na editora; mas não é bem um caso de espionagem, porque espionagem implica que se esteja tentando obter informações de pessoas que não querem dá-las, enquanto, na verdade, o que acontece quando nos sentamos para almoçar com um publisher é que eles têm tanto interesse no comércio de informações quanto você.

Como muitos agentes trabalharam para editoras em fases anteriores de suas carreiras, eles têm uma boa ideia de como as casas funcionam. Mas precisam acompanhar as mudanças que ocorrem dentro delas e os movimentos entre elas, e tentar descobrir que editores são a favor e que editores são contra, e a única maneira de fazer isso é conversando com as pessoas que trabalham nas editoras e coletando todo tipo de informação.

Todo agente tem um mapa cognitivo do campo das editoras, dividido em *players* de diferente porte e poder, que por sua vez estão divididos em selos dentro de cada editora e habitados por nomes dos editores e publishers que o agente conhece pessoalmente ou dos quais ouviu falar. O mapa é sempre hierárquico: as grandes corporações editoriais estão no topo, com seus vários selos listados embaixo, geralmente por ordem de tamanho e importância, seguindo-se as editoras consideradas sérias, mas menores, e depois delas vem um punhado de pequenas editoras. "Definitivamente, há uma lista A, uma lista B e uma lista C", disse um agente sênior de Nova York. "Detesto admitir, mas existe mesmo. Estou sendo honesto com você. Sem a menor dúvida, há uma hierarquia. Em parte, tem a ver com quem paga mais; em parte, com quem produziu o maior número de best-sellers; e, em parte, tem a ver – e para mim essa é a preocupação principal – com quem, no fim das contas, é o melhor editor para um livro em particular." Quando um agente está considerando que editor ou publisher contatar para determinado livro, ele geralmente tem alguns nomes em mente – com frequência, editores com os quais trabalhou antes e cujos gostos conhece bem. Entretanto, normalmente ele também consulta seu mapa cognitivo – sua lista principal de editoras – e tenta encontrar outros nomes. Uma agente de Nova York explicou como faz isso:

> Tenho uma carteira principal que examino e penso: "Esse daria certo para tal e tal lugar, então para quem devo enviar?". E examino a carteira principal e penso: "Ok, fulano e fulano seriam a escolha perfeita para este na Penguin". Muitas vezes, numa agência desse porte, nós circulamos e conversamos uns com os outros a respeito: "Tenho este livro; ele é sobre o seguinte", e sentamos juntos no escritório de um e de outro e batemos um papo a respeito do livro por algum tempo. E temos também uma reunião com os agentes toda semana; se chegamos a algum impasse ou estamos apenas no começo, conversamos sobre diferentes projetos e esboçamos ideias.

Na maior parte das vezes, o autor não é consultado nesse processo – a menos, é claro, que ele já tenha uma relação preexistente com determinado editor de determinada editora e gostaria de manter isso, em cujo caso o processo de submissão do projeto do novo livro será moldado por esse conjunto de preferências. Mas, para a grande maioria de novos livros de autores sem relações preexistentes com o mundo de publicações comerciais, esse processo de seleção de editores e editoras fica inteiramente nas mãos do agente. "O autor não sabe de nada", comentou um agente sênior de Nova York. "Quero dizer, se o autor diz: 'A propósito, sabia que Jason Epstein é meu tio?', eu o escuto. Mas, caso contrário, o autor está me pagando para conhecer esses editores melhor do que ele poderia conhecer".

Depois de o agente identificar os editores a quem o livro será oferecido, ele tem de contatá-los e contar-lhes a respeito do projeto – em outras palavras, ele tem de promovê-lo. Com frequência, a primeira abordagem é por telefone – alguns agentes sempre começam com uma visita e tentam descobrir o nível de interesse existente. "Tenho de saber em que posição eles se encontram, tenho de saber o que estão planejando, tenho de saber como é o seu programa de leitura", explicou um agente de Nova York. "E meu emprego como agente é fazer que a pressão arterial deles fique um pouco mais alta depois de minha visita." Depois disso, envio-lhes uma carta e uma proposta por e-mail. Alguns agentes fazem a maior parte da divulgação do livro por telefone e mantêm suas cartas de acompanhamento bem curtas e na medida certa, enquanto outros escrevem releases mais elaborados. O release reforça o livro: dá um pequeno *background* sobre o autor e o livro, geralmente aponta outros livros com os quais ele pode ser comparado, dá aos editores uma visão a respeito da obra e talvez algumas razões por que eles deveriam considerá-la. "Tento mostrar a eles uma maneira de descrever o livro aos colegas", continuou a agente. "Digo a eles como posicionar esse livro."

Algumas vezes, o agente explicita as desvantagens na carta de apresentação da obra, com a intenção de neutralizar potenciais restrições e focalizar a atenção do editor no que o agente vê como os verdadeiros pontos fortes do livro. "Há várias coisas que não posso oferecer", começa uma carta de apresentação do livro. "Não posso oferecer um autor passível de promoção especial. X não é uma pessoa sexy e atraente de 28 anos, fotogênica. É um homem tímido, que continua assustado com minha paixão pelo seu livro. Para deixar as coisas ainda piores, não posso oferecer a você um enredo muito instigante que possa ser descrito de forma eficiente." A carta, então, continua e compara o autor a vários autores de grande sucesso e acrescenta: "Li quatro rascunhos do primeiro romance em tantos meses, e minha convicção sobre o frescor do estilo aqui continua imperturbavelmente inalterada. Há aqui cenas inéditas e metáforas que pertencem somente a X." O que mais importa em uma ficção nova, explicou essa agente, são o enredo, as personagens e a voz. Ela sabia que o autor era um homem tímido, reticente, e que seu livro carecia de uma trama forte; mas as personagens eram bem desenvolvidas, e o autor criara uma voz nova e original; portanto, esses foram os traços que ela optou por enfatizar em sua carta-proposta.

A maneira como o agente apresenta o livro é de grande relevância, mas também é importante levar em conta quem é o agente. Agentes experientes, com um bom histórico anterior, tendem a ser ouvidos com mais atenção pelos editores e publishers do que agentes jovens, que estão lutando para consolidar seu nome. "Certos agentes têm mais prestígio, mais influência e mais credibilidade do que outros", explicou uma agente sênior de Nova York, que começou a carreira no outro lado, trabalhando para uma grande editora. A credibilidade deles se baseia em seu histórico, sua habilidade de localizar um talento e fechar um contrato com autores cujas obras resultam em boas vendas – seja tornando-os best-sellers, seja ganhando o aplauso da crítica ou ambos. Um histórico de sucesso dá a um agente um grau de credibilidade e um volume de capital simbólico que ajudam a garantir que os livros que ele está oferecendo serão considerados por editores e publishers. Isso não significa que editores e publishers irão necessariamente querer comprar o próximo livro proposto por um agente bem conceituado, mas significa que há mais probabilidade de eles o considerarem, o avaliarem mais rapidamente e se sentirem mais positivamente predispostos a seu favor. "Aqui está alguém em cujo gosto confio; portanto, vou considerá-lo quando ele disser que gosta de algo que não li", assim um agente sênior descreveu a maneira como achava que os editores geralmente reagiam às suas propostas.

Para agentes mais jovens, que ainda não têm o histórico profissional de seus colegas mais experientes, pode ser muito mais difícil conseguir que editores e publishers deem atenção às suas propostas de livros. "Alguns editores irão levar mais tempo para ler seu trabalho, porque não conhecem você", explicou um jovem agente, "mas, se estiver trabalhando para uma agência bem conhecida e respeitada, você ganha pontos." Muitas vezes, agentes jovens tendem a formar parcerias – baseadas em idade e relativamente pouca experiência na área – com jovens editores nas editoras, por acharem que compartilham do mesmo gosto e por considerarem mais fácil conseguir a sua atenção. É uma estratégia que satisfaz ambas as partes, uma vez que os editores jovens sentem tanta dificuldade em conseguir propostas de agentes já estabelecidos quanto os agentes jovens sentem para serem considerados por editores já estabelecidos. Não ter capital simbólico em seus respectivos setores confere a ambos certos propósitos em comum. Eles constroem relações com seus opostos que serão desenvolvidas com o passar do tempo, e o sucesso de um pode ajudar na construção do sucesso do outro, sedimentando assim o sistema de benefício mútuo que une agentes e editores.

Depois de escolher um livro, o agente precisa vendê-lo, se puder. Em tese, há três maneiras diferentes de se vender um livro: uma proposta direta, uma proposta para múltiplas editoras e um leilão. Se um agente tem um livro e sabe que este livro precisa de muitos ajustes e tem em mente um editor e uma editora que considera apropriados para o livro, ele pode submetê-lo ao editor com exclusividade, e, em troca, o editor o examinará rapidamente e dará a ele a atenção necessária. "Você os honra, propondo-lhes exclusividade." O mais comum é um agente enviar a proposta ou o original a um grupo de editores cuidadosamente selecionados – a proposta múltipla. Em algumas situações, apenas um editor demonstra interesse e faz uma oferta, em cujo caso o agente faz o que pode para melhorar as condições, embora sua posição de barganha seja frágil. Se mais de um editor estiver interessado, o agente pode decidir abrir um leilão. Basicamente, há duas formas de venda em leilão – o leilão tradicional, em que o agente solicita o primeiro lance até uma data e hora específicas, após o que ele volta àqueles que deram um lance abaixo da oferta mais alta e pergunta-lhes se querem aumentá-lo, e continua esse processo até que os arrematadores desistam; e do tipo melhor lance, em que o agente pede a todos que façam suas propostas até uma data e hora determinadas. Seja qual for o método utilizado, "também sempre se reserva ao autor o direito de sobrepor sua decisão a todas as condições", explicou uma agente. "Então, quando se tem 30 mil dólares a mais de uma editora da qual o autor realmente não gosta, deve-se procurar outra editora, mesmo sabendo que, com isso, ofenderá e desagradará aquela que ofereceu mais, mas é um direito do autor." No final das contas, continuou a agente, a decisão é do autor. "Mas", acrescentou ela, "eles confiam muito em minha opinião".

Então, isso significa que os agentes sempre aconselham o autor a aceitar a oferta mais alta? Alguns sim, alguns não. Há agentes que concordam com a visão de Andrew Wylie de que o adiantamento é o único mecanismo que o agente pode usar para fazer a editora assumir um compromisso sério com um livro, de vendê-lo e promovê-lo com uma publicidade agressiva; então, aceitar o melhor lance é a única coisa racional a ser feita. Muitos agentes, porém, adotam uma posição diferente. O tamanho do adiantamento é importante, nenhum agente negaria isso, mas há também outras considerações a serem feitas, tais como decidir que editor e que editora seriam a melhor opção para um livro em particular, como eles propõem "posicionar" o livro no catálogo da editora, que plano de marketing e divulgação têm para o livro, quanto entusiasmo demonstram, e assim por diante. Quando perguntado se as condições financeiras eram o fator mais importante na decisão de qual editora escolher, um agente sênior de Nova York respondeu:

De maneira alguma. Se eu conseguir um acordo em que você pode fazer o que tem vontade de fazer, e puder colocar a comida na sua mesa e pagar o seu aluguel e sentir-se relativamente satisfeito e com a mente sã, então estou fazendo meu trabalho. Se o acordo é de 100 mil dólares e você adora seu editor e adora as pessoas que o estão ajudando a chegar aonde precisa chegar na carreira, esse é, então, o acordo ideal. Quando faço um leilão, uma de minhas regras – e eu tenho o conjunto de regras mais objetivo que existe, e há cinco delas – é que, no final das contas, fica a cargo do agente e do autor decidirem o que constitui o melhor acordo. Então, para mim, não é apenas o adiantamento e os territórios compreendidos; é o editor, que pode ou não estar lá quando o livro for publicado, conforme nos mostra a experiência; é o que eles estão falando a respeito da publicidade e da força do marketing, e o entusiasmo geral. Já tive casos de pessoas que pagaram muito mais por livros e os deixaram morrer, seja lá por que razões, e agora sou muito cauteloso quanto a isso.

Então, será que esse agente ficaria feliz em aceitar um adiantamento significativamente menor se outras coisas parecessem garanti-lo? "Feliz? Não, jamais feliz"; mas, sim, às vezes, disposto a aceitá-lo. A maioria dos agentes tende a concordar com essa visão mais holística do "melhor acordo", em que o objetivo é encontrar "o melhor lar" para o livro e em que o tamanho do adiantamento é um dos fatores – embora um fator muito importante – em um pacote maior. Ao mesmo tempo, a maioria também admitirá que, apesar de o adiantamento mais alto nem sempre triunfar, na prática ele realmente triunfa, e que outros fatores tendem a entrar em cena com muita frequência quando as diferenças entre os lances finais são pequenas.

Quando um agente tem três ou quatro editoras seriamente interessadas e que fazem lances mais ou menos iguais, ele pode organizar um encontro do autor com os editores e talvez também os diretores de vendas, marketing e publicidade – o que é geralmente descrito no negócio como "concurso de beleza". Do ponto de vista do agente, o concurso de beleza é uma oportunidade para o agente e o autor conhecerem as pessoas com quem, potencialmente, irão trabalhar, ter uma ideia de quão envolvidos eles estão e o que estão achando do livro, além de avaliar seus planos de marketing e de publicidade. Sem dúvida, é também uma oportunidade para as editoras conhecerem o autor e avaliar quão eficaz ele seria, ajudando-os a promover a obra, mas nessa fase do processo de aquisição é realmente a beleza da editora que está sendo exibida. "Se você alcançou o patamar em que ofereceu, digamos, 500 mil dólares, você tomou a decisão, como editora, de que quer aquela pessoa em seu catálogo", explicou o gerente de marketing de uma grande editora. "'Concurso de beleza' não é uma expressão muito satisfatória, porque sugere embonecar-se, mas o que realmente se está tentando fazer é dizer: 'Somos a melhor editora para este livro, eis o motivo de pensarmos assim. Eis nosso plano de marketing; ele seria um título importante em nosso catálogo, daríamos destaque a ele na Bookseller Expo, faríamos esse tipo de campanha *on-line*, teríamos orçamento de publicidade, proporíamos que você fizesse uma turnê por oito cidades'. Você tenta dar-lhes alguma ideia de como promoveria o livro."

Depois de o agente e o autor decidirem que oferta aceitar, o agente precisa negociar os detalhes do contrato e lidar com aqueles direitos que não foram atribuídos à editora. Os agentes têm maneiras diferentes de pensar a respeito de direitos: alguns tendem a cedê-los a outros territórios e outras línguas quando fecham um acordo com uma editora, ao passo que outros sempre mantêm esses direitos e deixam claro às editoras, quando apresentam um livro, que os direitos para outros territórios e outras línguas não estão disponíveis. Os agentes que estiverem dispostos a ceder tais direitos podem, no caso de um livro muito procurado, submeter duas propostas às editoras – uma para direitos restritos (América do Norte ou Reino Unido, dependendo de onde o leilão estiver ocorrendo) e uma para direitos globais ou direitos para a língua inglesa – e irão pesar os prós e os contras das duas ofertas e formar uma opinião para decidir se ele e seu cliente estariam em melhores condições se mantivessem direitos do exterior e dispusessem deles diretamente. Nos casos em que o agente detém direitos do exterior, sejam eles para a América do Norte (no caso de um agente do Reino Unido), Grã-Bretanha e o restante do mundo (no caso de um agente dos Estados Unidos) e/ou línguas estrangeiras, ele terá de pensar em uma estratégia para dispor dos direitos mantidos, algo que fazem em diferentes graus de eficiência e dedicação. Alguns agentes contratam subagentes para tentar vender direitos em outros territórios e línguas, enquanto outros agentes cuidam, eles próprios, desses direitos e empregam muita reflexão e esforço para vendê-los.

As principais feiras de livros, como a de Frankfurt e a de Londres, desempenham importante papel na venda de direitos – essas são, basicamente, feiras de negócios –, e cada agente e agência terá sua estratégia em Frankfurt e sua estratégia em Londres, mas a venda de direitos é um processo contínuo, que se estende para além do planejamento de feiras específicas. Muitas vezes, um agente usa o volume do adiantamento que conseguiu no mercado doméstico como alavancagem para tentar maximizar adiantamentos em outros mercados, e ele pode tentar "dar o pontapé inicial", vendendo primeiro alguns direitos ao exterior. "Em termos gerais, está-se vendendo direitos britânicos primeiro", explicou um agente sênior de Londres, "mas nem sempre esse é o caso. Alguns agentes são conhecidos por venderem direitos primeiro na Alemanha, antes de venderem direitos britânicos, porque conhecem um editor numa editora alemã, com o qual já mantiveram contato anteriormente, e acham que ele será receptivo, e o burburinho surge primeiro na Alemanha ou, senão, possivelmente, na Itália e nos Estados Unidos". Orquestrando cuidadosamente a venda de direitos, o agente pode criar um efeito bola de neve, com cada venda servindo para aumentar a alavancagem das vendas subsequentes. Ele também pode recrutar olheiros nesse processo, já que sabe que olheiros têm sede de informações sobre livros prestes a serem publicados, e pode supor que, em certas ocasiões, ao fornecer fragmentos seletos de informações – ou mesmo textos inteiros –, ele pode despertar entusiasmo acerca de um livro em mercados externos antes de ser vendido no mercado doméstico. "Antes de vender um original aqui, muitas vezes um agente pensará: 'Se eu passar este original para um olheiro e se ele estiver entusiasmado e alertar as editoras no exterior, então eu tenho energia, eu crio burburinho'." E esse efeito bola de neve pode acontecer, seja ou não com a participação ativa do agente, simplesmente porque o mundo de compradores em potencial é pequeno, e eles sempre conversam uns com os outros. "É um negócio muito permeável", continuou o mesmo agente. "Todos nós ficamos pra lá e pra cá entre Londres e Nova York o tempo todo; todos conhecemos uns aos outros muito bem; todos conversamos pelo telefone uns com os outros o tempo todo. Um editor norte-americano telefona para um editor britânico e diz: 'Fulano de tal acaba de me enviar esse livro; notei que você o comprou; quanto pagou por ele?', e assim por diante, e isso irá condicionar a reação deles." Sucesso gera sucesso. Burburinho gera mais burburinho. É claro que fazer um grande acordo com uma editora britânica não garante um grande negócio nos Estados Unidos, nem um grande negócio nos Estados Unidos garante um grande negócio no Reino Unido – os mercados são diferentes e muita coisa depende do autor, de sua plataforma nos diferentes mercados e de que tipo de livro se trata. Porém, se fizer um grande negócio no Reino Unido, "as chances de fazer um grande negócio nos Estados Unidos, dependendo do tipo de livro, aumentam muito", e vice-versa.

Além de ajudar os autores a preparar propostas e originais, divulgar e vender livros, negociar contratos e administrar direitos, a maioria dos agentes entende sua função como a de alguém que, a longo prazo, administra as carreiras dos clientes. Parte dessa função é tentar garantir dinheiro suficiente para que eles se tornem escritores em tempo integral e vivam da escrita. "Tem-se um cliente porque se acredita que ele tenha uma carreira", explicou uma agente. "E se você estiver ganhando apenas X em um ano e eu não o estiver ajudando a se tornar escritor em tempo integral por não estar obtendo dinheiro suficiente, então não estou fazendo meu trabalho da forma como deveria." Ela via como parte de sua função conseguir dinheiro suficiente para que seus clientes escrevessem em tempo integral, "e a maior parte deles faz isso". Isso não significa necessariamente que eles estejam apenas escrevendo o tipo de romance ou obra de não ficção que querem escrever – eles podem ter de escrever outros tipos de textos também, tais como artigos para jornais ou revistas, ou talvez até mesmo se tornar *ghostwriters*, ou seja, escrever em nome de outro. "Fico satisfeita se meus autores estiverem escrevendo com regularidade", continuou a agente. "Acho que escrever é a grande arte perdida, ou será a grande arte perdida, e a única maneira que temos de sustentá-la é continuar com a palavra escrita."

Como parte do gerenciamento das carreiras dos autores, a maioria dos agentes gasta tempo com eles discutindo seu próximo livro e, eventualmente, lendo capítulos dos rascunhos e dando-lhes aconselhamento e *feedback*. Dependendo do escritor, alguns romancistas começam a trabalhar com algo, enviam alguns capítulos do rascunho para seus agentes e perguntam: "Posso continuar ou jogo tudo no lixo e não desperdiço os próximos dois anos transformando isso num romance?". Outros escritores têm uma ideia muito clara do que querem fazer e, quando terminam, simplesmente enviam o texto original ao seu agente. No caso de não ficção, os agentes podem sugerir aos clientes ideias para livros e trabalham com eles para montar a proposta antes de submetê-la às editoras. Algumas vezes, tanto em relação a ficção como não ficção, os agentes estimulam muito um autor a mudar de direção se sua carreira tiver caído na rotina. De maneira geral, trata-se simplesmente de canalizar as energias em uma direção, em vez de outra, de usar a experiência e o conhecimento do mercado para apaziguar as suas inclinações e encorajá-lo a seguir por um caminho mais promissor. Algumas vezes, entretanto, isso pode envolver mudanças mais radicais – em alguns casos, o agente chega até mesmo a sugerir que o autor adote outro nome.

Um agente sênior de Londres contou que uma das clientes de sua agência – suponhamos que seu nome seja Sarah Jones – escrevia romances há muitos anos, cada um com vendas entre 40 e 45 mil exemplares em capa dura. "Então todo mundo achava que sabia quanto ela valia.

Essa foi a quantidade que ela vendeu, portanto, tudo ficou atrelado a isso. Apesar do entusiasmo da editora, apesar das incansáveis tentativas feitas para persuadir o comércio de que eles haviam entendido errado, ela ficou rotulada." Então, um dia, a autora resolveu que queria mudar o ritmo. Fez algumas sugestões a sua agente sobre o que queria fazer em seguida; a reação da agente foi tépida – "Nós dissemos: 'Na verdade, acho que não vai dar certo, mas, o que é mais importante, não acho que é nisso que está seu coração'." A agente encorajou-a a mudar o curso, a escrever algo mais frívolo e direcionado para um público levemente mais jovem e – o que é crucial – a apresentá-lo com um pseudônimo. Por quê?

Porque é algo diferente, mas principalmente porque, se voltarmos para o mercado com um novo romance de Sarah Jones, eles dirão 40 mil exemplares. Não vou nem mesmo dizer ao seu publisher atual – que terá tratamento preferencial – quem escreveu isso. Em outras palavras, quero criar para você aquele "momento absolutamente mágico". É como o primeiro namoro, antes de você entender que a garota pela qual acha que está apaixonado irá irritá-lo demais porque deixa sempre o tubo da pasta de dente aberto. É um momento abençoado, quando tudo é possível, em que não nos sentimos coagidos por qualquer histórico prévio e só temos céu azul pela frente.

Surgir com um novo nome – "esse nome autoral fabricado", conforme diz o agente – deu à escritora nova esperança e criou uma presença editorial completamente nova, não contaminada pelas sedimentadas suposições do mercado que estavam inseparavelmente ligadas a Sarah Jones. O novo romance tornou-se um retumbante best-seller internacional e gerou uma série de sequências que fizeram enorme sucesso. O agente dizia que não foi ele quem reinventou a autora, mas, ao contrário, foi a autora que se reinventou com sua ajuda e o estímulo genuínos. "Uma das coisas de que todos nós precisamos lembrar nesse negócio é uma frase maravilhosa de um grande colega já falecido: 'O motivo de estarmos aqui é para publicar o brilho dos olhos do autor'. E acho que nós esquecemos isso por nossa conta e risco. Mas não significa que devemos deixar esse brilho repercutir em tantos espelhos quanto quiser – ele precisa ser direcionado."

Embora um agente que aceite um cliente esteja, em princípio, investindo no desenvolvimento a longo prazo da carreira, nem sempre é possível encontrar um meio-termo entre os interesses a longo prazo e os ganhos a curto prazo. Pode ser muito difícil para o agente e o autor resistirem a um adiantamento vultoso para um primeiro romance, sobretudo quando ele representa, como disse um agente, uma quantia em dinheiro "para mudar de vida", mesmo que saibam que, se o livro não satisfizer as expectativas da editora e nem de longe cobrir o adiantamento feito, isso possa dificultar a vida do autor na venda do livro seguinte. Essa é uma questão sobre a qual há uma série de opiniões e atitudes na comunidade de agências. "Há agentes que dizem: 'Você sempre quer que a editora pague muito mais, você quer fazer com que ela pague a mais, tanto quanto seja possível conseguir', contou um. 'Mas é preciso prestar atenção ao fato de que, a longo prazo, um autor é julgado não pelos seus livros, mas pelas suas vendas. Acho que você quer que eles paguem tanto quanto for possível conseguir, mas não a ponto de alguém examinar os números de vendas quando seu próximo livro sair e dizer: 'Bem, foi um fracasso'. Então, ou eles o abandonam ou não fazem o menor esforço em relação ao segundo livro. Você tem como objetivo uma espécie de meio-termo e tenta convencê-los a ir fundo, mas não tão fundo que não se torne prático e o livro não consiga chegar nem perto de satisfazer as expectativas deles." Cuidados desse tipo podem parecer sensatos e razoáveis, mas no calor de um leilão não é fácil cobrir um lance. Há alguns agentes que fazem isso, mas é difícil. Numa área em que as dinâmicas são moldadas por diferentes *players* competindo uns contra os outros e correndo atrás de interesses que coincidem em alguns aspectos e divergem em outros, e em que o valor de uma proposta para um livro é determinado tanto pela paixão e pela crença quanto por qualquer evidência cristalina ou plena certeza de prováveis vendas, há um enorme campo para a imaginação correr solta e o entusiasmo elevar os preços a níveis que, com o benefício da visão em retrospecto, podem ser vistos como tendo sido excessivos e, em alguns casos, sem dúvida alguma, no longo prazo, prejudiciais às carreiras dos autores.

Embora a maioria dos agentes trabalhe arduamente para sustentar a carreira de seus autores e para assegurar os melhores acordos possíveis para eles, haverá sempre casos em que os autores ficam decepcionados com seus agentes, seja porque sentem que os agentes não conseguiram obter o tipo de acordo que esperavam (ou foram levados a esperar), seja porque sentem que seus agentes não os aconselharam de forma adequada (ou simplesmente não os aconselharam), seja por alguma outra razão. O mundo dos escritores é rico em histórias de horror sobre agentes incompetentes e falsos que dispensaram pródiga atenção a escritores jovens e promissores e os descartaram quando as coisas complicaram; agentes que deixaram de retornar ligações ou responder a e-mails; agentes que induziram os autores a erros, mentiram para eles ou que se aproveitaram deles, cobrando taxas de leitura e outras coisas. Um escritor do Brooklyn contou que havia passado por seis agentes em quinze anos, inclusive uma – sua primeira agente –, que trabalhou para uma grande agência, leu seu primeiro livro e ficou entusiasmada com ele, fez o contrato, enviou o livro para os editores mais importantes das grandes editoras e então, quando o livro foi rejeitado, ela rapidamente desistiu do autor:

> Chegou a um ponto em que ela disse: "Sabe de uma coisa, acho que enviei para as pessoas a quem posso enviar", e nesse momento eu perguntei: "Bem, que tal tentar editoras menores?". E ela simplesmente respondeu: "Não vou fazer isso, porque nelas não há dinheiro suficiente para mim como agente, nesta grande agência". Então, ela nada fez. E depois sua atitude mudou por completo. De repente, ela passou, de incrivelmente simpática, gentil e entusiasmada, a não retornar minhas ligações. Falei com outra pessoa na agência, e eles disseram: "Ah, você é um não cliente". E eu perguntei: "Como assim?". Porque ela não havia me dito que estava me descartando como cliente. Descobri isso por acaso. Portanto, essa foi minha primeira experiência com um agente.

As experiências seguintes do escritor não foram muito melhores que aquela. O segundo agente que ele contratou mentiu sobre os direitos do livro que havia vendido para o exterior, enquanto outro, quando o autor, claramente desesperado, lhe pediu uma orientação sobre sua carreira, respondeu dizendo que não poderia ajudar porque não tinha a menor ideia de como funcionava o negócio. Talvez tenha sido apenas azar. Sem dúvida, é raro um escritor passar por seis agentes em quinze anos, e para cada história como essa se ouve outra de um escritor que está satisfeito mantendo um mesmo agente ao longo de toda a carreira. Porém, as experiências desse escritor realçam o fato de que, em um campo no qual qualquer um pode se tornar um agente e no qual não há padrões e normas comuns, encontrar um bom agente é algo traiçoeiro e com frequência depende de uma indefinível mistura de boas relações, boa química e boa sorte.

– 3 –

A EMERGÊNCIA
DAS CORPORAÇÕES EDITORIAIS

O surgimento de grandes corporações editoriais é o terceiro fator que, nas últimas décadas, vem moldando a evolução do mercado editorial de língua inglesa. Para muitos observadores, essa é a mudança mais notável que ocorreu no mundo editorial; portanto, pode parecer estranho que só agora tenhamos chegado a ela, mas tenho bons motivos para ter postergado até este momento a análise dessa evolução. É fundamental perceber que o campo de publicações comerciais não consiste apenas de editoras: outros *players* habitam esse campo e exercem grande poder dentro dele, e jamais entenderemos o que acontece dentro das editoras se não percebermos que suas ações são, até certo ponto, reações a forças e movimentos que estão além de seu controle direto. Pode parecer que as grandes editoras são os principais *players* e que elas têm muito poder (e, de fato, têm); mas, na cadeia de suprimento de livros, a editora é, de muitas maneiras, apenas mais um intermediário, um jogador de meio de campo. E o poder da editora, por maior que seja, é sempre cerceado – e equilibrado – pelo poder de dois outros jogadores em campo: de um lado, o poder dos varejistas, que controlam em grande parte o acesso aos clientes, isto é, os leitores; e, de outro lado, o poder dos agentes, que controlam em grande parte o acesso ao conteúdo e aos criadores de conteúdo, isto é, os autores. As próprias editoras são intermediárias que, graças aos avanços que vêm transformando a área, se encontram na posição de jogadores que precisam competir com outros para ter acesso ao conteúdo mais valorizado e à atenção dos consumidores, e aqueles que decidem quais livros devem disputar a atenção dos consumidores, em um mercado cada vez maior.

Esse contexto é necessário para explicar o surgimento da moderna empresa editorial. Evidentemente, o crescente papel de grandes empresas não se restringe apenas ao mundo editorial: grandes corporações vêm demonstrando atuação importante em todas as indústrias da mídia, da informação e da comunicação e, na verdade, na economia como um todo; e muitas empresas que adquiriram participação em editoras são conglomerados de mídia diversificados, com interesse em outros setores da mídia e do entretenimento.[1] Contudo, a maneira como essa consolidação ocorreu no campo de publicações comerciais, as razões para isso e as consequências disso são, em alguns aspectos, únicas e estão intimamente entrelaçadas com os dois outros avanços que moldaram a evolução da área.

Não deve haver dúvida de que o surgimento das grandes empresas transformou profundamente o panorama de publicações comerciais – tanto que, hoje, ele pouco se parece com o mundo editorial que existia meio século atrás. Nos anos 1950 – e mesmo antes –, havia dezenas de editoras independentes em Nova York, Boston e Londres. Entre as editoras norte-americanas mais conhecidas estavam a Random House, a Simon & Schuster, a Scribner, a Doubleday, a Harcourt, a Harper, a Boni & Liveright, a Henry Dolt, a Dutton, a Putnam, a Viking, a Alfred Knopf, a Farrar, a Straus & Giroux, a William Morrow, a W.W.Norton, a Houghton Mifflin e a Little, Brown, para mencionar apenas algumas delas. Londres também tinha sua abundância de editoras independentes, incluindo a Macmillan, a Longman, a John Murray, a Routledge & Kegan Pual, a Heinemann, a Allen & Unwin, a J. M. Dent, a Champman & Hall, a Golancz, a Jonanthan Cape, a Faber, a Secker & Warburg, a Michael Joseph, a The Bodley Head e a Penguin. Muitas dessas casas editoriais eram administradas por indivíduos que eram seus únicos proprietários ou tinham participação majoritária, e outros membros da família normalmente estavam envolvidos no negócio. Esses

---

1 Acerca do surgimento dos conglomerados de mídia, ver Bagdikian, *The New Media Monopoly*; Herman; McChesney, *The Global Media*; McChesney, *Rich Media, Poor Democracy*; Smith, *The Age of Behemoths*.

editores-proprietários eram, muitas vezes, homens de forte personalidade e opinião – e quase sempre eram homens. Eles sabiam o que queriam publicar e construíam suas próprias carteiras com base em sua própria avaliação e gosto – e, à medida que progrediam, delegavam mais responsabilidade aos editores, com base na avaliação e no gosto desses editores. A tendência era de haver editores que trabalhavam na mesma editora por muitos anos, frequentemente, durante toda a carreira, e autores que permaneciam leais à editora que publicava suas obras. Em algumas editoras, reuniões eram coisa rara, e as decisões eram tomadas pelos editores-proprietários, ou pelos editores, ou por ambos. "Temos uma norma na Random House", explicou Bennett Cerf em suas memórias, "nossos editores sêniores podem aceitar qualquer livro que quiserem sem questionamentos, a menos que haja um adiantamento muito grande relativo a royalties, em cujo caso discutimos o assunto. Há duas maneiras de fazer isso na Random House. Uma é por meio de reuniões regulares, em comissões, que eu abomino, detesto e das quais não participo. Ou então, quando quero uma reunião, chamo as pessoas de que preciso e conversamos – é dessa maneira que acho que uma editora deve ser administrada".[2] Esses negócios eram administrados com variados graus de eficiência e disciplina financeira. Algumas, como a Random House, prosperaram e transformaram-se em editoras grandes e bem-sucedidas, enquanto outros não se deram tão bem. Horace Liveright, ex-empregador de Bennett Cerf e editor de muitos autores celebrados – de Ezra Pound a William Faulkner –, é famoso por ter dissipado seus recursos em tudo, desde festas deslumbrantes e adiantamentos excessivos a musicais da Broadway e especulações na Wall Street; no fim, ele foi forçado a sair e morreu pobre, em 1933, no mesmo ano em que a falência da empresa foi declarada.[3]

No início dos anos 1960, o panorama de publicações comerciais nos Estados Unidos e no Reino Unido, que até então se caracterizara por uma pluralidade de editoras independentes, começou a mudar. Grandes empresas começaram a se interessar pela indústria editorial ao mesmo tempo que muitos dos proprietários de editoras se mostravam interessados em vendê-las. Uma onda de fusões e aquisições espalhou-se rapidamente pela indústria, começando no início da década de 1960 e continuando até os dias atuais. Nos anos 1990, o perfil da indústria era radicalmente outro: num campo em que, anteriormente, havia dezenas de editoras independentes, cada qual refletindo os gostos, estilos e idiossincrasias de seus proprietários e editores,

---

2 Cerf, *At Random*, p.221.
3 Ver Dardis, *Firebrand*.

havia agora cinco ou seis grandes empresas, cada qual operando como uma organização "guarda-chuva" para vários selos, muitos dos quais ainda mantinham os nomes das editoras independentes, que agora eram parte de uma organização maior, operando com variados graus de autonomia, dependendo das estratégias e políticas adotadas pelos proprietários corporativos. Como explicar essa radical transformação do campo?

O surgimento das corporações editoriais é uma história complexa que desafia simples explicações. Para compreendermos essa transformação, é necessário notar que havia diversos fatores envolvidos, alguns pessoais, outros estruturais, e que cada fusão, cada aquisição, envolvia uma combinação específica desses fatores, dependendo das circunstâncias dos indivíduos e das organizações envolvidos. Também precisamos ver que havia fatores *push* e fatores *pull*, ou seja, havia fatores que levavam ou impeliam uma editora a vender e outros fatores que faziam a empresa se interessar em comprar. Entre os fatores *push* estava o fato de que muitas grandes editoras, tanto nos Estados Unidos quanto no Reino Unido, foram fundadas no início do século XX por indivíduos empreendedores que, dos anos 1960 em diante, começaram a pensar na aposentadoria e em uma forma de garantir melhor o futuro da editora em sua ausência, enquanto, ao mesmo tempo, permitia que eles tirassem algum proveito financeiro do tempo e do esforço investidos na empresa por tantos anos. Outro fator *push* que, em alguns casos, teve sua importância foi o fato de que algumas editoras tradicionais de propriedade familiar começaram a achar cada vez mais difícil operar de forma viável, porque o negócio estava sendo mal administrado, ou porque a empresa estava subcapitalizada, ou porque não tinha condições de concorrer efetivamente nas novas circunstâncias (ou uma combinação desses elementos). Em suma, elas lutavam, e a venda ou fusão da empresa era vista como uma forma de resolver o que havia se tornado um conjunto refratário de problemas financeiros. Os fatores *pull* eram uma gama de considerações estratégicas que variavam de uma empresa para outra e mudaram no decorrer do tempo; incluíam, entre outras coisas, a busca de sinergia, a pressão por crescimento, o desejo de expansão para o exterior e, mais especificamente, o desejo de estabelecer ou aumentar a base no mercado de língua inglesa, seja nos Estados Unidos, seja no Reino Unido, ou ambos.

Embora isso envolva certo grau de simplificação, é útil distinguir duas fases principais no processo de consolidação, o primeiro indo mais ou menos do início da década de 1960 ao início da década de 1980; o segundo, do início dos anos 1980 até hoje. Cada uma dessas fases caracterizou-se por seu próprio conjunto distinto de fatores *pull*, que estimulavam grandes corporações a mostrarem interesse genuíno pela aquisição de editoras comerciais. Essas duas fases mostram alguns elementos de continuidade e também quão instáveis podem ser as estratégias de negócios, com aquisições de grandes empresas logo seguidas de desencanto e desinvestimento. Como disse um perceptivo comentarista: "A história do livro ilustra generosamente o paradoxo – que, entretanto, de forma alguma, está confinado a essa indústria – de que as estratégias que dominam um período são substituídas por outras, que podem até levar a uma completa reversão das políticas".[4]

A FASE DA "SINERGIA"

A primeira fase caracterizou-se pelo envolvimento ativo no campo editorial de grandes corporações que tinham interesses substanciais em outras indústrias, incluindo as de informação, entretenimento, educação e a emergente indústria da informática. Para os gestores do alto escalão dessas empresas, as editoras pareciam aquisições atrativas porque davam a impressão de oferecer perspectivas de prover conteúdo que poderia ser readaptado para outros setores do negócio e vice-versa – da mesma forma que, digamos, livros poderiam ser transformados em filmes e filmes em livros, ou o conteúdo de livros poderia ser adaptado para as "máquinas de ensino" que estavam sendo contempladas por alguns dos principais *players* na nascente indústria da computação. Essa ideia de "sinergia", quer tenha sido entre diferentes formatos de mídia, quer tenha sido entre equipamento (*hardware*) e conteúdo (*software*), forneceu um argumento de gestão convincente e aparentemente incontestável para grandes empresas adquirirem editoras: esse foi um poderoso fator *pull*. Ao mesmo tempo, muitas editoras comerciais bem-sucedidas nos anos 1950 e 1960 eram casas fundadas entre 1920 e 1930 por indivíduos empreendedores que estavam chegando a uma idade em que contemplavam a ideia da aposentadoria e pensavam na melhor forma de lidar com o problema da sucessão, algumas vezes na ausência de herdeiros familiares óbvios para continuar administrando o negócio. A fusão com uma concorrente e/ou a venda a uma empresa eram, do ponto de vista de algumas editoras, formas de resolver o problema da sucessão – esses eram poderosos fatores *push*.

A história da Random House, no final da década de 1950 e início de 1960, ilustra muito bem a interação desses fatores. Fundada por Bennet

---

4 De Bellaigue, *British Book Publishing as a Business Since the 1960s*, p.3.

Cerf e Donald Klopfer, em 1925, a Random House se transformara em uma empresa editorial grande e bem-sucedida, em cujo catálogo constavam nomes muito conhecidos – James Joyce, Sinclair Lewis, William Faulkner, Gertrude Stein, Truman Capote, John O'Hara e muitos outros. Porém, no final dos anos 1950, Cerf e Klopfer começaram a se preocupar com o que aconteceria com a empresa se um deles morresse. "Donald e eu sabíamos que o valor real da empresa havia aumentado ano após ano, mas ninguém sabia quanto", escreveu Cerf em suas memórias.[5] "Se o seu valor fosse alto demais, como o sócio sobrevivente teria condições de comprar a outra metade, e como poderia a viúva do que havia falecido levantar fundos suficientes para pagar o imposto de transmissão *causa mortis*?" Eles começaram a pensar seriamente em mudar a situação financeira da empresa. A primeira grande mudança ocorreu em 1959, quando contrataram uma instituição financeira da Wall Street para fazer oferta pública de 30% de suas ações. "Isso marcou uma enorme mudança", pensou Cerf, "já que no momento em que se faz uma oferta pública, gente de fora passa a possuir parte de suas ações e é preciso apresentar-lhes relatórios periódicos. Em vez de trabalhar para si mesmo e fazer o que bem entender, disposto a arriscar-se a sofrer perdas com algo que quer fazer, se você é o tipo de homem honesto, você sente que tem uma real responsabilidade para com os acionistas... A partir de então, publicávamos com um olho e prestávamos atenção em nossas ações com o outro".[6] Seis meses mais tarde, bem supridos com o dinheiro da emissão de ações, ocorreu a próxima mudança significativa na sorte da Random House: eles compraram a Knopf. Há muito tempo, Cerf admirava Alfred Knopf e a carteira de clientes que ele e Blanche Knopf haviam construído desde que Alfred fundara a empresa, em 1915; com grande talento para descobrir os melhores autores europeus e uma dedicação incansável a padrões de produção de alta qualidade, a Knopf era considerada por todos a própria definição de uma editora de alta qualidade. Em 1959, Alfred A., Jr ("Pat", como era conhecido), filho de Alfred e Blanche, deixou a empresa da família para fundar a Atheneum Publishers com dois amigos, privando Alfred e Blanche de uma sucessão óbvia. Eles sabiam que Cerf e Klopfer estavam interessados em adquirir a Knopf; então, eles os convidaram a fazer uma oferta, o que ocorreu em abril de 1960; e os Knopf aceitaram-na. No ano seguinte, a Random House adquiriu a Pantheon, fundada em 1942 por dois refugiados alemães, Kurt e Helen Wolff.

---

5 Cerf, *At Random*, p.276.
6 Ibid., p.278.

Com os negócios em expansão, grandes empresas começaram a se interessar pela Random House. "As grandes empresas de computação e as empresas fabricantes de equipamentos estavam entrando no setor da educação com suas máquinas de ensino e perceberam o valor potencial que uma companhia editorial representava para o seu grupo – sobretudo uma empresa com um catálogo como o nosso... assim, grandes companhias começaram a nos sondar. Todos estavam atentos e, portanto, nós também."[7] Discussões com a Time-Life foram canceladas quando ficou claro que o Departamento de Justiça dos Estados Unidos provavelmente se oporia a uma fusão, com base nas leis antitruste. Quando a RCA fez uma proposta, eles responderam positivamente, "porque era uma das grandes corporações do país". Cerf sustentou o preço de 40 milhões de dólares, e o negócio foi fechado no final de dezembro de 1965. A Random House agora pertencia à RCA, cujos interesses principais estavam em tecnologia de rádio e televisão e era, no início dos anos 1960, um dos maiores *players* na emergente indústria da informática.

Com a venda à RCA, Cerf deixou a presidência e também deixou de ser a grande presença que havia sido na editora desde o início, na década de 1920. Sob a presidência de seu sucessor, Bob Bernstein, a Random House cresceu rapidamente na década seguinte, triplicando suas vendas para 97 milhões de dólares em 1975. Entretanto, como ocorreu com muitas aquisições de editoras por grandes corporações, a RCA, no fim, cansou-se da nova aquisição e decidiu vender a Random House, em 1980. As grandes empresas que se envolveram na área editorial durante a primeira fase de fusões e aquisições desencantaram-se por duas razões principais. Em primeiro lugar, logo ficou claro que as sinergias esperadas não iriam se materializar da maneira como alguns gerentes empresariais de alto escalão sinceramente esperavam; eles chegaram à conclusão de que "máquinas de ensino" eram uma fantasia da imaginação tecnológica na aurora da revolução digital; portanto, dissipou--se a necessidade de controlar o conteúdo que pudesse alimentar essas máquinas rapidamente. Eles também descobriram que, embora a ideia de transformar livros em filmes em princípio parecesse boa, na prática, os direitos de filmes eram cada vez mais controlados por agentes, e não por editoras; portanto, o fato de possuir uma editora não era garantia de que a matriz poderia converter livros bem-sucedidos em filmes bem-sucedidos. Em resumo, a sinergia acabou se tornando um mito.

A segunda razão por que algumas das grandes empresas se desencantaram é que o crescimento e a lucratividade no comércio editorial deram provas

---

7 Ibid., p.285.

de ser consistentemente modestos. Grandes corporações que adquiriram editoras muitas vezes o fizeram na crença de que, ao introduzir controles financeiros mais rígidos e práticas de negócios mais profissionais, poderiam atingir lucratividade e crescimento de dois dígitos. Entretanto, de maneira geral, apesar de seus persistentes esforços, eles descobriram que os níveis de lucratividade no campo de publicações comerciais continuavam obstinadamente baixos, quase sempre abaixo de 10% (em contraste com alguns outros setores da área editorial, como publicações nas áreas educacional, profissional, científica, técnica e médica, nas quais não eram incomuns margens de lucro de 20% e acima). Gestores empresariais também se frustraram com a natureza cíclica e imprevisível das editoras comerciais e a pressão que isso significava no fluxo de caixa. Uma editora comercial pode fazer um grande sucesso, que gera um súbito influxo de caixa, e, em seguida, pode passar por um período de desaceleração, quando paga adiantamentos e fornecedores, mas o dinheiro não está entrando. Isso dificulta muito o gerenciamento do fluxo de caixa e o planejamento orçamentário para um crescimento estável de um ano para outro. Com o fracasso das sinergias e os retornos financeiros bem abaixo dos níveis que poderiam ser alcançados em outros setores, o setor de edição comercial não parecia, no final das contas, um bom investimento. A paciência foi acabando, e algumas grandes corporações desistiram do negócio.

A FASE DE CRESCIMENTO

A segunda fase das fusões e aquisições no campo de publicações comerciais, que começou no início da década de 1980 e continua até o presente, caracterizou-se por um conjunto diferente de fatores *push* e *pull*. Resolver o problema da sucessão continuava um fator *push* para algumas casas editoriais, mas, nos anos 1980, o campo de publicações comerciais começara a mudar, pressionando de forma crescente aquelas casas que permaneciam independentes e dando-lhes razões adicionais – de natureza estrutural mais do que pessoal – para serem adquiridas por uma grande corporação. Com o crescimento das cadeias varejistas, o volume de vendas que poderia ser obtido com best-sellers aumentou drasticamente, mas os custos e os riscos também aumentaram. Os agentes haviam se tornado elementos-chave da área e conseguiam colocar as editoras umas contra as outras, e muitos autores bem-sucedidos esperavam ser recompensados com adiantamentos maiores. À medida que a escala dos adiantamentos aumentava, tornava-se cada vez mais difícil para as editoras independentes remanescentes competir pelos melhores autores. "Quando havia quarenta companhias bem pequenas, todas pagando o mínimo possível pelos livros, a competição era por alguma coisa mais", comentou uma gerente sênior que vivenciou as mudanças. "Mas quando o dinheiro se tornou rei, a cor de sua anágua era muito menos importante. Sempre tivemos uma anágua muito bonita, mas é preciso conseguir avistar a concorrência." Os proprietários e gerentes das companhias que permaneceram independentes percebiam que estavam sendo ejetados do mercado por questões de conteúdo. Em décadas anteriores, eles podiam dispor tanto de seu capital simbólico quanto de seu capital econômico para atrair e reter autores, mas, com as mudanças que ocorriam no setor, agora precisavam de um volume muito maior de capital econômico para continuar no jogo. A cor da anágua não era suficiente; eles também precisavam de bolsos bem fundos. Vender-se para uma grande corporação, o que lhes daria acesso a recursos muito maiores, era uma forma de sobreviver num campo em que as balizas haviam ficado tão altas que era difícil para eles continuar por conta própria.

Quanto ao aspecto *pull*, os tipos de corporações interessadas em adquirir editoras comerciais nos Estados Unidos e no Reino Unido mudaram, como mudaram as razões para querer adquiri-las. Embora grandes corporações públicas americanas se tornassem cada vez mais desencantadas com editoras comerciais e buscassem se livrar das editoras que haviam adquirido, vários conglomerados internacionais da mídia, geralmente baseados fora dos Estados Unidos e do Reino Unido e, na maioria dos casos, com interesse no setor editorial, tornavam-se cada vez mais interessados em adquiri-las. Dois conglomerados alemães de mídia, a Bertelsmann e a Holtzbrinck, ambos com grande interesse na indústria editorial na Alemanha e em outros países, tornaram-se protagonistas no campo de publicações comerciais de língua inglesa; a mesma coisa ocorreu com o conglomerado francês Lagardère, proprietário da maior editora da França, a Hachette Livre. Outros *players* relevantes eram a Pearson – conglomerado de mídia com base no Reino Unido – e a News Corporation, conglomerado multimídia fundado por Rupert Murdoch. As razões para esses conglomerados adquirirem editoras comerciais nos Estados Unidos e no Reino Unido variavam de um grupo para outro, mas três fatores foram especialmente importantes.

Primeiro, os conglomerados de mídia com grande interesse em publicações em alemão e em francês sempre teriam limitada oportunidade de crescimento, tanto porque atingiriam um ponto em que a legislação antitruste os impediria de expandir seus mercados domésticos quanto porque as oportunidades de expansão no exterior seriam limitadas pelo uso restrito das línguas. Para esses conglomerados expandirem seus negócios editoriais, eles teriam de, em algum momento, expandir-se para além de seus campos domésticos originais; e, considerando o domínio mundial da língua inglesa e a importância das indústrias editoriais norte-americanas e britânicas na arena global, adquirir participação substancial na área editorial nos Estados Unidos e/ou no Reino Unido era uma maneira especialmente atrativa de obter esse crescimento. Segundo, para esses conglomerados de mídia que operavam em inglês, mas que não eram dos Estados Unidos – como a Pearson e a News Corp –, adquirir grande participação em um negócio nos Estados Unidos seria sempre importante, dada a inequívoca escala do mercado norte-americano e sua importância como centro de criação. Isso valia tanto para o mercado editorial como para os outros setores aos quais esses conglomerados estavam ligados, fossem eles de publicações educacionais (no caso da Pearson), fossem de jornais, cinema e televisão (no caso da News Corp).

A terceira razão para esses conglomerados de mídia tornarem-se altamente aquisitivos nos campos de publicações comerciais de língua inglesa é bem diferente, e provém do que poderíamos chamar de "enigma do crescimento". O enigma se manifesta porque toda corporação precisa crescer e gerar bom nível de lucratividade. A maneira precisa como esse imperativo se articula e é vivenciado varia de empresa para empresa e depende, entre outros fatores, do fato de a empresa ser de capital aberto ou fechado; não há como escapar desse imperativo. O problema das editoras comerciais nos Estados Unidos e no Reino Unido é que esses mercados são muito maduros, e estão estáticos há muitos anos; o total de vendas de livros comerciais nesses mercados tende a crescer mais ou menos de acordo com a taxa de inflação de ano para ano, mas não muito mais. Portanto, o desafio básico que os grandes administradores têm de enfrentar nessas corporações é o seguinte: como obter crescimento significativo de ano para ano quando o mercado é essencialmente estático? Esse é o enigma do crescimento.

Há várias maneiras de tentar lidar com esse desafio, mas três estratégias são especialmente importantes. Primeiro, pode-se tentar retirar uma parcela do mercado dos concorrentes. Para fazer isso, há vários caminhos: tenta-se melhorar sua taxa de sucesso e publicar mais best-sellers do que os concorrentes; tenta-se restringir os concorrentes em certos gêneros ou subáreas, onde acha que pode aumentar sua participação no mercado, expandindo estrategicamente sua atividade editorial; tenta-se trazer um autor de best-seller para seu catálogo, fazendo uma oferta melhor do que a da editora com a qual ele trabalha quando o agente apresentar o novo livro; e assim por diante. Segundo, pode-se procurar meios de incrementar o crescimento dentro de seu mercado principal, abrindo novos canais e vendendo em pontos de venda não tradicionais (algumas vezes chamados de vendas especiais), como museus, lojas de presentes, varejistas de vestuário etc., e aumentando as vendas fora de seu mercado principal – por exemplo, aumentando os negócios no exterior. E terceiro, pode-se adquirir outras editoras. A maioria dos grandes grupos editoriais faz essas três coisas ao mesmo tempo. Eles tentam constantemente aumentar sua participação no mercado, melhorando as taxas de acerto etc.; estão constantemente tentando "roubar" autores de best-sellers dos concorrentes e estão sempre à espreita de novas oportunidades de aquisição.

A grande vantagem na aquisição de outras editoras está no fato de que isso permite que um conglomerado cresça e aumente muito rapidamente sua participação no mercado; dá um grande impulso ao crescimento, o que evita o longo e trabalhoso processo de investimento em novas iniciativas editoriais e de crescimento orgânico. Dependendo da aquisição, isso também pode permitir que o conglomerado se expanda em áreas nas quais ele é relativamente frágil, produzindo, assim, um programa de publicações mais harmonioso. Crescer por meio de aquisições não só permite que se resolva o enigma do crescimento (pelo menos temporariamente) e satisfaça os imperativos de crescimento da empresa, mas também pode trazer outras vantagens que surgem em escala crescente, como alavancar mais o mercado nas negociações com varejistas e fornecedores. Entretanto, potencialmente, há também muitas desvantagens – apenas para mencionar algumas, a qualidade do catálogo pode ser desigual, o preço pode estar alto demais e os custos envolvidos na fusão das companhias podem ser excessivos. Além disso, como o processo de consolidação continuou nos anos 1980 e 1990, o consórcio de companhias disponíveis para compra tornou-se menor tanto nos Estados Unidos como no Reino Unido e, portanto, as oportunidades de crescimento pelas aquisições tornaram-se ainda mais raras.

Além do enigma do crescimento, houve outro fator estrutural, já mencionado em capítulo anterior, que desempenhou papel relevante nas fusões e aquisições de editoras: a necessidade de obter integração vertical entre linhas de capa dura e brochura. À medida que a revolução da brochura, que teve início nas décadas de 1930 e 1940, ganhou terreno nos anos 1950 e 1960, tornava-se cada vez mais claro para as editoras maiores que elas precisavam desenvolver suas próprias linhas de brochura ou adquirir editoras de brochura para que pudessem publicar suas próprias edições em brochura, em vez de licenciá-las para editoras de brochura externas; isso não só permitiu que elas construíssem sua *backlist* e aumentassem sua receita a longo prazo, em vez de ceder o controle de direitos autorais a terceiros, como também as colocou em uma posição muito mais forte frente a agentes e autores, já que eles poderiam pagar royalties totais na venda de brochuras, em vez de 50% dos royalties (como normalmente acontecia se os direitos de brochura fossem licenciados para uma editora de brochura). Contudo, quanto mais as editoras de capa dura desenvolviam ou adquiriam suas próprias linhas de brochura, mais importante era para as editoras de brochura proteger sua própria cadeia de suprimentos, seja adquirindo editoras de capa dura, seja lançando seus próprios selos de capa dura e desenvolvendo, dentro da casa, capacidade de publicação dos originais em capa dura e em brochura. Editoras de brochura independentes perceberam que suas fontes de suprimento estavam secando, enquanto editoras de capa dura, que, tradicionalmente, dependiam da venda de direitos de brochura para compensar os altos adiantamentos e fornecer grandes injeções de capital, viram-se em posição cada vez mais vulnerável, pressionando ainda mais aquelas que permaneciam independentes para unir forças com um grupo integrado verticalmente.

Embora eu tenha dividido o processo de consolidação das editoras comerciais em duas fases envolvendo diferentes *players* e estratégias ou princípios, é importante enfatizar que esses *players* não se inserem muito claramente nos dois períodos de tempo que caracterizei. Há algumas grandes editoras comerciais, como a Simon & Schuster, que continuam como propriedade de grandes corporações americanas (nesse caso, a CBS), e outras, como a Little, Brown, e o que agora se chama Grand Central Publishing, que só recentemente foram vendidas por uma grande empresa americana a um conglomerado estrangeiro (a Time Warner vendeu-as à Hachette em 2006). Não obstante, embora haja estruturas corporativas herdadas no campo de publicações comerciais, isso não deve obscurecer a ampla mudança estrutural que ocorreu. (Há anos, vêm circulando boatos de que a CBS venderia a Simon & Schuster se conseguissem o preço que estão pedindo, ou seja, 1 bilhão de dólares.) O processo de consolidação no campo de publicações comerciais está em andamento desde o início da década de 1960, mas o universo de editoras comerciais corporativas no início do século XXI não é o mesmo que começou a surgir com as primeiras aquisições corporativas nos anos 1960 e 1970.

Então, por que hoje as grandes corporações norte-americanas não se interessam por editoras comerciais, ao passo que os conglomerados de mídia europeus se mostram dispostos a adquirir e manter editoras comerciais nos Estados Unidos e no Reino Unido? "É coisa da Wall Street", explicou um executivo de alto escalão de um grande grupo editorial norte-americano. "Como a área editorial era um empreendimento que apresentava pouco ou nenhum crescimento, pequena margem de lucro e investimento intensivo no ativo permanente, o pessoal de Wall Street olhava negativamente para quem quer que fosse – Paramount, CBS, Viacom, Time Warner – se sentisse que estavam tentando construir esse ativo. Eles sempre fingiam estar tentando se livrar disso, o que mantinha Wall Street à distância." Para Wall Street, a publicação de livros não é apenas mídia antiga, é mídia velha, muito velha. "Comparada a um Google ou o que quer que seja, a televisão comercial é vista como mídia antiga. Portanto, somos rotulados como sendo realmente mídia velha." Além disso, para essas grandes corporações norte-americanas, a área editorial de livros representava uma parcela muito pequena de seu portfólio. "Mal éramos um *blip* no radar deles", disse outro executivo de alto escalão. "Quero dizer, se tivéssemos um ano ruim, não faria a menor diferença para eles." Por que persistir em um negócio que representa a fração mínima de sua receita total, em que as margens de lucro são muito menores do que em seus outros negócios e em que as perspectivas de crescimento são mínimas? Não é fácil para um executivo que tem os olhos voltados para Wall Street dar uma resposta convincente a essa questão. Em contrapartida, para os conglomerados europeus, o mercado de livros é uma parcela significativa do que fazem. Para eles, investir em editoras comerciais americanas e britânicas é uma maneira efetiva de obter crescimento fora dos mercados domésticos europeus, de obter acesso aos mercados norte--americanos e britânicos e de adquirir uma base nos campos editoriais que operam em língua inglesa, permitindo, dessa forma, que eles vendam naquelas partes do mundo onde o inglês é usado como língua principal ou como língua secundária. Em alguns casos, os conglomerados europeus continuam propriedade privada – o grupo de mídia alemão Bertelsmann, por exemplo, é de propriedade majoritária (76,9%) da Bertelsmann Foundation, organização sem fins lucrativos, estabelecida pela família fundadora Mohn, e os restantes 23,1% são de propriedade da própria família. Eles não têm de lidar com a mentalidade trimestral da Wall Street e podem se dar ao luxo de adotar uma visão estratégica a longo prazo. Portanto, as grandes corporações norte-americanas e os conglomerados de mídia europeus têm orientações muito diferentes, sedimentadas em suas circunstâncias diferentes e nas distintas pressões financeiras que enfrentam.

OS GRUPOS EDITORIAIS DOMINANTES NOS ESTADOS UNIDOS

O resultado desse processo de consolidação foi que, no final dos anos 1990, havia quatro grupos grandes e poderosos no campo de publicações comerciais nos Estados Unidos. O mais importante – e por uma margem considerável – era a Random House. Em 1980, a RCA vendeu a Random House por 60 milhões de dólares para S. I. (conhecido como "Si") Newhouse, um rico empresário, proprietário de uma variada linha de jornais, revistas e canais de televisão a cabo. Newhouse fez outras aquisições no decorrer dos anos 1980 e 1990 e depois, em 1998, vendeu todo o grupo Random House por mais de 1 bilhão de dólares para o grupo Bertelsmann. O grupo Bertelsmann já havia entrado no campo de publicações comerciais dos Estados Unidos ao adquirir a Bantam Books, em 1980, e a Doubleday, em 1986, fundindo-as como o grupo editorial Bantam Doubleday Dell. (A Doubleday havia adquirido a editora de brochuras Dell em 1976.) Com a aquisição do grupo Random House, a Bertelsmann tornou-se o maior grupo de publicações comerciais dos Estados Unidos e, na verdade, do mundo. Em 2007, as receitas globais da Random House no mercado de edições comerciais e populares foram de cerca de 2,39 bilhões de dólares; 1,27 bilhão de dólares desse valor, ou cerca de 53%, referia-se a vendas nos Estados Unidos.[8] Os vários selos da Random House nos Estados Unidos agora incluem a Bantam, a Delacorte, a Dell, a Doubleday, a Broadway, a Crown, a Knopf, a Pantheon, a Anchor, a Vintage, a Ballantine e a Modern Library (ver apêndice 1 para uma lista mais ampla dos selos das maiores corporações editoriais).

Os três outros grandes grupos de publicações comerciais nos Estados Unidos eram a Penguin, a HarperCollins e a Simon & Schuster. A Penguin é de propriedade da Pearson, o conglomerado de mídia com base no Reino Unido, desde 1971. Em 1996, eles compraram o grupo editorial Putnam and Berkley, que pertencia à MCA desde 1975, e uniu-o à Penguin nos Estados Unidos para formar a Penguin Putnam, subsequentemente rebatizada como Grupo Penguin. Em 2007, a receita global da Penguin no campo de publicações comerciais e de massa foi de cerca de 1,69 bilhão de dólares, e nos Estados Unidos foi de cerca de 1 bilhão de dólares, 60% do total. Além da Penguin e da Putnam, entre os muitos selos americanos da Penguin estão a Viking, a Gotham, a Riverhead, a Dutton, a Berkley e a New American Library.

A HarperCollins é de propriedade da News Corporation, o conglomerado internacional de mídia controlado por Rupert Murdoch. A HarperCollins

---

8 Dados fornecidos pela Open Book Publishing, 2008.

MERCADORES DE CULTURA 127

formou-se com a fusão da Harper & Row, que a News Corp adquiriu em 1987, com a antiga editora britânica William Collins Sons & Co, cujas ações remanescentes foram adquiridas pela News Corp em 1989 (a News Corp já havia adquirido 30% de participação na Collins em 1981, por meio de sua subsidiária News International). Em 2007, a receita global da HarperColins no mercado editorial comercial e de massa foi de cerca de 1,29 bilhão de dólares, dos quais cerca de 903 milhões, ou 70% do total, referiam-se aos Estados Unidos. Os selos americanos da HarperCollins incluem a William Morrow, a Avon e a Ecco; ela também é proprietária da editora religiosa Zondervan, que publicou o livro de Rick Warren, *Uma vida com propósitos*, um enorme sucesso.

O quarto grande grupo editorial comercial dos Estados Unidos é o Simon & Schuster, que vem mudando de proprietário desde meados dos anos 1970. Fundada em 1924 por Richard Simon e Max Schuster, a Simon & Schuster foi adquirida em 1975 pela Gulf & Western, uma grande e diversificada empresa americana com interesses em muitas indústrias diferentes – de construção e fabricação a entretenimento e cinema. Em 1989, a Gulf & Western foi reestruturada e renomeada como Paramount Communications, que foi, ela própria, adquirida em 1994 pela Viacom, um grande conglomerado americano da mídia. Em 2000, a Viacom adquiriu a CBS, mas em 2005 a Viacom/CBS dividiu-se em duas companhias, e a CBS herdou a Simon & Schuster. Embora a Simon & Schuster esteja classificada como a quarta entre as grandes editoras comerciais dos Estados Unidos, seu negócio é muito mais focado nos Estados Unidos do que suas três maiores concorrentes. Em 2007, a receita da Simon & Schuster com edições comerciais e de massa foi de cerca de 886 milhões de dólares, dos quais 730 milhões, ou 82%, referiam-se aos Estados Unidos. Esse enfoque concentrado no mercado norte-americano deve-se ao fato de que, desde 1975, a Simon & Schuster é de propriedade de corporações americanas de capital aberto que não viam outras aquisições no campo de publicações comerciais doméstico ou do exterior como prioridade de investimento. Com a aquisição da Macmillan, em 1994, a Scribner e a The Free Press somaram-se à divisão comercial da Simon & Schuster, mas grande parte do crescimento da Simon & Schuster na área de edições para o consumidor era orgânica, e eles não conseguiram adquirir um ativo no exterior para se expandir internacionalmente. "A incapacidade de adquirir continuou a nos atormentar nos anos 1990 e no início deste século", explicou um executivo de alto escalão da Simon & Schuster. "Então, nunca tivemos a chance de comprar da mesma maneira que nossos grandes concorrentes compraram."

Abaixo desses grandes grupos editoriais, há vários grupos e companhias de porte médio operando no campo de publicações comerciais nos Estados Unidos. Eles incluem o que até 2006 constituía o grupo Time Warner Book, a divisão de publicações de livros do conglomerado de mídia Time Warner. Antes da fusão da Time Inc. com a Warner Communications, a Time Inc. havia adquirido, em 1968, a antiga editora norte-americana Little, Brown, fundada em Boston, em 1837. Quando a Time e a Warner consolidaram sua fusão, em 1990, para formar o conglomerado de multimídia e entretenimento Time Warner, a Little, Brown foi agregada à Warner Books para formar o grupo Time Warner Book. Em 2001, a Time Warner consolidou sua fusão com a AOL, a gigante de serviços de internet e de mídia, e nas reorganizações que se seguiram, a fusão Time Warner buscou livrar-se de vários ativos, incluindo sua divisão editorial de livros. Em 2006, o grupo Time Warner Book acabou sendo vendido ao conglomerado de mídia francês Hachette, por 537 milhões de dólares. A Hachette conservou o selo Little, Brown, mas mudou o nome de Warner Books para Grand Central Publishing. A Hachette já era a maior editora da França e a maior no Reino Unido; então, com a aquisição do grupo Time Warner Book, o grupo Hachette passou a ter também uma atuação importante no campo de publicações comerciais dos Estados Unidos.

Outro grupo de porte médio atuando na área de edições comerciais dos Estados Unidos é o grupo de propriedade da família Holtzbrinck. O grupo Holtzbrinck foi fundado na Alemanha nos idos dos anos 1940, quando Georg von Holtzbrinck colaborou com outros para formar um clube do livro. Na década de 1960, esse clube adquiriu a S. Fischer Verlag, uma das maiores companhias editoriais da Alemanha, e, em seguida, adquiriu outras participações societárias em editoras alemãs. Holtzbrinck entrou no campo editorial norte-americano em 1985, quando comprou a divisão de edições comerciais da Holt, Rinehart & Winston, que passou a se chamar Henry Holt Book Company. Em 1994, ela comprou a Farrar, Straus & Giroux, que Roger Straus decidira vender à Holtzbrinck, depois de ter resistido às corporações por muitos anos. Em 1995, Holtzbrinck comprou 70% de participação societária no grupo Macmillan e adquiriu as ações restantes quatro anos mais tarde. Atualmente, os selos comerciais da Holtzbrinck nos Estados Unidos incluem a Henry Holt, a FSG, a St. Martin's Press e a Picador.

O conglomerado de mídia francês Vivendi fez uma pequena incursão no campo de publicações comerciais norte-americano, adquirindo, em 2001, a editora Houghton Mifflin, com base em Boston. Com sua origem remontando à década de 1830, a Houghton Mifflin era uma das editoras americanas mais antigas. No século XIX, publicou alguns dos escritores nacionais mais conhecidos, incluindo Henry Wardsworth Longfellow, Ralph Waldo Emerson, Nathaniel Hawthorne, Harriet Beecher Stowe, Mark Twain e Henry David Thoreau e, no decorrer de todo o século XX, manteve uma divisão comercial lado a lado com um programa de expansão rápida de publicações educativas para escolas e faculdades. Em 2001, a Houghton Mifflin foi adquirida pela Vivendi Universal por cerca de 2,2 bilhões de dólares. Entretanto, as crescentes dificuldades financeiras da Vivendi forçaram-na a vender parte de seu ativo, e em 2002 a Houghton Mifflin foi vendida por 1,66 bilhão de dólares a um consórcio de empresas de investimento privadas, encabeçado por Thomas H. Lee Partners e Bain Capital e incluindo fundos do grupo Blackstone. Em 2006, a Houghton Mifflin foi novamente vendida à editora de software educativo Riverdeep por 3,36 bilhões de dólares. Fundada em 1995 pelo empresário irlandês Barry O'Callaghan, a Riverdeep entrou no campo norte-americano de publicações educativas no final dos anos 1990, com várias aquisições, incluindo a The Learning Company. Em 2007, após a aquisição da Houghton Mifflin, o grupo adquiriu a Harcourt Education, que inclui a divisão de edições comerciais da Harcourt, pertencente à corporação editorial anglo-holandesa Reed Elsevier. Criado a partir da Riverdeep Software, da Houghton Mifflin e da Harcourt, o grupo foi então renomeado e passou a se chamar Education Media and Publishing Group. A posição da divisão comercial da Harcourt Mifflin/Harcourt, dentro da EMPG permanece um pouco instável. Foi posta à venda em março de 2009, mas se retirou do mercado quando as ofertas recebidas – houve rumores de que ficaram em torno de 250 milhões de dólares – estavam abaixo do esperado.[9] Uma reestruturação das finanças da companhia em 2009 e 2010 contribuiu para reduzir o pesado ônus da dívida que a EMPG havia acumulado e facilitou um pouco a pressão financeira sobre a divisão comercial.

A Tabela 3.1 mostra os doze principais *players* no campo de publicações comerciais dos Estados Unidos entre 2007 e 2008. A Random House, de propriedade do grupo Bertelsmann, continuou no topo, com receitas comerciais de 1,266 bilhão de dólares; a Penguin ficou em segundo, com 1,015 bilhão de dólares; a HarperCollins ficou em terceiro, com receitas comerciais estimadas em 903 milhões de dólares; e a Simon & Schuster ficou em quarto lugar, com uma estimativa de 730 milhões de dólares.

---

9 *Subtext*, v.14, n.11, p.2.

Tabela 3.1. As doze maiores editoras comerciais nos Estados Unidos, 2007 e 2008

Posição	Editora	Matriz	Receitas 2007/ Mercado comercial e de massa nos EUA (em milhões de dólares)	Receitas 2007/ Mercado mundial comercial e de massa (em milhões de dólares)	% de crescimento desde 2006 (mundial)	Vendas nos EUA - % do total	% do total / mercado comercial e de massa nos EUA[1]
1	Random House[2]	Bertelsmann	1.266	2.388	-5,6	53	13,1
2	Penguin[3]	Pearson	1.015	1.692	0	60	10,5
3	HarperCollins[4]	News Corp	903	1.290	-1,7	70	9,4
4	Simon & Schuster[5]	CBS	730	886	+9,8	82	7,6
5	Hachette Book Group USA[6]	Lagardère	507	1.687	+8,5	30	5,3
6	John Wiley & Sons[7]	John Wiley	390	469	+2,8	83	4,0
7	Scholastic[8]	Scholastic	389	423	+112,0	92	4,0
8	Holtzbrinck Book Group[9]	Holtzbrinck	225	350	+2,9	64	2,3
9	Rodale	Rodale	193	193	+3,2	100	2,0
10	Thomas Nelson[10]	InterMedia	190	190	-13,6	100	2,0
11	Houghton Mifflin/ Harcourt	Education Media and Publishing Group	180	197	-1,5	91	1,9
12	Sterling	Barnes & Noble	150	150	-6,2	100	1,6
	Total		6.138				63,7

Inclui capa dura e brochura adulto, capa dura e brochura infantil e brochura mercado de massa.
Todas as vendas são estimativas, com exceção da Random House e Wiley, e com as demais exceções abaixo.
[1] Receitas comerciais e de mercado de massa combinadas, para 2007, foram de 9.645 milhões de dólares, conforme a Association of American Publishers.
[2] Exercício fiscal encerrado em 31 de dezembro de 2007.
[3] Receitas mundiais são reais; desdobramentos das receitas dos EUA são estimativas.
[4] Exercício fiscal encerrado em 30 de junho de 2007. Inclui Zondervan.
[5] Receitas mundiais são reais; desdobramentos das receitas dos EUA são estimativas.
[6] Anteriormente Time Warner Book Group. Vendas estimadas no ano encerrado em 31 de dezembro de 2007. Números são apenas da divisão americana da Hachette.
[7] Segmento profissional/comercial mundial para exercício fiscal encerrado em 30 de abril de 2007.
[8] Vendas comerciais estimadas apenas para exercício fiscal encerrado em 31 de maio de 2008.
[9] Receitas comerciais mundiais estimadas para o exercício fiscal encerrado em 31 de dezembro de 2007.
[10] Vendas estimadas de livros e bíblias apenas para exercício fiscal encerrado em 31 de março de 2008.
Fonte: Open Book Publishing, 2008.

MERCADORES DE CULTURA   131

Nota-se uma queda significativa do grupo seguinte. Após a aquisição do grupo Time Warner Book, o Grupo Hachette ficou em quinto lugar no campo de publicações comerciais dos Estados Unidos, com uma receita estimada em 515 milhões de dólares (os números da tabela se referem apenas à divisão de livros da Hachette nos Estados Unidos e não incluem receitas da participação societária da Hachette na França e no Reino Unido). A principal editora independente no campo de publicações comerciais dos Estados Unidos é a John Wiley, com uma receita de sua divisão profissional/ comercial chegando a 390 milhões de dólares. A Scholastic, editora de livros educacionais e infantis, subiu para o sétimo lugar entre 2007 e 2008, graças ao sucesso fenomenal do sétimo e último volume da série Harry Potter, *Harry Potter e as relíquias da morte*, lançado em julho de 2007, e que se transformou no livro de vendas mais rápidas de todos os tempos – vendendo 11 milhões de exemplares no primeiro dia no Reino Unido e nos Estados Unidos. Somente esse título mais do que duplicou a receita da Scholastic no ano, acrescentando 270 milhões de dólares a uma linha de receita que, sem o novo *Harry Potter*, teria permanecido em 153 milhões de dólares; entre 2008 e 2009, a Scholastic escorregou para o décimo lugar. O grupo Holtzbrinck, com receitas comerciais estimadas em 225 milhões de dólares, ficou em oitavo. A Rodale, editora independente com base na Pensilvânia, conhecida sobretudo por sua linha de saúde e boa forma, e que lançou o enorme sucesso *A dieta de South Beach* em 2003, ficou em nono lugar, com vendas estimadas em 193 milhões de dólares. A Thomas Nelson, que obteve o décimo lugar, com vendas comerciais estimadas em 190 milhões de dólares, é uma editora de obras religiosas com base em Nashville; em 2006, ela foi adquirida pela InterMedia, empresa com participação societária. Após a aquisição da Harcourt, a Houghton Mifflin/Harcourt Group ficou em 11º lugar, com vendas estimadas em 180 milhões de dólares. A Sterling, que publica uma variedade de livros de interesse geral e livros "guia para", e que foi adquirida pela rede Barnes & Noble em 2003, ficou em 12º lugar, com vendas estimadas em 150 milhões de dólares.

Quanto ao *market share*, a Random House respondia por cerca de 13% do mercado comercial norte-americano; a Penguin, por cerca de 10,5%; a Harper, por cerca de 9,4%; e a Simon & Schuster, por cerca de 7,4%. Juntos, esses quatro grupos respondiam, entre 2007 e 2008, aproximadamente por 40,6% das vendas comerciais nos Estados Unidos. Quando os grupos Hachette e Holtzbrinck foram acrescentados, esses seis maiores grupos editoriais, todos de propriedade de grandes corporações e conglomerados de mídia, respondiam por quase metade – 48,2% – das vendas totais nos Estados Unidos. Juntas, as doze editoras respondiam por 63,7% do total.

OS GRUPOS EDITORIAIS DOMINANTES NO REINO UNIDO

A partir do início dos anos 1960, um processo semelhante de consolidação ocorreu no mercado editorial do Reino Unido. A noção de sinergia era menos preponderante no contexto britânico, em que corporações grandes e diversificadas como a RCA e a Gulf & Western não se envolveram demasiadamente na publicação de livros. Contudo, embora as fusões e aquisições no campo de publicações comerciais britânico tivessem suas características próprias e as mudanças que ocorreram fossem labirínticas em sua complexidade, à medida que editoras eram compradas e vendidas (em alguns casos, várias vezes) no decorrer de cerca de quarenta anos, a trajetória geral de consolidação, bem como o resultado geral, foram bastante semelhantes.[10]

Nos anos 1960 e início da década de 1970, uma geração de editores britânicos – Jonathan Cape, Michael Joseph, Jamie Hamilton, Stanley Unwin, Victor Gollancz e Allen Lane, entre outros – estava chegando ao final de suas carreiras produtivas, e as companhias editoriais que haviam fundado ou revigorado enfrentavam problemas de sucessão e futuros incertos. Ao mesmo tempo, as corporações norte-americanas que tinham interesse em editoras começaram a dirigir um olhar "aquisitivo" para as editoras comerciais britânicas, atraídas pela língua em comum e pela libra em desvalorização. Uma das primeiras grandes empresas norte-americanas a fazer isso foi a então conhecida Thomson Organization, com base no Canadá. Roy Thomson havia começado sua carreira nas indústrias de mídia abrindo uma estação de rádio e adquirindo um jornal local em Timmins, Ontário, no início da década de 1930. Nas duas décadas seguintes, ele expandiu o negócio, adquirindo um grupo de jornais e companhias canadenses. No início dos anos 1950, Thomson voltou sua atenção para o Reino Unido, comprando o *Scotsman* e uma série de outros jornais nacionais e regionais; ele também diversificou, abrindo-se para outras áreas, incluindo a de publicação de livros, e adquiriu a Michael Joseph, em 1961, a escocesa Thomas Nelson, em 1962, e a Hamish Hamilton, em 1965, embora sua empresa, logo em seguida, se livrasse delas, pois mudara o foco para a área de publicações educativas e profissionais.

A editora de brochura Penguin, fundada por Allen Lane, em 1935, e que nos anos 1950 havia se tornado uma editora importante no Reino Unido, transformou-se em empresa aberta em 1961, e logo se viu como objeto

---

10 Nesta parte, recorri muito aos excelentes ensaios de Eric de Bellaigue sobre a transformação do campo de publicações comerciais britânico; ver de Bellaigue, *British Book Publishing*. Ver também o utilíssimo *Who Owns Whom in British Book Publishing*, de Gasson.

MERCADORES DE CULTURA 133

de crescente interesse da McGraw-Hill, editora norte-americana, que, no decorrer da década de 1960, aumentara sua participação acionária na Penguin de 10% para 17%.[11] Logo em seguida, em 1970, com a morte de Allen Lane, a Penguin consolidou uma fusão com a Pearson Longman, em parte para evitar ser adquirida por uma corporação norte-americana, o que Lane temia. A Pearson começara como uma pequena empresa de construção em Yorkshire, no norte da Inglaterra, em 1844, e havia expandido para negócios de mídia na década de 1920, adquirindo um grupo de jornais regionais. Em 1968, a Pearson adquiriu a editora de livros Longman, fundada em 1724 por Thomas Longman e transferida de geração em geração da família até que, em 1948, tornou-se uma empresa aberta. Depois das aquisições da Longman e da Penguin, a Pearson aumentou sua participação na área de publicações educativas adquirindo o setor de educação da HarperCollins, da Simon & Schuster e da Prentice Hall, e deu à Penguin recursos para se expandir e entrar no campo de publicações comerciais. Em 1975, a Penguin comprou a Viking Press, uma aquisição que aumentou muito a presença da empresa nos Estados Unidos (a Viking, com vendas de 15 milhões de dólares, era três vezes maior do que os negócios da Penguin nos Estados Unidos),[12] além de fortalecer a posição da Penguin no universo de edições norte-americanas em capa dura, o que compreendia três quartos dos negócios da Viking. Em 1983, a Penguin adquiriu a Frederic Warne, que lhe deu o controle dos direitos autorais dos livros infantis de Beatrix Potter, e, dois anos mais tarde, comprou da Thomson a Hamish Hamilton e a Michael Joseph, duas editoras de livros em capa dura que permitiram à Penguin atingir um nível muito mais alto de integração vertical no Reino Unido. Em 1986, a Penguin comprou a New American Library, uma das cinco maiores editoras norte--americanas de brochura, com forte presença no mercado de massa, e dez anos mais tarde ela adquiriu a Putnam Berkley, que havia sido comprada pela MCA em 1982, e da qual estavam se livrando agora. A Putnam Berkley, com forte ênfase em ficção comercial de *frontlist*, trouxe uma nova linha de autores de sucesso para a carteira americana da Penguin, incluindo Tom Clancy, Patricia Cornwell e Dick Francis. Em três décadas, com o respaldo financeiro da Pearson, a Penguin havia passado de editora líder em brochura no Reino Unido para uma grande corporação editorial internacional, com uma lista diversificada, integrada verticalmente e forte presença tanto nos Estados Unidos quanto no Reino Unido.

---

11 Lewis, *Penguin Special*, p.397.
12 De Bellaigue, *British Book Publishing*, p.41.

134 JOHN B. THOMPSON

As renomadas – e, antes, editoras independentes – Chatto & Windus (fundada em 1855) e Jonathan Cape (fundada em 1921) fundiram-se em 1969, após a morte de Jonathan Cape, em 1960. O objetivo da fusão era conseguir alguma economia de escala, fornecendo armazenagem centralizada, serviços de distribuição e infraestrutura e, ao mesmo tempo, mantendo a singularidade e a autonomia editorial de cada casa. Em 1973, juntou-se a elas a The Bodley Head (fundada em 1887), para formar a Chatto, Bodley Head and Jonathan Cape – ou CBC –, e, em 1982, o grupo adquiriu a editora feminista Virago (fundada em 1972). Essa incomparável constelação de editoras britânicas sobreviveu até 1987, quando, após vários anos de resultados financeiros decepcionantes e endividamento crescente (o grupo declarou prejuízo sem contar o imposto de renda de 2,5%, em 1985 e em 1986, e dívidas líquidas de 3,4 milhões de libras, em dezembro de 1986),[13] o grupo foi vendido à Random House por 20 milhões de libras. Para a Random House, que tentava expandir sua presença no exterior, a aquisição da CBC forneceu uma excelente base no Reino Unido (a Virago livrou-se da venda por meio de uma aquisição de ações pelos administradores e continuou independente até ser vendida à Little, Brown, que, à época – 1996 – fazia parte do grupo editorial Time Warner). A Random House fortaleceu ainda mais sua presença no Reino Unido, adquirindo a Century Hutchinson, em 1989, por 64 milhões de libras. A Century Hutchinson havia sido formada em 1985, quando a Century Publishing, empresa iniciante, criada em 1981 por Anthony Cheetham, adquiriu a Hutchinson – fundada em 1987 – da London Weekend Television, que havia comprado a Hutchinson em 1978, na esperança – muito frustrada – de que poderia combinar de forma produtiva com seus interesses em televisão. Quando a Bertelsmann adquiriu a Random House, em 1998, a participação societária da Bertelsmann no Reino Unido, que incluía a Transworld, tornou-se parte da Random House UK, fazendo dela um dos maiores grupos editoriais comerciais do Reino Unido.

As companhias que acabaram passando para o controle da Hachette no Reino Unido evoluíram por meio de uma complexa série de fusões e aquisições. Da mesma forma como ocorreu com a Century Hutchinson, alguns desses foram exemplos em que uma empresa iniciante, relativamente jovem, adquiriu uma editora antiga e estabelecida, seja porque a editora mais antiga enfrentava uma sequência de problemas, seja porque havia passado por tempos difíceis e buscava maneiras de fortalecer sua posição. Em 1991, Anthony Cheetham, que havia fundado a Century e consolidado uma fusão

---

13 Ibid., p.145-7.

MERCADORES DE CULTURA

com a Hutchinson antes de vendê-la à Random House, fundou uma nova companhia, a Orion, e adquiriu a Weidenfeld & Nicolson, a conceituada editora fundada em 1949 pelo lorde Weidenfeld, um refugiado austríaco; Weidenfeld, que nessa época tinha mais ou menos 70 anos, sentiu-se atraído pela ideia de vender a companhia, da qual possuía 80% das ações, a alguém com quem havia tido laços comerciais no passado. Em 1998, a maioria das ações da Orion foi vendida à Hachette, que adquiriu as ações restantes em 2003. Em 1998, o grupo adquiriu a Cassell, cujos selos incluíam a Victor Gollancz, e, em 2002, a Hachette aumentou muito sua participação no mercado do Reino Unido adquirindo o grupo Octopus Publishing.

A Octopus havia sido fundada em 1971 pelo empresário Paul Hamlyn. Hamlyn ganhara alguma experiência em empresas iniciantes, tendo estabelecido a Paul Hamlyn Books como livraria de saldos em 1949, transformando-a em uma importante editora para o mercado de massa, antes de vendê-la à International Publishing Corporation, em 1964, por 2,275 milhões de libras. Com o compromisso da Hamlyn de publicar livros para o mercado mais amplo possível ("Só entendo um tipo de publicação: livros de aceitação ampla, que agradem a todos, que melhorem a qualidade de vida, do estômago à mente"),[14] a Octopus passou rapidamente de uma receita de 1,85 milhão de libras, em 1972, para 30,75 milhões de libras, em 1982.[15] Tornou-se empresa aberta em 1983, com a Hamlyn detendo 67% do capital. Em 1985, a Octopus adquiriu a William Heinemann, editora fundada em Londres, em 1890, que havia adquirido a Secker & Warburg, em 1956, e havia sido adquirida pelo conglomerado industrial Thomas Tilling, em 1961; a própria Tilling foi adquirida por outro conglomerado industrial, o BTR, em 1983, e o BTR vendeu a Heinemann à Octopus dois anos mais tarde, por uma participação de 35% na companhia recém-incorporada por meio de fusão. Dois anos mais tarde, em 1987, a Octopus foi vendida à Reed International por significativos 535 milhões de libras, "no auge da euforia aquisitiva que tomava conta do mercado editorial".[16] Depois da fusão, em 1993, da Reed com a Elsevier – a grande corporação editorial holandesa STM – e após vários anos de resultados decepcionantes, a Reed resolveu dispor de seus interesses em publicações comerciais. A divisão comercial para adultos, incluindo a Heinemann e a Secker & Warburg, foi vendida à Random House em 1997,

---

14 Paul Hamlyn no *Sunday Telegraph* (fev. 1984), citado em de Bellaigue, *British Book Publishing*, p.192.
15 De Bellaigue, *British Book Publishing*, p.98.
16 Ibid., p.110.

por um valor relativamente modesto – 17,5 milhões de libras –, ao passo que a divisão de livros ilustrados foi revigorada com o nome de Octopus Publishing Group, pela aquisição de ações pelos administradores. Em 2001, o Octopus Publishing Group foi vendido à Hachette.

O terceiro fio da participação da britânica Hachette surgiu em 2004, com a aquisição da Hodder Headline, que pertencia à WH Smith. A Hodder Headline fora instituída com a aquisição de uma antiga editora inglesa, a Hodder & Stoughton, fundada em 1868 por uma empresa iniciante, a Headline, criada em 1986 pelo empresário da área editorial Tim Hely Hutchinson. A Hodder & Stoughton era uma empresa familiar, com 80% das ações pertencentes aos descendentes do fundador, Matthew Hodder. No final da década de 1980, ela se viu em grandes dificuldades financeiras, necessitando de capital adicional e sem interessados institucionais a quem apelar. Para a Headline, que havia entrado no mercado em 1986, com uma *frontlist* declaradamente comercial e que se tornou empresa aberta quatro anos mais tarde, os atrativos de adquirir uma antiga editora, com quase metade da receita proveniente de sua *backlist,* eram bastante evidentes. Em 1993, a Headline comprou a Hodder & Stoughton por 49 milhões de libras, apesar de ser muito menor do que sua aquisição mais antiga (o faturamento da Headline em 1992 foi de cerca de 16 milhões de libras, comparados ao da Hodder & Stoughton, de cerca de 56 milhões de libras).[17] A recém-criada Hodder Headline foi, logo em seguida, vendida à WH Smith, a varejista de grandes centros comerciais, por 192 milhões de libras, em 1999. Em 2002, a WH Smith incorporou a John Murray à Hodder Headline. Fundada em 1768, a John Murray havia se mantido como um negócio familiar por mais de dois séculos e publicara alguns dos maiores autores ingleses, incluindo Lord Byron, Charles Dickens e Jane Austen, mas, com faturamento anual de cerca de 8 milhões de libras, ela não estava mais em condições de competir com seus concorrentes maiores, que dispunham de mais recursos financeiros. Entretanto, como a WH Smith começava a enfrentar concorrência cada vez mais forte no mercado varejista, ela decidiu vender a Hodder Headline, que foi adquirida pela Hachette por 223 milhões de libras, em 2004, tendo Tim Hely Hutchinson continuado como CEO. Com a aquisição do grupo Time Warner Book pela Hachette, em 2006, os negócios com livros da Time Warner no Reino Unido, incluindo a Little, Brown, foram acrescentados às operações da Hachette britânica.

---

17 Ibid., p.63.

MERCADORES DE CULTURA

137

A Tabela 3.2 faz um resumo das dez maiores editoras do Reino Unido por receita em 2007, a partir de dados da Nielsen BookScan.[18] A receita da Hachette, estimada em 298,8 milhões de libras, em 2007, fez dela a maior *player* no campo de publicações comerciais do Reino Unido, dando-lhe um *market share* de 16,6%, e entre seus vários selos no Reino Unido estavam agora a Hodder & Stoughton, a John Murray, a Headline, a Octopus, a Orion, a Weidenfeld & Nicolson, a Gollancz, a Phoenix, a Little, Brown e a Virago.

Tabela 3.2. As dez maiores editoras comerciais do Reino Unido, 2007

Posição	Editora	Matriz	Estimativa da receita comercial no Reino Unido (em milhões de libras)	% de crescimento desde 2006	% do mercado comercial total no Reino Unido
1	Hachette Livre UK[1]	Lagardère	298,8	+5,1	16,6
2	Random House[2]	Bertelsmann	263,4	−2,5	14,6
3	Penguin	Pearson	177,3	−0,8	9,8
4	HarperCollins	News Corp	142,7	+0,6	7,9
5	Bloomsbury	Bloomsbury	74,7	+140,0	4,2
6	Pan Macmillan[3]	Holtzbrinck	61,4	+12,0	3,4
7	Oxford University Press		33,1	+0,3	1,8
8	Pearson Education	Pearson	32,3	+0,3	1,8
9	Simon & Schuster	CBS	26,9	+12,1	1,5
10	Egmont	Egmont Group	24,9	+8,9	1,4
	Total		1.135,5		63,0

Compilado do Total Consumer Market (TCM) da Nielsen BookScan, que cobre mais de 90% do varejo de livros no Reino Unido e vendas pela internet, referentes às 52 semanas encerradas em 29 de dezembro de 2007.

[1] Inclui vendas anuais totais e vendas pré-datadas da Piatkus, adquirida pela Little, Brown em 20 de julho de 2007.

[2] Inclui vendas anuais totais e vendas pré-datadas da Virgin Books e BBC Group, adquiridas pela RandomHouse em 2007.

[3] Inclui vendas anuais totais e vendas pré-datadas da Kingfisher, editora de livros infantis.

Com vendas no Reino Unido estimadas em 263,4 milhões de libras em 2007, a Random House ocupava o segundo lugar, com um *market share*

---

18 *The Bookseller*, 24 jan. 2008.

de 14,6%; entre seus mais de trinta selos no Reino Unidos agora estão a Jonathan Cape, a Chatto & Windus, a William Heinemann, a Harvill Secker, a Bodley Head, a Century, a Hutchinson, a Ebury, a Transworld, a Doubleday, a Bantam, a BBC Books e vários outros em brochura, como a Vintage, a Arrow, a Corgi e a Black Swan. A Penguin ficou em terceiro lugar, com vendas estimadas em 177,3 milhões de libras em 2007 e um *market share* de 9,8%; além da Penguin, entre seus selos no Reino Unido estão a Allen Lane, a Viking, a Hamish Hamilton, a Michael Joseph, a Dorling Kindersley e a Rough Guides. A HarperCollins, com vendas estimadas em 142,7 milhões de libras em 2007, ficou em quarto lugar, com 7,9% do mercado; entre seus selos estão a Harper Press, a Collins, a Fourth Estate, a Voyager e a Avon. Juntos, esses quatro grupos respondiam por quase metade – 48,9% – das vendas comerciais em 2007 (varejo e internet).

O fato de a editora independente Bloomsbury ocupar a quinta posição em 2007 deveu-se principalmente ao enorme sucesso do sétimo e último volume da série Harry Potter, cujos direitos autorais no Reino Unido são controlados por ela. A Bloomsbury teve suas vendas estimadas em cerca de 74,7 milhões de libras em 2007, mas *Harry Potter e as relíquias da morte*, sozinho, respondeu por praticamente a metade desse valor (37 milhões de libras). As vendas desse livro levaram a Bloomsbury à quinta posição em 2007 e aumentaram seu *market share* para 4,2%, embora em 2008 ela tivesse voltado para a sexta posição, com vendas de 43,3 milhões de libras e seu *market share* tivesse caído para 2,4%.[19] O Grupo Holtzbrinck, que adquiriu 70% de participação na Macmillan em 1995 e comprou as ações remanescentes em 1999, normalmente ocupava a quinta posição (à qual retornou em 2008), mas, com vendas estimadas em 61,4 milhões de libras em 2007, é consideravelmente menor do que os quatro principais grupos. Além da Macmillan, entre os selos comerciais da Holtzbrinck no Reino Unido estão a Pan, a Picador, a Tor e a Sidgwic & Jackson. Somadas, as dez principais editoras respondiam por quase dois terços (63%) das vendas no varejo no Reino Unido.

Os quatro maiores grupos no campo de publicações comerciais do Reino Unido estão também entre os cinco maiores grupos editoriais comerciais dos Estados Unidos. As únicas diferenças significativas estão no fato de que a Hachette é muito mais dominante no Reino Unido do que nos Estados Unidos (embora a aquisição do grupo Time Warner Book a tenha colocado na quinta posição nos Estados Unidos), e a Simon & Schuster tem uma

---

19 "Review of 2008", *The Bookseller*, 23 jan. 2009, p.26-9.

atuação muito mais relevante nos Estados Unidos do que no Reino Unido (consequência do fato de seus proprietários americanos, historicamente, não terem disponibilizado os recursos necessários para se expandir para o exterior, como já mencionamos antes).

CONCENTRAÇÃO E CRIATIVIDADE

Atualmente, para as grandes empresas editoriais, as principais vantagens em fazer outras aquisições têm dois lados: essas aquisições permitem que elas tenham um crescimento rápido da receita bruta[20] em um mercado maduro e relativamente estático, aumentando assim seu *market share* e fornecendo-lhes os benefícios provenientes disso (tais como maior alavancagem em suas negociações com fornecedores e varejistas); e oferecem também oportunidades para melhorar o resultado líquido, organizando e racionalizando operações administrativas e serviços editoriais, tais como finanças, produção, vendas e distribuição. Porém, há riscos envolvidos no porte crescente de corporações editoriais: um deles é o perigo de afetar e prejudicar as atividades criativas que se encontram no âmago da empresa editorial. Essa é uma das principais questões que todas as grandes empresas editoriais têm de enfrentar: como conciliar as economias que podem ser obtidas por meio de maior escala de vendas com a racionalização do trabalho editorial criativo, do qual, em última análise, depende o sucesso futuro da empresa. Como lidar com isso?

Diferentes corporações têm reagido a essa questão de maneiras diversas. Simplificando um pouco, poderíamos distinguir dois enfoques básicos – um, que poderíamos chamar de modelo centralizado, e outro, que poderíamos chamar de modelo federado. Cada modelo é um tipo ideal no sentido weberiano – isto é, uma idealização da realidade que realça alguns traços em detrimento de outros. O modelo centralizado provavelmente prevaleceu nas fases iniciais da corporativização, quando as empresas que faziam as aquisições se dispunham a tentar racionalizar e reformular as editoras que haviam adquirido. Nos últimos anos, o modelo federado vem se tornando, segundo gestores de alto escalão, um meio mais eficaz de organizar um grupo editorial corporativo, embora, na prática, esse modelo tenha diferentes níveis.

---

20 "Receita bruta" refere-se à receita total gerada pela venda de bens e serviços, antes de custos, despesas e outros encargos serem deduzidos para mostrar a renda líquida, ou o lucro, também conhecido como "resultado líquido".

O modelo centralizado busca obter o máximo de benefícios de economia de escala, combinando forças onde for possível e reorganizando todos os aspectos da operação editorial, desde sistemas de apoio até vendas, marketing e serviços editoriais. Após uma fusão ou aquisição, a companhia adquirida é realocada para as instalações da matriz (ou, no caso de fusões ou aquisições em grande escala, novas instalações são compartilhadas), o que reduz significativamente as despesas gerais. As operações comerciais e financeiras se fundem, geralmente levando à demissão de funcionários e mais redução de custos. As forças de vendas também se fundem para criar uma única força integrada para toda a empresa, o que resulta em economia de custos ainda maior. As operações editoriais também são reestruturadas; as carteiras de títulos são recombinadas e provavelmente renomeadas para refletir a nova visão da companhia editorial. Diferentes tipos e gêneros de publicações podem ser reatribuídos a selos novos ou diferentes – por exemplo, um selo para ficção literária, um para ficção comercial, um para ficção científica, um para não ficção, um para estilos de vida, um para esportes, e assim por diante. Nesse processo, os nomes anteriores das companhias adquiridas podem ganhar nova identidade – a que era uma editora comercial pode ser renomeada como editora de um tipo ou gênero especial de livros. Alguns dos antigos nomes podem desaparecer ou ser preservados apenas como parte de um novo nome. A companhia que surge desse processo de reorganização é reestruturada por inteiro. Não será uma continuação das antigas empresas sob o controle de um proprietário diferente, mas uma nova empresa com uma nova visão de si mesma e da forma como está tentando se posicionar no campo. Será também muito mais enxuta e eficiente do que as companhias anteriores, que operavam como entidades separadas – em termos de despesas gerais indiretas e custos operacionais, não 1 + 1 = 2, mas 1 + 1 = 1,5 (ou menos).

O modelo federado é menos radical em termos de amplitude da reestruturação. Ele procura colher os benefícios da economia de escala e, ao mesmo tempo, preserva parte da autonomia das antigas unidades editoriais. Como afirmou um gestor sênior, refletindo sobre a maneira como eles empreenderam a reestruturação da organização após uma grande aquisição: "Tínhamos de ser grandes e pequenos ao mesmo tempo. Precisávamos ser realmente grandes onde era importante e precisávamos ser realmente pequenos onde era importante". É, de fato, importante ser grande, quando se está lidando com fornecedores como gráficas e negociando com varejistas, em que o tamanho propicia alavancagem e força. Ser grande também ajuda quando se trata de fornecer serviços como estoque, distribuição, finanças e

MERCADORES DE CULTURA 141

TI, nos quais é preciso investir somas substanciais de dinheiro para garantir eficiência, e com os quais é possível obter economia real de escala. Entretanto, numa indústria criativa como essa, há áreas – como a editorial – em que ser pequeno faz diferença:

Os benefícios de ser pequeno são que se está trabalhando com talentos criativos, e eles não querem se sentir como se estivessem trabalhando com uma máquina de fazer salsicha. Então, eles precisam ter seu editor, seu publicitário, a pessoa da produção que se importa com eles etc. – a pessoa com quem eles sabem que podem conversar. Eles precisam de contato pessoal; não querem se sentir como se estivessem trabalhando para qualquer um. Outra coisa sobre ser pequeno é que, quando se pertence a um grupo pequeno de pessoas apaixonadas por uma gama pequena de livros, cada um deles receberá atenção, ao passo que, quando se é uma grande organização, que olha para livros apenas em termos de quais são os mais importantes e passa todo o tempo lidando com eles, haverá muitos livros que não receberão atenção em termos de divulgação, marketing etc. Portanto, é preciso ser grande onde importa ser grande e pequeno onde importa ser pequeno.

Outra razão pela qual é importante ser pequeno em um negócio como o campo de publicações comerciais é que há um grande componente de avaliação e gosto pessoal envolvido no processo de aquisições – na decisão de que obras comprar e quanto pagar por elas – e também um grande componente de sorte envolvido em quais livros acabam se tornando sucesso. Nem tudo é questão de sorte, sem dúvida, e há atitudes que podem ser tomadas para esclarecer e conduzir decisões sobre aquisições. Por exemplo, pode-se examinar o desempenho histórico de títulos semelhantes, pode-se introduzir procedimentos orçamentários mais formalizados, pode-se atribuir aos diretores de vendas e marketing alguma função nas decisões sobre as aquisições, e assim por diante. A maior parte das empresas (na verdade, a maioria das editoras comerciais, façam elas parte ou não de corporações) introduziu procedimentos desse tipo no decorrer dos anos 1980 e 1990. Porém, no fim das contas, há um componente inescapável de avaliação e de gosto envolvido no processo de aquisição, sobretudo quando se trata de contratar novos autores que não têm um histórico estabelecido, além de um componente que não se pode eliminar – a sorte –, que está envolvido no sucesso ou fracasso de certos livros, e, se tentarmos padronizar e racionalizar demais o processo de aquisição, corremos o risco de inibir a própria criatividade da qual depende o sucesso da organização. Algumas vezes, a decisão de um editor de seguir seu instinto e aceitar um livro que foi rejeitado por outros acaba sendo uma decisão inspirada, e o livro se torna um enorme sucesso. As pequenas editoras independentes são especialmente afinadas para se beneficiarem desse tipo de feliz descoberta – a história de *Harry Potter* é o exemplo clássico, mas não é, de forma alguma, um caso isolado. Contudo, há muitos nos grupos corporativos que acreditam que, numa indústria criativa como é a de edições comerciais, transferir a tomada de decisões para pequenas equipes editoriais, operando com alto nível de autonomia dentro de certos parâmetros financeiros, é a melhor forma de maximizar as chances de sucesso. Como afirmou um executivo de uma grande empresa:

"Estamos dando a alguém um campo de jogo, e estamos colocando uma cerca ao redor dele e dizendo: 'Se você ultrapassar aquela cerca, terá de fazer uma pergunta, mas, se estiver jogando dentro dele, você pode fazer o que quiser'. Você dá às pessoas bastante liberdade de ação, mas fornece uma estrutura dentro da qual podem atuar."

Qualquer corporação editorial pode, a qualquer momento, situar-se em algum ponto ao longo do espectro centralizado/federado, desde altamente centralizada em uma das extremidades até federada livre, não confinada a unidades editoriais, com um mínimo de centralização na outra extremidade (ver figura 3.1). A HarperCollins, tradicionalmente, situa-se perto da extremidade centralizada do espectro, ao passo que grupos como a Hachette e a Holtzbrinck tendem a se situar na extremidade federada, com corporações como a Simon & Schuster, a Penguin e a Random House em algum ponto intermediário – a Simon & Schuster e a Penguin provavelmente um pouco mais centralizadas do que a Random House (pelo menos no Reino Unido,

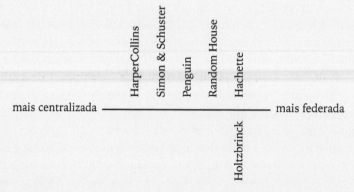

Figura 3.1. Principais corporações editoriais no espectro centralizado-federado.

onde seus executivos de alto escalão defendem publicamente um modelo federado). O mais descentralizado dos grupos federados permite que algumas de suas editoras preservem suas próprias instalações e mantenham forças de vendas separadas para diferentes selos ou divisões, mesmo que esses arranjos aumentem sua base de custos. "Não se pode fazer uma editora que seja meio federada", explicou o executivo de um dos grupos mais descentralizados. "Só se podem manter os selos separadamente se eles forem totalmente separados; com isso, quero dizer que eles controlam suas próprias vendas, seu próprio marketing, sua própria arte, sua própria publicidade. Assim, eles precisam ter uma natureza bem diferente."

A maioria das grandes corporações não chega a esse ponto, já que, quanto mais se descentraliza, menos se consegue reduzir a base de custos e ganhar as economias de escala que podem ser obtidas com a consolidação. Então, tipicamente, eles organizam os selos em grupos ou divisões, que são tratados como se fossem centros de lucro em separado. Cada selo pode ter sua própria equipe de marketing e divulgação, embora, em alguns casos, eles possam estar centralizados no nível da divisão. Para o grupo como um todo, a produção e as vendas normalmente são centralizadas, embora algumas divisões possam manter seu próprio departamento de produção e força de vendas – muitas permutações diferentes são possíveis. Trata-se de um ato de equilíbrio entre lucratividade de um lado e criatividade de outro, e os executivos de alto escalão estão sempre pensando em como conseguir o tipo de equilíbrio que acham que seria melhor para a empresa. Eles mantêm essa questão sob constante avaliação e podem mudar sua posição com o decorrer do tempo, dependendo das pressões financeiras que enfrentam e daquilo que percebem, em qualquer momento especial, como a maneira mais efetiva de estruturar a organização. Além disso, a forma como a filial de uma corporação em determinado país, como por exemplo o Reino Unido, se posiciona nesse espectro pode não ser a mesma forma como outra filial da mesma corporação em outro país, como os Estados Unidos, se posiciona – essas filiais podem operar com grande autonomia, e os executivos podem ganhar da matriz alto grau de liberdade para organizar sua filial como lhes convier.

Considerando que diferentes empresas, e mesmo diferentes filiais da mesma empresa, posicionam-se de maneiras diversas ao longo do espectro centralizado/federado, e que os grupos mais federados delegam bastante autonomia para seus selos ou divisões, conclui-se que há grande variação nas formas como as diferentes empresas e selos operam. O mundo editorial corporativo é, na prática, uma pluralidade de mundos, cada um dos quais operando à sua própria maneira. Certos procedimentos são comuns a todos os grupos editoriais, mas as maneiras como editores e outros envolvidos atuam varia consideravelmente de uma empresa para outra, e mesmo de um selo para outro dentro da mesma empresa. O quartel-general de uma empresa, como o imponente arranha-céu da Random House, no número 1.475 da Broadway, em Nova York, pode parecer para o observador casual uma casa com uma burocracia bem organizada, onde todos os procedimentos foram formalizados e padronizados, mas, na realidade, é mais uma estufa que abriga uma pluralidade de microambientes, cada um com permissão para cultivar sua própria e exótica variedade de vegetação, desde que satisfaçam certas condições.

Entremos num desses microambientes por alguns minutos. A Star é um antigo selo adquirido algum tempo atrás por uma editora que passou por vários proprietários e é agora parte de uma grande corporação internacional com significativa participação na área editorial. Selo de prestígio, a Star já teve seu próprio escritório em Manhattan, mas agora ocupa um dos andares superiores de um grande edifício comercial. Em alguns aspectos, é um selo especial, em parte por causa de seu histórico e sua posição: em termos de capital simbólico, ela é ricamente dotada. Mas agora se encontra ao lado de vários outros selos num dos mundos editoriais corporativos. Muitos que trabalham para a Star passaram por duas ou três mudanças de proprietário, viram patrões corporativos entrarem e saírem e vivenciaram vários ciclos de reforma. Porém, de maneira geral, suportaram bem o impacto disso tudo. "Há uma norma tácita", explica um editor sênior, que trabalhou na Star durante cerca de trinta anos, "ponha um dedo do pé fora do elevador e interfira em nosso trabalho que nós iremos amputar suas pernas. E a única coisa que nos permite aceitar essa atitude é a lucratividade. Contanto que geremos o dinheiro, podemos mandá-los para o inferno. É simples e antiquado assim. No minuto em que dá errado, estamos perdidos. Se deixamos de gerar lucro, as incursões começam".

Na Star, os editores continuam a ter grande liberdade para comprar os livros que querem, e as decisões sobre o que comprar são tomadas em discussões entre o editor e o publisher – isto é, o diretor da Star. "Nossas reuniões editoriais acontecem uma vez por mês se X [o publisher] puder ser incomodado, e ele sempre detestou reuniões; então, meses podem passar sem que haja uma única reunião – e essas reuniões existem apenas para os editores anunciarem o que compraram. A reunião editorial não é para discutir o que devemos comprar." Quando um editor quer comprar um livro, ele deve preparar um estudo de caso, o que incluirá um demonstrativo

MERCADORES DE CULTURA

de lucros e perdas, ou "L&P". O L&P é um resumo financeiro da provável receita que será gerada e dos custos que a editora incorrerá na publicação do livro. Um modelo padrão é tipicamente utilizado, e nele são inseridos certas variáveis – por exemplo, vendas de livros em capa dura no primeiro ano, vendas subsequentes em brochura, preços etc. O modelo utiliza despesas fixas, como custo de vendas, royalties, descontos, devoluções, custos de marketing, despesas gerais indiretas etc., e mostra a contribuição financeira projetada do livro – isto é, o lucro líquido, ou as perdas.[21] Ao fazer uma estimativa dos royalties que seriam pagos se a previsão de vendas se revelasse exata, o demonstrativo de L&P também dá ao publisher algum parâmetro, pelo menos em teoria, do patamar do adiantamento que ele poderia, usando o bom senso, pagar pelo livro. Porém, o L&P é, na melhor das hipóteses, uma aproximação tosca do desempenho financeiro de um livro; pode fornecer algumas orientações úteis, mas, para muitos editores e publishers, o L&P é uma espécie de fantasia corporativa. "É pura invencionice, e, além do mais, ninguém presta atenção nele", disse um ex-publisher da Star, agora aposentado. Os gerentes corporativos introduziram o L&P como uma forma de tentar incutir maior grau de disciplina financeira no processo de aquisições, mas os editores e publishers sabem que os números podem ser maquiados para refletir o que se pretende fazer. Veja o que acontece, segundo a explicação de uma ex-publisher da Star:

Vou comprar um livro. Para justificar a compra de um livro, temos de preencher um demonstrativo de lucros e perdas. Agora, suponhamos que eu esteja comprando a biografia que você fez de Vanessa Bell e você está prestes a começar um período de cinco anos de pesquisa e três anos escrevendo sobre ela. E devo justificar os 50 mil dólares de adiantamento. Então, presume-se que eu saiba quantos exemplares vamos imprimir, quantas imagens vamos ter, quanto custará o papel, qual será o preço do livro e, o mais importante, se ele será bom ou não. Bem, é pura idiotice – é impossível que alguma pessoa consiga fazer isso. Então, você diz ao seu assistente: "Vamos gastar 50 mil dólares. Prepare números que façam sentido e os insira lá." Todos sabem que é tudo mentira.

Embora seja relevante, o L&P não é a parte crucial do argumento do editor. Muito mais significativa é a avaliação que o editor faz da qualidade e

---

21 Para a decomposição útil dos elementos típicos de uma planilha L&P para um livro comercial, ver Greco; Rodriguez; Wharton, *The Culture and Commerce of Publishing in the 21st. Century*, p.121-4. Entretanto, o que não se obtém de uma análise formal desse tipo é qualquer sentido da função que o L&P realmente tem na vida diária de editores e publishers.

da importância do livro e suas prováveis vendas com base em uma leitura da proposta ou do original e a experiência e o conhecimento do mercado que ele tem. Considerações comerciais entram em cena como partes integrantes da avaliação do projeto e do seu potencial, mas não excluem a qualidade. "É claro que penso muito nas questões comerciais", disse uma editora sênior. "Se não gerarmos dinheiro como uma empresa, ninguém ficará aqui; mas, ao mesmo tempo, nunca abandono talentos. Se vejo um talento incrível, mesmo que eu não acredite que iremos ganhar dinheiro com ele, eu o acolho entusiasticamente." O editor pode pedir a um ou dois colegas que encontrar no corredor que examine uma parte do material para obter outros pareceres; ele pode consultar alguém da área de marketing ou de vendas para conhecer a opinião deles quanto às perspectivas de promoção, e pode também falar com o publisher de brochuras para ver o que ele acha do potencial do livro em brochura – esses dados adicionais irão ajudá-lo a formar uma avaliação e decidir se segue adiante com o livro e, presumindo que o *feedback* dos colegas seja positivo, apresenta seu estudo do caso. O objetivo é persuadir a editora a dar-lhe permissão para comprar ou fazer uma oferta pelo livro. Essa decisão é tomada em discussões com o publisher; em último caso, é o publisher que tem a palavra final. O ex-publisher da Star fez a seguinte afirmação:

Um editor vem até mim e diz: "Acabei de ler este livro; gostei muitíssimo; acho que deveríamos publicá-lo". Eu digo: "Ótimo, dê-me o livro". Eu o li naquela noite. Na manhã seguinte, digo: "Bem, não gostei dele tanto quanto você, mas você gostou, então vamos comprá-lo". E ele diz: "Quanto podemos gastar?". E minha cabeça vira o demonstrativo L&P. Depois de trinta segundos, calculo quanto acho que o livro poderia vender, quanto serão os direitos da brochura, se o livro teria alguma chance em um clube do livro, se podemos vender direitos ao exterior, e então digo: "Você pode gastar 35 mil". Esse era o L&P. Publicar era coisa muito simples: geralmente, um publisher ou editor está mais certo do que errado. Ninguém está certo 100% das vezes, ou mesmo 80%. O negócio é assim mesmo. E se não se perde muito dinheiro nos livros que não funcionam e se há oportunidade para ganhar bastante dinheiro com alguns dos que funcionam, está-se dentro do lucro.

Então, enquanto a Star for rentável e satisfizer seus objetivos financeiros, o pessoal dos departamentos de negócios e finanças os deixará em paz. "Quando se garante os lucros, tudo bem. Se não, deixam de existir normas, e isso é muito claro", explicou um editor sênior. Aqueles que estão nos altos escalões da empresa valorizam o selo tanto pela contribuição financeira que ele oferece quanto pela qualidade de seus livros, qualidade medida por coisas como premiações, prêmio Nobel, críticas positivas na primeira capa no *New York Times Book Review* e assim por diante – há muitas maneiras diferentes de certificar qualidade. Isso faz parte da mística do selo, "e o que deixa proprietários de empresa apavorados é envolver-se com mística", disse outro editor sênior. "Mística é o que eles não compreendem. Tudo o que eles sabem é: se funciona, não estrague." O relato do ex-publisher refletia isso:

> Um dia desses, almocei com [AB], presidente da empresa, quando eu estava lá. Disse-lhe: "Sabe, [A], em meus dezenove anos de trabalho na empresa, você nunca me perguntou nada sobre [a Star]. Tudo o que você queria era meu conselho sobre como administrar a corporação". Ele respondeu: "Bem, não é verdade". Então, eu disse: "Acredite, eu teria notado. Você nem mesmo se preocupou em dizer 'Parabéns'". Ele falou: "Ah, isso é verdade, porque eu sabia que você estava administrando tudo maravilhosamente bem, estava obtendo lucro e sabia muito mais sobre como fazer isso do que eu. Eu não poderia dar nenhuma contribuição; então, por que iria me preocupar com isso?".

Evidentemente, nem todo selo terá a mesma experiência da Star, nem seus procedimentos serão os mesmos. A Star ocupa uma posição única na área, em parte graças ao prestígio associado ao seu nome e seu consistente histórico de sucesso em termos tanto financeiros quanto simbólicos. A cultura da editora vem sendo mantida com um notável grau de continuidade por quatro décadas e vários proprietários, uma continuidade ligada ao fato de que ela sofreu bem poucas mudanças nos altos escalões, e muitos de seus editores sêniores continuaram em seus cargos apesar das mudanças. Nem todas as editoras comerciais tiveram a mesma sorte.

Entremos em outra editora comercial, a Cedar Press, que agora ocupa vários andares de um belo edifício comercial no centro de Londres. Algum tempo atrás, a Cedar foi adquirida por uma grande corporação. Durante muitos anos, ela seguiu adiante com o que estava fazendo, com ingerência mínima dos proprietários da corporação. Porém, à medida que a companhia começou a fazer novas aquisições, ela cresceu demais para operar como uma entidade única e foi desmembrada em departamentos separados, com diferentes selos agrupados em diversas divisões. Um período financeiramente difícil coincidiu com aposentadorias de funcionários de alto escalão, e uma nova equipe administrativa foi contratada. Alguns publishers e editores sêniores que haviam trabalhado na Cedar por muitos anos deixaram a empresa na época; outros foram encorajados a fazer o mesmo. Indivíduos de fora foram contratados para comandar algumas divisões e selos, o que ajudou a injetar uma nova cultura na organização. O que fora uma cultura muito masculina – "inteligente, arguta, levemente cética" – tornou-se algo bastante diferente: mais jovem, mais feminina, mais voltada para o sucesso. Uma editora sênior que vivenciou as mudanças e ainda trabalha para a Cedar descreve assim a transformação:

> Ela se tornou mais voltada para o sucesso, mais voltada para cifras; eu diria que a empresa comercial deslocou-se muito mais para o centro. Provavelmente havia uma sensação de que, na década de 1980, havíamos nos tornado bastante elitistas e indiferentes e alguns de nossos concorrentes haviam retirado nosso chão comercial, algo que provavelmente precisávamos redescobrir. E acho que essa tem sido a principal força dos últimos dez anos – construir novamente a área central de ficção comercial popular. Um colega me disse uma vez que nossa função era gerenciar com elegância o declínio [da Cedar], e achei isso engraçado, já que não existe isso aqui. É tudo muito focado no sucesso. Quase toda tarde, recebemos um e-mail às quatro horas, dizendo: "Somos número um nisso", ou "Vendemos 100 mil daquilo". Há uma constante comemoração do sucesso comercial.

Nessa cultura nova e mais comercial, torna-se muito mais difícil para uma editora comprar um original para publicação. No passado, um editor com certa experiência seguramente poderia comprar o livro que quisesse. Ele teria de passar pelo publisher, que quase sempre dizia sim. Mas agora é muito mais difícil, os obstáculos iniciais são muito mais altos. Por quê? "Porque eles querem reduzir o número de publicações e estão apenas interessados em obras que são realmente grandes. Eles não querem muita conversa, nem têm mais muita paciência com obras pequenas. Foi-se o tempo em que publicar um livro que vendesse 4 ou 5 mil exemplares em capa dura era satisfatório e que depois continuava a vender de 8 a 10 mil exemplares em brochura; agora é mais ou menos como se perguntássemos: 'Por que perdíamos tempo?'." Há exceções. Um editor pode ainda ter permissão para publicar alguns livros de poesia, por exemplo, mesmo que ninguém espere que eles vendam apenas poucos milhares de exemplares; mas são exceções. Muitas vezes, ainda que os livros acabem vendendo menos do que se esperava quando foram comprados para publicação, é preciso partir da ideia inicial de que eles poderiam significar grandes vendas. "Algum tempo atrás, publiquei livros que eu sabia que iriam ter poucas vendas, na esperança de que, de alguma forma, fossem potencialmente obras clássicas ou pudessem ficar em um nível bem alto na *backlist*, ou de que o autor pudesse continuar a escrever grandes obras, ao passo que, agora, acho que há um sentimento de que, caso se saiba que ele irá gerar um volume pequeno de vendas, não se deve produzi-lo."

No passado, a Cedar era muito voltada para o aspecto editorial, e as vendas e o marketing raramente se envolviam no processo de aquisição. "Lembro-me de uma reunião – já faz muito tempo – à qual compareceu o diretor de vendas e marketing, um cavalheiro muito simpático chamado [MN]. Eu me sentia um tanto inseguro quanto a uma proposta e acabei dizendo na reunião: '[M], eu gostaria de falar com você sobre uma proposta que tenho aqui'. O diretor da empresa, que também estava presente, pediu-me para aguardar e disse: '[Philip], vou lhe ensinar uma coisa: você é o editor; então, não pergunte ao pessoal de vendas e de marketing que livros publicar'. Isso hoje aqui é inconcebível." Nos dias de hoje, um editor tem de defender a compra do livro que quer adquirir e tem de conseguir contratos com alguns autores-chave. A proposta tem de passar por uma reunião editorial local e depois por uma reunião de compras, da qual participam o superintendende da divisão e os publishers dos vários selos, além do diretor de vendas, do diretor de marketing e de várias outras pessoas. Pode ser uma reunião bem difícil – "Com certeza, não é tarefa fácil". Propostas podem ser rejeitadas e recusadas. Editores tentam evitar reveses, preparando o terreno com antecedência – tanto quanto possível. "Politicamente, acho que a melhor coisa a fazer é garantir vitória, conseguindo gente a seu favor antes de ir para a reunião, sobretudo o sujeito que irá presidi-la, o superintendente, porque, se ele estiver do seu lado, tudo certo. Mesmo que na pequena reunião eles tenham gostado de sua proposta, se você a leva para a grande reunião sem qualquer apoio, ela poderá ficar à deriva; você a está deixando vulnerável – já vi gente sendo humilhada lá. Não é tão ruim como acho que ocorre em algumas reuniões de pauta em jornais toda manhã, mas pode ser bem complicado."

Do ponto de vista da administração da Cedar, submeter propostas a um exame mais profundo significa fazer uma avaliação mais minuciosa e ponderar os riscos. Não se trata de substituir o poder do editor pelo poder do departamento de vendas e marketing, muito menos pelo poder dos contadores. É mais uma questão de esclarecer de que tipo de livro se trata, que mercado ele poderá ter e que perspectivas de vendas se pode esperar dele realisticamente. Um executivo de alto escalão da Cedar afirmou o seguinte:

Acho que todas as decisões sobre compras ainda começam com o editor. Os editores ainda têm permissão para fazer alguma coisa por capricho, e isso está certo;

eles precisam exercitar seus gostos e sua capacidade de avaliação; eles precisam ser empreendedores e enfrentar riscos. Mas não acho que seja algo ruim a voz do departamento de vendas e marketing se tornar mais poderosa para essas decisões sobre compras serem mais ponderadas. Se alguém está comprando um livro para publicação, a pessoa encarregada das vendas quer saber de que tipo de livro se trata e quanto o editor gostou dele, e depois o pessoal de vendas pode dizer: "Bem, considerando o tipo de livro, o melhor cenário é X e o pior cenário é Y. Estou lhe mostrando os dois; depois é com você". Mas uma editora na qual as decisões de compras são feitas inteiramente pelo departamento de vendas e marketing seria um completo desastre, especialmente porque é preciso detectar novas tendências, e alguns autores e livros inventam mercados. E, no frigir dos ovos, quando se discute uma brilhante obra de ficção literária, o que alguém de vendas e marketing poderia dizer contra? É preciso confiar no gosto dos editores.

O gerente editorial responsável pela divisão vê o processo de aquisições como a montagem de um portfólio de risco. Há algumas áreas do portfólio em que se tem de correr grandes riscos com escritores novos, "porque gosto e moda estão em constante evolução, e um talento novo e brilhante pode emergir de qualquer lugar". Isso, porém, precisa ser contrabalançado com livros que têm perspectivas de vendas muito mais previsíveis. "Não sei como quantificar isso", explicou o gerente, "mas talvez 20% de suas apostas sejam coisas novas e muito arriscadas, e parte disso irá funcionar e parte, não." Embora a editora possa e deva continuar a aceitar novos escritores, os livros precisam ser criteriosamente escolhidos e não pode haver muitos, pela simples razão de que eles representam uma das categorias mais arriscadas no portfólio de risco do publisher.

Por alguns instantes, entramos em dois microambientes do mundo editorial corporativo, cada um deles único, diferente um do outro; cada qual caracterizado por sua própria cultura, procedimentos e práticas. Cada selo e cada microambiente mostram traços peculiares próprios; até dentro da mesma empresa editorial, dois selos ou divisões em andares diferentes do mesmo prédio podem operar de maneiras diferentes. Empresas editoriais estão longe de ser burocracias sem personalidade, em que tudo foi padronizado e homogeneizado, e, quanto mais a corporação demonstra adesão a um modelo federado, maior é a probabilidade de variação. Todavia, há certos temas comuns que podem ser identificados nas diferentes corporações editoriais – chamo a atenção para alguns.

Em primeiro lugar, todas as empresas editoriais se organizam em divisões ou companhias, e os selos são geralmente agrupados nessas divisões.

A estrutura administrativa varia de corporação para corporação e tende a ser mais complexa naquelas organizadas ao longo de linhas mais federadas, mas há sempre uma nítida linha de poder e autoridade, para que, por exemplo, os editores possam se reportar às diretorias dos selos (frequentemente chamados de publishers), os publishers se reportem à diretoria da divisão e as diretorias das divisões se reportem ao presidente ou CEO.

Dependendo da corporação, os publishers ou diretores das divisões são investidos de grande poder para decidir que livros aceitar e quanto pagar por eles. Em algumas editoras ou selos, as decisões sobre quais livros comprar são tomadas pelo publisher após discussões com o editor; em outras, as decisões são tomadas pelo publisher e pelo diretor editorial após discussões com o editor. Fica por conta do editor filtrar as propostas submetidas pelos agentes, ler as propostas e os originais e decidir que livros ele está interessado em comprar. O editor pode pedir a um ou dois outros editores que deem seu parecer (sobretudo se ele é relativamente novo ou júnior na empresa), mas raramente (se é que isso acontece) ele pede opinião de outros fora da editora. Ele poderá consultar o pessoal de vendas e de marketing, principalmente quando os riscos são altos, e poderá também consultar o respectivo publisher do selo de brochura, cujo apoio pode ser crucial para alguns livros (aqueles em brochura cujas vendas espera-se que respondam por parte substancial de sua receita); quanto mais comercial for o selo ou a editora, mais importante tende a ser a opinião do pessoal de vendas e de marketing. Essas consultas são parte integrante da defesa e argumentação a favor da compra de um livro. O editor precisa persuadir o publisher (ou o publisher e o diretor editorial) de que devem ter permissão para comprar o livro – e aprender como apresentar o argumento de forma efetiva é parte central das habilidades do editor. "É mais ou menos como pescar com mosca artificial", explicou o editor de um selo de uma grande corporação. "É preciso escolher o local e o momento, olhar para a luz na água, escolher a isca cuidadosamente, jogá-la no lugar exato e esperar que alguma coisa aconteça. Aqui também é mais ou menos assim. É preciso escolher o momento certo e apresentar o livro de uma maneira que conquiste o publisher e deixe que ele veja como o livro pode dar certo e como pode ajudar a construir o catálogo."

Reuniões editoriais, ou reuniões para compra de livros, são comuns em muitas divisões ou selos, mas sua função varia consideravelmente de uma empresa para outra, de uma divisão ou selo para outro. Muitas vezes, essas reuniões são ocasiões formais em que decisões que já foram tomadas são simplesmente relatadas; os editores podem também falar a respeito das propostas ou dos originais que receberam de agentes e que interessam muito a eles, relatar o resultado de leilões etc. Na verdade, nenhuma decisão é tomada nas reuniões; a discussão é sobretudo uma troca de informações. Entretanto, em algumas divisões ou selos, as reuniões acerca de aquisições têm, de fato, função mais relevante. Em algumas divisões, as decisões tomadas em nível inferior acerca de aquisições – por exemplo, entre o editor e o publisher de um selo da divisão – têm de ser apresentadas em uma reunião de aquisições da divisão à qual estejam presentes os diretores de vendas e de marketing, bem como os publishers; pode acontecer de os editores terem de esperar do lado de fora, até que sejam chamados para apresentar sua proposta de compra do livro. Em reuniões dessa natureza, é crucial para os editores fazerem a lição de casa de antemão, conseguir pessoas-chave antes da reunião e – mais importante ainda – ter certeza de que podem contar inteiramente com o publisher na retaguarda. Porém, mesmo quando tudo foi preparado de maneira muito criteriosa, não se pode garantir o resultado, já que muita coisa pode depender do que acontece na própria reunião e como a diretoria da divisão, que, nesse contexto, tem a última palavra, reage ao livro e à proposta de compra.

Em todas as corporações editoriais – e, de fato, também em editoras comerciais independentes –, espera-se que os editores preencham um demonstrativo de L&P para cada livro que adquirem. Contudo, embora o preenchimento do L&P seja parte rotineira do processo de compras, cálculos financeiros desse tipo geralmente desempenham uma função menos importante do que muitos observadores externos tendem a pensar. Todos os publishers e editores podem não ser tão céticos quanto o ex-diretor da Star, mas muitos compartilham de sua opinião de que cálculos dessa espécie são formalidades procedimentais que têm pouca relação com o processo real de decidir que livros comprar e quanto pagar por eles. A maioria dos editores e publishers mais experientes tem uma ideia intuitiva de quanto devem pagar por um livro e não precisam de um demonstrativo de L&P para lhes dizer quais devem ser os números. "Normalmente, o número que passo para o meu chefe baseia-se apenas no palpite que tenho na cabeça de quanto o livro vale", explicou um editor sênior. "Acho que qualquer um de nós pode fazer de cabeça, e de trás para a frente, um demonstrativo de L&P."

Em qualquer corporação, há regras que governam adiantamentos e estipulam quanto pode ser autorizado e por quem. Um publisher ou um diretor de divisão terá a autoridade para aprovar um adiantamento até um certo nível, digamos 200 mil dólares ou 100 mil libras. Acima desse valor, ele terá de obter a aprovação de alguém em nível superior na linha de comando, como o presidente, que pode exercer sua autoridade e aprovar um adiantamento até outro nível, digamos 500 mil dólares ou 250 mil libras. Qualquer valor acima disso terá de ser autorizado por alguém com posição mais alta na rede, como o CEO. Haverá também regras que governam a concorrência entre os selos ou divisões. Em alguns casos, diferentes selos ou divisões da mesma corporação poderão fazer um lance pelo mesmo projeto, desde que haja pelo menos um licitante de fora; em outros casos, a corporação fará um leilão interno, entendendo que, se forem bem-sucedidos, então o agente e o autor podem escolher em que selo publicar.

Toda corporação editorial opera com orçamentos. O orçamento é o ponto-chave no qual os requisitos financeiros dos proprietários corporativos cruzam com o ofício prático de administrar a organização editorial. O orçamento é um traço central na vida da editora, e muito tempo, esforço e reflexão entram no exercício anual de sua elaboração. Ele também exerce pressão financeira considerável nas diretorias de divisões ou selos, para as quais são designados objetivos financeiros específicos a cada ano, com base no orçamento final, que é acordado com os proprietários corporativos. Uma das principais tarefas e responsabilidades de gestores na corporação editorial é traduzir o orçamento em metas financeiras concretas e decidir como distribuir essas metas entre as diretorias das várias divisões ou selos. Para os próprios diretores, isso significa que todo ano lhes são apresentados objetivos que precisam tentar cumprir, e, por sua vez, eles precisam trabalhar com os publishers pelos quais são responsáveis para decidir o que podem fazer para atingir as metas.

Conclui-se, então, que os gerentes intermediários – os publishers e diretores de divisões – são, com frequência, aqueles que vivenciam as maiores pressões nas empresas editoriais. Eles são o ponto de troca, por assim dizer, em que os requisitos financeiros dos proprietários corporativos são traduzidos na necessidade prática de gerar vendas extras, seja adquirindo novos livros, seja extraindo mais dos livros que já foram adquiridos. Com frequência, os editores, no que lhes diz respeito, são resguardados dessa pressão e podem continuar seu trabalho; não é incomum que editores ignorem completamente questões financeiras mais importantes, ou que tenham apenas uma vaga ideia delas. "Parte de minha função é proteger outras pessoas na companhia dessa pressão diária", disse o diretor de uma divisão, "porque acho errado colocar muita pressão nos editores e publishers, delegando-lhes tarefas. Isso pode paralisá-los". Exceto para os gestores intermediários, focalizar no orçamento e fazer tudo o que podem para cumprir objetivos é uma constante fonte de pressão. "É, definitivamente, um processo estressante, e todo dia fico sabendo de meus números."

CINCO MITOS SOBRE AS CORPORAÇÕES EDITORIAIS

Adiante, iremos sondar mais a fundo o funcionamento das corporações editoriais; antes, porém, quero dissipar certos mitos sobre elas, alguns dos quais foram perpetrados ou perpetuados pelas memórias de alguns ex--funcionários.

Mito 1: As corporações não têm qualquer interesse em publicar livros de boa qualidade. Elas só estão interessadas na publicação de best-sellers comerciais. Evidentemente, as corporações estão interessadas na publicação de best-sellers (como também estão as editoras independentes). Porém, dizer que elas não têm interesse em publicar livros de boa qualidade é um grande equívoco. É claro que "boa qualidade" é um termo escorregadio; até mesmo em ficção comercial, há *thrillers* bons e ruins; mas, deixando questões estéticas de lado, é importante perceber que todas as grandes corporações editoriais têm selos ou divisões claramente envolvidos com a publicação de ficção literária ou não ficção séria. É pouco provável que esses selos sejam os mais importantes ou que recebam os maiores recursos, mas o mero fato de existirem comprova certo compromisso de parte das grandes corporações em publicar livros de boa qualidade. Por que elas fazem isso? Por que simplesmente não eliminam essas partes do catálogo, que são menos comerciais em sua natureza, e concentram recursos na publicação de livros que têm chances de vender em quantidades maiores?

Por três razões. Primeiro, livros de boa qualidade podem vender bem, se forem encontrados os livros certos. Eles também podem vender por muito mais tempo do que muitos livros comerciais, o que significa que podem ajudar a compensar a confiança das grandes corporações em publicações da *frontlist*. Portanto, há boas razões financeiras para a publicação de obras de boa qualidade. Segundo, a maioria das empresas editoriais busca desenvolver uma lista equilibrada, em que ficção comercial e não ficção popular são complementadas por livros de natureza mais séria. Até certo ponto, essa é uma questão de gosto pessoal e de predisposição por parte dos gestores, mas é também uma questão da criação de um portfólio de risco diversificado. Já que é muito difícil saber onde estará o próximo grande sucesso ou que autor fará sucesso dentro de cinco anos, faz sentido se proteger, dispersando os riscos. Terceiro, o capital simbólico é importante para a maior parte das grandes corporações editoriais; não se trata apenas de uma questão de sucesso financeiro. Ganhar um prestigiado prêmio literário não é tão bom quanto ser escolhido por Oprah ou entrar na lista de best-sellers, mas é, de fato, um aspecto relevante. Reafirma as escolhas de um editor ou publisher

MERCADORES DE CULTURA

e traz alguma fama para a organização. Se for um prêmio importante, pode também aumentar a visibilidade do autor e do livro e ter um impacto significativo sobre as vendas. Dessa forma, em níveis variados, as grandes organizações editoriais estão empenhadas em publicar livros de boa qualidade, e seria difícil argumentar que o crescimento de corporações editoriais tenha resultado em claro declínio na qualidade de livros publicados ou que, atualmente, livros de boa qualidade estão sendo publicados somente por editoras independentes – há inúmeros exemplos que desmentiriam o último argumento. Tendo dito isso, sem dúvida, são altos os patamares de vendas que os livros de boa qualidade precisam atingir na maioria das corporações (e ficaram mais altos nos últimos anos) e as atuais condições de mercado tornam cada vez mais difícil para as grandes corporações produzirem esse tipo de publicação, conforme veremos.

Mito 2: Os proprietários de grandes corporações exercem influência maléfica sobre o conteúdo editorial de suas editoras, obrigando-as a realinhar a produção editorial para que seja consistente com os valores e crenças políticas dos proprietários, e censurando conteúdo que poderia ser interpretado como contrário aos interesses da corporação. Há casos em que os proprietários corporativos tentam influenciar a produção editorial de editoras – um exemplo notório foi a decisão da HarperCollins de cancelar o livro de Chris Patten, ex-governador de Hong Kong, que fez críticas ao governo chinês.[22] Essa foi, sem dúvida, uma medida canhestra e imprudente por parte da HarperCollins, e eles pagaram um preço muito alto em termos de publicidade negativa, mas exemplos desse tipo são raros. Proprietários corporativos geralmente permanecem à distância das atividades editoriais das editoras que possuem. Eles querem, e esperam, que as empresas apresentem bons resultados financeiros, mas não querem se envolver nas decisões do dia a dia, se publicam ou não um livro ou autor em particular. Quando há pressão sobre a autonomia editorial de uma editora, é mais provável que ela tome a forma de uma espécie de

---

22 Em 1998, a filial de Londres da HarperCollins tentou cancelar o livro de Chris Patten, cuja publicação havia contratado no ano anterior por 125 mil libras. Stuart Proffitt, editor de Patten na HarperCollins, foi a favor de seu autor, sendo suspenso de sua função; na sequência, ele se demitiu e foi para a Penguin. O livro, *East and West* [Oriente e Ocidente], foi publicado mais tarde, no mesmo ano, pela Macmillan. A HarperCollins é de propriedade da News Corporation, de Rupert Murdoch, e tem grandes interesses financeiros e de mídia na China, incluindo a Star TV, uma importante rede de televisão via satélite com base em Hong Kong, que serve a área continental da China e outras partes da Ásia. Acredita-se amplamente que Murdoch fez objeções à publicação do livro de Patten por causa das críticas contundentes ao governo chinês, que poderiam prejudicar seus interesses comerciais na China, embora o papel exato de Murdoch no caso continue a ser discutida.

nepotismo suave (tal como a expectativa de que a editora irá publicar um livro escrito pelo proprietário ou por uma figura de alta posição na corporação) ou um tipo sutil de autocensura por parte dos publishers e gestores de alto escalão, em vez de pressão explícita dos patrões corporativos. Publishers e gerentes simplesmente evitam comprar o tipo de livro que possa dar origem a problemas. Eles já têm o suficiente com que se preocupar em termos de preservação de boas relações com seus patrões e não desejam acrescentar isso à sua lista de preocupações, publicando livros que possam eriçar as penas do quartel-general corporativo. ("É preciso ser observador", como disse um ex-CEO. "Se você trabalhasse para a Disney, publicaria um livro que fosse contra o Mickey Mouse?") Os executivos de alto escalão das editoras de grandes corporações muito raramente, se isso ocorrer, vivenciam pressão que possa ser interpretada como uma clara ameaça a sua independência editorial, embora a ausência de pressão desse tipo deva-se, sem dúvida, em parte ao fato de que esses executivos ajustam suas práticas editoriais de forma a minimizar o risco de conflitos do tipo.

Mito 3: As corporações não experimentam novos autores. Estão apenas interessadas em publicar autores conhecidos, que escrevem livros de acordo com fórmulas já testadas. Nada poderia estar mais distante da verdade. De fato, o que realmente surpreende nas grandes corporações editoriais não é o fato de elas estarem dispostas a experimentar novos autores; pelo contrário, é o fato de elas estarem dispostas a fazê-lo com uma desenvoltura tão irresponsável. Elas ficam desesperadas por encontrar novos talentos e se dispõem a desembolsar grandes quantias de dinheiro por obras de autores iniciantes quando acham que têm potencial para gerar boas vendas. Teremos uma ideia melhor de por que isso acontece, no capítulo 5, quando examinarmos os fatores que moldam a decisão de compra. Aqui, porém, notemos apenas que, ao compreendermos esses fatores, veremos que o problema real não são os novos autores, que, de alguma forma, estão em posição privilegiada no campo, mas, pelo contrário, são aqueles autores que publicaram um, dois ou vários livros que não venderam quanto as editoras esperavam. As corporações editoriais não têm desinteresse por um novo talento; elas são impacientes com relação a um talento que não comprovou seu vigor no mercado.

Mito 4: Nas grandes corporações editoriais, os editores perderam o poder que tinham nas editoras tradicionais. Diretores de vendas, diretores de marketing e contadores são os novos agentes de poder, e são eles que decidem o que será publicado. Há um elemento de verdade na primeira afirmação, mas a segunda simplesmente não se justifica. É verdade que, com frequência, em muitas empresas tradicionais, os editores tinham bastante liberdade para decidir o que publicar, e o pessoal de vendas e marketing geralmente não se envolvia nessas decisões. O modelo editorial era, basicamente, linear: editores e publishers decidiam o que publicar, o pessoal de marketing se ocupava do marketing e os representantes de vendas vendiam o livro. No decorrer dos anos 1980 e 1990, esse modelo linear foi substituído em muitas empresas editoriais – não apenas nas corporações editoriais, mas também em muitas editoras independentes – por um modelo com mais diálogo e consulta, em que as opiniões do pessoal de vendas e de marketing eram mais consideradas no processo de aquisições. Os editores eram encorajados a pedir a opinião do pessoal de vendas, marketing e publicidade para certos tipos de livros, sobretudo quando estava claro que os riscos seriam altos. Se havia reuniões para decidir sobre a compra de obras, geralmente os diretores de vendas e de marketing eram convidados a participar. Em parte, o objetivo era injetar uma perspectiva de vendas e de marketing nas deliberações – que tipo de mercado esse livro pode ter? em que canais podemos vendê-lo e em que quantidade? que tipo de divulgação podemos fazer para ele?, e assim por diante; em parte, era também para assegurar que a editora estivesse na retaguarda do livro e que o entusiasmo fosse amplamente compartilhado, para que as chances de fazer dele um sucesso fossem maximizadas. Nada disso, porém, implica que o editor tenha perdido seu poder nas corporações editoriais e que as decisões essenciais sobre aquisições estejam agora sendo tomadas pelo pessoal de vendas, marketing e finanças.

As práticas variam de empresa para empresa e de selo para selo, mas, em todas as empresas e selos, os editores ainda são as forças propulsoras atrás das aquisições de novos livros. São eles que examinam cuidadosamente as propostas e os livros e decidem quais comprar. Geralmente, eles têm de propor a compra do livro e, em alguns selos ou divisões, apresentar seu argumento em uma reunião de compras, conforme já discutimos. Em muitos selos, os editores não têm mais o tipo de liberdade que já tiveram para adquirir livros, mas isso não significa que os diretores de vendas e de marketing sejam agora os novos agentes de poder. Quanto mais comercial for o selo, mais poder provavelmente terão os diretores de vendas e de marketing, mas mesmo em editoras declaradamente comerciais são os editores e os publishers que impulsionam o processo de aquisições. Se há alguém que tenha obtido uma gama intensificada de poderes no processo de aquisições são os diretores dos selos ou das divisões, que, na maioria dos casos, são os indivíduos cujo respaldo agora é vital. E muitos desses indivíduos progrediram graças ao lado editorial do negócio e estão igualmente afinados com os assuntos editoriais e aqueles relacionados com vendas, marketing e finanças.

Nada disso quer dizer que as questões de vendas não tenham se tornado centrais no processo de aquisições – elas são centrais. Entretanto, os editores se tornaram também muito mais conscientes de questões relativas a vendas e incorporaram aos seus métodos de avaliação de um projeto para um novo livro uma nova percepção de números de vendas e das condições de um mercado em transformação. A importância das vendas e do mercado não é algo simplesmente imposto sobre editores recalcitrantes por um triunvirato de diretores de vendas, marketing e finanças cada vez mais poderoso; é algo que os próprios editores internalizaram e incorporaram às suas práticas.

Mito 5: Os editores não editam mais. É uma acusação comum afirmar que editores de grandes corporações editoriais não editam mais da maneira como faziam antes. Dizem que, com a racionalização e a burocratização que normalmente acompanham as fusões e aquisições, os editores estão agora lidando com muitos livros e ocupados demais participando de reuniões e preparando material para os departamentos de vendas e marketing para terem tempo de editar. Seja uma edição mais estrutural ou uma edição linha a linha, os editores que trabalham em selos ou divisões nas grandes corporações simplesmente não têm mais tempo de fazer isso adequadamente. O resultado, dizem, é que a qualidade, com certeza, cai – inconsistências passam despercebidas, erros não são encontrados e o texto não se beneficia do olhar cuidadoso do editor, que sabe como transformar um original promissor em um bom livro. Hoje, se os autores querem ter seus livros editados apropriadamente, seria melhor que pedissem aos seus agentes para editá-los ou contratar um editor *freelancer* para fazer o serviço. Há alguma verdade nessa acusação?

É verdade que o grau de percepção dos editores varia quando se trata de editar um texto: alguns são conhecidos por serem criteriosos, enquanto outros carregam a reputação de serem descuidados. As editoras também variam: algumas são conhecidas pelo cuidado e atenção que os editores dão aos livros, enquanto outras têm a reputação de despejar no mercado grande quantidade de livros na esperança de que alguns possam fazer sucesso. É também verdade que se espera que a maioria dos editores em todas as editoras – grandes ou pequenas, corporativas ou independentes – exerça hoje um trabalho muito mais administrativo, o que coloca pressão crescente no tempo de que dispõem. E haverá sempre casos individuais em que os autores possam se desapontar com seu editor, algumas vezes porque o editor que haviam contratado originalmente para o livro foi transferido para

MERCADORES DE CULTURA

outra casa, deixando o autor e o livro com outra pessoa que não o adquiriu e pode não ter o mesmo grau de compromisso com ele, nem compartilhar da visão do autor. Contudo, é difícil perceber qualquer consistência na noção de que, como tendência geral, os editores das grandes corporações fazem menos edição hoje do que faziam no passado, muito menos que eles tenham parado de editar.

Em muitos selos das grandes corporações editoriais de Nova York, é comum encontrar um editor que edite de oito a doze livros por ano; no máximo, um por mês. Com certeza, eles têm muitas outras coisas para fazer; grande parte do tempo é gasta na leitura de propostas e de originais oferecidos por agentes, e para cada livro que compram haverá muitos que perdem para outras editoras; tipicamente, entretanto, um editor investe muito tempo e esforço nos oito a doze livros que está colocando em produção a cada ano. Quanto tempo eles dispensam a um livro? Isso depende inteiramente do livro – alguns requerem muito trabalho, outros podem requerer relativamente pouco. Em muitos selos, a maior parte dos livros passa por pelo menos uma nova redação. Não é incomum que um editor leia um texto original uma vez com muito cuidado e escreva uma carta ao autor com seus comentários – essa carta pode variar de duas até trinta ou quarenta páginas, com uma média de oito a dez páginas. Ele pode ler um original revisado e apresentar uma nova série de comentários, antes de decidir se o original está pronto para entrar na linha de produção. Essa é uma parte do serviço que a maioria dos editores leva muito a sério. Se, após uma ou duas leituras, eles relutam em trabalhar mais em um original, isso pode se dever ao fato de eles terem chegado a um ponto em que o autor não conseguiu melhorar o livro, e não ao fato de eles, agora, não terem mais tempo para editar.

Ao negar esses mitos, minha intenção não é oferecer uma defesa fácil das editoras corporativas ou sugerir que toda crítica seja infundada, mas simplesmente sugerir que parte do que parece crítica está encoberta por mal-entendidos e falta de informação sobre o que realmente acontece no dia a dia daqueles que trabalham em grandes corporações editoriais. As corporações são alvo de muita crítica, mas elas editam muita coisa de boa qualidade. Adiante, oferecerei uma reflexão crítica acerca do estado atual do mercado de publicações comerciais, mas tentarei fazê-lo de modo que seja fundamentado em uma análise cuidadosa, desenvolvida nos capítulos subsequentes, de como a indústria funciona.

– 4 –

A POLARIZAÇÃO DO CAMPO

Até agora, analisamos três desdobramentos que moldaram o mercado editorial no mundo de língua inglesa – o crescimento das redes varejistas, o surgimento dos agentes literários e a emergência das corporações editoriais –, mas ainda não consideramos como a interação desses três fatores criou um campo dotado de estrutura e dinâmica específicas. É exatamente esse o objetivo dos próximos cinco capítulos.

Quando examinamos o campo de publicações comerciais, de imediato somos surpreendidos pelo fato de que há um pequeno número de corporações enormes que, entre si, dominam parcela significativa do mercado, e um grande número de operações editoriais muito pequenas, que variam de pequenas editoras independentes até uma grande variedade de associações comerciais e instituições educacionais, com um número reduzido e decrescente de empresas de porte médio. Essa polarização da área é aparente tanto nos Estados Unidos quanto no Reino Unido – e, conforme já vimos, a maioria das grandes corporações é a mesma em ambos os lados do Atlântico. Por que o campo de publicações comerciais ficou polarizado dessa maneira? Por que as grandes corporações se tornaram tão dominantes no campo de publicações comerciais? Por que ainda há tantas operações editoriais de pequeno porte – por que elas não são simplesmente eliminadas pelas grandes corporações? E por que é tão difícil ser de porte médio?

OS BENEFÍCIOS DA ESCALA

Uma das principais razões para as grandes corporações terem ocupado espaço tão proeminente na área é haver benefícios reais de escala que podem ser obtidos com publicações comerciais. Embora qualquer análise desse tipo envolva alguma simplificação, há seis áreas importantes em que tais benefícios podem ser encontrados.

A primeira área – uma na qual se obtêm economias rapidamente após uma fusão ou aquisição – refere-se à racionalização do departamento administrativo, à redução das despesas operacionais e à consolidação da força de vendas, depósitos, distribuição e outros serviços editoriais. Todas as grandes corporações editoriais, até mesmo as mais federadas e descentralizadas, envolvem algum grau de racionalização e consolidação em termos de serviços centrais. Operações comerciais como finanças, royalties, direitos etc. normalmente são centralizadas, eliminando assim duplicações e reduzindo o quadro de pessoal. Os depósitos são consolidados em um único serviço de distribuição, e a força de vendas pode ser total ou parcialmente combinada em um único grupo integrado de vendas, geralmente organizado em termos de canais e territórios de vendas. Em alguns casos, são feitas tentativas de reduzir ainda mais as despesas operacionais com a realocação de todo o pessoal, ou a maior parte dele, para um único prédio, onde diferentes selos podem ocupar andares diferentes ou ficar juntos no mesmo andar, e andares ou espaços diferentes são alocados para o departamento editorial, de vendas, de marketing etc.

As duas áreas em que as economias de escala são mais difíceis de obter são a editorial e o marketing. A editorial, por razões que examinamos no capítulo anterior: a margem criativa do negócio tende a funcionar melhor em grupos pequenos, nos quais os editores podem ficar livres para trabalhar sozinhos ou em colaboração com colegas, e manter múltiplas unidades editoriais é uma forma de dispersar os riscos do campo de publicações comerciais. Grupos editoriais menores também fornecem uma escala humana onde ela é mais necessária – em que a organização interage com autores e agentes. Publicidade e alguns aspectos de marketing também tendem a ser descentralizados na maioria das corporações editoriais e atrelados a selos

MERCADORES DE CULTURA 163

ou divisões especiais. Isso, em parte, serve para manter uma ligação estreita entre o departamento de marketing e o departamento editorial, ambos com o propósito de aquisição e de promoção e, em parte, para assegurar que os selos tenham uma face humana em uma das outras arenas principais, onde o contato pessoal e as relações de confiança são vitais: a mídia. Mesmo as maiores corporações editoriais reconhecem que é preciso ser pequeno onde é importante ser pequeno.

As economias obtidas com a racionalização e a consolidação podem fazer uma sensível diferença na lucratividade de uma editora comercial. Devido, em parte, aos altos descontos concedidos a varejistas (pelo menos 47%, mas esse percentual pode ser muito mais alto no Reino Unido, por razões que veremos adiante), aos grandes adiantamentos (grande parte dos quais – alguns colocam o percentual de 85% – nunca recuperado), à grande quantidade de devoluções (em média cerca de 30%, embora possam chegar a 60%, ou mais, para alguns títulos da *frontlist*) e à necessidade de gastos substanciais com marketing, considera-se os empreendimentos no campo de publicações comerciais como de baixa margem de rentabilidade. A maior parte dos executivos de editoras comerciais acha que uma margem de lucro de 10% é um resultado excepcional; 6-8% é mais típico, 3-4% não é incomum, e 12-15% é uma raridade. Isso contrasta com publicações para ensino superior ou algumas áreas de publicações profissionais e técnicas, nas quais os descontos aos varejistas são muito menores (normalmente 20% para livros didáticos e 32% para livros profissionais) e margens de lucro acima de 20% são consideradas normais. Portanto, as economias que se podem obter com racionalização e consolidação podem fazer uma diferença real na lucratividade, já que quaisquer economias em termos de custos irão refletir em resultado líquido melhor.

A segunda área na qual os benefícios de escala podem se concretizar são as relações com fornecedores. As editoras trabalham com uma grande variedade de fornecedores, incluindo empresas de diagramação e gráficas, e as condições e prazos que podem conseguir dependem do volume de negócios que fazem – quanto mais negócios, melhores são as condições e os prazos. Então, uma grande editora, podendo consolidar suas transações com alguns fornecedores-chave, terá condições e prazos muito melhores, diminuindo assim os custos da rede de suprimentos. "Quando cheguei aqui, estávamos lidando com aproximadamente setenta gráficas ao redor do mundo, e impressão em diferentes formatos", explicou um executivo, responsável pela reorganização de uma grande corporação editorial, que estava no vermelho quando ele chegou. "Você consolida o trabalho em dez delas e, de repente, consegue retirar do negócio um grande volume de gastos. A escala é um grande facilitador na reversão de um negócio; ela o torna mais lucrativo."

A economia de escala não só permite melhores condições de negociação com os fornecedores como também possibilita extrair algumas vantagens que podem ter impacto significativo, embora menos óbvio, sobre as vendas e a lucratividade. Considerando o volume de negócios que fazem, as grandes corporações editoriais podem pressionar suas principais gráficas a entregarem uma reimpressão urgente em três dias, enquanto uma editora pequena talvez tenha de esperar várias semanas. Em um negócio no qual o lado do fornecedor se caracteriza por grande incerteza e desperdício e no qual as editoras tipicamente imprimem muito mais exemplares do que acabam vendendo, a capacidade de reduzir em vários dias o ciclo de reimpressão dá às grandes editoras uma vantagem crucial. Isso significa que elas podem se dar ao luxo de imprimir tiragens menores, sabendo que podem reabastecer o mercado rapidamente, se houver necessidade, e podem protelar decisões sobre reimpressão até que tenham mais informações sobre as vendas. Permitir que a editora tome decisões mais precisas sobre a tiragem diminuindo o tempo do ciclo de impressão reduz o risco de haver um grande volume de estoque não vendido, que precisa ser registrado e, portanto, reduz a lucratividade, e ao mesmo tempo reduz o risco de uma falta temporária de estoque e a impossibilidade de atendimento das encomendas, o que pode resultar em perda permanente de vendas.

A terceira área em que as grandes editoras desfrutam dos benefícios da economia de escala é nas negociações com varejistas. Com o crescimento das grandes redes, a distribuição de poder na relação entre editoras e varejistas passou a pender decisivamente para o lado dos varejistas. Quanto mais participação no mercado um varejista tiver, mais poder ele terá frente a seus fornecedores – isto é, as editoras – quando se trata de negociar descontos, condições de pagamento, recursos para várias formas de promoções e marketing dentro da loja, e assim por diante. Essa mudança no equilíbrio de forças é especialmente evidente no Reino Unido, onde, diferentemente do que ocorre nos Estados Unidos, os descontos são, em geral, negociados em uma base varejista a varejista, mas, mesmo nos Estados Unidos, os grandes varejistas conseguem, entre outras coisas, usar seu poder de mercado para negociar melhores condições e mais dinheiro para promoções. As grandes editoras têm muito mais estrutura para resistir à pressão dos varejistas por melhores condições e podem, portanto, proteger sua margem de lucro quando descontos mais altos e maiores gastos com marketing ameaçarem corroê-la. O crescimento contínuo de grandes corporações editoriais por meio de mais consolidações é, em parte, uma resposta à mudança no equilíbrio de forças, que passou da editora para o varejista, e que vem ocorrendo nas últimas décadas; isso é, em parte, uma resposta defensiva ao crescente poder das redes varejistas.

As grandes editoras se encontram também em melhor posição quando se trata de colocar seus livros nos principais canais do varejo e assegurar uma posição de visibilidade dentro desses canais. Elas terão equipes de vendas em escala suficiente para visitar regularmente os principais compradores de todas as grandes redes varejistas, tanto as redes físicas quanto as *on-line*, sobretudo livreiros e varejistas em geral, clubes de desconto e supermercados. Elas terão também força de vendas em campo para visitar livreiros independentes espalhados pelo país. Embora as livrarias representem uma parcela decrescente do total de vendas, elas continuam a ser importantes para certos tipos de livros; portanto, a capacidade de alcançá-las com representantes de vendas que viajam até elas dá às grandes editoras uma vantagem crucial. As pequenas editoras – sobretudo nos Estados Unidos, com as enormes distâncias – simplesmente não têm condições de manter uma força de vendas capaz de visitar livreiros independentes em todos os pontos do país. Elas são obrigadas a ignorar os independentes ou a visitar seletivamente um número limitado deles em certas regiões ou a obter a adesão de representantes de vendas de outra editora, ou um distribuidor terceirizado que lhes dará alcance, mas não o mesmo tipo exclusivo de representação de vendas com a qual uma grande editora, com sua própria força de vendas, pode contar.

As grandes editoras também dispõem dos recursos necessários para alcançar um alto nível de visibilidade dentro dos principais canais varejistas. Todas as principais redes de vendas de livros – a Barnes & Noble, a Borders, a Waterstone's etc. – cobram das editoras para expor livros em espaços varejistas especiais na frente da loja. Isso custa muito caro, e quanto mais visibilidade a editora pretende ter – isto é, quanto melhor for o local de exposição do livro dentro da loja e quanto mais lojas da rede houver –, mais caro será. Quanto maior for a editora, mais fácil será para ela absorver esses custos com promoção. Pequenas editoras acham difícil bancar os custos em promoções dentro da loja, e, se elas, afinal, fazem isso, terão de ser muito seletivas quanto aos títulos que decidirem favorecer.

A quarta área que traz benefícios de escala para as editoras são os adiantamentos. Conforme discutimos antes, as editoras competem em dois mercados: no varejista, onde tentam fazer seus livros serem notados, estocados e comprados por livreiros e leitores, e no mercado de conteúdo, onde concorrem com outras editoras para adquirir os direitos sobre livros novos. E, exatamente da mesma forma que o crescimento das redes varejistas transferiu o poder das editoras para os varejistas no mercado do varejo, o surgimento do agente literário também transferiu o poder das editoras para os autores e seus agentes no mercado de conteúdo. Uma editora que não consegue competir efetivamente com outras no mercado de conteúdo estará em desvantagem; e parte fundamental da capacidade de competir de maneira eficiente nesse mercado é oferecer adiantamentos que se comparem favoravelmente com os que outros grandes *players* do setor podem oferecer. Um selo que faz parte de uma grande corporação editorial tem acesso a recursos corporativos para pagar adiantamentos, e isso o coloca em posição muito melhor do que as editoras de pequeno ou médio porte, que precisam financiar adiantamentos com suas próprias reservas de caixa, relativamente modestas. Isso dá aos selos das grandes corporações uma clara vantagem competitiva em leilões e os coloca em posição forte para manterem autores de sucesso em seu catálogo ou para cortejar autores de outras editoras. A maioria dos autores de best-sellers migra para as grandes corporações (se já não estiverem lá) e, se mudam de editora, normalmente mudam de uma corporação para outra, porque somente as grandes corporações têm condições de bancar o nível dos adiantamentos que esses autores e seus agentes podem exigir.

Um quinto benefício da economia de escala é que ela permite que grandes corporações enfrentem baques; proporciona-lhes o amortecedor financeiro necessário para correr riscos, para investir em livros que podem resultar em vendas muito boas, embora isso não seja, de forma alguma, garantido. A perda de um adiantamento de sete dígitos que não é compensada com as vendas correspondentes pode ser absorvida por uma grande corporação, ao passo que uma baixa dessa magnitude seria desastrosa para muitas empresas menores. Da mesma forma, grandes corporações têm condições financeiras de imprimir 100 mil ou mais livros em capa dura e correr o risco de grande proporção deles não ser vendida. Se 80% voltam como devolução, elas não irão à falência, enquanto 80 mil exemplares não vendidos de um único título podem paralisar uma empresa menor. Com certeza, a existência de um amortecedor financeiro pode levar a certo excesso, ajudando a elevar o valor dos adiantamentos e a encorajar as grandes editoras a imprimir mais do que o necessário e empurrar muito mais livros para o mercado do que tendem a ser comprados; entretanto, permite também que grandes editoras assumam riscos e, portanto, beneficiem-se do sucesso naquelas ocasiões em que os riscos valeram a pena.

Um sexto benefício da escala está no fato de que ela permite que as grandes editoras invistam em TI e nos sistemas de infraestrutura que atualmente são de importância crucial para elas. Uma consequência da revolução digital – bem conhecida daqueles que trabalham na indústria, mas menos visível para os que estão do lado de fora – é que a maior parte dos aspectos do processo editorial, desde a preparação dos originais, a diagramação e o design dos livros até os processos de venda e marketing, a provisão de uma distribuição eficiente e o gerenciamento da cadeia de fornecedores, bem como todos os sistemas administrativas – finanças, royalties e direitos –, vem sendo amplamente digitalizada. A reengenharia de processos editoriais, a manutenção de sistemas de TI em estado de renovação contínua e a provisão de pessoal exclusivo de apoio em TI são empreendimentos caros, e as grandes editoras conseguem investir muito mais do que as pequenas nesses aspectos menos glamourosos, mas extremamente importantes dos negócios editoriais. Elas também conseguem investir mais no tipo de trabalho de infraestrutura – como criação de um banco de dados e digitalização de ativos – que lhes permitirá tirar vantagem de fluxos de venda novos e emergentes.

AS VIRTUDES E AS VULNERABILIDADES DAS PEQUENAS EDITORAS

Numa área caracterizada por grandes redes varejistas e agentes poderosos, que controlam o acesso aos clientes e ao conteúdo respectivamente, há vantagens óbvias em ser grande. Mas o fato de o campo de publicações comerciais ser dominado por um punhado de grandes corporações que conseguem colher os benefícios da escala não significa que, atualmente, haja escassez de editoras pequenas. Pelo contrário, o surgimento de grandes corporações editoriais caminha lado a lado com a proliferação de pequenas operações na área editorial. À primeira vista, isso pode parecer um paradoxo: por que os pequenos *players* desse cenário não foram eliminados pelas grandes corporações ou forçados a fechar seus negócios? O que existe no campo de publicações comerciais que permite – talvez até mesmo encoraje – a proliferação de pequenas operações editoriais?

Vamos analisar mais criteriosamente o que essas pequenas operações editoriais de fato são. Não é tão fácil documentar essa parte do campo como é identificar as grandes editoras, pois muitas pequenas operações permanecem invisíveis para as organizações governamentais e as principais associações comerciais – eles estão "fora do alcance do radar", como foi mencionado em um recente relatório encomendado pelo Book Industry Study Group.[1] Focalizando os Estados Unidos, o relatório do BISG calcula que, das 62.815 editoras em atividade em 2004, 93,6% (ou 58.795) tiveram receitas com publicações de menos de 1 milhão de dólares, e 74,6% (ou 46.860) tiveram receitas de menos de 50 mil dólares (ver Tabela 4.1).[2] Embora as editoras com receita abaixo de 1 milhão de dólares representassem mais de 90% das editoras em atividade, elas respondiam por menos de 10% do total de vendas de livros (cerca de 2,7 bilhões de dólares do total de vendas nos Estados Unidos, que foi de cerca de 29 bilhões de dólares em 2004). Entretanto, as editoras do grupo seguinte, com receitas provenientes de publicações entre 1 e 50 milhões de dólares, geraram aproximadamente 11,5 bilhões de dólares em vendas, ou cerca de 40% do total de vendas de livros. O BISG calcula que há cerca de 3.850 companhias que se inserem nesse grupo de editoras de pequeno e médio porte.

Tabela 4.1. Número estimado de editoras em atividade nos Estados Unidos, por tamanho, 2004

Receita de lançamentos em 2004	Número estimado de companhias	% estimada de companhias
US$ 50 milhões +	502	0.8
US$ 1-50 milhões	3.580	5.7
US$ 50 mil-1 milhão	11.872	18.9
0-US$50 mil	46.860	74.6
Total	62.815	100.0

Uma "editora" é definida aqui como detentora de um ISBN. O BISG calcula que, das 85 mil editoras norte-americanas no banco de dados Bowker, com ISBN ativos, 62.815 (ou 73,9%) eram "editoras em atividade" em 2004, isto é, declararam que obtiveram receitas de lançamentos de livros em 2004. Fonte: *Under the Radar*, 2005.

O que descrevemos como "editoras" nesse estudo é uma gama muito variada de organizações e entidades. A definição de "editora" aqui se baseia na existência – e propriedade – de um ISBN, o International Standard Book Number, que, após a introdução do Standard Book Number (SBN) em 1967, tornou-se o código padrão para a identificação de um livro, e "editora em atividade" significa ser proprietária de um ISBN e declarar as receitas provenientes da publicação de livros durante o ano. Na extremidade inferior

---

1 Ver *Under the Radar*.
2 Ibid., p.15, 21.

da escala, muitas editoras são, na verdade, "autoeditoras" – indivíduos que adquirem um ISBN para publicar um livro ou panfleto por conta própria ou com a colaboração dos numerosos serviços de autopublicação que podem ser encontrados na internet. Das editoras que auferiram menos de 50 mil dólares por ano, 46% eram autônomas (o outro grupo mais importante é o de editoras independentes, que também representavam 46%). Conforme as receitas aumentavam, diminuía a proporção do grupo de editores autônomos, e os editores independentes, associações comerciais, instituições educacionais e corporações tornavam-se mais importantes. Por exemplo, entre as editoras em atividade que auferiram entre 500 mil dólares e 1 milhão de dólares em 2004, as editoras independentes constituíam 75,8%, as editoras universitárias e instituições educacionais compreendiam 11,3%, as associações de vários tipos respondiam por 8,3%, e os restantes 3,2% provinham de corporações cujo negócio principal é algo diferente de publicações.[3]

O estudo do BISG não nos oferece um quadro exato da distribuição de capital econômico no campo de publicações comerciais nos Estados Unidos, nem pretende fazê-lo. Os números baseiam-se em respostas fornecidas por uma proporção relativamente pequena do total de editoras nos Estados Unidos (3.234, de um total de 85.500); portanto, as estimativas do número total de companhias em cada categoria são, na melhor das hipóteses, muito aproximadas. O estudo não aborda especificamente a área editorial comercial, mas cobre todas as formas de publicação de livros – desde o mercado adulto e infantil até publicações para profissionais, acadêmicas e didáticas universitárias. Além disso, a definição de "editora" como detentora de um ISBN não leva em conta quem é proprietário dos ISBNs: vários selos que detêm seus próprios ISBNs, tais como a Random House, a Knopf, a Ballantine e a Doubleday, podem ser de propriedade da mesma corporação (e, nesse caso, elas realmente são). Portanto, é improvável que o número estimado de companhias seja um reflexo preciso do número de entidades editoriais autônomas. Não obstante, o estudo enfatiza de maneira muito proveitosa o fato de que a consolidação dentro da indústria editorial não exclui a existência de um grande número de operações editoriais menores.

Por que há tantas pequenas operações editoriais no setor de publicação de livros? Uma razão está no fato de que os custos para entrar no setor são muito baixos. Sempre foi assim, mas a revolução digital reduziu esses custos ainda mais. O desenvolvimento de softwares baratos para editoração eletrônica possibilitou a autores publicarem seu próprio trabalho, e uma

---

3 Ibid., p.26.

série de organizações editoriais autônomas *on-line* – a Book Guild, a Xlibris, a You-Publish, a iUniverse, a Matador, para mencionar algumas – despontou para oferecer serviços editoriais a autores. O ISBN é barato e pode ser facilmente obtido *on-line*. A impressão pode ser feita tanto em pequenas gráficas offset tradicionais, quanto – se a quantidade a ser impressa for pequena – sob demanda. Tendo em vista a facilidade de publicação autônoma na era digital, não é surpresa que, no estudo do BISG, editoras autônomas perfazem quase a metade das editoras com receitas anuais de menos de 50 mil dólares.

Porém, a revolução digital também reduziu os custos para pequenas editoras independentes e possibilitou que elas se estabelecessem e sobrevivessem no campo de publicações comerciais. No decorrer de duas ou três décadas, com a revolução digital, todo o processo de produção de livros – da criação do texto original a diagramação, design e impressão – sofreu transformações. A função dos diagramadores mudou, e os custos caíram drasticamente; e com a crescente disponibilidade de software para editoração eletrônica é possível, se desejável, descartar totalmente os métodos tradicionais de composição. O surgimento da internet também facilitou o trabalho das editoras em suas operações com fornecedores da Índia e do Oriente Médio, o que reduziu ainda mais os custos.

Pequenas operações editoriais também ficaram mais fáceis pelo fato de que grande parte do processo editorial pode ser terceirizada. Uma editora não precisa contratar seus próprios copidesques e designers; essas tarefas podem ser terceirizadas para *freelancers* ou pequenas empresas. Atualmente, quase todas as editoras, pequenas ou grandes, terceirizam a diagramação e a impressão. A distribuição e a representação de vendas também podem ser terceirizadas, seja para organizações especializadas, como a Consortium – companhia de vendas e distribuição, com base em St. Paul, no estado de Minnesota, que oferece serviços de vendas e distribuição a editoras e cobra uma comissão sobre as vendas –, seja para editoras que aceitam outras editoras como clientes e fornecem serviços de vendas e distribuição, cobrando uma comissão acordada entre as partes. Os serviços de marketing e divulgação também podem ser terceirizados, embora isso seja menos comum e menos eficaz. A possibilidade de terceirização da maior parte das funções editoriais significa que uma editora pequena pode se estabelecer e operar com conhecimento e despesas iniciais muito pequenos. Um computador, uma linha de telefone, uma mesa, um pequeno volume de capital de giro e um nome – isso é o suficiente.

Em grande medida, esse mundo de pequenas editoras existe como um universo paralelo ao mundo das grandes editoras corporativas. Geralmente, esse mundos não se sobrepõem, porque o fosso entre eles, em termos de escala de recursos que têm à disposição, é simplesmente grande demais. O mundo das pequenas editoras é, em si, muito diversificado e compreende muitos tipos diferentes de organizações, variando de pequenas operações gerenciadas por uma ou duas pessoas trabalhando em suas próprias residências e fazendo isso em seu tempo livre – à noite ou nos finais de semana – até negócios bem estabelecidos, com instalações próprias e empregando pessoal em período integral – ou meio período. Além de empreendimentos privados, há também uma série de organizações sem fins lucrativos, como a The New Press, em Manhattan, a Archipelago Books, no Brooklyn, e a Graywolf Press e a Milkweed Editions, no estado de Minnesota. As limitações financeiras em organizações sem fins lucrativos são diferentes das limitações de pequenas editoras que operam como negócios privados. Organizações sem fins lucrativos são isentas de impostos, e a maioria recebe subsídios de fundações, fundos privados e particulares; os subsídios podem constituir metade ou até mesmo dois terços da receita, o que, até certo ponto, os alivia da dura realidade do mercado.

Enquanto as grandes editoras se beneficiam de uma economia de escala, as pequenas se beneficiam do que poderíamos chamar de *economia de favores*, a qual opera de diferentes maneiras. Uma delas é que pequenas editoras normalmente compartilham competências, conhecimento e contatos. Elas se veem como parte de uma vocação comum e uma missão compartilhada. Suas rivalidades competitivas são ofuscadas pelas afinidades que advêm de seus propósitos comuns, de sua compreensão partilhada das dificuldades enfrentadas por todas as pequenas editoras e de sua oposição coletiva ao mundo das grandes editoras corporativas. Elas indicam designers uma para a outra, compartilham números de vendas uma com a outra, e assim por diante. "Todas elas são boas em diferentes aspectos", disse um pequeno editor com base no Brooklyn. "A [X] é muito boa com números, então perguntamos a eles: 'Ah, vocês lançaram este livro no ano passado; estamos pensando em lançar um livro semelhante; ele teve boas vendas?' Eles fornecem os números exatos. A [Y] é boa porque nos indica designers e coisas assim. [Z] é bastante gentil e nos encontramos sempre com ele." O fato de existirem aglomerados de pequenas editoras independentes na mesma área – como na região do Brooklyn, onde os imóveis são muito mais baratos do que em Manhattan e onde há uma intensa vida cultural – facilita a troca de informações e de experiência.

A economia de favores também funciona com relação às taxas cobradas por *freelancers* para fornecer serviços a pequenas editoras independentes. Na prática, uma economia dual opera dentro do campo, com muitos *freelancers* cobrando (e esperando receber) uma taxa das grandes editoras corporativas, mas que aceitam trabalhar para pequenas editoras independentes a uma taxa muito menor. "Temos os melhores designers de livro do país", comentou o proprietário de uma editora independente. "Eles podem fazer um serviço para a Random House e cobrar 4 mil dólares. Nós conseguimos uma capa de livro por 300 dólares." O contraste aqui pode estar levemente exagerado. Um designer que trabalha como *freelancer* tanto para grandes editoras corporativas quanto para pequenas editoras independentes explicou que a taxa corrente para as editoras corporativas é de 2.000 a 2.500 dólares para a maioria dos livros, mais a arte-final (e se for um designer bem conceituado, ele pode cobrar mais), enquanto as pequenas independentes geralmente pagam entre 700 e 1.000 dólares, e algumas vezes os *freelancers* fazem sobrecapas para as editoras independentes por apenas 200 dólares (ou mesmo de graça, se realmente quiserem fazê-las, ou para construir seu portfólio). Seja como for, as pequenas editoras independentes pagam muito menos pelo design de um *freelancer* – pelo menos metade, mas provavelmente algo próximo de dois terços ou menos – do que as grandes corporações.

Por que os *freelancers* estão dispostos a aceitar muito menos das pequenas independentes? Alguns deles estão dispostos a trabalhar por menos (ou até mesmo de graça) porque precisam do trabalho e da experiência e ainda não têm as relações necessárias para conseguir serviços de *freelance* com as grandes corporações; mas mesmo aqueles que fazem serviços para as grandes corporações geralmente estão dispostos a trabalhar para as pequenas editoras independentes por taxas menores, porque compartilham o *ethos* das independentes e/ou acham gratificante trabalhar para elas. Alguns *freelancers* se veem como parte do mesmo projeto cultural e político, solidarizando-se com suas visões políticas radicais, seus valores de contracultura e sua atitude anticorporativa. "Eticamente, dou meu apoio às companhias editoriais independentes e respeito o que elas estão fazendo", disse um designer *freelancer*. "Acho que, se alguém merece um bom design para vender seus livros e conseguir competir, esse alguém são elas, e eu adoraria poder dar isso a elas. Se pudermos continuar a oferecer nossos serviços a pequenas companhias e os mesmos serviços a uma grande companhia, então, pelo menos isso irá nivelar o campo de jogo visual do negócio." Outros sentem-se felizes em trabalhar por menos para as pequenas editoras independentes simplesmente porque gostam dos livros ou dos autores que publicam, e gostam, profissional e pessoalmente, de desenhar as capas. Suas razões são mais estéticas e profissionais do que políticas. "Aqui está uma que fiz por 200 dólares", disse um designer *freelancer* bastante conhecido, que ganha a vida trabalhando para grandes corporações editoriais, mas ainda faz trabalhos por muito menos para editoras independentes. "Fiz por causa do assunto – acho que é um livro importante e me sinto muito feliz por eles o publicarem." Ele continua trabalhando para as independentes, porque vê nisso um desafio criativo e gosta do conteúdo, mesmo que possa ganhar mais dinheiro aceitando trabalho das grandes editoras corporativas. "Há designers de todos os tipos, e eu faço isso porque gosto. Não faço por dinheiro; faço pela satisfação que me traz."

A economia de favores também pode operar no nível do varejo. "Existe, definitivamente, uma afinidade entre as livrarias independentes e as editoras independentes", disse o proprietário de uma pequena editora no Brooklyn, que, com certa regularidade, organiza eventos com várias livrarias independentes na área de Nova York. "Elas adoram o que fazemos; elas adoram como fazemos; elas adoram o que representamos." Porém, não são apenas as independentes. "Temos forte afinidade com a Barnes & Noble também." Ele contou que uma compradora da Barnes & Noble havia lido e gostado de um de seus livros e adorou a capa também. "Então, ela colocou o livro na mesa de entrada da Barnes & Noble e o manteve lá por dois anos." Eles pagaram determinada quantia de publicidade cooperativa à Barnes & Noble, "mas, se fôssemos a Simon & Schuster, a livraria teria pedido muito mais dinheiro". Graças, em parte, à grande visibilidade que o livro teve na Barnes & Nobles, ele acabou tornando-se o título mais vendido dessa editora, com vendas acima de 70 mil exemplares só na Barnes & Noble. "Os compradores da Barnes & Noble não querem pensar que estão esmagando as pequenas companhias", explicou esse pequeno editor independente. "Eles se importam com livros e se preocupam com o panorama literário; portanto, querem oferecer apoio às editoras independentes. Muitos supervisores de seção em uma loja Barnes & Noble são jovens recém-formados na universidade que descobrem nossos livros e se preocupam com eles. Portanto, mesmo em Chicago, ou Los Angeles, somos realmente bem representados na Barnes & Noble, e isso vem do topo – e também da base."

As pequenas editoras independentes não apenas habitam um espaço diferente e se beneficiam de um tipo de economia diferente daquela das grandes editoras corporativas; elas também tendem a atuar de formas diferentes. Em geral, no início, elas dependem de uma injeção de caixa do(s) proprietário(s)-fundador(es), em alguns casos suplementada com recursos da família e/ou amigos, o que garante o capital de giro necessário. É comum a companhia ser subsidiada pelo trabalho não remunerado – ou apenas parcialmente remunerado – do(s) proprietário(s)-fundador(es), que pode(m) ter economias ou outros recursos aos quais recorrer ou que, em alguns casos, pode(m) ter outras atividades que garantam o pagamento de suas contas. Em geral, os custos são mantidos a um mínimo, já que o serviço é feito em casa e em escritórios alugados a valores baixos, como, por exemplo, em fábricas desativadas. Se há empregados, eles geralmente trabalham muitas horas por salários modestos, e boa parte dos serviços de rotina é feita por estagiários não remunerados. "Há um processo diário de economia", comentou um editor-proprietário. "Em toda reunião que envolva dinheiro, fico à caça de maneiras de cortar custos, porque não há reserva nem espaço suficientes para manobras." Algumas editoras pequenas se beneficiam de um ou dois livros que fizeram sucesso inesperado e geraram um lucro imprevisto, aliviando temporariamente o fluxo de caixa, permitindo que as dívidas sejam quitadas e que invistam em crescimento futuro. Em termos financeiros, no entanto, a maioria das pequenas editoras sobrevive a duras penas, constantemente preocupadas com o fluxo de caixa, fazendo malabarismos para pagar as contas; em alguns casos, financiam o negócio acumulando dívidas com cartões de crédito pessoais. "Imprimimos por seis meses só no cartão de crédito", contou um pequeno editor do Brooklyn.

Em termos editoriais, as pequenas editoras são muito mais dependentes de agentes do que as grandes editoras, pela simples razão de que elas não têm condições de pagar adiantamentos – ou não estão dispostas a fazê-lo – em um nível que a maioria dos agentes consideraria como o minimamente aceitável. Assim, quando os agentes saem com um livro novo, é muito pouco provável que as pequenas editoras independentes estejam em sua lista A ou mesmo em sua lista B. Há exceções. Há ocasiões em que um agente pode sentir que um livro em especial se ajustaria bem à carteira de determinada editora independente, e existem algumas pequenas editoras que se dispõem a pagar adiantamentos modestos mas significativos por um livro que realmente querem publicar; porém, é mais comum os agentes procurarem as pequenas editoras somente quando não conseguir vender um livro a uma das editoras de grande ou médio porte que têm boas condições financeiras e estão dispostas a pagar adiantamentos substanciais. Alguns agentes, sobretudo os mais jovens, podem querer vender o livro a uma pequena editora, aceitando um adiantamento modesto, porque, nessa fase, pode não haver nenhuma alternativa real, exceto desistir totalmente do projeto, e eles acham melhor colocar o livro em uma pequena editora por um pequeno adiantamento, na esperança de que isso ajude a construir a carreira do autor e levar a melhores transações com editoras maiores no futuro.

MERCADORES DE CULTURA

Como as pequenas editoras não podem depender de agentes para lhes fornecer conteúdos novos, elas precisam criar outras estratégias de compra. A maneira de fazer isso varia de editora para editora. Algumas usam estratégias muito semelhantes às dos agentes jovens: vão a festivais literários e eventos com escritores, leem suplementos literários, revistas e jornais, à caça de novos talentos e novos autores e ideias a serem exploradas. Algumas dependem mais de seus próprios contatos e redes pessoais, de seu capital social acumulado, seguindo recomendações de autores, amigos e pessoas de suas relações. "Muitos livros que temos surgiram por meio de amigos", comentou um pequeno editor. "Assim, eu aproveito meu círculo social como se fossem os agentes dos livros que publico." Outros procuram encomendar livros a indivíduos que desenvolveram certa presença e são seguidos na blogosfera. "Ficamos pessoalmente muito envolvidos na blogosfera política", explicou o proprietário de uma pequena editora, "e por isso achamos que deveríamos começar a produzir livros fora da blogosfera. É uma espécie de movimento novo que a maioria das editoras não compreende; é preciso fazer mais ou menos parte dela para realmente saber quem é grande e quem não é grande e que ideias vendem e que ideias não vendem." A maioria das pequenas editoras depende de uma combinação desses métodos, juntamente com um elemento especial – sobretudo quando se trata de não ficção –, um bom e velho *brainstorming*: imaginar que assuntos dariam bons livros e depois tentar encontrar autores para escrevê-los. Editoras pequenas também recebem grande quantidade de material não solicitado e, embora possam, no início, examinar esse material cuidadosamente, muitas logo percebem que têm de interromper o fluxo. "Levei cerca de cinco ou seis anos para entender quantas horas eram gastas na leitura de originais que não estávamos publicando, porque, quando se tem uma pilha de baboseiras, a porcentagem dos originais não solicitados que são publicados é realmente pequena." Quanto mais bem estabelecida se torna uma editora, mais provável é que ela também receba propostas de agentes e que a proporção de material agenciado cresça, mas a relação entre os agentes e as pequenas editoras costuma ser menos harmoniosa do que as relações entre agentes e editores ou publishers nas grandes editoras, simplesmente porque o abismo entre as aspirações financeiras dos agentes e a realidade econômica das pequenas editoras é grande demais.

A maioria das pequenas editoras tende a se voltar fortemente para o aspecto editorial e a publicar livros pelos quais o(s) proprietário(s)--fundador(es) é(são) apaixonado(s). Esse é um mundo no qual paixão, compromisso e crenças exercem uma função crucial – seja compromisso político, crenças contraculturais ou paixão por certos tipos de texto e de literatura. É importante que os livros aceitos para publicação tenham boas vendas e gerem dinheiro, claro, mas essa raramente é a consideração mais relevante. "Tivemos uma reunião de equipe ontem, e apresentei a eles quatro romances que li recentemente e que pretendo considerar para publicação, porque gosto dos quatro em níveis variados", explicou o proprietário--fundador de uma pequena editora independente que vem obtendo algum sucesso. "Em nenhum desses livros, está escrito best-seller, e tenho orgulho disso. Para mim, é uma questão elementar; adoro isso; preciso disso porque me mostra que ainda estou no jogo pelos motivos que me levaram a entrar nele. Espero que possamos fazer sucesso com qualquer um dos quatro livros, mas, na verdade, nenhum deles tem chances de grandes vendas; mas estou realmente entusiasmado em relação a eles." O sucesso comercial não deve ser desprezado, e a maioria das pequenas editoras ficaria muito feliz por ter um livro que se tornou um grande sucesso. "Queremos que os livros sejam lidos. Essa é a meta. E, para dizer a verdade, eu adoraria se vendêssemos 1 milhão de livros e, de repente, tivéssemos muito dinheiro no banco." Entretanto, a maioria dos livros é aceita para publicação não porque o(s) proprietário(s)-fundador(es) acha(m) que eles realmente terão sucesso em termos comerciais, mas por razões diversas; e o fato de o sucesso comercial geralmente ser uma preocupação secundária dá às pequenas editoras espaço para experimentação com o que poderia ser visto como livros menores, mais marginais e exóticos, o que as grandes editoras provavelmente não fazem.

A minimização de considerações comerciais em muitas editoras pequenas é, muitas vezes, combinada com uma percepção, articulada em níveis variados de paixão, das deficiências e inadequações do mundo das grandes editoras corporativas. Para muitas editoras independentes de pequeno porte, o mundo editorial corporativo é visto como uma esfera de comodidade em que o dinheiro reina absoluto e na qual os valores e compromissos culturais foram sacrificados em prol de fins comerciais. O proprietário-fundador de uma pequena editora independente diz:

> Muitas pessoas estão assombradas com os caminhos que as áreas editorial e cultural, de maneira geral, vêm trilhando, principalmente nos Estados Unidos – com a comoditização corporativa de toda a cultura. Seja a indústria da música ou a indústria editorial, ano após ano, os processos de tomada de decisão são cada vez mais controlados pelo resultado líquido, e acredito que as pessoas fiquem contentes por sermos conduzidos por um imperativo editorial, um imperativo estético, deixando o resultado líquido no banco de trás. E acredito que, numa cultura que se movimenta

em uma direção diferente, as pessoas gostam de ver o que estamos fazendo e, portanto, nos dão seu apoio. Até mesmo algumas pessoas na Random House e na Simon & Schuster dizem que o que fazemos é muito nobre. Diante disso, não me vejo como uma pessoa fora de sintonia com os rumos que nossa cultura está tomando. Na verdade, quando ouço gente do mundo editorial lembrando-se com nostalgia dos velhos bons tempos, quando as pessoas se importavam mais com livros, demonstro meu repúdio, porque para mim esse é realmente um modo de pensar muito conservador. Aceito o fato de que a cultura muda, a cultura pop se desenvolve. Não vejo problemas no número de leitores que há na sociedade; acho que cabe a nós, editores de livros, envolver as pessoas na transformação da sociedade. Portanto, somos muito da contracultura. Muitos de nossos livros exploram coisas que estão na periferia da sociedade convencional, ou são escritos por autores que se imaginam lá.

Evidentemente, nem todas as pequenas editoras se veem como parte da contracultura ou se posicionam contra aquilo que alguns veem como a comercialização de publicações convencionais. Há pequenas editoras que se veem como mais convencionais, buscando publicar os mesmos tipos de livros que as editoras maiores publicam e usando as independentes (ou ex-independentes) mais bem-sucedidas como modelo. "A Fourth Estate foi um verdadeiro modelo para mim", lembrou o coproprietário de uma pequena editora independente no Reino Unido. "Era uma editora pela qual eu tinha imensa admiração por causa de suas publicações brilhantes, criativas, inovadoras, fazendo uma série de livros dos quais eu gostava. Os catálogos da Harvill e da Faber continuaram a ser as que realmente importavam para mim, devido ao *backlist* e às obras de ficção." Esse pequeno editor era motivado não por crenças políticas radicais ou valores da contracultura – "não sou um excêntrico com gostos estranhos" –, mas simplesmente pela paixão que tinha por boa literatura e por uma sólida crença em sua própria capacidade de reconhecer qualidade quando a encontra. Ser pequeno tem suas limitações no que se refere a recursos disponíveis para aquisições, entre outras coisas. Mas, em sua opinião, isso é compensado pela relação mais estreita e pessoal que somente uma pequena editora pode oferecer. "Para mim, a própria experiência de leitura é uma das coisas mais íntimas e pessoais que existem, e, portanto, acho que o lugar de onde saem os livros deve ser um ambiente de intimidade. E quando acho que se trabalha em uma editora menor, pode-se influir mais detalhadamente nas coisas; assim, muito mais zelo e paixão entram na publicação de fato." Ele se sente feliz em continuar pequeno ou em crescer a uma taxa modesta, e valoriza o fato de que, sendo uma pequena editora privada e independente, não precisa publicar visando o resultado líquido. "Eu jamais desejaria seguir por esse caminho."

Independentemente das diferenças nas crenças e aspirações que motivam as pequenas editoras, todas têm algo em comum: a vulnerabilidade. Sua pequenez lhes dá certo grau de liberdade e criatividade – elas podem ser ágeis, podem mover-se rapidamente, aventurar-se com livros não convencionais ou simplesmente publicar livros de que gostam, sem ter de prestar tanta atenção quanto prestam as grandes editoras na futura contribuição financeira potencial de um livro em cuja publicação têm interesse. Mas sua pequenez também as torna vulneráveis de várias maneiras – consideremos cinco delas.

Em primeiro lugar, a maior parte das pequenas editoras é subcapitalizada e enfrenta problemas de fluxo de caixa de forma mais ou menos constante. Considerando os longos ciclos de produção, é preciso pagar adiantamentos aos autores, pagar as contas dos diagramadores, designers e gráficas bem antes de um livro ser efetivamente lançado; e, mesmo quando ele é lançado, as condições de pagamento acordadas com os varejistas e atacadistas geralmente significam que uma editora receberá o pagamento entre 90 e 120 dias após o estoque ser despachado ao cliente. Portanto, uma editora precisa de um sólido capital de giro apenas para financiar trabalhos em andamento. Cada adiantamento pago represa capital em um novo projeto de livro que pode ou não se materializar e, mesmo que se materializar, pode ou não amortizar o investimento. Cada decisão sobre tiragem vincula capital em um estoque que pode ou não vender, ou que pode ser provisoriamente vendido a um varejista ou atacadista para acabar sendo devolvido alguns meses mais tarde para crédito integral. Para grandes editoras com grandes reservas de caixa, essas questões de fluxo de caixa são importantes, mas não são de vida ou morte. Para pequenas editoras independentes, entretanto, são fonte constante de ansiedade. A maioria das pequenas editoras afirma que a coisa mais difícil de administrar em seu negócio é o dinheiro, o capital, o fluxo de caixa, "porque o negócio está baseado na capacidade de financiar algo por nove ou doze meses". "Eu adoraria obter uma linha de crédito", disse um pequeno editor do Brooklyn. "Estamos desesperados por uma linha de crédito. Basicamente, é muito difícil obter financiamento para novas editoras, porque os bancos não compreendem por que elas precisam de tanto capital para começar e por que é um negócio de fluxo de caixa tão pesado que se atinge o fundo do poço e, depois, o dinheiro começa a aparecer em qualquer tempo, sem um fluxo constante. Portanto, é preciso de muito capital e, depois, por algum tempo, não se vê o retorno. Precisamos de uma linha de crédito – isso é o mais difícil." Na ausência de reserva de caixa e bons contratos de crédito, muitas editoras fazem malabarismos com as contas e decidem quais pagar e quais deixar pendentes. Em alguns casos, elas se veem dependentes de um empréstimo-ponte de sua distribuidora, que pode se dispor a lhes fazer um empréstimo a ser descontado de receitas futuras. Algumas editoras de pequeno porte podem precisar reduzir a produção de novos livros simplesmente porque não têm condições de pagar as contas das gráficas. E, para algumas, o risco de falência está sempre presente.

Uma segunda fonte de vulnerabilidade para editoras pequenas está no fato de que, muitas vezes, elas acham difícil garantir o tipo de atenção da mídia de que seus livros necessitam para poder impulsionar as vendas. Muitas pequenas editoras não têm condições de pagar um gerente de marketing em tempo integral – em muitas, os proprietários-fundadores tomam para si a responsabilidade de lidar com a imprensa e investem nisso boa parte de seu próprio tempo e energia. Porém, mesmo as editoras pequenas que têm condições de contratar seu próprio pessoal de marketing, muitas vezes lutam para conseguir obter o tipo de atenção da mídia que as grandes editoras ou selos mais conhecidos têm. "Se um editor de literatura estiver pressionado a escolher entre o livro de uma pequena editora e outro da Knopf, qual dos dois você acha que será mais importante? Qual dos dois terá melhor visibilidade na imprensa? Provavelmente o livro da Knopf, e o nosso ficará para mais tarde", comentou o gerente de publicidade de uma pequena editora. Ele achava que, mesmo nas ocasiões em que seus livros tinham cobertura da mídia, as resenhas tendiam a aparecer muito depois daquelas sobre os livros dos principais selos das grandes corporações, de forma que o impulso necessário para alavancar as vendas, quando os livros estavam, de fato, nas livrarias, chega atrasado. "Se a resenha sai tarde e as pessoas a veem e desejam comprar o livro, mas o estoque está sendo devolvido, é um verdadeiro pesadelo. E isso acontece sempre."

Outros pequenos editores se sentem ainda mais desesperançados. "Parece incrivelmente difícil para as editoras independentes obter resenhas sérias", disse o proprietário de uma pequena editora. "Quando digo resenha séria de um livro, refiro-me a publicações importantes, como o *New York Times*, o *Washington Post*, o *New York Review of Books*, e assim por diante. Não costumam fazer resenha de muitos livros de editoras independentes pequenas, de muitos títulos comerciais em brochura, e de autores *outsiders* – gente que não tem histórico nem credenciais literárias. Eles gostam de resenhar livros de autores conhecidos." Esse pequeno editor praticamente desistiu de tentar emplacar resenhas em jornais como o *New York Times* ou em suplementos de resenhas de livros como o *New York Times Book Review*. "Quase não damos a mínima." Ele vem lançando livros há sete anos e nunca teve uma resenha no *New York Times*, nem no *Washington Post*, nem no *New York Review of Books*. Seus livros vêm sendo resenhados em outros jornais importantes, como o *Boston Globe*, o *Dallas Morning News* e o *Houston Chronicle*; "então, não se trata de um bloqueio total dos grandes jornais". Mas, como muitos editores pequenos, este descobriu que se concentrar em outras mídias, como o rádio e a internet, mostrou-se um aproveitamento melhor do tempo.

Uma terceira fonte de vulnerabilidade se encontra na dependência que muitas editoras de pequeno porte têm em relação a um ou dois livros de grande sucesso. Seu padrão de crescimento é o seguinte: as vendas se mantêm modestas por vários anos, e a companhia opera no prejuízo; então, de repente – via de regra, de forma absolutamente inesperada –, um livro "decola", talvez por ter recebido um prêmio importante, ou por ter sido escolhido pela Oprah ou pelo Richard and Judy Book Club,[4] ou por ter recebido uma longa resenha em alguma mídia importante como o *New York Times Book Review*. Esse sucesso inesperado produz um súbito influxo de caixa, que duplica ou triplica – ou vai até além disso – a receita da empresa; depois de anos operando no vermelho, de repente eles se veem operando no azul, com lucro e dinheiro no banco. Agora, os problemas que enfrentam são outros: eles têm lucro e fazem sucesso, mas o sucesso no campo de publicações comerciais tem vida curta. Um livro de sucesso, seja de ficção ou não ficção, pode continuar a vender bem como título da *backlist*, mas o pico de vendas que ele produziu como título best-seller da *frontlist* será rapidamente revertido. A editora terá de encontrar maneiras de tentar evitar que a receita retorne ao patamar em que se encontrava antes desse sucesso inesperado. Quanto mais nova a editora, menor será sua *backlist* e mais eles dependerão de outro livro que faça muito sucesso para sustentar esse crescimento. Tendo em vista que, muitas vezes, há um elemento de sorte em um sucesso desse tipo, a tarefa não é fácil, e sempre existe o risco de, na falta de outro best-seller, as vendas despencarem.

As pequenas editoras que têm a sorte de conseguir um sucesso inesperado respondem a esse dilema de diferentes maneiras. Algumas usam a renda obtida com o sucesso do livro para adquirir outras pequenas empresas ou catálogos, em parte como uma tentativa de construir sua *backlist*; outras usam os recursos para crescer organicamente, contratando pessoal novo e comprando mais livros – até mesmo livros mais caros. Qualquer um desses

---

4 O Oprah Book Club e o Richard e Judy Book Club são discutidos com mais detalhes no capítulo 7.

percursos aumenta os custos indiretos e acentua a necessidade de manter a receita (ou evitar que ela caia demais). Além disso, obter sucesso com um ou dois livros muda a maneira como os outros que atuam na área veem a editora. Uma pequena editora que nem mesmo aparecia na tela do radar dos agentes subitamente se vê recebendo propostas de publicação deles, na expectativa de que conseguirão pagar adiantamentos competitivos. Uma pequena editora que evitava agentes e adiantamentos pode se ver atraída para um jogo que mal tem condições de jogar, e o risco de pagar a mais na esperança de gerar outro sucesso é um perigo constante. "O sucesso leva você a ficar mais ousado", explicou o diretor de uma pequena editora que teve enorme êxito alguns anos antes com um romance que fora recusado por todas as grandes editoras e que acabou levando o Booker Prize. "Os perigos agora são que pagamos a mais pelos livros, gastamos demais e temos de amortizar não apenas um grande estoque, mas também grandes adiantamentos. Precisamos nos concentrar muito naquilo que publicamos e nos certificarmos de que todos na editora sejam responsáveis – cada um à sua maneira."

Uma quarta fonte de vulnerabilidade para pequenas editoras é a perda dos autores com os quais trabalha. Uma editora pequena pode se dispor a arriscar com um autor ignorado ou rejeitado pelas editoras maiores e, depois, descobrir que, se o livro se transformar em sucesso, o autor e seu agente – ou sua agente – preferem "testar o mercado" para o próximo livro e ver o que outras editoras estão dispostas a pagar. Isso pode forçar a pequena editora a pagar um adiantamento maior do que pode, tendo em vista suas limitadas reservas de caixa, ou esquivar-se da situação de concorrência e permitir que o autor vá para outra editora. Isso faz que as editoras pequenas tenham muita dificuldade em manter autores e construir suas carreiras da maneira como fazem as editoras maiores e, portanto, a longo prazo, fica difícil para elas colherem as recompensas de sua disposição de correr riscos no início da carreira de um autor. A maioria das pequenas editoras pode citar exemplos de um autor que publicaram quando as grandes não estavam interessadas nele, ou cujo trabalho encontraram por acaso e ao qual deram todo o apoio, e que decidiu, na sequência, muitas vezes com o estímulo de um agente, passar para uma editora maior, que podia pagar um adiantamento muito maior para o livro seguinte (ou mesmo para o livro que a pequena editora estava insistindo que ele escrevesse).

As editoras pequenas reagem a essa difícil situação de diversas maneiras. Algumas são da opinião de que isso é perfeitamente compreensível e uma consequência natural da estrutura do setor. "Respeito meus autores e eles nos tratam com respeito", disse o proprietário-fundador de uma pequena editora no Brooklyn. "Portanto, se eles escrevem um novo livro, que tenho interesse em publicar, mas há outra editora, como a Random House, que irá pagar a ele 75 mil dólares, isso é decisão deles. E eles sabem muito melhor do que eu o que é melhor para eles. Acho que é realmente uma atitude arrogante quando uma editora fica furiosa com seus autores por deixarem-na, porque, se você os respeita, é preciso respeitar sua capacidade de tomar a decisão que melhor lhes convém." Entretanto, mesmo esse editor admitiu que algumas vezes se sentiu usado e traído. Citou o caso de um autor estrangeiro, por quem foi muito longe para se encontrarem e a quem ele havia ajudado muito, lendo e revisando seu texto com muito critério – "literalmente examinando cada sentença, quase reescrevendo cada sentença do livro" –, e, então, quando o autor foi indicado como finalista de um grande prêmio, "de repente, viramos café pequeno. Foi realmente horrível. Eu me senti traído. Nada disso teria começado se eu não tivesse ido encontrá-lo, se eu não tivesse revisado cada sentença daquele livro para transformá-lo no que ele se transformou".

Editoras pequenas podem tentar minimizar os riscos de os autores as deixarem, formando estreitas relações com aqueles que querem manter – compensando em capital social e humano o que não têm em capital econômico. O proprietário de uma pequena editora disse:

Se um autor decide ir embora, no fim das contas, a decisão é dele; mas você pode tentar diminuir as chances de isso acontecer, lançando seus livros de uma forma que as grandes editoras não conseguem. Eles têm uma relação conosco – não apenas comigo, que sou o editor, mas também com o diretor editorial, com nosso diretor de publicidade, nosso diretor de direitos autorais, com as diferentes pessoas que são parte desta pequena companhia, gente que tem um talento enorme e com quem é realmente agradável trabalhar. É preciso ter a esperança de que os autores reconheçam e apreciem isso, e sintam que isso vale muito mais do que apenas receber uma oferta de adiantamento maior por parte de outra editora.

Embora essa pequena editora trabalhasse arduamente para manter seus autores, tentando dispensar-lhes atenção e desvelo especiais – "intimidade" foi o termo que o editor-proprietário utilizou –, que eles provavelmente não teriam em uma editora maior, ele não tinha qualquer ilusão quanto aos riscos; já havia perdido vários autores para grandes editoras, e os perigos são conhecidos por todas as pequenas editoras. "É como M [proprietário de uma editora independente de porte médio] sempre diz: 'Pode esperar; quanto mais livros você tiver, mais os agentes irão ferrar com você'."

MERCADORES DE CULTURA 183

A quinta fonte de vulnerabilidade é a dependência que as pequenas editoras têm de acordos com terceiros para vendas e distribuição. Representação de vendas, estocagem e distribuição (ou atendimento de encomendas) são áreas em que a economia de escala realmente importa. Embora o crescimento das redes varejistas e a centralização das compras nas redes, combinados com o declínio das livrarias independentes, tenham reduzido a necessidade de manutenção de grandes forças de vendas que viajem pelo país e visitem uma grande quantidade de livrarias, não deixa de ser vital para as editoras ter uma equipe de representantes de vendas que possam visitar regularmente as redes nacionais e as livrarias independentes mais importantes; e se elas desejam vender seus livros no mercado internacional, precisam de representantes de vendas que possam visitar as redes no exterior. É muito caro e difícil, se não impossível, para uma pequena editora independente manter uma força de vendas em uma escala que permita conseguir uma boa representação em nível nacional; pior ainda em nível internacional. O mesmo ocorre com a questão da armazenagem e distribuição: essas funções são especializadas e requerem pessoal de alto nível e investimento para que possam ser geridas de forma eficiente e moderna; e as pequenas editoras simplesmente não têm condições de custear pessoal e investimentos desse porte. Assim, a maioria das pequenas editoras tem de recorrer a terceiros para garantir serviços de vendas e distribuição.

Há duas fontes principais de serviços de vendas e distribuição às quais as pequenas editoras podem recorrer. Por um lado, há organizações, como a Consortium, especializadas no fornecimento de serviços de vendas e distribuição para pequenas editoras. A Consortium tem muitos clientes – representa mais de cem pequenas editoras – e, em intervalos regulares, produz catálogos mistos, com títulos novos de todas as editoras para as quais prestam serviços. A outra fonte são editoras grandes ou de porte médio, que têm seus próprios depósitos e suas próprias forças de vendas e se dispõem a prestar serviços a terceiros; numa época em que aumentar as vendas está bastante difícil e está se tornando cada vez mais complicado justificar a manutenção de uma força de vendas em campo (isto é, uma equipe de vendas que visita cada vez mais escassas livrarias), a receita extra que pode ser gerada com terceiros é um complemento bem-vindo para algumas editoras de grande e médio porte.

Para editoras pequenas, terceirizar vendas e distribuição pode dar certo, mas há várias desvantagens nessa decisão. Primeiro, significa que os títulos da pequena editora estão sendo vendidos por representantes que também estão vendendo livros de outras editoras e que, portanto, não dão a devida atenção aos livros da pequena editora. Há sempre a preocupação entre as pequenas editoras que têm acordos de vendas terceirizados de que seus livros estão sendo negligenciados ou não estão recebendo a prioridade que receberiam se estivessem sendo vendidos por representantes da própria editora. "Você sempre será um enteado", como disse um editor.

O segundo aspecto negativo é que serviços de vendas e distribuição desse tipo são caros. Em geral, as organizações que os fornecem cobram de seus clientes uma comissão sobre as vendas, que varia muito, dependendo, entre outras coisas, do serviço prestado e do porte do cliente, mas normalmente fica entre 20% e 26% para representações totais de venda e distribuição. Isso significa um grande golpe nos já limitados recursos das editoras de pequeno porte. Se elas estiverem vendendo seus títulos com um desconto comercial pleno de, digamos, 48%, e estiverem pagando 20% pelas vendas e pela distribuição, então, a venda em um varejista de livros por 15 dólares dará a elas uma receita de apenas 6,24 dólares, com os quais precisam pagar os royalties e o custo de vendas, além das despesas de marketing e outras despesas indiretas. "É simplesmente impossível ter um negócio rentável pagando 20% para a função de vendas e distribuição", disse um pequeno editor. "E se você estiver operando com 26%, muito provavelmente estará perdendo dinheiro." Na opinião dele, a necessidade de subcontratar vendas e distribuição foi a mais importante limitação que enfrentaram como pequena editora independente: "Tivemos nossos altos e baixos com as vendas, mas fizemos alguns livros realmente bons. Considerando tudo, deveríamos estar muito melhor do que estamos, e acho que retirar vendas e distribuição de dentro da própria editora é a explicação – sabe, os números não estão lá, e o tipo exato de controle e *input* também não está lá." Ele pode estar exagerando o efeito debilitante desses custos, mas não há dúvidas de que as comissões cobradas por vendas e distribuição são onerosas para pequenas editoras.

Terceirizar os serviços de vendas e distribuição também significa que as pequenas editoras, cuja posição já é precária, dependem da estabilidade financeira de terceiros, que sustentam seu estoque e são responsáveis pelo recebimento de sua receita. Algumas distribuidoras garantem as contas a receber para aqueles para quem distribuem, mas nem todas o fazem; e, se uma distribuidora enfrentasse dificuldades financeiras ou fosse à falência, a posição das pequenas editoras que fossem suas clientes tornar-se-ia crítica. Essa situação hipotética tornou-se uma cruel realidade para muitas editoras de pequeno e médio porte nos Estados Unidos em 2007; algumas foram à falência após a derrocada da Advanced Marketing Services, a matriz do Publishers Group West, que fazia distribuição de livros para mais de 130 editoras independentes. A PGW foi fundada em 1976, em Berkeley, na Califórnia, por Charles Winton, um jovem formado na Universidade de Stanford, como uma organização coletiva de vendas, marketing e distribuição para pequenas editoras. Com o passar dos anos, ela construiu uma importante base de clientes, que incluía muitas famosas editoras comerciais de pequeno e médio porte, como a McSweeney's, a Soft Skull, a Milkweed e a Grove Atlantic. Winton estabeleceu sua reputação como um ferrenho defensor das pequenas editoras, muitas vezes fazendo-lhes adiantamentos para aliviar problemas de fluxo de caixa. Porém, em 2002, ele vendeu a empresa para a Advanced Marketing Services, uma grande companhia distribuidora, com base em San Diego, para poder se concentrar em suas próprias atividades editoriais. Quando foram descobertas irregularidades nas práticas contábeis da AMS, a companhia apresentou pedido de recuperação, em 29 de dezembro de 2006. Isso significou que ficavam congeladas as receitas de vendas de final de ano das editoras clientes da PGW. No início de 2007, o grupo Perseus Books, com base em Nova York, assumiu muitos clientes da PGW, propondo-lhes um acordo de setenta centavos sobre cada dólar de receitas devidas. Entretanto, para algumas editoras pequenas que já estavam ao deus-dará, o colapso temporário da PGW e o congelamento das receitas acabaram sendo a última gota. "Os independentes acabaram se ferrando por obra da Enron da área editorial", comparou um pequeno editor-proprietário, levado à falência pelo caso.

UM ACIDENTE DE TREM EM CÂMERA LENTA

Tornemos essas considerações mais concretas, entrando nos escritórios de uma pequena editora, a Sparrow Press, na periferia de Nova York. O escritório da Sparrow fica em uma das velhas fábricas desativadas que se espalham por áreas como Brooklyn, Hoboken e Jersey City. As paredes de tijolo vermelho, os conjuntos de chaminés e os corredores estreitos recobertos com tubulações de calefação e faixas luminosas são prova de que o prédio foi projetado em outra época para outros fins, mas agora as máquinas estão silentes e os andares foram divididos em *lofts* para pequenas empresas e organizações artísticas coletivas de vários tipos. A Sparrow tem um *loft*, dividido em escritórios separados por estantes e biombos. No momento, são dois funcionários em tempo integral e alguns estagiários trabalhando sem remuneração, mas, quando começaram, era um negócio com duas pessoas, marido e mulher. Iniciaram cinco ou seis anos atrás, sem conhecer nada da área editorial – "É realmente espantoso como sabíamos pouco" – e com um capital muito pequeno. Eles se sentiram motivados a publicar um livro que havia surgido de circunstâncias políticas específicas e queriam publicá-lo por conta própria, porque essa era, em parte, uma forma de adotar uma posição contra a mídia estabelecida. "Muito do que estávamos fazendo dizia 'a mídia que se dane'." Publicar o livro por conta própria, em vez de procurar uma editora conhecida, era uma maneira de intervir em um debate público e na arena pública sem ter de depender das organizações de mídia existentes. "Os livros ainda têm algum poder aqui e fazem parte da mídia que ninguém realmente admite como pertencente à mídia." Eles se consideravam mais artistas do que empresários, e fazer um livro era visto mais como um projeto artístico do que como um empreendimento comercial. "Éramos artistas e não pensávamos muito em dinheiro. Fizemos isso por amor à arte."

Eles aprenderam como lançar um livro telefonando para alguns amigos e obtendo conselhos e ajuda de outros, mas boa parte de tudo foi aprendizado por tentativa e erro. "Ninguém acreditaria nos erros que cometemos – é simplesmente assustador." A cor da capa do primeiro livro saiu errada, e eles fizeram o pessoal encarregado da impressão rasgar capa por capa e refazê-las. "Era como uma derrocada após a outra." Como muitas pequenas editoras, eles financiaram o primeiro livro e os seguintes usando suas economias pessoais, brindes e cartões de crédito. "Bancávamos a impressão com cartões de crédito." Depois de alguns anos, começaram a aceitar investidores, familiares e amigos que se dispuseram a injetar um modesto capital no empreendimento, e conseguiram uma linha de crédito em um banco. Mas, "como a maioria das pequenas empresas, estávamos completamente descapitalizados e nunca nos recuperamos disso. Estamos sempre um dia atrasados e com dinheiro a menos". Não obstante, sua produção cresceu rapidamente, subindo de dois livros no primeiro ano para vinte ou mais no quarto. Durante os primeiros anos, trabalharam em casa, antes de conseguirem o espaço na velha fábrica. Seus primeiros títulos resultaram em vendas modestas; alguns ganharam certa atenção da mídia e tiveram mais sucesso do que outros, mas as vendas foram modestas e, em termos financeiros, viviam a duras penas. E, então, de repente, veio um enorme sucesso – um livro que outras editoras haviam recusado foi aceito por eles e, quando lançado, causou impacto. Venderam 20 mil exemplares com capa dura revestida em tecido antes de lançá-lo em brochura. O sucesso gerou um influxo de caixa, mas o alívio foi temporário, e o sucesso do livro acentuou os problemas que eles enfrentavam como pequenos editores no campo. "Precisaríamos uma série de best-sellers todo

MERCADORES DE CULTURA 187

ano para realmente podermos fazer esse sistema funcionar", mas, por várias razões, é difícil para eles conseguir isso.

Em primeiro lugar, eles não dispõem de fundos para imprimir os livros. Se as redes de varejo se entusiasmam com relação a um livro e querem 5 mil ou 10 mil exemplares, isso significa uma enorme despesa para eles. Também terão de pagar às redes pela publicidade *co-op* para conseguirem ter os livros expostos nas lojas. Terão de precificá-lo a um nível que irá reduzir sua margem de lucro. E depois, mesmo que o livro resulte em boas vendas, eles provavelmente enfrentarão muitas devoluções, pelo menos 20%, possivelmente chegando a 50%, que serão creditadas ao varejista e deduzidas de suas contas a receber pela distribuidora, e ainda terão de pagar as contas da gráfica. "Chamamos isso de 'alimentar a fera'. É preciso alimentar a maldita fera, mas ela nunca se satisfaz." À medida que as devoluções ocorrem, deixa de valer boa parte dos ganhos que pensavam ter obtido com um livro que parecia estar vendendo bem. "Vejo as devoluções como pequenas bombas-relógio plantadas ao longo do caminho." É claro que as grandes editoras também têm um bom número de devoluções, mas, ao contrário da Sparrow, elas têm condições de enfrentar as perdas. Por ser uma editora pequena com recursos limitados, precisam tentar reduzir os riscos da impressão em excesso e das devoluções, imprimindo com mais cuidado. "Temos de imprimir o mínimo necessário. Não podemos nos dar ao luxo de imprimir em excesso, cogitando a possibilidade de o livro ser um grande sucesso e vender rapidamente." Mas, depois eles se veem correndo o risco de ficar sem estoque quando um livro começar a vender bem e, diferentemente das grandes editoras, eles não tiverem cacife para conseguir que as gráficas entreguem uma reimpressão em poucos dias. "Se fôssemos a Random House e pudéssemos imprimir em um dia e despachar alguns dias depois, venderíamos 300 mil exemplares deste", disse um dos proprietários da Sparrow, levantando no ar um romance em brochura com uma capa muito brilhante. "Esse material era muito bom. Mas nós não conseguíamos imprimir os livros. Não conseguíamos imprimir livros em tiragens suficientes e não conseguíamos fazê-los rápido o bastante. Fiquei literalmente de joelhos; implorei às gráficas, mas o mais rápido que conseguimos foram três semanas. Acabamos perdendo o calor do momento."

Muitos livros que contrataram surgiram de encomendas que eles próprios fizeram. Pensavam em uma ideia para um livro e, em seguida, tentavam encontrar um autor ou um grupo de autores para escrevê-lo, ou liam um artigo ou ouviam um autor falar, e depois lhes perguntavam se estariam interessados em transformar as ideias em um livro. Depois que conseguiram um best-seller, entraram nas telas do radar dos agentes, que começaram a lhes enviar coisas com frequência cada vez maior, mas eles preferiam não trabalhar com agentes, porque achavam que as expectativas destes últimos, tanto em termos de adiantamentos quanto de controle de direitos, não eram financeiramente administráveis para eles. "Depende de dinheiro rápido. Eles precisam de muito dinheiro, precisam de adiantamento, precisam de programas acelerados, precisam controlar direitos – tudo aquilo que as grandes editoras vêm, aos poucos, lhes concedendo com o passar dos anos. Nós estamos sempre tentando desacelerar o dinheiro, trabalhar com o fluxo de caixa." Às vezes, eles tinham a ideia para um livro e contatavam um autor ou trabalhavam com um escritor para desenvolver um livro que estavam escrevendo, para, no fim, descobrir que, assim que surgia a figura do agente, eles perdiam o livro. "O autor adora a ideia e diz: 'Fantástico! Vamos fazê-lo, por favor, chame minha agente e diga-lhe que vai dar certo'. Aí você chama a agente e ela diz: 'Muito bem, vamos precisar de 20 mil dólares; precisamos amanhã e vamos manter todos os direitos'. Nossa tendência é evitá-los. A torta simplesmente não é grande o bastante para essa terceira pessoa. Essa é a verdadeira razão econômica para isso."

Eles também achavam muito difícil obter a atenção da mídia para seus livros. Nos primeiros anos, lançaram muitos títulos sobre temas dignos de nota e achavam que obteriam uma boa cobertura na mídia com resenhas, mas logo perceberam que essa era uma visão ingênua. Eles agora sabem que as principais mídias que publicam resenha têm um acordo com as grandes editoras, e é muito difícil para as pequenas receberem a sua atenção. "É um clube muito exclusivo e é muito difícil entrar nele. Eles não consideram as coisas de fora com tanta seriedade." As grandes casas editoriais conseguem construir a carreira de um livro na mídia combinando promoção e publicidade. "Nas grandes editoras, se alguma coisa começa a andar, você joga combustível no fogo e faz ele queimar mais depressa. Mas é simplesmente impossível fazer isso com uma editora do tamanho desta." Por isso, eles não se preocupam tanto com a mídia tradicional em termos de resenha, e muitas vezes nem mesmo enviam seus livros. Concentram-se no rádio, no marketing da internet e em eventos em livrarias ou outros locais.

As vendas e a distribuição da Sparrow ficavam nas mãos de terceiros, e os problemas se acumularam quando a distribuidora foi incorporada. Após a aquisição, houve uma série de contratempos com o sistema de cobrança e com as operações de estoque. "Eles perderam remessas de livros, entregas inteiras e coisas do tipo." As vendas caíram, e as devoluções aumentaram vertiginosamente. Como o distribuidor deles era praticamente sua única fonte de receita, ficaram mais vulneráveis do que nunca. De repente, parecia haver certa verdade no ditado de que cada editora independente está a apenas um passo da falência. A situação tornou-se tão crítica, que eles acabaram chegando à conclusão de que teriam de mudar de distribuidora para conseguir sobreviver. Para um negócio que mal conseguia se sustentar, essa foi uma estratégia altamente arriscada, já que criou um hiato temporário na receita, algo que uma editora pequena como a Sparrow está mal equipada para gerenciar. Suas dívidas aumentaram, e eles recorreram a amigos – "à bondade de estranhos" – para poder fazer frente às dificuldades, sempre torcendo para que novas vendas e novos acordos de distribuição no final trouxessem um aumento significativo nas vendas (e, felizmente para a Sparrow, isso acabou acontecendo).

A Sparrow continua a publicar alguns livros muito bons e inovadores, e os proprietários-fundadores têm orgulho dos títulos que publicam, mesmo aqueles que venderam apenas duzentos ou trezentos exemplares – "Foram um erro, mas erros dos quais nos orgulhamos", disse um deles; "são erros bonitos", disse o outro. Para eles, publicar livros é uma espécie de vocação, um compromisso pessoal, cultural e político no qual eles perseveram, mesmo que seja difícil; uma maneira de participar da vida cultural e política e de dar expressão a alguma coisa que, de outra forma, poderia não ser anunciada ao mundo. "Sente-se que está fazendo uma coisa muito digna. É estimulante e, ao mesmo tempo, absolutamente penoso." Contudo, em termos puramente financeiros, a situação deles continua precária. "Estamos cansados, estamos preocupados, nossos cartões de crédito chegaram ao limite e já usamos todos os recursos que tínhamos – absolutamente todos." Eles vivem a duras penas, constantemente preocupados em saber se conseguirão pagar seus empregados e manter os credores sob controle por mais uma ou duas semanas. "Parece um acidente de trem em câmera lenta" – é assim que um dos fundadores da Sparrow resumiu os primeiros anos de sua pequena editora independente.

Evidentemente, cada editora pequena é diferente, e cada qual tem suas próprias características, dependendo de sua história e da personalidade e do compromisso dos indivíduos envolvidos, mas todas enfrentam pressões e dificuldades semelhantes, provenientes da estrutura e da lógica do campo. Algumas claudicam nos dois primeiros anos, em parte pela paixão investida por seus proprietários-fundadores, que podem sobreviver ganhando salário em outros empregos. Algumas eventualmente ficam sem caixa e acabam entrando em processo de liquidação ou são incorporadas por outras editoras de pequeno ou médio porte. Há alguns proprietários-fundadores que chegam à conclusão de que – depois de terem administrado a companhia com pouquíssimos recursos durante vários anos e de a terem transformado em uma companhia respeitável – chega o momento de pular fora, seja para juntar forças com outra editora, seja para vender tudo e aposentar-se ou construir uma nova vida para si mesmos. Se a empresa é rentável e tem um bom catálogo de autores e títulos, eles provavelmente encontrarão vários pretendentes entre as editoras de médio e até mesmo de grande porte que estão tentando crescer; e há também algumas editoras pequenas que prosperam graças a uma combinação de sorte, marketing inteligente e bom respaldo financeiro. Elas encontram um nicho e desenvolvem a reputação de inovadoras. Fazem sucesso ocasional, o que resulta em aumento nas vendas e alivia os problemas de fluxo de caixa; seus livros entram na lista de indicados para premiações e algumas vezes ganham, o que as projeta e faz crescer seu capital simbólico e econômico. A sua produção de títulos também aumenta e a receita cresce; depois de anos de prejuízo e dívidas, elas se veem gerando um lucro modesto. Com o decorrer do tempo, algumas dessas editoras passam de pequenas para uma zona cinza, onde não são nem grandes nem pequenas, mas de "porte médio".

POR QUE É TÃO DIFÍCIL SER DE PORTE MÉDIO

Há muitas grandes corporações no campo de publicações comerciais e um grande número de pequenas editoras de vários tipos, mas o espaço entre elas – o espaço da editora de porte médio – é pouco povoado. É óbvio que "porte médio" é um termo impreciso – o que é porte médio aos olhos de uma pessoa pode ser pequeno aos olhos de outra. Estou utilizando o termo aqui para me referir de forma muito vaga a organizações editoriais que têm receitas anuais provenientes de suas publicações comerciais de cerca de 20 milhões de dólares, ou acima disso, mas menos de 500 milhões de dólares (ou, no contexto do Reino Unido, mais de 10 milhões de libras, e menos de 100 milhões de libras). Muitas editoras de porte médio que existem de fato costumam operar dentro de um nicho especializado, como saúde e boa forma, manuais práticos e livros do tipo "guia para", publicações religiosas ou voltadas para o público infantil – esse é, por exemplo, o caso da Rodale, da Thomas Nelson, da Scholastic, da Workman e da Egmont. Há outras editoras de porte médio que atuam de forma significativa na área de publicações comerciais e que combinam isso com uma participação em outras áreas editoriais, como publicações para ensino superior e/ou publicações nas áreas científica, técnica e médica, o que lhes garante maior escala e as ajuda a compensar a imprevisibilidade e a baixa lucratividade de publicações comerciais, como é o caso da Wiley e da Norton, para mencionar apenas duas. Porém, o número de editoras independentes que se concentram apenas ou substancialmente em ficção convencional para adultos e em publicações comerciais de não ficção, e que poderiam ser consideradas de porte médio, é relativamente pequeno. Nos Estados Unidos, a Norton e a Grove Atlantic estão, sem dúvida, inseridas nessa categoria (a Houghton Mifflin e a Harcourt poderiam ser consideradas de porte médio, embora não sejam mais independentes). No Reino Unido, a Faber e a Bloomsbury são provavelmente as duas mais importantes editoras comerciais de porte médio, e elas ainda são independentes, embora a posição da Bloomsbury seja incomum, pois seu crescimento nos últimos anos é justificado pela avassaladora venda de livros de uma única autora, J. K. Rowling.

Então, por que há tão poucas editoras independentes de porte médio no campo de publicações comerciais? Em primeiro lugar, não é fácil para uma empresa de publicações comerciais passar de pequeno para médio porte. Tanto o setor quanto o mercado estão saturados; portanto, qualquer crescimento que uma companhia obtém acima da inflação é, principalmente, à custa de algo mais. Há muito poucos – se, de fato, houver – *backlists* remanescentes para comprar, já que quase todas as antigas editoras foram adquiridas pelos conglomerados; então, há uma grande dependência de sucessos de *frontlist* para garantir a receita e o crescimento. "É preciso ter um nível de sorte tão desproporcional, que chega a ser irreal", comentou o publisher de uma editora independente de porte médio. Quando publishers lendários como Bennet Cerf, Alfred Knopf, John Farrar e Roger Straus construíram suas companhias, eles o fizeram numa época em que as condições do mercado eram muito diferentes. Os agentes não tinham a força que têm, e eles não precisavam competir com grandes corporações por conteúdo e atenção. Eles adquiriam livros novos sem ter de pagar altos adiantamentos e tinham tempo para construir uma *backlist*. Hoje, essas condições não valem mais. Mais do que nunca, é preciso uma combinação especial de instinto empresarial, bom senso editorial e muita sorte para transformar uma editora comercial pequena em uma empresa de porte médio, e mantê-la lá.

Ter porte médio no campo de publicações comerciais é, de certa forma, a coisa mais difícil. Há despesas indiretas muito maiores do que têm as editoras pequenas, e não é possível tirar proveito da economia de favores, que faz parte do mundo das pequenas, mas não se tem o porte e os recursos das grandes corporações e, portanto, não se consegue obter as mesmas economias de escala que elas nem exercer a mesma influência sobre fornecedores e varejistas ou fazer vendas tão grandes quanto elas. Entra-se no radar dos agentes e se vê competindo por livros novos com os selos de grandes corporações, mas não se tem os recursos das grandes corporações à disposição quando houver um leilão. Para um título ocasional, pode-se até se dar ao luxo de esbanjar dinheiro, mas o risco que corre é muito maior do que para o selo de uma grande corporação, que pode enfrentar golpes maiores quando as vendas não cobrirem os adiantamentos (como invariavelmente acontece em muitos casos). Além disso, toda aquisição dispendiosa desse tipo tem um custo de oportunidade que não se aplica às grandes corporações. Essa empresa só pode se permitir correr alguns riscos do tipo; portanto, precisará ter tudo sob controle, ao passo que os selos das corporações sempre terão condições de pedir mais se surgir um livro especial que pareça exigi-lo.

A editora não só se sentirá em desvantagem no processo de aquisições como também verá que manter seus autores bem-sucedidos no catálogo será um dos maiores desafios. É necessário que um ou dois de seus livros façam um enorme sucesso a cada ano para poder garantir os níveis de receita e lucratividade, mas seus autores mais bem-sucedidos – muitas vezes com o estímulo dos agentes – ficarão tentados a "testar o mercado" e mudarão para editoras maiores, que podem garantir adiantamentos muito mais vantajosos. As grandes editoras corporativas podem se permitir pagar mais, não apenas porque seus bolsos são mais fundos, mas também porque elas podem – e geralmente o fazem – exceder-se no valor dos adiantamentos com a consciência de que terão de considerar uma parcela do adiantamento não recuperado como parte do jogo para fechar contratos com os autores e livros mais procurados; e isso é algo que a editora de porte médio dificilmente pode fazer. E se perder seus autores de sucesso para as grandes editoras, então, terá sempre de reinventar o sucesso, partindo da estaca zero. William, publisher de uma editora de porte médio, diz:

> O que estou achando cada vez mais difícil, depois de crescer de 7 a 8 milhões de dólares para 20 milhões de dólares, é aceitar a perda de nossos autores depois de os transformarmos em sucesso. E isso é muito difícil, psicológica e emocionalmente falando, entre outras, e com relação a negócios, é muito complicado, porque agora temos de retroceder e começar tudo de novo e encontrar outro autor, e contar com a sorte para fazer outro sucesso. Os autores conseguem mais dinheiro, e eu não tenho condições de pagar mais; e, algumas vezes, cometo equívocos pagando mais, e as vendas do livro não cobrem os adiantamentos. Muitas vezes, os autores nos dão uma "folga" de 20% a 30%; eles fecham um contrato conosco se ficarmos dentro

dos 20% (que os grandes grupos pagam). Mas, às vezes, o valor é tão alto, que eu não deveria nem mesmo chegar a 50% do valor, porque é tolice. E, outras vezes, vou em frente, faço isso e perco dinheiro. Os grandes grupos aceitam todo ano uma perda de 5% a 8% da receita líquida sobre os adiantamentos feitos a um autor, que não são compensados. É uma quantia gigantesca. Se eu fizesse isso, já teria fechado meu negócio. Eles conseguem e ainda obtêm lucro, e parte dos motivos para isso se deve à economia de escala que têm. Eles fazem suas próprias vendas e distribuição – provavelmente estão economizando entre 6 e 8% nisso. Isso significa que eles estão usando uma moeda diferente da minha. Estão jogando com dinheiro de Banco Imobiliário; eu estou brincando com dinheiro de verdade. E é essa tarefa que vejo como a mais assustadora.

As grandes corporações estão, de fato, pagando royalties mais altos a certos autores importantes porque sabem que terão de aceitar uma parte do adiantamento como perda e incluem isso em seus cálculos como custo do negócio. Elas podem fazer isso e ainda assim ter lucro, porque seu porte permite que obtenham economia de escala e reduzam os custos em outra parte da cadeia de suprimento.

Então, como William poderia competir com as grandes corporações? Há várias coisas que ele pode fazer. Primeiro, ele precisa tentar ser mais rápido e mais esperto do que os editores e publishers das grandes corporações, encontrando coisas antes que eles o façam, vendo potencial onde eles não veem e conseguindo livros novos e promissores sob contrato antes que as grandes corporações se envolvam. "Tenho de ser mais esperto, mais sagaz e mais rápido. Preciso ser mais ativo do que reativo. Preciso correr mais riscos e contratar livros antes que outras pessoas os leiam ou os vejam." Segundo, ele precisa criar um conjunto de relações com autores que alguns deles valorizarão mais do que o dinheiro extra que poderiam obter se fossem para uma editora maior, e criar um catálogo ao qual queiram estar ligados. William tem uma maneira especial de descrever isso: publicar bons livros envolve uma "equidade psíquica", ou seja, antes de tudo, ele gosta de fazer isso. "Faz parte do motivo de estar nesse negócio em vez de trabalhar com imóveis ou vender precatórios." E, segundo, "cria valor para seu selo". As pessoas olham para o seu catálogo de uma forma diferente – resenhistas de livros, varejistas e também outros autores, do tipo que se quer publicar. Em outras palavras, cria valor simbólico para sua editora, o que se torna um instrumento vital nessa luta para contratar e manter autores procurados e que fazem sucesso frente à concorrência das editoras corporativas, que têm acesso a uma quantidade muito maior de capital econômico. William descreveu o caso de uma bem-sucedida escritora de ficção cuja obra ele queria publicar e que estava sendo cortejada por várias grandes editoras. "Escrevi cartas a ela por um ano e meio, dois anos, e lhe enviei catálogos e livros. E, no fim, ela concordou em nos vender os livros a um preço razoável, muito justo. Agora já vendemos mais de 300 mil exemplares de seus livros; mas quando finalmente jantei com ela, eu lhe perguntei: 'O que foi que convenceu você?'. E ela respondeu: 'Bem, vi seus catálogos e gostei dos livros. Pensei: que lista interessante! Eu gostaria, e ficaria até orgulhosa, de fazer parte dela'."

Uma terceira atitude que William pode tomar é ser criativo na maneira como tenta recuperar os adiantamentos. Se conseguir persuadir o agente a lhe conceder os direitos globais, ele pode recuperar parte do adiantamento vendendo direitos de tradução para diferentes línguas. Ele tem interesse em manter os direitos de brochura, se possível, já que essa é a única forma que lhe permite construir sua *backlist* no decorrer do tempo, mas em circunstâncias excepcionais pode também pensar em fazer um acordo com outra editora para dividir os direitos de brochura e capa dura e dividir o adiantamento para poder garantir um livro ou evitar que um autor que esteja fazendo sucesso mude para outra editora. Entretanto, nem sempre essa estratégia funciona. Talvez o melhor exemplo – bem conhecido da indústria editorial – seja Charles Frazier, cujo primeiro romance, *Montanha gelada*, foi um enorme sucesso, vendendo mais de 1,6 milhão de exemplares em capa dura. As vendas em capa dura desse livro, juntamente com a venda dos direitos em brochura à Random House/Vintage, levaram o que era até então uma pequena editora de Nova York, a Atlantic Monthly Press (agora Grove Atlantic), para o grupo das editoras comerciais de porte médio. Para o segundo romance de Frazier, a Grove Atlantic se juntou à Knopf e à Vintage para dividir os direitos de capa dura e de brochura, e elas conseguiram oferecer um adiantamento conjunto de mais de 5 milhões de dólares. Não foi, entretanto, o suficiente. Sob a orientação de seu novo agente, o autor insistiu em mais – e conseguiu o que queria de outra divisão do grupo Random House, que estava disposta a oferecer 8,25 milhões de dólares por *Thirteen Moons*, com base em um breve rascunho. Como acabou acontecendo, a perda desse autor foi um mal que veio para o bem da Grove Atlantic (e um pequeno desastre para a Random House e o editor que comprou o livro), já que as vendas reais do segundo romance ficaram muito aquém do que teria sido necessário para amortizar até mesmo o mais modesto (mas ainda muito significativo) adiantamento que a Grove Atlantic estava disposta a oferecer.

MERCADORES DE CULTURA   195

Portanto, esses são os principais problemas enfrentados por uma editora de porte médio: não se está em pé de igualdade com as grandes corporações quando se trata de competir por novos livros e fica-se vulnerável quando se trata de manter seus autores de maior sucesso. E essa é a razão principal por que é tão difícil ser de porte médio. Seus problemas são exacerbados pelo fato de que não se tem condições de obter a economia de escala que as grandes corporações conseguem e ter-se-á menos poder de barganha com fornecedores e varejistas, o que dará até mesmo menos espaço para manobras quando se trata de competir com as corporações e considerar os adiantamentos como despesas.

FORMANDO AGREMIAÇÕES E ASSOCIAÇÕES

Uma maneira que as editoras de pequeno e médio porte encontraram para tentar fazer frente a algumas dificuldades que vivenciam no campo de publicações comerciais é unir forças e colaborar umas com as outras em vários aspectos – formar uma associação. A área que pode produzir os ganhos mais óbvios a partir de colaboração desse tipo é a de vendas e distribuição. Se uma editora pequena ou média juntasse uma quantidade de pequenas editoras e lhes oferecesse um acordo para vendas e/ou distribuição, ou se pudessem se reunir para elaborar um sistema coletivo de vendas e/ou distribuição, elas poderiam ter condições de compensar algumas desvantagens que sofrem como pequenos *players* no campo. Os dois principais exemplos desse tipo de associação são o grupo Perseus, nos Estados Unidos, e a chamada "Alliance", da Faber, no Reino Unido.

O grupo Perseus é um modelo híbrido. Fundado em meados dos anos 1990 por um abastado investidor, Frank Pearl, que gostava de bons livros e se preocupava com o fato de estarem sendo cada vez mais relegados a segundo plano pelas grandes corporações, o grupo Perseus desenvolveu-se em dois negócios intimamente ligados, mas distintos. De um lado, o Perseus Book Group compreende várias editoras e selos que são de propriedade integral da sociedade de participação acionária Perseus LLC ou formam uma *joint venture* com ela. Algumas dessas editoras, como a Basic Books, foram descartadas pelas grandes corporações, enquanto outras, como a Da Capo Press, a Running Press e o grupo Avalon Publishing, foram aquisições diretas de companhias independentes. A Public Affairs e a Nation Books têm acordos de *joint venture* mais complexos com a Perseus. Por outro lado, a Perseus também desenvolveu um serviço de vendas e distribuição oferecido a uma ampla gama de editoras independentes pequenas e médias que não faziam parte do Perseus Book Group. Esse lado do negócio cresceu exponencialmente entre 2005 e 2007, com a aquisição de três outros serviços de distribuição – CDS, Consortium e Publishers Group West –, tornando o grupo Perseus o maior fornecedor de serviços de vendas e distribuição a editoras independentes nos Estados Unidos.

Com o suporte financeiro de Pearl, a Perseus vem desenvolvendo um serviço de vendas e distribuição para pequenas editoras independentes que é muito mais amplo e sofisticado do que eles próprios teriam condições de desenvolver. "As editoras independentes precisam de uma plataforma de apoio que seja muito mais robusta do que aquela de que precisava uma geração anterior, para nivelar o campo de jogo tanto com os conglomerados gigantes concorrentes quanto com os conglomerados gigantes de livrarias que estão dominando a indústria", disse um executivo de alto escalão do grupo Perseus. Eles se veem como especialistas na venda e distribuição dos tipos de livros voltados para mercados especializados, bem definidos – "para termos sucesso, nossa estratégia é atingir os nichos de mercado, em vez de competir pelos grandes best-sellers". Mas ocasionalmente um livro-alvo se tornará popular, e suas vendas irão explodir no mercado mais amplo, e quando isso acontece "é preciso ter a escala e a sofisticação para ser capaz de explorar isso de forma plena". E é isso que o grupo Perseus busca fornecer com seus serviços de vendas e distribuição – "alcance na distribuição, poder de mercado e capacidade de fazer acontecer um best-seller de 1 milhão de exemplares, e estamos fazendo isso em nome de uma editora independente".

Esse é, sem dúvida, um serviço extremamente importante – até mesmo inestimável – para editoras de pequeno e médio porte nos Estados Unidos; sem ele, essas pequenas editoras estariam em condições muito piores, e para muitas teria sido impossível sobreviver. Entretanto, o risco que elas correm é o de que, com a consolidação da CDS, da Consortium e da PGW nas mãos do grupo Perseus, ele agora se tornou o principal prestador de serviços de vendas e distribuição a pequenas editoras nos Estados Unidos, o que fortaleceu sua habilidade de negociar condições com pequenas editoras, para as quais o custo de vendas e distribuição é um dos fatores críticos que afetam sua sobrevivência e posição perante a concorrência. E algumas pequenas editoras temem que a consolidação de serviços de vendas e distribuição seja inexoravelmente seguida pela racionalização das forças de vendas, e depois que essas forças de vendas se fundam e os representantes de vendas independentes sejam dispensados, levando a uma representação mais precária e menos abrangente das pequenas editoras clientes. "Acho que se trata de um momento muito perigoso", disse um pequeno publisher, "e acho isso muito pouco saudável para a cultura como um todo." Se esse publisher está certo em se preocupar ou está sendo demasiadamente pessimista é o que ainda veremos.

A "Alliance", da Faber, é um empreendimento muito mais modesto, mas de relevância semelhante para pequenas editoras independentes do Reino Unido. A Faber é uma editora independente de porte médio, com uma *backlist* notável em ficção e poesia; entretanto, com uma atuação relativamente pequena, ela não teve o mesmo acesso aos principais canais do varejo que tiveram as grandes editoras corporativas. "Na verdade, não estávamos no páreo", como afirmou um alto executivo. Ela havia fornecido representação de vendas terceirizada a várias editoras pequenas e independentes, mas a ideia da Alliance nasceu em 2004, quando a Faber começou a discutir com uma série de outras editoras britânicas independentes a possibilidade de lhes fornecer representação de vendas na Europa. "Eles disseram: 'Europa? Ah, sim! Tudo bem. Vá em frente, mas o que nós realmente queremos é conversar com você sobre o Reino Unido', e, nesse momento, nasceu a Alliance", explicou uma das pessoas envolvidas desde o início. A Faber juntou-se a diversas editoras independentes importantes (Atlantic, Canongate, Icon, Portobello, Profile e Short Books, vindo depois a Quercus, a Serpent's Tail e a Granta), fornecendo diferentes níveis de representação para cada editora, dependendo se elas queriam trabalhar suas principais contas. "De repente, valia a pena trabalhar conosco." Em 2006, elas haviam se tornado o sexto maior grupo no Reino Unido, comparável à Pan Macmillan em montante de vendas. Elas agora tinham acesso aos supermercados e outros varejistas não tradicionais, tais como clubes de descontos e postos de serviços rodoviários, de uma forma que simplesmente não era possível antes. "Do ponto de vista desses varejistas, sabiam que o setor independente estava produzindo bons livros, mas, ao mesmo tempo, na verdade, nunca se preocuparam em comprá-los. Ok, aconteceu de um best-seller passageiro obrigá-los a se envolver. Mas finalmente havia um lugar onde pudessem buscar toda essa coisa diferente, toda essa variedade, com um histórico fantástico e pessoas fantásticas com quem era muito divertido negociar." Elas logo começaram a operar conjuntamente em outras áreas do negócio. Todas as editoras mudaram para a mesma distribuidora e usavam sua força coletiva para negociar melhores condições para todos. O mesmo ocorreu com gráficas e outros fornecedores, e recentemente elas começaram a trabalhar juntas com relação a direitos. "Começou como um conjunto de acordos de vendas, o que não parece muito glamouroso, mas se tornou uma grande ideia e, do estágio inicial ao estágio final, foi extremamente valioso para todas as companhias envolvidas."

Como um consórcio de editoras independentes, a Alliance foi uma maneira muito inteligente e eficaz de reagir às mudanças no mercado. Ao se juntarem, elas conseguiram um lugar na mesa de negociações das grandes redes varejistas – e sobretudo na mesa dos supermercados, que estavam se tornando um canal cada vez mais importante no mercado do Reino Unido. Essa agremiação elevou o perfil do setor independente de tal forma, que nenhuma editora independente conseguia operar sozinha – com a possível exceção da Bloomsbury, pelo menos enquanto ela desfrutava o sucesso de *Harry Potter*. Contudo, o sucesso de uma aliança desse tipo depende muito do equilíbrio certo entre os interesses das diferentes partes, e há sempre o risco de que aquela com maior atuação – no caso, a Faber – seja percebida como dominante, exercendo mais poder e ganhando mais da Alliance (e a comissão que ela cobra) do que as outras. Há até mesmo alguns executivos de alto escalão na Faber que temem que a Alliance possa comprometer os interesses e a autonomia das pequenas companhias participantes: "Pergunto-me se não estamos repetindo o que a Random House fez – se não estamos sugando essas diferentes companhias. É óbvio que ela fez isso de uma maneira muito diferente, comprando-as e transformando-as em selos; e, para competir, tivemos de fazer a mesma coisa à nossa própria maneira. Na verdade, eu gostaria que fosse diferente." Porém, a realidade do mercado é tal, que formar associações é um dos únicos caminhos para que as pequenas editoras ganhem acesso efetivo aos principais canais varejistas.

À MARGEM DO CAMPO

No capítulo anterior e neste, concentramo-nos na análise da posição de três tipos de editoras que ocupam o campo das publicações comerciais – as grandes corporações editoriais, que dominam as operações do setor, a grande quantidade de pequenas operações editoriais e um punhado de editoras comerciais de porte médio. Contudo, há também uma grande variedade de editoras que se situam no limite do campo e que, com regularidade, publicam livros comerciais, mesmo que não sejam seu negócio principal. As editoras universitárias se inserem nesse contexto.

As editoras universitárias pertencem, em geral, a outro campo editorial – o de publicações acadêmicas.[5] Sua produção principal consiste de obras acadêmicas, isto é, livros acadêmicos de alto nível, escritos por professores

---

5 Para uma análise completa dessa área, ver Thompson, *Books in the Digital Age*, parte 2.

MERCADORES DE CULTURA 199

e pesquisadores, voltados para outros professores e pesquisadores. Recebem esse nome pois publicam obras acadêmicas, a maioria escrita por estudiosos, e tornam acessíveis resultados de pesquisas acadêmicas e científicas. São acima de tudo instituições educacionais mais preocupadas com o desenvolvimento e a transmissão de conhecimento do que com empreendimentos comerciais, e é por essa razão que são reconhecidas juridicamente como organizações sem fins lucrativos (organizações beneficentes no Reino Unido), e isentas de imposto de renda sobre empresas.

Todavia, há um bom tempo, muitas editoras universitárias têm se envolvido em outros segmentos editoriais, incluindo publicações de obras de referência, de revistas especializadas e ELT (Ensino de Língua Inglesa), além de publicações comerciais. A Harvard University Press foi uma das primeiras editoras universitárias norte-americanas a se tornar uma séria participante do campo de publicações comerciais. Isso foi, sobretudo, consequência da nomeação de Arthur Rosenthal como diretor, em 1972. Fundador da Basic Books, Rosenthal era um publisher comercial em Nova York, com larga experiência em publicações de obras de acadêmicos e cientistas para leitores em geral. Ele chegou a Harvard em uma época em que sua editora passava por sérias dificuldades financeiras, tendo registrado um déficit de mais de meio milhão de dólares entre 1970 e 1971, sobre vendas de cerca de 3 milhões de dólares, e um déficit de 350 mil dólares entre 1971 e 1972.[6] Rosenthal redirecionou as atividades da editora, dando-lhe um novo perfil como editora comercial para um mercado mais sofisticado, e publicando dez ou doze títulos por temporada (de um total de cerca de cinquenta a sessenta títulos), os quais tinham potencial para cobertura nacional com resenhas e para garantir boas vendas.

Ao abrir caminho entre publicações acadêmicas e comerciais, o sucesso da Harvard gerou um modelo que outras editoras universitárias vêm tentando repetir em níveis variados de empenho e sucesso. A suposição básica desse modelo é que obras de alta qualidade e de conteúdo acadêmico, muitas vezes (mas nem sempre) escritas por estudiosos, conseguem gerar vendas em um mercado de comércio geral se forem adequadamente desenvolvidas e divulgadas – isto é, elas podem "pular" do acadêmico para o comercial. Portanto, se uma editora acadêmica escolher bem seus livros, promovê-los e divulgá-los de modo efetivo, ela pode atingir leitores além dos limites da academia. Isso se ajusta bem à concepção das editoras universitárias, muitas das quais veem como parte de sua missão não apenas oferecer serviços à

---

6 Ver Hall, *Harvard University Press*. p.186.

comunidade acadêmica, mas também tornar a cultura acessível a um público maior e contribuir para um debate público mais amplo.

Desde o final dos anos 1980, aos olhos de muitos dos que atuam na esfera das editoras universitárias, as atratividades desse modelo vêm se acentuando graças a três desdobramentos. Primeiro, como resultado de uma dinâmica interna do segmento de publicações acadêmicas, as vendas de obras do gênero – principal produção das editoras universitárias – vêm caindo drasticamente. Ao mesmo tempo, as instituições anfitriãs esperavam que muitas editoras universitárias se tornassem financeiramente mais robustas e menos dependentes de subsídios e outros meios de subvenção. Portanto, foram muitas as editoras universitárias que começaram a procurar novos tipos de publicação com os quais pudessem gerar receita e compensar as vendas de obras acadêmicas, que estavam em queda. Publicações regionais – isto é, obras sobre a história, a cultura e o meio ambiente de determinada região, incluindo livros de culinária, guias de viagem e livros sobre a flora e a fauna – foram um dos tipos de publicações para as quais muitas editoras universitárias norte-americanas se voltaram; as publicações comerciais foram o outro tipo.

O segundo desdobramento que fez as publicações comerciais parecerem cada vez mais atrativas para muitas editoras universitárias foi o fato de que, como as editoras comerciais, que antes eram independentes, foram adquiridas por grandes corporações, os tipos de livros que elas procuravam publicar começaram a mudar. Suas expectativas de vendas eram mais altas, e os tipos de livros que poderiam contratar para publicação no passado começaram a ser preteridos por muitos selos das grandes corporações. Além disso, muitos desses selos estavam publicando autores cujos livros geravam menos vendas do que haviam gerado antes – não necessariamente porque os livros não eram tão bons ou eram menos interessantes, mas simplesmente porque o mercado havia mudado. Portanto, houve um crescente *pool* dos assim chamados títulos da "lista intermediária" que estavam à procura de novas casas, e editoras com listas principalmente acadêmicas conseguiam se movimentar dentro desse espaço. Enquanto uma editora comercial convencional esperava adquirir livros que vendessem um mínimo de 10 mil ou mesmo 20 mil exemplares em capa dura e considerava qualquer número menor como limítrofe, muitas editoras acadêmicas ficariam encantadas se vendessem 3 ou 4 mil exemplares de um livro em capa dura de não ficção antes de lançar uma edição em brochura. Os patamares de vendas e expectativas das editoras universitárias eram muito inferiores, e, portanto, elas conseguiram se deslocar para um espaço das publicações comerciais que estava sendo gradativamente esvaziado pelas grandes editoras comerciais.

Um terceiro desdobramento que favoreceu a migração das editoras universitárias para o segmento de publicações comerciais foi o surgimento das redes varejistas. O crescimento rápido dessas redes criou uma demanda maior por livros, necessários para suprir o estoque das recém-abertas megastores, e muitas editoras acadêmicas perceberam que podiam garantir encomendas substanciais das redes por livros que elas sentiam ter potencial de comercialização. Em acentuado contraste com o declinante mercado das bibliotecas para obras de referência, o final dos anos 1980-1990 foi marcado por uma expansão relativamente estável de demanda por obras acadêmicas, que migraram para o lado comercial, principalmente nos Estados Unidos. Muitas editoras universitárias norte-americanas viram nisso uma oportunidade de aumentar as vendas e passaram a dar mais atenção à contratação de livros que achavam que poderiam vender nas redes, das quais estavam obtendo uma proporção cada vez maior das receitas.

Esses três desdobramentos explicam por que as editoras universitárias, desde o final dos anos 1980, vêm se envolvendo cada vez mais em publicações comerciais, e algumas – sobretudo a Oxford University Press, a Harvard, a Princeton e a Yale – agora têm presença reconhecida no setor. Porém, mesmo as maiores e mais ativas editoras universitárias continuam tendo atuação periférica. Para elas, publicações comerciais são uma atividade secundária; não são sua razão de existir, e elas não dispõem dos recursos necessários para competir em níveis mais altos. Até mesmo a maior das editoras universitárias raramente pagará acima de 100 mil dólares e geralmente irá preferir adiantamentos baixos – de cinco dígitos. "A maior parte de nossos adiantamentos fica em torno de 10 mil dólares", disse o diretor de uma editora universitária; ocasionalmente, pagam muito mais do que isso, em parte para mostrar aos agentes que conseguem e estão dispostas a pagar mais. "Queremos que eles saibam que temos condições de jogar", mas isso raramente acontece. Elas simplesmente não têm dinheiro para desperdiçar. Isso significa que, na prática, e para a maioria dos livros, as editoras universitárias não aparecem nas listas A dos agentes, mas podem aparecer em suas listas B ou C (se é que isso acontece). Quando se veem em situação competitiva, é, em geral, com outras editoras universitárias e, eventualmente, com independentes de porte médio mais sérias ou com selos como a Norton, a Basic and Farrar, a Straus & Giroux, com as quais competem. Considerando sua relativa fragilidade no mercado de conteúdo, as editoras universitárias normalmente preferem usar um modelo de aquisições diferente, confiando menos em agentes e mais em seu acesso privilegiado à comunidade acadêmica para tentar persuadir acadêmicos a produzirem livros que têm alguma chance de passar para o setor do comércio. Entretanto, como todas as editoras pequenas e de médio porte, as universitárias correm o risco de perder seus autores mais bem-sucedidos para as grandes editoras, principalmente agora que alguns agentes vêm procurando avidamente recrutar autores acadêmicos promissores e de sucesso para suas carteiras de clientes.

Da mesma maneira que as editoras universitárias carecem de recursos para competir com as grandes editoras comerciais, elas também carecem de influência e recursos para introduzir seus livros nas grandes redes varejistas e torná-los visíveis. "Não temos dinheiro para gastar e não estamos nesse mundo [de publicações comerciais] com força suficiente para promover o livro", comentou o diretor de uma das editoras universitárias mais ativas na área de publicações comerciais. "Não podemos comprar o espaço na Barnes & Noble." Para a maioria delas, a Amazon é seu maior cliente, à frente da Barnes & Noble e de outras redes varejistas. Quando as editoras universitárias realmente têm livros de grande sucesso na área de publicações comerciais, em geral são títulos que tomam todos de surpresa, inclusive elas próprias. São "tacadas" que, aparentemente, surgem do nada, retiradas da relativa obscuridade por eventos históricos, por resenhas inesperadas ou simplesmente uma misteriosa combinação de circunstâncias. *Taliban*, de Ahmed Rashid, publicado pela Yale em abril de 2000, era um título com modestas vendas na *backlist*, importado do Reino Unido, até que os eventos do 11 de Setembro subitamente o transformaram num sucesso fácil. Quando a Princeton publicou *Sobre falar merda*, de Harry Frankfurt, em 2005 – um pequeno ensaio, originalmente escrito como artigo para uma coletânea acadêmica alguns anos antes –, ninguém na imprensa imaginou que ele venderia mais do que alguns milhares de exemplares, se tanto; quando o livro chegou à lista de best-sellers do *New York Times* e vendeu mais de 360 mil exemplares em capa dura, todos na editora se surpreenderam.

Apesar das desvantagens que enfrentam, participar da campo de publicações comerciais continua sendo, na visão de alguns diretores de editoras universitárias, uma alternativa válida. Pode ajudar a levantar o perfil da editora na mídia crítica e na arena pública, de maneira mais ampla, e as vendas realizadas com publicações comerciais podem constituir uma significativa contribuição financeira se as coisas forem feitas da maneira certa. O segredo é participar modestamente e reconhecer que, qualquer que seja o sucesso eventualmente obtido, está e sempre estará em posição periférica no campo.

"Não temos qualquer ilusão de estar disputando com a HarperCollins, a Simon & Schuster e outras", explicou o diretor de uma editora universitária. "Nós nos vemos como competidores na extremidade inferior. Um best-seller para nós significaria cinco dígitos, e esse é realmente o nosso alvo – mais de 10 mil exemplares significa muito para nós. A maioria de nossos livros não chega a isso, mas essa é a meta. Portanto, nós nos vemos como um peixe maior no mundo das editoras universitárias, mas não pretendemos nos juntar àqueles rapazes que desperdiçam regularmente adiantamentos de seis dígitos."

Embora as editoras universitárias não possam competir no mesmo nível com as grandes editoras comerciais, algumas vezes elas se veem escolhendo autores já bem estabelecidos, que foram, com efeito, descartados pelas editoras comerciais, ou que se sentem subestimados por elas. As vendas desses autores podem estar declinando a cada novo livro e pode parecer que a trajetória de suas carreiras também esteja em declínio; por isso, as grandes editoras comerciais perdem o interesse por eles. Eles podem estar escrevendo livros melhores e suas carreiras podem estar amadurecendo, mas as vendas não são boas o suficiente para manter o interesse das grandes editoras. "O romantismo morreu, o burburinho acabou", comentou o diretor de uma editora universitária. Porém, aquilo que a grande editora vê como um ativo em declínio pode parecer um achado valioso para a editora universitária. Ela se sentirá muito feliz em ter um autor já consagrado, mesmo sabendo que provavelmente não irá vender mais de 10 mil exemplares em capa dura. "De certa maneira, todos se sentem felizes, porque não há falsas expectativas. Não vamos nos escaldar e ele não está em apuros." Alguns autores já estabelecidos, que escrevem não ficção de alta qualidade, sobretudo se forem professores universitários com a carreira voltada para o mundo acadêmico, migram conscientemente para a periferia do campo, onde uma editora universitária pode lhes oferecer um lar mais confortável.

– 5 –

LIVROS "IMPORTANTES"

Com o surgimento das corporações editoriais, o crescimento das redes varejistas e o crescente poder dos agentes, vimos como o campo de publicações comerciais se polarizou. As grandes empresas assumiram o domínio da área, e os selos e editoras de propriedade dessas corporações aparecem de forma proeminente nas listas A dos agentes que buscam vender o que consideram como seu ativo mais valorizado. Eventualmente, algumas pequenas editoras independentes também aparecerão na lista A de um agente, dependendo do autor e do livro, mas elas raramente aparecem na lista A por um livro pelo qual se tem altas expectativas financeiras: nesse caso, o agente concentra suas ações nos selos das grandes corporações, considerando que elas podem – e estão dispostas a – pagar um adiantamento no nível esperado, ao passo que as pequenas editoras independentes não podem fazer isso. Dependendo do autor, do livro e do nível de expectativa financeira, as editoras de médio porte podem ou não aparecer na lista A do agente. Algumas editoras de porte médio, especialmente as maiores, têm perfeitas condições e disposição para pagar adiantamentos de seis dígitos para o livro certo, e, com frequência, isso é suficiente para tê-las na lista A do agente se o autor e o livro parecem ajustar-se àquilo que o agente percebe ser do gosto do editor e do perfil e da estratégia da editora.

Dentro desse espaço de colaboração altamente estruturado, de concorrência e interdependência recíproca entre agentes e editoras, o "grande livro" desempenha um papel especial. Agentes, editores e publishers – com frequência e, inconscientemente –, todos eles falam de "grandes livros": são ativos valiosos, nos quais todos esses *players* concentram sua maior atenção. O que se considera "grande livro" pode diferir de agente para agente e de editora para editora, mas todos os agentes e todas as editoras o querem. Eles estão sempre à procura de grandes livros. Entretanto, o que exatamente são grandes livros e por que eles são tão importantes no campo de publicações comerciais? Por que a preocupação com grandes livros se tornou um traço marcante na lógica da área?

O ENIGMA DO CRESCIMENTO

No capítulo 3, falamos do enigma do crescimento com que deparam os executivos de alto escalão de todas as grandes corporações editoriais: como obter crescimento significativo ano após ano quando o mercado é basicamente estático? Há uma forma de responder a essa pergunta que os executivos de alto escalão da maioria das grandes corporações editoriais passaram a refutar: eles costumam rejeitar a ideia de que devem tentar atingir crescimento simplesmente aumentando o número de livros que publicam. Por que rejeitam essa ideia? Em parte, porque aumentar o número de livros implicaria aumentar a demanda já excessiva sobre uma força de vendas. À medida que as grandes empresas editoriais absorviam mais e mais editoras, a maioria das corporações (exceto as mais descentralizadas) tentavam obter alguma economia de escala, amalgamando e racionalizando as forças de vendas. Uma consequência disso é que as equipes de vendas acabavam carregando cada vez mais livros – com cada fusão e aquisição, o número de títulos que tinham para vender cresceu. Tornou-se cada vez mais difícil para elas dispensar tempo e atenção a todos os novos livros que eram lançados a cada estação do ano.

A maior parte das grandes corporações reagiu a esse problema de três maneiras. Primeiro, elas aumentaram o número de ciclos de venda. Em vez dos dois ciclos tradicionais – primavera e outono –, a maioria das grandes corporações passou a ter três ou mais ciclos de vendas por ano. Três ciclos tornaram-se a norma geral na indústria, e outras editoras de porte menor fizeram o mesmo. Entretanto, para as principais redes nacionais, os ciclos de venda ficaram ainda menores, e os representantes das grandes corporações começaram a visitar os compradores centrais das redes nacionais uma vez por mês.

Segundo, as grandes corporações editoriais passaram a adotar um sistema de priorização de títulos. Nem todos os títulos eram tratados de forma igual, e os diretores de vendas trabalhavam com os publishers de vários selos e editoras para elaborar uma priorização dos novos livros em cada ciclo de vendas. Atualmente, as forças de vendas das maiores corporações editoriais nos Estados Unidos estão lidando com 5 a 6 mil novos títulos por ano – na verdade, de 5 a 6 mil novas "linhas de produtos". Se estão trabalhando com três ciclos de vendas, isso significa que estarão vendendo cerca de 2 mil novos títulos em cada ciclo. Considerando que têm um período de tempo relativamente curto para vender os novos livros para qualquer comprador, eles têm de estabelecer prioridades; é impossível lidar com 2 mil títulos em uma única reunião, ou, na verdade, qualquer coisa próxima desse número. Então, como estabelecem suas prioridades? Tom, diretor de vendas de uma grande corporação editorial nos Estados Unidos, diz:

> A cada reunião de vendas, temos uma sessão com um publisher importante de um dos grupos. Eles vêm para a sala de reunião, mostramo-lhes as capas e assim por diante. Digamos que a lista da temporada de verão será de 2 mil títulos. Fazemos a reunião e, em primeiro lugar, não falamos sobre todos os títulos. Nem mesmo os publishers cobrem todos os seus títulos. Portanto, se o número total for 2 mil, eles cobrirão, digamos, 1.500. Assim, eu faço o seguinte: sento-me com meus diretores, examinamos os 1.500 e chegamos ao que chamamos de nossos "títulos prioritários", que são cerca de 500.

Que livros mais aparecem entre os títulos prioritários e em que ordem depende da parte em que se encontram na força de vendas – os representantes que visitam as grandes cadeias nacionais dão prioridade a títulos diferentes daqueles dos representantes que visitam os livreiros independentes. Os livros mais fáceis de negociar são aqueles de escritores já consagrados – John Grisham, Michael Crichton e Stephen King –, cujos livros são "puros números; lançamos 60 mil deste aqui, lançamos 35 mil deste acolá, e é isso aí; você não precisa falar dele", explicou Tom. O nome do autor, a capa e o histórico de vendas dos livros anteriores do autor em diferentes canais são tudo o que se precisa saber. Depois, vêm os livros que têm potencial verdadeiro em algum canal específico, como, por exemplo, nas livrarias independentes. Os publishers dizem que tal título – digamos, uma obra de ficção de um romancista promissor – é prioritário para as independentes e, então, os representantes de campo "trabalham" esses títulos nas independentes, ao passo que um John Grisham ou um Michael Crichton não serão prioridade para eles, porque sabem que a Barnes & Noble, a Borders e os clubes de preço terão esses livros em grandes quantidades. O fator final que os ajuda a chegar aos títulos prioritários é o *feedback* dos representantes de vendas. Eles não apenas vendem: eles são também os olhos e os ouvidos da corporação no universo dos clientes mais imediatos da editora: as livrarias e as redes varejistas. "Temos um quadro eletrônico de avisos", continuou Tom. "Temos vários representantes lá, visitando compradores e entregando originais e provas a livreiros, e as coisas borbulham e acontecem. De repente, podemos perceber que os compradores e os livreiros gostam de um livro em especial e que devemos fazer dele uma prioridade."

Considerando que a lista de títulos prioritários pode incluir apenas um quarto de todos os títulos publicados na temporada, isso significa que três quartos não estão sendo priorizados; eles não são completamente esquecidos, mas também não recebem o tipo de atenção e o suporte conjunto do setor de vendas e de marketing como títulos prioritários. Isso não significa que nenhum dos títulos não priorizados irá vender. Alguns têm vendas modestas. Há também o eventual título que surpreende a todos – o "cisne negro", o forasteiro, a singularidade que está fora da esfera normal de expectativas.[1] Com o benefício da visão em retrospecto, é sempre fácil localizar os best-sellers e argumentar a partir do sucesso – "*O Código Da Vinci*, esse é fácil, podemos repetir a dose". Porém, antecipadamente, isso é muito mais difícil e sempre haverá livros que confundem as expectativas. "Como explicar que um livro no qual apostamos seriamente acaba sendo um enorme fracasso e depois algum outro do qual nada esperávamos acaba 'decolando'?", refletiu Tom, que sempre trabalhou na área. "Não sabemos; *simplesmente não sabemos*", repete, com muita ênfase. Como filmes e outros produtos de indústrias criativas, muitos livros mostram o que Caves, de maneira bem apropriada, chama de propriedade de "ninguém sabe nada".[2]

Tendo em vista que a área de publicações comerciais é, até certo ponto, uma "indústria de cisnes negros", onde descobertas fortuitas e inesperadas exercem um papel ineliminável, e como para muitos livros – se não a maioria – ninguém realmente sabe quão bem eles se sairão, toda editora comercial

---

1 Taleb, *The Black Swan*.
2 Ver Caves, *Creative Industries*, p.3 e *passim*.

precisa estar preparada para arriscar com alguns títulos, em relação aos quais não há qualquer garantia de sucesso. Todo publisher experiente sabe que best-sellers podem surgir de onde menos se espera. É por isso que a história – recontada pelo editor de uma grande empresa – dos consultores administrativos externos que são convidados a orientar executivos de alto escalão sobre como melhorar as vendas e a produtividade de uma editora após uma fusão é bem conhecida entre as editoras comerciais:

> Milhões de dólares foram gastos, horas e horas foram perdidas em análise, organização e reorganização. E, finalmente, um relatório desse tamanho e dessa grossura, protegido por uma capa, despenca na escrivaninha do CEO. E, de uma maneira ou de outra, nos quatro primeiros itens, o que está anunciado é que os consultores administrativos envolvidos nesse estudo finalmente resolveram o enigma da área editorial. Eles o resolveram e aqui está. Vocês nos deram 5 milhões de dólares, eis a resposta: só publiquem best-sellers.

A possibilidade ineliminável das descobertas fortuitas e inesperadas de publicações comerciais torna risível a solução apresentada pelos consultores administrativos, mas a verdade igualmente inescapável é que grande proporção dos livros publicados por editoras comerciais – tanto as grandes corporações quanto as independentes, de pequeno ou médio porte – acaba tendo vendas modestas. "Se os representantes do campo não trabalham certos títulos, se a Barnes & Noble não se interessa, provavelmente a coisa ficará difícil", disse Tom. "Já fui a reuniões para tratar de tiragens. Olhamos os números e dizemos: 'Meu Deus! Ninguém gosta deste livro!'. Mas quer saber de uma coisa? O publisher já pagou e eles têm um adiantamento lá; vamos em frente e publicamos. Porém, é provável que a gente receba uma devolução entre 70% e 80%."

Embora reconheçam que precisam sempre levar em conta a possibilidade do cisne negro, a maioria das grandes editoras comerciais tem reagido à dura realidade do mercado tentando reduzir o número de títulos que publicam. Isso permite que os representantes de vendas concentrem seus esforços em um número limitado de títulos e reduz ou limita o número de títulos que serão relegados à lista de não prioridade. Permite também que o orçamento de marketing seja dividido entre um número menor de títulos e o pessoal de marketing e publicidade concentre suas energias. "A ideia é maximizar", disse o diretor de vendas de uma grande editora. "Tentamos maximizar as vendas no menor número de livros." Publicar menos livros e vender uma quantidade maior dos livros publicados: esse é o mantra de todas as grandes editoras, e de muitas editoras pequenas e de médio porte também.

Mas se serão publicados menos títulos e, ainda assim, ter-se-á de atingir as metas de crescimento, é necessário o máximo esforço para garantir que alguns livros que de fato forem publicados resultem em vendas excepcionais. Essa é a necessidade organizacional básica subjacente à preocupação com "livros importantes". É preciso tentar adquirir alguns "livros importantes" e desencorajar os editores de comprar muitos "livros pequenos". Alguns "livros pequenos" não são problemas; eles podem acrescentar diversidade ao catálogo, podem ganhar um prêmio e dar brilho – ou capital simbólico – à editora. Além disso, é preciso certa quantidade de livros "apenas para manter a máquina em funcionamento" – criar uma massa crítica de títulos de *frontlist*, para alimentar as linhas de brochura e assim por diante. Porém, um excesso de "livros pequenos" irá dissipar energia e encher o catálogo de livros que, provavelmente – mesmo levando em conta a possibilidade de um cisne negro –, não atingirão as metas de crescimento. Assim falou um agente de Londres:

O que as editoras estão fazendo é pôr cada vez mais seus ovos nas cestas de celebridades bem conhecidas – os Robbie Williams, os Steven Gerrards –, as quais acham que podem obter muita atenção da mídia e vender em grandes quantidades. Elas querem um número pequeno de livros importantes para satisfazer suas ambiciosas metas de vendas, e isso não as ajuda a arriscar com essas obras pequenas, por assim dizer, porque elas simplesmente podem não levar a nada, e isso será complicado. O processo de vendas dos representantes, que vão até lá, falam com o pessoal do Tesco's e com o pessoal da Waterstone's – eles podem vender Robbie Williams como água, mas fazê-los sentar e ouvir a história de um cavalo *sprinter* da época da Guerra dos Boers é bem difícil. É respirar oxigênio valioso demais. Recentemente, eu estava falando com o editor de uma grande casa editorial, e ele disse: "Não gosto de ter essa conversa com você porque quero publicar este livro; adoro a história, mas sei o que vai acontecer quando eu for para a reunião de compras. Eles vão dizer: 'Por que nos preocuparmos com livros pequenos que vão sugar todo esse valioso oxigênio tanto criativa quanto promocionalmente?'. E também, se compramos o livro nesse patamar, não podemos gastar nada do orçamento em marketing. O pessoal do Tesco nem se preocupará em tê-lo; ao passo que Lewis Hamilton, ok, fechado, pagamos 1 milhão, mas a porta já está aberta quando chego; não preciso me machucar tentando forçar a entrada".

Embora alguns aspectos desse relato sejam específicos do Reino Unido, onde os supermercados se tornaram um ponto de vendas no varejo muito importante para as editoras comerciais, a dinâmica que leva as grandes editoras a se concentrarem mais e mais em grandes livros, e a passar adiante os

MERCADORES DE CULTURA 211

"livros pequenos" que "respiram oxigênio valioso", é a mesma em ambos os lados do Atlântico.

Então, mais exatamente, o que são livros importantes? Simples, pode-se pensar: livros importantes são os best-sellers. Embora possa parecer intuitivamente plausível, essa noção é, na verdade, errada. Livros importantes não são best-sellers pela simples razão de que a maioria dos livros importantes (embora nem todos – mais sobre as exceções abaixo), quando distribuídos pelos agentes e comprados pelas editoras e tratados por ambos como livros importantes, ainda não foram lançados e ninguém sabe se, efetivamente, irão *se tornar* best-sellers. "Não sabemos, *simplesmente não sabemos*." Portanto, livros importantes podem *não ser* best-sellers. No máximo, *espera-se* que sejam best-sellers, o que, de forma alguma, significa o mesmo. A diferença entre um livro importante e um best-seller é a diferença entre sonho e realidade. A diferença é o resultado do hiato temporal entre a aquisição e a publicação, combinado com a inescapável indefinibilidade típica da área editorial. O livro importante existe no espaço do possível, alimentado pela esperança e pela expectativa; o best-seller existe no espaço do real – números consistentes que podem ser examinados cuidadosamente por qualquer um *post factum*, um fato incontestável.

Levando em consideração a necessidade organizacional que as grandes editoras têm de concentrar sua atenção principalmente em livros importantes, e que livros importantes não são best-sellers, mas apenas livros que se espera que sejam best-sellers, há muito espaço no campo de publicações comerciais para o que chamamos de "burburinho". Burburinho é uma elocução performativa,[3] um tipo de ato de fala que é uma característica geral no campo de publicações comerciais (e também de outras indústrias de criação). Sendo uma elocução performativa no campo de publicações comerciais, podemos dar-lhe uma definição precisa: burburinho é conversa sobre livros que podem ser importantes. Não é a mesma coisa que "barulho da mídia". Barulho da mídia é a conversa entusiasmada daqueles que têm interesse em gerar entusiasmo a respeito de certos livros, como fazem os agentes; existe burburinho quando os recipientes do barulho da mídia reagem com uma conversa afirmativa respaldada por dinheiro. Barulho da mídia é como pescar com a mosca mais atraente que se puder encontrar: o agente tenta apresentar o livro da forma mais favorável possível, enfatizando

---

3 Tomo emprestado o termo de Austin, *How To Do Things With Words*. Uma elocução performativa é aquela em que "a emissão da elocução é a execução de uma ação; não é normalmente vista como apenas dizer algo" (p.6-7).

suas características positivas e omitindo quaisquer eventuais defeitos. Burburinho acontece quando se começa a pegar os peixes: os editores e publishers reagem positivamente, respondem aos atos de fala do agente com seus próprios atos de fala afirmativos, que podem colocar o dinheiro sobre a mesa ou começar uma conversa séria sobre dinheiro. Nesse sentido bem específico do termo, trata-se de uma conversa sobre questões monetárias. E quanto maior a cifra, maior o burburinho.

Conclui-se que, no centro do campo de publicações comerciais, há o que poderíamos chamar de *rede de crença coletiva*. Já que, para muitos novos livros que estão sendo propostos por agentes e comprados por editores e publishers, ninguém sabe exatamente como eles se sairão nas vendas, investe-se muito tempo e esforço em uma das partes na tentativa de persuadir a outra de que o livro que está sendo oferecido é, de fato, um livro importante, ou pelo menos suficientemente importante para garantir um alto nível de atenção dos editores, e coloca-se muito peso no que outros – sobretudo pessoas confiáveis – acham e dizem acerca do livro e quão importante ele é. Livros importantes não existem em si e por si: eles precisam ser *criados*. São construções sociais que emergem das conversas, dos bate-papos, da troca constante de atos de fala entre os que atuam na área, cujas elocuções produzem efeitos e cuja opinião é confiável e valorizada em diferentes graus. Na ausência de qualquer coisa concreta, nada é mais convincente do que o entusiasmo manifesto (ou a falta dele) por aqueles em quem confiamos. Portanto, quanto mais burburinho, mais entusiasmo existe acerca de um livro, e quanto mais respaldo esse entusiasmo tiver de ofertas em dinheiro vivo, maior será a probabilidade de que outros se entusiasmem por ele. Esse é o efeito contagiante que existe no campo de publicações comerciais; e é difícil para aqueles que estão envolvidos nele, mesmo aqueles que se encontram à margem, não se deixarem seduzir.

VALORIZANDO O QUE NÃO TEM VALOR

Portanto, quando se é editor ou publisher numa editora comercial, como formar uma opinião sobre um livro ou um projeto quando há poucos pontos concretos nos quais se apoiar? Como determinar o indeterminado? Como determinar um valor sobre o que não tem valor – sobre aquilo que, no momento em que o está considerando, não tem qualquer valor claro e especificável?

Antes de tudo, confia-se em sua capacidade de avaliação com base na leitura que fez da proposta ou do original. Dependendo do tipo de livro, procuram-se certas coisas, mas, no final das contas, trata-se de uma reação muito pessoal da parte do editor, "seu abraço instintivo e caloroso no item ofertado", como disse um agente. Se é o romance de estreia de um novo autor, normalmente se procuram traços já familiares, personagens, enredo e "voz", colocando pesos diferentes em cada um deles, dependendo do tipo de romance que se propõe ser. No caso de não ficção, o item atualidade é, sem dúvida, importante, além do frescor, da originalidade e da singularidade da voz autoral. "Para mim, é, basicamente, sempre a voz autoral", disse um editor sênior que compra tanto ficção como não ficção para os selos de uma grande corporação editorial. "Para mim, não faz tanta diferença se é ficção ou não ficção; trabalho com ambas da mesma forma; mesmo que o livro seja muito analítico ou algo assim, tem de ser um autor do tipo que faz você se sentir em boas mãos, e eles têm essa centelha especial de gênio – qualquer que seja ela – à qual você quer ficar agarrado por trezentas páginas; a percepção de que são brilhantes tanto na maneira como estão pensando quanto na maneira como estão combinando as palavras. Você sabe que nem sempre é possível conseguir 100% de ambos; então, tenta-se achar o meio-termo."

Entretanto, mesmo nos casos em que se percebe uma voz diferenciada – aquela "centelha especial de gênio" –, é preciso saber combinar a paixão do livro com uma visão, um sentido prático, de como ele seria lançado, comercializado e vendido, de forma a se tornar um sucesso. Isso inclui uma noção de quantos exemplares podem ser vendidos, a que preço e quanto deveria ser pago por ele. Um livro que vende apenas 4 mil exemplares pode ser rentável, se não se pagar muito por ele, mas, para a maioria dos editores das grandes empresas editoriais de Nova York, 4 mil exemplares seria a pior hipótese. "Eu jamais entraria em um projeto pensando que, se fizermos tudo da maneira certa, esse seria nosso teto." Embora metas específicas raramente sejam discutidas, pode-se esperar que um editor sênior de um selo em uma grande corporação editorial americana compre entre oito e doze novos livros por ano, e espera-se que a maior parte deles tenha remessas de 20 mil a 50 mil exemplares em capa dura, e que pelo menos um tenha um desempenho muito melhor. "No nível em que estou agora", disse um editor sênior com experiência de mais de doze anos na área, "acho que eles esperam que eu obtenha um livro por ano, digamos, que seja legitimamente um grande sucesso, que irá significar remessas de 100 mil exemplares." Na prática, quando se planeja despachar acima de 50 mil, está-se presumindo que irá chegar a 100 mil, "portanto, qualquer coisa acima de cinquenta se torna cem".

Quando um editor lê algo que o instiga, ele precisa apresentar o projeto para comprá-lo. Se esse projeto precisa ser apresentado em uma reunião de aquisições ou simplesmente ao chefe, é uma questão que varia de selo para selo e de corporação para corporação, conforme já comentamos em capítulo anterior; mas, independentemente do procedimento específico para a tomada de decisão, o projeto de compra precisa ser apresentado. Em parte, ele será baseado na capacidade que o editor tem de mostrar o que há de especial no livro e expressar sua opinião a respeito dele. Um editor comentou:

Levo [ao publisher] algo em que explico onde é possível chegar e quem eu acho que virá até ele. E, sabe, algumas vezes ele discorda sobre onde eu acho que o livro pode chegar, pois não percebe o magnetismo da voz contida lá. Algumas vezes, eu apenas lhe pergunto: "Você entende? Percebe o que estou querendo dizer aqui?", e se ele diz "não", tudo bem. Acho que nesses casos é a própria ideia – eu mais ou menos imagino que haja um mercado, e ele pensa diferente. Mas acho que o que acontece mais frequentemente é que nós dois chegamos a um acordo de que há um mercado, porém alguém do outro lado da cidade vê um mercado diferente, maior, ou se dispõe a perder dinheiro nesse projeto, seja lá por que razões forem. Normalmente, o que acontece é que ele me pergunta: "O que você pretende fazer? Quanto quer pagar?". Eu apresento um número e ele diz: "Hummm, eu estava pensando em um valor mais alto" ou "Você ficou maluco?".

O número que esse editor apresenta "baseia-se apenas em um palpite de quanto acho que vale". É claro que ele pode fazer um demonstrativo de L&P, mas esse L&P depende dos números que são inseridos na planilha, e a maioria dos editores mais experientes não precisa passar por isso. Se ele considerar o livro importante, então as vendas e o marketing irão se envolver na fase de aquisição. "Não os procure se for um romance que irá vender 7 mil exemplares; mas, se for pedir a eles para distribuir centenas de milhares de exemplares, e se desde o início eles dizem que isso será complicado, então, pelo menos, você já sabe desde já que encontrará resistência."

Portanto, muita coisa depende de como o editor lê a proposta ou o texto e de como ele articula com o publisher ou os membros da comissão de compras, ou ambos, sua visão sobre o livro para tentar persuadi-los ou induzi-los. Evidentemente, o editor pode fracassar – e pode fracassar por diferentes razões:

Há, com certeza, ocasiões em que levei ao meu chefe uma série de livros e que, toda vez que calculo as perspectivas comerciais do livro mais altas do que as dele, faz certo sentido que em determinado ponto ele diga: "Veja bem, nos últimos cinco usamos *flyers*; não podemos fazer isso desta vez". Isso não é tão frustrante para mim. O que é mais frustrante, acho, é quando sinto que tenho uma noção do que o livro pode vir a ser, e isso não é, necessariamente, confirmado pelo histórico do mercado editorial, e não consigo convencê-lo. Na maioria das vezes, acho que é minha responsabilidade ser articulado o suficiente para apresentar a ideia; mas, definitivamente, há momentos em que sinto que fui bem articulado e ele simplesmente não se deixa convencer. Isso é o mais frustrante. O resto é como uma espécie de frustração lenta, de nível baixo.

Embora muito dependa da capacidade que o editor tem de articular uma previsão sobre o livro e vender essa ideia ao seu chefe e a outros dentro da organização, há certas coisas a que o editor pode recorrer para ajudá-lo a formar uma opinião e construir uma forma favorável de apresentação do livro. Nem tudo é apenas questão do que o editor e outros veem no texto. Quais são essas outras coisas e como elas ajudam a determinar o valor de algo que, no momento em que é oferecido pelos agentes e considerado pelos editores e pelos publishers, é um mero ativo hipotético, cujo valor é absolutamente desconhecido?

Há pelo menos quatro coisas a que um editor pode recorrer e que ajudam a determinar o valor desse ativo hipotético sem valor, além da leitura que ele próprio faz do texto e da ideia que ele pode articular a favor do livro.

A primeira, extremamente importante no campo de publicações comerciais, é o histórico do autor – a "trajetória", termo normalmente utilizado na área. Antes de 2000, a trajetória de um autor era uma forma restrita de conhecimento – restrita ao autor, ao seu ou sua agente e ao publisher que havia publicado os livros anteriores do autor; exceções parciais eram os livros que haviam chegado às listas de best-sellers, como as do *New York Times*, que pesquisavam centenas de pontos de vendas no varejo para avaliar quais livros estavam vendendo o maior número de exemplares, e publicavam os *rankings*, mas não os números. As redes varejistas e as livrarias também tinham seus próprios registros dos históricos de vendas dos livros de um autor, registros que se tornaram cada vez mais confiáveis com a informatização do setor varejista e com a introdução dos sistemas EPOS – sistemas eletrônicos de ponto de vendas, que registram todas as operações do caixa. Entretanto, os registros nos pontos de vendas no varejo eram incompletos, já que captavam apenas as vendas lançadas nos registros do varejista, e eles não estavam disponíveis a pessoas externas à organização, como por exemplo editores e outros funcionários das editoras. Diante dessas circunstâncias, havia muita oportunidade para os agentes inflarem os números de vendas dos livros anteriores de um autor quando ofereciam um novo título. Eles podiam exagerar nas vendas de um livro anterior quando propunham um novo livro a uma editora que não o havia publicado, entendendo que seria difícil para a editora confirmar ou questionar o histórico de vendas (a menos que a nova editora tivesse boas relações com a editora anterior e pudesse entrar em contato com ela para conferir os números). O registro da trajetória de um autor era uma variável contestável, da qual alguns tinham conhecimento, outros apenas presumiam, e estava sempre sujeito a exageros para inflar um valor.

Com o advento do BookScan, tudo isso mudou subitamente. O BookScan é um serviço fornecido pela Nielsen Company, empresa de informação e de mídia originalmente fundada por Arthur Nielsen, em 1923, e adquirida pelo grupo holandês VNU, em 1999. A Nielsen especializou-se em pesquisa de mercado, no desenvolvimento de métodos para registro de volume de vendas e cálculo do volume de audiência de rádio e televisão (os chamados "índices Nielsen de audiência"). A introdução dos sistemas EPOS em diferentes setores do varejo a partir dos anos 1970 abriu a possibilidade de fornecimento de informações muito precisas sobre as vendas reais por meio da justaposição de dados de pontos de vendas, com base em uma pluralidade de pontos de vendas no varejo. Depois do sucesso da SoundScan, que registrava informações sobre pontos de vendas no setor de música, a Nielsen lançou o BookScan no Reino Unido, em dezembro de 2000, e nos Estados Unidos, em janeiro de 2001. Basicamente, o BookScan opera da seguinte forma: a Nielsen adquire dados sobre pontos de vendas de tantos pontos significativos de vendas de livros no varejo quanto possível, justapõe e manipula regularmente esses dados para que eles possam ser apresentados *on-line* de uma forma clara, facilitando a navegação e, em seguida, vende o acesso aos dados reunidos, cobrando uma taxa de assinatura das editoras e de outros clientes, para que possam acessar esses dados em seu *site*, variando a taxa conforme o porte da companhia. Todos os dados reunidos no *site* são acessíveis a todos os assinantes, o que significa que os números de vendas semanais e acumulados para cada título podem ser vistos por todos os clientes.

Graças ao BookScan, o histórico de vendas de qualquer livro publicado após 2000/1 é agora de conhecimento público, e a trajetória de cada autor é transparente para todos – ou, para ser mais preciso, é transparente para todos os que têm acesso ao BookScan, o que, na prática, significa indivíduos que trabalham para organizações assinantes do serviço. O jogo do ocultamento, da revelação seletiva e da inflação calculada acabou. Agora, não há mais onde se esconder. Os autores carregam consigo seu histórico de vendas como uma corda no pescoço – embora, curiosamente, essa seja uma corda cujo laço eles podem não perceber ou não saber quão frouxo ou apertado está, já que, muitas vezes, sabem menos sobre as vendas de seus livros e sobre as consequências de diferentes históricos de vendas do que aqueles que trabalham no setor. Mas é, sem dúvida, um laço. Se os primeiros livros do autor tiverem boas vendas e mostrarem um viés de alta interessante em termos de vendas, tudo estará bem, mas, se o primeiro livro decepcionar e o segundo for um fracasso, então o autor está em apuros; será uma tarefa penosa persuadir quem quer que seja de que o livro seguinte será um best-seller.

Sem dúvida, o advento do BookScan mudou as regras do jogo, e, ao defender a aquisição de um novo livro, um editor, rotineiramente, verifica o histórico de vendas dos livros anteriores do autor e insere os dados em seus cálculos. Ele sabe que a sua editora e seus diretores de vendas e marketing têm acesso aos números do BookScan e podem conferir as expectativas do editor em relação à trajetória do autor. Ele também sabe que, quando se trata de vender o livro nas redes varejistas e nas livrarias, os compradores provavelmente irão consultar o BookScan, bem como seus próprios registros eletrônicos internos de vendas. Portanto, não faz sentido ignorar isso: o BookScan fornece a todos a única forma de dados reais e substanciados disponíveis, a moeda estatística comum que pode desativar o barulho da mídia feito por algum agente e abrandar a imaginação de um editor. Porém, há limitações significativas.

A limitação mais relevante é que o BookScan não combina dados de todos os pontos de vendas no varejo. A versão britânica é mais completa e confiável do que a versão norte-americana. O "Total Consumer Marker" (TCM) da BookScan britânica recolhe dados de vendas de todas as redes grandes e mais importantes, das editoras independentes e dos supermercados, bem como de *sites* da internet – do *site* da Amazon a *sites* de viagem ou outros *sites* especializados; afirmam cobrir mais de 90% de todas as compras de livros no varejo do Reino Unido. Nos Estados Unidos, o BookScan recolhe dados de vendas das redes varejistas de livros, incluindo a Barnes & Noble e a Borders, de uma amostragem de livrarias independentes, da Amazon e de outras companhias na internet – Follet, Costco, Target – e de vários outros pontos de vendas no varejo. Entretanto, o BookScan não tem acesso a dados de vendas da Wal-Mart e do Sam's Club e de outros pontos de vendas, como lojas de produtos alimentícios e drogarias, que, para certos tipos de livros voltados para o mercado popular, podem responder por uma proporção considerável do total de vendas. "Em um novo lançamento em capa dura, de interesse geral, provavelmente cobrimos entre 70% e 75% do total do mercado", explicou um executivo de alto escalão do escritório da Nielsen, nos Estados Unidos; "no mercado popular, cobrimos cerca de 50%". Os números do BookScan são muito confiáveis, no sentido de que fornecem um quadro preciso do total de vendas quando se trata de livros vendidos sobretudo em pontos tradicionais de vendas no varejo, como a Barnes & Noble, a Borders e livrarias independentes, bem como na Amazon. "Para muitas editoras, com relação a muitos livros – livros intermediários –, podemos ter entre 90% e 95% do mercado, porque eles não vendem esses livros em lojas de produtos alimentícios e farmácias, nem estão na Wal--Mart." Porém, quanto mais comercial for o livro e mais probabilidade houver de ele ser vendido em pontos não tradicionais de vendas no varejo, menor será a proporção do total do mercado que seus dados captarão.

Além da incompletude dos dados, confiar nos históricos de vendas dos livros anteriores de um autor representa óbvios riscos e limitações quando se pensa em um novo livro escrito pelo mesmo autor. O histórico de vendas pode ser um guia pouco confiável e, com isso, pode-se subestimar ou superestimar o potencial de vendas de um novo livro escrito pelo mesmo autor. A indústria está saturada de exemplos de ambos os casos. Dan Brown é provavelmente o exemplo mais famoso de um autor cujo histórico foi um guia muito pouco confiável para o futuro. Seus livros anteriores tiveram vendas modestas em capa dura e brochura. "Não havia leitores de Dan Brown", comentou um publisher sênior. Com base no histórico do autor, o adiantamento oferecido pela Doubleday por seu novo livro foi muito modesto para os padrões da indústria editorial – 400 mil dólares para um acordo incluindo dois livros. O fato de que esse novo livro, *O Código Da Vinci*, acabou vendendo mais de 18 milhões de exemplares em capa dura só nos Estados Unidos é um lembrete doloroso de quão ilusória pode ser a confiança no histórico de vendas de um autor.

A outra limitação dos dados do BookScan, do ponto de vista de aquisição, é que há, obviamente, autores que nunca publicaram qualquer livro antes e, portanto, não têm histórico de vendas registrado. Será que isso significa que, no admirável mundo novo em que os dados concretos e substanciais do BookScan redefiniram as regras do jogo, o autor iniciante está em posição estruturalmente desfavorável? Um aspirante a escritor sem quaisquer credenciais numéricas: como pode ele esperar ser levado a sério por uma indústria aparentemente obcecada por números?

Ironicamente, em um mundo preocupado com números, o autor sem qualquer histórico se encontra, sob alguns aspectos, em posição favorável, muito mais favorável do que o autor que publicou um ou dois livros que resultaram em modesto sucesso e receberam aplausos contidos, simplesmente porque não há dados concretos que possam restringir a imaginação, não há números decepcionantes de vendas para destruir esperanças e abrandar expectativas. A ausência de números de vendas libera a imaginação. O autor iniciante é a verdadeira tábula rasa do campo de publicações comerciais, porque a sua criação é o livro sobre o qual ainda é possível imaginar qualquer coisa. Ele pode se tornar o novo Dan Brown, ou a nova Patricia Cornwell, ou o próximo Ian McEwan; ou pode desaparecer como um meteoro no céu de verão.

Isso não significa que, com o autor iniciante, não haja nada a que o editor possa recorrer para ajudá-lo a montar um projeto – certamente há, e chegaremos a esse ponto em instantes. Porém, isso poderia significar que o autor que já está ativo na área será sempre avaliado pelos números de vendas de seus livros anteriores, que seu histórico de vendas é sua sina? Sim e não. Os números de vendas estão lá como um registro público, e os editores e outros envolvidos sempre estarão familiarizados com o desempenho das vendas dos livros anteriores de um autor antes de propor a publicação de um novo livro; mas um editor – e, na verdade, um agente – sempre terá a opção de sugerir que o novo livro é a exceção que quebrará a regra. Há muitas maneiras diferentes de fazer isso – o autor decidiu escrever um novo tipo de livro para um novo tipo de leitor; a editora dos livros anteriores não entendeu o autor e não formou uma noção correta sobre os livros e seu mercado; ou, simplesmente, esse novo livro é muito melhor do que os anteriores. Eis como uma agente de Nova York descreve um caso em que lançou uma nova obra de um autor cujos dois livros anteriores não haviam tido boas vendas:

O primeiro vendeu muito e o segundo quase nada, e ele preparou um terceiro original depois de um longo período, muita luta e desespero, sabendo que era sua última cartada. Eu o distribuí para várias casas editoriais, e a editora de uma delas disse: "Seja sincera; como são as vendas dos livros dele? Você bem sabe que posso obter isso no BookScan". "Você não vai querer saber", respondi; "você não vai querer saber mesmo". Mas eu dei os números a ela, e ela voltou e disse: "Ah, sim, verifiquei tudo e, sabe, você me deu números precisos. Eles são terríveis!" "Eu sei; será que podemos fazer de conta que eles nunca existiram?" Eles decidiram comprar o livro, pagaram muito dinheiro e simplesmente decidiram ignorar o histórico de vendas. Puseram uma tonelada atrás do livro e foram atrás dos livreiros, dizendo: "Sei que ele não vendeu muito e sei que ele tem um histórico sofrível, mas confie em nós, este é o livro que vai mudar isso". É admirável quando uma editora faz isso, porque eles estão indo contra todo tipo de números e contra o que todo mundo diz que vai acontecer com a carreira do autor; estão apenas dizendo: "Bem, nós adoramos o livro". Eles podem fazer isso quando têm alguma coisa que é, de alguma maneira, extravagantemente excepcional. Eles precisam contar uma história a respeito do livro dentro da editora, e se alguém traz o passado à tona, eles dizem: "Já sei, já sei, mas agora ele escreveu sua obra-prima". Mas, depois, isso põe mais pressão sobre o livro e ressalta mais ainda a importância e a necessidade de que ele dê certo. E, por outro lado, se não der certo, só Deus sabe. É a última cartada.

A segunda coisa que um editor pode usar para construir e apresentar uma proposta são livros comparáveis, obras similares. Agentes e editores investem muito tempo e energia tentando encontrar outros livros com os quais possam comparar o novo livro que desejam vender ou comprar. As comparações podem ser feitas de diferentes maneiras – envolvendo enredo, estilo, gênero, voz, tema, argumento ou alguma combinação desses e outros fatores. Há poucas regras claras, mas a regra que realmente importa é que o livro escolhido para comparação tenha boas vendas. Não faz qualquer sentido escolher para comparação um livro que tenha sido um fracasso – isso simplesmente arruinaria o propósito. Identificar títulos comparáveis é, basicamente, um exercício de construção das melhores hipóteses por analogia. A seleção de livros comparáveis não pode ser inverossímil, porque, depois, isso não levará a qualquer certeza; não servirá a qualquer propósito, a menos que o livro escolhido para comparação tenha sobressaído de alguma maneira. Trata-se de caminhar por uma linha muito tênue. "A manha é saber que, na verdade, não se pode comparar um livro com outro de sucesso surpreendente", explicou um editor sênior. "Mais ou menos assim: você tem de encontrar uma espécie de sucesso concreto." Sucesso concreto, mas não a ponto de ninguém acreditar na comparação. Então, pode excluir *O Código Da Vinci* imediatamente. Mas um sucesso concreto, como *Uma vida interrompida* ou *O guardião de memórias*, seria um comparativo interessante.

Todo mundo sabe que há um elemento enganoso quando livros comparáveis são citados; não obstante, todo mundo o faz. Por quê? Os agentes o fazem, sem dúvida, porque querem vender seus livros a editores e publishers, e citar livros comparáveis é uma forma de dar um brilho a uma nova obra, levando compradores em potencial a pensar nele em termos de outro livro (ou outros livros) cujos números de vendas – que são animadores – estão disponíveis a quem quiser no BookScan. Porém, os editores fazem a mesma coisa. Às vezes, eles utilizam os livros comparáveis citados por agentes, mas, com maior frequência, apresentam seu próprio livro e fazem isso por várias razões. Primeiro, porque eles também têm de achar uma maneira de ter algum controle sobre o potencial de vendas de um novo livro; e de que outra forma podem fazer isso se não referindo-se às vendas dos livros anteriores do autor ou examinando as vendas de outros livros que compartilham algumas características significativas com a nova obra, mesmo que tenham sido escritos por outros autores? Entretanto – e igualmente importante –, o editor faz isso porque é, basicamente, um vendedor dentro de sua organização. Um editor que deseja comprar um livro precisa ter condições de vendê-lo a outros dentro da empresa – não apenas ao seu chefe imediato, ao publisher, mas também ao pessoal de vendas, marketing e publicidade. Ele precisa ter condições de persuadir outros de que se trata de um livro que vale a pena publicar e de que devem respaldá-lo. E uma parte crucial da proposta está na capacidade de perceber não apenas o que é especial e singular no novo livro, mas também o que ele tem em comum com outros livros cujos históricos de vendas são conhecidos ou reconhecíveis. "Portanto, se você acha que um livro é realmente especial apenas por ser especial, pode ser difícil defender a sua proposta", explicou o editor sênior. "Mas o fato é que você terá de defendê-lo no decorrer de todo o processo; não apenas ao seu chefe, mas ao pessoal de vendas, ao publicitário, para garantir bons divulgadores do projeto, e assim por diante."

Embora cada novo livro seja, de alguma forma, único, e suas vendas futuras sejam, rigorosamente falando, imprevisíveis, aqueles que trabalham dentro das empresas precisam encontrar meios de compensar a imprevisibilidade, a fim de incorporar algum valor ao novo livro antes de saber qual é o seu valor real. Pensar por analogia é uma forma de compensar a imprevisibilidade do novo. Compete ao editor encontrar um meio de prever as vendas, compete à empresa encontrar um meio de avaliar se a percepção do editor sobre o livro é realista ou viável, e compete ao pessoal de vendas e marketing encontrar uma forma de pensar sobre o livro, atribuir prioridades, alocar recursos e, no final, vendê-lo a compradores, editores de resenhas e outros fora da editora, de cujo destino, até certo ponto, o livro dependerá. No decorrer de todo o processo, aqueles que estão lidando com o livro pensam em termos de títulos comparáveis, porque pensar por analogia é uma das poucas ferramentas de que dispõem para compensar a incerteza intrínseca da obra que ainda não foi lançada.

O terceiro elemento que o editor pode usar para formar uma opinião e construir sua proposta para a compra do livro é a plataforma do autor. Vimos a noção de plataforma no capítulo 2, quando examinamos a maneira como os agentes preparam um livro e um autor para a apresentação de uma proposta:

plataforma, já dissemos, é a posição da qual o autor fala, uma combinação de suas credenciais, sua visibilidade e sua capacidade de promoção, sobretudo por meio da mídia. Notamos que esse fator é particularmente importante para obras de não ficção, livros de boa forma e dieta, mas é também relevante para obras de ficção. Por que uma plataforma é tão importante para um editor quando está tentando formar uma opinião sobre o novo livro e elaborar uma proposta de compra?

É importante por dois motivos. Em primeiro lugar, a plataforma do autor cria um mercado preexistente para um livro. Se o autor é um jornalista proeminente, âncora de noticiário, político ou personalidade da televisão, então ele já será conhecido de um grande número de pessoas que constituem um mercado potencial para o livro e para as quais o livro pode ser divulgado. Portanto, a importância da mídia para as editoras comerciais não está simplesmente no fato de que ela fornece os meios para o marketing e a divulgação de livros: o papel da mídia é mais relevante do que isso, é o ambiente em que um autor real ou em potencial cria uma plataforma, isto é, demonstra sua capacidade de alcançar uma audiência e se torna, até certo ponto – embora modestamente – uma *persona* visível e identificável na esfera pública. O assim chamado "lançamento de celebridade" é simplesmente uma extensão dessa dinâmica fundamental, um caso especial em que a plataforma do "autor" se torna não meramente um fator a ser levado em consideração, mas o fator preponderante, na verdade, a principal razão para o lançamento da obra ("autor" entre aspas, porque muitos livros de celebridades são, de fato, obras de *ghost writers*, ou seja, de outros que escrevem por eles).

O segundo motivo por que a plataforma é importante para um editor, sobretudo para livros de não ficção, é que ela tem relevância para aqueles dentro da organização a quem o editor precisa vender o livro – o publisher e o pessoal de vendas, de marketing e de publicidade. E tem relevância para eles não apenas porque cria um mercado preexistente para o livro, mas também porque lhes fornece a base para montarem a campanha de marketing e divulgação. Editoras comerciais dependem da divulgação e do marketing para impulsionar as vendas. Colocar os livros nas livrarias é uma coisa, conseguir que consumidores entrem nas livrarias e comprem os livros é outra, e a diferença entre esses dois pontos significa devolução. Qualquer coisa que o autor possa trazer consigo em termos de plataforma ajudará o pessoal de marketing e de publicidade a construir uma campanha visando impulsionar as vendas e reduzir as devoluções. Para certos tipos de livros, faz diferença se o autor tem boa aparência, se é articulado; se ele se sairia bem no rádio ou na televisão, e assim por diante. Tudo isso importa no campo de publicações comerciais, porque visibilidade é o oxigênio da publicidade e, em um mercado cada vez mais saturado, onde os espaços de visibilidade estão se contraindo para editoras e autores (tema ao qual retornaremos), qualquer ajuda será bem-vinda.

A quarta coisa a que um editor pode recorrer para formar opinião e construir seu projeto de compra de um livro é a opinião dos outros. E, no fim das contas, esse é o fator mais importante. Evidentemente, a opinião do próprio editor sobre a proposta ou o original e sua visão do livro são de grande relevância, e o seu prestígio tende a variar com a experiência adquirida e o histórico construído. Um editor novo normalmente tem um período de lua de mel em que ganha ampla liberdade para adquirir novos livros, mas, de maneira geral, quanto mais experiente for o editor e quanto melhor for seu histórico na escolha de livros que acabam fazendo sucesso, mais peso o publisher e os outros envolvidos no setor darão a sua opinião. O poder e a influência do editor tendem a ser diretamente proporcionais ao seu histórico de sucesso, e o "sucesso" é medido, antes de tudo, em termos de vendas e, em seguida, dependendo do selo e da editora, em termos de prêmios ou outras formas de reconhecimento. Os números importam – o registro de vendas dos livros anteriores do autor bem com as vendas de livros que, plausivelmente, poderiam ser considerados como títulos comparáveis. A plataforma também é relevante. Mas, no frigir dos ovos, tudo é uma combinação específica de juízos de valor, de opiniões, de quem pensa o que e o que eles pensam a respeito; é isso que determina se uma editora comprará um livro e, se o fizer, quanto pagará por ele. Essa é a rede de crença coletiva.

A rede opera de diferentes maneiras, de editora para editora e de livro para livro – ela poderia ser vista como uma rede com níveis de amplitude variados; constitui-se de opiniões, crenças, juízos e conversas sobre essas opiniões e crenças, sejam essas conversas verbais ou escritas (o que, em geral, significa e-mails). A versão menos ampliada da rede pode envolver apenas três participantes – o agente, o editor e o chefe do editor (em geral, o publisher). Cada um terá sua opinião, normalmente baseada em uma leitura da proposta e de todo ou parte do original, mais uma reflexão sobre os três outros elementos analisados acima, que geralmente estão envolvidos em um juízo desse tipo. O peso conferido à opinião depende de quem a apresentou e de sua respectiva influência, tanto real quanto simbólica. Se for um selo ou editora em que o poder de decisão final é do publisher, então é sua opinião que prevalecerá sobre as crenças ou opiniões do editor. Porém, se o editor é um colega sênior e experiente que está na casa há muitos anos e tem um bom histórico na escolha de livros de sucesso, o publisher pode ceder-lhe a decisão final, no caso de um projeto especial; mesmo se tiver restrições, ele pode dar ao editor o benefício da dúvida. Trata-se de uma negociação em que o editor apresenta uma proposta e o publisher a examina, forma seu próprio juízo, analisando parte do material, e decide, em discussão com o editor, o que fazer – por vezes, em uma reunião informal na sala do próprio publisher; outras, em uma conversa improvisada no corredor ou em uma breve troca de e-mails.

Contudo, mesmo nessa versão menor da rede, há sempre uma terceira parte que contribui para a deliberação – o agente. Da perspectiva do editor e do publisher, a importância do agente não reside apenas no fato de que ele fornece o filtro inicial, que seleciona alguns autores e livros e elimina outros: o próprio fato de que eles estão dando suporte ao livro e a maneira como fazem isso quando sondam o interesse do editor pelo telefone ou durante o almoço, e quando enviam a proposta ou original com uma carta explicativa ou e-mail, é uma contribuição vital para a rede de crença coletiva. Em primeiro lugar, interessa saber *quem* é o agente: alguns têm muito mais prestígio na área do que outros. Alguns agentes construíram uma reputação e acumularam um grande estoque de capital simbólico em virtude dos autores que conseguem contratar e dos livros que optam por defender. Outros, sobretudo os agentes mais jovens, são novatos na área, têm muito menos capital simbólico e sua defesa de um projeto significará muito menos, embora o fato de serem ainda "peso leve" no campo possa ser compensado, em algum grau, pela reputação da agência editorial para a qual trabalham. Um editor sempre levará em consideração quem é o agente quando estiver pensando em um novo livro, porque sabe que os agentes possuem históricos diferentes, que suas trajetórias são parte daquilo que forma sua reputação, e que sua reputação é relevante quando se trata de apresentar uma proposta de compra de um livro.

Isso é especialmente verdadeiro nas grandes corporações editoriais, em que quase todos os livros novos são agenciados. Chris era publisher de uma pequena editora independente em Nova York antes de se tornar editor de um selo de uma grande corporação editorial. Antes, ele tentava evitar agentes sempre que possível: como publisher em uma pequena editora independente, via os agentes como uma fonte de problemas: tão logo se envolviam no processo de aquisições, simplesmente aumentavam o valor da oferta. Agora, porém, que ele estava trabalhando para uma grande corporação editorial, via os agentes sob outro ângulo. Quando queria contratar uma autora que já havia publicado no passado, ele a encorajava a contratar um agente de boa reputação, e quando dizia ao seu chefe que a autora era representada por aquele agente, seu chefe se sentia muito mais motivado a comprar o livro. É óbvio que isso significava que eles teriam de pagar mais – a autora, que, antes, havia publicado com uma pequena editora independente, ficaria encantada com um adiantamento de 25 mil dólares, mas agora, com esse conhecido agente envolvido no processo, eles teriam de pagar 100 mil dólares ou mais. Mas isso não importava. O fato de esse agente bem conhecido representar a autora, emprestando sua reputação e capital simbólico acumulados à autora e ao livro, era, por si só, um sinal de que valia a pena comprar o livro. Seu apoio era parte integrante da rede de crença coletiva e era usado como tal pelo editor e visto como tal pelo publisher. "Quando eu estava na [pequena editora independente], sempre via os agentes como inimigos", disse Chris; "agora eu os vejo como amigos."

O problema para os editores novatos e jovens nas grandes editoras é que eles geralmente não são a primeira escala para os agentes já estabelecidos, que têm muita credibilidade na rede de crença coletiva. Quando esses agentes já estabelecidos têm um grande livro, ou até mesmo apenas um livro a respeito do qual nutrem uma expectativa relativamente alta, eles se sentem inclinados a procurar primeiro os editores ou publishers dos vários selos e casas com os quais estabeleceram relações e os quais acham que têm mais influência dentro das organizações – isto é, maior capacidade de vender o livro dentro da organização e conseguir que outros lhes deem respaldo sob a forma de entusiasmo, empenho e dinheiro. Editores jovens e novatos na empresa geralmente recebem ofertas de agentes novatos e mais jovens – isto é, pelas redes paralelas que se desenvolvem na área entre editores e agentes do mesmo grupo ou geração. Isso pode colocá-los em uma posição vantajosa no futuro, já que formarão relações longas e duradouras com alguns agentes que, eventualmente, se tornarão figuras poderosas na área, mas enfraquece sua posição no presente. O único caminho é trabalhar, devagar e sempre, na construção de relações com aqueles agentes de maior prestígio – tentar acertar um almoço com eles, explicar os tipos de livros que gostaria de adquirir e, de tempos em tempos, mostrar-lhes que é capaz de obter o apoio da organização, fazendo uma oferta em uma escala que eles considerariam séria.

Enquanto a versão menos ampliada da rede de crença coletiva envolva pelos menos três participantes – o editor, o publisher e o agente –, com frequência, ela envolve muitos mais. Muitas vezes, a rede se amplia pelo fato de que um editor geralmente consulta outros dentro da organização. Ele muitas vezes pede a outro editor, a um colega, que examine a proposta ou leia parte do original apenas para ter outro parecer de alguém cuja opinião respeita e em cuja avaliação confia. Quanto "maior" for o livro, mais pessoas ele provavelmente consultará – não apenas outros editores, mas também, no caso de livros maiores, diretores de vendas, diretores de marketing e, no caso de livros com potencial para brochura, o publisher do selo que lida com brochura. Todas essas consultas são feitas dentro da editora; raramente, o editor de um selo das grandes corporações editoriais consulta alguém fora da casa. Isso simplesmente não se faz. "Não é considerado de bom tom", disse um editor. Por quê? Por que os editores nas grandes corporações raramente – se é que isso ocorre – enviam propostas ou originais para leitores externos? Em parte, porque eles sofrem a pressão do tempo: geralmente só têm algumas semanas para examinar uma proposta ou manuscrito, e seria difícil obter relatórios de leitores externos nesse prazo tão curto. Porém – o mais importante –, o parecer de leitores externos não é o tipo de parecer que importa na rede de crença coletiva que caracteriza as publicações comerciais. Diferentemente de publicações acadêmicas, em que a qualidade intelectual e a originalidade de um livro são questões de grande importância, e a consulta a leitores externos é uma forma rotineira de avaliar qualidade, em publicações comerciais, presume-se que satisfazer um bom editor (ou bons editores) já é suficiente como teste de qualidade. Se uma proposta ou manuscrito passar pelo teste, então o que interessa mais no processo deliberativo é a avaliação de como este livro se insere no mercado e seu potencial de vendas, e aqueles que trabalham dentro das editoras costumam presumir que é improvável que as opiniões de leitores externos deem alguma contribuição nesse sentido. "Com frequência, um acadêmico pode fazer um juízo muito mais preciso e arguto do que eu sobre os pontos fortes e fracos de um debate histórico", explicou o editor sênior de um selo de uma grande editora, "mas também tenho de pensar no atrativo comercial. Essa não é uma indústria em que é preciso ter o intelecto mais alto possível para ser bem-sucedido como escritor e publisher. Não somos um tipo de clube exclusivo para a elite; editoras não são nada disso. Então, é preciso confiar em seu instinto sobre quanto um livro poderá vender ou se podemos vendê-lo. Isso não vem de um acadêmico."

Então, como os editores sabem quantas pessoas precisam consultar dentro da própria editora? Em parte, isso depende de quão importante é o livro. Mas como eles sabem quão importante ele é? Para qualquer editor que conhece seu trabalho, os sinais aparecem em um estágio anterior – quem é o agente, qual é o burburinho, quem é o autor, qual é a sua plataforma, qual é o histórico dos seus outros livros já publicados, quais são os números de vendas de títulos comparáveis, que expectativas foram sinalizadas pelo agente quando ele sondou o editor ou apresentou a proposta ou original? E assim por diante. Há diferentes maneiras de um agente sinalizar expectativas. Se estiver apresentando a proposta a apenas uma editora de início, ele frequentemente indica quanto a editora teria de pagar pelo direito de preferência sobre um livro e "tirá-lo da mesa". Se o agente apresentar múltiplas propostas, geralmente dirá algo mais ou menos como "estamos buscando investimento na faixa intermediária de seis dígitos". Esses e vários outros sinais, alguns declarados explicitamente, outros transmitidos com um piscar de olhos e um aceno de cabeça, ajudam a definir a "grandeza" do livro e determinar o valor que o agente espera obter para ele. Mas esses sinais se tornam pálidos em comparação com o grande e essencial mecanismo que serve mais do que qualquer outro para definir a importância dos livros e determinar seu valor antes que qualquer um saiba seu valor real: o leilão.

O leilão normalmente é visto como um mecanismo econômico utilizado pelo agente para maximizar o adiantamento pago pela editora, e, de fato, ele desempenha esse papel econômico de maneira admirável. Mas o leilão tem outra função, mais simbólica do que econômica: é um dispositivo para gerar burburinho e ampliar a rede de crença coletiva – em suma, uma máquina de fazer burburinho. Realmente, a própria efetividade do leilão como mecanismo econômico, na verdade, depende de sua eficácia como dispositivo simbólico para gerar burburinho e crença coletiva. Se um livro é apresentado a múltiplas editoras e apenas uma demonstra interesse em comprá-lo, não há leilão. A possibilidade de um leilão surge apenas quando fica claro que várias editoras têm sério interesse em adquirir o livro, em cujo caso fica imediatamente claro para cada editora que há outras que atribuem suficiente valor ao livro para querer competir por ele. Na rede de crença coletiva que caracteriza o mundo de publicações comerciais, isso, por si só, ajuda a validar a apreciação do editor; mostra –, como afirmou um editor – "que você não é o único".

Enquanto o leilão se desenrola, o agente pode voltar às partes licitantes e divulgar-lhes o que foi oferecido por outra parte (anônima), perguntando se querem reconsiderar sua própria oferta à luz da oferta do concorrente, e pode continuar esse processo até que tenha encontrado o lance mais alto antes de apresentar as opções ao autor. Toda vez que um agente faz isso, a editora está, com efeito, reconsiderando sua própria avaliação do valor do livro, levando em conta o valor percebido por um concorrente no campo. O leilão é um processo contínuo de reavaliação do valor de um livro, testando a própria avaliação e opinião em oposição à avaliação e opinião de outros e ajustando-os sob esse foco. Quanto mais alto os outros estiverem preparados para ir, mais provável será que você se sinta inclinado a achar que deve ir mais alto também. Já que o valor do livro é, nessa fase, intrinsecamente indeterminado – ele pode sempre valer mais, embora possa valer menos também –, pode ficar difícil traçar um limite de até onde se deve ir. Leilões têm uma natureza que vicia, precisamente porque o valor do livro é indeterminado e a apreciação de seu valor é moldada pela rede de crença coletiva.

Ao decidir sobre participar ou não de um leilão, ficar lá e saber até que ponto ir, um editor está preocupado não apenas em ganhar a concorrência por um livro e acrescentá-lo ao seu catálogo, mas também em acalentar e proteger um conjunto de relações vitais para o seu próprio sucesso – a saber, suas relações com os principais agentes no campo. Aqui os interesses do editor nem sempre coincidem com os interesses do publisher ou do chefe da divisão, já que o editor também está competindo com outros editores na mesma editora, uma competição que pode ser intensa e desgastante. "Meu Deus!", disse um editor sênior que trabalha para um selo de uma grande corporação, "a maior competição por aqui é qual editor ganhará a proposta dos agentes importantes. E é por isso que é difícil recusar, porque você bem sabe que, se recusar alguma coisa que parece um grande negócio para eles, eles provavelmente não irão oferecer o próximo livro a você. Eles escolherão um de seus colegas." Em uma área na qual os agentes controlam o acesso a conteúdo, as relações de um editor com os agentes-chave são sua tábua de salvação: ele simplesmente não pode se dar ao luxo de pôr isso a perder. Portanto, eles podem se ver decidindo por participar de leilões de livros e pedir permissão para licitar em níveis que eles mesmos consideram excessivos simplesmente porque não querem ofender os agentes importantes e querem ser vistos e conhecidos como alguém que dá lances e que pode, se houver necessidade, dar lances altos. "Se tenho um livro no qual há gente muito interessada e posso seguir por qualquer caminho, provavelmente vou em frente porque quero jogar", acrescentou esse editor. "Muitas vezes, você vai a um leilão e espera não ganhar. Todos fazem isso."

Quanto mais uma editora paga por um livro, mais importante esse livro tende a ser para a editora. Essa não é exatamente uma "lei de ferro", como diria Andrew Wylie, mas está provavelmente o mais próximo de uma lei de ferro que se pode encontrar nessa área. Sem dúvida, há uma correlação – se bem que precária e sempre suscetível a exceções – entre a escala do adiantamento pago e a importância do livro. Muito mais se aposta em um livro pelo qual foram pagos 500 mil dólares do que em um livro pelo qual foram pagos 50 mil dólares, e as expectativas, preparações e priorização dentro da editora são ajustadas de forma correspondente. Ironicamente, isso cria

MERCADORES DE CULTURA 229

um incentivo perverso dentro das grandes corporações editoriais, para que paguem mais pelos livros, porque, quanto mais se paga, mais importante é o livro e mais probabilidade ele tem de ser visto e tratado como um livro importante durante todo o processo, desde o seu posicionamento dentro do catálogo e a alocação de gastos do marketing até a priorização pelos diretores de vendas e a forma como os representantes vão trabalhar com ele.

Há só um problema: um livro importante não é um best-seller; é meramente um livro que, espera-se, venha a ser um best-seller. É um palpite do editor e do publisher, um juízo baseado na resposta pessoal deles à proposta ou ao original, filtrado por sua experiência e respaldado por várias coisas, incluindo o histórico e a plataforma do autor, as vendas de títulos comparáveis e a rede de crença coletiva. Entretanto, pode haver um engano. "Num mundo em que o valor de algo não está estabelecido", disse um agente, "não é como se alguém dissesse: 'Aqui está este diamante com todas essas facetas'. Você olha para o diamante e diz: 'Ah! Então isso significa que ele vale tanto'. O livro pelo qual se acabou de pagar 300 mil dólares poderia valer 1 milhão de dólares. Ou poderia valer 25 mil dólares. É esse o risco que se corre."

Com maior frequência, o palpite está errado. É um jogo arriscado, um lançar de dados que, em alguns casos, dá certo e em outros fracassa, e o desafio para a editora está em tentar garantir que se ganhe tantas vezes quanto possível para compensar os livros que fracassam, e que, quando realmente ganhar, se possa fazer disso um sucesso em uma escala que compense todos os fracassos e fazer uma importante diferença à sua receita bruta e seu resultado líquido. "Publicar livros é um negócio que envolve muita esperança", comentou um ex-CEO. "É preciso ser otimista, é preciso acreditar que o investimento ocasional trará uma compensação desproporcional – e alguns trazem." Então, em que proporção livros novos fazem sucesso e em que proporção fracassam na produção típica das grandes corporações editoriais? A resposta a essa questão depende daquilo que se entende por "sucesso". Se sucesso é algo entendido de um ponto de vista estritamente financeiro, em termos de rentabilidade, então uma resposta abrangente é provavelmente meio a meio, embora apenas uma proporção muito pequena dos títulos da *frontlist* tenha realmente boas vendas. Os gestores das diferentes corporações divergem em suas opiniões quanto ao desdobramento exato, mas o relato resumido do gestor de uma grande editora de Nova York provavelmente reflete um quadro bem preciso da indústria como um todo: "Dos novos livros em capa dura que lançamos a cada ano, é possível que metade represente perdas e metade represente lucro, mas apenas 30% realmente excedem nossas expectativas. E são os 10% que estão no topo que fazem toda a diferença. Hoje, um número pequeno de livros responde pela maior parte da receita".[4] Com toda certeza, nenhum editor ou publisher contratará um livro com a intenção de perder dinheiro, mas aproximadamente a metade dos livros que compram resultará em prejuízo. Para muitos livros que compram, eles realmente não sabem em que percentil ficará – se ficará na casa dos 50% que dão prejuízo ou na casa dos 50% que dão lucro, ou dos 30% que superam as expectativas, ou até mesmo dos 10% que têm vendas excepcionais e fazem a diferença. Eles podem ter um bom palpite, mas sempre há livros que surpreendem até mesmo os mais experientes editores e publishers, seja por superarem suas expectativas, seja por venderem muito menos do que qualquer um poderia pensar. Felizmente, para as editoras comerciais, nem tudo é uma questão de descobertas fortuitas e felizes.

AS CONVENIÊNCIAS DO RENOME

Embora a *frontlist* tenha um elemento de risco inerente, há duas áreas em que as editoras comerciais podem contar com fluxos de receita confiáveis – autores de renome e *backlist*. Essas duas formas de publicação são extremamente importantes para as editoras comerciais porque fornecem o contrapeso – o lastro, por assim dizer – que compensa o risco inerente à *frontlist*.

Autores de renome são importantes por duas razões: primeiro, suas vendas são previsíveis; segundo, eles não são estreantes.

Suas vendas são previsíveis porque eles têm leitores cativos. Leitores tornam-se "fãs" de determinado escritor ou de uma série de livros, e querem ler mais. A editora pode, portanto, contar com um mercado que é, até certo ponto, cativo, e as vendas dos livros anteriores do autor tornam-se um bom parâmetro para as vendas do próximo livro do mesmo autor; se a sua carreira está se desenvolvendo satisfatoriamente, a editora pode confiar em um crescimento acumulativo: cada nova obra venderá mais do que a anterior, e a trajetória geral será uma curva ascendente constante. Em um mundo em

---

4 Greco, Rodriguez e Wharton dão uma versão um pouco diferente da divisão entre sucesso e fracasso na *frontlist* de publicações comerciais. "Nossa pesquisa indica que sete de cada dez livros de capa dura da *frontlist* são um fracasso financeiro (isto é, eles não vendem o suficiente para cobrir o adiantamento feito ao autor e outros custos editoriais, de marketing e despesas operacionais), dois livros chegam ao ponto de equilíbrio e um se torna um sucesso" (*The Culture and Commerce of Publishing*, p.30).

que tantos lançamentos de *frontlist* são um jogo de dados, previsibilidade desse tipo é uma dádiva.

Esse tipo de lealdade é mais comum em ficção do que em não ficção, e mais comum ainda em ficção comercial. É mais comum em ficção do que em não ficção porque muitos leitores compram livros de não ficção por outras razões – por exemplo, porque ouviram o autor falar ou leram a respeito da obra e estão interessados no assunto. E é mais comum em ficção comercial, porque essa é uma área em que publicação por gênero é normal – *thrillers*, histórias policiais, histórias de amor, ficção científica etc. – e na qual a lealdade ao nome pode se desenvolver de maneira muito efetiva. Leitores de ficção "literária" tendem a ser mais seletivos quanto aos livros que compram e leem, e passam de um autor para outro com um senso de lealdade menor a determinado escritor. Isso decorre do fato de que a expansão de autores com nome comercial é, principalmente, uma característica de lançamentos de ficção, e quanto mais comercial for a ficção, mais comum será a prática. Há, porém, exceções. Existem alguns escritores de não ficção que demonstram as características de um autor de renome, sobretudo se forem celebridades na mídia e tiverem uma base de fãs já estabelecida, tais como cozinheiros famosos com shows regulares na TV, como é o caso de Jamie Oliver e Nigella Lawson. Escritores de renome como eles podem ser tão valiosos para editoras comerciais quanto o mais comum dos autores de renome que escreve ficção comercial.

Autores de renome são aqueles que já tiveram outras obras publicadas. Eles escrevem um livro por ano ou talvez um livro a cada dois anos. Isso significa que a editora que possui uma série desses "veteranos" pode planejar o seu programa futuro com muito mais exatidão e confiabilidade do que uma editora que confia em um negócio incerto normal de publicações comerciais de *frontlist*. A editora sabe quando cada um desses autores entregará uma nova obra e pode planejar as estratégias de lançamento para cada autor e para cada livro, a fim de maximizar seu potencial de vendas – a cada ano, uma nova capa dura, que é subsequentemente relançada em brochura comercial ou brochura para o mercado popular etc. A produção regular, previsível dos autores veteranos permite à editora construir o nome deles ao longo do tempo, introduzindo novos livros no mercado a intervalos regulares para manter o interesse e a fidelidade dos fãs já existentes e para recrutar novos leitores. Permite também que a editora construa sua *backlist*, já que, quanto mais conhecido for o autor, mais valiosa tende a ser a sua *backlist*, pois novos fãs e fãs já existentes retornam aos livros anteriores para saciar seu apetite pela obra de seu autor favorito. Portanto, a editora que tem autores de renome ganha nos dois *fronts*: sucessos previsíveis da *frontlist*, que podem se tornar parte fundamental da *backlist*.

Há editoras que se constituíram com base no desenvolvimento de um programa de autores de renome. A Putnam é uma delas. Editora norte-americana antiga, remontando a meados do século XIX, que havia publicado algumas obras respeitadas nos anos 1950 e 1960, como *Lolita*, *O poderoso chefão*, a Putnam foi incorporada, em 1975, pela MCA, o conglomerado de multimídia atuante no setor de entretenimento. A MCA almejava crescimento e caixa constantes, e Phyllis Grann, que foi contratada como publisher no final dos anos 1970, fez isso, importando para o mundo das publicações comerciais um modelo usado pela MCA em outros setores de seu império de entretenimento. "Eu entrei nos negócios dos 'consagrados'", explicou Grann. "A Putnam foi construída com base em autores que já haviam publicado outras obras. Era incrivelmente rentável." Ela buscou escritores de ficção comercial que publicavam com outras editoras e trouxe-os para a Putnam, pagando bons adiantamentos e dando-lhes atenção especial; em seguida, trabalhou bem junto a eles na construção de seu nome e na consolidação das vendas de suas obras. "Era como o velho sistema da MGM. Tornávamos difícil para eles a decisão de sair." Eles escreviam um livro por ano, e o lançamento era espaçado de modo que novas obras escritas por outros autores importantes não concorressem no mesmo espaço. A força de vendas desenvolvia relações intensas com a contabilidade e trabalhava arduamente para levar cada novo livro para as listas de best-sellers, para que o autor, não apenas o título, se tornasse cada vez mais visível. Ao mesmo tempo, a editora mantinha a obra completa do autor constantemente à disposição do público. Esse modelo fez enorme sucesso. "Em poucos anos, apresentamos um crescimento de 33%. Nós realmente crescemos."

O modelo do qual a Putnam foi pioneira nos anos 1980 e 1990 logo foi copiado por outras editoras. Algumas tentaram – como a Putnam havia feito – "roubar" escritores já estabelecidos e que tinham um incontestável histórico de sucessos, mas outras também tentaram criar grupos de novos escritores que poderiam se tornar consagrados, desenvolvendo uma espécie de "berçário" em que o nome e a carreira de um autor – e, ao mesmo tempo, seus leitores – pudessem ser cultivados no decorrer do tempo. A editora sênior de uma companhia editorial de ficção comercial do Reino Unido, que usou o modelo do berçário, explicou como ajudou a desenvolver a carreira de uma de suas escritoras mais bem-sucedidas – vamos chamá-la de Sandra Post. Quando recebeu o primeiro romance de Sandra como proposta de um agente, ela leu o texto não apenas pelo valor intrínseco do material, mas também com a intenção de ver se Sandra era alguém cuja carreira poderia ser desenvolvida, se ela poderia trabalhar com Sandra e se Sandra reagiria aos comentários e críticas que ela eventualmente faria. Quando o primeiro romance foi publicado, a capa e o título ganharam grande destaque – "o mais importante é a atmosfera; é a relação com o sentimento que ela evoca em você – um bom título, uma boa imagem". O nome da autora estava em letras miúdas e posicionado discretamente na parte inferior da sobrecapa. Entretanto, uma vez que a capa dura havia obtido boa aceitação, a capa para a edição em brochura foi completamente redesenhada. O nome da autora posicionava-se agora no alto da capa, impresso em negrito e em relevo: SANDRA POST. "Agora estamos começando a construir." Uma frase de impacto foi acrescentada à capa e excertos de resenhas favoráveis da edição em capa dura foram impressos na quarta capa e nas páginas preliminares. Eles também aproximaram a autora dos clientes, levando-a para conferências de vendas, onde pôde se encontrar e conversar com os compradores das principais redes, "porque se a temos na sala com cinco compradores, é isso aí, 90% do comércio são feitos naquela sala. E assim, começa-se a construir o perfil dela no comércio e fazer que comprem o livro".

O primeiro livro foi um grande sucesso em termos comerciais, com mais de 1 milhão de exemplares vendidos, em parte porque foi escolhido pelo Richard and Judy Book Club, mas depois a editora enfrentou a questão de como utilizar isso com relação à segunda obra. Uma coisa que fizeram com o segundo livro de Sandra foi escolher um título muito semelhante – duas palavras, o mesmo número de sílabas em cada título. A capa foi desenhada de maneira semelhante, com um *script* semelhante; o nome da autora ficou em negrito e em relevo no alto da capa, mas, para evitar confusão, a chamada era diferente.

É preciso haver aquela conexão subliminar com as pessoas que leram [o primeiro livro]. O que queremos é que os leitores [do primeiro livro] leiam este também, e talvez novos leitores se juntem a eles. E, à medida que o tempo passa, o nome dela será mais importante, e ela terá renome, mais do que um título; e uma vez que se está lidando com um "renome", por assim dizer, ou com uma obra, cuja marca está construindo, então toda vez que se publica um livro, é preciso tentar encontrar novos leitores. Está-se constantemente à procura de novos leitores. Portanto, antes de tudo, é preciso transformar alguns fãs de brochura em compradores de capa dura, e depois é preciso substituir esses fãs de brochura que foram promovidos por novos. Temos de analisar como fazer isso, e para cada autor existe um plano diferente. E isso vai até os mínimos detalhes e envolve coisas como: quando ocorre a publicação, em que semana é publicado, quem é contra, o espaço que se consegue nas lojas e o marketing que pode fazer.

Ao desenvolver uma estratégia cuidadosamente orquestrada para cada autor, a editora tenta fortalecer o nome do autor na mente dos clientes – os principais compradores das redes varejistas – e na mente dos leitores, conferindo ao autor reconhecimento cada vez maior de seu nome e, se tudo correr conforme os planos, expandindo aos poucos a base dos leitores cativos.

Embora ter escritores com várias obras publicadas seja uma maneira efetiva de construir um programa de lançamentos, sobretudo em ficção comercial, há duas desvantagens significativas para a editora. Primeiro, os adiantamentos. Quanto mais sucesso o autor renomado fizer, mais forte será a posição em que ele e o agente se encontram para negociar adiantamentos. O agente sabe perfeitamente quão valioso é o autor de renome comercial para a editora, e ele usa isso para alavancar adiantamentos mais altos. O que isso significa, na verdade, é que o adiantamento deixa de ser uma garantia futura de ganhos de royalties e se torna uma "supergarantia", isto é, um prêmio pago ao autor de renome pelos benefícios que ele traz para a editora que o tem em sua carteira. Isso reduz a rentabilidade dos livros do autor e coloca pressão nas margens de lucro da editora, já que significa que o autor de renome está levando uma parte maior da receita da editora.

"Fazendo um cálculo aproximado bem grosseiro", explicou o CEO de uma grande corporação editorial de Nova York, "eu diria que, de quinze a vinte anos atrás, o autor e a editora estavam muito mais perto de dividir em 50:50 a renda após os custos de produção de um título. Agora é muito mais na base de 75:25 ou até mesmo 80:20, em favor do autor". Em termos contratuais, o autor, geralmente, obtém 15% do preço no varejo sobre uma capa dura, o que é, basicamente, 30% da receita líquida (presumindo um desconto no comércio de 50%). "Mas se o livro não gera vendas suficientes para cobrir o adiantamento – o que, de fato, frequentemente ocorre e, em geral, é o caso dos grandes autores – ocorre o que chamo de supergarantia", continuou o CEO, "o que significa que, embora os royalties contratuais sejam de 15%, na verdade, provavelmente, está-se pagando entre 20% e 25%, o que significa que 'de cara', metade da receita que entra vai para o autor. E a editora ainda terá de pagar a confecção do livro, a promoção e tudo o mais. Portanto, nesse ponto, o autor fica muito à frente da editora. Não existe mais a divisão 50:50." Nesse sentido, o campo de publicações comerciais compartilha algumas semelhanças com a indústria cinematográfica, em que os grandes astros e estrelas recebem, de imediato, uma grande soma de dinheiro, que pode variar de 15 a 20 milhões de dólares em um filme cuja produção pode custar 50 milhões de dólares. "E é a mesma coisa no ramo de livros, porque a economia do negócio é conduzida de maneira que cada editora precisa de livros que tenham ótimo desempenho de vendas. Na verdade, a longo prazo, produzem renda; são a forma mais segura de renda; mas, por causa disso, o autor que gerou tanto sucesso está ganhando uma fatia cada vez maior da torta."

Embora o autor de renome produza a forma mais confiável de renda para a editora e possa, portanto, fazer uma grande diferença na receita bruta, a sua contribuição para o resultado líquido é constantemente restringida pela habilidade que ele e seu agente demonstram ao exigir adiantamentos cada vez maiores e, portanto, uma proporção cada vez maior da receita. Quanto mais sucesso um autor faz, mais importante é para a editora se agarrar a ele, pois perdê-lo criará um rombo na receita, o que pode ser difícil de sanar, e, mesmo assim, mantê-lo significa que a editora provavelmente vivenciará uma pressão crescente sobre a rentabilidade, que está caindo, já que as margens de lucro que ela consegue obter com seus livros se contraem cada vez mais. Uma grande editora pode absorver essa pressão de queda na rentabilidade, contanto que a receita seja alta e ela não tenha muitos desses "autores operando abaixo da margem", conforme um CEO os descreveu. "Um grande autor, mesmo descartando uma margem de 10%, onde sua média é de 40% ou 45%, acaba ajudando nas despesas indiretas – 10% de um grande número é um grande número. E então, é possível ter um livro com uma margem de 10%, porque ela incrementa; mas o grande desafio é: não se deve se enganar e achar que pode se dar ao luxo de ter um pacote inteiro de livros a 10%, já que logo sofrerá uma perda de 30%." Esse CEO pôs um limite no número de "autores operando abaixo da margem" que os publishers tinham permissão de ter nas respectivas "carteiras". "Estamos concedendo uma quota a cada publisher. Pode-se ter um grande número de autores com baixo desempenho, mas terá de encontrar uma maneira de trazê-los para margens mais altas ou não conseguirá comprar. Então, quando se esgota a quota, não venha até mim, porque não aprovo mais nenhum livro no ano." Talvez se precise de alguns autores de peso para atingir seus objetivos quanto à receita bruta e manter o *status* da editora, mas, quanto mais deles tiver no catálogo, mais o resultado líquido sofrerá. Esse, em resumo, é o preço que as editoras pagam para a comodidade de ter um autor de "renome".

A segunda desvantagem na publicação de obras de autores de renome está no fato de que sempre existe o risco de eles deixarem a editora. Eles desfrutam de uma forte posição no campo, e seus agentes podem colocar as editoras umas contra as outras na tentativa de convencê-las a pagar valores excessivos para fluxos de receita que serão gerados por livros futuros desses autores. Graças ao BookScan e a outras fontes de dados, uma editora que tenta conseguir um autor de renome tem uma boa ideia do seu histórico de vendas e pode calcular quanto precisa para aumentar a participação no mercado, a fim de justificar a gratificação que teria de pagar para arrebatar o autor de sua editora atual. Se ele estiver insatisfeito com algum aspecto dos serviços fornecidos pela sua editora atual, a mão do publisher predador estará fortalecida, mas, nesse setor altamente comercial do campo de publicações, a escala do adiantamento – e, portanto, o tamanho do prêmio que o publisher está disposto a pagar – é de fundamental importância. De tempos em tempos, os grandes autores de renome trocam de editora – em 1977, Stephen King trocou a Penguin Putnam pela Scribner, selo da Simon & Schuster, depois de recusar uma oferta de 21 milhões de dólares da Penguin Putnam pelo seu próximo livro; em 2001, Michael Crichton trocou a Knopf pela HarperCollins, assinando um contrato para dois livros pelo suposto valor de 40 milhões de dólares; em 2006, James Patterson trocou de editora no Reino Unido, passando da Headline, selo do Grupo Hachette, para a Random House, assinando um contrato que estipulava que o autor deveria entregar oito livros em coautoria dentro de um ano. Trocas feitas por autores de prestígio como esses dão prova do "roubo" de autores, um jogo constante nesse segmento do setor, no qual escritores comerciais têm seus preços alavancados por grandes corporações que buscam aumentar sua receita e sua participação no mercado, que é, em grande parte, estático. Embora essa forma de ganhar clientes seja vista como uma prática desonesta pela maioria dos agentes, roubar autores é considerado pelas editoras como parte do jogo – com o importante pré-requisito de que, com autores de renome, somente editoras ou selos de grandes corporações podem se dar ao luxo de jogar.

A diretora administrativa de um selo de uma grande corporação editorial explicou como conseguiu roubar um autor de renome, que acabou, alguns anos mais tarde, sendo roubado por um concorrente:

> Eu gostava muito de seus *thrillers*, e achava que eles não estavam nem perto de atingir o mercado que deveriam. Então conversei com o agente, porque eu sabia que ele estava sendo mal publicado. E eles disseram: "Hmmm... pode nos interessar". E alguns meses mais tarde eles disseram algo mais ou menos assim: "Na verdade,

você gostaria de discutir isso?". Ele não estava feliz com o seu publisher – é um homem muito teimoso. Então, ele veio para nós por uma importância em dinheiro bastante significativa. Em nossa primeira ida a campo, nós o colocamos direto na lista de best-sellers em capa dura; conseguimos colocá-lo em primeiro lugar com o segundo livro e transformamos radicalmente sua carreira. Criamos obstáculos para nós mesmos, os quais sabíamos que precisávamos superar; porque o lance importante quando se está "roubando" um autor é: somente faça isso se achar que pode fazer melhor do que a editora atual. Porque se é apenas uma questão de "roubar" o faturamento, na verdade, está-se terrivelmente enganado, porque você pagará a mais pelo faturamento atual. Então, se não puder aumentar as vendas, não faça isso, caia fora – e essa não é uma norma que todos seguem.

Depois que o autor foi alçado ao número um da lista de best-sellers, não demorou muito para que outras editoras começassem a cortejá-lo. Em determinado momento, uma grande corporação lhe ofereceu "uma porcentagem X a mais" em termos de adiantamento para cada um de seus livros, um aumento que sua editora atual não se sentiu capaz de cobrir, não porque não tivesse os recursos – seus bolsos com certeza estavam bem cheios –, mas porque, em sua visão, isso poderia passar além do ponto de uma proposta de publicação rentável. Evidentemente, a perda desse importante autor de renome deixou uma lacuna significativa nas vendas da editora que o perdeu. Então, o que eles fizeram para sanar essa falha? "Cerca de dois anos antes de ele deixar a editora, nós sabíamos que esse dia chegaria", explicou a diretora administrativa, "então estabelecemos planos estratégicos para substituir aquele faturamento em um nível rentável." Isso significava trabalhar arduamente para atrair novos escritores de *thrillers* e construir um nome para eles. Toda editora tem sua lista dos sonhos, de autores que ela adoraria publicar, e a saída de um autor importante abre espaço para a editora promover autores cujos nomes não estão ainda bem estabelecidos. Entretanto, a curto prazo, a lacuna de receita criada com a perda de um autor de peso pode ser difícil de ser preenchida. "Não nego que seja desafiador", refletiu a diretora administrativa, e ela esperava conseguir um grande sucesso na receita bruta a curto prazo. Porém, a esperança dela era que, ao promover alguns autores já presentes na editora, e talvez ao roubar alguns de outra e expandir o programa de publicações para outras áreas nas quais sentiam que havia alguma demanda não satisfeita, eles eventualmente conseguiriam compensar a receita perdida e, ao mesmo tempo, fazê-lo de uma maneira mais rentável.

AS VIRTUDES DA *BACKLIST*

A segunda área em que as editoras comerciais podem contar com fluxos de receita confiáveis é a *backlist*. São várias as virtudes da *backlist*: a receita é relativamente previsível e estável de um ano para outro; os principais custos de investimento já foram feitos e quaisquer adiantamentos que não foram compensados com as vendas geralmente já foram contabilizados como perda na época em que um livro se torna um título da *backlist* (e, com certeza, nesse momento ele se torna um título do fundo da *backlist*); os gastos com marketing e os custos com divulgação são mínimos; e as devoluções, em geral, são de pequena escala. Com os títulos da *backlist*, a editora está simplesmente reimprimindo livros para satisfazer a demanda atual, e os únicos custos em que ela incorre são os de impressão, estocagem e distribuição, além dos pagamentos de royalties ao autor (e, no caso de livros que não possuem mais direitos autorais, nem mesmo o último item). Lançar títulos da *backlist* é, portanto, muito mais rentável do que lançar títulos da *frontlist*; não só traz uma contribuição relativamente estável à renda bruta da editora como também traz uma contribuição desproporcionalmente grande ao resultado líquido. Na área editorial, é o que existe de mais próximo da impressão de seu próprio dinheiro.

Então, por que as editoras não aumentam suas operações com a *backlist*? A explicação simples é que construir uma *backlist* é um processo lento e trabalhoso, sobretudo no campo de publicações comerciais. É preciso um longo tempo para formar uma lista de livros adequada para uma *backlist*. Boas *backlists* foram construídas por editoras fundadas em séculos anteriores, ou no início do século XX, quando as condições do campo de publicações comerciais eram muito diferentes. A maioria dessas *backlists* agora foi adquirida pelas grandes corporações editoriais, que compraram editoras e selos em parte para ter o tipo de *backlist* que hoje seria muito difícil criar do zero. "Tudo mundo está à procura de companhias com *backlist* em pequenos nichos, que se pode facilmente inserir em sua organização sem qualquer despesa, praticamente sem qualquer despesa adicional", disse um CEO de uma grande corporação editorial. "Mas elas agora já quase não existem mais." Portanto, sobraram muito poucas oportunidades para as grandes editoras expandirem suas *backlists* por aquisição. Elas têm de construir uma organicamente, o que leva muito mais tempo e é muito mais difícil de fazer.

Entretanto, há outro fator que tende a depreciar o valor da *backlist* no mundo das publicações comerciais – a revolução do setor varejista. O surgimento das redes varejistas colocou em movimento uma série de mudanças que mostram uma tendência para a redução do valor das publicações da *backlist* para as editoras. Chamo a atenção para três dessas mudanças.

Em primeiro lugar, a revolução da capa dura, que analisamos no capítulo 1, levou a uma queda a longo prazo das vendas de brochuras para o mercado popular. O modelo tradicional de publicações comerciais – por meio do qual um novo título gerava vendas de milhares, possivelmente dezenas de milhares, e apenas em casos raros ficava em poucas centenas de milhares, em capa dura, e era, depois, lançado em edição brochura para o mercado popular, que podia continuar a vender na casa das centenas de milhares e algumas vezes milhões – foi sendo cada vez mais substituído por um novo modelo, em que a edição inicial em capa dura era, ela própria, comercializada para o mercado de massa e podia vender na casa das centenas de milhares ou até mesmo de milhões. Isso, entretanto, significava que o mercado popular para a brochura subsequente estava sendo canibalizado pela edição inicial em capa dura. Assim, a maioria das editoras comerciais vivenciou um significativo declínio a longo prazo nas vendas de brochuras para o mercado de massa.

Em segundo lugar, as editoras que investiram pesado no desenvolvimento de catálogos com títulos de obras clássicas livres de direitos autorais, como Classics e New American Library, da Penguin, e Vintage Classics e Modern Library, da Random House, viram-se diante de crescente concorrência por parte das próprias redes varejistas, em especial da Barnes & Noble, que começaram a publicar suas próprias edições de clássicos em domínio público. De varejista transformada em editora, a Barnes & Noble conseguia competir com as grandes editoras comerciais em condições vantajosas. Como possuía seu próprio espaço varejista, ela podia vender a preços inferiores aos de seus concorrentes – a edição de *Robinson Crusoe*, de Daniel Defoe, por exemplo, custa 4,95 dólares, e 4,45 dólares para os associados do programa de fidelidade da editora, comparados a 7,95 dólares da edição Modern Library, da Random House, e 8 dólares do Classics da Penguin. Eles também davam aos próprios livros maior proeminência e visibilidade em suas lojas, e os deixavam expostos nas prateleiras e mesas por mais tempo. Sem dúvida, a decisão da Barnes & Noble de publicar clássicos ofendeu aquelas editoras comerciais que estavam publicando edições de clássicos. "Eles simplesmente pararam de comprar os nossos clássicos", comentou o CEO de uma grande editora, que agora tinha de depender de outros varejistas para vender os livros que anteriormente eram vendidos pela Barnes & Noble. Com a aquisição que a Barnes & Noble fez da Sterling Publishing, ela começou a competir também com as editoras de outras áreas, como a de livros genéricos, com impressão em quatro cores, por exemplo, de *O livro dos cavalos, O livro das rosas* etc. Como obras ilustradas de referência, esses livros tradicionalmente se ajustavam bem a *backlists*, mas algumas editoras, como a Dorling Kindersley, da Penguin, achavam que a concorrência da Barnes & Noble estava erodindo as vendas de livros genéricos do tipo.

O terceiro motivo para a revolução ocorrida no varejo ter parecido depreciar o valor da *backlist* é o fato de que as principais redes varejistas têm se voltado cada vez mais para a *frontlist*, e as lojas de descontos e os supermercados, que estão se tornando importantes *players* no mercado varejista de livros, têm se voltado preponderantemente para títulos best-sellers. De modo geral, o campo de publicações comerciais vem se concentrando cada vez mais em best-sellers da *frontlist*, e o período que qualquer título específico tem para se provar como tal nessa arena altamente competitiva vem diminuindo gradativamente. Até certo ponto, esse desdobramento foi compensado com o surgimento da Amazon e outras livrarias *on-line*, que deram provas de serem os pontos de vendas ideais para *backlists* mais antigas e títulos mais especializados, que dificilmente são mantidos em estoque de rotina em lojas físicas. Porém, se a migração de vendas de títulos de uma *backlist* para o espaço varejista *on-line* compensará plenamente a marginalização de títulos de uma *backlist* nas redes de lojas físicas, é algo que ainda está por se confirmar.

Apesar desses desdobramentos, publicações da *backlist* continuam sendo de enorme relevância – na verdade, de relevância vital – para editoras comerciais, e ajudam muito a compensar os acasos fortuitos das felizes descobertas e da imprevisibilidade inerentes a grande parte de lançamentos da *frontlist*. Contudo, há uma grande variação entre as editoras comerciais quanto à maneira como suas receitas se dividem em *frontlist* e *backlist*. Algumas editoras comerciais, como a Hyperion, de propriedade da corporação Disney, são majoritariamente voltadas para a *frontlist*; ela tem relativamente poucos títulos na *backlist*, totalizando aproximadamente 20% de suas vendas, e depende muito de sua capacidade de lançar uma variedade de best-sellers da *frontlist* todo ano para atingir as metas de vendas. Outras editoras, como a Workman, cujo *O que esperar quando você está esperando* se tornou a obra padrão sobre gravidez, com mais de 14 milhões de exemplares impressos, estão voltadas sobretudo para a *backlist*; as vendas de títulos da *backlist* respondem por 75% a 80% de sua receita, e os best-sellers da *frontlist* desempenham um papel menor em seu programa editorial. As grandes editoras corporativas encontram-se em um ponto intermediário. Para aquelas corporações com grandes *backlists*, como a Penguin e a Random House, as vendas de títulos

MERCADORES DE CULTURA

da *backlist*, normalmente, respondem por 30% a 40% da receita total; para aquelas com *backlists* menores, como a Simon & Schuster, a proporção está mais entre 25% e 30%. Isso significa que, para as grandes corporações, algo entre 60% e 75% da receita gerada a cada ano deve vir de novos lançamentos. "Todo ano tenho de reinventar 70% de minha receita", comentou um CEO. Isso cria um incentivo muito poderoso para adquirir grandes livros e fazer tudo o que for possível para transformá-los em best-sellers.

– 6 –

LANÇAMENTOS DE OPORTUNIDADE

Em março de 2007, cheguei ao escritório da Olympic, uma grande corporação editorial, em Nova York, às 9h40min da manhã de uma quarta-feira; estava bem adiantado para a reunião agendada com a CEO para as 10 horas. Enquanto eu aguardava nos escritórios administrativos do andar superior desse enorme bloco de edifícios na região central de Manhattan, a assistente pessoal da CEO me ofereceu gentilmente um café. Pouco antes das 10 horas, ela me conduziu à sala da CEO, advertindo-me quanto ao degrau na entrada. Olhei para baixo e vi um tapete no assoalho, com as seguintes palavras: "Cuidado com o vão". Ao cumprimentar a CEO, apertando sua mão, comentei, sorrindo: "Gostei do tapete. Você deve tê-lo trazido de Londres", eu disse, pensando que ela devia tê-lo comprado como suvenir do metrô londrino e, numa atitude de cortesia, o colocara na entrada de sua sala para advertir sobre o degrau no qual um visitante desavisado poderia facilmente tropeçar. "Oh! Não!", ela riu, "isso nada tem a ver com Londres. Vão é o que vivenciamos aqui todo dia." "Sério?", perguntei. "Conte-me a respeito do vão – nunca ouvi falar disso antes." E, assim, começou minha iniciação nas finanças orçamentárias das grandes corporações editoriais.

CUIDADO COM O VÃO

"Bem, o que acontece é o seguinte", ela continuou. "Em junho, todos os publishers da empresa se perguntam: 'Ok, o que faremos para o próximo ano?'". Eles examinam o que está planejado para o ano seguinte e avaliam as prováveis vendas de cada livro, título por título. Depois somam tudo e obtêm um valor X de vendas. Em seguida, a alta administração combina todos esses números, faz as contas dos custos e gera um orçamento preliminar para o ano que se aproxima – digamos que sejam 800 milhões de dólares de receita com um lucro de 8%. A CEO, então, leva esse orçamento preliminar para os chefes corporativos na matriz e eles dizem: "Muito bem, mas você está planejando faturar 800 milhões de dólares este ano. No próximo ano, queremos 800 milhões de dólares mais 10%". São esses 10% de receita que significam o "vão": é a diferença – ou a distância – entre o que os publishers acham que irão vender com base nos livros cujo lançamento está programado para o ano seguinte, por um lado, e o que os patrões corporativos dizem que a empresa tem de realizar, por outro. "Minhas expectativas", explicou a CEO, "vêm do que [a matriz] me diz que tenho de fazer."

Quando chega setembro, o tamanho do vão para o ano vindouro fica claro, e a tarefa da CEO e dos outros executivos é, então, compartilhar isso com os publishers – "dividir a angústia", como definiu um ex-CEO de outra editora. Em uma corporação dessa magnitude, o vão poderia facilmente ser de 100 milhões de dólares. Se há, digamos, seis divisões e seis publishers na corporação, então a cada um desses publishers será atribuída uma cota do vão de 100 milhões de dólares. Geralmente, isso não é dividido igualmente – alguns publishers podem ter de fazer mais para cobri-lo do que outros, simplesmente porque a probabilidade de eles lançarem os tipos de livros bons para preencher vãos é maior. Pode haver algumas idas e vindas ("discussões que não são negociações"), mas a alocação de metas para preenchimento do vão é basicamente um processo de cima para baixo. Uma vez tendo recebido uma meta para cumprir no ano seguinte, cada publisher tem de se esforçar muito para atingi-la. Ele pode conversar com alguns editores e instigá-los a descobrir livros com potencial para preencher o vão, ou pedir-lhes que proponham ideias para livros que poderiam ajudar a atingir a meta atribuída. O progresso em relação à meta é cuidadosamente monitorado em todos os níveis da organização, tanto pelos publishers quanto pelo CEO e os outros executivos de alto escalão; no mundo editorial corporativo, é isso que significa "cuidado com o vão".

Então, como os publishers começam a tentar atingir a meta para cobrir o vão? "Eles encontram livros para publicar", explicou, de modo conciso, a CEO. Mas não nos esqueçamos de que agora é setembro, e o vão na receita precisa ser preenchido antes de dezembro do ano seguinte, o que significa que os publishers têm apenas de seis a oito meses para encontrar os livros que lhes permitirão cumprir sua quota na meta de cobertura do vão. Portanto, "eles têm de encontrar livros já concluídos ou que podem ser concluídos em curto período, e que podem ser lançados rapidamente no mercado. Isso significa um livro fácil de terminar, fácil de vender e de comunicação fácil". Não pode ser complicado demais, porque o livro que cobre o vão – ou o "livro instantâneo", como acertadamente disse um publisher – será certamente lançado fora do ciclo de lançamentos programado. Ele provavelmente não constará do catálogo da temporada em que normalmente se esperaria que ele aparecesse; ele pode até mesmo nem aparecer no ciclo de vendas em que normalmente seria apresentado aos compradores. Quase tudo sobre o livro que cobre vãos é anormal, excepcional. É um acréscimo aos ciclos e programas de lançamentos. "Esta empresa vem, de fato, aperfeiçoando o que eu chamo de 'lançamento de oportunidade'", continuou a CEO. "Basicamente é isso: adicionar ao processo livros que não são normais."

Assim, por exemplo, em abril de determinado ano, essa empresa faz uma reunião de vendas para a qual eles têm um catálogo da temporada e na qual os representantes de vendas tomam conhecimento dos livros que serão lançados entre setembro e dezembro e irão até janeiro. Os representantes então vendem esses livros a compradores das principais contas e nas livrarias independentes, "portanto, no final de maio, o mundo achará que sabe o que estamos lançando até janeiro, mas sabe também que não sabe, porque iremos acrescentar livros até setembro". Obviamente, é desejável que os publishers tentem encontrar livros que possam suprir os vãos tão logo quanto possível, já que foram informados de suas metas; dessa forma, o período que vai de setembro a março é especialmente importante na tarefa de preenchimento do vão. Mas a busca continua até o verão – embora, quanto mais tarde o livro for adquirido, mais pressão ele colocará nos sistemas e programações dos publishers em termos de lançamento antes de dezembro. Na prática, um conjunto paralelo de sistemas precisa ser criado para permitir que esses acréscimos cruciais para preenchimento do vão sejam publicados em um período de tempo muito curto – não apenas produzidos, mas lançados no mercado e vendidos. "Criamos um sistema por meio do qual nosso pessoal de vendas tem um meio de se comunicar com as contas e obter encomendas. Desenvolvemos um meio de acrescentar esses livros à linha de produção.

Aperfeiçoamos uma forma própria de fazer isso, porque esses livros estão fora do ciclo", explicou a CEO. "Portanto, uma necessidade financeira se tornou, na verdade, uma vantagem nos lançamentos." A Olympic ficou conhecida no mercado como uma editora que consegue movimentar livros pelo sistema com muita rapidez e se desviar dos ciclos normais de lançamento. Tornou-se conhecida, e seus executivos têm orgulho de serem vistos como uma editora que se destaca na arte de lançamentos de oportunidade.

Nem todo tipo de livro se presta a um lançamento de oportunidade. Não se pode fazer isso com livros de ficção, a menos que um de seus autores "consagrados" esteja entregando um novo livro antecipadamente e se corra para produzi-lo e despachá-lo antes do final do ano. "Mas se for um autor que ainda está sendo formado, é preciso dar tempo – caso contrário, não dará certo. Portanto, todos sabem que há diferentes ritmos. Não se pode fazer isso com todo livro", explicou a CEO. Lançamentos de oportunidade funcionam muito bem com certos tipos de obras de não ficção: livros de celebridades, livros de atualidades, livros-presente, de humor mais peculiar, e assim por diante. Funciona com livros de celebridades porque o autor tem o tipo de reconhecimento que permite às contas mais importantes vender o livro sem muito esforço. "Elas não precisam fazer nada. Colocam o livro à venda, recebem o dinheiro. Então, para elas, é o ideal." Se é o tipo de livro de celebridade pelo qual o consumidor da época do Natal se interessa e se ele pode conseguir o livro nas principais contas até dezembro, melhor ainda. Os representantes terão de ir até os estabelecimentos com os quais mantêm contas e explicar que esse é um acréscimo de última hora ao período de Natal, que não constou do catálogo. "Mas, as livrarias não irão se importar. Eles gostarão de saber que vamos lhes dar outro livro que pode gerar boas vendas no Natal." É possível fazer isso com alguns livros de atualidades. "Quando aconteceu o 11 de Setembro, tínhamos um livro sobre a Al-Qaeda que era para ser lançado na primavera. Corremos com a produção dele, que acabou se tornando um grande best-seller." Portanto, a melhor maneira de administrar o vão é adquirir várias pequenas obras de não ficção comercial que já estão prontas ou que podem ser concluídas a curto prazo e lançá-las rapidamente.

Ela dá um exemplo: alguns anos atrás, em março, vários de seus selos receberam a proposta de um agente para a publicação da autobiografia de uma celebridade. O livro consistia principalmente de fotos em quatro cores da celebridade em questão, com uma quantidade mínima de texto em tom jocoso e irônico. "Pensamos o seguinte: essa mulher vai ter uma vida comercial de dois segundos; então dissemos: 'Bem, vamos lançar este livro em setembro'. Seis meses depois, um livro em quatro cores. Fizemos tudo correndo. Nós o colocamos em catálogo em setembro; vendemos 200 mil cópias. A propósito, isso significou mais de 2 milhões de dólares em volume para o final daquele ano. Aconteceu de ele continuar tendo boas vendas. E ainda está vendendo em brochura, porque, no fim das contas, percebemos que ela não teve a meia-vida de seis meses que havíamos pensado no início. Esse é um exemplo perfeito, porque todo mundo sabe quem ela é, foi fácil vender. Você diria: 'Aqui está ele, e eis por que corremos para que fosse lançado'. Fez sentido, não? É preciso agir antes que seja tarde demais, não é mesmo?"

Quando se trata de procurar livros para suprir o vão, publishers e editores, naturalmente, voltam sua atenção para livros importantes. Não faz sentido tentar suprir o vão com títulos pequenos da lista intermediária, já que nessa fase do ciclo de lançamentos a maioria das listas já terá mais do que suficientes títulos do tipo; não há espaço para acrescentar outros e, de qualquer forma, eles não gerariam os números necessários para trazer uma contribuição séria à tarefa de preencher o vão. "O meio e o final da lista se preenchem por si só no decorrer do processo das reuniões editoriais", continuou a CEO. "Se você tiver, digamos, cinco ou seis editores, e todos eles comprarem cinco livros pequenos, de repente há 25 títulos, além de ter autores que continuam a escrever e que entregam seu livro seguinte. Portanto, há uma certa quantidade da lista que vem naturalmente do fato de as pessoas estarem trabalhando. O que a gente quer agora é buscar meios de preencher o espaço com os grandes." Alguns livros importantes já estão sendo preparados – novos romances de autores de renome, alguns títulos importantes de não ficção, que foram comprados tempos atrás e agora estão se materializando etc. Mas esses livros já foram levados em consideração no processo orçamentário; então, eles não estão disponíveis quando se trata de fechar aquele vão (a menos que seja possível agilizar a produção de outros títulos do tipo e "mandar ver" antes do final do ano). Dessa forma, na maioria das vezes, é preciso olhar para as próprias fontes normais de suprimento – isto é, os agentes – para obter livros importantes que já estejam prontos (ou quase), ou apresentar ideias para livros importantes que possam ser produzidos e colocados rapidamente nos sistemas de publicações de oportunidade. E já que todos os publishers de grandes corporações estão no mesmo barco e trabalhando com programações bem semelhantes, o processo de preenchimento do vão tende inexoravelmente a aumentar os riscos no já superaquecido mercado de livros importantes.

Adquirir novos livros importantes que possam ser lançados rapidamente é a melhor forma de preencher o vão, mas não é a única. Pode-se também tentar extrair mais dos livros que já estão sendo preparados, divulgando-os mais agressivamente e buscando meios de maximizar seu potencial de vendas. Se um livro começa a gerar boas vendas, pode-se estimular isso ainda mais e investir mais nele, na esperança de que "decole" e venda além das expectativas orçamentárias iniciais – por exemplo, pode-se fazer divulgação extra, expandir as turnês publicitárias, voltar até as principais livrarias e dizer: "Vejam bem, a Barnes & Noble tem 50% de participação no mercado com este livro – vocês estão perdendo com isso", e assim por diante. "Não se para de divulgar, reforçar a divulgação", explicou um executivo de alto escalão. "Na verdade, são muito poucos os livros que funcionam; o truque, então, é tornar os livros que funcionam de fato maiores ainda do que já são."

Embora a estratégia de preencher o vão talvez responda por apenas de 10% a 15% da receita total da corporação editorial em qualquer ano, esses 10% a 15% são cruciais – "cruciais porque não se ganha dinheiro até o fim", explicou a CEO da Olympic. Com as despesas indiretas já fixadas, é preciso estimular a geração de receita adicional por meio do sistema, para que as metas financeiras possam ser atingidas – tanto em termos de receita bruta quanto em termos de resultado líquido. "O principal é o resultado líquido – é preciso chegar ao resultado líquido. Porém, não há outra maneira de se fazer isso, exceto com o aumento nas vendas. Pode-se ter sorte e fazer um grande acordo de subdireitos, mas no mundo de hoje isso é muito pouco provável. Assim, vender é a única saída." Se não se consegue fazer a receita bruta crescer, fica-se aquém do resultado líquido ou tem-se de batalhar para cortar custos para tentar resgatar uma margem de lucro sob pressão. Executivos de alto escalão e gerentes vivenciam esse incentivo para preencher o vão como um imperativo da corporação, e, nas corporações mais voltadas para o desempenho, os bônus que eles recebem estão atrelados a isso, "e os bônus são grande parte de nossos salários".

Então, quais seriam as desvantagens de lançamentos de oportunidade? Para a CEO da Olympic, o principal risco é que, quando não se é cauteloso, pode-se acabar lançando coisas com uma rapidez além do necessário. "O perigo é que se tenta fazer isso com muita rapidez. E é exatamente isso que não se deseja fazer. O que se quer é programar tudo da maneira correta. É isso que [a Olympic] aperfeiçoou – a programação de lançamentos de oportunidade." Existem outros riscos? Será que eles estão perdendo dinheiro com esses livros, considerando os custos extras que poderiam estar envolvidos na sua aquisição e na agilidade para o seu lançamento pelos sistemas? "Talvez estivéssemos perdendo dinheiro com os livros suplementares porque os estávamos acrescentando para atingir o orçamento e estávamos gastando em excesso; então, alguns anos atrás, fizemos um estudo completo. Uma das coisas surpreendentes que descobrimos é que ganhamos mais dinheiro com os livros suplementares do que com os livros regulares." Como ela explica isso? "Concluímos que era porque estávamos mais próximos do mercado; assim, sabíamos realmente o que estávamos fazendo. Aí se dizia: 'Vou vender 20 mil cópias', e vendiam-se 20 mil cópias, ao passo que, quando se compra a partir de uma proposta, o livro chega três anos mais tarde. O público já não quer saber mais dele; e o livro não é tão bom quanto se achava que fosse. Com os adicionais, geralmente se compra a partir de originais já concluídos – é como se fosse um animal completamente diferente. Há grande entusiasmo quanto ao fato de que se contrata o livro e depois, 'bum!', o livro está pronto."

Então, não há com o que se preocupar nesse aspecto. E a qualidade? Há o risco de que muitos desses livros lançados como suplementares possam ser livros de qualidade precária, pelos quais existe a tendência de pagar um preço excessivo e depois correr para atingir as metas orçamentárias impostas à organização pela matriz? "Não comungo dessa visão", respondeu a CEO. "Sempre pertenci à escola de que a área editorial é um negócio; as pessoas lhe dão dinheiro para fazê-lo e elas merecem receber seu dinheiro de volta. Por isso, a ideia de que a corporativização de publicações torna esse negócio sujo sempre me irritou." Ela admite que a prática de lançamentos de oportunidade provém de exigências financeiras externas à editora e são impostas a ela pelos proprietários corporativos, mas rejeita a insinuação de que isso, em si e por si só, leve a lançamentos de má qualidade – "tudo depende da avaliação que se faz". Pode-se pagar caro por um livro que está adquirindo para preencher o vão, como pode-se pagar caro por um livro que está planejando lançar em dois ou três anos – seja qual for o caso, pode-se perder muito dinheiro, quer o lançamento seja imprevisto ou não. Dessa forma, a CEO da Olympic não tem quaisquer escrúpulos quanto a lançamentos de oportunidade. "Faço restrições apenas quanto minhas avaliações; algumas vezes são boas, em outras, não. Tenho plena consciência disso."

EM BUSCA DOS "INCÓGNITOS"

Embora a Olympic tenha aperfeiçoado a arte de lançamentos de oportunidade e transformado uma necessidade em virtude, todas as grandes corporações editoriais vivem pressões semelhantes e, geralmente, procedem de maneira semelhante. Elas desenvolveram seu próprio jargão interno para descrever o "vão" que surge todo ano – tão certo como dois e dois são quatro – entre as vendas que esperam atingir com base em suas projeções iniciais e as metas de receita que lhes são atribuídas pelos chefes da corporação. "Nesta empresa, o termo usado para isso é 'incógnitos'", explicou Jim, publisher de outra corporação na cidade. "Já trabalhei em vários desses lugares, e é sempre a mesma coisa em todos eles. Cada um de nós recebe certa quantidade de títulos incógnitos, que não foram adquiridos, que se tem de achar para o próximo ano fiscal, para poder completar sua quota." Na condição de gerente de nível médio, sobrecarregado todo ano com a tarefa de encontrar certo número de incógnitos, a visão que Jim tem desse processo é menos otimista do que a da CEO da Olympic.

Jim administra um selo de uma grande corporação editorial. Todo ano ele passa pelo mesmo exercício orçamentário descrito pela CEO da Olympic, embora modificado de maneiras específicas para sua empresa. "Examinamos o que temos na linha de produção. Juntamente com nosso diretor de vendas, fazemos o orçamento, título por título, em termos daquilo que podemos conseguir lançar inicialmente. Somamos tudo e dizemos: 'Ok, eis o orçamento para o próximo ano'. E eles dizem que não está bom o bastante. Então, eles nos dão um número mais alto, e a maneira de chegar ao número mais alto é dizendo: 'Agora vocês tem incógnitos de 500 mil exemplares de um livro em capa dura a 25 dólares', ou seja lá quanto for. E, aí, nossa tarefa como publishers é atormentar os editores para encontrarem esses livros." Considerando a importância dos incógnitos para atingir as metas do orçamento, a tarefa de encontrá-los assume enorme relevância na vida de gerentes de nível médio nas grandes corporações. "Cada vez que encontro minha chefe, ela pergunta: 'Já resolveu seus incógnitos?' ou 'Como você pretende resolver seus incógnitos?'. Isso é tudo que importa para ela."

Como acontece com todos os publishers de diferentes selos, Jim sofre muita pressão para encontrar incógnitos. Ele próprio procura e também pressiona seus editores para procurarem. Como eles procuram? Onde vão procurar? "Literalmente, chama-se um agente e diz: 'Preciso de um livro para a próxima temporada'. É basicamente isso. Também tentamos desenvolver ideias e pensar em pessoas que podemos procurar – coisas do tipo." É claro que, como os agentes sabem muito bem o que está acontecendo e entendem a pressão que os publishers sofrem, eles sabem que estão numa forte posição de barganha e podem aumentar os riscos envolvidos ou permitir que eles sejam aumentados, fazendo os publishers de diferentes companhias – todos em situação semelhante – competir uns com os outros. "São os editores que supervalorizam os autores", explicou Jim. "Sem a menor dúvida, isso tem um efeito nas apostas e infla os preços das coisas, porque há uma necessidade a curto prazo."

A necessidade de suprir o vão também exacerba as ineficiências embutidas na cadeia de fornecedores, "porque a pressão é por despachar muitos livros para transformá-los em lucro a curto prazo. É aquilo que conseguimos despachar no ano fiscal, não aquilo que vendemos". Para a confecção do orçamento, o segredo é despachar tanto quanto possível e registrar as vendas antes do final do ano fiscal, mesmo que uma proporção substancial desses livros eventualmente seja devolvida. Jim explica: "A maneira como a contabilidade é feita nesse ramo é que operamos com base em reservas: tudo é reservado até certo nível. Para o ano seguinte, será o que quer que despachemos menos 40%. E depois se administram as devoluções nos anos seguintes, seja no lado positivo – tem-se um livro que poderia vender até 90%; então se retira da reserva –, seja no lado negativo, há títulos que são enviados e que voltam em uma proporção de 60%, e aí, até certo ponto, é preciso reconhecer esses 20% extra". Já que a conciliação das devoluções é empurrada para o futuro, administrar o vão tende a criar um incentivo para despachar tantos livros quanto possível, a fim de maximizar a receita e o lucro a curto prazo.

ENTUSIASMO DESESPERADO

O CEO da empresa de Jim, a Galaxy, preocupa-se com a pressão colocada sobre seus publishers diante da necessidade de administrar o vão ("sim, uma pressão tremenda"), mas ele também se preocupa com a pressão colocada na alta cúpula administrativa "para garantir que essas pessoas [isto é, publishers e editores] não fiquem tão desesperadas". Se a procura por incógnitos começa por volta de setembro, em março ela está chegando ao fim, já que a partir de março será cada vez mais difícil comprar livros e conseguir lançá-los antes do final do ano, por melhores que sejam os sistemas das editoras. "Portanto, no ano em que esperavam comprar determinado livro exatamente como qualquer livro de sua lista, ele valeria tanto. E agora, como estão chegando mais perto daquela data de março, eles começam a olhar para o livro que não teriam comprado um ano atrás por certo preço – e podem comprá-lo agora dizendo: 'Será que tem mais alguma coisa para mim? Será que não tem mais nada para mim? Se não, vou ficar com esse'. Então, uma espécie de entusiasmo desesperado assume o comando. Eles ficam tão desesperados, que começam a tomar decisões de compras equivocadas.

E quando olhamos os tipos de livros que foram comprados com atraso no ciclo, vemos que quase nunca são rentáveis, quase nunca."

Após pagar mais do que deveriam por esses livros "tapa-buraco", a tentação é enviar exemplares para livrarias mais do que é prudente na esperança de recuperar o investimento feito neles. "As pessoas tendem a despachar mais exemplares do que seria recomendável", explicou o CEO da Galaxy. "Sabe, existe uma frase, 'mostre-os bem e compradores eles têm' – quer dizer, se não houver uma exposição substancial dos livros em uma loja, as pessoas não os veem; e se elas os veem, pensarão: 'Ah, bem, se eles têm uma pilha, é porque esse livro é bom'. Mas algumas vezes isso não acontece." Evidentemente, essa tentação não afeta apenas os livros que são "tapa-buraco" – é uma característica das publicações comerciais em geral, por razões analisadas em mais detalhes adiante. Porém, a tentação é especialmente forte com esse tipo de livro, pela simples – e importante – razão de que eles são lançados para preencher uma lacuna do orçamento; portanto, todos na empresa – de editores e publishers até o pessoal de vendas e de marketing – têm um foco único: tentar maximizar a receita que puderem gerar com esses livros (juntamente com o fato de que devoluções em grande escala, se e quando vierem a acontecer, serão um problema postergado para outro exercício fiscal).

Com frequência, quando se trata de preparar o orçamento e administrar a lacuna, o CEO da Galaxy se vê em conflito com a matriz. A matriz é uma sociedade aberta, e o CEO da Galaxy chegou à conclusão de que "uma editora comercial não tem o perfil apropriado para ser uma empresa aberta". Ele elabora um pouco mais:

> Quando se entra no setor de livros comerciais, certamente deve esperar que haja crescimento, mas o crescimento não será trimestre após trimestre – aquilo que a bolsa de Wall Street ou a City de Londres está esperando; será assim [ele traça uma linha ondulante, para cima e para baixo, com o dedo indicador], e se você esperar ir assim [ele traça uma linha ascendente regular], acabará afetando sua rentabilidade, porque não há como compensar um *O Código Da Vinci* no próximo ano. É como *Guerra nas estrelas*: quando *Guerra nas estrelas* é lançado, gera 500 milhões de dólares; e quando não é, não gera. É uma boa analogia, porque com esse filme de 500 milhões de dólares seria possível fazer cem ou cinquenta filmes, com todas as despesas associadas. É a mesma coisa com livros. Então, para compensar um livro de 20, 30 ou 50 milhões de dólares, quando o livro médio gera provavelmente menos de 1 milhão de dólares, é preciso fazer cinquenta projetos gráficos e cinquenta diagramações e todas essas remessas e toda a papelada, e as pessoas precisam vender cinquenta vezes e

mantê-los em estoque, e existe a chance de que, ainda assim, não se chegue àquele valor. Então, estou sempre em conflito com a administração quanto a isso, porque eles precisam ver as coisas de uma perspectiva de valor do acionista, e meu ponto de vista é que podíamos aumentar o valor para o acionista deixando nossas vendas caírem, e não tentar compensar os livros fora do padrão. Portanto, se a diretoria vê uma linha em declínio, mesmo que seja uma linha ondulante, eles devem se livrar da gestão, mas, se veem a linha nessa direção [ele traça uma linha ondulante da esquerda para a direita], aí não deveriam. Portanto, [a matriz] está mais ou menos entendendo agora onde as receitas, para eles, estão se tornando menos importantes do que a margem de lucro. O que quero dizer é que posso manter nossa margem e nossos lucros em crescimento, mas não consigo estimular a receita bruta também.

Apesar dos apelos aos chefes corporativos, todo ano, o CEO da Galaxy tem de gerenciar um vão – nessa corporação ele é chamado de "tarefa". Todo ano, ele se senta com seu gerente superior, a quem os vários publishers dos selos se reportam; examinam o que fizeram no último ano e recebem uma tarefa para o ano seguinte. "Assim, todos recebem uma tarefa por selo e sempre tentam trabalhar com seus números. Aí, ou eles compram ou apresentam outras ideias a partir de livros que possuem de anos anteriores, que podem gerar incrementos de vendas. No micronível, eles têm o mesmo problema que eu; portanto, se tiveram um grande livro no ano anterior e não o têm agora, precisam chegar o mais próximo dele que conseguirem. E então, fazemos um gráfico do progresso. Todo mês, quando chegam os demonstrativos financeiros, sentamo-nos juntos e examinamos nosso progresso em relação à tarefa." Entretanto, da mesma forma que o CEO de uma companhia editorial de propriedade de uma sociedade aberta, ele enfrenta outra restrição – capital de giro. Em termos financeiros, o desempenho da empresa é avaliado não apenas em termos de receita bruta e resultado líquido, mas também em termos de capital de giro, e "os adiantamentos são uma porção gigantesca de meu capital de giro. Portanto, quanto mais enxuto eu ficar em termos de estoque [que nesse contexto significa novos livros adquiridos], melhor será desse ponto de vista. Por outro lado, fica-se nervoso por não ter nenhum livro e diz: 'Onde vou consegui-los?'". Em outras palavras, controlar os gastos de capital de giro significa que menos dinheiro está disponível para pagar grandes adiantamentos por livros que serão lançados dentro de dois ou três anos, e isso significa que há menos livros importantes na linha de produção que podem ser considerados para o orçamento do ano seguinte. Daí haver mais pressão sobre os publishers, editores e editoras para comprarem livros importantes no final do ciclo orçamentário, a fim de preencher o vão, levantando os níveis de ansiedade entre executivos e gerentes de nível médio, conforme eles se movem para além no ciclo, e aumentando a probabilidade de manifestação de um entusiasmo desesperado.

EMPRESAS DE CAPITAL ABERTO *VERSUS* EMPRESAS LIMITADAS

Empresas editoriais de propriedade de corporações limitadas podem, até certo ponto, ficar isoladas das pressões financeiras enfrentadas por companhias como a Galaxy, mas delas também se espera crescimento ano após ano e um resultado líquido respeitável. A principal vantagem em ser de propriedade de uma limitada está no fato de que, dependendo de quem seja o proprietário, a corporação tem condições de adotar uma atitude mais branda com relação às vicissitudes do campo de publicações comerciais. "Qualquer personalidade na área editorial entende que um ano é bom e que o próximo ano é ruim, e que haverá anos bons e anos ruins", disse o ex-CEO de uma grande editora de propriedade de uma importante corporação limitada. "Ao passo que o pessoal da corporação não entende, ou se entendem – e eles provavelmente entendem, porque não são tolos –, não se importam. Quando pertencem a uma sociedade aberta, todos os empresários recorrem à desculpa 'Mas eu sou responsável perante os acionistas'. Acho que, na maior parte das vezes, tudo isso é uma grande baboseira; é mera desculpa. Mas eles, na verdade, têm essa desculpa, e, pelo que sei, talvez ela seja verdadeira."

Entretanto, das editoras de propriedade de corporações limitadas, ainda se espera que cresçam ano após ano e se sujeitem a pressões orçamentárias semelhantes – também elas terão um vão para preencher todo ano e atribuirão tarefas específicas ou metas financeiras a cada um de seus selos. O crescimento e as metas de lucro podem ser um pouco mais modestos, e a matriz pode ser menos implacável, se eles não forem atingidas, mas a pressão para concretizar certas metas financeiras faz parte da vida diária tanto da editora de propriedade de uma limitada quanto da editora de propriedade de uma sociedade aberta. "Basicamente, recebemos da matriz uma meta para ser cumprida, e ela é, então, distribuída entre as divisões da organização", explicou o CFO (diretor financeiro) da Mosaic, uma grande editora de propriedade de uma limitada. "Há certos grupos que são mais fortes do que outros, e, com base nisso, eles podem receber mais tarefas. Todos recebem tarefas, porque se não lhes atribuímos tarefas, eles não chegarão ao nível exigido. Acredito piamente que a única maneira de obter sucesso é atribuindo tarefas e dando ao pessoal metas para serem atingidas. Se você apenas diz que precisa crescer 2% ou 3% a cada ano, não chegará a lugar algum. É preciso ampliar isso."

Do ponto de vista dos publishers e dos gerentes administrativos dos diferentes selos nas empresas limitadas, o processo orçamentário é muito semelhante ao das sociedades abertas. Em primeiro lugar, elabora-se um orçamento desde seu início, examinando todos os títulos que estão sendo preparados para lançamento e calculando as vendas para o ano seguinte, avaliando os custos de produção e despesas com marketing e, depois, submetendo o orçamento preliminar ao departamento financeiro, até mais ou menos setembro. "Colocamos tudo junto, decidimos onde achamos que vamos chegar dentro de uma perspectiva realista e, então, sabemos exatamente o que eles esperam de nós, e esse é o nosso vão – ou a nossa ponte –, e é isso que tentamos atingir seguindo adiante", explicou o gerente de um dos selos da Mosaic. Embora não sejam formalmente informados sobre qual será sua tarefa enquanto não apresentarem seu orçamento preliminar, ele tem uma boa ideia de antemão. "Temos, então, uma vaga noção do que eles esperam para 2009", disse ele, quando conversamos em março de 2008. "Recebemos o orçamento de 2008, sabemos que não será abaixo, ou que não temos, na verdade, nenhum alívio; ok. Portanto, sabemos que será o número de 2008 ou 5% acima – por aí." Na Mosaic, a ênfase está mais no resultado líquido do que no crescimento da receita bruta; portanto, a meta que eles recebem é definida basicamente mais em termos de lucro do que em termos de vendas. "Assim, podemos preencher o vão com economias de estoque ou economias de publicidade, ou podemos preenchê-lo aumentando as vendas. A maneira como chegamos até onde eles querem que cheguemos, fica por nossa conta. Eles dizem: 'Queremos garantir tanto de lucro; é o que esperamos de vocês; consigam-no'. Onde vamos buscá-lo, fica por nossa conta." Portanto, se o lucro desse selo em 2008 foi, digamos, 4,8 milhões de dólares sobre um faturamento de 80 milhões de dólares, então a meta deles para 2009 poderia ser 4,8 milhões de dólares mais 5%, ou seja, 5,04 milhões de dólares. E se o orçamento preliminar para 2009 mostrasse um lucro provisório de, digamos, 4,6 milhões de dólares, então a tarefa para 2009 seria buscar um lucro extra de 440 mil dólares, seja por aumento nas vendas, maior economia ou uma combinação de ambos. Numa empresa voltada para o resultado líquido, esse é o vão.

Administrar um vão com base no lucro significa que "é preciso se preocupar com cada linha do demonstrativo de L&P, porque cada uma delas afeta diretamente o resultado líquido". Começa-se tentando aumentar as vendas. "Nós vamos até cada um dos publishers e dizemos: 'Quer saber de uma coisa? Precisamos que você garanta um valor X extra nas vendas, ok?' e esperamos que, quando chegarmos ao próximo período de doze meses, eles possam preencher o vão", seja adquirindo novos títulos, seja oferecendo promoções especiais, com marketing mais focalizado, e assim por diante. Mas se, por acaso, isso não funcionar (ou se não funcionar muito bem), é possível cortar custos. "'Quer saber de uma coisa? Vamos parar de publicar seus anúncios na *Times* durante os próximos três meses, a menos que o livro chegue à lista de best-sellers', ou alguma coisa nesse sentido. Se notarmos que o número de vendas não será alcançado, examinamos outras coisas. Temos elementos promocionais dos quais podemos abrir mão; impressão menor, menos efeitos especiais na capa, qualquer coisa que pudermos fazer que tenha um impacto no resultado líquido." Pode-se até mudar o formato de alguns títulos – lançá-los em brochura comercial em vez de brochura para o mercado popular, porque a probabilidade de devoluções é menor em brochura comercial e os royalties são um pouco menores; tudo isso também ajuda.

Para essa editora, uma solução para o problema do vão são as adaptações de roteiros para novos filmes. "Se sabemos do lançamento de um filme, repassamos o roteiro e fazemos a adaptação. Trata-se de transformar o roteiro em romance. Mesmo que não seja um filme de sucesso, pelo menos ele será lançado e temos um livro no mercado." Em geral, eles lançam o roteiro em forma de romance em brochura para o mercado popular e podem despachar 100 mil exemplares, até mesmo quando se trata de um filme menor. Essa é uma maneira relativamente rápida e fácil de preencher vãos. "Portanto, existem coisas que podemos fazer que podem colocar os ponteiros em movimento."

Ainda que a Mosaic seja propriedade de uma corporação limitada, a pressão é exatamente a mesma. "A pressão para atingir a meta, para obter cada vez mais com cada vez menos todo ano, é tremenda." Eles maximizam o número de títulos que podem lançar em um ano com o mesmo número de funcionários ou até menos, colocando mais pressão sobre todos, e todos são pressionados a fazer o que podem para atingir a meta de lucro, seja aumentando as vendas, seja reduzindo custos, ou ambos. Se não conseguem atingir a meta, então alguém sofrerá em termos de recompensa, porque os bônus estão atrelados à realização das metas. Até mesmo os cargos podem correr risco. "Para dizer a verdade, penso nisso noite e dia. Empregamos 180 pessoas aqui e queremos ter a certeza de que continuaremos a empregar 180 pessoas amanhã e no próximo ano e no próximo. No fim das contas, se as metas não forem atingidas, eles provavelmente terão um novo gerente – sabe, coisas desse tipo acontecem."

Portanto, seja a matriz uma sociedade aberta, seja ela uma empresa limitada, o processo orçamentário nas editoras de propriedade das grandes corporações impõe uma disciplina financeira sobre os selos e divisões que os obriga a batalhar por certas metas, combinando aquisições para preencher os vãos e medidas para reduzir os custos. Adquirir livros importantes em uma fase adiantada do ciclo, apresentar ideias para novos livros que possam ser lançados rapidamente e extrair mais receita de livros já existentes com marketing e promoções extras e, se nada disso funcionar, buscar cortar custos seja lá onde for para melhorar o resultado líquido, mesmo que a receita bruta não esteja crescendo de acordo com as expectativas da corporação – essa é a luta normal que caracteriza a vida nas grandes corporações editoriais, e gera enorme ansiedade em executivos e gerentes de nível médio, além de aumentar ainda mais as apostas sobre novos livros que são vistos como grandes na rede de crença coletiva.

QUANDO O VÃO É IGNORADO

Embora todas as editoras de propriedade de grandes corporações estejam, de uma forma ou de outra, ocupadas cuidando do vão, essa é uma prática alheia às editoras independentes de pequeno e médio porte. Muitas (mas nem todas) independentes preparam seus orçamentos para o ano seguinte, e muitas procuram crescer ano após ano, mas as independentes não estão sujeitas ao tipo de pressão externa por crescimento que sofrem as editoras corporativas, e elas geralmente não tentam atingir suas metas orçamentárias exortando seus publishers e editores a adquirirem livros que possam ser publicados rapidamente para administrar o vão. De fato, a ausência da dinâmica de preenchimento do vão é uma das principais características que distinguem as editoras independentes das editoras corporativas: não é um fato rotineiro da vida para aqueles que trabalham nas independentes da maneira como é para os altos executivos e gerentes de nível médio nas corporações editoriais. "Nunca, jamais, ouvi esse tipo de discussão aqui e jamais esperaria ver", disse o chefe de uma conhecida editora independente de porte médio. "Somos nossos próprios patrões. Se nossas vendas caem 5% no ano vindouro e nosso lucro cai 20%, meus colegas diretores e eu ficamos realmente preocupados. Se observamos uma tendência sequencial de três ou de cinco anos nesse sentido, começamos, com o passar do tempo, a fazer algumas coisas, provavelmente em relação a cortes de despesas. Mas nunca iremos em busca de um livro que não se ajusta ao nosso catálogo só porque ele pode preencher uma lacuna no orçamento das vendas futuras; isso simplesmente não acontece aqui. Jamais. Tenho orgulho em dizer que nunca participei de uma discussão nesse sentido aqui."

Para esse publisher, o fato de que eles não se envolvem no tipo de lançamentos para fechar o vão, comum nas grandes corporações, é motivo de orgulho: é parte do que torna a sua editora especial, em sua opinião, e a distingue do mundo editorial corporativo. "Esse é um dos pontos que, para mim, revela por que [X] é um lugar especial." Para outras editoras independentes, não se importar com o vão é apenas uma maneira de se conduzir negócios. Não quer dizer que elas rejeitam explicitamente a ideia de que adquirir livros deva ser governado pela necessidade de atingir a meta orçamentária; quer dizer simplesmente que a maioria das coisas que eles fazem não envolve sempre um orçamento em mente. "Não temos orçamentos", explicou o sócio-fundador de uma das mais bem-sucedidas editoras independentes de porte médio. "Não é que não estejamos conscientes do dinheiro e não é que não estejamos conscientes dos gastos, mas não trabalhamos em cima de planejamento orçamentário. É tudo baseado na experiência. Simplesmente caminhamos com base em precedentes e na percepção de saber quando mudar de precedente, e temos nossos controles para nos mantermos sempre dentro dos mesmos princípios." Obviamente, esse proprietário-fundador quer ver sua empresa crescer a cada ano, não porque ele precisa satisfazer as expectativas de patrões corporativos, mas simplesmente porque ele quer ter condições de cumprir seus compromissos financeiros e recompensar seus funcionários. "Não é preciso ser muito inteligente para saber que, se não formos tão bem neste ano quanto no ano passado, isso é ruim. Ou, que se obtivermos o mesmo resultado do ano passado e a inflação aumentar seus custos em 3%, isso é ruim." Porém, ele nunca estabeleceu uma meta específica de crescimento para a companhia e nunca instruiu seus publishers e editores a tentarem atingi-la saindo por aí e comprando mais livros. Para essa editora em particular, e também para muitas independentes pequenas e médias, essa simplesmente não é a maneira como os negócios são feitos.

– 7 –

"JANELAS" EM RETRAÇÃO

Vá a qualquer loja da Barnes & Noble ou da Waterstone's e, ao chegar à porta, olhe para as prateleiras de livros expostos, com os títulos visíveis, e as mesas com enormes pilhas de capas duras brilhantes ou brochuras; você estará fazendo um levantamento de um dos principais campos de batalha, onde se trava a luta pela visibilidade na livraria. A área da frente da loja, que se encontra dentro de seu campo de visão, é um espaço totalmente mercantilizado: a maior parte dos livros que se vê estão lá porque a editora pagou para que ficassem expostos, seja diretamente, por meio de uma taxa de exposição (isto é, publicidade cooperativa), ou indiretamente, por meio de descontos ou permutas. Cada novo livro em capa dura exposto na mesa de frente da loja de uma grande cadeia custa aproximadamente 1 dólar; e aproximadamente 10 mil dólares são gastos para expor um novo título nas mesas de frente em todas as lojas de uma rede durante três semanas (o período mínimo, normalmente). Se considerarmos um lançamento em capa dura sendo vendido por 25 dólares, com um desconto de 50% ao varejista, resultaria em um valor líquido de 12,50 dólares para a editora; o custo de 1 dólar por livro significa que a editora está gastando 8% da receita do livro apenas para colocá-lo na mesa de frente da loja – e isso presumindo que ele esteja realmente gerando vendas. Visibilidade custa caro.

Então, por que as editoras se dispõem a gastar tanto para expor seus livros? E quais são as consequências do fato de ser tão caro fazê-lo? De maneira mais geral, como as editoras tentam fazer seus leitores em potencial tomar conhecimento dos livros que estão lançando? Seriam seus métodos diferentes daqueles utilizados por editoras de vinte ou trinta anos atrás – e, em caso positivo, por quê? De muitas maneiras diferentes, é a luta para garantir que seus livros sejam vistos, que se ouça falar deles, que sejam discutidos – em suma, que sejam visíveis em um mercado cada vez mais saturado e barulhento –, é aí que atualmente se trava a verdadeira batalha do setor editorial. Como sucintamente afirmou um publisher: "Ficou mais fácil lançar um livro e mais difícil vendê-lo – esse é o paradoxo. Qualquer sujeito pode lançar um livro hoje, mas, na verdade, levá-lo até o público é que ficou muito mais difícil".

A LUTA PELA VISIBILIDADE

Consideremos algumas estatísticas simples. Embora os métodos utilizados para o cálculo de produção de títulos fossem diferentes no passado[1] e haja motivos razoáveis para uma discussão sobre que produção de títulos

---

1 Nos Estados Unidos, a principal fonte de dados sobre a produção de um título novo utilizada na indústria editorial foi durante muitos anos aquela referente aos dados colhidos pela R. R. Bowker Company e publicados na *American Book Publishing Record* (ABPR); esses dados são também a base das listagens que aparecem na revista *Publishers Weekly*. A ABPR é basicamente um registro dos títulos e edições que chegam ao programa da Library of Congress Cataloging in Publication (CIP). Do início dos anos 1970 até meados dos anos 1980, a Bowker considerava-a uma base razoavelmente precisa sobre a qual produzia sua estatística de produção de títulos, mas a partir dos anos 1980 ficou cada vez mais claro que os números totais não estavam refletindo o que realmente acontecia na indústria editorial norte-americana. Os números da ABPR eram mais exatos como um quadro da carga de trabalho da CIP (que se equilibrava em cerca de 50 a 60 mil títulos por ano) do que como um relato das atividades gerais da indústria. A produção norte-americana de livros estava sendo contada a menos, sobretudo em relação a brochuras comerciais e à produção de pequenas editoras. Numa tentativa de produzir um quadro mais preciso da atividade industrial, a Bowker começou, em 1998, a compilar dados sobre a produção de novos títulos de seu banco de dados mais abrangente, o Books in Print. Esses dados se baseiam em novos ISBNs emitidos a cada ano-calendário e, portanto, incluem brochuras e reedições modificadas como títulos distintos; incluem também livros publicados fora dos Estados Unidos, desde que o ISBN esteja disponibilizado ao público norte-americano.

os dados estão realmente medindo, fica, de qualquer forma, claro que o número de novos livros publicados a cada ano vem aumentando muito na última década, tanto nos Estados Unidos como no Reino Unido. O número de novos títulos lançados nos Estados Unidos a cada ano, antes de 1990, ficou provavelmente abaixo de 50 mil. No decorrer dos anos 1980 e 1990, esse número aumentou muito, alcançando quase 200 mil em 1998. Em 2004, esse número havia chegado a 275 mil (ver Tabela 7.1).[2] Depois de uma queda em 2005, o total foi superior a 284 mil em 2007 e continuou a crescer nos anos subsequentes, atingindo aproximadamente 316 mil em 2010.

Entretanto, o quadro completo é mais complicado do que esses números sugerem, pois houve também um enorme aumento em reimpressões e títulos impressos sob encomenda – o que a Bowker classifica como produção "não tradicional". Os dados da Bowker sugerem que o número de produção não tradicional aumentou de 21.936 em 2006 para impressionantes 2.776.260 em 2010, que, se acrescentados aos livros tradicionais publicados em 2010, resultaria em uma produção total de mais de 3 milhões de títulos. A produção não tradicional inclui livros lançados por companhias especializadas em self-publishing [autopublicação], como a Lulu e a Xlibris, mas a grande maioria dessas produções não tradicionais são versões digitalizadas de obras de domínio público comercializadas na rede e disponibilizadas por intermédio de fornecedores de obras com impressão sob demanda. Na verdade, uma dessas editoras, a Bibliobazaar, selo da histórica editora de reimpressões BiblioLife, respondeu por 1.461.918 ISBNs em 2010 – mais da metade do total da produção não tradicional; e três editoras – a Bibliobazaar, a General Books e a Kessinger Publishing, todas especializadas em reimpressões de obras de domínio público – responderam por 2.668.774 ISBNs, ou 96% do total.[3] Esses títulos não estão sendo "lançados" no sentido tradicional; as editoras estão simplesmente gerando capas e arquivos de texto, obtendo ISBNs e criando metadados para permitir que os títulos sejam vendidos e impressos por demanda. Entretanto, a atividade das editoras de reimpressão está aumentando o volume de ISBNs disponíveis em ordem de magnitude variada e confundindo atualmente o quadro do que significa medir a produção de novos títulos.

---

2 Os dados para o período 2002-2008 foram extraídos de "New Book Titles and Editions, 2002-2008", Disponível em <www.bowker.com/bookwire/IndustryStats2009.pdf>.

3 "Print isn't dead", says Bowker's Annual Book Report' ["Impressão em papel não morreu", diz o Relatório Anual de Produção de Livros]. Disponível em: <www.bowker.com/index. php/press-releases/633-print-isnt-dead-says-bowkers-annual-book-production-report>.

JOHN B. THOMPSON

Tabela 7.1. Produção de livros nos Estados Unidos, 1998-2010

1998	198.961
1999	212.953
2000	265.541
2001	224.853
2002	215.138
2003	240.098
2004	275.793
2005	251.903
2006	274.416
2007	284.370
2008	289.729
2009	302.410
2010 (projeção)	316.480

Esta tabela se baseia no número total de ISBNs para qualquer tipo de livro impresso (incluindo reedições, mas excluindo audiolivros e e-books) disponibilizado para lançamento ou distribuição nos Estados Unidos em determinado ano. Um livro é "novo" se o ISBN não foi previamente disponibilizado nos Estados Unidos; a editora ou distribuidora pode ser localizada em qualquer lugar, e a data é aquela informada à Bowker sobre quando o ISBN estará disponível nos Estados Unidos. Em 2006, a Bowker introduziu uma nova metodologia para obter um quadro mais preciso da produção anual de títulos; isso permitiu que ela incluísse ISBNs aos quais não havia sido atribuído um tema ("itens não classificados"), ISBNs sem preços e ISBNs com encadernações incomuns, tais como livros grampeados e plastificados. Para fornecer dados comparáveis, os números referentes ao período 2002-2005 foram recalculados com a nova metodologia. Os números anteriores a 2002 baseiam-se na metodologia antiga e não são, portanto, rigidamente comparáveis.
Fonte: R. R. Bowker.

O padrão para o Reino Unido é muito semelhante. Antes de 1980, provavelmente menos de 50 mil novos livros eram lançados por ano no Reino Unido. Em 1995, esse número havia duplicado para mais de 100 mil e, em 2003, havia atingido quase 130 mil. O número total caiu levemente depois disso, embora em 2009 o número de novos títulos publicados no Reino Unido tenha aumentado para mais de 157 mil (ver Tabela 7.2), estimulado pelo crescimento de impressão por demanda, publicações digitais e self-publishing.[4]

---

4 Mais livros publicados em 2008 em: <www.nielsenbookdata.co.uk/uploads/press/1NiielsenBook_ProductionFigures_Feb_09.pdf>; 'Nielsen Book Releases 2010 Book Production Figures', em <www.nielsenbookdata.co.uk/uploads/press/1NielsenBook_2010ProductionFigures_Feb11.pdf>.

MERCADORES DE CULTURA

Tabela 7.2. Produção de títulos de livros no Reino Unido, 1994-2010

1994	93.475
1995	104.118
1996	112.627
1997	111.348
1998	122.922
1999	128.115
2000	124.423
2001	120.895
2002	124.940
2003	129.762
2004	121.556
2005	108.086
2006	112.865
2007	115.816
2008	120.947
2009	157.039
2010 (projeção)	151.969

Esta tabela mostra o número total de títulos registrados como lançados por uma editora com sede no Reino Unido ou disponibilizados por uma distribuidora do Reino Unido pela primeira vez dentro daquele ano. A definição de "livro" baseia-se na emissão de um ISBN e, portanto, inclui alguns produtos relacionados a livros em que um ISBN pode ser utilizado como um identificador legítimo.
Fonte: Nielsen BookScan.

Obviamente, números brutos como esses não nos dizem nada sobre que tipos de livros estão sendo lançados e onde estão ocorrendo os maiores aumentos. Sem dúvida, grande parte dos novos títulos lançados a cada ano representa textos acadêmicos e outras obras de natureza especializada; apenas uma proporção, talvez até mesmo uma proporção relativamente pequena, representa novos títulos comerciais voltados para um público leitor geral e vendidos no mercado varejista. Não obstante, o espantoso aumento no número de novos títulos lançados a cada ano – um aumento nos Estados Unidos de mais do que cinco vezes em menos de três décadas – ajudou a criar um mercado saturado de novo produtos Mais de 50 mil novos títulos de ficção foram lançados nos Estados Unidos em 2007, o dobro do que fora em 2003. Isso significa mais ou menos mil títulos por semana – e é apenas ficção.

264 JOHN B. THOMPSON

E isso ainda não é tudo: livros são apenas um produto da mídia entre vários; e, nas últimas três décadas, o mundo da mídia e do entretenimento vem testemunhando uma verdadeira explosão de produtos, desde vídeos, CDs, celulares e iPods, até uma grande abundância de produtos e atividades que consomem o tempo e que estão disponíveis em um ambiente *on-line* em constante e rápida mudança. Em 2004, a National Endowment for the Arts publicou, nos Estados Unidos, um relatório intitulado *Reading at Risk*, que provocou tremores – se não ondas de choque – no mundo editorial: com base em uma pesquisa realizada em 2002, com 17 mil indivíduos, o relatório parecia indicar que o ato de leitura está declinando entre os adultos, e a taxa de declínio está acelerando, sobretudo entre a faixa etária de 18 a 24 anos.[5] O percentual da população norte-americana adulta que havia lido qualquer obra de literatura nos doze meses anteriores caíra de 54% em 1992 para 46,7% em 2002, e o percentual dos que haviam lido qualquer livro nos doze meses anteriores caiu de 60,9% em 1992 para 56,6% em 2002. Em 1982, os adultos jovens (na faixa etária de 18 a 24 anos) eram os que mais liam literatura (59,8%, comparados com uma média para todas as idades de 56,9%); em 2002, os adultos jovens estavam entre os menos prováveis leitores de literatura (42,8%, comparados com uma média de 46,7%). Ao mesmo tempo, gastos com áudio, vídeo, computadores e softwares aumentaram de 6% dos gastos recreacionais totais em 1990 para 24% em 2002, ao passo que os gastos com livros tiveram um leve declínio – de 5,7 para 5,6% – no mesmo período. Um relatório subsequente feito pela NEA confirmou essas tendências gerais e, aparentemente, mostrou que os norte-americanos não só estão lendo menos, mas também não estão lendo bem: entre os alunos do último nível do ensino médio, a média de nível de leitura declinou entre 1992 e 2005 para todos, exceto para os leitores realmente melhores, de forma que em 2005 menos de um terço dos que estavam terminando o ensino médio lia com proficiência.[6] Mesmo entre os universitários já graduados, o percentual daqueles que tinham um diploma de bacharel e que eram proficientes em leitura de prosa caiu de 40% em 1992 para 31% em 2003.

Com a avalanche de novos títulos sendo lançados toda semana, o leitor depara com um excesso de livros à sua escolha – basta entrar em qualquer livraria para testar isso. Com a proliferação de novos produtos de mídia e

---

5 *Reading at Risk*.
6 *To Read or Not to Read*, p.12ss.

com o surgimento da internet, o consumidor se vê diante de muitas novas exigências de tempo e de renda disponíveis. Livros são apenas um tipo de produto da mídia, que disputa a atenção entre tantos outros produtos mais extravagantes, mais ruidosos, mais ousados, oriundos da era eletrônica. E os dados sobre o declínio dos hábitos de leitura sugerem que essa é uma competição em que o tradicional livro impresso em papel não está particularmente bem posicionado para vencer.

Para a editora, o desafio está em como fazer que seus livros sejam notados no meio de todo esse pandemônio, escolhidos e comprados por leitores, como algo suficientemente digno de seu tempo e atenção. "Há mais competição: é mais um mercado de comprador do que um mercado de vendedor", comentou um diretor de marketing. "É maravilhoso poder entrar em uma Barnes & Noble e escolher entre trinta mil títulos. Se eu quiser um livro, digamos, sobre a cozinha vietnamita, posso encontrar vinte livros sobre isso. Se eu quiser um livro sobre como fazer uma salada, posso encontrar cinquenta livros sobre como fazer saladas. Que coisa incrível para o consumidor, mas que desafio para a editora!"

Então, como as editoras comerciais lidam com esse desafio? O que elas fazem para que seus livros se destaquem e sejam notados, apesar de toda a concorrência e todo o ruído do mercado? Esse é o território tradicional do marketing e da publicidade, mas, nos últimos trinta anos, os parâmetros dos esforços do marketing mudaram em aspectos fundamentais. A tarefa é a mesma de sempre – ou seja, criar entre leitores e compradores a sensibilização a um livro e um autor. Entretanto, como disse um diretor de marketing, "mudaram os canais disponíveis para nós e os canais que permitem que esse processo aconteça. Houve abalos sísmicos nesse *front*".

DA COMUNICAÇÃO DE MASSA À MICROMÍDIA

Uma das mudanças mais significativas foi o declínio da tradicional comunicação de "massa", sobretudo a televisão e a mídia impressa – jornais e revistas – e a crescente importância da "micromídia", mais especializada, como canais-chave para o marketing e a publicidade de livros. Os meios de comunicação de massa tradicionais não se tornaram irrelevantes – longe disso. Entrevistas na televisão, lançamentos casados com a TV, críticas elogiosas nos principais jornais, como o *New York Times* ou o *Washington Post*, podem fazer uma enorme diferença nas vendas e ser a fagulha para acender a chama. Porém, as editoras podem depender cada vez menos desses canais tradicionais, tanto porque está mais difícil promover os livros por meio deles, como porque eles estão menos eficazes do que costumavam ser. "Antes era assim: leve um grande sucesso ao *Today Show* e terá trabalho pela frente; consiga algum espaço no *New York Times*, e terá trabalho pela frente", comentou o gerente de marketing de uma grande editora. "Hoje, mais do que encontrar um grande acontecimento, nossa função é muito mais encontrar cinquenta coisas inteligentes para fazer. Com frequência, vejo isso assim: entre nós e nossos leitores há uma parede de tijolos, e temos pequenos martelos; se continuarmos batendo nessa parede, no final vamos acabar perfurando-a." Portanto, o objetivo do gerente de marketing – para ficarmos com essa analogia – é descobrir que martelos podem ser usados, grandes e pequenos, para tentar furar a parede e obter sucesso para um livro. E, "dependendo da pessoa com quem se conversa no mundo do marketing, é preciso dar de seis a doze toques na mente dela para que tome a decisão de comprar".

As editoras podem depender menos da mídia tradicional, em parte porque há menos espaço disponível para o setor. Está ficando cada vez mais difícil conseguir a resenha de um livro na imprensa tradicional, porque o espaço dedicado a elas diminuiu sensivelmente em muitos jornais. Em 2001, o *Boston Globe* aglutinou em uma única seção as resenhas de livros e as páginas de comentários; em 2007, o *San Diego Union-Tribune* fechou sua seção de resenha de livros; e, em 2008, o *Los Angeles Times* matou seu suplemento Sunday Book Review e o fundiu a outra seção na edição de sábado do jornal, reduzindo o espaço dedicado a livros. Até mesmo o *New York Times*, um dos poucos jornais metropolitanos nos Estados Unidos a manter um suplemento para crítica de livros, reduziu seu tamanho quase pela metade – de 44 páginas em média, que ele possuía em meados dos anos 1980, para 24, 28 páginas atualmente.[7] Com as revistas semanais do tipo *Time* e *Newsweek*, a situação é ainda pior. "Sete ou oito anos atrás, elas faziam resenhas bem amplas de novos programas de televisão, filmes e livros", explicou um gerente de marketing. "A cobertura que davam a livros era de três a quatro páginas na revista, e falavam detalhadamente sobre vários títulos importantes. Entre 2006 e 2007, havia uma página ou metade de uma página reservada para livros, imagem da capa e uma sentença. Nada memorável que fique na mente do consumidor/leitor – tudo se foi. Aquele espaço para a coluna, aqueles centímetros para a coluna, foi

---

7 Wasserman, Goodbye to All That, *Columbia Journalism Review*.

corroído. Jornais e revistas, muito deles aliados, fundamentais para nossos negócios, tornaram-se versões pálidas de si mesmos. E nós estamos apenas começando a aceitar isso."

Com relação à televisão tradicional, a situação é muito semelhante. O *Today Show*, o *Good Morning America* e o *Early Show* costumavam receber produtores de livros e dar-lhes amplo espaço, mas os livros deixaram de ser prioridade para eles. "Conversei com produtores que me disseram: 'Ah, o autor que fala bem? Paramos com isso. Romancistas? Ninguém se interessa por romancistas'." Esse gerente de marketing não desistia facilmente. Ele salientou que o *site* NYTimes.com lista as matérias que são mais encaminhadas por leitores do *site* e que, quando eles computaram esses artigos no final de 2006, a matéria que gerou o maior número de e-mails foi sobre os dez melhores livros do ano. "Utilizo isso quando contato os programas matutinos e digo: 'Ninguém me convence de que as pessoas não estão interessadas em livros; está muito claro que elas estão. É preciso atender ao telespectador, e se vocês não vão colocar o autor que fala bem, por que não falar sobre lançamentos para o verão?'. E, então, eles fazem isso agora – falam sobre lançamentos para o verão e dão livros de brinde. Mas preciso dizer uma coisa: é como empurrar pedras morro acima."

Embora os meios tradicionais de comunicação de massa, como jornais, revistas e televisão, tenham se tornado o que esse gerente de marketing descreve como "base de recursos em declínio" para a indústria editorial, há exceções. Uma delas é o rádio, sobretudo o National Public Radio ou NPR. "O NPR é um componente essencial de longo alcance. Programas como *Morning Edition* e *All Things Considered*: sua audiência aumentou semana a semana de maneira significativa nos últimos dezoito meses. Portanto, dedicamos muito de nosso tempo e energia tentando trabalhar com esses programas. E não são apenas os programas em si; o NPR também tem presença *on-line*. Mas não estou bem certo se o crescimento experimentado pela NPR compensa a perda que tivemos na comunidade gráfica." Outra exceção importante são a Oprah e, no contexto britânico, Richard e Judy, aos quais retornaremos adiante.

Com a importância da mídia tradicional em declínio como canal de marketing e promoção de livros, as editoras têm concentrado cada vez mais o foco de seus esforços de marketing em outros meios. Na maioria das editoras, ocorre uma reunião cerca de um ano antes de um livro ser lançado, em que os gerentes de marketing estabelecem o orçamento para o livro e elaboram uma campanha. O orçamento normalmente é estabelecido a partir de um percentual da receita esperada com base no L&P do livro – por exemplo, 6% da receita total. "Portanto, na extremidade inferior, talvez esse orçamento seja de 5 mil dólares, ou 3.500 dólares. Na extremidade superior, talvez esse orçamento seja de 500 mil dólares. A maioria dos livros fica no meio, mais perto de 5 mil dólares", explicou o gerente de marketing de um selo de uma grande editora. "E o que fazemos é dizer: 'Ok, temos essa quantia para gastar, 5 mil ou 500 mil dólares. O que é que precisamos fazer para atingirmos o leitor? Quem são eles? Onde estão eles? Como faremos para chegar até eles?' Essa é uma conversa que, em nossa empresa, inclui o publisher, o editor, o publicitário, um representante de vendas e a equipe de marketing." O desafio é decidir o que se pode fazer com determinada verba para tentar atingir aqueles que se acha que são o principal público para o livro.

Um elemento da tradicional campanha de marketing de livros que se tornou menos importante nos últimos anos é a turnê do autor por várias cidades. Isso ainda existe e é importante para certos tipos de livros e autores, sobretudo aqueles que atraem grande número de leitores, mas não tem mais a relevância que já teve. "Era de enorme importância nos anos 1980 e 1990", comentou o gerente de marketing, "mas veja a coisa dessa maneira: cada autor que colocamos na estrada, a menos que ele durma no sofá do cunhado, significa 1.000 dólares ou 1.500 dólares por mercado. Ou seja, é preciso vender muitos livros para recuperar isso." Além disso, muita coisa acontece nas cidades atualmente, e as pessoas não vão aos eventos como iam antigamente. "Tínhamos um autor – um autor bastante conhecido, um grande autor –, e ele foi a um evento: apareceram duas pessoas. Talvez tenha sido porque a equipe local de basquete estivesse jogando naquela noite, não sabemos." Portanto, em geral, as editoras estão agora muito mais seletivas e estratégicas quanto a colocar autores na estrada.

Elas estão também muito mais cautelosas com relação à publicidade impressa. "Publicidade não vende livros", declarou, sem rodeios, um gerente de marketing. "Nossos orçamentos para mídia paga são aproximadamente a quantidade de dinheiro que uma grande corporação gastaria com rosquinhas em uma sessão de fotos." Na maioria das editoras comerciais, a proporção dos orçamentos de marketing dedicada à divulgação impressa vem declinando com o tempo. Isso é motivo para certa inquietação por parte de autores e agentes, muitos dos quais acreditam – ao contrário da maioria dos publishers – que publicidade impressa, de fato, vende livros. É também fonte de desalento para jornais e outras mídias impressas, que perderam a receita de publicidade (e que algumas vezes citam isso como uma razão por que cortaram ou diminuíram suas seções dedicadas a resenhas de livros).

MERCADORES DE CULTURA 269

Portanto, se os gerentes de marketing estão dependendo menos de turnês dos autores e de publicidade impressa, o que eles estão fazendo para chamar a atenção dos leitores para os livros? A maioria dos gerentes de marketing dirá que está concentrando seus esforços cada vez mais na tentativa de identificar formas específicas, mais aprimoradas, de atingir as pessoas que formam o que eles consideram leitores, utilizando uma gama variada de canais, que, além da tradicional mídia impressa, agora inclui uma série de novos meios, desde listas de e-mails a *sites* e *blogs*. Assim explica um gerente de marketing:

Suponha que estejamos lançando um romance sobre vampiros – um bom tema de ficção. Bem, não vamos conseguir uma resenha todo dia no *Times*, não vamos conseguir anunciar no *Times* todo dia, mas vamos identificar duzentos grupos entusiastas de vampiros – há provavelmente dois mil deles – e descobrir quem eles são, onde moram e divulgar para eles. Vamos lhes enviar um e-mail; uma pessoa de cada grupo ganha um livro de graça e fala sobre ele. Vamos descobrir onde costumam ir; eles se reúnem uma vez por ano em um encontro de fãs de vampiros, e vamos garantir que teremos alguma coisa no evento para espalhar a informação. Portanto, são esses tipos de atividades que realmente podem ajudar a movimentar um livro nesse círculo, bem abaixo do radar da mídia tradicional, porque a mídia tradicional nem mencionará isso. Ou suponha que estejamos lançando um *thriller* jurídico; vamos encontrar professores de Direito que possam responder à obra e descobrir para onde eles vão nas férias; vamos enviar-lhes um exemplar do livro para fazer que comecem a discuti-lo. Boca a boca – tentamos fortalecer essa ideia de divulgação boca a boca.

Construir o boca a boca é essencial: como conseguir fazer as pessoas falarem sobre um livro, contarem a amigos, colegas ou clientes que o livro que acabaram de ler é incrível? A divulgação boca a boca tende a ter um caráter acumulativo, no sentido de que, quanto mais se consegue fazer as pessoas falarem a respeito do livro, mais provável será que falem sobre ele para outras, e essas, por sua vez, contarão para outras e assim por diante, levando a uma espécie de maré crescente de conversa positiva. Apesar da preocupação com a mídia entre os intelectuais e estudiosos, o bom e velho recurso do boca a boca ainda é a pedra de toque dos esforços do marketing. Porém, sem dúvida, é mais complicado do que parece, porque a mídia está entre as ferramentas utilizadas para se tentar construir o boca a boca, e, na verdade, um pouco desse boca a boca acontece na mídia impressa ou na internet – é, até certo ponto, um boca a boca mediado. Com frequência, as editoras miram o que chamam de maneira pouco delicada de "tagarelas" –

quem quer que seja que julgam ter uma posição de influência, sejam editores de resenhas, articulistas, agentes ou formadores de opinião de alguma espécie, "apenas pessoas que falam muito", como disse um publisher. As editoras podem enviar-lhes exemplares para leitura bem antes da data do lançamento real, para que leiam o livro, falem a respeito e o recomendem a outros – em resumo, que gerem burburinho. No caso de *O Código Da Vinci*, de Dan Brown, por exemplo, a editora enviou antecipadamente um grande número de exemplares para leitura, com o intuito de estimular o interesse e o entusiasmo antes que o livro fosse lançado. "Uma das muitas estratégias que criamos foi estimular a venda de um livro pela experiência da leitura", explicou um publisher diretamente envolvido no planejamento dessa campanha em particular.

Então, em vez de fazer 3 mil exemplares de leitura, na verdade fizemos 10 mil, e divulgamos isso em várias ondas. Assim, enviamos exemplares de leitura antecipadamente para livreiros, para os chamados "tagarelas", para representantes, resenhistas e colunistas. E, depois, repetimos a operação. Queríamos que as pessoas lessem o livro, porque eu sabia que, se elas o lessem, falariam a respeito. O que eu não sabia era quão certo estava. Porque, no final, quando o livro foi lançado, ele entrou no *ethos* de tal forma que não havia uma mesa em que não fosse discutido. É por isso que o livro se tornou esse fenômeno: o boca a boca apenas o elevou a alturas que ninguém jamais havia imaginado. *O Código Da Vinci* vendeu mais exemplares na primeira semana em que foi colocado à venda do que jamais haviam vendido todos os outros livros de Dan Brown juntos.

Gerar entusiasmo acerca de um novo livro tem a ver também com *timing*. É preciso tentar encontrar uma "janela" para o lançamento, quando não houver muita coisa acontecendo, especialmente quando se está tentando lançar um autor novo ou não muito conhecido. "Se conseguir uma janela, em que não há muitas novidades conhecidas, as pessoas entram na livraria dizendo: 'Não estou vendo nada de interessante aqui; acho que vou tentar este autor novo', e aí se tem uma chance", explicou um diretor de vendas. "Mas, se há cinco ou seis grandes autores que eles já leram antes, o novo autor acaba perdendo. E essa é uma parte essencial do negócio: encontrar uma janela." As editoras podem verificar as listas da concorrência produzidas pela Barnes & Noble e outros varejistas para saber o que as outras estão lançando e quando estão planejando lançar e, aí, elas podem posicionar seus livros de modo a não concorrerem com as outras. Evidentemente, se estão lançando um novo livro de um autor de renome, como John Grisham ou Patricia

Cornwell, não é preciso prestar muita atenção à lista da concorrência. "Apenas escolhemos uma data que seja boa para ele. E todos os demais ficam à distância." Porém, se estão tentando lançar um livro de um autor novo ou não muito conhecido, elas conferem a lista das concorrentes e planejam o lançamento para quando não houver nada muito importante acontecendo. Se a data de um lançamento que haviam planejado originalmente correr o risco de ser eclipsada por outros eventos, elas postergam o lançamento em várias semanas. Pode-se obter a lista da concorrência com antecedência suficiente para garantir uma data.

Fechar uma data para o lançamento não significa que todo o esforço do marketing e da divulgação esteja voltado exclusivamente para essa data – pelo contrário, e esse é um dos aspectos essenciais em que o marketing mudou nos últimos anos; no modelo tradicional de marketing de livros, o trabalho de marketing e divulgação era todo projetado para ter início no momento do lançamento, como uma grande onda arrebentando na praia – a teoria era que isso maximizaria a atenção do público no momento em que o livro aparecesse fisicamente nas livrarias. Entretanto, no ambiente das novas mídias de hoje, os gerentes de marketing muitas vezes tentam construir a campanha de marketing ao longo do tempo, fazendo que as pessoas falem sobre um livro e gerem interesse e entusiasmo por ele bem antes do lançamento. Há várias razões para isso.

Em primeiro lugar, ao criar expectativa entre leitores em potencial, eles podem gerar demanda nas bases, o que ajuda a garantir que o livro "decole" com força quando for efetivamente lançado. Na melhor das hipóteses, eles podem até mesmo conseguir levar um livro de um autor desconhecido à lista de best-sellers, o que dá, de imediato, um alto grau de visibilidade no mercado. Talvez o melhor exemplo desse fenômeno tenha sido *O historiador*, o primeiro romance de Elizabeth Kostova, que foi vendido por 2,1 milhões de dólares em um leilão e em seu lançamento, em 2005, foi direto para o número um da lista de best-sellers do *New York Times* na primeira semana de vendas. Como a editora conseguiu essa notável façanha? "Simplesmente aconteceu por causa do crescimento das redes varejistas e da internet", explicou um dos publishers que testemunhou o fato bem de perto. "O que as redes varejistas aprenderam é que, com o crescimento de pontos de vendas que não são livrarias, elas podem transformar o livro de um escritor desconhecido em um best-seller. Pontos de vendas que não são livrarias podem vender James Patterson ou Michael Connelly, mas são mais cautelosos quanto a escritores desconhecidos. Portanto, se as redes varejistas encontram algo que as deixa entusiasmadas, elas tomam uma atitude firme e empreendem um marketing agressivo junto aos clientes, apostando no livro e fazendo dele um sucesso de vendas." E, graças à internet, o marketing que a editora fez junto aos seus clientes básicos e a vários intermediários – livreiros, críticos, *bloggers* e outros – pouco a pouco atingiu leitores e compradores de livros. Em outras palavras, é provável que o burburinho, mais do que nunca, transborde para além da indústria como tal:

O tipo de burburinho que criamos dentro da indústria agora realmente chega aos clientes em um nível que, quando um livro de um autor desconhecido chega às livrarias, ele pode se tornar o número um da lista de best-sellers. Os livreiros ficam na retaguarda, dão a ele um destaque agressivo em seus *sites* antes do lançamento e nos disparos de e-mails que enviam aos clientes, dizendo "será lançado em tal e tal data". E, além disso, o mundo dos *blogs*, dos *sites*, dos grupos de leitura, dos clubes do livro – pessoas que têm sede de informação sobre o que é interessante, o que é instigante –, vem crescendo, e essas informações estão agora disponíveis. Eles procuram os *sites* das editoras, falam uns com os outros, e assim o entusiasmo que disseminamos dentro da indústria editorial se alastra também para fora da indústria. Costumava acontecer de um livro começar lá de baixo e subir aos poucos, à medida que as conversas sobre ele se espalhavam pelo país, por meio de revistas mensais, revistas semanais, jornais – esses meios de comunicação mais lentos. Depois, os autores de best-sellers começaram a ir direto para a primeira posição nas listas. Mas isso agora está acontecendo com escritores desconhecidos, o que é muitíssimo estimulante. A habilidade que uma editora tem de se comunicar com os consumidores sobre um escritor desconhecido nessa escala é algo absolutamente encorajador. Trata-se de uma enorme mudança na indústria.

Há outra razão para as editoras se distanciarem do modelo tradicional de marketing, que colocava ênfase na grande onda de publicidade na data de lançamento, e darem maior ênfase na divulgação pré-lançamento: ou seja, "levar à *pole position* na Amazon". Como afirmou um gerente de marketing: "O que temos agora é a capacidade de captar uma venda antes que o livro esteja disponível no ambiente físico, o que não existia vinte anos atrás". Essa publicidade pré-lançamento e esse fenômeno das pré-encomendas podem ser altamente significativos para as editoras, em parte porque podem aju-dar a levar um livro para as listas de best-sellers assim que for publicado, já que todas as encomendas antecipadas contarão como primeiro dia de vendas quando o livro for lançado de fato. E chegar às listas de best-sellers é importante, porque ele será exposto na mesa da frente nas grandes redes varejistas – se já não estiver lá. "Uma vez transformado em best-seller, a tendência é de ter mais visibilidade em outros ambientes. Não há uma única lista importante; o agregado é que importa, e é importante por causa da visibilidade, por causa da consciência que fomenta no consumidor – 'Ah, sim, vi este livro; ouvi falar deste livro'."

Encomendas antecipadas também são relevantes, porque podem ajudar a editora a superar a resistência inicial que ela enfrentaria de compradores nas grandes redes varejistas, os quais podem pensar que um livro que lhes foi apresentado por um representante de vendas não seja tão importante quanto a editora acha que é. "Estávamos tendo problemas com a Borders e a Barnes & Noble com [um livro recente]", continuou o gerente de marketing. "Eles não o viam como um livro importante. E, então, quando começamos a divulgá-lo antes do lançamento, fazendo as pessoas discutirem a respeito dele *on-line*, ele foi parar entre os quinze melhores da Amazon algumas semanas antes do lançamento. E tanto a Barnes & Noble quanto a Borders voltaram atrás e aumentaram suas encomendas para 2 ou 3 mil exemplares".

A maneira como esse gerente de marketing viu a questão é que cada livro é lançado em um *continuum* linear, e o trabalho do pessoal de marketing é criar uma "onda de conscientização". No passado, o objetivo era fazer essa onda se quebrar no dia do lançamento e o público experimentar forte emoção nos dias e semanas imediatamente subsequentes ao lançamento. Agora, porém, isso se dá mais lentamente e há mais coisas acontecendo no caminho. "Cada livro suscita algo diferente, e não se pode aplicar as mesmas regras a todo título, mas, como regra geral, a estratégia que está sendo adotada agora é a do pré-lançamento. É RP de pré-lançamento, divulgação de pré-lançamento, para ajudar a impulsionar o livro à *pole position* na Amazon."

O CRESCIMENTO DO MARKETING *ON-LINE*

Em termos de marketing, a mudança de foco da mídia convencional para os canais *on-line* reflete-se na redistribuição de recursos de marketing dentro de muitas editoras. O âmbito dessa redistribuição varia de editora para editora, dependendo da natureza do catálogo e da importância atribuída aos canais *on-line* em nível de gerenciamento. Em uma grande corporação editorial dos Estados Unidos, a proporção dos gastos totais de marketing (incluindo publicidade cooperativa) dedicados à promoção *on-line* dobrou de 3,5% em 2006 para 7% em 2007, e indicava crescimento em percentual semelhante em 2008. Em um selo dessa corporação, a mudança para o método de publicidade *on-line* foi ainda mais radical. Phil, gerente de marketing *on-line* do selo, havia ingressado na empresa em 2006. Ele não possuía experiência no setor editorial; dezoito meses antes de ingressar na empresa, ele havia gerenciado propriedades *web* para uma revista ilustrada. Ele era valorizado não tanto por sua experiência na área editorial, mas por seu conhecimento do acelerado mundo da *web* e sua capacidade de usar esse conhecimento para encontrar maneiras novas e criativas de comercializar livros. "Isso me permite trazer ao mercado editorial tradicional um ritmo diferente", comentou Phil; quando chegou, em 2006, apenas 10% do orçamento de marketing do selo (excluindo publicidade cooperativa) eram destinados ao marketing *on-line,* comparados com 60% destinados ao impresso; dezoito meses mais tarde, o marketing *on-line* respondia por 65% do orçamento, comparados com 15% destinados ao impresso (ver Figura 7.1). Trata-se de uma enorme mudança em um espaço de tempo muito curto.

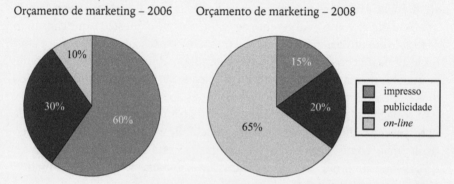

Figura 7.1. Divisão do orçamento de marketing de um selo nos Estados Unidos, 2006 e 2008.

Então, como está sendo gasto o orçamento de marketing *on-line*? Phil dividiu suas atividades principais em três áreas: publicidade *on-line,* alcance *on-line* e gerenciamento de propriedades *web*. A maior parte do orçamento fica com a publicidade *on-line,* já que, como Phil explicou, "estamos direcionando nossos dólares mais para publicidade na internet do que para a impressa". Até mesmo quando se trata de autores importantes, eles irão normalmente divulgar no *New York Times on-line* em vez de fazê-lo por meios impressos. Eles também utilizam muito o programa de publicidade do Google, que lhes permite visar *sites* e dados demográficos específicos. "O lado bom da *web* é que podemos atingir um público segmentado. Na próxima semana, vamos trabalhar um livro sobre música e mostraremos anúncios apenas àqueles cujos computadores estão em Austin, no Texas, porque é uma cidade muito musical e um festival de música começa lá na próxima semana. Portanto, o anúncio só atingirá computadores de determinada zona postal." Outra vantagem de anunciar no Google é que o anúncio pode ser controlado facilmente; assim, se ele não estiver funcionando, é possível desligá-lo, e, se estiver funcionando bem, é possível aumentá-lo. Como acontece com toda publicidade, parte do objetivo é impulsionar as vendas, fazendo os consumidores clicarem para a Amazon ou para seu próprio *site* de comércio eletrônico, mas parte do objetivo é também gerar opiniões – ou seja, fazer que o livro e o autor sejam vistos. "Queremos opiniões da mesma forma que as desejaríamos com divulgação impressa", disse Phil. "Queremos que as pessoas vejam a sobrecapa; queremos marcar o nome do autor. Considerando que 15% de todas as vendas de livros são feitas *on-line*, existe uma parte de mim que quer impulsionar os cliques e levar as pessoas para nosso *site* de comércio eletrônico ou para a Amazon. Mas também quero que os outros 85% estejam na livraria e reconheçam o livro, seja porque viram um anúncio ou alguma outra coisa que fizemos *on-line*."

Embora a publicidade fique com a maior quota do orçamento de marketing na internet, grande parte dos esforços de Phil concentra-se no que ele chama de "alcance *on-line*". "Buscamos os blogueiros, porque são eles que fazem o assunto render." Eles criam e mantêm listas de endereços postais de blogueiros em diferentes áreas – blogueiros políticos, por exemplo – e depois, cerca de três semanas antes do lançamento, enviam-lhes exemplares prontos do livro. "E a maneira como tentamos vender a blogueiros é muito diferente da maneira como o departamento de marketing tentaria vender a um editor", explicou Phil. "No marketing, eles enviam o livro com um release, fazem *follow-up*, telefonam. Nós apenas colocamos o livro em um envelope e o enviamos; não fazemos *follow-up*. Tenho relações pessoais com muitos desses blogueiros; portanto, eles sabem que podem me enviar um e-mail se tiverem alguma dúvida ou se quiserem conteúdo adicional, seja um questionário ao autor, um *podcast* ou um trecho. Mas o objetivo é fazer esses livros chegarem ao maior número possível de blogueiros." Eles enviam entre cem e quatrocentos livros para blogueiros – basta colocar o livro em um envelope e enviá-lo, sem necessidade de carta, release ou *follow-up*, nada. E eles não farão nenhuma dessas coisas tradicionais, porque Phil sabe que blogueiros não são – nem querem ser – editores tradicionais de resenhas. "Fiz uma pesquisa e me encontrei com blogueiros, em convenções ou por aí, e eles realmente querem se distanciar da mídia tradicional; não querem ser resenhistas convencionais; querem chegar a isso praticamente sozinhos, sabe? Então, disponibilizamos o livro, e depois eles podem decidir como querem escrever a respeito. E, em minha opinião, não importa se irão escrever uma resenha ou se vão apenas fazer menção ao livro – para mim, tanto faz, porque tudo ajuda a manter a conversa acesa. E, como tudo isso está *on-line*, tudo fica indexado; portanto, quanto mais um escritor for objeto de conversa, tanto melhor."

Phil cita o exemplo de um livro que sua editora lançou recentemente sobre o governo Bush. O autor era bastante conhecido em *blogs*, o que lhe deu uma plataforma *on-line* e foi útil para a identificação de blogueiros aos quais o livro poderia ser enviado. Embora o livro criticasse o governo Bush, eles o enviaram também a blogueiros conservadores, porque, mesmo que dessem um parecer negativo sobre ele, isso ajudaria a criar interesse e polêmica. "Quanto mais pessoas estiverem falando a respeito do livro, melhor, e a parte positiva da *web* é que as pessoas estão constantemente conversando. Alguém pode estar sentado no trabalho e ao mesmo tempo ir a esses lugares e assinar *feeds*. As pessoas estão constantemente envolvidas." Quanto a esse livro em particular, enviaram cerca de 350 exemplares no total, "para blogueiros de direita, blogueiros de esquerda, todo tipo de blogueiro". Depois de enviar os livros, Phil usou o Google Alert para encontrar locais onde havia burburinho, "e é nesse momento que abordo o blogueiro pessoalmente e lhe apresento um questionário, ou um trecho, ou a capa do livro, ou um *podcast*, exatamente porque, aí, eles o reenviam, e ele volta para o topo e toda a conversa recomeça. É nesse momento que esperamos que as pessoas estejam indo para a Amazon, para a Barnes & Noble, para a livraria. Então, é como continuar a atacar com conteúdo diferente e especial até o ponto em que alguém diz: 'Agora eu tenho de comprar este livro'". No caso desse livro em particular, a campanha foi um sucesso retumbante. "Fizemos uma campanha agressiva de pré-venda. Não houve anúncio, não houve matéria; tudo estava voltado para a *web*. E empurramos os números para cima, e o livro ficou entre os dez primeiros na Amazon antes de ser colocado à venda. Em seguida, ele chegou à lista de best-sellers, logo após ser colocado à venda." Depois de alcançar a lista de best-sellers na semana em que foi colocado à venda, ele adquiriu vida própria, pois a lista de best-sellers dá muita visibilidade a um livro, "e é então que a mídia convencional começa a prestar atenção nele".

Esse tipo de campanha *on-line* funciona especialmente bem para livros sobre política, já que a blogosfera política tem muito trânsito e muitas comunidades de blogueiros e leitores entusiasmados e envolvidos, mas também pode funcionar bem para outros tipos de obras de não ficção, e até mesmo para ficção. Uma das coisas que consome boa parte do tempo de Phil é ajudar autores a criar seus próprios *sites* e *blogs* para despertar interesse por seus livros – e isso não se aplica apenas a obras de cunho político; faz parte do gerenciamento de propriedades *web*.

A diferença básica entre gerenciar propriedades *web* e fazer marketing e divulgação em *blogs* é que, "ao fazer marketing e divulgação em *blogs,* somos nós que estamos indo para o mundo e tentando ser eficientes. Quando se trata de gerenciar nossas propriedades *web,* visamos atrair as pessoas até nós". Grande parte do gerenciamento de propriedades *web* diz respeito à manutenção de um *site* atualizado, e isso significa criar conteúdo novo e original tanto quanto possível e mudá-lo com frequência – no caso de Phil, duas ou três vezes por semana, "exatamente porque a última coisa que quero é alguém chegar a um *site,* mesmo que tenham se passado dois ou três dias, e pensar: 'Bem, isso é notícia antiga'. As pessoas não querem ver conteúdo estático".

Na verdade, as questões são mais complicadas, porque também têm a ver com a otimização de mecanismos de pesquisa – isto é, têm a ver com a criação da arquitetura e do conteúdo de um *site* que seja amigável para o indexador do Google. Ser visível no mundo *on-line* é, em grande parte, uma questão de ser visível para mecanismos de pesquisa, e acima de tudo para o Google. Mas – igualmente importante – tem a ver também com moldar seu *site* e conteúdo de tal forma que ele se classifique em um alto nível nos resultados da pesquisa – caso contrário, seu conteúdo será, na prática, invisível. O algoritmo do Google é um segredo cuidadosamente guardado, "uma magia negra em si mesma", para usar a expressão de um gerente de marketing *on-line,* mas aqueles que trabalham com marketing na internet têm como tarefa compreender pelo menos algumas das maneiras como ele funciona. Eles sabem, por exemplo, que, quando se tem um objeto em Flash – plataforma multimídia normalmente usada para acrescentar animação e interatividade a páginas da *web* –, é preciso anexar algum texto a ele, porque o Google não indexa um objeto em Flash e não o seleciona. Muitos vídeos do YouTube são feitos em Flash, mas é o texto em volta deles que os torna "hiper-relevantes" e visíveis para os indexadores. O algoritmo do Google também valoriza o frescor do conteúdo; então, quanto mais frequentemente o conteúdo mudar, mais alto ele será classificado em uma pesquisa. A Wikipedia é perfeita para um mecanismo de pesquisa, porque o indexador vê o conteúdo, que está em constante mudança; portanto, muitas vezes, a Wikipedia é classificada no topo ou próxima a ele nas pesquisas do Google.

Administrar propriedades *web* também envolve criar ou encorajar comunidades de leitores, elaborando boletins informativos, enviando informações a grupos de leitura e iniciando *blogs* ou ajudando autores a iniciar *blogs*. Por que iniciar um *blog* é tão importante para os escritores? "Exatamente porque um *blog* dá a um autor uma plataforma onde começar a conversar", diz Phil. Para estimular seus autores a iniciarem uma conversa em um *blog*, Phil e sua equipe fazem todo o trabalho técnico prático. "Estabelecemos os *templates*, organizamos tudo no fundo para que as pessoas possam encontrar o *blog*, e depois nós os liberamos para seguirem adiante." Phil cita o exemplo de um autor que estava escrevendo um livro para sua editora sobre como viver com a síndrome de Asperger. Eles criaram um *blog* para ele e fizeram-no participar do *blog* antes do lançamento do livro. O autor se envolveu muito, postando constantemente conteúdo, informações, "nem sempre sobre o livro, mas falando sobre temas em geral. De imediato, ele obteve cinquenta comentários e respondeu a todos. Foi, de fato, um processo envolvente. E foi algo que ganhou muito fôlego. A mídia falava sobre o livro, e toda vez que você ia a uma sessão de autógrafos, as pessoas diziam: 'Ah, nós visitamos seu *blog*'". Elas forneceram ao autor muito conteúdo relativo ao livro para ele acrescentar ao *site* – a sobrecapa, um trecho do livro, um *podcast* do autor lendo um trecho do livro, um vídeo curto sobre o autor, uma agenda das vezes em que o autor apareceu na mídia, *links* para dezenas de lugares onde os leitores poderiam comprar o livro etc. Os *podcasts* e os vídeos que Phil produziu ou editou foram também postados na Amazon, na Barnes & Noble, no YouTube e em outros *sites*, para maximizar a exposição na *web*. Quando esse livro em particular foi lançado, foi direto para a lista de best-sellers e continuou lá por um longo tempo. "É como se ele ganhasse vida própria." Mesmo agora, quando eles se preparam para lançar uma edição em brochura, o autor está constantemente postando conteúdo novo e conversando com outros, inclusive leitores em potencial, por meio do *blog* – "ele continua a conversar e, de certa forma, gera sempre uma novidade".

Uma ilustração surpreendente de como o uso inovador da mídia *on-line* pode aumentar a visibilidade e impulsionar as vendas é fornecida por *O meio do caminho*, de Kelly Corrigan, as estimulantes memórias de uma mulher com um casamento feliz, mãe de dois filhos, que um dia descobriu que tinha câncer de mama. Inicialmente lançado em capa dura, em janeiro de 2008, foi um sucesso modesto, vendendo 35 mil exemplares. A autora é uma mulher articulada, carismática e, após o lançamento do livro em capa dura, ela começou a conversar com grupos de mulheres em cenários diferentes. Ela filmou a si mesma em uma dessas ocasiões e enviou o vídeo à editora – uma editora comercial de propriedade de uma grande corporação de multimídia – para ver se poderiam usá-lo. A editora havia criado um pequeno grupo de marketing digital, composto de duas mulheres que não tinham experiência em publicação de livros. ("Fiz isso de propósito", explicou um gerente de alto escalão, "porque acho que é realmente importante nesse momento da área editorial trazer para cá pessoas que não carregam toda a bagagem consigo, que olham para as coisas de maneira objetiva e tentam imaginar abordagens novas e diferenciadas."). As profissionais decidiram editar o vídeo para que se pudesse ver a autora lendo e observar a reação da audiência, permitindo que os espectadores sentissem a conexão emocional entre eles. Eles não liberaram o vídeo imediatamente; seguraram-no até meados de dezembro de 2008, apenas poucas semanas antes do lançamento do livro em brochura. Então, postaram o vídeo no YouTube e enviaram-no a um pequeno grupo de mulheres na empresa com um e-mail, dizendo: "Eis o vídeo final. Pedimos a cada uma de vocês a gentileza de enviá-lo a um grupo de amigas e, se elas gostarem, estimularem-nas a passá-lo adiante". No final do vídeo, havia uma foto do livro com uma nota informando que ele estava disponível em brochura. "Eu o enviei a um grupo de cerca de trinta ou quarenta amigas, dizendo: 'Nunca envio esse tipo de coisa, mas é tão eficiente que realmente encorajo você a assisti-lo e, se gostar, a compartilhá-lo', disse uma executiva da companhia. Uma semana depois que postamos o vídeo no YouTube e algumas de nós o enviamos para várias amigas, ele foi visto por 250 mil pessoas. Duas semanas mais tarde, esse número aumentou para 500 mil e houve gente que me enviou o vídeo, sem saber que eu tinha alguma coisa a ver com ele." O vídeo acabou se tornando viral.

A brochura de *O meio do caminho* foi lançada em janeiro de 2009 e, em março, havia vendido 350 mil exemplares. Assim que as vendas do livro começaram a deslanchar, as cadeias varejistas tradicionais viram uma oportunidade de vendas e começaram a ir atrás do livro. A Borders decidiu que tentaria levar o livro para o topo da lista de best-sellers do *New York Times*, e eles prepararam uma instrução especial para todos os gerentes de loja, dando ao livro um espaço proeminente dentro da loja. "Assim, o livro, que fora o número dez ou doze da lista por várias semanas, de repente pulou para a quarta posição, depois para a terceira, derrubou *A audácia da esperança*, do presidente Obama, no segundo lugar e agora só faltava mais um. *A terceira xícara de chá* ainda é o número um." *O meio do caminho* nunca conseguiu derrubar *A terceira xícara de chá* do número um da lista, mas ficou 25 semanas na lista de best-sellers do *New York Times*.

Sem dúvida, não é para todo autor e para todo livro que as estratégias de marketing *on-line* funcionam. Não há uma fórmula simples que possa ser aplicada – muita coisa depende do tipo de livro, do tópico e do autor, e o desafio para o profissional de marketing na internet é construir habilidosamente uma estratégia que funcione para cada livro que ele tenta promover, considerando o assunto e os pontos fortes e fracos do autor. Alguns tipos de livros – como ficção nova – são menos receptivos, e alguns autores não têm interesse ou não conseguem trabalhar nesses ambientes. Porém, cada vez mais, uma das perguntas que as editoras fazem quando estão decidindo sobre um novo livro na fase da proposta é se o autor tem capacidade para se envolver em alguma forma de marketing *on-line,* seja por meio de um *blog,* seja mantendo um *site* ou criando um vídeo que possa ser postado *on-line* ou divulgado via marketing viral. Em tempos de internet, essas novas formas de marketing *on-line* estão se tornando cada vez mais decisivas na construção da visibilidade de livros e na sua sorte.

A BATALHA PELO GLOBO OCULAR

A campanha de marketing é um aspecto da luta por visibilidade; o outro aspecto é a batalha pelo globo ocular nas livrarias e outros pontos de venda no varejo. "Digo apenas uma coisa", comentou o gerente de marketing de uma grande editora de Nova York, "se quiser vencer a batalha nos primeiros quinze metros da livraria, se conseguir chegar àquela mesa da frente, se conseguir chegar àquele expositor no final do corredor, se conseguir se posicionar bem à frente do globo ocular de alguém, tem-se muito mais chance de sucesso do que se retornar para a seção de lombadas visíveis, com todo tipo de livro sobre culinária que já se lançou".

Parte da ideia aqui é que, se foi montada uma boa campanha de marketing e divulgação, consumidores irão às livrarias, e, portanto, seu livro deve estar lá, bem na frente da loja, para que eles possam encontrá-lo facilmente, pegá-lo e comprá-lo. Ou – igualmente importante – se eles entram em uma livraria para folhear, ou talvez para procurar um livro específico, mas não o seu, eles verão o seu livro, e se lembrarão de ter ouvido algo a respeito dele em algum lugar e o acrescentarão a – seja lá o que for – que estiverem comprando naquela ocasião; em outras palavras, torna-se uma compra por impulso. Se seu livro não está na mesa de frente da livraria, com a capa ou a quarta-capa visível, mas simplesmente estocado, com apenas a lombada visível na seção especializada de algum local da loja, perde-se esse impulso de compra. "Um grande ponto de venda no varejo pode ter 30 mil metros quadrados e dentro desses 30 mil metros quadrados pode haver 50 mil títulos, talvez mais, 100 mil títulos", continuou o gerente de marketing. "Se há alguma coisa bem na frente quando se entra, é muito mais provável que se pare e olhe para ela. Muitos consumidores dizem: 'Preciso de um livro sobre esse assunto específico; vou dar uma olhada nessa seção', e, então talvez eles encontrem o seu livro. Mas pode-se entrar na Barnes & Noble dizendo: 'Quero comprar um grande romance' e, enquanto caminha, vê algo e diz: 'Ah, olha só esse livro de culinária! Eu adoraria tê-lo, ou minha esposa adoraria ter este livro!'. A venda é perdida se estiver na seção específica – o cliente nunca faria essa compra por impulso."

Portanto, quão importantes são as compras por impulso no campo de publicações comerciais? Estão certas as editoras em se preocupar com o local em que seus livros são expostos e como eles são expostos nas livrarias e em outros pontos de vendas no varejo? A Tabela 7.3 resume dados da Bowker's PubTrack sobre impulsos de compras de livros por ponto de venda em 2007. A PubTrack entrevistou mais de 1 milhão de consumidores nos Estados Unidos, que compraram livros em diferentes pontos de venda – desde Amazon e das grandes redes varejistas até os comerciantes de massa e clubes atacadistas. Os consumidores foram indagados sobre se planejavam comprar determinado livro naquela ocasião específica, se planejavam comprar determinado livro, mas não naquela ocasião específica, se planejavam comprar um livro, mas não determinado livro, ou se não planejavam comprar qualquer livro. O grupo final – aqueles que não planejavam comprar qualquer livro – representa nítido impulso de compra. Os dados mostram que 29% de todas as compras de livros são feitas por impulso. Porém, eles também mostram que a proporção de compras por impulso varia muito de ponto de venda para ponto de venda – é a mais baixa na Amazon (15%) e em outros *sites* de comércio eletrônico (15%) e a mais alta em clubes atacadistas, onde compras por impulso respondem por quase metade (45%) de todas as vendas de livros. A Barnes & Noble, a Borders e as grandes redes ficam na posição intermediária (17-20%).

Entretanto, o mais surpreendente nesses dados é o que eles mostram em termos de intenção de compra de um livro específico. Uma proporção significativa de indivíduos que compraram um livro tinha planos de comprar um quando entraram na loja (ou acessaram a internet), mas não tinha planos de comprar *aquele livro específico*: o fato de eles acabarem comprando *aquele livro específico* não foi planejado. Se examinarmos

Tabela 7.3. Compra por impulso (por ponto de venda), 2007

	Planejada/Não planejada, menos o que não foi declarado	Planejada para este livro específico naquele momento específico	Planejada para este livro específico, mas não naquele momento específico	Planejada para um livro naquele momento específico, mas não um livro específico	Não planejada, compra por impulso	% planejada	% impulso	% impulso, livro não específico
Total de participantes (*população*)	1.061.914	278.358	180.723	295.131	307.702	71%	29%	57%
Total de e-commerce/internet	233.808	90.505	64.238	40.879	38.186	84%	16%	34%
Amazon.com	154.254	65.010	41.295	25.151	22.798	85%	15%	31%
Total de grandes livrarias de rede	269.935	92.496	45.288	81.164	50.987	81%	19%	49%
Total Barnes & Noble (líquido)	140.030	43.522	25.209	42.815	28.484	80%	20%	51%
Total Borders Group (líquido)	109.248	41.640	16.603	32.221	18.785	83%	17%	47%
Outros/Livrarias independentes	73.578	12.993	9.186	32.422	18.977	74%	26%	70%
Total mercado de massa	74.171	12.025	12.175	24.206	25.766	65%	35%	67%
Lojas alvo/Superalvo	14.309	2.501	2.790	4.765	4.252	70%	30%	63%
Wal-Mart/Super Wal-Mart	53.593	8.934	8.709	17.068	18.882	65%	35%	67%
Total de clubes atacadistas	38.073	4.846	5.390	10.840	16.996	55%	45%	73%
Clube atacadista BJ	4.717	1.069	797	1.264	1.586	66%	34%	60%
Costco	16.173	2.030	2.370	4.773	6.999	57%	43%	73%

Fonte: Bowker PubTrack.

esses dois grupos de indivíduos juntos – aqueles que não planejavam de maneira alguma comprar um livro (os compradores por puro impulso) e aqueles que, embora planejassem comprar um livro, não planejavam comprar *aquele livro específico*, as proporções são surpreendentes (coluna final da tabela). Um total de 57% de todos os compradores de livros na pesquisa compraram por impulso ou sem ter planejado comprar um livro específico. E, repetindo, a proporção varia muito entre os pontos de venda, oscilando de 31% na Amazon e 51% na Barnes & Noble para assustadores 73% nos clubes atacadistas. Em outras palavras, pouco mais da metade dos clientes da Barnes & Noble e quase três quartos daqueles que compraram livros em um clube atacadista fizeram-no por impulso ou sem terem planejado comprar um livro específico.

Esses dados, sem dúvida, fornecem respaldo para a visão de que a batalha pelo globo ocular na mesa de frente da livraria – e mais ainda por espaço nos clubes atacadistas para os tipos de livros que são estocados por eles – é decisiva para o sucesso comercial de um livro, e, portanto, não é surpresa que as editoras estejam dispostas a dedicar tantos recursos para garantir exposição na mesa de frente da loja. "Se não se promove seus livros [expondo-os na loja], é raro, muito raro, que se consiga vender um livro", disse um diretor comercial que estava no ramo há muitos anos. "Pode-se conseguir, há outras coisas que se podem fazer, como lançar uma grande campanha publicitária para convencer as pessoas a entrarem na loja e dizerem: 'Quero comprar... Você tem esse livro? Onde posso encontrá-lo?'. Mas, principalmente com relação a um autor que já tem um histórico e que publica um livro por ano ou a cada dois anos e há, de fato, um interesse nele, é preciso tê-lo bem lá na frente, porque, se não for assim, e as pessoas não conseguirem encontrá-lo, a situação será bem difícil."

Nos Estados Unidos, a exposição de livros nas lojas é, em geral, subsidiada pelo chamado sistema de publicidade *co-op* (publicidade cooperativa). Basicamente, o *co-op* é um acordo de compartilhamento de custos entre a editora e o varejista, no qual a editora paga parte dos custos de promoção do varejista. Cada editora tem sua política própria de *co-op*. A maioria das editoras comerciais calcula quanto podem disponibilizar para uma livraria específica, como o percentual das vendas líquidas dessa livraria no ano anterior. A quantia pode variar entre 2% e 4%, dependendo da editora. Assim, se as condições de uma editora forem 4% das vendas do ano anterior, então o varejista que vendeu 100 mil dólares em livros dessa editora no ano anterior teria 4 mil dólares de *co-op* para gastar no ano atual. Esse dinheiro vai para um fundo comum, que pode ser usado pela livraria para divulgar os livros da editora em sua loja ou em seu *site,* em condições acordadas – livro por livro – entre o representante de vendas ou o gerente das contas e o comprador. Às vezes, são feitos suplementos para incrementar o fundo, a fim de incluir títulos específicos em promoções especiais nas livrarias, como promoções em brochura do tipo "compre um e leve um grátis", ou "compre um e leve um pela metade do preço".

Para as grandes editoras comerciais, o valor total gasto em *co-op* vem crescendo muito nos últimos anos e já representa uma proporção significativa dos gastos totais de marketing. Em 2007, em uma grande corporação editorial dos Estados Unidos, *co-op* não virtual representava 38% do orçamento total de marketing – o maior item isolado. E a *co-op* virtual, os gastos com a Amazon e outros varejistas virtuais se somavam a isso. Em outra importante editora norte-americana, o sistema *co-op* representou pouco mais de 50% de seus gastos em marketing. E isso vem mudando radicalmente nas últimas décadas. "Nos anos 1980, o percentual ficava provavelmente entre 30% e 35%", disse um diretor de vendas, "e agora passou de 50% – aproxima-se de 60%".

Ter um livro em exposição na mesa da frente de uma importante rede varejista como a Barnes & Noble ou a Borders não está totalmente sob controle da editora. O que normalmente acontece é que os gerentes de venda das contas nacionais apresentam os novos títulos aos compradores centrais das redes varejistas e lhes comunicam suas expectativas a respeito do livro – quão importante a obra é para eles, quantos exemplares gostariam que o varejista comprasse etc. Os compradores decidem que títulos querem comprar e em que quantidade com base na avaliação que eles próprios fazem do livro, no histórico de vendas dos livros anteriores do autor, na capa e em vários outros fatores, e frequentemente atrelam o dinheiro da *co-op* à compra. "Eles vão dizer: 'Ótimo, adorei o livro, o que vocês irão fazer por ele?'. E, então, você diz: 'Bem, na verdade não tenho tanto dinheiro. Posso gastar apenas 10 mil dólares'. Aí eles respondem: 'Ok; não posso comprar 25 mil'. Eles fazem esse tipo de jogo", explicou o diretor comercial de uma grande editora norte-americana. Há idas e vindas entre o representante comercial e o comprador para decidir quantos exemplares eles vão adquirir e quanto a editora gastará para dar seu suporte. Os gerentes comerciais e compradores, então, negociam que tipo de promoção dentro da loja seria apropriado – exposição em uma mesa da frente, em uma seção no meio da loja, um expositor na extremidade de um corredor ou uma "escada dobrável" (literalmente, uma escada feita de livros e colocada próxima à frente da loja – "a danadinha vende uma barbaridade", disse um diretor comercial), quantas lojas durante quantas semanas etc. As taxas variam de acordo com o tipo de exposição, o tipo de livro (capa dura, brochura comercial, mercado de massa), o volume da compra, o número de lojas, a quantidade de semanas e a época do ano (é muito mais alta, por exemplo, no período antes do Natal, com os preços mais elevados). A mesa mais cara é a da frente, quanto mais no fundo ela estiver, mais barata é. Normalmente, a exposição na parte central da mesa em uma grande cadeia varejista dos Estados Unidos durante duas semanas custaria à editora 10 mil dólares para todas as lojas, talvez metade disso para lojas nos principais mercados (cerca de um terço do número de lojas), e menos para as chamadas lojas A (talvez de 10% a 15% do número de lojas). Para a mesa de uma seção nos fundos, paga-se 3.500 dólares. E uma escada dobrável poderia custar 25 mil dólares por uma semana. Esses lugares estão atrelados à quantidade de livros adquiridos. Na prática, a exposição nas lojas custa cerca de 1 dólar para cada novo livro em capa dura.

Considerando-se o custo de exposição de um livro na mesa da frente de uma grande rede varejista, é essencial que a obra desempenhe sua tarefa – crucial não apenas para a editora, que está pagando caro para colocá-lo lá, mas também para o varejista, que está ocupando um espaço valioso. Portanto, não surpreende que as editoras costumem monitorar com muita atenção as vendas de novos livros nos primeiros dias e semanas após o lançamento. As grandes editoras comerciais recebem diariamente dados de vendas das grandes cadeias varejistas que lhes permitem ver de maneira clara, em uma base diária, com que rapidez seus livros de maior rotatividade, incluindo aqueles com promoções na loja, estão escoando. Dentro das grandes editoras, muita atenção é concedida ao desempenho de novos livros durante os primeiros dias e semanas após o lançamento, porque os diretores comerciais e de marketing sabem que, para muitos livros, esse é o momento do "ou vai ou racha".

RESPALDANDO O SUCESSO (E "DEIXANDO O PEIXE MORTO DESCER RIO ABAIXO")

Toda manhã de quinta-feira, uma importante editora norte-americana faz o que eles chamam de "encontro de café da manhã". Outras editoras fazem algo semelhante, embora os preparativos específicos variem de editora para editora. Bill, diretor de vendas dessa editora, tem muita experiência na área varejista do setor, tendo começado como estagiário de vendas no que então era uma editora independente nos anos 1970; construiu sua carreira, mudando para outras editoras à medida que elas eram compradas e se fundiam, antes de se tornar diretor desse grupo. "A finalidade do encontro de café da manhã", contou Bill, "é examinar todos os nossos livros importantes, que acabaram de ser lançados ou estão prontos para serem lançados – talvez lançados nas duas últimas semanas, ou prontos para serem lançados nas duas semanas seguintes. Todos temos nossos números de vendas e os comparamos com os do último livro do autor. Assim, temos uma radiografia bem próxima de como vamos indo semana a semana em comparação com o último livro do autor." Cada selo da corporação tem um período que lhe é atribuído para o café da manhã, e o publisher do selo, juntamente com o pessoal do editorial e do marketing, se reúne durante quarenta minutos com o diretor comercial e sua equipe. Eles analisam um a um os novos livros importantes do selo e conversam sobre o que podem fazer para dar-lhes o respaldo necessário.

Alguns livros começam bem. Os gerentes de contas conseguiram despachar muitos livros, a assessoria de imprensa garantiu algumas entrevistas na televisão e os primeiros sinais são promissores. "Todos estão um pouco nervosos com relação a tanta coisa a fazer", explica Bill. "Eles esperam e observam, e depois, de repente, o livro começa a se mover e eles pulam." Ele usa como exemplo um livro que lançaram justamente no dia anterior – vamos chamá-lo de *Crise*:

Lançamos no mercado 102 mil exemplares, que é um número muito bom – é o primeiro livro desse autor, que esteve no *Meet the Press*, em Washington, no domingo. Foi posto à venda ontem e, de repente, é um sucesso – na Amazon já é o número um. As vendas na Barnes & Noble ontem foram realmente muito boas – acho que eles venderam 14 mil ontem, o que sugere que as vendas serão excelentes. E isso provavelmente irá catapultar o livro para o segundo ou terceiro lugar da lista de não ficção deles. E estou pensando aqui comigo: se é número um na Amazon, segundo ou terceiro na Barnes & Noble, segundo ou terceiro na Borders, e os clubes do livro o venderam, mas não no mesmo patamar, ele provavelmente ficará em terceiro ou quarto lugar na lista do *New York Times* daqui a uma semana. Então, começamos a telefonar para as nossas contas e dizer: "Olá, estamos ligando para dizer que *Crise* está começando com grande impacto". Sabe, aí ligamos para a Barnes & Noble e eles veem a lista e dizem: "Ah, cara, é verdade, eu vi a lista". Ou, algumas vezes, o comprador nos telefona. Nesse caso, estávamos no topo e, aí, apenas apertamos o botão para subir mais. Tínhamos 13 mil disponíveis no dia da promoção em nosso depósito. Foi tudo vendido, e imprimimos mais 20 mil. Foi tudo embora. Ontem apertamos o botão novamente para mais 50 mil.

A capacidade que as grandes editoras têm de monitorar as vendas por meio das caixas registradoras das principais redes varejistas em uma base diária é crucial aqui, bem como sua capacidade de confiar nas gráficas e garantir reimpressões em poucos dias. "Normalmente leva de quatro a cinco dias, desde que tenhamos as sobrecapas", explicou Bill, "e tínhamos sobrecapas". Ao mesmo tempo que estão reimprimindo e reabastecendo as cadeias varejistas, elas também estão injetando mais recursos no marketing. "Entra muito mais dinheiro, a agenda de turnês do autor está absolutamente repleta, e ele tem acertado com o programa *60 Minutes*, que só vai acontecer no final de setembro [nossa conversa ocorreu em julho]. Portanto, nos próximos dois meses, sempre haverá alguma coisa acontecendo com relação a esse livro. E, dessa forma, vamos lhe dar suporte e injetar mais verba no marketing." "Então, vocês redirecionam recursos para patrocinar um sucesso quando o percebem?", pergunto. "Com toda certeza; é dessa maneira que agimos", respondeu Bill. "Eles têm um orçamento estabelecido, mas provavelmente esse orçamento se baseou em cerca de 125 mil exemplares. E agora que é provável que cheguemos a 200 mil dentro de uma semana, esse orçamento irá aumentar." Tão logo o livro mostre sinais de que fará sucesso, as operações de vendas, marketing e divulgação se mobilizam e procuram maneiras de garantir respaldo ao livro com publicidade extra, tentando assegurar mais entrevistas no rádio e na televisão, aumentando as turnês do autor ou incluindo uma nova turnê às cidades onde o livro está se saindo particularmente bem, e por aí vai.

As grandes organizações editoriais são extraordinariamente rápidas em reagir aos primeiros sinais de sucesso. Elas não são dinossauros precipitados – muito longe disso. Elas podem não saber de antemão que livros farão sucesso – têm seus palpites, mas sempre há o elemento da incerteza. Entretanto, os dados diários de vendas das grandes redes varejistas – junto com os *rankings* em tempo real da Amazon – dão a elas um conjunto sensível de ferramentas para que possam monitorar as vendas diretas ao consumidor em uma base diária durante os primeiros dias e semanas críticos após o lançamento. E as operações de vendas e marketing são organizadas e providas de forma que, quando veem que um incêndio está começando, elas têm generosas quantidades de combustível para alimentar as chamas. Em um negócio orientado para grandes sucessos, como é o campo de publicações comerciais, em que há um alto nível de incerteza sobre quando e onde acontecerá o sucesso, o segredo é estruturar a organização de maneira que seja possível responder de forma rápida e eficaz aos primeiros sinais dele. Como afirmou um gerente de marketing: "Quando um livro começa a se mover, injetam-se nele tantos recursos quanto possível, porque quando um livro abre caminho em meio ao ruído de nossa cultura, quando o consumidor dá mostras de ter essa sensibilidade, bingo! É preciso realmente fazer tudo o que for possível, maximizar isso. No fim das contas, trata-se do efeito de amplificação: o que se pretende é manter a chama acesa".

É evidente que nem todos os novos livros se transformam em sucesso imediato, como ocorreu com *Crise* – na verdade, não é isso que acontece com a maioria deles. Então, o que fazer no encontro de café da manhã das quintas--feiras quando se vê que um livro não está vendendo tanto quanto o previsto ou esperado? "Olhamos para o diretor de marketing e para o diretor de publicidade e dizemos: 'O que está acontecendo?'", contou Bill. E continuou:

Nesse ponto, geralmente, é mais uma questão de publicidade. O marketing leva mais tempo para entrar em ação; não precisamos de mais folhetos; e eles não vão gastar mais dinheiro anunciando no *Times*, porque isso é desperdício de dinheiro na maioria dos casos, sobretudo se os livros estão mortos. Então, precisamos fazer sucesso na TV, no rádio; precisamos de alguma coisa, sabe? É isso que descobrimos. Precisamos de uma crítica elogiosa. Mas, na minha experiência, se temos problemas nas lojas e as pessoas não estão indo até elas, haverá problemas na parte da publicidade. E chegamos a um ponto em que tomamos uma atitude ou desistimos, e então dizemos: "Quer saber de uma coisa? Desistimos".

A diretora de divulgação é instigada a fazer o que pode nessa fase para ajudar a alavancar um livro que está derrotando suas expectativas. Ela entra em contato com críticos para ver se estão sendo produzidas resenhas, telefona para produtores para ver se podem agendar entrevistas no rádio e na televisão e, de maneira geral, faz o que pode para estimular o interesse da mídia. Entretanto, se esses apelos caem em ouvidos moucos e as vendas não melhoram, os esforços do marketing e da publicidade serão rapidamente encerrados. "Em duas ou três semanas, podemos pôr um ponto final nisso", diz Bill. "Mas, honestamente, a maior parte dos gastos que planejamos ocorre, de qualquer forma, no início; assim, se o autor está fazendo sua turnê, não iremos dizer a ele: 'Volte para casa; não vamos pagar sua diária no hotel'. Eles geralmente ficam viajando uma semana e meia, duas semanas, ou algo por aí; deixamos que terminem a turnê. De repente, por alguma razão, alguma coisa pode dar certo. E nós já nos comprometemos com a publicidade *co-op*; então fica como está. Portanto, basicamente, não imprimimos mais exemplares – sem dúvida, não imprimimos mais exemplares. E se houver outros gastos, como, por exemplo, talvez um pequeno anúncio na *Times* que custe 5 ou 6 mil dólares, eles provavelmente irão cortá-lo."

O gerente de publicidade de um selo de outra grande corporação editorial comentou a esse respeito: "Se um livro não está vendendo, não há muito o que fazer. E se o peixe está morto, deixamos que flutue rio abaixo. Sinto muito, mas deixe-o ir embora. Algumas editoras continuam a injetar recursos no peixe morto, dizendo: 'Ah! Vamos tentar isso, vamos tentar aquilo' – é uma loucura; é o negócio mais maluco que já vi. Quero dizer, se não está progredindo e se já se fez tudo o que podia no percurso até o lançamento, se fez todas as escolhas corretas, o que mais se pode fazer?".

A REGRA DAS SEIS SEMANAS

Então, quanto tempo um livro fica à venda no mercado para dar mostras de que está vivo? De quantas semanas ele precisa antes de virar um peixe morto que irá flutuar rio abaixo? "Esse é outro elemento que está mudando radicalmente em nosso setor", diz Bill. "A vitrine está mudando num piscar de olhos. No passado, um livro ficava à venda e se sustentava por mais tempo. Agora, ele pula portão afora, faz grande sucesso e depois, de repente, duas semanas mais tarde – não que ele seja um peixe morto porque não 'decolou' e ele faz assim [ele desenha uma linha descendente bem inclinada com o dedo]; ele decola e depois faz assim [com o dedo ele desenha uma linha descendente mais suave] – gradativamente, porém em uma linha mais inclinada do que se imaginava. Eu diria que a vida de um livro hoje é de aproximadamente seis semanas. E, falando francamente, é até menos do que isso – mas digamos que sejam seis semanas."

Nesse sentido, o campo de publicações comerciais está cada vez mais parecido com a indústria cinematográfica, com a grande ênfase colocada nas bilheterias no final de semana de lançamento. No campo de publicações comerciais, a janela de oportunidades é medida em semanas, em vez de finais de semana, mas a janela está, definitivamente, encolhendo. Hoje, um livro tem apenas poucas semanas – geralmente não mais do que seis, e, na prática, muitas vezes, até menos – para mostrar se vai adiante; e, se não estiver, ele será retirado das promoções e os gastos do marketing serão reduzidos ou cortados. É caro demais manter um livro na mesa de frente de uma loja se ele não está gerando vendas rápidas. E, se o livro foi vendido aos clubes de descontos, então será necessário que ele mude de rumo para manter seu espaço – se ficar abaixo dessa proporção, ele será retirado e devolvido à editora. Todos esses tipos de pressão, originários de um mercado varejista cada vez mais dominado por grandes redes, vêm comprimindo o espaço de tempo durante o qual novos livros ganham uma oportunidade de fazer sucesso. Se ficar claro, com base nos números de vendas, que o livro está começando a fazer sucesso, a editora irá se mobilizar na retaguarda, despejar mais combustível nas chamas, investir mais tempo, mais energia e mais recursos para fazer dele um sucesso ou para manter o sucesso. Mas, se cinco ou seis semanas se passam e, apesar de renovados esforços por parte da editora, nada mais acontece em termos de vendas, então praticamente está tudo acabado. O livro tem seis semanas para decolar ou morrer.

Embora a regra das seis semanas se aplique como um princípio geral, na prática, os padrões de vendas variam muito de um tipo de livro para outro; na verdade, de um livro para outro. As editoras estão muito afinadas com as diferenças. Ficção nova tende a se ajustar muito bem à regra das seis semanas, até mesmo para livros bem-sucedidos – o pique será mais alto para os livros de sucesso, mas o formato da curva será muito semelhante. Bill corre os olhos por uma cópia impressa de números de vendas: "Veja este livro de [PB]; ele é um de nossos autores realmente importantes. Este livro teve uma venda total de cerca de 280 mil exemplares – nós nos saímos muito bem com este livro. Mas, se você olhar aqui, verá que é a semana um. Ok. A B&N vendeu 9.200 exemplares. Em seguida – isso é normal –, as vendas caem quase pela metade na semana dois. E depois começam a cair gradativamente. Portanto, na sexta semana, que está bem aqui, ele vendeu 2 mil exemplares. Portanto, de 9 mil para 2 mil em seis semanas. Na semana nove, ele passa para setecentos exemplares, e depois cai para 443 na semana onze". E esse foi um livro de muito sucesso – venda total de 280 mil é excelente para um título de ficção em capa dura. Tratava-se de uma obra nova de um conhecido autor que já tem seus leitores cativos; portanto, o padrão de vendas é forte e previsível ao mesmo tempo, mas, ainda assim, tem vida curta.

Ficção nova de autor desconhecido ou pouco conhecido normalmente mostra o mesmo padrão de rápido declínio, mas os números, no total, são muito menores. "Ficção em geral, nesse exato momento, é uma das categorias mais difíceis de fazer sucesso imediato", explicou o gerente de marketing de uma grande editora. "Estamos vendendo muito menos livros", continuou, e está cada vez mais difícil produzir o livro e fazer que ele vá além de um pequeno círculo de leitores, ao passo que, dez, vinte anos atrás, uma grande editora conseguia despachar de 10 a 15 mil exemplares de um novo romance de um autor não conhecido e vender de 6 a 10 mil exemplares; agora, é mais provável que eles despachem entre 5 e 6 mil exemplares e vendam talvez entre 3 e 4 mil – de qualquer forma, bem abaixo de 10 mil. E nesse patamar de vendas, uma grande editora irá perguntar se vale a pena continuar a lançar livros do tipo, dada a quantidade de tempo e de energia gastos, e dada a necessidade de atingir as metas orçamentárias sem aumentar de maneira significativa o número de títulos no sistema.

Então, por que está cada vez mais difícil fazer sucesso imediato com ficção nova? Sem dúvida, muitos fatores subjazem a essa tendência, mas existem dois que provavelmente são da maior relevância. Um deles é que a indústria editorial – as grandes editoras corporativas, juntamente com as redes varejistas – tornou-se muito hábil na construção de autores de renome e no aumento das vendas de cada livro novo de autoria dos já conhecidos escritores de ficção comercial, e isso está saturando o mercado. "No passado, conseguia-se encontrar espaço para ficção nova; agora está difícil", explicou um analista de vendas de uma importante editora de Nova York. "Há mais autores de renome, escritores de ficção – James Patterson costumava fazer dois livros por ano; agora está fazendo seis, mais um livro para o público infantil. Ele está ocupando todo o espaço." Outro fator é o declínio das livrarias independentes. Tradicionalmente, elas eram muito boas na construção de livros – livros que começavam pequenos e cresciam aos poucos, em parte graças ao suporte que tinham dos livreiros independentes, que, quando gostavam de um livro, lhe davam respaldo, faziam dele uma "sugestão da casa"; vendiam-no pessoalmente e o expunham em uma vitrine ou mesa, ainda que suas vendas estivessem registrando números modestos. "As independentes foram o bastião na construção de livros", continuou o analista de vendas. "Porém, à medida que as livrarias independentes ficaram cada vez menores, isso realmente deixou de acontecer. A Barnes & Noble e a Borders têm seus programas de descobertas, coisas do tipo, mas elas não trabalham no nível em que as independentes costumavam trabalhar, mostrando afeição pelo autor e pelo livro, construindo ambos."

No que diz respeito a não ficção, o declínio é geralmente menos dramático do que com ficção – as vendas ainda são mais fortes nas primeiras três ou quatro semanas, "mas depois", explicou Bill, "mesmo depois da 12ª semana, o livro pode seguir vendendo um terço do que vendia inicialmente, não 10%". Bill examina a planilha até que seus olhos pousam em um título de não ficção – "ok, eis um bom exemplo de um livro de não ficção que começa a vender aos poucos e depois ganha fôlego. A Barnes & Noble vendeu apenas 355 exemplares na primeira semana. Depois, as vendas triplicaram; depois, aumentaram novamente. Em seguida, na semana quatro, ele chega a 1.250 exemplares; portanto, continua subindo, e então chega a um ponto e começa a cair um pouco. Isso é não ficção. Com ficção, não se vê isso. Ficção é mais previsível".

O "agrupamento" de vendas nas primeiras semanas vem se acentuando com o tempo. Pegando-se um livro de não ficção qualquer, sem exposição na mesa de frente da loja, e examinando-se seu padrão de vendas dez anos atrás, descobre-se – explicou um analista de vendas, cujo negócio é estudar essas coisas – que cerca de 30% das vendas ocorreriam nas primeiras quatro semanas. "Agora são 42% nas quatro primeiras semanas", explicou ele, mostrando-me o gráfico na tela de seu computador, "e isso sem promoção." Acrescenta-se a promoção, e o percentual fica maior, porque as vendas da primeira semana são mais altas. Dez anos atrás, a primeira semana não seria a de vendas mais altas. Agora ela é, quer o livro tenha divulgação na frente da loja ou não. "A realidade é que, na maioria dos casos, por causa de toda essa demanda reprimida para a pré-venda, a primeira semana é a melhor. E, se o livro estiver sendo promovido na mesa de frente da loja, ela é, de longe, a melhor semana."

Antes do lançamento, o analista de vendas faz uma previsão de vendas para cada livro importante – "que chamamos de títulos A" –, os quais representam cerca de 10% dos livros publicados por sua companhia em qualquer ano. Para cada título A, ele planeja em detalhes quantos exemplares espera despachar em cada canal e para cada varejista-chave em cada canal, e quantos exemplares espera que vendam, e depois compara essa previsão com o que realmente acontece. Cada título terá seu próprio perfil característico, dependendo do tipo de livro que é, de quem é o autor e de como espera que ele se saia nos diferentes setores varejistas. Há modelos genéricos – ficção "literária" normalmente mostra um padrão; ficção "romanesca", outro; atualidades, outro, e assim por diante. Entretanto, independentemente do tipo de livro, uma tendência geral é clara: "Com o passar do tempo, o que está acontecendo todo ano é que isso se acentua", diz o analista, referindo-se à curva do gráfico, que mostra as vendas por semana após a data do lançamento. "Isso significa que as vendas estão mais concentradas nas primeiras semanas. E isso vale sobretudo para qualquer um dos que poderíamos chamar de livros comerciais."

MERCADORES DE CULTURA

Sempre há exceções. A maioria dos livros segue os padrões típicos e se ajusta muito bem às curvas dos gráficos do analista, embora o volume de vendas possa variar muito de título para título. Contudo, sempre há títulos que não se ajustam. Por exemplo, há títulos que esse analista chama de "livros da virada", querendo dizer "livros de tendência ascendente". Esses, não se pode moldar com antecedência, porque parte do que os torna livros "da virada" é que alguma coisa acontece – poderia ser um intervalo comercial ou qualquer outro estímulo – que lhes dá um impulso, e então, "realmente parece que eles se inflamam e inesperadamente decolam". Muitos livros que acabam se transformando em best-sellers caem nessa categoria: o publisher, o editor, os diretores comerciais e de marketing, todos podem ter achado que o livro alcançaria muito boas vendas, mas, na verdade, ninguém achava que ele seria o sucesso que acabou sendo. "[Y] é um bom exemplo", diz o analista, selecionando de sua lista um best-seller de não ficção bem conhecido. "Não era para ele ter tanto sucesso assim. Sabe, começamos com 70 [mil] e todos diziam: 'Este livro terá boas vendas'. Mas ninguém estava dizendo: 'Vamos chegar a 1 milhão'. Passamos agora de 1 milhão; estamos perto de 2 milhões."

Então, o que é que faz um livro estourar nas vendas, desviar dos padrões normais e tornar-se um sucesso inesperado? É óbvio que não há nenhuma resposta única e simples para essa pergunta – se houvesse, algumas editoras estariam muito mais ricas e muito mais bem-sucedidas do que estão. Há muitos instrumentos diferentes que podem transformar o destino de determinados livros. Em alguns casos, eles surtem efeito bem cedo e impulsionam um livro diretamente para as listas de best-sellers, o que dá ao livro visibilidade imediata em um mercado saturado, como foi o caso de *O Código Da Vinci* e de *O historiador*. Em outros casos, um livro pode não gerar boas vendas no lançamento inicial em capa dura, mas elas podem melhorar mais lentamente em brochura comercial; o livro pode também ser adquirido pelos clubes do livro espalhados pelo país e, eventualmente, as vendas podem crescer como uma bola de neve e transformar-se em algo grande. Um bom exemplo seria *O guardião de memórias*, de Kim Edwards, um livro que, para um primeiro romance, vendeu moderadamente na edição original em capa dura, mas, de fato, "estourou como brochura comercial, vendendo mais de 2,5 milhões de exemplares só nos Estados Unidos. Da mesma forma, embora *O caçador de pipas*, de Khaled Hosseini, tenha vendido bem na edição original em capa dura para um primeiro romance, foi, de fato, a edição em brochura comercial que impulsionou as vendas – mais de 4 milhões nos

Estados Unidos. Um livro que poderia ser considerado um sucesso modesto ou mesmo um fracasso na edição original com capa dura pode estourar em uma edição subsequente em brochura comercial, graças em parte aos clubes de livros e a um interesse que pode ser difundido principalmente pelo boca a boca.

Embora haja diferentes instrumentos que podem levar um livro a uma virada e contribuir para torná-lo um sucesso surpreendente, há um outro instrumento que, atualmente, talvez seja um fator mais relevante do que qualquer outro fator isolado: ele pode ser escolhido pela Oprah, ou, no caso do Reino Unido, por Richard e Judy.

O EFEITO OPRAH

Para estimular um aumento nas vendas, não existe nada igual aos programas de Oprah ou de Richard e Judy. Um livro que poderia estar se arrastando em relativa obscuridade subitamente adquire uma espécie de proeminência e visibilidade que os publicitários só poderiam conceber em seus sonhos mais absurdos. "É absolutamente assustador imaginar o que seria de nossa indústria na ausência dela", disse o gerente de marketing de uma grande editora norte-americana refletindo sobre a importância de Oprah. "Se, de fato, voltássemos e olhássemos novamente os números dos últimos três anos e retirássemos as seleções *Oprah* e todos os livros que foram mostrados no *Oprah*, nosso negócio provavelmente cairia 15%. Ela é responsável por todo esse impacto."

O Clube do Livro de Oprah começou em 1996 como uma seção regular do *The Oprah Winfrey Show*.[8] Nos primeiros anos, Oprah selecionava em média um livro por mês para discutir em seu programa, normalmente com a presença do autor, embora esse número tivesse caído de 2001 em diante. Em 2003, ela começou a incluir obras clássicas em sua seleção, escolhendo *A Leste do Éden*, de John Steinbeck, em 2003, e *Anna Karenina*, de Tolstói, em 2004. Os livros escolhidos por Oprah geravam, invariavelmente, um enorme aumento nas vendas. O romance de Steinbeck, 51 anos depois de sua publicação, ao ser escolhido por Oprah, subiu imediatamente para o topo da lista de best-sellers de ficção em brochura do *New York Times*, e lá permaneceu por sete semanas. Da mesma forma, quando, no final de março

---

8 Ver Farr, *Reading Oprah*; Rooney, *Reading with Oprah*.

de 2007, foi anunciado que o romance de Cormac McCarthy, *A estrada*, seria o próximo livro do Clube do Livro de Oprah, ele foi direto para a lista de best-sellers de ficção em brochura, e lá permaneceu por dezenove semanas.

Podemos perceber claramente o efeito Oprah se observarmos as vendas de um livro como *A noite*, de Elie Wiesel – um relato pungente sobre o Holocausto baseado na experiência do próprio Wiesel quando ele era um jovem judeu e foi enviado com sua família para Auschwitz e Buchenwald, no período em que a Hungria foi invadida pela Alemanha, em 1944. Publicado originalmente em Paris, em 1958, por uma pequena editora francesa, o livro foi traduzido para o inglês e publicado pela Hill & Wang, em 1960 – Arthur Wang pagou um adiantamento de 100 dólares, e o livro vendeu pouco mais de mil exemplares nos primeiros dezoito meses; continuou a vender e se firmou como um importante texto sobre o Holocausto, sendo lido nas salas de aula juntamente com *O diário de Anne Frank*. As vendas se fortaleceram com o lançamento de uma edição popular em brochura pela Bantam, em 1982, e com a concessão do prêmio Nobel a Wiesel, em 1986. No início da década de 2000, *A noite* estava vendendo de 2 a 3 mil exemplares por semana nos Estados Unidos e constituía uma parte muito sólida dos títulos da *backlist*. Entretanto, quando Oprah anunciou, no dia 16 de janeiro de 2006, que havia escolhido *A noite* para seu Clube do Livro, as vendas dispararam. A Tabela 7.4 e a Figura 7.2 mostram o aumento das vendas em consequência da escolha de Oprah. As vendas da edição em brochura para o mercado de massa no final de 2005 e nas duas primeiras semanas de 2006 flutuaram entre 1.500 e 4 mil exemplares por semana. Em janeiro de 2006, a Hill & Wang lançou uma nova edição comercial em brochura, com nova tradução e novo prefácio pelo autor e com o logotipo do Oprah Book Club na capa. As vendas na semana que terminou em 22 de janeiro de 2006 – a semana em que Oprah anunciou que havia escolhido o livro – ficaram em cerca de 140 mil (11.845 exemplares de edição brochura para o mercado popular, juntamente com 127.325 exemplares da nova edição em brochura comercial, mas tenhamos em mente que os dados do BookScan subrepresentam as vendas para o mercado popular, pois não tem acesso aos dados de venda da Wal-Mart, do Sam's Club e de outros pontos de vendas de livros para o mercado popular); essa venda foi 36 vezes maior do que na semana anterior. *A noite* saltou imediatamente para o número um da lista de best-sellers de não ficção em brochura do *New York Times*, empurrando *Um milhão de pedacinhos*, de James Frey – outra escolha de Oprah – para o segundo lugar. O livro de Wiesel manteve o primeiro lugar durante 24 semanas e continuou na lista de best-sellers do *New York Times* por mais 56 semanas, até setembro de 2007,

296   JOHN B. THOMPSON

quando a Hill & Wang havia vendido mais de 1,25 milhão de exemplares
da edição comercial em brochura. A escolha de Oprah catapultou um título
da *backlist* à surpreendente condição de best-seller.

Tabela 7.4. O efeito Oprah: venda por semana de *A noite* (Elie Wiesel), em brochura, nos
Estados Unidos, out. 2005-abr. 2006

semana terminando em (d/m/a)	brochura para o mercado popular	brochura comercial	total brochura
02/10/2005	3.842		
09/10/2005	2.807		
16/10/2005	3.330		
23/10/2005	2.682		
30/10/2005	2.442		
06/11/2005	2.540		
13/11/2005	2.641		
20/11/2005	2.508		
27/11/2005	1.617		
04/12/2005	3.484		
11/12/2005	2.160		
18/12/2005	1.907		
25/12/2005	1.865		
01/01/2006	1.555		
08/01/2006	2.895		
15/01/2006	3.841		
22/01/2006	11.845	127.325	139.170
29/01/2006	9.881	86.688	96.569
05/02/2006	6.519	62.211	68.730
12/02/2006	4.643	44.391	49.034
19/02/2006	3.822	35.352	39.174
26/02/2006	4.171	34.015	38.186
05/03/2006	2.970	25.081	28.051
12/03/2006	3.171	23.819	26.990
19/03/2006	2.673	23.343	26.016
26/03/2006	3.018	23.636	26.654
02/04/2006	2.517	19.951	22.468
09/04/2006	2.387	17.492	19.879
23/04/2006	1.641	12.445	14.086
30/04/2006	1.967	14.997	16.964

Fonte: Nielsen BookScan.

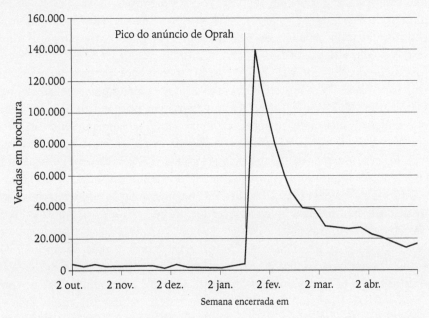

Figura 7.2. O efeito Oprah: vendas por semana de *A noite* (Elie Wiesel), em brochura, nos Estados Unidos, out. 2005-abr. 2006.
Fonte: Nielsen BookScan.

Então, como explicar o extraordinário papel que Oprah desempenha na indústria editorial? Por que suas seleções de livros têm um impacto muito maior do que outras formas de cobertura pela mídia? Quatro razões se destacam. Primeiramente, ela estabeleceu um elo de confiança com seus telespectadores. Eles passaram a confiar nas escolhas dela como um guia confiável, uma fonte fidedigna de orientação sobre livros que valem a pena comprar e, acima de tudo, sobre com que livros vale gastar seu tempo. Diante da desnorteadora plêiade de livros à disposição, uma quantidade limitada de dinheiro para gastar e muitas obrigações competindo com o seu tempo, muitos leitores procuram orientação: eles se sentem felizes em contar com o que veem como uma fonte confiável e desinteressada de orientação para ajudá-los a escolher. Oprah é uma intermediária cultural confiável, cujas seleções reduzem a complexidade de um mercado saturado.

Tendo em vista a importância das relações de confiança entre Oprah e seus telespectadores, não é surpresa que ela tenha reagido tão negativamente à revelação de que *Um milhão de pedacinhos*, de James Frey – que fora selecionado por ela em setembro de 2005 e rapidamente subiu para o número um da lista de best-sellers do *New York Times* de não ficção em brochura – continha várias invencionices. Oprah convidou Frey para voltar ao seu show em janeiro de 2006, para confrontar as alegações e o interrogou furiosamente. "Para mim, é difícil conversar com você, porque, na verdade, sinto que fui ludibriada", ela lhe disse. "Mas, o mais importante, sinto que você traiu milhões de leitores." Oprah se irritou, porque sabia muito bem que os leitores podiam se sentir decepcionados, até mesmo traídos, não apenas por Frey, mas por ela também, já que a sua posição de guia confiável e fidedigna foi posta em xeque pela seleção que fizera de um livro que foi apresentado como memórias e acabou se revelando entremeado de fantasia. Em relações baseadas na confiança (mesmo quando essas relações são mediadas), não há nada mais ameaçador do que atitudes que possam ser percebidas como traição.

A segunda característica de Oprah que torna suas seleções tão influentes é que ela endossa os livros, expressa opiniões fortes a respeito deles e enfatiza o poder transformador que têm. "Oprah é toda opinião", disse um diretor de publicidade. "Oprah é do tipo 'este livro mudou minha vida e vai mudar a sua também'. Ela sempre foi muito aberta quanto ao impacto que os livros tiveram em sua vida, como eles a transformaram, como a tornaram uma pessoa melhor, como lhe abriram outros mundos. E você ouvirá livreiros dizer que o que ela fez por nossa indústria foi trazer para a loja um novo tipo de cliente. Pessoas que antes não liam, pessoas que antes nunca haviam entrado em uma livraria, vinham e procuravam como chegar ao Clube do Livro de Oprah." A maneira como Oprah discute livros – expressando opiniões intensas sobre eles e enfatizando a capacidade que eles têm de fazer se pensar a respeito e mudar de vida – é muito diferente da maneira como outros programas de televisão, como por exemplo o *Today Show* e o *Good Morning America,* costumam apresentar livros. "Eles são parte da divisão de notícias", explicou a assessoria de imprensa. "Não têm permissão para chegar e dizer: 'Ei, sabe de uma coisa, adoro este livro'."

A terceira característica que torna Oprah tão influente é que as suas escolhas estão atreladas ao crescimento de grupos de leitura. Grupos de leitura não são novidade, mas vêm crescendo muito em número nesta última década.[9] Estima-se que exista, atualmente, 20 milhões de membros de clubes do livro nos Estados Unidos, um número que duplicou nos últimos oito anos. Muitos são associações livres de pessoas que se reúnem

---

9 Ver Hartley, *The Reading Groups Book.*

de tempos em tempos para se socializarem e discutirem obras que todos leram. Alguns estão ligados a livrarias que fornecem espaço para os leitores se reunirem, recomendando livros, atuando como anfitriãs em eventos de leitura e encontros com autores, e até mesmo operando como um tipo de centro comunitário em algumas pequenas cidades e comunidades rurais. Os livros selecionados por Oprah são, com frequência, adotados por grupos de leitura, e Oprah estimula vivamente a formação de clubes do livro, oferecendo orientações sobre "Como iniciar um clube do livro" em seu *site*. Livros que se tornaram populares entre grupos de leitura podem adquirir vida própria, crescendo em popularidade à medida que são discutidos nos universos virtuais de grupos de leitura formados livremente.

Uma quarta característica de Oprah que confere às suas escolhas tal poder no mercado é o nome Oprah como uma distinção que separa um pequeno número de livros e os classifica como membros de um clube exclusivo. Esse nome é então continuamente reciclado no mercado. Os livros são reimpressos com a insígnia oficial do Clube do Livro de Oprah na capa, e eles se beneficiam de promoções especiais em livrarias e redes varejistas. Quanto mais saturado se torna o mercado e quanto mais desconcertante é a série de escolhas que o consumidor tem à sua frente, mais importância assume essa marca de distinção como meio de aumentar a visibilidade e reduzir a complexidade.

No Reino Unido, o Clube do Livro de Richard e Judy compartilhou muitos traços com o Clube do Livro de Oprah. Em certos aspectos criado nos moldes do clube de Oprah, o Richard and Judy Book Club começou em 2004 e, durante um período de oito semanas – que se encerrava com as premiações britânicas de livros em março –, eles discutiam um livro por semana, trazendo uma celebridade ou duas para conversar sobre a obra e normalmente incluindo um clipe de pessoas comuns falando o que acharam do livro. Diferentemente de Oprah, Richard e Judy solicitavam ativamente sugestões de editoras, que eram convidadas a apresentar até cinco livros por selo. Embora Richard e Judy nunca tenham explicitado os critérios de seleção, o entendimento implícito que as editoras tinham era de que eles procuravam livros que não fossem nem obras literárias muito intelectuais, nem ficção comercial de massa, mas, em vez disso – como um gerente envolvido diretamente no Richard and Judy Book Club afirmou – "aquele meio-termo de livros realmente bons, que geram discussão". O Book Club era muito voltado para os tipos de livros que interessavam grupos de leitura, "isto é, com muitos pontos para debate, muitos tópicos para reflexão dentro de um programa, e para escavação dos temas sugeridos nos livros". Depois do sucesso do seu

Clube do Livro, Richard e Judy introduziram uma segunda série de "Summer Reads" [Leituras de Verão], que ia de julho até o final de agosto.

Como ocorria com Oprah, os livros escolhidos por Richard e Judy, de maneira geral, tinham uma enorme onda de vendas. Um publisher britânico que teve um livro na primeira lista de Richard e Judy se lembrou do quão espantado ficou com a velocidade e a amplitude do impacto:

> Tínhamos um livro na primeira lista – ele havia acabado de ser lançado em brochura, e as expectativas eram de que venderia cerca de 25 mil exemplares ao todo, o que não é ruim nem maravilhoso. Na época em que foi escolhido, ele já havia vendido 14 mil exemplares. Eles levam celebridades para falar sobre o livro no programa, e esse foi o momento em que, de repente, se viu que alguma coisa absolutamente extraordinária estava acontecendo: o livro foi direto para o topo da lista, primeiro lugar da Amazon. Acho que a Amazon comprou todos os exemplares que sobraram. Era em brochura. A edição em capa dura havia sido lançada um ano antes e haviam sobrado cerca de trezentos exemplares no depósito, e isso foi para a segunda posição da Amazon nos dez minutos seguintes. E nós não conseguíamos mantê-lo em reimpressão, ninguém sabia dizer que fenômeno era aquele; então reimprimimos 10 mil cópias. Quando o programa em que foi escolhido o vencedor foi ao ar, o que acontece cerca de um mês e meio, dois meses depois, ele tinha vendido 620 mil exemplares. Portanto, o efeito no balanço patrimonial foi enorme.

Em 2008, o Richard and Judy Book Club respondia por 26% dos cem livros mais vendidos no Reino Unido.[10]

Oprah e Richard e Judy são excelentes exemplos do que chamo de "ativadores de reconhecimento". Utilizo a expressão "ativadores de reconhecimento" para me referir àqueles indutores de vendas que possuem três características. Primeiro, eles são ativadores baseados em uma forma de reconhecimento que confere *visibilidade credenciada* à obra. Graças a esse reconhecimento, a obra é agora considerada tanto *visível* – selecionada de um mar de títulos concorrentes e levada à percepção dos consumidores – quanto *digna de ser lida*, isto é, digna não apenas do dinheiro gasto pelo consumidor ao comprá-la, mas – igualmente importante – digna do tempo que eles gastarão lendo-a. Visível e meritória: uma forma de reconhecimento que mata dois coelhos com uma só cajadada.

A segunda característica é que o reconhecimento é concedido por pessoas ou organizações outras que não os agentes e organizações diretamente

---

10 *Sunday Times*, 15 jun. 2008.

MERCADORES DE CULTURA

envolvidos na criação, produção e venda da obra. Agentes literários, editoras e livreiros não podem produzir o tipo de reconhecimento do qual os ativadores de reconhecimento dependem. Eles podem produzir outras coisas, como o burburinho e o entusiasmo que envolvem um autor ou uma obra, e essas formas de conversa laudatória podem ter consequências reais, conforme já vimos. Entretanto, ativadores de reconhecimento pressupõem que esses indivíduos ou essas organizações que concedem o reconhecimento são – e devem ser vistos assim – independentes, de alguma maneira e em algum grau, das partes que têm interesse econômico direto no sucesso da obra. É essa *independência e percepção de independência* que permitem aos ativadores de reconhecimento conferir mérito e explicam em parte por que eles têm efeitos tão surpreendentes.

A terceira característica é que, exatamente porque o reconhecimento é concedido por indivíduos e organizações independentes e vistas como tal, conclui-se que as próprias editoras têm capacidade apenas limitada de influenciar nas decisões que resultam na outorga do reconhecimento e, portanto, uma capacidade limitada de controlar os efeitos de tais decisões; certamente, elas tentam exercitar sua influência quando podem, ou, quando não podem influenciar direta ou indiretamente, tentam prever o que farão aqueles que decidem; então, no final das contas, as decisões não são das editoras. Portanto, os ativadores de reconhecimento introduzem mais um elemento de imprevisibilidade dentro de uma área que já está repleta de felizes acontecimentos fortuitos.

Embora Oprah e Richard e Judy representem um tipo de ativador de reconhecimento que vem se tornando cada vez mais importante no campo de publicações comerciais (e provavelmente o mais importante hoje quanto à escala de seus efeitos) –, eles não são o único tipo. Há outros, provenientes de diferentes formas de reconhecimento – cada um com suas características específicas, sua própria gama de agentes e organizações, suas próprias hierarquias e seus próprios efeitos sobre vendas. Premiações de obras são outra forma de reconhecimento que desempenha papel relevante no campo de publicações comerciais, sobretudo para certos tipos de livros, tais como ficção literária e não ficção séria.[11] Sem dúvida, receber premiações é importante em si e por si: acrescenta valor simbólico a cada indivíduo e organização associados à obra – ao autor acima de tudo, mas também ao agente e à editora. Contudo, receber um prêmio importante, até mesmo constar da

---

11 Para um excelente estudo sobre o aumento de premiações em literatura e artes, ver English, *The Economy of Prestige*.

lista de livros indicados para o prêmio, pode também ter um impacto direto sobre as vendas da obra, como publishers e editores sabem muito bem. "Os indicados para o Booker Prize eram a única coisa que poderia endireitar o que nasceu torto", disse um publisher britânico. "Chegue à lista de indicados para o Booker, e poderá vender mais 35 mil exemplares só por aparecer nela. E se ganhar o prêmio, poderá vender mais 200 mil exemplares."

Outro tipo de ativador de reconhecimento é a adaptação para o cinema. "Aí está uma coisa que é quase tão boa para um livro quanto Oprah", disse o analista de vendas de uma grande editora, "quando ele é transformado em filme. As pessoas querem que lhes digam o que comprar e um filme é um *imprimatur*. Um livro que se transforma em filme foi escolhido por alguém como um livro que merece ser transformado em filme. Mesmo que o filme seja duramente criticado e não seja sucesso, as vendas do livro disparam". Os números comprovam essa opinião. *Anjos e demônios* foi o segundo livro de Dan Brown a ser transformado em filme, embora o livro tivesse, na verdade, sido publicado três anos antes de *O Código Da Vinci*. Lançado primeiramente em capa dura, em 2000, *Anjos e demônios* esteve à venda em edição brochura para o mercado de massa desde 2001 e em brochura comercial desde 2006. Ficou um bom período na lista de best-sellers em ficção brochura do *New York Times*, entre 2003 e 2006, lá permanecendo durante 148 semanas. No início de 2008, entretanto, as vendas de edições tanto de brochura para o mercado de massa quanto comercial haviam caído consideravelmente, e o livro se tornou um título sólido, porém comum, da *backlist*, vendendo entre 1 mil e 2 mil exemplares por semana em edição popular e menos de 1 mil exemplares por semana em brochura comercial. Com o lançamento do filme, em maio de 2009, a obra ganhou um segundo fôlego. Típico *blockbuster* de Hollywood, estrelado por Tom Hanks, o filme obteve críticas variadas, mas teve uma bilheteria bastante razoável, chegando ao topo da lista nos Estados Unidos no primeiro final de semana – 15 a 17 de maio de 2009 –, com uma renda bruta acima de 120 milhões de dólares no mercado doméstico em seu primeiro mês. A Tabela 7.5 e a Figura 7.3 traçam as vendas das edições em brochura de *Anjos e demônios* no período anterior e posterior ao lançamento do filme. As vendas começaram a aumentar em fevereiro de 2009, com o interesse estimulado pela publicidade antecipada do filme, e, no final de fevereiro, *Anjos e demônios* estava de volta à lista de best-sellers do *New York Times* de ficção em brochura para o mercado de massa (devo lembrar que os dados do BookScan subrepresentam as vendas para o mercado de massa). Em março de 2009, a Simon & Schuster lançou novas edições atreladas ao filme, nos formatos brochura comercial e para o mercado de massa. Em abril,

MERCADORES DE CULTURA 303

Tabela 7.5. O efeito cinema I: vendas, nos Estados Unidos, de *Anjos e demônios* (Dan Brown), em brochura, jan.-jul. 2009

Semana terminando em (d/m/a)	Brochura comercial	Brochura para o mercado de massa	Brochura comercial atrelada a filme	Brochura para o mercado de massa atrelada a filme	Total brochura
04/01/2009	987	3.672			4.659
11/01/2009	904	2.711			3.615
18/01/2009	887	2.418			3.305
25/01/2009	712	2.263			2.975
01/02/2009	843	2.463			3.306
08/02/2009	1.942	5.060			7.002
15/02/2009	1.937	5.306			7.243
22/02/2009	1.553	5.648			7.201
01/03/2009	1.612	5.360			6.972
08/03/2009	1.481	4.628			6.109
15/03/2009	1.463	5.074			6.537
22/03/2009	1.324	4.928			6.252
29/03/2009	1.683	6.138	3,816	3.662	15.299
05/04/2009	1.274	4.252	9.814	13.086	28.426
12/04/2009	1.036	3.082	9.486	15.756	29.360
19/04/2009	1.074	3.202	9.527	14.125	27.928
26/04/2009	1.557	4.321	12.260	18.128	36.266
03/05/2009	1.741	4.559	12.477	17.927	36.704
10/05/2009	2.151	5.407	14.442	20.339	42.339
17/05/2009	2.268	6.355	17.133	24.064	49.820
24/05/2009	2.123	5.713	14.685	21.295	43.816
31/05/2009	1.595	4.514	10.912	16.526	33.547
07/06/2009	1.249	3.512	7.409	12.248	24.418
14/06/2009	955	3.032	5.075	10.223	19.285
21/06/2009	936	3.220	4.367	9.796	18.319
28/06/2009	642	2.492	3.022	7.107	13.263
05/07/2009	535	2.152	2.286	5.854	10.827
12/07/2009	496	2.038	2.043	4.785	9.362
19/07/2009	416	1.755	1.764	4.182	8.117
26/07/2009	410	1.603	1.733	3.834	7.580

Fonte: Nielsen BookScan.

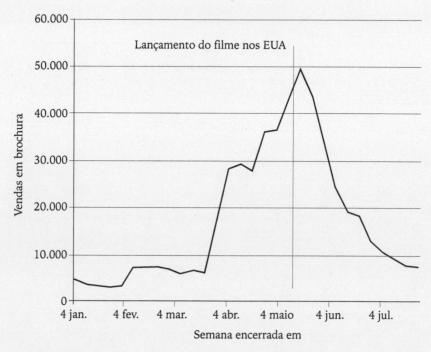

Figura 7.3. Efeito cinema I: vendas por semana, nos Estados Unidos, de *Anjos e demônios* (Dan Brown), em brochura, jan./julho 2009.
Fonte: Nielsen BookScan

as vendas saltaram para cerca de 30 mil exemplares por semana, e, no final de abril, *Anjos e demônios* estava também na lista de best-sellers do *New York Times* de ficção em brochura comercial. Quando o filme foi lançado, em 15 de maio, as vendas saltaram para aproximadamente 50 mil exemplares por semana, e, em 31 de maio, o livro estava de volta ao número um da lista de best-sellers do *New York Times* de ficção em brochura para o mercado de massa; lá permaneceu por vinte semanas, e na lista de brochura comercial por nove semanas. No período de seis meses antes do lançamento do filme, e depois, *Anjos e demônios* vendeu acima de 500 mil exemplares em brochura – mais de cinco vezes o número de exemplares que havia vendido em todo o ano anterior.

O efeito cinema não se restringe a *thrillers* e ficção comercial: até mesmo ficção "literária" mostra um prodigioso efeito comercial. A Tabela 7.6 e a Figura 7.4 mostram as vendas de edições em brochura de *Reparação*, de Ian McEwan, nos períodos anterior e posterior ao lançamento do filme nos Estados Unidos, em dezembro de 2007. *Reparação* está à venda em brochura desde 2003, quando a Anchor lançou uma edição comercial. No início de 2007, o livro tinha vendas estáveis, porém modestas, na *backlist*, entre 1 mil e 2 mil exemplares por semana. Mais uma vez, o filme mudou o padrão. Em novembro de 2007, a Anchor lançou uma nova edição em brochura comercial, e em dezembro uma nova edição em brochura para o mercado de massa – ambas atreladas ao filme, trazendo nas capas fotos do ator principal e da atriz principal, James McAvoy e Keira Knightley. As vendas começaram a aumentar em novembro, antes do lançamento do filme nos Estados Unidos – em 7 de dezembro. No período de Natal, as vendas estavam acima de 77 mil por semana, incluindo quase 50 mil da nova edição comercial e acima de 13 mil da edição para o mercado de massa (lembro que esses dados subrepresentam as vendas para o mercado de massa). Em 20 de janeiro de 2008, *Reparação* ocupava a primeira posição da lista de best-sellers do *New York Times* de ficção em brochura comercial, e o nono na lista de ficção em brochura para o mercado de massa. Permaneceu na lista de best-sellers de ficção em brochura comercial por 26 semanas e na de edição popular por 14 semanas. O filme não foi um sucesso hollywoodiano no estilo de *Anjos e demônios*, mas o aumento nas vendas foi igualmente significativo, se não maior: mais de 640 mil exemplares de *Reparação* foram vendidos nos seis meses anteriores ao lançamento do filme e, após o seu lançamento, quase dez vezes o número de exemplares vendidos em todo o ano de 2006.

Embora não tenha sido um aumento tão significativo e duradouro quanto aquele geralmente produzido pela seleção de Oprah, o efeito cinema é surpreendente. O efeito Oprah tende a gerar um enorme e repentino aumento nas vendas após o anúncio da escolha. As vendas caem rapidamente, mas permanecem flutuando por um bom tempo, conforme o livro se integra aos grupos de leitura que confiam em Oprah. O efeito filme mostra um padrão um pouco diferente: as vendas do livro começam a aumentar várias semanas ou até meses antes do lançamento, conforme a divulgação começa a produzir seus efeitos e os livreiros aumentam o estoque do livro e começam a promovê-lo novamente. As vendas voltam a aumentar quando a editora lança as edições atreladas ao filme, normalmente no formato brochura comercial e para o mercado de massa. As vendas, então, aumentam quando o filme é lançado e, em geral, atingem seu pico na semana ou pouquinho depois, e aí, pouco a pouco, entram em declínio. Como no Oprah Book Club, o filme alça o livro e o autor a um plano totalmente diferente de visibilidade pública, catapultando uma obra de relativa obscuridade, ou de uma vida serena na *backlist*, para as listas de best-sellers em brochura e transformando o autor em nome de reconhecido valor, se ele já não o tiver.

Tabela 7.6. Efeito cinema II: vendas semanais, nos Estados Unidos, de *Reparação* (Ian McEwan), em brochura, set. 2007-mar. 2008

Semana terminando em (d/m/a)	Brochura comercial	Brochura comercial em lançamento casado com o filme	Brochura para o mercado de massa em lançamento casado com o filme	Total brochura
02/09/2007	1.647			
09/09/2007	1.643			
19/09/2007	1.440			
23/09/2007	1.584			
30/09/2007	1.774			
07/10/2007	1.871			
14/10/2007	2.084			
28/10/2007	2.258			
04/11/2007	2.439			
11/11/2007	2.613	3.143		5.756
18/11/2007	2.407	4.436		6.843
25/11/2007	2.549	5.275		7.824
02/12/2007	2.462	5.817	2,161	10.440
09/12/2007	5.928	14.589	5.431	25.948
16/12/2007	10.615	30.019	9,054	49.688
23/12/2007	14.267	49.066	13.746	77.079
30/12/2007	8.700	33.678	11.179	53.557
06/01/2008	7.098	27.696	9.867	44.661
13/01/2008	6.131	21.885	9.848	37.864
20/01/2008	6.004	23.093	10.477	39.574
27/01/2008	5.492	21.395	8.681	35.568
03/02/2008	4.530	18.515	8.146	31.191
10/02/2008	4.069	14.860	7.196	26.125
17/02/2008	3.730	13.629	7.235	24.594
24/02/2008	3.601	11.505	6.605	21.711
02/03/2008	3.326	10.730	6.539	20.595
09/03/2008	2.855	8.359	5.545	16.759
16/03/2008	2.866	8.624	5.338	16.828
23/03/2008	3.284	9.630	6.239	19.153
30/03/2008	2.716	7.102	3.963	13.781

Fonte: Nielsen BookScan.

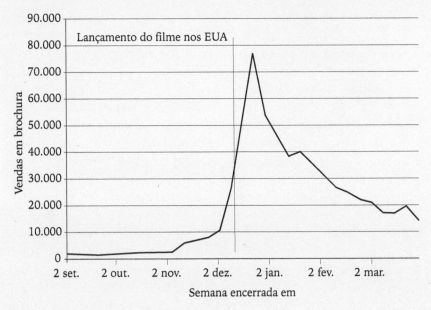

Figura 7.4. Efeito filme II: vendas de *Reparação* (Ian McEwan), em brochura, set. 2007-mar. 2008.
Fonte: Nielsen BookScan.

Embora esses ativadores de reconhecimento sejam altamente relevantes, pois impulsionam as vendas e contribuem para levar os livros às listas de best-sellers, eles também são muito imprevisíveis da perspectiva da editora. As editoras podem – e realmente tentam – prever o que farão aqueles que tomam as decisões, ajustando sua publicidade na esperança de que o livro seja escolhido para o tipo de clube do livro ou premiação que pode significar uma diferença real nas vendas – isso provavelmente era mais fácil de fazer com Richard e Judy do que com Oprah. "As pessoas em Chicago [base do Oprah Book Club] são muito cautelosas quanto à forma como o clube do livro opera", disse o gerente de marketing de uma editora de Nova York, "não se consegue despertar interesse pelo livro – eles não são receptivos." Por outro lado, no caso de Richard e Judy, as editoras eram convidadas a submeter livros, e grande parte das atividades nos bastidores eram realizadas no sentido de tentar influenciar o processo de seleção. "Há uma dose tão grande de uma espécie de *lobby*, de pressão e de estratégia para se chegar ao programa de Richard e Judy, que, na verdade, a ideia de que um livro foi arrancado da obscuridade e acabou chegando ao programa é um belo exemplo de mito sobre a mídia, mas, na realidade, isso não corresponde à verdade", explicou um publisher britânico. "Todos nós conhecemos pessoas, todos nós temos a tarefa de conhecer pessoas. Todos seguimos a mesma cartilha e estamos dizendo as mesmas coisas. De antemão, chegamos a um acordo sobre que livros propor a Richard e Judy, e é por esses livros que marcamos almoços, conversas e tudo o mais. Eles são escolhidos criteriosamente." Não obstante, embora os publishers e os gerentes de marketing pudessem tentar influenciar as escolhas de Richard e Judy, selecionando com cuidado os livros que submetiam e certificando-se de que estavam seguindo a mesma cartilha quando os divulgavam para o clube, havia ainda um importante elemento de imprevisibilidade, já que as escolhas finais eram feitas sem um *input* das editoras. Podia-se escolher livros que parecessem combinar muito bem com os objetivos do programa e fazer uma boa publicidade deles, mas, no final das contas, a comissão de seleção poderia simplesmente ignorar seus livros e escolher os de outra editora por razões fora de seu controle.

Tendo em vista a importância do Richard and Judy Book Club no estímulo das vendas de livros no Reino Unido, não é surpresa que muitos na indústria editorial viram a morte do programa de televisão com apreensão e desalento. Em agosto de 2008, o contrato com o Canal 4 – um importante difusor – chegou ao fim, e Richard e Judy se mudaram para a Watch, a nova rede digital da UKTV; os números de audiência no novo canal foram muito mais baixos: no Canal 4, eles tinham até 2,5 milhões de telespectadores, mas no Watch foram 200 mil no primeiro show e 53 mil no segundo; os números caíram para 11 mil nos programas subsequentes. Em maio, a UKTV anunciou que o programa *Richard and Judy* iria acabar em julho de 2009, seis meses antes do final do contrato, por causa dos baixos níveis de audiência. Da mesma forma como as editoras britânicas tiveram de lidar com o fim do Richard and Judy Show, as editoras norte-americanas estão agora tendo de se conformar com o término do Oprah's Book Club, após quinze anos, em 25 de maio de 2011. O tipo de visibilidade que esses shows conseguiam dar a livros e autores, apresentando-os nos principais canais de televisão, fará enorme falta para as editoras, embora elas possam encontrar algum consolo no fato de que novos programas, com público menor, estejam surgindo ou provavelmente surgirão em redes mais especializadas: Amanda Ross, a produtora independente responsável pelo Richard and July original, lançou o The TV Book Club no More 4, em janeiro de 2010, e Oprah disse que planeja implementar um programa de livros e autores na OWN, a nova Oprah Winfrey Network [Rede Oprah Winfrey].

DEVOLUÇÕES EM ALTA

Uma das consequências de um mercado dominado por grandes redes varejistas, onde a vitrine da oportunidade para a maioria dos livros é pequena (e está ficando menor ainda), é o nível crescente das devoluções. "Hoje, ninguém quer ter estoque", comentou um gerente comercial que trabalha na área há trinta anos, tendo começado como vendedor de livros em Nova York. "Quando eu vendia livros, havia sortimento nas prateleiras e as taxas de giro eram importantes, mas tão importantes quanto ter determinadas seções da loja onde se pudesse manter uma seleção para o consumidor ocasional ou o leitor que apenas folheava os livros. Agora, ninguém quer ter estoque por mais de doze semanas; antes, era de seis meses. Portanto, a indústria acelerou. Trata-se de uma indústria lenta em um mundo acelerado, e essa é uma mudança dolorosa."

Para a maioria das grandes editoras comerciais, as taxas de devolução hoje são, em média, 30%; isso é, provavelmente, cerca de 5% mais do que uma década atrás. Porém, essa média não nos diz muito, porque esconde enormes variações entre diferentes tipos de livros e diferentes varejistas. Livros da *backlist* têm taxas de devolução muito menores – geralmente pouco acima de 10%. Portanto, uma editora com uma *backlist* forte também tende a ter uma taxa de devolução menor. Igualmente, obras infantis tendem a ter taxa de devolução mais baixa. Contudo, para títulos da *frontlist* em capa dura para adultos, é provável que a taxa de devolução fique na média de 45%. "E isso chega a 15% – para cima ou para baixo o padrão provavelmente é de 30% a 65%", explicou um analista de vendas. "Livros que não vendem chegam a 60% de devolução; livros que vendem tendem a 30%. O mercado basicamente quer enviar entre 35% e 40%." Isso significa que, para cada cem novos livros em capa dura enviados, algo entre trinta e sessenta voltarão para a editora como devolução. A editora embutirá no demonstrativo L&P para cada novo livro um valor de prejuízo referente às devoluções – tipicamente fixado em 30% ou 35% das vendas brutas.

Os principais canais de varejo lidam de diferentes maneiras com as devoluções. Bill me ajuda a compreender algumas práticas típicas. Embora a maioria dos livros novos tenha seis semanas para provar seu valor, a Barnes & Noble e a Borders têm a boa prática de manter os livros por um período que vai além de seis semanas. "A Barnes & Noble e a Borders realmente seguram os livros, na maioria dos casos por cerca de três a quatro meses, a menos que tenham adquirido exemplares em excesso. Se compraram, digamos, 25 mil exemplares do livro e, depois de um mês, venderam 5 mil, eles entram em contato conosco e dizem: 'Veja bem, não posso ficar segurando 20 mil exemplares; estamos empatando muito dinheiro. Estamos pagando 15 dólares por isso. Sendo assim, estou devolvendo 12 mil, ok?'. Isso lhes dá 5 mais 12... 17..., significa que eles têm aproximadamente 8 mil nas lojas. É assim que eles operam. Assim, não se livrariam de todos os exemplares. Mas se é um romance que realmente foi um fracasso, depois de três, quatro meses – limpeza total. Eles devolvem tudo."

Clubes atacadistas como o Costco operam de forma diferente. "Eles vendem uma quantidade enorme de exemplares do livro certo, mas têm menor vitrine e normas rígidas para valores." Bill explica melhor:

Se eles compraram um livro e investiram em, digamos, 20 mil exemplares, e a Costco tem mais ou menos quinhentas lojas, eles o colocam nas suas quinhentas lojas, não em números iguais, mas de acordo com o ponto. E então, eles vendem o livro por 30 dólares, com desconto de 40% sobre 30 dólares; ok, eles o vendem por 18 dólares. Eles têm de vender 20 mil dólares do produto por semana, para toda a rede. Mas o que acontece se eles não vendem 20 mil dólares? Eles o colocam em saldo. Geralmente, eles o mantêm por cerca de três semanas e, se não houver vendas, devolvem tudo. Portanto, quando se toma a decisão de colocar um livro em um clube, está-se tomando uma decisão muito arriscada. Quero dizer, a decisão não é arriscada para Patsy Cornwell ou para John Grisham, porque é sabido exatamente o que eles podem vender. Mas se quiser colocar um autor novo lá, ou um novo livro de culinária que eles nunca tiveram antes, é muito arriscado, porque, se não vender, recebe-se uma tonelada de volta. Tem-se 85%, 90% de devolução. E isso sempre leva tempo. Eles têm de enviá-lo de volta ao atacadista, o atacadista tem de embalar tudo e enviar de volta para a editora. Isso pode levar dois meses. E, portanto, se, por alguma razão, precisar-se desse estoque para outros locais, nunca se consegue recebê-lo a tempo. Quando chega de volta, já não se precisa mais dele, e aí fica-se com todas as devoluções. Por isso é preciso ter cuidado. Quando se tem vendas brutas em um clube, fica-se muito animado, mas dois meses depois é de chorar se não tiver dado certo.

O surgimento dos grandes varejistas e dos clubes atacadistas, com seu crescente envolvimento no comércio de livros, permitiu que as editoras vendessem livros em quantidades muito maiores; concomitantemente com o aumento das redes varejistas de livros, isso provocou a revolução da capa dura descrita no capítulo 1. Atualmente, há muito mais pontos de vendas para livros – só a Wal-Mart tem 3.500 pontos nos Estados Unidos, e, com a Target e os clubes de descontos, o número de pontos de vendas de livros para o mercado de massa cresceu enormemente. "Mas, por outro lado", diz Bill, "as pessoas que estão administrando esses departamentos não são ligadas a livros; elas costumam ser do setor de varejo, funcionários que recebem salário menor e, na verdade, não se interessam por livros. Assim, levam para a loja uma pilha de livros, fazem o melhor que podem, mostrando-os, e para por aí. E, dessa forma, enfrentam-se muito mais devoluções do que quinze ou vinte anos atrás. Portanto, é bom e ruim – tem-se muito mais venda bruta e muito mais venda líquida, mas a taxa de devolução está subindo por causa disso."

A menos que estejam danificados, os livros devolvidos geralmente são colocados no depósito da editora. Alguns podem ser usados para atender a encomendas de outro varejista, mas muitos – em muitos casos, todos – acabam sendo vendidos como saldo. Uma sequência típica é a seguinte: primeiro, é lançada uma edição em capa dura, digamos, em abril de um ano; brochura comercial ou popular é lançada no mês de abril do ano seguinte; seis meses depois, as devoluções de capa dura são vendidas como saldo por 4,95 dólares ou 5,95 dólares nas mesas de saldos da Barnes & Noble, da Borders ou outro ponto qualquer. "Como não se quer cometer um erro com as brochuras, protela-se", explica Bill. Mas vender o livro como saldo é melhor do que reduzir tudo a reciclagem, porque, pelo menos, recupera-se algum dinheiro. "Pode-se conseguir 1,5 dólar por isso; portanto, ajuda pelo menos a pagar o preço da impressão." Se o número de devoluções for alto, pode fazer sentido transformar a metade – ou mais – em reciclagem, antes de vender como saldo. – "A gente engole isso", diz Bill, porque a compra do saldo se baseia na quantidade que se tem. Quanto mais exemplares tiver, menor será sua compra. "Então, pode-se obter um preço melhor por unidade se não tiver tantos. E, além disso, não se quer ter muitos livros lá. Então, fazemos isso só com alguns grandes."

Devoluções em grandes quantidades são onerosas para as editoras. Não só foram gastos muito tempo e dinheiro na embalagem e transporte dos livros que nunca foram vendidos, e depois na embalagem e devolução dos mesmos ao depósito da editora, mas também na impressão deles, que acabam sendo reciclados, o que, além de ser um desperdício, é caro; os custos envolvidos na baixa do estoque não vendido vão diretamente para o resultado líquido da editora, reduzindo ainda mais a margem de lucro, já sob pressão. Então, o que as editoras podem fazer com relação a isso? Carentes de uma reforma básica da rede de suprimentos e das condições sob as quais os livros são vendidos ao comércio, há duas coisas que as editoras podem fazer – e, até certo ponto, a maioria das editoras comerciais vem fazendo isso.

Primeiro, elas podem tentar melhorar a capacidade das cadeias de suprimento para minimizar o impacto da incerteza inerente ao mercado. "Levando ao extremo lógico", explicou o COO (diretor de operações) de uma grande editora, "se não se perdesse tempo para abastecimento de um livro em uma loja varejista, se fosse possível imprimi-lo e tê-lo de volta às prateleiras imediatamente, boa parte desse problema acabaria. Bem, isso não é possível. Dessa forma, temos nos esforçado para acelerar o processo e reduzir o tempo entre a encomenda e o recebimento de uma reimpressão. Costumava levar, como se sabe, de cinco a sete dias para termos uma reimpressão rápida; conseguimos reduzir isso para três ou quatro dias, dependendo de certas condições. Assim, ganham-se alguns dias, e as editoras podem adiar certas decisões até que tenham mais informações. Estamos tentando agilizar o processo de distribuição para economizar mais alguns dias". Quanto mais rápido a editora fizer a reimpressão, menos necessidade haverá de imprimir maiores quantidades na primeira tiragem; elas podem se permitir imprimir mais cautelosamente, reduzindo os riscos e atrelando menos capital de giro ao estoque, com a consciência de que podem encomendar e receber uma reimpressão em poucos dias, se necessário. E, quanto mais rapidamente a editora puder reabastecer o varejista, menos necessidade haverá de o varejista encomendar grandes quantidades no início já que eles sabem que, se o livro começar a gerar boas vendas, podem se reabastecer com tempo suficiente para satisfazer a demanda em curso. É em parte o receio de ficar sem estoque e, portanto, de não se reabastecerem quando a demanda estiver alta que estimula os varejistas a manterem excesso de estoque, e, como todo estoque é retornável, não há qualquer penalidade para isso.

A segunda coisa que as editoras podem fazer é tentar melhorar sua capacidade de informação e de previsão, e usar isso para ajustarem suas práticas de suprimento. A prática comum no campo de publicações comerciais é os gerentes de vendas e de contas venderem livros novos por atacado, esperarem até que os compradores façam suas encomendas e então suprir o estoque nas quantidades solicitadas pelos varejistas. "É um sistema do tipo *push* – pressionar os canais de distribuição a constituir estoque" –, disse o COO. "Então, empurramos todo o estoque; esperamos que alguém o compre; se não comprarem, ele volta, em oposição a um sistema mais do tipo *pull* – atrair os consumidores finais para os pontos de venda –, em que apenas produzimos o que as pessoas querem". Obviamente, é muito difícil prever o que as pessoas querem quando se lida com um produto como livros –

MERCADORES DE CULTURA 313

a incerteza da demanda é um traço inerente ao mercado de publicações comerciais. Porém, em vez de confiar muito – ou apenas – nos varejistas, cujas encomendas são, na verdade, suas estimativas da demanda potencial, as editoras podem tentar desenvolver seus próprios instrumentos para avaliar essa demanda potencial e usar esses instrumentos para modificar suas práticas de fornecimento.

Algumas editoras comerciais criaram unidades ou departamentos especiais para fazer justamente isso. "Criamos um departamento de rede de fornecimento há mais ou menos três anos", explicou Don, analista de vendas de um grande grupo editorial de Nova York. "A finalidade é medir e compreender melhor a base de nossa clientela e nosso sistema de impressão. A principal finalidade era nos tornarmos mais eficientes, reduzir as devoluções e não ficar com excesso de estoque no final do processo." Eles recolhem dados dos clientes, tanto varejistas quanto atacadistas, inserem-nos em bancos de dados e utilizam-nos para produzir vários tipos de relatórios. "Portanto, atualmente, se compararmos, digamos, com cinco, dez anos atrás, compreendemos muito mais o que está realmente acontecendo no mercado. E isso, por sua vez, orienta nossas decisões."

O que a equipe de Don tenta fazer é detalhar mais o que seu cliente básico, o varejista ou atacadista, acha que é a provável demanda, para que possam formar sua própria ideia do consumidor potencial e usar isso como base para avaliar as encomendas dos varejistas e atacadistas – checar as avaliações deles, por assim dizer. "Em um conceito mais amplo, é observar o que está acontecendo no nível do consumidor em oposição ao nível da demanda de nosso cliente, uma vez que notamos claramente que nossos clientes estão tomando suas próprias decisões, que às vezes são boas, às vezes ruins." A maneira tradicional de as editoras fazerem negócios é fornecer o que os clientes pedem – se o varejista ou atacadista quer, a editora fornece. "O que estamos fazendo agora de maneira diferente é dizer: 'Vejam bem, vocês não precisam disso' nas situações em que nossos dados respaldam essa atitude."

Don e sua equipe desenvolveram uma variedade de modelos para diferentes tipos de livros, para autores em particular e para diferentes varejistas e canais de varejo – aventuras amorosas, mistério, celebridade, biografia, B&N, Border, Amazon, mercado de massa, área institucional etc. –, e eles usam esses modelos para tentar prever os padrões de venda de determinados livros novos em diferentes pontos de vendas no varejo. Ele cita o exemplo da biografia, lançada recentemente, de uma conhecida estrela do cinema. Era um livro importante, um de seus principais títulos. Eles colocaram no mercado 125 mil exemplares; na primeira semana, foi direto para a lista de best-sellers. De imediato, os clientes voltaram e renovaram as encomendas, mas, na avaliação de Don e sua equipe, a vida útil desse livro nas prateleiras seria curta, e a demanda havia atingido seu auge; então, decidiram pela não reimpressão; decidiram que não iriam fazer uma reimpressão. Tinham um estoque extra que distribuíram de acordo com o que consideravam uma maneira justa e sensata. "Assim, mesmo que alguns de nossos clientes estivessem pedindo mais, 'fechamos a torneira'. Como ficou demonstrado, os índices de devolução foram baixos; seguiram a curva prevista para a biografia de uma celebridade." Eles sabiam que a janela para esse tipo de livro é muito pequena e que logo estariam recebendo devoluções; portanto, planejaram usar as devoluções para atender a encomendas novas, reduzindo assim os riscos que enfrentariam se fizessem rapidamente uma reimpressão.

Sem dúvida, essa estratégia não funciona para todos os livros. "É claro que depende do livro, do gênero e do mercado; é preciso olhar para cada livro e não se pode fazer generalizações amplas." Don admite que há casos em que o bom senso indica o uso do modelo tradicional de distribuição. "Há situações em que se aceita uma taxa de devolução mais alta de um livro porque se quis arriscar. Quer dar uma chance. Então, com relação a alguns livros, pensa-se: 'Ok, tudo bem, podemos fazer um enorme sucesso com ele, mas é difícil prever neste momento', e, portanto, vai-se com cautela. Em negócios, é preciso arriscar." Entretanto, há livros cuja distribuição é pequena, e a maior parte das vendas é feita pela Amazon e outros varejistas *on-line*, ou por meio de livrarias especializadas, e, ainda assim, alguns clientes encomendam duzentos ou trezentos exemplares e os distribuem para algumas lojas, que os colocam nas prateleiras, expondo apenas as lombadas, e depois eles são devolvidos em uma proporção de 85%. "E, aí, vendo isso, dizemos: 'Ok, pessoal, não comprem esses duzentos exemplares; nós os forneceremos a vocês se forem vendas ponto.com', porque ponto.com significa nossos clientes de nicho, e essa é uma torneira que não queremos fechar."

Embora desenvolvam modelos para tentar prever a demanda do consumidor, os varejistas podem fornecer às editoras um conjunto efetivo de instrumentos visando reduzir devoluções e combater as ineficiências da cadeia de fornecimento; mas isso também envolve alguns riscos. É bem possível que algumas vendas sejam perdidas por não haver livros disponíveis em pontos-chave de vendas quando a demanda for alta; e fechar precipitadamente a cadeia de suprimento pode até mesmo impedir que um livro tenha boas vendas. "A complexidade aqui", disse um COO que consome muito de seu tempo trabalhando nessa questão, "é que ninguém sabe exatamente quantos livros se precisa ter à mão no varejo para vender mais. Portanto, em outras palavras, quando se coloca apenas um exemplar em uma loja, ele provavelmente se perderá e não se venderá nenhum, a menos que aconteça de alguém estar procurando aquele livro específico. Se forem colocados trinta na frente da loja, ele parece estar dizendo: 'Ei, olhe para mim!', e nisso existe marketing de valor. E ninguém sabe exatamente – se colocar trinta, vendem-se vinte; se colocar vinte, vendem-se dois. Ninguém sabe exatamente como funciona essa matemática." Em face dessa incerteza, há muitas vozes nas editoras que argumentam a favor de se despacharem mais exemplares sempre, com base na ideia de que, quanto mais visível for o livro e mais abundante a sua quantidade nos espaços do varejo, maior será a probabilidade de que ele seja vendido. Além disso, todas as grandes editoras estão sob enorme pressão para alcançar metas de vendas ambiciosas, o que cria um incentivo adicional para despachar tantos livros quanto possível – um incentivo que se torna mais intenso no fechamento do ano fiscal. A demanda por crescimento da receita ano após ano tende a estimular as grandes editoras comerciais a maximizar suas remessas de livros e atender às encomendas dos clientes com a maior rapidez possível, mas as devoluções em larga escala que colocam pressão sobre as margens de lucro são o preço pago por elas aderirem a esse modelo tradicional de distribuição.

Melhorar a capacidade de suprimento das cadeias e a habilidade de prever a demanda do consumidor são passos importantes para resolver o problema das devoluções, mas, na verdade, eles estão fazendo remendos nas bordas. "O lado físico do negócio está tão arruinado quanto estava quinze anos atrás", comentou um COO, que ingressou em uma respeitada editora em meados da década de 1990 e, desde então, gasta grande parte de seu tempo lidando com essa questão. "Apesar de haver tecnologia muito melhor e mais informação, no frigir dos ovos, ainda imprimimos milhões de exemplares que nunca deixam o depósito, porque não há demanda por eles, e despachamos milhões de livros que voltam e são reciclados, de forma que o ciclo como um todo não funciona muito bem." Considerando a atual estrutura e as práticas estabelecidas do campo de publicações comerciais, não há uma solução fácil para esse problema. Pode se exigir uma reforma mais radical, como mudar para uma política de vendas sólidas com descontos maiores, pelo menos para determinada gama de títulos. Têm havido algumas experiências com reformas desse tipo, embora ainda não se saiba quão bem-sucedidas e disseminadas elas serão em uma indústria que estabeleceu uma profunda ligação com um modelo de distribuição baseado na possibilidade de devoluções.

– 8 –

O OESTE SELVAGEM

Até aqui, analisamos o campo das publicações comerciais em seus aspectos gerais, utilizando exemplos tanto dos Estados Unidos quanto do Reino Unido. Há boas razões para isso: se meu argumento é válido, o campo das publicações comerciais de língua inglesa tem certa "lógica" ou dinâmica que se aplica igualmente ao Reino Unido e aos Estados Unidos, os dois principais centros de publicações comerciais em língua inglesa. Porém, embora a mesma lógica se aplique a ambos os mercados e muitas das mesmas corporações editoriais operem no Reino Unido e nos Estados Unidos, há diferenças substanciais na maneira como esse comércio editorial opera nos EUA e no Reino Unido, e são essas diferenças que desejo examinar neste capítulo.

A LÓGICA DO CAMPO

A Figura 8.1 resume a lógica do campo de publicações comerciais de língua inglesa. Conforme vimos em capítulos anteriores, três desdobramentos fundamentais – o crescimento das redes varejistas, o surgimento dos agentes literários e a consolidação das editoras sob a tutela de grandes corporações – vêm moldando a evolução das publicações comerciais no mundo de língua inglesa desde a década de 1960. Esses três desdobramentos criaram um campo com certa estrutura e dinâmica ou "lógica". Isso levou à polarização do campo, com quatro ou cinco grandes grupos corporativos ocupando uma posição dominante e um grande número de pequenas editoras independentes nas margens, enquanto relativamente poucas editoras independentes de porte médio continuam ativas no setor. Tudo isso levou a uma preocupação com "livros importantes", que, na rede de crença coletiva que permeia a área, são considerados best-sellers em potencial e, como resultado, conseguem exigir grandes adiantamentos no mercado de conteúdo. Tendo em vista que, no caso de muitos livros, ninguém sabe – no momento em que são comprados pelas editoras – se realmente se tornarão best-sellers, as pessoas envolvidas no processo de aquisição precisam depender de outras coisas para agregar valor a um bem, valor esse que, nessa fase, é absolutamente desconhecido. Normalmente, elas dependem de quatro elementos: o histórico do autor, livros comparáveis, a plataforma do autor e a rede de crença coletiva. O processo orçamentário das grandes editoras as obriga a concentrar grande parte de seu tempo e energia no fechamento da lacuna entre a previsão de vendas inicial, baseada nos livros que estão sendo preparados, e as expectativas de crescimento e lucratividade por parte da corporação, levando a uma competição por novas obras e, acima de tudo, por livros importantes, que possam ser preparados e lançados rapidamente – em outras palavras, "lançamentos de oportunidade". O crescimento da produção de títulos no contexto de um espaço em declínio para resenhas e de pontos de vendas consolidados que cobram ágio para expor os livros na mesa à entrada da loja levou à diminuição da janela de oportunidades para livros novos, dando-lhes menos tempo para ser notados e criar impacto e encorajando as editoras a dispensar mais esforços e recursos àqueles livros que revelam sinais precoces de sucesso e desistir daqueles que não o fazem. E o crescente papel das grandes redes varejistas, que fazem volumosas encomendas de livros novos e exigem deles rápida rotatividade, juntamente com o encolhimento da janela de oportunidades para cada livro lançado, têm contribuído para produzir níveis de devolução historicamente altos.

Descrever essa dinâmica como a "lógica do campo" não é dizer que o campo é lógico – há muita coisa acerca dessa dinâmica que poderia ser considerada ilógica, irracional e ineficiente, para não dizer irrefletida. A lógica do campo é um conceito analítico e explanatório, não normativo;

1 Crescimento das redes varejistas
2 Surgimento dos agentes literários
3 Consolidação das editoras

1 Polarização do campo
2 Preocupação com livros importantes
   (i) Trajetória do autor
   (ii) Livros comparáveis
   (iii) Plataforma
   (iv) Rede de crença coletiva

3 Lançamentos de oportunidade

4 Janelas em retração

3 Alta devolução

Figura 8.1. A lógica do campo.

também não é sugerir que a "lógica" exista como alguma força cruel da natureza, uma estrutura rígida e impessoal que determina as ações dos indivíduos e opera independentemente da vontade deles – não é esse o sentido que estou conferindo ao termo. A lógica do campo, aqui, é simplesmente uma forma resumida de descrever o conjunto distinto de processos e preocupações expostos na Figura 8.1, um conjunto de formas definidas que se inter-relacionam e que, consideradas juntas, criam o contexto dentro do qual aqueles que trabalham no campo de publicações comerciais de língua inglesa – sejam publishers, agentes ou livreiros – fazem o que fazem. Trata-se de um conjunto de processos e preocupações específicos desse campo – bem diferente dos processos que caracterizam a área de, digamos, publicações de obras acadêmicas, ou de livros didáticos para universitários. Trata-se também de um conjunto de processos e preocupações que têm certo caráter autorreferencial, de autorreforço, no sentido de que os principais *players* desse campo estão entrelaçados em um sistema de interdependência recíproca de tal forma que as ações de cada um, buscando o que julgam ser seus próprios interesses (ou os interesses de seus clientes), tendem a provocar certo padrão de ação de outros que atuam no campo. "É um sistema que, por assim dizer, se autoalimenta", refletiu um agente que, no ramo há mais de cinquenta anos, costumava adotar uma visão de longo prazo. "E é uma forma de evolução, embora nesse caso específico não haja nenhum projeto inteligente."

Certamente, nem todo profissional que atua na área – seja ele publisher, agente ou livreiro – é afetado por esses processos e preocupações da mesma maneira e no mesmo grau. Nem toda editora comercial funciona como uma grande corporação; a maioria das independentes não procura adquirir livros para preencher vãos da mesma maneira como os publishers das grandes corporações fazem; incontáveis livros "pequenos" ainda são lançados (tanto por editoras corporativas quanto por editoras independentes); alguns livros acabam se transformando em bicos de gás que queimam lentamente durante as primeiras seis semanas da janela de oportunidades, mas depois se estabelecem devagar, com o passar do tempo, talvez até mesmo tornando-se best-sellers, apesar do início vagaroso. A indústria de publicações comerciais é extremamente variada e há incontáveis exceções para cada regra. Entretanto, para compreender o que acontece no mundo de publicações comerciais, precisamos investigar o que há sob a superfície e mostrar a estrutura básica e dinâmica da área. Apreender a lógica não nos permitirá explicar tudo o que acontece no campo; o mundo é sempre mais confuso do que as teorias que temos acerca dele, e essa máxima se aplica com força especial ao mundo das publicações comerciais, no qual há muitos diferentes *players* interagindo uns com os outros de maneiras diferentes para produzir uma enorme quantidade de objetos culturais, cada qual lançado em um mercado onde reinam descobertas imprevistas e felizes. Porém, complexidade não significa que esse mundo não tenha uma ordem.

A lógica do campo é uma dinâmica na qual alguns participantes estão implicados mais profundamente do que outros, mas nenhum está excluído dela. Seus efeitos são sentidos por todo o campo, independentemente de quem se é de onde se posiciona dentro dele. É óbvio que as grandes editoras corporativas estão implicadas nessa dinâmica mais do que outras, já que seu tamanho – tanto em termos de recursos financeiros quanto de produção – e sua reputação as colocam no centro do campo. Contudo, até mesmo uma pequena editora independente nas margens do campo não deixa de ser inteiramente afetada por essa dinâmica. As pequenas independentes podem não estar preocupadas com grandes livros da maneira como as grandes editoras corporativas estão, nem ser obrigadas a "tomar cuidado com o vão" da maneira como deveriam, mas mesmo a pequena editora independente sentirá, de certa forma, os efeitos dessa pressão – como, por exemplo, ser excluída das listas de propostas dos agentes mais poderosos, ou ser tratada como

MERCADORES DE CULTURA

cliente das listas B ou C, ou perder um autor para uma importante editora que tem condições de pagar mais. A lógica do campo não é um conjunto de regras que cada um dos que nela atuam precisa seguir. É mais como uma linha de força que estrutura um campo magnético: um forte ímã em uma parte do campo exercerá seus efeitos sobre todo o campo. Quando se é um pequeno fragmento de metal na periferia, pode ser que ele não o afete muito, mas em nenhuma parte do campo se estará totalmente protegido dos efeitos dessa lógica.

Depois de compreendermos a lógica do campo, fica muito mais fácil encontrar sentido nas coisas que acontecem no mundo de publicações comerciais – coisas que, de outra forma, poderiam parecer confusas, até bizarras. Vejamos *A lição final*, de Randy Pausch: agora que compreendemos a lógica, tudo faz muito mais sentido. Por que uma editora iria querer pagar 6,75 milhões de dólares por um pequeno livro, escrito por um homem que nunca havia escrito um livro comercial antes, e fazer isso com base em nada mais do que uma proposta de quinze páginas e um vídeo de sua palestra? Não nos esqueçamos de que o leilão aconteceu em outubro de 2007, logo depois que as editoras corporativas haviam completado seu processo orçamentário e estavam envolvidas em uma intensa busca por livros importantes para preencher o vão de 2008. Tratava-se de um livro que seria escrito rapidamente (tinha de ser escrito rapidamente: os prognósticos não eram muito bons) para que pudesse ser lançado em abril de 2008, cedo o bastante para fazer uma grande diferença nas vendas de 2008, caso se tornasse um best-seller. Pausch era, com efeito, um autor de primeira viagem; portanto, não havia nenhum histórico anterior que pudesse prejudicar a imaginação: isento da tirania de dados, o céu era o limite. Havia também um ótimo título comparável que o agente podia usar: *Tuesdays with Morrie*, que fora um grande best-seller no final dos anos 1990, com vendas de mais de 12 milhões de exemplares. E, por coincidência, o agente responsável por *A lição final* era exatamente o mesmo de *Tuesdays with Morrie*, o que lhe permitia fazer referência a essa comparação com alguma autoridade e dava mais credibilidade à ideia de que *A lição final* repetiria o sucesso do livro anterior. O autor, embora não fosse, é claro, uma celebridade, adquiriu, na verdade, uma plataforma bastante significativa no pequeno espaço de tempo desde que fez sua palestra, já que o respectivo vídeo foi postado no YouTube e visto por 6 milhões de pessoas. Ele também apareceu no programa de notícias da CBS, *Good Morning America*, e no *Oprah Winfrey Show*, o que não apenas lhe deu um alto nível de visibilidade como também lhe conferiu o tipo de reconhecimento digno de confiança que somente Oprah pode conferir, garantindo mais credibilidade à noção de que se tratava de um homem que poderia escrever o tipo de livro inspirador que agradaria às massas, atingindo pessoas que não compravam livros regularmente, o tipo de livro que levaria Oprah e outros mais a dizerem: "Este livro mudou minha vida". Igualmente importante, houve muito burburinho sobre esse livro; todos aqueles que estavam bem informados, inclusive olheiros, falavam sobre ele, e o que diziam era respaldado por dinheiro, publicidade excessiva traduzida em burburinho, pois várias grandes editoras estavam dispostas a oferecer milhões, criando, assim, uma ampla e positiva rede de crença coletiva de que esse livro seria um best-seller, aumentando repetidamente as apostas para as partes que se propunham a continuar no jogo.

As cinco editoras que ainda faziam lances no momento em que um deles chegou a 5 milhões de dólares eram todas de propriedade de grandes corporações, pois somente elas teriam condições de correr um risco dessa magnitude. O fato de a Hyperion querer continuar no jogo e ultrapassar as outras no lance final não foi surpresa: trata-se de uma editora voltada para a *frontlist*, com o respaldo da Disney Corporation, e muito dependente do lançamento de um pequeno número de best-sellers de *frontlist* para cumprir seu orçamento. Eles tinham também lançado dois livros de sucesso escritos por Mitch Albom e estavam usando suas obras, tanto *Tuesday with Morrie* quanto *As cinco pessoas que você encontra no céu*, como modelos. Era uma grande aposta, mas os executivos de alto escalão da Hyperion se sentiam muito seguros com relação a isso e estavam determinados a fazer qualquer coisa que pudessem para ganhá-la. "Possivelmente, poderíamos até ter ido além", disse um deles, refletindo sobre a confiança que sentiam naquela época.

Quando aconteceu o leilão, em outubro de 2007, pagar 6,75 milhões de dólares para um pequeno livro, escrito por um autor desconhecido, parecia um exagero para muitos observadores, inclusive para muitas editoras que haviam feito um lance para o livro em uma fase, mas depois pularam fora ou acabaram perdendo. Era uma estratégia de alto risco que poderia facilmente ter resultado em um tiro pela culatra para a Hyperion. E se o autor não vivesse tempo suficiente para terminar o livro, para não dizer vê-lo lançado? E se o livro não correspondesse às expectativas da editora, e dezenas de milhares de exemplares despachados eventualmente fossem devolvidos? Tudo era possível – no momento do leilão, ninguém realmente sabia. Era um clássico jogo de azar.

Acontece que as coisas deram certo para a Hyperion. Sua campanha de marketing foi cuidadosamente atrelada à mídia que havia, de início, feito de Randy Pausch um fenômeno público. Considerando que o vídeo de *A lição final* fora visto por milhões na internet, a Hyperion criou um *site* exclusivo, que se voltava a partes interessadas e as ligava entre si, incluindo grupos de pessoas que sofriam de câncer no pâncreas. Eles também enviaram uma equipe para filmar Randy Pausch e sua família e forneceram à Amazon, à b&n.com e outros um vídeo exclusivo; utilizaram também suas conexões na Disney para conseguir um especial de uma hora sobre o livro na ABC News. Já que muita coisa sobre esse livro estava ligada à internet e à mídia em geral, eles, conscientemente, escolheram produzir o livro à moda antiga, com miolo em papel de gramatura alta, de aparência envelhecida, que enfatizava a natureza física tradicional do livro e a sua mensagem atemporal.

Tudo se encaixou. O livro foi lançado em abril de 2008 e foi direto para o número um da seção "Recomendações em capa dura" da lista de best-sellers do *New York Times*. As principais contas receberam meio milhão de exemplares; no dia seguinte, 400 mil exemplares adicionais foram despachados para atender encomendas e, no outro dia, os números haviam atingido o patamar de 900 mil. O livro continuou no topo da lista de best-sellers durante o verão e o outono. Em outubro de 2008, havia vendido mais de 3,6 milhões de exemplares em capa dura e continuava a vender cerca de 50 mil por semana. Além disso, graças ao burburinho gerado quando o livro foi leiloado, e isso foi retransmitido a editoras do exterior pelos olheiros, cuja função era relatar o que acontecia de importante em Nova York, a Hyperion conseguiu recuperar parte substancial de seu adiantamento com a venda de direitos autorais. Eles receberam de volta cerca de 2 milhões de dólares em direitos ao exterior, mesmo antes de o livro ser lançado, e em outubro de 2008, haviam vendido direitos para dezessete línguas; só os direitos para a Coreia foram vendidos por 300 mil dólares. Apostar em grandes livros de autores sem registro histórico é um negócio muito arriscado, mas, no caso de *A lição final*, a aposta foi muitíssimo bem-sucedida.

Mencionei anteriormente que campos culturais têm limites linguísticos e espaciais: a lógica do campo que analisei aqui se aplica ao campo de publicações comerciais de língua inglesa, mas não necessariamente a publicações comerciais na França, Alemanha ou Espanha, ou outros países onde as línguas, instituições e tendências são diferentes. As estruturas e as dinâmicas do campo de publicações comerciais nesses países são moldadas por desdobramentos específicos. Alguns desdobramentos são semelhantes – muitos países vivenciaram a consolidação tanto no âmbito de editoras quando no setor varejista –, enquanto outros são diferentes. Por exemplo, embora existam agentes literários em países da Europa continental, eles estão, sem dúvida, muito longe de ser tão prevalentes e de ter o poder que têm os agentes que atuam em Nova York e em Londres, e isso, por sua vez, faz uma grande diferença na lógica do campo.

Entretanto, meu foco aqui é no campo de publicações comerciais de língua inglesa. Eu disse que a lógica do campo é, de modo geral, semelhante nos Estados Unidos e no Reino Unido – Nova York e Londres são os dois centros metropolitanos de publicações comerciais em língua inglesa, e o campo se expande para além do Atlântico, abarcando ambos os países (e, na verdade, o Canadá, que, no que se refere à maior parte das formas de publicações e outras indústrias criativas, está intrinsicamente ligado aos Estados Unidos). Conforme vimos, a maioria das importantes corporações editoriais não só está ativa como também é dominante em ambos os lados do Atlântico, os agentes são *players* poderosos em ambos os países (alguns têm escritórios em ambos), as redes varejistas vêm crescendo à custa do sumiço de livreiros independentes, tanto nos Estados Unidos quanto no Reino Unido, e a grande maioria de livros em inglês será lançada ou pelo menos distribuída em ambos os lados do Atlântico. A lógica do campo, conforme resumido na figura 8.1, aplica-se tanto ao Reino Unido quanto aos Estados Unidos. E, ainda assim, ela não capta tudo muito bem. Há diferenças importantes entre os dois países em termos de estrutura e dinâmica do mercado. Quais são essas diferenças e como podemos analisá-las?

Sem dúvida, há uma grande diferença em termos de escala. O mercado dos Estados Unidos é pelo menos cinco vezes maior do que o do Reino Unido: podem-se vender muito mais livros nos Estados Unidos, e isso traz grandes implicações quanto à receita que pode ser gerada e às expectativas de autores e agentes. A escala é também muito diferente em termos geográficos: os Estados Unidos são efetivamente um continente (no sentido literal quando se acrescenta o Canadá), e isso cria uma gama de problemas e oportunidades quanto a vendas e marketing – para não mencionar a logística da cadeia de fornecimento – que simplesmente não existe, ou existe em escala muito menor, no Reino Unido. Entretanto, além disso, haveria algo mais?

AS GUERRAS DOS DESCONTOS

São quase nove horas da manhã, e meu café da manhã com a diretora de vendas de uma importante corporação editorial de Nova York está terminando. Conversamos durante mais de uma hora na sala de refeições privada da matriz, em Manhattan; tenho tempo para uma última pergunta antes que ela saia correndo para sua primeira reunião de trabalho do dia.

"Sei que você passou um tempo no Reino Unido e está familiarizada com o mercado de lá", começo. "Qual você diria que é a maior diferença entre o Reino Unido e os Estados Unidos?" Com um sorriso sarcástico, ela olha para mim, sentada na outra extremidade da mesa: "As condições de comércio", responde. "Chamamos isso de Oeste Selvagem."

O Oeste Selvagem a que ela se referia era, evidentemente, o Reino Unido, não os Estados Unidos. Normalmente, pensamos nos Estados Unidos como a terra do capitalismo desenfreado, onde o mercado livre reina supremo e os regulamentos do governo são mínimos, ao passo que o Reino Unido é visto como uma sociedade mais regulada, na qual as duras realidades do mercado são atenuadas pela intervenção do governo e um estado de bem-estar social mais beneficente. É óbvio que existe alguma verdade nessa noção comum – o Serviço Nacional de Saúde na Grã-Bretanha garante um sistema de previdência muito mais abrangente do que o sistema em grande parte privado, baseado em seguro, que existe nos Estados Unidos, por exemplo. Porém, no mundo dos livros, acontece exatamente o contrário. Por quê? Como podemos explicar isso?

Nos Estados Unidos, as práticas de descontos das editoras são governadas pela Lei Robinson-Patman, que, conforme explicado anteriormente, proíbe fornecedores (inclusive editoras) de oferecer descontos diferentes para varejistas que ocupam posição semelhante no mercado. Depois das batalhas legais entre varejistas e editoras nos anos 1990, o comércio norte-americano de livros estabeleceu um sistema relativamente aberto e transparente de descontos e publicidade cooperativa, e as editoras são profundamente suscetíveis aos riscos envolvidos em qualquer tentativa de burlar esse sistema. Elas têm um programa de descontos que utilizam com todos os clientes, os quais recebem os mesmos descontos em títulos individuais que outros clientes na mesma categoria. Atacadistas podem receber descontos maiores do que varejistas, mas todos os atacadistas receberão o mesmo desconto, porque estão na mesma categoria de clientes. As editoras comerciais normalmente oferecem um desconto comercial pleno de, digamos, 46% ou 48% sobre a maior parte ou todos os seus livros. Algumas editoras podem oferecer um desconto menor, de 32% a 34%, sobre livros que são considerados mais especializados em sua natureza – por exemplo, livros profissionais ou acadêmicos. As mesmas condições são oferecidas a todos os varejistas; as grandes cadeias varejistas não recebem descontos maiores do que os pequenos livreiros independentes, simplesmente porque as redes são grandes e têm mais poder no mercado – essa prática levaria a editora a sofrer uma ação legal, conforme prevê a Lei Robinson-Patman.

Embora a Lei Robinson-Patman tenda a nivelar o campo de ação em termos de descontos, na prática, há várias maneiras sutis de as grandes redes usarem seu poder para extrair melhores condições das editoras. Por exemplo, as grandes redes varejistas poderiam receber condições de pagamento mais favoráveis – noventa dias, em vez de trinta ou sessenta –, e isso pode fazer uma verdadeira diferença no fluxo de caixa de um varejista, sobretudo em um setor em que grande parte do estoque escoa lentamente. Além disso, as grandes cadeias varejistas conseguem investir muito mais em infraestrutura do que as pequenas independentes, o que pode reduzir o tempo e as despesas envolvidos no processamento das encomendas. "Então, por exemplo, quando a Barnes & Noble recebe uma caixa de livros de qualquer grande editora, há um adesivo na parte exterior da caixa que precisa ser escaneado, e, imediatamente, ela confere com a fatura que foi enviada eletronicamente ao sistema computadorizado deles e emite os adesivos para serem colados... e pronto", explicou o gerente de uma pequena livraria independente de Nova York. "Ainda assim, temos de abrir todas as caixas e retirar de lá todos os livros – custa-nos muito mais horas e mão de obra retirar os livros das caixas do que custaria para uma rede."

Mas, provavelmente, as áreas mais significativas em que as grandes redes varejistas se beneficiam mais do que os pequenos varejistas independentes são as áreas de publicidade *co-op* e taxas de colocação dentro das lojas. Repetindo, as editoras que possuem esquemas de publicidade cooperativa disponibilizam esses esquemas a todos os varejistas, independentemente do seu porte, mas, tendo em vista que o volume de negócios que as grandes editoras fazem com as grandes redes varejistas é muito maior do que com as pequenas livrarias independentes, isso significa que, na prática, as editoras estão pagando quantias muito maiores às cadeias varejistas, que, como resultado, terão orçamentos para publicidade *co-op* muito maiores. Além disso, muitas pequenas livrarias independentes simplesmente não se preocupam em reivindicar dinheiro para publicidade *co-op*, ou não percebem que ele está disponível e podem reivindicá-lo. "Um representante comercial me disse que o maior número no resultado líquido, no final do ano, para as editoras é todo o dinheiro que as independentes não tomaram para a *co-op*, porque todo esse dinheiro foi separado sob as regras de *co-op* e eles não sabiam como transformá-lo em dinheiro e, assim, não o receberam", disse um livreiro independente. Muitas editoras importantes também aumentam seus orçamentos de publicidade cooperativa com contas específicas, fazendo suplementos para incrementar o fundo comum, a fim de se beneficiar de promoções especiais. "Sempre é possível suplementar o fundo e fazer

MERCADORES DE CULTURA

acréscimos a ele em uma base livro a livro", explicou o gerente de marketing de uma grande editora. Tais suplementos para incrementar o fundo *co-op* são injeções adicionais ao caixa, do qual as grandes redes varejistas, com suas promoções especiais – "compre dois e leve um grátis", "compre um pela metade do preço", e assim por diante –, costumam se beneficiar mais. As grandes editoras também podem fazer programas especiais de parceria com as grandes redes varejistas, que criam certo grau de flexibilidade em seus acordos e lhes permite obter mais do que pagam; por exemplo, mais títulos em promoção etc.

Há outra maneira de os grandes varejistas com crescente participação no mercado tentarem alavancar sua posição para aumentar os pagamentos que recebem das editoras com os esquemas de publicidade *co-op*: eles podem argumentar que o percentual deveria ser calculado não com base nas vendas do ano anterior, mas com base nas prováveis vendas para o ano em curso – um número que, considerando a sua crescente participação no mercado, provavelmente será maior do que o do ano anterior, gerando assim um fundo de *co-op* maior para o ano. Pelo menos um grande varejista adotou essa linha. "Eles dizem a uma editora: 'Veja bem, estamos crescendo mais rapidamente do que o restante do setor, e vocês têm essa política de *co-op*, que diz que ganhamos um fundo em dinheiro com base nas vendas do ano anterior. Vocês não percebem que, devido à maneira como estamos crescendo, isso não nos favorece? Por que temos de ficar sob os mesmos padrões dos outros? Já estamos no buraco, no que diz respeito à *co-op*'", explicou um diretor comercial que se viu diante de uma argumentação como essa de um varejista. Tendo em vista o porte e a importância estratégica do varejista, não foi fácil resistir. Ele poderia se esquivar da discussão, tentar mudar de assunto, mas sabia que, no fim das contas, teria de dar alguma razão. "É uma discussão permanente. Às vezes, é preciso perder algumas batalhas para ganhar a guerra."

Portanto, embora a Lei Robinson-Patman, em princípio, crie um campo de jogo equilibrado entre os varejistas nos Estados Unidos, na prática, de muitas maneiras, esse campo de jogo pode se transformar em um terreno acidentado e desigual, que dá certas vantagens aos grandes varejistas, seja porque eles conseguem alavancar seu porte e sua importância estratégica para exigir melhores condições e prazos, seja porque os pequenos livreiros independentes são menos eficientes, menos equipados em termos de infraestrutura de TI ou simplesmente menos organizados. Porém, tudo isso se torna insignificante quando comparado às condições de mercado do Reino Unido, onde a morte do Net Book Agreement (NBA) combinada com a falta de qualquer legislação comparável com a Lei Robinson-Patman levaram a uma enorme pressão das editoras para aumentar os descontos que concedem aos varejistas mais importantes e poderosos.

As editoras britânicas que tentaram acabar com o NBA na década de 1990 tinham muito claro por que queriam fazer isso, e tinham sua própria visão acerca de como seria um mundo pós-NBA. "Tratava-se de levar livros ao povo", lembrou David, diretor administrativo de uma importante editora do Reino Unido, que, naquela época, era diretor comercial. "Parecia muito pretensioso, e atualmente ainda é. Tratava-se de abrir novos espaços para livros como um objeto de entretenimento mais cativante, que ainda hoje é o mantra de nossa editora. Portanto, sabíamos muito bem que, se pudéssemos manipular a margem, isto é, reduzir nossas margens, poderíamos ajudar os livros a penetrar em áreas do varejo onde eles atualmente não apareciam – principalmente em supermercados, mas também em outros locais; penetrando na região de alto comércio, digamos." Por trás da guerra ao NBA, no início dos anos 1990, havia um cálculo puramente econômico: presumia-se que um aumento no volume de vendas que fosse gerado por livros com desconto mais do que compensaria o custo da redução de preço e a erosão da margem resultante. E um aumento no volume de vendas seria resultado tanto do próprio desconto quanto do fato de que, ao permitir descontos em livros, as editoras conseguiriam ter livros em uma nova série de pontos de vendas no varejo – sobretudo nos supermercados – e também em outros pontos de vendas varejistas, para os quais o preço era um fator preponderante em sua oferta competitiva. "Queríamos ter livros onde as pessoas estavam, em vez de simplesmente tentar convencer as pessoas a irem onde os livros estão."

Embora o principal motivo por trás das críticas ao NBA tenha sido econômico e comercial, ele também estava inseparavelmente ligado a determinada perspectiva cultural. As editoras que se opunham ao NBA faziam, em muitos casos, críticas ao que viam como elitismo e esnobação de editoras tradicionais. Na sua opinião, o ramo editorial tradicional era um universo bastante fechado e autorreferente, que se orgulhava de seus próprios juízos quanto a gosto e qualidade, e menosprezava livros mais populares em estilo e intenção. Em contraste, eles consideravam os livros sólida e conscientemente integrados às indústrias de entretenimento. "O mundo editorial diz respeito a entretenimento: a escrita de boa qualidade a um preço razoável", continuou David. "Entregamos a promessa de entretenimento, seja lá o que isso signifique. E nossa grande frustração foi perceber que essa é uma indústria elitista e esnobe, o que, até certo ponto, ainda é verdade. Uma batalha ainda está sendo travada. Mas sentíamos com muita intensidade que havia mais pessoas que poderiam se aproveitar da base de entretenimento, e que um bom livro pode ser um livro que vende 1 milhão de exemplares, não necessariamente um livro que vende 15 mil exemplares depois de ganhar o Booker. Assim, nossa percepção era de que o negócio podia funcionar em uma base muito, muito comercial. Não precisava ser embalado e amarrado em uma espécie de embalagem literária, se podemos usar essa expressão. O que quero dizer é que os livros precisavam ter uma qualidade muito alta, e não era o caso de publicar porcaria, mas também não havia necessidade de tanta restrição."

Sob a direção do seu carismático fundador, Tim Hely Hutchinson, a Headline – que em meados dos anos 1990 se tornou a Hodder Headline – foi uma das primeiras grandes editoras a praticar livremente preços e descontos. Eles fizeram um acordo com John Menzies, o escocês proprietário de uma papelaria e tabacaria, dando-lhe um desconto extra em certos livros de capa dura, no entendimento de que o desconto extra seria repassado ao consumidor e acrescentado seu próprio lucro. Naquela época, o desconto comercial padrão para papelarias do centro comercial, como era o caso da Menzies e a WH Smith, era de 45% sobre capas duras e 50% sobre brochuras. A Hodder Headline deu a Menzies 55% sobre alguns livros de capa dura. "Em teoria, eles repassariam 10%, e o livro teria um desconto de 25%; portanto, nós dividiríamos o desconto. Como varejista, Menzies alegava que isso deixaria seus produtos mais baratos do que de qualquer outro varejista do alto centro comercial, e que eles poderiam fazer grandes exposições; transmitia uma mensagem de marketing – essa era a ideia", explicou David, que havia se envolvido diretamente como gerente de vendas nas negociações com Menzies. Outros varejistas e algumas editoras protestaram veementemente, e houve um período, em meados da década de 1990, em que a situação continuava muito incerta. "Mas, em seguida, tudo veio abaixo rapidamente e, de repente, era como se disséssemos ok, aceitamos tudo, a indústria passou a operar livremente, e acabou virando um vale-tudo."

Embora os acordos iniciais com relação a essa prática livre tenham sido feitos com papelarias como a Menzies, o fim do NBA abriu as portas para que varejistas em geral e supermercados como o Tesco e o Asda se envolvessem na venda de livros de *frontlist*. "O Asda era o mais importante", continuou David. "Fizemos acordos fantásticos com o Asda, que comprava o que chamávamos na época de 'megacaixas', estrados de livros que eram levados em carrinhos até o meio da loja para serem postos à venda. Acho que minha primeira experiência nesse sentido foi com Stephen King. O

330   JOHN B. THOMPSON

romance dele foi lançado, e havia 300 mil exemplares em caixas de papelão. Eles simplesmente as trouxeram para o saguão, 3,99 libras – acho que o preço de capa era 5,99 libras, 2 libras de desconto, 3,99 libras –, e só eles venderam 300 mil." Livros eram atrativos para os supermercados, porque eram considerados educativos e objetos de desejo: "É um produto não alimentício que é considerado bom. Éramos aliados naturais, porque os supermercados ganham muito ao agradar a família toda, e eles gostam porque livros lhes dão credibilidade". Ao mesmo tempo, para a editora, o movimento pelos supermercados era de uma magnitude diferente daquela a que estava acostumada: "Sabíamos que perto de 50 milhões de pessoas passavam pelas lojas dos quatro grandes supermercados por semana. Era algo que a Smith's não conseguiria alcançar em um ano". Além de haver muito movimento pelos supermercados, era um movimento repetido. "E repetido significa: Eis o último John Grisham; sabemos que você adora John Grisham; portanto, eis o novo livro dele'. E 'Você esteve aqui na semana passada e já terminou de ler aquele livro: aqui está outro igual a ele'."

Como vimos anteriormente, para as editoras comerciais do Reino Unido, com o colapso do NBA, houve uma mudança radical na participação de mercado dos diferentes canais varejistas, e essa mudança foi particularmente acentuada para aquelas editoras cuja lista se inclinava para ficção comercial e não ficção – ou seja, para os tipos de livros que poderiam ser vendidos em grandes quantidades nos supermercados e em outros pontos de vendas não tradicionais. Antes de 1994, as redes das importantes ruas comerciais, como a WH Smith, e as redes de livrarias como a Waterstone's dominavam o setor varejista no Reino Unido. "Juntas, elas detinham cerca de 90% do mercado", explicou David. Entretanto, em 2007, "livrarias de rede, que incluem as papelarias da Smith's, da Waterstone's, da Borders, da Sussex, além de outras menores", continuou ele, remexendo em uma pequena pilha de impressos resgatados de um canto de sua escrivaninha, "representavam cerca de 30% do mercado de livros para o consumidor adulto". E ele continuou a descrever a situação:

> Portanto, 30% em termos gerais, dos quais a Waterstone's tem 12%, a Smith tem 10%, e o resto fica abaixo disso. As independentes ainda mantêm uma participação de 10%, o que é interessante. Os supermercados serão 17%, dos quais o Tesco tem, sozinho, quase 9% de participação, e o Asda tem perto de 6%. E depois cai, Sainsbury's e todo o resto. Portanto, como setor, os supermercados têm 17% em comparação ao que se poderia chamar de canais tradicionais, que ainda têm 30%, mas isso era 90 por 10, nem mesmo isso, no início dos anos 1990. E a outra

mudança crucial tem a ver com as vendas *on-line*. A Amazon tem 8% do mercado *on-line*, que no total representa 11%, e isso tudo é novidade, ou seja, foi surrupiado de outro lugar nos últimos cinco anos.

Agora, além de os supermercados e revendedores *on-line* representarem os maiores canais de revenda de livros, eles são também os canais que estão em crescimento, diferentemente do que ocorre com os canais tradicionais, que estão estáticos ou em declínio, isto é, perdendo participação no mercado para os novos canais não tradicionais. O crescimento dos supermercados desacelerou um pouco – a rápida expansão de sua participação no mercado nos primeiros anos do século XXI se deveu, em parte, a uma necessidade de recuperar o atraso. O canal agora está mais maduro, e é improvável que continue a crescer no mesmo ritmo, mas, de qualquer forma, está crescendo, o que não se poderia dizer sobre os canais varejistas tradicionais.

A expansão dos canais varejistas não tradicionais é considerada uma oportunidade por muitas editoras comerciais no Reino Unido. Se esse é o mercado que está em expansão, então faz muito sentido, dizem as editoras, suprir esse canal com mais produtos. "Entendemos o que está acontecendo no mercado de massa, e temos consciência de que o estamos alimentando", comentou o diretor administrativo de uma importante editora britânica. Isso é especialmente verdadeiro para ficção comercial e para áreas de não ficção comercial, como livros sobre celebridades e livros de memórias que relatam algum tipo de sofrimento pessoal. Esse mesmo diretor explicou como criaram um novo selo de ficção comercial com o objetivo explícito de adquirir, desenvolver e fornecer livros aos supermercados. "Tivemos de retomar a agenda com os varejistas, retomar a agenda com o talento, e dizer: 'Compreendemos o mercado, compreendemos os consumidores. Se você se juntar à nossa equipe, ela será a melhor equipe que alguém possa desejar'. Esse é meu imperativo estratégico no momento."

Entretanto, as editoras pagaram um preço pelo crescente papel dos supermercados e de outros pontos de vendas não tradicionais em seu mix varejista, e há um aspecto desse preço que se destaca: elas ficaram sujeitas à pressão por descontos cada vez maiores. A "corrente do desconto", como disse Jane, publisher de uma grande editora britânica, começou por volta de 1997, "quando estávamos sendo comprimidos pelo setor de supermercados". As editoras começaram a oferecer descontos de 57,5% – um enorme aumento sobre os descontos de 45% – para capas duras e 50% para brochuras, que eram o padrão no início dos anos 1990. A situação se complicou pelo fato de que os supermercados eram supridos por atacadistas que estavam se apoderando de uma fatia do bolo. "Então, a indústria pensou: ok, damos mais a eles; eles precisam de uma fatia e nós não precisamos fazer nada, não precisamos ir até eles e colocar os livros nas prateleiras e não precisamos enviar representantes – muito bem, o custo do serviço é pequeno, vamos em frente." Porém, aos poucos, os descontos passaram a ser cada vez mais altos. "Chegamos a 60%, e depois, para alguns acordos, fomos acima de 60%, até 62,5%. Estávamos começando a ficar preocupados", explicou Jane.

Quando o atacadista Tesco faliu, no início do século XXI, as grandes editoras agarraram a oportunidade de tentar reconquistar o controle. "Pensamos: 'Esse é o momento de traçarmos um limite'." Conseguimos recuperar alguns pontos percentuais na transição do antigo atacadista para o novo. "Nos casos em que as coisas pudessem estar passando dos 60%, nós, na verdade, conseguimos manter os 60% como máximo." Jane admite, entretanto, que tem sido difícil manter esse limite. "Houve um momento em que retrocedemos. Agora eu não teria como jurar que todos nós não nos afastamos disso. Porque estamos todos tentando ganhar vantagem nos supermercados, que se torna uma parte cada vez maior de nossa base de consumidores. O grande lance sobre os supermercados é que o espaço é menor e mais finito do que qualquer outro lugar; assim, é preciso garantir uma fatia dele, e uma fatia grande." Então, será que eles vão passar dos 60% agora? "Sim." Será que, vez ou outra, iriam até 65%? "Sim." Iriam até 70%? "Não."

Dessa forma, por que as editoras britânicas estão dispostas a dar tais descontos aos supermercados? Por que elas simplesmente não se afastam desses acordos de descontos exorbitantes que comprimem sua própria rentabilidade? Algumas vezes, elas fazem isso. "Ah, sim, estamos sempre fugindo", disse, com certo atrevimento, o diretor comercial de uma grande editora. "É muito importante. Se dizemos sim sucessivas vezes, em outras dizemos não apenas para dizer não, porque é importante. É como dar uma palmada em uma criança, sabe? Fazemos isso uns com os outros. É quase um ritual." Porém, a visão de Jane provavelmente reflete uma avaliação mais realista da posição das editoras no mundo pós-NBA. "Na maioria das vezes, tentamos fazer que funcione", explica. "É porque vocês precisam disso?", pergunto. "Sim, sim", responde ela. "Então, a posição delas é bem forte, certo?" "Sim, claro que é. Oh, Deus, e como é!"

Para quem observa de fora, tudo isso pode parecer muito confuso. Afinal de contas, os supermercados ainda representam 17% do mercado – uma participação bastante grande, para dizer a verdade, mas ainda significativamente menor do que os 30% representados pelas redes varejistas de livros.

MERCADORES DE CULTURA

E a participação do Tesco é ainda menor do que a da Waterstone's. Então por que as editoras são aparentemente tão submissas em seus acordos com os supermercados?

Não é fácil chegar ao fundo dessa questão. "É uma espécie de economia complexa", disse a CEO de uma importante editora britânica. "Tomemos um livro hipotético", ela tenta explicar:

Um canal hipotético chega até você e diz: "Gosto bastante deste livro e estou disposto a estocá-lo, mas você terá de me pagar por isso". Se você diz não, tudo bem, eles não o estocam. A próxima ligação que você recebe é do autor, basicamente ele está dizendo: "Onde está o meu livro? Você me prometeu que eu ganharia X". Então você diz: "Bem, sinto muito, mas não demos desconto a esse canal específico". Isso funciona? Não. Então é o agente que lhe diz ao telefone: "Isso é um absurdo; eu deveria ter ido a outra editora, e ela teria concedido o desconto", e assim por diante. Portanto, embora a classe dos agentes diga: "Os publishers são fracos, eles continuam dando o que querem; por que eles não enfrentam fulano e beltrano?", tudo está bem até que o autor lhe telefone e, com razão, diga: "Trabalhei dois anos para produzir isso, vocês têm uma maldita rixa com aquele canal específico, e isso arruinou minha vida", e o pior é que isso arruinou a vida deles. Daí, o problema.

Portanto, o problema, aparentemente, é que os agentes e os autores não permitem que as editoras fujam dos acordos de altos descontos com os supermercados. Eles se sentem ultrajados. Sentem que a editora, por uma questão mesquinha de interesse pessoal, recusou o acordo com um canal importante e, portanto, impediu que o livro se saísse tão bem quanto poderia ter saído, colocando a carreira do autor em risco. Em outras palavras, as editoras estão sendo forçadas a esses acordos com altos descontos pelos agentes e autores – é o que essa CEO parece estar dizendo.

Seria essa uma explicação plausível? Fiz essa pergunta a um agente, que está nesse jogo há muito tempo. "Essa é boa!", diz ele, em tom de incredulidade. "Não tem nada a ver com isso." Ele admite que, se uma editora decidisse não concordar com as condições propostas por um varejista importante como a Waterstone's para que o livro de determinado autor fosse estocado por eles, isso seria uma fonte de grandes preocupações e "teria de haver uma conversa entre o agente e o autor sobre a questão". Porém, ele zomba da ideia de que o que impulsiona as editoras a fazer acordos com altos descontos com supermercados é o receio de uma reação por parte dos agentes e autores. "Alguns anos atrás, a Hodder Headline tentou enfrentar o Tesco com relação a James Patterson. Eles não acertaram as condições de um dos muitos livros de James Patterson, e aquele livro não estava no estoque da Tesco – e Patterson pessoalmente foi consultado sobre essa decisão e a endossou –, mas foi a última vez que fizeram isso. Quando o próximo livro foi lançado, a Hodder Headline fez novamente um acordo com o Tesco. Aprenderam com a experiência. Eles não poderiam perder a venda de 100, 150 mil exemplares para o Tesco. Portanto, é isso aí", diz ele. Argumento aceito.

A CEO não estava necessariamente errada, mas estava, na melhor das hipóteses, contando apenas parte da história. Algumas editoras relutam em admitir que seus próprios interesses são atendidos com acordos que põem suas margens sob tremenda pressão. Para entender por que isso ocorre, é preciso entender que o papel dos supermercados nas vendas de best--sellers é desproporcional à sua participação no mercado como um todo. Embora os supermercados representem 17% das vendas totais relativas ao comércio de livros para adultos, sua participação nas vendas de livros mais comerciais pode ficar entre 30% e 40%, ou até mais. E isso significa que os supermercados assumem um papel crucial na determinação de que livros acabam chegando às listas de best-sellers – não é o único determinante, é claro, pois há muitos livros que chegam às listas de best-sellers mesmo que a participação dos supermercados seja pequena. Depende do livro. Para ficção em brochura, os supermercados são fundamentais – é difícil chegar aos dez primeiros da lista sem eles. Eles também são cada vez mais importantes para não ficção em brochura e em capa dura, embora, nesses casos, a situação seja mais complexa. "Com capa dura de não ficção, é certamente possível chegar às listas de best-sellers e ficar lá durante seis meses sem os supermercados", explica Jane. "Eles são a chave para ficção em brochura, e provavelmente para não ficção em brochura – daí o aumento da angústia. Entretanto, quanto a capas duras, nem sempre eles são a única resposta, embora sejam obviamente muito importantes. A maior façanha do Tesco no ano passado foram os 40% das vendas de Alan Bennett – isso significa muito."

As editoras precisam dos supermercados porque precisam ter seus livros nas listas de best-sellers, e, embora os supermercados possam ter apenas 17% da participação total do mercado, sua participação na colocação de livros nas listas de best-sellers é muito maior do que a de outros canais varejistas. Essa é a verdade oculta que explica por que as editoras acham tão difícil escapar dos acordos com supermercados, mesmo que as condições para os descontos sejam penalizantes. Também explica, de alguma forma, por que as listas de best-sellers do Reino Unido têm um caráter tão diferente das listas de best-sellers dos Estados Unidos, embora uma explicação completa dessa diferença tenha, sem dúvida, que levar em consideração outras coisas. "Toda a indústria está quebrada por isso", diz Jane.

Precisamos ir para a lista de best-sellers porque pagamos um passe muito alto – estou falando agora da área de ficção comercial e de não ficção. Pagamos passes altíssimos para termos aquelas mercadorias que se vê na lista de best-sellers, e somos impelidos a pagar por isso porque estamos enfrentando todos os outros. E, portanto, como resultado desse passe tão alto, é preciso vender muitos exemplares; é preciso mostrar a essa indústria terrivelmente voraz e a todos os autores que estamos fazendo o máximo para que sejam bem-sucedidos. Portanto, se não os levamos para a primeira posição, então (a) pagamos caro pelo passe e estamos perdendo, e (b) eles irão para outra editora. Portanto, é claro que temos de estar nos supermercados para conseguir chegar ao topo. Por isso, temos esse cenário medonho, uma espécie de círculo vicioso negativo.

DANÇANDO COM O DIABO

Alguns insinuam que, ao fazer esses acordos de grandes descontos com os supermercados, as editoras estão tão empenhadas na busca de seus interesses de curto prazo, que isso prejudicará a indústria a longo prazo. Elas estão, como disse um livreiro, "dançando com o diabo". Por que alguém diria isso? Por duas razões.

Em primeiro lugar, os supermercados estão vendendo livros a preços muito baixos. É famoso o caso do Asda, que vendeu o último volume da série Harry Potter por apenas 5 libras, muito abaixo do preço de varejo recomendado pela editora, 17,99 libras. Os preços do Asda e de outros supermercados estavam tão baixos, que alguns livreiros independentes se viram na situação um tanto absurda de comprar seu estoque dos supermercados, já que podiam tê-lo a um preço menor do que teriam pela cadeia normal de fornecimento de livros. O Tesco e o Asda vendem muitos livros em brochura a um preço padrão de 3,86 libras, e alguns são vendidos por 3,49 libras, ou menos. Como esses livros estão sendo vendidos a preços baixos em locais onde são vistos por uma proporção significativa da população, as políticas de preço dos supermercados estão mudando a percepção do público quanto ao valor dos livros. "Se fosse perguntado ao público quatro anos atrás quanto custava um livro em brochura, as pessoas provavelmente diriam 5,99 ou

6,99 libras", continuou o livreiro. "Agora, é muito mais provável que digam: 'Não sei, 4 libras'. Trata-se de uma enorme mudança de valor." E é uma mudança que pode afetar as decisões de compra das pessoas. "No Natal, as pessoas dizem: 'Bem, eu não vim aqui e comprei a versão capa dura de 'X', *Planet Earth*, ou seja lá qual for o livro especial para as festas, porque está metade do preço em toda parte; portanto, todo mundo saberia que eu não teria pago o valor total, e seria considerado um presente barato, e aí pensamos: 'O quê?! Isso é coisa de maluco'."

A segunda razão por que as editoras podem estar prejudicando seus próprios interesses a longo prazo fazendo acordos de altos descontos com os supermercados é que, enquanto os supermercados podem deslocar muitos exemplares dos livros que estocam, eles só estocam um número muito limitado de títulos, e os estocam somente se o faturamento estiver muito bom. As editoras precisam de livreiros especializados e um setor varejista sadio para lançar títulos novos, para tornar disponível toda a gama de sua produção e para estocar livros cuja venda está mais lenta: as livrarias – tanto as de grandes redes como as independentes – são as vitrines das editoras. Porém, ao suprir os supermercados com os títulos best-sellers com grandes descontos, as editoras estão – ou assim se poderia argumentar – dificultando a vida dos próprios livreiros, dos quais, a longo prazo, depende sua própria vitalidade como indústria. "Não é preciso a alavanca se mover muito, em termos de margem de lucro, aluguel, taxas, gastos com serviços públicos, para, de repente, levar a empresa de um lucro de 10 milhões de libras a uma falência", explicou o livreiro, "e não acredito que as editoras necessariamente entendam isso".

Apresento esses pontos a Jane, que não sente nenhuma simpatia por essa linha de argumentação. "Não, discordo completamente", responde ela, sucinta. Na perspectiva de Jane, os supermercados e a Amazon são os dois canais varejistas que sabem o que estão fazendo, e ela se sente feliz por apoiá-los, ao passo que as livrarias varejistas especializadas "não saberiam como atrair um leitor, se quisessem". Suas queixas quanto a receberem condições desvantajosas em relação aos supermercados são, diz ela, egoístas e enganosas: "Olhar para descontos isoladamente é ridículo", opina. "O que é preciso olhar com relação a todos os clientes é o custo do atendimento. O desconto é apenas parte disso. Há também a verba de marketing, o atendimento a partir dali – isto é, o tempo das vendas, o serviço de nosso centro de distribuição, o custo das devoluções, tudo isso. O custo mais alto com atendimento é, sem dúvida, da Waterstone's, o segundo mais caro é da Smith,

MERCADORES DE CULTURA

e o terceiro é dos supermercados. A Waterstone's é absurdamente cara para as editoras, porque se está lidando com um sistema de distribuição completamente disfuncional", explica Jane, no qual "querem que entreguemos dois livros para cada filial e depois, quando não vendem, querem devolvê-los, e eles não vendem porque os clientes não entram na loja". E além disso, os livreiros dos grandes centros comerciais cobram do marketing para expor os livros na mesa da frente. Em comparação com as redes de livrarias, "os supermercados são o mais simples que se pode imaginar, porque sai direto da gráfica, deixa-se lá uma montanha de livros e eles repetem a encomenda de outra quantidade enorme; temos uma pessoa que os visita e, até o momento, eles não cobraram nada do marketing".

Portanto, Jane descarta logo de início a insinuação de que as redes de livrarias nos grandes centros comerciais estão recebendo condições desvantajosas. "O argumento do desconto é absolutamente ridículo e patético. Damos suporte à Waterstone's muito além da utilidade que eles representam para nós, por algum despropósito emocional. É claro que não queremos nossos livros apenas no Tesco's; não é isso que estou dizendo, de forma alguma. Estou dizendo que há maneiras diferentes de cativar os consumidores para uma gama mais ampla de livros do que aquela que a Waterstone's oferece. Então, toda vez que eles vêm e nos pedem mais desconto, dizemos: 'Então nos mostrem como vocês irão cativar os leitores e nós os apoiaremos'."

Jane expressa suas opiniões de maneira intensa. "Essa é uma questão muito radical", ela me adverte de antemão – e suas ideias refletem sua própria experiência no lado mais comercial do mercado editorial, que tem muito a ganhar com a expansão provocada pelo crescente envolvimento dos supermercados com livros. Mas a voz dela não é, de forma alguma, solitária. Muitos publishers expressam seu desalento diante da posição da Waterstone's e do que veem como estratégias varejistas pouco criativas, e consideram os supermercados uma parte valiosa do mix de varejo que tem contribuído para levar os livros a um círculo mais amplo de consumidores, os quais normalmente não entrariam em uma livraria. Ao mesmo tempo, eles sabem que precisam de um setor varejista próspero, e que apenas os supermercados nunca poderiam fornecer pontos de vendas para a variedade de livros que publicam. O que não está tão claro é se as redes de vendas de livros nos centros comerciais mais importantes, diante da pressão dos supermercados com altos descontos, por um lado, e da Amazon e de outros revendedores *on-line*, por outro, têm condições de sustentar seus negócios a médio e longo prazo sem algo como o tipo de condições equitativas que existe nos Estados Unidos e em outros lugares.

A COMPRESSÃO DAS MARGENS

Uma consequência das diferentes condições de mercado que existem nos Estados Unidos e no Reino Unido é que, embora as editoras anglo-americanas enfrentem pressão sobre suas margens, elas o fazem por razões estruturalmente diferentes (ver Figura 8.2). Nos Estados Unidos, a pressão sobre as margens provém sobretudo de adiantamentos cada vez mais altos. Editoras norte-americanas vivenciam pressão do lado varejista também, pois as organizações varejistas mais poderosas buscam aumentar sua participação no mercado negociando melhores condições, reivindicando mais dinheiro para, por exemplo, publicidade cooperativa, mas a existência da Lei Robinson-Patman reduz muito a esfera de ação dos varejistas nas suas negociações de condições especiais, já que um desconto adicional concedido a um varejista, teria, por lei, de ser dado a todos os varejistas da mesma categoria. O resultado é que os descontos nos Estados Unidos tendem a permanecer relativamente estáveis e flutuam muito pouco com o passar do tempo.

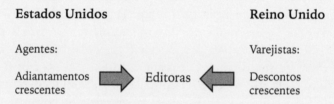

Figura 8.2. Compressão nas margens das editoras.

No Reino Unido, pelo contrário, a pressão sobre as margens das editoras provém basicamente dos crescentes descontos que se seguiram ao desaparecimento do Net Book Agreement. Na falta de qualquer coisa comparável à Lei Robinson-Patman, os varejistas mais poderosos conseguem usar sua força no mercado para extrair maiores descontos das editoras, e colocam as editoras umas contra as outras pelo acesso ao limitado espaço de alta visibilidade e alta rotatividade que disponibilizam para livros. O impacto geral tem sido um impulso ascendente no desconto médio que as editoras oferecem ao setor varejista: aproximadamente 10% de margem foram transferidos das editoras para os varejistas em um período de menos de dez anos. A pressão por mais descontos – e maiores gastos com marketing, no caso das redes de venda de livros nos grandes centros comerciais – está sempre lá. As editoras resistem, ameaçam "traçar os limites" e, vez ou outra, elas

MERCADORES DE CULTURA 339

se retiram de acordos de grandes descontos. Porém, é muito raro terem um livro como os da série Harry Potter, que é um item absolutamente necessário e insubstituível que as leve a adotar uma linha dura e, ainda assim, conseguir ter seus livros no espaço de alta rotatividade dos supermercados.

Assim, embora a lógica do campo se aplique igualmente às editoras comerciais dos Estados Unidos e do Reino Unido, a maneira como essa lógica acaba se definindo é diferente, porque é moldada pelos ambientes comerciais e reguladores distintos de cada país. As editoras comerciais situam-se no espaço entre os agentes e os varejistas, e a pressão de ambos os lados tende a fazer suas margens caírem. Nos Estados Unidos, essa pressão provém sobretudo de adiantamentos cada vez mais altos, refletindo o poder dos agentes que lidam com direitos de conteúdos mais procurados, ao passo que no Reino Unido ela provém principalmente dos descontos cada vez maiores, refletindo o poder das grandes redes varejistas no mundo pós--NBA. Em resumo, a mesma lógica aplicada em diferentes contextos resulta em pressões semelhantes originárias de fontes diferentes.

– 9 –

A REVOLUÇÃO DIGITAL

A transformação ocorrida no campo das publicações comerciais foi, acima de tudo, um processo conduzido por fatores sociais e econômicos, por protagonistas e organizações que buscavam realizar seus objetivos, respondendo a circunstâncias em mudança e valendo-se de novas oportunidades no competitivo campo de publicações comerciais de língua inglesa. Contudo, entrelaçada a essa transformação e contribuindo com ela, ocorria uma revolução tecnológica que, inicialmente, começou a se fazer sentir na indústria de livros em meados da década de 1980 e que, a partir dos anos 1990, tornou-se uma fonte crescente de especulação e preocupação. Na época, a revolução digital já havia convulsionado a indústria da música e parecia determinada a causar ruptura semelhante em outros setores de indústrias criativas. O rápido crescimento da internet a partir de meados dos anos 1990 serviu apenas para exacerbar as especulações. No final da década, muitas editoras despejavam milhões de dólares em projetos de publicação eletrônica de vários tipos, e investidores de capital de risco abriam novas companhias voltadas para a digitalização do conteúdo de livros, disponibilizando-os em diversos formatos. "O futuro digital" tornou-se o tema de incontáveis eventos, assunto de inumeráveis artigos e o principal tópico de conversas nas salas da diretoria das próprias editoras. O artigo de Bower e Christensen, "Disruptive Technologies",[1] publicado em 1995, havia advertido, de maneira bem objetiva, contra os riscos a que as principais companhias estavam expostas se resistissem às novas tecnologias, sob o pretexto de que os clientes tradicionais não as queriam e as margens de lucro projetadas não eram grandes o bastante: deixando de agir, elas correriam o risco de dar espaço para companhias menores, que poderiam criar um mercado experimentando novos produtos e colocar-se na linha de frente se e quando os novos produtos finalmente "decolassem". A mensagem não se perdeu entre os líderes das corporações. As grandes editoras lutavam para se manter no *front* de uma revolução tecnológica que, para muitos, parecia inevitável.

A convicção de que a indústria editorial estava à beira de uma mudança fundamental se fortaleceu com relatórios de empresas de consultoria administrativa no final dos anos 1990 e início dos anos 2000, muitos dos quais previam que e-books rapidamente se tornariam uma parte crescente e substancial do mercado. Entre os citados com mais frequência, estava um relatório publicado em 2000 pela PricewaterhouseCoopers, que previa uma explosão de gastos do consumidor com livros eletrônicos, calculando que até 2004 alcançariam a cifra de 5,4 bilhões de dólares e representariam 17% do mercado. Um estudo realizado pela Arthur Andersen, encomendado pela Association of American Publishers [Associação de Editoras Norte-Americanas] e publicado em 2000, previa que o mercado de livros eletrônicos estaria entre 2,3 e 3,4 bilhões de dólares em 2005 e representaria até 10% do mercado consumidor de livros. As expectativas também se elevaram com o surpreendente sucesso de uma das experiências de Stephen King com publicação eletrônica. Em março de 2000, ele lançou seu romance curto, de 66 páginas, *Riding the Bullet*, disponível apenas em suporte digital, que poderia ser baixado por 2,50 dólares: a resposta foi impressionante, resultando em cerca de 400 mil downloads nas primeiras 24 horas e 600 mil dólares nas duas primeiras semanas.

OS ALTOS E BAIXOS DOS E-BOOKS

Não obstante a felicidade de Stephen King, as previsões feitas pela PricewaterhouseCoopers e por outras empresas de consultoria mostraram-se excessivamente otimistas, pelo menos em termos de escala temporal.

---

1 Bower; Christensen, Disruptive Technologies: Catching the Wave, *Harvard Business Review*, p. 43-3.

MERCADORES DE CULTURA   343

As editoras que experimentavam de fato com os e-books invariavelmente achavam que os níveis de consumo no início da década de 2000 eram muito mais baixos do que as consultorias e muitos outros haviam projetado. As vendas de e-books chegavam às dezenas, em alguns casos às centenas, mas estavam longe de atingir as centenas de milhares, muito menos os milhões de exemplares que muitos esperavam. Além disso, o estouro da bolha dot.com no final da década de 1990 trouxe um novo clima de ceticismo em relação à economia da internet e sua capacidade de transformar modelos tradicionais de negócios. Em 2001, iniciou-se um período de redução de custos, e tanto empresas editoriais quanto investidores privados começaram a cortar seus investimentos e reduzir suas expectativas. Muitas novas divisões de publicações eletrônicas e programas de e-books – alguns dos quais haviam sido lançados com muito estardalhaço e enormes gastos somente um ou dois anos antes – foram fechadas ou radicalmente reduzidas. A revolução do e-book estava atolada e ninguém sabia quando ela iria avançar, ou se, de fato, iria avançar.

O clima de incerteza continuou em 2006 e 2007, e a questão dos e-books e sua função na área editorial comercial continuou a ser um tema altamente controvertido. As vendas reais de e-books para todas as principais editoras comerciais continuavam muito baixas, tanto em termos de unidades quanto em termos de receita, e elas não mostravam qualquer sinal de crescimento significativo. Com base em números que recebi de editoras comerciais na época, calculo que as vendas de e-books representavam 0,1% das suas vendas totais em 2006. No final de 2007, a participação havia aumentando talvez para 0,5% – um número ainda insignificante, "estatisticamente irrelevante", como disse um alto executivo de uma grande editora. Em oposição ao cenário de lentidão nas vendas, as opiniões dividiam-se profundamente sobre quanto a revolução do e-book, – isso se, de fato, fosse uma revolução – seria bem sucedida. De um lado, estavam os defensores digitais, que, indiferentes às frustrações da década anterior, continuavam firmemente convencidos de que a revolução do e-book acabaria, de fato, acontecendo. Do outro lado, estavam os céticos digitais, que continuavam ligados ao tradicional livro impresso em papel, valorizavam sua materialidade e importância como objeto e duvidavam se – no mundo editorial comercial, em especial – ele seria substituído de alguma maneira substancial por arquivos eletrônicos lidos na tela. E em algum lugar no entremeio estavam os agnósticos digitais – aqueles que professavam não conhecer nem uma forma nem outra de como o futuro se revelaria e sentiam-se contentes ou conformados em adotar a abordagem do "esperar para ver", continuando a fazer o que estavam acostumados enquanto a revolução tecnológica seguia seu curso. As diferenças entre essas posições eram diferenças em temperamento e inclinação, pois não havia qualquer evidência factual naquela época para que a questão fosse decidida para um lado ou para outro.

Os defensores do digital podiam oferecer meia dúzia de razões pelas quais os e-books não haviam ainda feito muito progresso: os dispositivos de leitura não eram suficientemente bons, as editoras não haviam disponibilizado conteúdo suficiente, os preços eram altos demais, etc. Entretanto, conforme a tecnologia avançar e os preços caírem, veremos – eles previam com muita confiança – um enorme aumento nas vendas de e-books. Os primeiros proponentes da revolução do e-book estavam certos quando disseram que o futuro seria digital; eles erraram apenas quanto à escala temporal. Os defensores digitais gostam de repetir a máxima dos tecnófilos, de que as pessoas tendem a superestimar o impacto de mudanças tecnológicas a curto prazo e subestimá-lo a longo prazo. É só esperar, dizem. Uma nova geração de "nativos digitais" está crescendo com computadores, iPods e telefones móveis, e, quando começarem a ler, eles se sentirão perfeitamente confortáveis lendo livros na tela (se é que, de fato, lerão livros). Eles não terão o mesmo vínculo com o livro impresso em papel que seus pais e avós tiveram. A indústria editorial ainda está esperando seu momento iPod, mas, quando ele chegar, tudo mudará muito rapidamente. Basta olhar para o que aconteceu na indústria musical: para os defensores do digital, a indústria musical é o futuro anunciado da área editorial.[2]

Aos olhos dos céticos digitais, os argumentos dos defensores do e-book estavam repletos de furos. Parece que eles simplesmente não percebem, dizem os céticos, que o livro impresso (em papel) tem certas qualidades que são valorizadas pelos leitores, as quais o e-book jamais apreenderá ou reproduzirá. O livro é uma forma esteticamente agradável, uma obra de arte com seu mérito próprio, com uma capa elegante e um design atraente, que é gratificante segurar, abrir e possuir. É também excepcionalmente amigável ao usuário: não há nada mais fácil do que virar as páginas de um livro e ler um texto claro em papel branco. A vista não se cansa e pode-se ir para trás e para frente com facilidade. Não precisa de bateria, não trava e não

---

2 A linha de raciocínio desenvolvida pelos defensores do digital costuma ser bem representada na imprensa, já que jornalistas e outros analistas adoram escrever sobre tecnologias que parecem capazes de introduzir mudanças radicais. Há também inúmeros *sites* e *blogs* especulando sobre o assunto, grupos de pesquisa dedicados a isso (ver, por exemplo, o Institute for the Future of the Book [Instituto para o Futuro do Livro], em <www.futureofthebook.org>) e até mesmo um subgênero menor da literatura – publicado, por coincidência, como livros tradicionais impressos em papel, uma ironia captada por alguns autores – que anuncia a morte iminente do livro, e que o pranteia ou celebra seu falecimento, do elegante lamento de Birkets, *The Gutenberg Elegies*, ao manifesto impetuoso, seguro e sem lamentos de Gomez, *Print is Dead*.

quebra se for derrubado. Além disso, um livro é um objeto social: pode ser compartilhado com outros, tomado emprestado e devolvido, acrescentado a uma coleção, exposto em uma prateleira, acalentado pelo proprietário como uma preciosidade e visto como um sinal de quem ele é e o que é importante para ele, um sinal de identidade de seu proprietário. O e-book, dizem os céticos digitais, não oferece nada disso. Ele é conteúdo puro e, como tal, jamais poderá reproduzir a materialidade do livro. Num livro impresso em papel, conteúdo e forma são inseparáveis, e é exatamente essa combinação única, dizem os céticos, que é valorizada pelos leitores.

Embora os defensores do digital costumem ver o que aconteceu na indústria da música como um aviso sobre o destino da indústria editorial, o cético digital pode fornecer um punhado de razões para considerar pobre uma analogia entre música e livro. A maioria dos consumidores quer ouvir faixas curtas, de dois ou três minutos, em vez de álbuns inteiros, e a maioria dos álbuns são simplesmente coletâneas de canções, incluindo muitas que os ouvintes podem preferir pular – isso não se aplica ao livro. A qualidade da experiência de ouvir música digital é geralmente mais alta do que a das tradicionais formas análogas de reprodução musical – isso não se aplica à leitura na tela ou com um dispositivo de leitura, em que a qualidade da experiência, até mesmo com tecnologia de tinta eletrônica, é inferior. Há vantagens reais em poder carregar uma biblioteca musical compacta consigo, para que se possa ouvir a canção ou álbum que desejar, que seja adequado ao seu ânimo, e isso simplesmente não era possível nos tempos do velho LP de vinil ou mesmo da fita cassete – novamente, a analogia com o livro é precária, já que o livro é eminentemente portátil, e a maioria das pessoas, a menos que sejam executivos muito ocupados, que passam grande parte do tempo em aviões, ou pessoas que tiram férias excessivamente longas, não tem necessidade de carregar uma biblioteca virtual consigo. Para a maioria das pessoas, de maneira geral, um livro será suficiente.

Uma figura importante de uma grande empresa de tecnologia que trabalha muito com editoras comerciais, e que está muito envolvida com e-books e outras formas de oferta de conteúdo eletrônico desde o final dos anos 1990, resumiu o caso dos céticos com elegância e vigor:

A vantagem de um livro impresso em formato digital para editoras comerciais é provavelmente de 1 em uma escala de 1 a 5, porque tudo o que se está fazendo é reproduzir a experiência narrativa de virar as páginas e ler linearmente em forma digital. Está melhorando a experiência para a maioria dos usuários? Provavelmente não – provavelmente se está, na verdade, aviltando a experiência para a maioria dos usuários em termos de resolução, conveniência e tudo o mais. Sem dúvida, podem-se carregar oitenta livros consigo em um leitor de 400 dólares, mas é muito pequeno o número de pessoas que conheço que precisam carregar oitenta livros de uma só vez. Para uma leitura narrativa, de imersão, livros digitais são um total desperdício de tempo para todo mundo. Em minha opinião, nunca será um grande negócio no aspecto comercial; e se em vinte anos eu estiver errado, então estou errado, mas não acho que estarei. Esse negócio não é igual ao da música – não se trata de faixas de dois ou três minutos. Não é igual ao negócio dos jornais – não têm uma vida útil de um dia ou uma hora. Não é igual ao negócio de revistas – conteúdo narrativo, cuja leitura pode completar em uma viagem de metrô. Nenhum desses é igual ao negócio dos livros comerciais. É por isso que acho que o livro impresso continuará a valer para a maior parte das lojas no lado comercial do negócio.

Diante dessas contundentes visões opostas e da falta de evidência clara que possa ajudar a escolher entre um e outro, muitas pessoas na indústria se sentem felizes em sentar no banco de trás e esperar para ver o que acontece. Elas podem ter suas próprias inclinações pessoais e adotar uma postura que tenda suavemente para uma direção ou outra, mas, quando perguntadas sobre o futuro, sentem-se mais confortáveis em permanecer agnósticas. Admitem que realmente não sabem o que o futuro trará; podem se sentir um pouco desconfortáveis, até mesmo ansiosas, sobre um futuro no qual tudo parece incerto, mas se sentem felizes em deixar que outros – mais bem posicionados e mais bem informados, pelo que imaginam – se lancem sobre as questões. Alguns executivos de alto escalão, prestes a se aposentar, expressam uma leve sensação de alívio por não terem de lidar com os desafios que seus sucessores enfrentarão. "Vou ficar observando do lado de fora", disse um CEO que logo se aposentaria. Trata-se de uma indústria que se encontra no meio de uma tempestade tecnológica, profundamente consciente de que estão ocorrendo mudanças ao seu redor, mas insegura quanto a quais podem ser as implicações dessas mudanças em sua própria maneira de fazer negócios e em seu futuro.

No outono de 2009, a década da previsão confusa havia terminado: quando a mudança começou, ela aconteceu de forma mais rápida e decisiva do que a maioria dos analistas havia esperado. As vendas de e-books haviam aumentado muito, tanto que os defensores do digital podiam sentir – agora com algum respaldo empírico – que seu otimismo fora concretizado, enquanto os céticos engoliam tranquilamente suas palavras e os agnósticos digitais lutavam para se ajustar a um mundo desconhecido. O que havia mudado? Uma palavra: Kindle. Na verdade, a mudança começara mais cedo, quase imperceptivelmente, com o lançamento, em 2006, do leitor de e-book da Sony, nos Estados Unidos. A isso, seguiu-se uma pequena – porém significativa – tendência de alta nas vendas de e-books no final de 2006 e

MERCADORES DE CULTURA

2007. Quando conversamos no início de 2008, o gerente da divisão digital de uma grande editora norte-americana disse que as vendas de seus e-books em 2007 haviam crescido em mais de 50% em relação ao ano anterior e que o aumento baseava-se sobretudo nas vendas do leitor eletrônico da Sony. Entretanto, foi o lançamento do Kindle, da Amazon, em 19 de novembro de 2007, que realmente mudou a situação. Como o leitor da Sony, o Kindle usava tecnologia de tinta eletrônica em vez de telas iluminadas, que simula a tinta tradicional em papel e minimiza o uso de bateria; ele também usava conectividade sem fio, livre para o usuário, para permitir que os leitores baixassem e-books e outros conteúdos diretamente da Amazon, tornando a compra de livros muito fácil. O lançamento do Kindle foi imediatamente seguido de uma explosão nas vendas de e-books: a mesma editora que havia visto suas vendas crescendo em 50% em 2007 agora via suas vendas saltarem em 400% em 2008. Foi uma mudança súbita e radical. Embora as vendas de e-books ainda representassem uma pequena proporção da receita total para a maioria das editoras comerciais de Nova York no final de 2008 – provavelmente abaixo de 1% –, os números eram muito mais altos do que jámais haviam sido e cresciam com muita rapidez.

O viés de alta na venda de e-books não só continuou como se acelerou no decorrer de 2009 e 2010. Na opinião do gerente da divisão digital mencionada acima, a introdução do Kindle representou uma espécie de divisor de águas, um "ponto de inflexão", conforme ele mesmo colocou a questão. "Em 2006, a pergunta 'Quem quer ler um livro como este?' era muito aberta. Acredito que agora essa questão tenha sido respondida." Ele previu um efeito bola de neve, em que haveria cada vez mais dispositivos entrando em ação no mercado de e-books e mais varejistas querendo vendê-los, e, de fato, foi exatamente isso o que aconteceu. Em novembro de 2009, a Barnes & Noble lançou o Nook, com tecnologia de tinta eletrônica e acesso livre por meio de uma conexão sem fio com a loja da Barnes & Noble, seguido um ano mais tarde pelo Nook Color, equipado com uma tela LCD em cores de 7 polegadas. Em abril de 2010, a Apple lançou a primeira versão de seu inteligente e elegante iPad, vendendo 3 milhões de unidades nos primeiros oitenta dias; quando o iPad 2 foi lançado, em março de 2011, mais de 15 milhões de aparelhos haviam sido vendidos ao redor do mundo. Diferentemente do Kindle ou do Nook, o iPad era um dispositivo verdadeiramente multifuncional com tela *full color*, que poderia ser usado para fazer a maioria das coisas que se pode fazer com um *laptop* ou um computador de mesa; leitura de livros é apenas uma de suas muitas funções. O iPad foi logo seguido por uma grande variedade de outros dispositivos do tipo *tablet* lançados por fabricantes que buscavam imitar as características do iPad, enquanto minavam seu preço.

JOHN B. THOMPSON

O surgimento de uma nova geração de dispositivos muito mais elegantes e facilmente utilizáveis do que os leitores de e-books do início da década de 2000, combinado com uma agressiva promoção de e-books empreendida por importantes livrarias com clientela grande e já estabelecida, significou a convergência crítica de fatores que sustentaram o impressionante e súbito aumento nas vendas de e-books a partir de 2008. O notável padrão de crescimento pode ser visto nos dados coligidos pela Association of American Publishers [Associação de Editoras Norte-Americanas] e pelo International Digital Publishing Forum [Fórum Internacional de Publicação Digital]. Juntos, eles coletaram dados sobre e-books nos Estados Unidos, contactando de 12 a 15 editoras comerciais de 2002 até o presente – os resultados, apresentados como totais trimestrais até o segundo trimestre de 2011, estão indicados na Tabela 9.1 e na Figura 9.1.

Tabela 9.1. Vendas de e-books no comércio de atacado dos Estados Unidos, 2002-2011

Trimestre	Receita	Trimestre	Receita
T1 2002	$1.556.499	T4 2006	$7.000.000
T2 2002	$1.258.989	T1 2007	$7.500.000
T3 2002	$1.329.548	T2 2007	$8.100.000
T4 2002	$1.649.144	T3 2007	$8.000.000
T1 2003	$1.794.544	T4 2007	$8.200.000
T2 2003	$1.842.502	T1 2008	$11.200.000
T3 2003	$1.789.455	T2 2008	$11.600.000
T4 2003	$1.917.384	T3 2008	$13.900.000
T1 2004	$1.794.130	T4 2008	$16.800.000
T2 2004	$1.887.900	T1 2009	$25.800.000
T3 2004	$2.460.343	T2 2009	$37.600.000
T4 2004	$3.477.130	T3 2009	$46.500.000
T1 2005	$3.161.049	T4 2009	$55.900.000
T2 2005	$3.182.499	T1 2010	$91.000.000
T3 2005	$2.310.291	T2 2010	$88.700.000
T4 2005	$2.175.131	T3 2010	$119.700.000
T1 2006	$4.100.000	T4 2010	$136.800.000
T2 2006	$4.000.000	T1 2011	$229.200.000
T3 2006	$4.900.000	T2 2011	$226.400.000

Os dados desta tabela representam as vendas de e-books comerciais por meio dos canais atacadistas apenas nos Estados Unidos. A tabela representa dados apresentados por 12-15 editoras comerciais, que incluem as seis grandes editoras comerciais; não estão incluídas vendas de bibliotecas, vendas educacionais ou vendas eletrônicas para profissionais. A definição usada para o relato de vendas eletrônicas é "Todos os livros entregues eletronicamente pela internet ou para dispositivos de leitura manuais e portáteis". A AAP e o IDPF começaram a coletar dados em conjunto no primeiro trimestre de 2006. Os dados para os quarto trimestre de 2010 e primeiro e segundo trimestres de 2011 foram fornecidos pela AAP.
Fonte: Association of American Publishers e International Digital Publishing Forum.

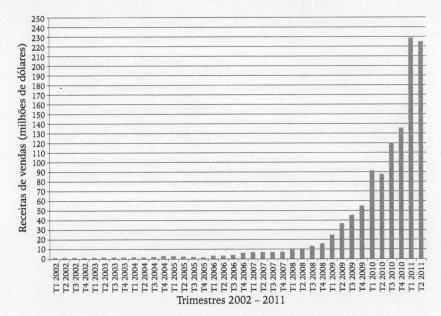

Figura 9.1. Vendas de e-books nos Estados Unidos, no atacado, 2002-2011.

Os dados mostram que as vendas de e-books foram muito baixas e muito estáticas até o final de 2005, geralmente flutuando ao redor de US$ 2 milhões. Elas duplicaram no primeiro e segundo trimestres de 2006, e em meados de 2007 haviam quadruplicado. As receitas de 2007 como um todo foram mais de 60% maiores que as do ano anterior. O crescimento em 2008 e 2009 foi até mais surpreendente. As vendas duplicaram entre o quarto trimestre de 2007 e o quarto trimestre de 2008, e a receita de 2008 como um todo subiram quase 70% sobre o ano anterior (menos do que os 400% relatados pela editora acima, mas, de qualquer forma, um valor impressionante). O rápido crescimento continuou em 2009 e 2010, com as vendas atingindo quase US$ 230 milhões no primeiro trimestre de 2011 e acima de US$ 450 milhões na primeira metade de 2011 – duas vezes e meia as vendas registradas na primeira metade do ano anterior e vinte vezes as vendas registradas na primeira metade de 2008. É um crescimento feroz.

Para as grandes editoras comerciais dos Estados Unidos, o aumento nas vendas de e-books significa que uma proporção crescente de sua receita passa a ser oriunda de e-books, e não dos tradicionais livros impressos, sejam de capa dura ou brochura. Embora os números exatos variem de editora para editora, o padrão geral de crescimento de vendas de e-books como percentual de receita total assemelha-se ao que consta na Figura 9.2.

Para a maior parte das editoras comerciais dos Estados Unidos, e-books responderam por cerca de 0,1% da receita total em 2006 e 0,5% em 2007; em 2008, esse valor cresceu para cerca de 1%; em 2009, chegou perto de 3%; em 2010, foi de cerca de 8%; e, em 2011, é provável que tenha ficado entre 18% e 22% (possivelmente até acima disso para algumas editoras). O aumento foi especialmente notável no período de Natal de 2010. "Na semana anterior ao Natal, representou 12% de nossos negócios; na semana depois do Natal, chegou a 26%", explicou o CEO de uma importante editora. Em apenas um dia, essa venda mais do que duplicou – sem dúvida, graças ao fato de que muitas pessoas haviam ganhado dispositivos de leitura como presente de Natal e queriam carregá-los com livros.

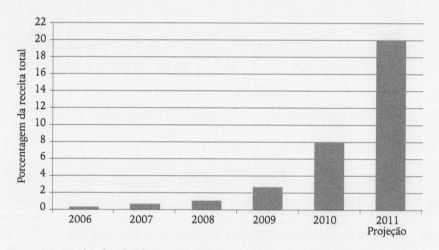

Figura 9.2. Vendas de e-books como porcentagem da receita total das maiores editoras comerciais dos Estados Unidos.

O acentuado aumento na proporção geral da receita relativa às vendas de e-books é surpreendente e significativo em si mesmo; entretanto, ele mascara variações importantes em relação às diferentes categorias de livros – e, na verdade, em relação a diferentes autores e diferentes livros. Embora muitos críticos tenham esperado que a revolução do e-book fosse conduzida por homens de negócios que queriam carregar consigo livros de negócios para lê-los durante suas viagens, na verdade a grande mudança para as editoras comerciais convencionais não foi quanto a livros de negócios; foi na área de ficção comercial, sobretudo em ficção de gênero, como, por exemplo, histórias de amor, ficção científica, mistério e thriller. "Logo ficou claro que essas categorias eram perfeitas para o formato e-book", explicou

Sally, diretora do grupo editorial digital de uma grande corporação. "Eram gêneros em que as pessoas consomem muitos livros e estão sempre à espera do próximo." Para a ficção como um todo, em meados de 2011, os e-books respondiam por cerca de 40% das vendas totais nessa corporação, mas em algumas categorias de ficção e para alguns autores os percentuais eram até mais altos – 60% para algumas categorias como histórias de amor. Alguns autores chegavam a 80%. Os grandes best-sellers escritos por autores de renome também viram um grande aumento de vendas de e-books, mas os percentuais tendem a ser mais baixos. Sally atribuiu isso à maior visibilidade que eles têm no mercado: "Os best-sellers têm vendas espetaculares como e-books, mas, mesmo assim, a porcentagem de livros impressos é, de maneira geral, maior, porque eles têm mais espaço nas prateleiras, mais visibilidade. Eu realmente espero que os best-sellers sempre tenham mais *p-ratio*, simplesmente por causa da exposição no mercado. Os livros que não conseguem aquele enorme espaço de exposição nas prateleiras têm mais *e-percentages*, sobretudo nas categorias em que as pessoas consomem muito".

Embora as mudanças sejam mais fortes em ficção comercial e principalmente em ficção de gênero, tem havido uma acentuada alteração na ficção literária. *Liberdade*, de Jonathan Franzen – um dos destaques literários de 2010 – vendeu cerca de 750 mil exemplares em capa dura e 250 mil e-books nos Estados Unidos no primeiro ano de publicação; portanto, e-books representaram cerca de 25% das vendas da *frontlist*. Embora a ficção literária fique atrás da ficção comercial e da ficção de gênero em termos de mudança para o formato digital, os percentuais também são altos – e, em 2011, muito mais altos do que eram apenas um ano antes.

O segmento de não ficção também mostrou um significativo deslocamento para o formato digital, mas, de maneira geral, fica atrás de ficção, tanto da ficção comercial como da ficção literária. "Embora algumas pessoas esperassem ver uma rápida adoção de livros sobre negócios, isso não aconteceu conosco", explicou Sally. "Os padrões de consumo são diferentes. Esses livros não são lidos com voracidade; eles são usados mais como obras de referência, e é mais conveniente tê-los na estante. Portanto, a mudança é mais lenta, mas com tendência ascendente." Como ocorre com ficção, os livros de não ficção que tiveram o maior deslocamento para o formato digital são aqueles que apresentam uma estrutura narrativa simples, que lemos do começo ao fim, sobretudo na ponta mais comercial do mercado – biografias de celebridades, histórias de narrativa popular, livros de grandes ideias etc. Sally colocou o percentual de e-book para não ficção narrativa em sua empresa como sendo de aproximadamente 20% em meados de 2011.

Obras mais complicadas – livros que utilizam cores, como livros de arte ou para crianças, ou livros usados mais como obras de referência que se quer ler com calma e aos poucos – tiveram essa mudança mais lenta.

Então, como essas tendências irão evoluir nos próximos anos? Assim como todas as grandes editoras, a de Sally está constantemente tentando descobrir, modelar e remodelar os cenários possíveis com base nos últimos números de vendas e nos desmembramentos entre impresso e digital para diferentes categorias de livros. "Foi apenas na semana passada que fizemos esse exercício", explicou Sally, "examinando as principais categorias e o que achamos que irá acontecer. A área de ficção será alta – acho que calculamos algo como 75%", com um percentual até maior para ficção de gênero. Livros impressos continuarão um formato importante em ficção, mas eles serão o parceiro mais fraco na divisão impresso/digital – pelo menos na visão de Sally e na de seus colegas. "Acho que sempre haverá formatos físicos, mas com menos títulos. O formato físico de livros vai durar um bom tempo ainda, mas só por questões demográficas", continuou, embora colocando ênfase em "um bom tempo ainda", que sugeria que ela não tinha muita certeza de quanto tempo isso duraria. "Acho que sempre haverá algumas pessoas que preferem o livro físico." Entretanto, Sally e seus colegas já conseguem imaginar um futuro não muito distante em que estarão publicando alguns livros apenas no formato e-book, sem edição impressa.

Logicamente, Sally e seus colegas podem estar equivocados com relação a isso: trata-se de uma indústria em estado de fluxo, com números que mudam de mês para mês, e ninguém – nem mesmo os grandes conhecedores da indústria – pode prever com certeza como as coisas evoluirão nos próximos anos. Prever as proporções dentro de um ou dois anos, para não dizer em cinco ou dez anos. É impossível adivinhar. Os e-books representarão 30%, 50% ou até mesmo 90% das vendas totais das editoras nos próximos anos? A verdade é que ninguém sabe. A maioria das pessoas tem uma opinião, mas ninguém sabe de nada. "Eu gostaria de poder lhe dar uma luz", disse um CEO em 2011, falando com uma franqueza incomum, "mas não tenho qualquer ideia. O consumidor é quem vai definir isso – não será a Amazon, nem a Barnes & Noble, nem a Apple, nem nós que definiremos. Talvez apenas 26% das pessoas na América desejarão ler em dispositivos eletrônicos e talvez jamais subiremos para outro percentual. Por outro lado, é possível que, nos próximos três anos, 100% mudem para os dispositivos de leitura. Simplesmente não sabemos. Qualquer um que lhe disser algo diferente estará lhe dizendo um monte de besteira." Devido a sua própria natureza, essa é uma tendência imprevisível, que depende de uma série de fatores incalculáveis, desde inovações ainda desconhecidas até os hábitos e gostos dos leitores, e não há como saber com certeza se a tendência continuará sua curva ascendente, se ela se estabilizará ou se irá cair em algum momento. Tentar prever o padrão das vendas de e-books para os próximos três anos é como tentar prever o clima daqui a seis meses.

Não levando em conta o significado dos números exatos, não deve haver dúvida de que estamos testemunhando mudanças fundamentais que podem ter profundas consequências para a indústria como um todo. É simplesmente cedo demais para dizer quais serão essas consequências, mas muitos já estão começando a se perguntar se os modelos tradicionais de receita no mercado editorial comercial – que dependiam da segmentação do mercado e do planejamento temporal por fases ou da abertura de janelas para edições com preços diferenciados – podem se sustentar diante da onda do e-book. Se um e-book estiver disponível ao mesmo tempo que a obra em capa dura comercial for publicada e a um preço significativamente inferior, que consequências isso terá não apenas nas vendas da capa dura, mas também nas vendas de quaisquer edições subsequentes em brochura? Será que isso tornará mais difícil publicar em capa dura comercial no primeiro caso, canibalizando as vendas a tal ponto que isso deixa de ter valor, pelo menos para alguns livros e alguns autores? Será que isso minará as vendas de uma edição subsequente em brochura comercial, que, além de aparecer um ano após o e-book, pode custar um dólar ou dois a mais? Será que isso dizimará a brochura para o mercado de massa, visto que as vendas de brochura já vêm declinando há algum tempo? E que consequências terão essas mudanças, se, de fato, ocorrerem, para os fluxos de receita e para a lucratividade das próprias editoras? Ninguém sabe as respostas a essas questões, mas muitos na indústrias as estão perguntando ansiosamente. Eles estão observando, experimentando, examinando com muito critério os números dia após dia, mês após mês, como se fossem folhas de chá, e buscando pistas sobre o futuro.

Também é muito cedo para dizer se os desenvolvimentos dramáticos no mercado dos Estados Unidos são o prenúncio de coisas que acontecerão em outra parte ou acabarão sendo outro exemplo da excepcionalidade norte-americana. Fora da América do Norte, o mercado do Reino Unido é provavelmente o mais desenvolvido em termos de vendas de e-books, mas, mesmo assim, ainda fica bem atrás dos Estados Unidos. O gerente de vendas de uma grande editora comercial do Reino Unido relatou que os e-books representavam cerca de 2% de seus negócios em 2010, o que é cerca de um quarto do número equivalente nos Estados Unidos. Ele esperava que esse número aumentasse para aproximadamente 8% até o final de 2011 e continuasse a crescer depois desse período, mas sempre atrás dos números dos Estados Unidos. Em outros mercados e outras línguas, onde os dispositivos de leitura são menos prevalentes e mais caros, onde a infraestrutura para a compra de e-books – conectividade livre sem fio e lojas de e-books seguras e com bons estoques – é menos desenvolvida e onde a atitude em relação a livros poder ser diferente, seria possível esperar um movimento mais lento e menos decisivo. Se essa é uma defasagem temporária ou um sinal de que haverá padrões diferentes em línguas e países diferentes, não está claro – repetimos: há muitas opiniões, mas ninguém sabe nada ao certo.

Aconteça o que acontecer nos próximos anos, os desdobramentos que ocorrem desde 2008 deixaram perfeitamente claro que a indústria editorial não será poupada pela revolução tecnológica que está sendo muito bem-sucedida em outros setores das indústrias criativas. Ela pode não ser afetada da maneira como foi a indústria musical ou a indústria jornalística, mas, sem dúvida, será afetada. O aumento nas vendas de e-books tornou isso palpável, mas, na verdade, a revolução digital na indústria editorial já está acontecendo há muitos anos. E-books fazem parte de uma transformação mais profunda que remonta à década de 1980 e que atinge o âmago dos negócios editoriais – o que eu chamo de "revolução oculta".[3] Não é tanto uma revolução no produto, mas uma revolução no processo. Independentemente de como for o produto final, o processo pelo qual ele é produzido é completamente diferente. Graças à revolução oculta, o livro tornou-se um arquivo digital nos primeiros anos da década de 2000. Ele estava pronto para ser entregue em qualquer formato que o mercado exigisse, fosse o tradicional livro impresso em papel, fosse um e-book para ser lido em algum dispositivo de leitura ainda não inventado.

A REVOLUÇÃO OCULTA

Então, qual é a revolução oculta no ramo editorial? Para entendermos isso, precisamos compreender que a revolução digital afetou os negócios editoriais de maneiras muito diversas – podemos distinguir quatro níveis diferentes: (1) sistemas operacionais; (2) gestão de conteúdo e fluxo de trabalho digital; (3) vendas e marketing; e (4) oferta de conteúdo.

---

3 Ver Thompson, *Books in the Digital Age*, cap. 15, no qual se baseiam algumas das análises seguintes.

MERCADORES DE CULTURA

1 Sistemas operacionais

O aspecto mais imediato no qual a digitalização afetou a indústria editorial diz respeito aos sistemas operacionais e aos fluxos de informação. Como muitos outros setores da indústria atualmente, os sistemas de gestão em todas as principais editoras agora estão completamente informatizados, e as informações gerenciais são compiladas e circulam em formatos digitais. Desde meados da década de 1980, a maioria das editoras se empenhou em um processo contínuo de investimento na informatização e na digitalização de seus escritórios e sistemas operacionais. Elas construíram ou instalaram sistemas editoriais de apoio, que armazenam dados bibliográficos e outras informações sobre cada título e podem ser acessados por qualquer pessoa da organização que entre na rede. Dados financeiros, dados de vendas, detalhes de produção e outras informações são mantidos em sistemas exclusivos de TI, e grande parte da comunicação dentro das organizações e entre elas agora acontece eletronicamente. O e-mail se tornou o meio de comunicação preferido. Documentos – inclusive propostas e originais – normalmente circulam como arquivos eletrônicos, mais do que como textos impressos, uma evolução que facilitou múltiplas apresentações de propostas e leilões.

O desenvolvimento dos sistemas de TI, sem dúvida, gerou eficiência e permitiu que alguns custos fossem eliminados ou reduzidos, mas o nível de investimento exigido para construir e manter infraestruturas de TI de última geração certamente é muito significativo. Embora esse fator isoladamente não tenha levado à consolidação da indústria editorial, ele não é irrelevante, porque essa é uma área na qual as pequenas editoras podem levar desvantagem e as grandes empresas podem atingir significativas economias de escala.

Não foram apenas as práticas operacionais e os fluxos de informação dentro das empresas que mudaram: a revolução digital também levou à digitalização da cadeia de fornecimento. Os sistemas de gerenciamento de estoque e de transferência entre diferentes organizações dentro da cadeia de fornecimento foram informatizados. Cada vez mais, as livrarias vêm introduzindo recursos de pontos de venda eletrônicos (EPOS) para rastrear as vendas de cada título e administrar o fluxo do estoque, e as encomendas de estoque de atacadistas e editoras são cada vez mais controladas por serviços eletrônicos de encomendas exclusivos como o PubNet, o TeleOrdering e o First Edition. O uso de sistemas cada vez mais automatizados de EDI (Electronic Data Interchange) tornou-se um traço comum da rede de fornecimento. O desenvolvimento de sofisticados sistemas informatizados para administração de estoque e controle também se tornou uma importante fonte de vantagem competitiva para as grandes redes varejistas e para os grandes atacadistas, como o Ingram e o Baker & Taylor, nos Estados Unidos, e o Bertrams and Gardners, no Reino Unido. Ao expandir seus estoques e desenvolver sistemas de informação baseados em computador, permitindo--lhes atender às encomendas em um ou dois dias, os grandes atacadistas podem fornecer um serviço muito eficiente e amplo às livrarias, que podem reordenar o estoque em uma base diária à luz de seus dados informatizados de pontos de venda.

2 Gerenciamento de conteúdo e fluxo de trabalho digital

A informatização dos sistemas operacionais não é, evidentemente, exclusiva na indústria editorial – a maioria dos setores passou por transformações semelhantes durante as duas últimas décadas. Contudo, a digitalização tem o potencial de transformar a indústria editorial muito mais profundamente do que isso, pela simples razão de que a indústria editorial – como muitos setores das indústrias criativas – preocupa-se basicamente com conteúdo simbólico, que pode ser codificado em forma digital. Como consequência, todo o processo de criação, gerenciamento, desenvolvimento e transformação desse conteúdo é um processo que pode, em princípio, ser tratado de forma digital – do momento em que um autor elabora um texto, digitando-o no computador, até a criação final de um arquivo em formato que possa ser usado por uma impressora. Uma parte central da história dos negócios editoriais, desde o início da década de 1980, foi a aplicação progressiva da revolução digital às várias fases do processo de produção, levando ao aumento gradativo do que poderíamos chamar de "fluxo de trabalho digital". Do ponto de vista do processo de produção, o próprio livro foi reconstituído em arquivo digital – isto é, um banco de dados. Para o gerente de produção, isso é tudo o que ele significa: um arquivo de informações que foi manipulado, codificado e marcado de certas maneiras. A reconstituição do livro como arquivo digital é parte crucial da revolução oculta.

Esse processo não ocorreu de forma fácil – pelo contrário, foi resultado de uma longa e árdua transformação, ainda em curso, em que muitas práticas tradicionais da indústria editorial foram eclipsadas por novas maneiras de fazer as coisas. Ele não simplificou as coisas; na prática, tornou-as mais complexas, em parte porque novos procedimentos tiveram de ser inventados e em parte porque o mundo digital, com sua abundância de tipos de arquivos e formatos, linguagens de programação, *hardwares*, *softwares* e atualização constante, é, de muitas maneiras, mais complicado do que seu velho similar, o mundo da impressão gráfica. A diagramação foi uma das primeiras áreas a serem afetadas. As antigas máquinas de linotipo, que eram o meio padrão de composição na década de 1970 e antes, foram substituídas na década de 1980 por enormes máquinas de digitação da IBM como unidades centrais de processamento, e depois, nos anos 1990, pela editoração eletrônica. Os custos de composição despencaram: nos anos 1970, custava geralmente 10 dólares por página para se compor um livro a partir do original, enquanto em 2000 o custo era de 4 a 5 dólares por página, apesar da queda no valor do dólar causada por duas décadas de inflação. Entretanto, para aqueles que viveram essas mudanças, essa foi uma época difícil e confusa. O serviço de composição estava sendo redefinido, e as linhas de responsabilidade ficaram indistintas. Muitas tarefas anteriormente desempenhadas pela composição foram devolvidas à equipe de produção, que, ao mesmo tempo, tentava usar as novas tecnologias – que ocorriam em fluxo constante – e adaptar-se a elas.

Em meados dos anos 1990, muitos aspectos da produção de livros, inclusive da composição tipográfica e do design, haviam se transformado com a aplicação das tecnologias digitais, mas havia duas áreas do fluxo de trabalho em que o avanço era mais errático: edição e impressão. Quando um editor recebe o original, ele lê o texto e faz comentários a respeito, frequentemente sugerindo revisões, que podem variar de pequenas alterações estilísticas a grandes mudanças estruturais. Esse processo de revisão editorial pode acontecer mais de uma vez, à medida que o editor trabalha com o autor para melhorar o texto. Depois que o original é aceito pelo editor, ele passa por um outro processo de edição, normalmente conhecido como preparação ou copidesque, em que um profissional especializado, geralmente trabalhando como *freelancer* para a editora, irá editar o texto linha por linha, corrigir os erros gramaticais ou estilísticos, esclarecer o que não está claro, eliminar repetições, assegurar-se de que a bibliografia e outros aspectos técnicos estejam em ordem e fazer a marcação do texto para o diagramador. Tanto o editor quanto o copidesque tradicionalmente trabalhavam com um original datilografado ou impresso. Há vantagens em se trabalhar com um texto impresso – o profissional se localiza com mais facilidade, volta a páginas anteriores ou avança, e mantém controle das mudanças efetuadas. Muitos editores e preparadores de texto podem achar difícil trabalhar na tela, sobretudo se um texto precisa de muita revisão estrutural ou de desenvolvimento.

Há outros problemas quando se tenta trabalhar com os arquivos fornecidos pelos autores. Muitas vezes, os arquivos eletrônicos contêm muitos erros e inconsistências – por exemplo, não mostram a diferença entre a letra

O e o número 0, entre hífen e travessão, e assim por diante. Erros desse tipo precisam ser corrigidos. Se o copidesque (ou editor assistente) também tiver de transferir as correções feitas no papel para o arquivo eletrônico enviado pelo autor, os custos desse trabalho começam a exceder quaisquer vantagens que poderiam existir em trabalhar com o arquivo do autor. "Posso enviar o arquivo original com marcações a um diagramador na Ásia e ele pode fazer uma OCR com 99% de exatidão e inserir as marcas para diagramação pela metade do preço que me custaria ficar caçando erros e corrigindo-os no Word. Então, devo pagar 30 dólares por hora a alguém para caçar os erros e corrigi-los ou mandar rediagramar o texto com funcionalidade adicional pela metade do preço? Bem, jogue o arquivo eletrônico fora e faça a OCR", explicou o gerente de produção de uma importante editora. Portanto, embora o arquivo original do autor seja, em princípio, o ponto em que o fluxo de trabalho digital geralmente começa, na prática, pelo menos no campo de publicações comerciais, o fluxo de trabalho digital normalmente começa quando as emendas do copidesque são inseridas no original. Em alguns setores da indústria editorial – em algumas editoras universitárias, por exemplo –, vêm sendo introduzidos procedimentos para limpar os arquivos de autores ("preparação inicial", para usar a expressão utilizada por alguns gerentes de produção), e copidesques têm sido encorajados a fazer seu trabalho na tela, usando as marcas de revisão e os recursos de comentários do Word, mas essas práticas não são comuns a toda a indústria editorial. Muitas editoras continuam fazendo edição e copidesque no papel, e só depois disso o original é emendado; o diagramador, então, fornece à editora um arquivo eletrônico limpo, que incorpora as marcas para layout de página.

A segunda área em que o avanço tem sido mais irregular é a área de impressão. Até o final dos anos 1990, a maioria das editoras usava a impressão offset tradicional para todos os seus livros. A técnica offset tem muitas vantagens: a qualidade de impressão é alta, as ilustrações podem ser reproduzidas com alta definição e há uma significativa economia de escala – quanto mais se imprime, mais baixo será o custo unitário. Entretanto, há também desvantagens: mais especificamente, há custos substanciais de configuração; portanto, não é econômico imprimir pequenas quantidades. Era difícil imprimir menos de quinhentos exemplares, já que os custos unitários eram altos demais para serem viáveis. Assim, títulos da *backlist* que vendiam algumas centenas de exemplares, ou menos, por ano deixavam de ser impressos por muitas editoras, e, muitas vezes, as grandes editoras comerciais estabeleciam o limite em um nível muito mais alto. Simplesmente não era econômico para elas continuar imprimindo esses livros, que ocupavam espaço no depósito e eram reimpressos em pequenas quantidades, se e quando o estoque acabasse.

O advento da impressão digital mudou tudo isso. A tecnologia básica para impressão digital já existe desde o final da década de 1970, mas foi somente nos anos 1990 que se desenvolveu tecnologia de forma a permitir que ela se tornasse uma alternativa às impressoras de offset tradicionais. Com o surgimento da impressora DocuTech, da Xerox, e outras máquinas semelhantes de outros fabricantes no início da década de 1990, a qualidade, a velocidade e o custo por página de impressoras digitais começaram a alcançar níveis que podiam competir com a impressão offset em pequenas tiragens e sob demanda. A qualidade não era tão alta e a reprodução de meios-tons era claramente inferior, mas, com os avanços tecnológicos, a qualidade foi se tornando cada vez melhor. No final da década, a diferença de qualidade da reprodução de um texto linear era, para um leigo, imperceptível se comparada à impressão offset, embora houvesse ainda uma diferença perceptível na qualidade dos meios-tons.

À medida que a tecnologia se desenvolvia, vários *players* entraram em cena, no final dos anos 1990 e início da década de 2000, oferecendo às editoras uma variedade de serviços de impressão digital. Dois serviços foram de importância crucial nesse contexto: a impressão digital para pequenas tiragens (SRDP/short-run digital printing) e a impressão sob demanda (POD/printing on demand). SRDP é simplesmente o uso de impressoras digitais para produzir pequenas quantidades de livros – algo entre dez ou vinte até trezentos ou quatrocentos exemplares. Funciona com o mesmo modelo de distribuição dos livros impressos pelos meios tradicionais: a editora faz o pedido de impressão dos livros, os livros são despachados ao depósito da editora, onde são mantidos em estoque, e então os exemplares são distribuídos por meio dos canais normais, da maneira usual. A única diferença é que eles são impressos digitalmente e as quantidades são menores do que seriam se fossem impressos no sistema offset convencional. Considerando que o custo unitário da impressão digital é basicamente estático, há um ponto – atualmente em torno de quatrocentos exemplares para um livro normal – em que os custos unitários mudam: abaixo desse ponto, será mais barato imprimir digitalmente; e acima desse ponto, será mais barato imprimir em offset tradicional. Graças ao SRDP, as editoras agora têm uma gama completa de quantidades de impressão à disposição. Elas podem continuar reimprimindo livros, mantendo-os no catálogo e em estoque para sempre, simplesmente mudando de offset para impressão digital.

O SRDP é apenas um método diferente de impressão, mas o POD é mais do que isso: é um sistema que utiliza impressão digital para atender a um pedido específico. A verdadeira POD é a impressão de um texto como resposta à demanda de um único usuário final. Como disse um executivo de alto escalão envolvido no estabelecimento da Lightning Source – uma das pioneiras de POD e ainda líder na área: "Costumava ser assim: imprime livro, vende livro. E nós dizemos: não, não. Vende livro, imprime livro". Então, por exemplo, se um cliente encomenda um livro, seja por meio da livraria tradicional ou de um revendedor *on-line*, como a Amazon, a encomenda pode ser repassada ao fornecedor da POD, que irá imprimir o livro, despachá-lo e, dependendo do serviço oferecido e de quem recolhe o dinheiro, pagar ou emitir a fatura em nome da editora. O fornecedor da POD mantém um arquivo do livro em seu servidor, mas não mantém qualquer estoque, já que o livro é impresso para atender à encomenda. O estoque físico é substituído por um "depósito virtual".

No início da década de 2000, muitas editoras no mundo de língua inglesa utilizavam alguma versão da impressão digital – fosse SRDP ou POD – para os títulos de sua *backlist*, que escoavam mais lentamente. Os livros das áreas editoriais acadêmicas e profissionais foram os primeiros a se valer dessas novas tecnologias: muitos desses livros eram obras especializadas que vendiam em pequenas quantidades a preços altos e, portanto, presta-vam-se bem para a impressão digital. Muitas editoras comerciais estavam habituadas a operar com tiragens maiores, para as quais o sistema offset é ideal, mas acabaram percebendo – em alguns casos, com a ajuda da tese da cauda longa apresentada por Chris Anderson em 2004[4] – que havia valor investido em alguns títulos mais antigos da *backlist* que poderia ser captado com a utilização da tecnologia de impressão digital. As editoras – acadê-micas, profissionais e comerciais – começaram a garimpar suas *backlists* em busca de títulos mais antigos, dos quais ainda detinham os direitos autorais, escaneando-os, transformando-os em PDF e relançando-os como livros impressos digitalmente. Livros que haviam sido abandonados muitos anos antes de repente ganharam novo sopro de vida. É uma das grandes ironias da revolução digital o fato de que, muito longe de prenunciar a morte do livro, uma de suas mais importantes consequências foi dar ao livro impresso uma nova perspectiva de vida, permitindo que ele sobreviva muito além do tempo em que teria morrido no mundo pré-digital e, na verdade, tornando-o potencialmente imortal.

---

4 Ver Anderson, *The Long Tail*.

MERCADORES DE CULTURA

3 Vendas e marketing

A revolução digital também teve – e continua a ter – um profundo impacto nas áreas de vendas e marketing. O surpreendente crescimento da Amazon é somente o aspecto mais óbvio de como a internet transformou o ambiente de varejo de livros. A relevância da Amazon não pode ser medida apenas em termos de sua participação no mercado varejista (participação substancial e em crescimento contínuo); provém igualmente do fato de a Amazon e outras livrarias *on-line* usarem um modelo de varejo fundamentalmente diverso do de uma livraria de tijolo. No modelo da Amazon, a disponibilidade de livros para o consumidor não está mais atrelada à disponibilidade física do livro na livraria (ou até mesmo no depósito do varejista); a disponibilidade é virtual, e não física, e, portanto, não depende de decisões anteriores de um comprador de estocar o livro na loja. Sem dúvida, o modelo da Amazon não elimina inteiramente o papel de "guardião" exercido pelo comprador, já que a Amazon mantém estoque de alguns livros em seus depósitos, e o fato de ela manter ou não um estoque tem grande impacto nos prazos de atendimento; e também não elimina o papel do dinheiro do marketing na determinação da visibilidade de títulos especiais, pois a Amazon possui seus próprios meios de divulgação com publicidade cooperativa e campanhas de marketing pagas. Não obstante, o modelo da Amazon introduz de fato algo de novo no espaço varejista: uma oferta ao consumidor em que a visibilidade, a disponibilidade e as vendas de um livro são menos dependentes – não totalmente independentes, mas, com certeza, menos dependentes – das decisões e interações de intermediários na cadeia de venda de livros, em especial das decisões de representantes comerciais e outros profissionais do mercado sobre quais livros priorizar quando visitam os compradores, e das decisões dos compradores sobre quais livros estocar e em que quantidade, bem como de uma série de decisões relacionadas a como e onde expor os livros, quanto contribuir financeiramente com a publicidade cooperativa etc. O afrouxamento desse elo é precisamente o motivo de a Amazon ter se tornado um mecanismo utilizado por compradores e outros gestores de livrarias de tijolo para verificar a solidez – ou não – de suas decisões iniciais de compra e estocagem.

A revolução digital também fez algo mais, que é igualmente importante e, de certa forma, mais abrangente em termos de método operacional dos negócios editoriais: ela transformou, conforme já vimos, números de vendas em formas de conhecimento disponíveis publicamente. A coleta de números de vendas precisos e de históricos de vendas – com base em dados de pontos de venda e acessíveis (a um preço) a todos que atuam no setor, mudou as regras do jogo. Não é mais possível esconder, dissimular, fazer de conta que os livros anteriores de um autor foram um tremendo sucesso quando, na verdade, eles não foram, pois agora qualquer um pode conferir os números de vendas (dentro de certos limites). A campanha publicitária ainda desempenha um papel crucial no jogo das editoras, mas campanha publicitária baseada em números inflados é em grande parte uma coisa do passado. A revolução digital criou uma espécie de transparência em termos de números de vendas que simplesmente não existia antes; produziu também uma espécie de tirania de números, cujas consequências podem ser menos benignas (ponto ao qual voltaremos adiante).

Da mesma maneira que a revolução digital está transformando o ambiente de vendas, ela também está causando um profundo impacto sobre o marketing e as diversas formas que as editoras utilizam para informar seus leitores e consumidores sobre seus lançamentos. A revolução do marketing eletrônico na área editorial está apenas começando. Muitas iniciativas já estão em andamento, e muitas outras estão sendo preparadas ou em diferentes fases de conceituação e desenvolvimento. Em capítulo anterior, vimos que algumas das principais editoras comerciais estão deslocando cada vez mais seus recursos de marketing dos meios tradicionais de impressão para atividades de marketing *on-line* de vários tipos; essa tendência deve continuar e assumir formas cada vez mais elaboradas e variadas. De maneira progressiva, as editoras usam o ambiente digital para sedimentar conexões diretas com os consumidores e facilitar interações entre escritores e leitores na internet – isso já está acontecendo, conforme vimos no capítulo 7, e há motivos suficientes para acreditar que vai continuar. Para cada grande editora, hoje, expandir suas atividades de marketing eletrônico e tentar compreender qual é a melhor forma de uso do ambiente digital para alcançar e ampliar o número de leitores são suas maiores prioridades.

Outro aspecto de marketing e promoção que se tornou muito relevante para as editoras é o que poderíamos chamar de "amostragem digital". Evidentemente, sempre foi possível folhear livros antes de comprá-los. A maneira tradicional de fazer isso era entrar em uma livraria e folhear o livro, talvez sentando-se em um canto e lendo algumas páginas antes de se decidir pela compra. Porém, o ambiente digital possibilita dissociar a navegação do ato de folhear páginas impressas de um livro dentro de uma livraria de tijolo. As editoras agora permitem aos leitores folhear um livro digital – eles podem ver o sumário, ler a quarta capa, ler alguns excertos e talvez até mesmo um capítulo ou dois. Tanto a Amazon quanto o Google fornecem às editoras programas desse tipo – o Search Inside a Book, da Amazon, e o Google Books. Esses programas são vistos por muitas editoras como uma vitrine digital e uma ferramenta adicional de marketing que permite aos leitores descobrir os livros, saber mais sobre eles para sentirem-se estimulados a comprá-los. Quando se folheia um livro na internet, está-se a apenas um clique de comprá-lo: um painel na tela facilita aos leitores a compra pela Amazon e por outras livrarias, ou diretamente da editora.

A questão-chave da amostragem digital é como estabelecer o limite entre a amostragem e o consumo. O que se pretende é permitir que o leitor seja suficientemente exposto ao texto para que obtenha uma ideia clara do conteúdo e – espera-se – decida comprar o livro, mas não que ele consiga ler a ponto de a decisão de compra se tornar redundante. Como traçar esse limite? Cada editora estabelece seu limite em diferentes partes – algumas dizem 5% do livro, outras dizem 10%, outras, 20%, e outras permitem ler duas páginas adiante e duas páginas atrás; depois disso o resto do texto desaparece. Tanto o Search Inside the Book, da Amazon, quanto o Google Books usam modelos de acesso restrito do tipo, que são acordados contratualmente com a editora. Outras editoras preferem variar o modelo de amostragem, dependendo do tipo de livro – por exemplo, em uma obra de não ficção ou de referência, a amostragem episódica pode ser o melhor modelo, ao passo que em uma obra de ficção poderia ser melhor simplesmente permitir que o consumidor leia o primeiro capítulo, ou no máximo dois. "Portanto, para ficção, minha tendência é de ser até mais liberal, permitindo uma leitura contínua do início do livro, porque acho que assim se obtém o melhor sabor do que se está potencialmente comprando, seja lá o que for", explicou um executivo de uma grande editora comercial. "Quando se trata de não ficção e, principalmente, de obras de referência, é preciso ser um pouco mais cauteloso, porque as pessoas podem apenas querer determinads páginas em momentos específicos. É preciso certificar-se de que os modelos de amostragem se ajustam ao conteúdo do livro de forma a oferecer uma amostragem suficiente para que alguém saiba que deseja aquilo, mas não tanto a ponto de obter tudo o que quer sem, na verdade, precisar pagar por isso."

4 Liberação do conteúdo

Portanto, mesmo antes que alguém mencione a questão da liberação do conteúdo, está claro que a revolução digital teve – e continua a ter – um profundo impacto na indústria de livros. Qualquer um que sugira algo diferente disso está simplesmente mal informado. Entretanto, não há dúvida de que é no quarto nível – o da liberação do conteúdo – que o impacto potencial da revolução digital é mais profundo. Há uma característica básica do livro que torna esse quarto nível possível: o conteúdo do livro é separável da forma. Esse é um traço que o livro tem em comum com outros produtos da mídia e com as indústrias criativas – filmes, música, jornais etc. – e é a razão por que o impacto da revolução digital nessas indústrias é potencialmente tão mais demolidor do que, digamos, na indústria de refrigeradores. Em essência, a digitalização de conteúdo dissocia conteúdo de forma. Capta-se o conteúdo de uma maneira que o separa da forma específica em que ele está, ou da forma como é normalmente executado; também se capta o conteúdo de modo suficientemente flexível para permitir que seja executado, pelo menos em princípio, de diversas outras formas. O livro físico – a página impressa, a encadernação e a cola, o objeto material de certo formato, tamanho e peso – é um suporte ou uma forma particular em que esse conteúdo tem sido costumeiramente realizado por cerca de quinhentos anos, mas não é a única forma em que foi realizado no passado nem a única forma em que poderá ser realizado no futuro. A digitalização de conteúdo simplesmente realça uma característica que sempre fez parte do livro, mas que ficou obscurecida pela equilibrada união de conteúdo e forma em um objeto físico específico. Ela acentua mais claramente o fato de que o verdadeiro valor do livro está no conteúdo, mais do que na sua forma física – daí o sempre repetido *slogan* associado à revolução digital: "o conteúdo é rei".

Não é difícil ver que liberar o conteúdo de um livro para usuários finais na forma eletrônica, e não em sua forma física, transforma a cadeia de fornecimento e modifica totalmente o modelo financeiro tradicional de publicação de livros. Não seria mais necessário atrelar recursos a livros físicos (com os custos correspondentes de papel, impressão e encadernação), armazená-los em depósitos, despachá-los para as livrarias e atacadistas, recebê-los como devolução se não estivessem vendendo e, em último caso, registrar as perdas e transformá-los em reciclagem se excedessem a demanda. Em um mundo no qual o conteúdo foi entregue na forma totalmente eletrônica, as editoras poderiam pular a maioria, se não todos os intermediários da cadeia tradicional de fornecimento de livros, e entregar conteúdo diretamente ao usuário final em seu próprio website, ou por um intermediário na internet, como a Amazon. Os custos relativos a produção, estocagem e envio de livros físicos seriam eliminados, e o problema das devoluções acabaria com um simples clique. Essa é uma visão instigante. Não é muita surpresa que e-books tenham tido, e continuem a ter, muitos defensores, inclusive muitos que trabalham na indústria editorial. Então, por que demorou tanto tempo para essa visão atrair de fato o mercado? Por que a revolução do e-book, que parece tão sensata quando é descrita de um ponto de vista puramente operacional, mostrou um progresso tão lento e errático na primeira década do século XXI?

Entre aqueles que trabalham com e-books, em geral, quatro razões são apresentadas – já fizemos alusão a algumas delas anteriormente, mas vamos agora examiná-las em maiores detalhes. Primeiro, e talvez o mais importante, há o problema do *hardware*: os primeiros dispositivos de leitura eram caros e incômodos de usar. As telas eram pequenas, e as resoluções eram pobres; muitas pessoas relutavam em gastar várias centenas de dólares em dispositivos de leitura que poderiam ter uma vida curta. O Kindle da Amazon – com sua aparência elegante, usando tecnologia de tinta eletrônica para imitar o efeito da impressão em papel e trazendo a possibilidade de se baixar livros diretamente por meio de uma rede sem fio, sem a necessidade de usar um computador ou entrar *on-line* – significou claramente um salto quântico em termos de desenho técnico e facilidade de uso, e a nova geração de computadores *tablet*, liderados pelo iPad, integrou a leitura de livros ao conjunto de atividades sustentadas por um dispositivo bonito e multifuncional. Os preços iniciais de dispositivos de leitura podem ter desencorajado usuários em potencial – o Kindle foi cotado a US$399 quando lançado pela primeira vez, em novembro de 2007, mas o preço caiu rapidamente e não tardou muito para que começasse a parecer bem acessível (a terceira geração do Kindle, lançado em 2010, foi vendida por US$139). Com o lançamento do Nook, pela Barnes & Noble, em 2009, a disponibilidade do e-book da Sony, do Kobo e de outros dispositivos de leitura, e com o mercado repleto de iPads e outros computadores do tipo *tablet*, o problema de *hardware* não era mais tão sério quando no início da década de 2000.

Em segundo lugar, há o problema dos *formatos*: no início, os e-books caracterizavam-se por uma enlouquecedora gama de formatos exclusivos que não eram intercambiáveis entre os diferentes aparelhos de leitura. Isso era confuso e desanimador para os consumidores, que relutavam em investir em dispositivos que pudessem ser eclipsados por mudanças tecnológicas. O problema é comparável àquele enfrentado por outras tecnologias nos primeiros estágios de desenvolvimento, como a guerra de formatos entre o Betamax e o VHS no início do desenvolvimento do VCR, ou entre o Blu--ray, da Sony, e o HD-DVD, da Toshiba, no desenvolvimento de um DVD de alta definição. Isso continua sendo um problema no mercado do livro eletrônico, pois os dispositivos de leitura mais populares usam formatos de arquivo exclusivos, patenteados, específicos para o dispositivo. Há tentativas de criar um formato padronizado para e-books – primeiro o padrão Open e-Book, seguido pelo formato ePub, lançado pelo International Digital Publishing Forum em 2007; mas o formato ePub não tem o apoio de todos os dispositivos (mais notadamente, até o momento, do Kindle).

Em terceiro lugar, há o problema dos *direitos*: houve enorme confusão a respeito de quem detém os direitos de exploração do conteúdo de um livro específico em formato eletrônico. É a editora? O autor? E quanto deve ser pago a quem? A maior parte dos contratos mais antigos entre autores e editoras foi feita em uma época em que a ideia de explorar conteúdo pela via eletrônica não era nem mesmo imaginada; portanto, não há qualquer cláusula no contrato que indique quem controla os direitos e como a receita deve ser distribuída. Podem as editoras presumir que elas controlam os direitos eletrônicos sobre livros que publicaram anteriormente, mesmo que o contrato não lhes garanta explicitamente tais direitos? Ou esses direitos continuam com os autores e seus agentes – e, se esse for o caso, eles têm liberdade para atribuir os direitos a outros ou até mesmo a publicar, eles próprios, as obras em formato digital? As questões tornam-se ainda mais complexas pelo problema dos direitos embutidos – isto é, o copyright sobre material que foi inserido no texto, como, por exemplo, citações ou ilustrações. A editora pode ter obtido permissão para usar esse material para a edição impressa do livro, mas podemos presumir que essa permissão possa ser transferida para uma edição eletrônica? Ou a editora precisa retornar a todos os detentores dos direitos originais, supondo que eles possam ser encontrados, e obter novamente os direitos para e-book? De fato, ninguém sabe as respostas a essas questões, pois elas simplesmente não haviam sido aventadas antes, e muitas editoras inclinaram-se a esperar e ver que normas poderiam emergir antes de seguir adiante com sua própria e arriscada violação de copyright.

E, por fim, há a questão do *preço*: em geral, as editoras e os varejistas escolheram apreçar e-books em níveis mais ou menos compatíveis com o preço dos livros impressos, ou, no máximo, em 20% abaixo do preço da edição impressa prevalente. Essa estratégia foi em parte experimental e em parte um reconhecimento do fato de que, embora houvesse alguma economia envolvida na oferta de conteúdo de livros em formatos eletrônicos, essa economia não era tão grande quanto muitos supunham – todos os custos de aquisição, custos editoriais e de desenvolvimento ainda estavam lá, os livros ainda tinham de ser planejados e diagramados, os royalties ainda tinham de ser pagos (e, provavelmente em níveis mais altos), havia ainda os custos com o marketing e as despesas gerais da editora e, depois, havia os custos adicionais envolvidos na construção e manutenção da infraestrutura de TI para sustentar os e-books. Os custos relativos à produção do livro físico – impressão, papel e encadernação – representam, na verdade, uma proporção relativamente pequena dos custos da editora (embora haja, sem dúvida, custos adicionais relativos a estocagem e embarque, além dos custos com as devoluções). Entretanto, isso não é muito bem recebido pelos consumidores, para quem o valor atribuído de um e-book é significativamente mais baixo do que o de um livro impresso apenas porque ele não tem as características físicas do primeiro. Portanto, fixar o preço de e-books no mesmo patamar (ou um pouco abaixo) de preço de livros físicos dissuadiu muitos consumidores de fazer a transição – ou, pelo menos essa é a visão de alguns.

Para muitos que trabalham na indústria editorial, esses quatro fatores são suficientes para explicar por que os e-books não "decolaram" com a rapidez que muitos esperavam; também explicam por que, uma vez que uma grande variedade de dispositivos de alta qualidade estava disponível e os preços haviam caído, o aumento nas vendas de e-books foi repentino e forte. Porém, há um importante elemento faltando nessa explicação – a saber, o papel crucial do intermediário na cadeia de suprimento. Foi muito significativo o fato de que, de novembro de 2007 em diante, os e-books foram ativamente promovidos pela Amazon, já que milhões de leitores haviam se acostumado a comprar livros da Amazon, deram-lhe detalhes de seu cartão de crédito e passaram a depositar nela, na condição de varejista de livros, a sua confiança. Isso foi suficiente para reduzir o limiar de ansiedade que fizera muitos leitores do passado relutarem em mudar para livros eletrônicos – como saber se esse dispositivo é bom, que ele vale todo esse dinheiro, que vou conseguir os livros que quero e que não preciso me preocupar com coisas complicadas, como formato e compatibilidade, que a experiência de leitura será agradável e que o aparelho e todos os livros que eu comprar não serão substituídos por outra coisa dentro de seis meses? Assim, com a Amazon fornecendo seus próprios dispositivos, com preços em queda e cada vez mais livros sendo disponibilizados por um dos varejistas de livros mais confiáveis da área, havia chegado para muitos leitores o momento de experimentar.

Portanto, não surpreende o fato de que a Amazon tenha conseguido estabelecer com tanta rapidez uma posição dominante no emergente mercado de e-books. Sua agressiva política de preços, sem dúvida, ajudou (mais detalhes a respeito disso adiante), mas sua reputação entre os leitores como um varejista de livros confiável foi, provavelmente, um fator decisivo. Isso também ajuda a explicar por que a Barnes & Noble rapidamente passou para o segundo lugar quando lançou o Nook – contrariando as expectativas de muitos na indústria, que achavam que o iPad pudesse roubar a cena. Como a Amazon, a Barnes & Noble é um varejista de livros confiável, com uma clientela grande e bem estabelecida, e conseguiu alavancar sua reputação entre os leitores quando lançou seu aparelho de leitura; conseguiu também exibir e divulgar seu dispositivo por meio de anúncios, filmes e *jingles* na frente das lojas em todo o país, o que também contribuiu muito para sua campanha publicitária. Embora as estimativas de participação no mercado no setor de e-books em rápida mudança sejam notoriamente pouco confiáveis, parece que a Amazon detinha cerca de 90% do mercado de e-books nos Estados Unidos no início de 2010, e é provável que esse percentual tenha caído para 55-60% em meados de 2011. A Barnes & Noble teve um forte crescimento em 2010 e provavelmente garantia cerca de 20-25% do mercado de e-books em meados de 2011 – "definitivamente o mais forte número dois", como disse um grande conhecedor da indústria. A Apple ficou em terceiro lugar, com aproximadamente 10-12% do mercado, e os restantes 8-10% foram divididos entre o Sony, o Kobo e outros *players* menores.

Até agora estivemos analisando as razões do avanço instável do livro eletrônico, mas o fizemos de uma maneira bastante indiferenciada. Não consideramos por que algumas formas de conteúdo podem se prestar para disponibilização eletrônica mais prontamente do que outras, e por que algumas podem ser adotadas mais rapidamente pelos usuários. Nas duas seções a seguir, tentarei fazer isso, estabelecendo mais cuidadosamente a diferença entre as diversas formas de conteúdo e examinando os modos como as novas tecnologias podem capacitar provedores de conteúdo a agregar valor real a isso, o que nos permitirá ver que o impacto das novas tecnologias nos modos de liberação de conteúdo pode variar de um campo editorial para outro, dependendo de uma série de fatores, inclusive da natureza do conteúdo, de como as pessoas o utilizam, de quem está pagando por ele, do tipo de valor que pode ser agregado ao liberá-lo eletronicamente e do nível em que esse valor agregado é avaliado e valorizado por usuários. A ideia de que haverá uma inevitável migração de mão única do meio impresso para o meio digital é simplista. Pode ser uma ideia irresistível para aqueles propensos a acreditar que a tecnologia é o marca-passo de mudanças sociais, mas o mundo, em geral, é muito mais complicado do que o determinista tecnológico gostaria que pensássemos que fosse.[5]

---

5 A análise que segue se baseia na estrutura desenvolvida em Thompson, *Books in the Digital Age*, p.318-29.

MERCADORES DE CULTURA

TECNOLOGIAS E VALOR AGREGADO

Há pelo menos nove aspectos em que as novas tecnologias podem permitir que provedores de conteúdo adicionem valor real ao seu conteúdo: (1) facilidade de acesso; (2) capacidade de atualização; (3) escala; (4) capacidade de pequisa; (5) portabilidade; (6) flexibilidade; (7) preços acessíveis; (8) intertextualidade; e (9) multimídia. Essas características não são exclusivas do ambiente *on-line* (elas aplicam-se também, de diferentes maneiras, a outra formas de armazenagem eletrônica), e utilizar novas tecnologias para agregar valor ao conteúdo não é algo que se aplica apenas a editoras; as editoras são apenas uma classe de fornecedores de conteúdo entre muitas outras, e os tipos de conteúdo que elas fornecem podem ser menos suscetíveis às características de valor agregado das novas tecnologias do que outros tipos de conteúdo (como música gravada). Aqui, entretanto, examinarei esses traços de valor agregado em relação às formas de conteúdo com as quais as editoras lidam e com um foco especial na oferta de conteúdo *on-line* ou via conectividade sem fio.

1 Facilidade de acesso

Uma das grandes vantagens na oferta de conteúdo *on-line* é a facilidade de acesso. Em sistemas tradicionais de provisão de conteúdo, o acesso geralmente é governado por certas restrições espaciais e temporais – bibliotecas e livrarias, por exemplo, localizam-se em lugares específicos e estão abertas durante certas horas do dia. Mas o conteúdo *on-line* não é mais governado por essas restrições: em princípio, ele está disponível 24 horas por dia durante os sete dias da semana a quem quer que tenha uma conexão de internet adequada (ou intranet) e direito de acesso. Não há necessidade de ir à biblioteca para localizar um livro ou artigo de revista, já que o conteúdo pode ser acessado de casa ou do escritório. O computador pessoal se torna a porta de entrada para um volume de conteúdo que pode ser acessado fácil e rapidamente, a qualquer hora do dia ou da noite. Além disso, diferentemente do texto impresso tradicional, um texto disponível *on-line* pode, em princípio, ser acessado por muitos usuários simultaneamente (mesmo que, na prática, o acesso esteja restrito a um usuário por vez).

2 Capacidade de atualização

Outro traço fundamental da liberação de conteúdo *on-line* é que ele pode ser atualizado rápida e frequentemente e a um preço relativamente baixo.

No caso de conteúdo liberado sob a forma de texto impresso tradicional, fazer mudanças ou correções é um processo trabalhoso. Mudanças podem ser feitas ao texto em qualquer ponto até a fase de diagramação, mas, depois que o texto é diagramado, fica dispendioso fazer alterações. Textos impressos não podem ser modificados: uma vez impresso, o conteúdo se torna fixo. Porém, conteúdo fornecido eletronicamente não está fixado em um texto impresso e, portanto, pode ser alterado e atualizado de forma relativamente fácil e barata. Esse é um traço de especial importância em casos de conteúdo de fluxo contínuo, como, por exemplo, dados financeiros. Há, entretanto, muitos outros contextos em que a capacidade de atualizar conteúdo de forma rápida, com frequência e a custo baixo é um aspecto relevante que pode agregar valor real.

3 Escala

Sem dúvida, uma das características mais relevantes da liberação de conteúdo *on-line* é a escala: a capacidade de prover acesso a grande quantidade de material. A internet proporciona uma economia de escala – oferece a possibilidade de fornecer acesso a amplas e abrangentes coletâneas de material, de fornecer um leque de opções que é simplesmente inviável na maioria das coletâneas físicas. É essa capacidade de economia de escala da internet que tem impulsionado a agregação de negócios *on-line*. Surgiram inúmeros intermediários com o objetivo de agregar grandes quantidades de conteúdo e depois vendê-lo para bibliotecas e outras instituições. Parte do que é atrativo para bibliotecas é a capacidade de obter acesso a grandes quantidades de conteúdo a um custo relativamente baixo ou bastante inferior ao que teriam de pagar se fossem adquirir o mesmo conteúdo de forma gradativa. Parte do que é atrativo aos usuários finais é saber que podem encontrar o que estão procurando em um único *site* – um balcão único. Ao fornecer escala, isto é, acesso a um grande volume de dados ou conteúdo, os provedores de conteúdo (ou intermediários) podem agregar valor real. Na economia da internet, o todo é mais do que a soma das partes, exatamente porque a abrangência de uma coletânea é valorizada por si mesma. Entretanto, é importante salientar que não só a quantidade é valorizada, mas sim a quantidade considerada relevante para aquilo que o usuário quer e de que precisa – isto é, *escala pertinente*. Intermediários que começaram a agregar grandes quantidades de conteúdo sem prestar a devida atenção àquilo que os usuários finais realmente queriam logo descobriram que só quantidade não era suficiente. O que os usuários finais querem é escala pertinente, não escala por si só.

MERCADORES DE CULTURA

4 Possibilidade de pesquisa

Uma quarta característica do conteúdo oferecido eletronicamente é a maior capacidade de pesquisa O texto impresso tradicional oferece seus próprios meios de busca de conteúdo – o sumário fornece um roteiro para o conteúdo de um livro, e os índices são, efetivamente, um mecanismo de pesquisa do texto impresso; mas a possibilidade de pesquisar um acervo de material digitalizado usando um mecanismo de busca baseado em palavras-chaves ou nomes é infinitamente mais rápida e mais potente do que os mecanismos de pesquisa tradicionais empregados em textos impressos, e a capacidade de busca pode ser estendida a um volume de conteúdo muito maior. A capacidade de pesquisa pode ser fornecida tanto dentro das coletâneas como além delas, fornecendo assim ao usuário final um meio potente de busca e acesso de conteúdo relevante. Essa maneira de agregar valor é complementar à provisão de escala e, de alguma forma, exigida por ela. Para o usuário final, não há muito valor em ter escala, mesmo que seja uma escala pertinente, a menos que se tenha um meio eficaz de localizar o conteúdo que lhe interessa. Quanto maior é a escala, mais valioso – na verdade, essencial – é ter um meio eficaz de busca nos bancos de dados.

5 Portabilidade

Apesar da escala, o conteúdo armazenado e transmitido eletronicamente também oferece ao usuário final maior portabilidade. Em formato digitalizado, o conteúdo não está atrelado a qualquer meio de entrega em particular, como no caso do livro impresso em papel. Ele é versátil, transferível, liberado a partir de um substrato material específico e passível de armazenamento em qualquer número de dispositivos, desde que não tenha sido bloqueado em um dispositivo particular e o formato não seja exclusivo. Além disso, a compressão que se pode obter no formato digital permite que grande quantidade de conteúdo seja mantida em um dispositivo muito pequeno. O livro impresso tradicional é também um objeto muito portátil – isso faz parte do seu atrativo; mas o volume de conteúdo que pode se tornar facilmente portátil em formato digital é muito maior do que qualquer coisa que possa ser obtida no meio impresso. Grande volume de conteúdo baixado da internet ou por uma rede sem fio pode ser armazenado em um computador ou em algum outro dispositivo muito menor, como um iPod, um telefone celular ou um dispositivo exclusivo de leitura e facilmente transportado de um lugar para outro, sem o peso e o grande inconveniente que estariam envolvidos no transporte de grandes quantidades de livros.

6 Flexibilidade

O conteúdo entregue eletronicamente oferece maior flexibilidade para o usuário final, dependendo da funcionalidade que foi embutida pelo provedor de conteúdo ou pelo fabricante do dispositivo. No caso de música, por exemplo, o ouvinte pode saltar faixas de um álbum ou criar sua própria *playlist*, selecionando as canções preferidas. A maioria dos dispositivos de leitura permite aos usuários que variem o tamanho da fonte – um traço valorizado por muitos leitores mais velhos com visão fraca – e pesquisar palavras em um dicionário embutido, entre outras coisas. Por outro lado, há formas de flexibilidade que poderiam ser acrescentadas ao conteúdo digital, mas que por vezes não o são por razões econômicas e/ou legais em vez de técnicas, como a capacidade de compartilhar conteúdo com outros. E há outras formas de flexibilidade, como folhear as páginas para trás e para a frente, que podem se perder ou diminuir na transição de produtos físicos tradicionais para conteúdo oferecido eletronicamente.

7 Preços acessíveis

Oferecer conteúdo digitalmente permite também preços mais acessíveis. É possível fazer economia eliminando a fabricação de produtos físicos como o livro impresso em papel – embora, conforme já discutido anteriormente, a proporção desses custos seja muito mais baixa em relação aos custos totais do que a maioria das pessoas supõe. Maior economia pode ser obtida com a eliminação de muitas fases e *players* nas cadeias tradicionais de fornecimento para produtos físicos – os depósitos, a embalagem, os custos de transporte e de devoluções. Considerados em seu conjunto, esses aspectos resultam em economias reais para os provedores de conteúdo, e há uma expectativa por parte dos consumidores de que pelo menos algumas dessas economias sejam transferidas a eles – uma espécie de "dividendo digital". A medida exata de quanta economia será feita irá variar muito de uma forma de conteúdo para outra e até mesmo de um fornecedor para outro, mas não há dúvida de que a redução de custos e preços mais baixos são fatores importantes que atraem para o caminho do conteúdo digital.

8 Intertextualidade

Outro aspecto do ambiente *on-line* é que ele confere um caráter dinâmico ao que poderíamos descrever como função referencial de textos. No meio

MERCADORES DE CULTURA

tradicional do texto impresso, a possibilidade de fazer referência a outro material é concretizada por dispositivos literários convencionais, tais como referências, notas de rodapé e bibliografia: esses são os mecanismos que orientam o leitor quanto a outros textos que o autor utilizou como referência e que considera importantes, interessantes, de valor. No ambiente *on-line*, a função referencial do texto pode se tornar muito mais dinâmica com a utilização de *hot links*, que permitem ao leitor deslocar-se para outras páginas e outros *sites*. Esses *links* podem ser de vários tipos – *links* para outras páginas, para outros textos, para outros *sites* e recursos de vários tipos, para bibliografias, para livrarias *on-line* etc. Com o uso de *links* de hipertextos, o provedor de conteúdo pode permitir ao usuário final que acesse de forma rápida e fácil textos aos quais foi feita referência, sem necessidade de localizar o texto fisicamente. E enquanto as referências em textos impressos só podem ser atualizadas quando houver uma nova edição da obra, os *hot links* podem ser atualizados de forma progressiva e a qualquer momento.

9 Multimídia

A oferta de conteúdo *on-line* também permite ao provedor de conteúdo usar uma variedade de meios e suplementar o texto com conteúdo oferecido de outras formas, inclusive imagens visuais, *streaming* de vídeo e som. Há contextos em que isso pode permitir a provedores de conteúdo agregar valor real – por exemplo, quando permitem o uso de ilustrações coloridas que seriam muito caras em reprodução na página impressa ou usar *streaming* de vídeo para reproduzir uma fala ou ilustrar um processo complexo. Sem dúvida, há custos relacionados com a provisão de conteúdo multimídia – pode ser caro produzi-lo, e as taxas de permissão podem ser altas. Também pode ser complicado utilizá-lo, no sentido de que os arquivos podem ser grandes e baixá-los pode ser um processo lento. Contudo, pelo menos existe a possibilidade de agregar certo valor ao conteúdo, o que não seria possível nos formatos impressos tradicionais.

TECNOLOGIAS E ÁREAS DE PUBLICAÇÃO

Se quisermos compreender por que a revolução digital afetou alguns setores da indústria editorial mais do que outros em termos de oferta de conteúdo, uma boa opção de início, embora não seja suficiente, é uma análise criteriosa dos tipos de valor que podem ser agregados ao conteúdo num ambiente *on-line*. Precisamos perceber também que os diversos campos editoriais operam de maneiras diferentes, que alguns tipos de conteúdo prestam-se a oferta *on-line* mais prontamente do que outros e que os usuários finais têm sua própria opinião, decidindo se o valor agregado por novas tecnologias tem, em casos específicos, *valor para eles* – ou se, pelo menos, tem valor suficiente para induzi-los a acessar conteúdo dessa maneira e pagar por ele, caso o conteúdo esteja de fato, sendo oferecido de uma forma que o fornecedor espera que o usuário final pague por ele. Em outras palavras, tecnologias sempre existem em contextos sociais específicos, e sua utilidade – ou não – é moldada por uma variedade de fatores contextuais. Como a beleza, o valor agregado está nos olhos de quem vê. Trata-se de um fenômeno social controverso; o que alguns usuários finais consideram valioso – e quão valioso o consideram – pode não ser o mesmo que os provedores de conteúdo consideram valioso, e o papel dessas diferentes avaliações irá variar de área para área e de uma forma de conteúdo para outra.

Consideremos alguns exemplos. No final da década de 1990 e início do século XXI, a área de periódicos científicos e acadêmicos passou por uma mudança rápida e decisiva: do formato impresso para o *on-line*. Essa transformação drástica foi instigada pelas grandes editoras de revistas acadêmicas, como a Elsevier e a Springer, que investiram pesadamente no desenvolvimento de plataformas digitais e na criação de fluxos de trabalho digital plenamente desenvolvidos para a produção de revistas acadêmicas; entretanto, ela também foi entusiasticamente estimulada por funcionários de bibliotecas indexadoras que compunham o mercado básico para esses periódicos. Há várias razões para que a transição para a oferta *on-line* tenha sido tão rápida e decisiva no setor de publicação de revistas científicas e acadêmicas.

- O mercado de periódicos científicos e acadêmicos era institucional: esses periódicos não eram adquiridos por indivíduos que pagavam do próprio bolso, mas por servidores institucionais – bibliotecários – que tinham acesso aos orçamentos anuais que precisavam ser gastos na aquisição de conteúdo.
- O modelo de assinatura de periódicos já existia, e foi fácil adaptá-lo a uma licença de *site* para revistas com conteúdo liberado na internet. Os bibliotecários estavam familiarizados com o modelo comercial e mostravam boa vontade em oferecer um serviço adicional aos usuários.

MERCADORES DE CULTURA

- A mudança para o ambiente *on-line* forneceu novas oportunidades de agregar conteúdo e gerar o tipo de escala pertinente que poderia agregar valor, e essa característica era valorizada tanto por bibliotecários quanto por usuários finais. Editoras que publicavam grande quantidade de periódicos ofereciam acordos especiais a bibliotecas e consórcios de bibliotecas para obterem acesso a todo o acervo (por exemplo, o ScienceDirect, da Elsevier, ou o *Web* of Science, da Thomson), e agregadores terceirizados (por exemplo, o Gale) podiam oferecer pacotes de conteúdo agrupado de várias editoras diferentes.
- A natureza do conteúdo da revista científica também se prestava à propagação *on-line*. Artigos de periódicos são geralmente curtos – têm de duas ou três páginas até vinte páginas – e podem ser lidos na tela ou impressos facilmente. Assuntos especiais de periódicos são, na maior parte, coletâneas arbitrárias de artigos que não têm conexão intrínseca uns com os outros (com exceção de assuntos temáticos), e o usuário final pode ler apenas o artigo específico, em vez de uma série de artigos. Tendo em vista que os usuários geralmente procuram artigos sobre tópicos específicos, a possibilidade de buscar material relevante num acervo amplo é uma característica valorizada. Além disso, cientistas e acadêmicos estão acostumados a trabalhar em seus computadores e a ter periódicos disponíveis na internet, de forma a poder acessá-los a qualquer momento de suas mesas de trabalho e escritórios sem ter de visitar uma biblioteca física, o que é um aspecto muito valorizado por eles.

Esses e outros fatores contribuem para explicar por que as editoras de periódicos científicos e acadêmicos passaram rapidamente para o ambiente digital. Trata-se de uma forma de publicação que existe dentro de um espaço institucional específico (organizações editoriais que, a partir de assinatura, vendem conteúdo para bibliotecas que têm orçamento para compras), no qual a natureza do conteúdo (pequenos artigos sobre tópicos específicos e de fácil leitura na tela ou que podem ser impressos) é passível de propagação *on-line*, cujos ganhos em termos de valor agregado (inclusive escala, possibilidade de pesquisa e facilidade de acesso) são claros, valorizados tanto pelos intermediários institucionais, que pagam pelo conteúdo, quanto pelos usuários finais. Porém, mesmo na esfera de publicações de periódicos científicos e acadêmicos, a migração para a propagação *on-line* não foi total – pelo menos até o momento. Embora os bibliotecários estejam ansiosos por oferecer aos seus usuários a possibilidade de acesso *on-line*, muitos continuam preocupados com o "problema do arquivamento" – ou seja, como garantir acesso perpétuo ao conteúdo de periódicos pelos quais já pagaram. O que acontece se em algum momento futuro eles cancelarem a assinatura, ou se a publicação do periódico for descontinuada, ou a editora encerrar suas atividades? Como poderão garantir o acesso a edições anteriores sem que elas estejam fisicamente em suas estantes? Se o conteúdo eletrônico for mantido judicialmente por terceiros, quem irá arcar com os respectivos custos e administrar o acervo? Enquanto os bibliotecários não se convencerem de que o problema do arquivamento foi resolvido de forma satisfatória, muitos continuarão insistindo em receber cópias impressas de cada edição, bem como em ter acesso *on-line*, e as economias que poderiam ser obtidas com a transferência total para um ambiente *on-line* – tanto em termos de custos de produção quanto em termos de espaço nas estantes – não se concretizarão.

Outra área da indústria editorial em que houve uma clara e irreversível transição para a propagação *on-line* são as obras de referência, como versões completas de enciclopédias e dicionários. Elas migraram para ambientes *on-line* como principal meio de fornecimento de conteúdo, mesmo que continuem disponíveis em suporte impresso e ofereçam uma gama de subprodutos correlatos menores, também impressos. Novamente, há várias razões para que isso tenha acontecido:

- No início dos anos 1990, grandes enciclopédias com vários volumes, como a *Enciclopédia Britânica*, enfrentaram intensa concorrência de enciclopédias eletrônicas como a *Encarta*, da Microsoft, compiladas em CD-Rom e distribuídas como acessório promocional com a venda de novos computadores. A proliferação de enciclopédias gratuitas, mesmo que menos abrangentes e inferiores em qualidade, minou o mercado das obras grandes, caras e com vários volumes. Na década de 1990, as vendas da *Britânica* e de outras enciclopédias tradicionais despencaram. Se elas quisessem sobreviver, teriam de se reinventar como fontes reconhecidas de pesquisa eletrônica e, em última análise, baseadas na *web*. Elas poderiam continuar produzindo uma série de produtos impressos, mas seu principal modo de entrega de conteúdo teria de se tornar eletrônico.
- Enciclopédias, dicionários e outras obras de referência se prestam à propagação *on-line* por vários motivos. Trata-se de coleções isoladas de fragmentos de conhecimento – "pedacinhos" de conteúdo. Os usuários geralmente não leem uma obra de referência página por

página; eles a consultam em busca da resposta a uma questão específica ou para adquirir conhecimento de alguma coisa específica; a capacidade de busca rápida de uma informação específica é, portanto, um aspecto muito valorizado pelos usuários; o mesmo ocorre com a referência cruzada a material relacionado.

- A escala também é vital para muitas obras de referência: quanto mais abrangentes elas forem, mais úteis provavelmente serão para o usuário. Com certeza, nem sempre é esse o caso: às vezes, uma obra de referência concisa, como um dicionário, um guia de viagem ou um livro de receitas, pode ser plenamente adequada para o propósito em questão. Há, no entanto, muitos propósitos para os quais a escala e a abrangência da obra de referência serão consideradas pelos usuários como um recurso positivo. No meio impresso, obras de referência grandes e abrangentes como essas envolvem altos custos de produção e altos preços de venda. São também desajeitadas e pesadas, além de ocuparem muito espaço. Torná-las disponíveis em bancos de dados *on-line* resolve essas desvantagens, exatamente porque a economia digital é de escala.
- Obras de referência precisam ser atualizadas regularmente. Fazer isso no meio impresso é muito dispendioso; uma obra de referência, entretanto, pode ser continuamente atualizada e expandida de forma simples e barata em um ambiente digital. Essa característica foi, sem dúvida, incorporada à própria razão de ser da Wikipedia, que estimula vivamente os usuários a se tornarem criadores de conteúdo e a contribuir com o processo contínuo de atualização, alteração e expansão do conteúdo da enciclopédia *on-line*.
- Para algumas obras de referência, como enciclopédias, o uso de multimídia, inclusive de ilustrações em cores, áudio e *streaming* de vídeo, também pode agregar um tipo de valor que os usuários apreciam.

Por essas e outras razões, o ambiente digital forneceu um abrigo natural para algumas obras de referência grandes: tendo em vista a natureza do conteúdo e a forma como ele era utilizado tipicamente, o ambiente digital poderia agregar um tipo de valor que os usuários apreciam. O problema para os provedores de conteúdo era duplo: como desenvolver um modelo de negócio que lhes permitisse cobrar pelo conteúdo e como se posicionar nesse novo ambiente de uma forma que lhes permitisse se precaver contra a ameaça representada por alternativas muito mais baratas (ou até mesmo alternativas gratuitas, como é o caso da Wikipedia e de outros recursos *on-line*).

Para obras de referência grandes, como o *Oxford English Dictionary* ou enciclopédias com múltiplos volumes (sobretudo aquelas mais especializadas, como a *International Encyclopaedia of the Social and Behavioral Sciences* [Enciclopédia Internacional de Ciências Sociais e Comportamentais]), surgiram modelos apropriados de negócios: considerando que seu principal mercado para o conjunto completo era sobretudo institucional, isto é, bibliotecas, escolas, universidades e outras instituições afins, podia-se substituir a taxa única de transação do conjunto completo em papel impresso por uma taxa única de transação da obra em CD-Rom ou DVD, ou por uma licença do *site* para um recurso *on-line*, pelo qual a instituição pagaria uma taxa de assinatura anual baseada no porte da instituição e no número de usuários. Considerando que o mercado principal para essas obras era institucional, a taxa – seja de transação ou de assinatura – poderia ser estabelecida em um nível alto, pois as instituições já estavam acostumadas a pagar taxas substanciais para essas obras.

O que estava muito menos claro era como os provedores de conteúdo poderiam cobrar por conteúdo de referência que era tradicionalmente embalado em formatos muito menores, como pequenos dicionários ou enciclopédias de apenas um volume sobre tópicos mais especializados. Muitas dessas obras menores eram vendidas a consumidores individuais em uma base transacional – um livro, uma venda, fim da transação. Não era tão evidente que eles queriam comprar esse conteúdo em formato eletrônico. Para muitas finalidades, ter uma obra de referência em formato impresso conciso é mais conveniente do que utilizar um dispositivo de leitura ou fazer uma consulta *on-line*, mesmo que o recurso digital seja muito mais abrangente – é muito mais fácil, por exemplo, abrir um livro de receitas, encontrar a receita favorita e deixá-la na cozinha do que procurar a receita *on-line* e imprimi-la. Também não estava claro que instituições poderiam querer adquirir esse conteúdo em formato eletrônico, precisamente porque lhe falta aquilo que é de valor específico para instituições – escala. Obras de referência menores, portanto, continuam a sobreviver e, na verdade, a florescer em formatos impressos convencionais, enquanto suas irmãs maiores migraram para o ambiente digital.

Portanto, há boas razões para que o setor de publicação de periódicos científicos e acadêmicos e o de obras de referência tenham vivenciado uma migração – parcial em alguns casos, mas, de qualquer forma, clara e irreversível – da forma impressa para a de entrega de conteúdo *on-line*. Não obstante, em outros campos editoriais, a situação está muito menos clara. No campo de publicação de obras acadêmicas, por exemplo, tem

MERCADORES DE CULTURA 379

havido muita experimentação com entrega de conteúdo digital desde o final dos anos 1990. Isso ocorre em parte porque o setor de publicação de obras acadêmicas vem experimentando há muitos anos sérias dificuldades, provenientes do acentuado declínio nas vendas de trabalhos acadêmicos, e muitos acreditavam – ou esperavam – que a revolução digital pudesse fornecer solução aos problemas de publicação de estudos. Muitas iniciativas foram lançadas, algumas financiadas por organizações filantrópicas com interesse em comunicação acadêmica, como, por exemplo, a Mellon Foundation, outras financiadas por terceiros e investidores buscando desenvolver negócios comercialmente viáveis, e outras ainda financiadas pelas próprias editoras. Analisei inúmeras dessas iniciativas em outro texto, e não repetirei a discussão aqui.[6] Basta dizer que, apesar das expectativas de muitos no campo das publicações acadêmicas, não existe solução eletrônica óbvia para a questão da publicação de estudos acadêmicos. Assim como a revolução digital não originou os problemas enfrentados pelas editoras de obras acadêmicas, também é pouco provável que seja a salvação delas. As razões para isso não são técnicas, mas principalmente econômicas e culturais. Editoras acadêmicas e outras têm disponibilizado suas obras *on-line*, seja como e-books que podem ser baixados ou como parte de um banco de dados oferecido aos clientes mediante comercialização ou assinatura, mas a aceitação dessas ofertas tem sido, na melhor das hipóteses, modesta, e a receita que as editoras têm gerado com isso é pequena. Até agora, as editoras acadêmicas vêm se beneficiando muito mais daquilo que chamei de revolução oculta – sobretudo da possibilidade de imprimir pequenas quantidades utilizando tecnologias digitais, de reduzir tiragens impressas e de manter os livros em formato impresso por um período mais longo do que era o seu ciclo de vida natural na era pré-digital, tornando o conteúdo de obras acadêmicas acessível *on-line*.

Também parece claro que, na medida em que há um mercado para acesso *on-line* ao conteúdo de obras acadêmicas, é provável que se trate mais de um mercado institucional do que de um mercado individual, ao menos no futuro próximo. As iniciativas eletrônicas mais bem-sucedidas até agora no campo de publicações acadêmicas são aquelas que visam claramente ao mercado institucional – acima de tudo, as bibliotecas de pesquisa. Sejam obras acadêmicas vendidas a bibliotecas título a título (como ocorre com a NetLibrary, o catálogo eletrônico *dawsonera* e vários fornecedores de bibliotecas), sejam vendidas como parte de um acervo acadêmico mediante

---

6 Ver Thompson, *Books in the Digital Age*, cap. 13.

assinatura (como ocorre com iniciativas de editoras como a Oxford Scholarship *On-line* ou com empreendimentos de terceiros, como o projeto Humanities Ebook), são as bibliotecas que representam o mercado mais robusto para obras acadêmicas em formato digital. As razões não são difíceis de compreender: bibliotecários têm orçamentos para gastar com aquisição de conteúdo; estão acostumados a adquirir produtos digitais e predispostos a fazê-lo, especialmente se acham que irão reduzir a pressão nos espaços das prateleiras e oferecer funcionalidade extra aos usuários da biblioteca (por exemplo, ter acesso a partir de suas mesas de trabalho); e os modelos de negócios, sejam eles baseados em transação comercial ou assinatura, já são conhecidos, bem testados e fáceis de gerenciar. Tudo nos leva a crer que nos próximos anos veremos um lento, porém constante, aumento nas vendas de conteúdo acadêmico em bibliotecas de pesquisas em formato eletrônico. Entretanto, isso não quer dizer que será necessariamente às custas das versões impressas, que continuarão a ser adquiridas por muitas bibliotecas, seja no lugar de versões eletrônicas ou como complementação a elas, e, com toda probabilidade, continuarão a ser o meio preferido daqueles que desejam adquirir obras acadêmicas para uso próprio.

Se esta análise estiver correta, então o que provavelmente veremos na área de publicação de obras acadêmicas não é a migração em grande escala do texto impresso para a propagação eletrônica, mas, pelo contrário, o desenvolvimento de *modelos mistos de geração de receita*. O tipo de migração que vem ocorrendo na publicação de periódicos científicos e acadêmicos pode não ser um bom modelo para o campo de publicações de livros acadêmicos. Um livro acadêmico é um tipo de objeto diferente de um periódico científico, utilizado de maneiras diversas. É muito bom folhear um livro *on-line* ou encontrar em um texto aquilo que procuramos, mas, se a intenção é ler uma parte substancial de um livro, muitos leitores preferem ter a versão impressa. Portanto, é provável que, pelo menos no futuro previsível, disponibilizar o conteúdo de obras acadêmicas *on-line* acontecerá *lado a lado com* a publicação continuada de livros em formato impresso. Editoras acadêmicas poderão, pouco a pouco, passar do modelo tradicional de geração de receita, que dependia quase exclusivamente da venda de livros impressos, para modelos mistos, que ainda dependem em grande parte, talvez até mesmo muitíssimo, da venda de obras impressas, enquanto, ao mesmo tempo, também procuram diversificar seus fluxos de receita – gerando, por exemplo, uma parte dela com a venda de licenças de *site*, de e-books por intermédio de terceiros e/ou com licença de conteúdo. Entretanto, para o futuro previsível, as editoras de obras acadêmicas continuarão dependendo pesadamente da receita das vendas de textos impressos. A renda gerada com vendas digitais representará acréscimos incrementais – bem modestos, diga-se de passagem.

Se a área de publicações de obras acadêmicas apresenta um quadro misto, o mesmo acontece com publicações comerciais, embora, nesse caso, os canais para o mercado de conteúdo oferecido eletronicamente sejam bem diferentes. Enquanto conteúdo de obras acadêmicas oferecido eletronicamente tenha encontrado um mercado, mais entre instituições que entre indivíduos, os e-books publicados por editoras comerciais estão sendo adquiridos principalmente por indivíduos equipados com dispositivos de leitura eletrônica. Aqueles que adquirem e-books valorizam acima de tudo a questão do preço acessível, a legibilidade (fácil de ler, fonte ajustável), a facilidade de acesso (podem ser comprados de forma rápida e fácil) e a portabilidade – nas pesquisas realizadas pelo Book Industry Study Group em 2010 e 2011, essas são características que costumavam ser consideradas muito relevantes pelos clientes.[7] As pesquisas do BISG também mostraram que os tipos de livros que os consumidores preferiam ler no formato eletrônico eram ficção narrativa simples (ficção de gênero, comercial e literária), o que espelha as experiências das editoras comerciais que viram os aumentos mais significativos nessas categorias. Os tipos de não ficção mais populares no formato eletrônico foram livros com elementos narrativos fortes, como biografias e autobiografias; outros tipos de não ficção, incluindo obras profissionais e acadêmicas, ficaram bem para trás.[8]

Embora esteja claro que um número crescente de leitores gosta de ler livros utilizando dispositivos de leitura, principalmente quando os livros são textos narrativos simples, o que não sabe no momento é exatamente até que ponto o deslocamento para o formato digital chegará às diferentes categorias de livros, com suas características próprias e distintas. Leitores de ficção de gênero e ficção comercial podem valorizar acima de tudo a possibilidade de obter novos livros com rapidez e a um preço acessível, de forma que possam lê-los assim que estiverem disponíveis; guardar o livro na estante como lembrança pode ser de pouco valor para eles. Por outro lado, para um novo romance escrito por um grande autor ou uma obra séria de não ficção, provavelmente sempre haverá leitores que optarão por ter o livro físico. Preço, facilidade de acesso e portabilidade podem não ser as considerações mais importantes para eles; outras coisas podem ser mais relevantes. Eles podem

---

7 *Consumer Attitudes toward E-Book Reading*, Relatório 2 de 3 (New York: Book Industry Study Group, março de 2010, p.13; *Consumer Attitudes toward E-Book Reading*, vol. 2. Relatório 2 de 4 (New York: Book Industry Study Group, abril de 2011), p.14.

8 *Consumer Attitudes toward E-Book Reading*, relatório 2 de 3, p.12.

simplesmente preferir ler o texto na página impressa, que é suave aos olhos e permite que retornem a páginas anteriores ou avancem com facilidade. Eles podem valorizar a possibilidade de compartilhar o texto com outros, emprestá-lo, ou tomá-lo emprestado, ou talvez dá-lo de presente. Eles podem valorizar o objeto em si mesmo como uma forma cultural, um objeto material, com design e produção atraentes, durável, que pode ser mostrado, no qual se investe boa quantidade de tempo e esforço, do qual se extrai prazer e satisfação e que, depois de lido e apreciado, se pode desejar ter para guardar em uma estante, para, algum tempo mais tarde, voltar a mergulhar em nova leitura ou para consultar. Na verdade, é até mesmo possível que o deslocamento para o formato digital em certas categorias de livros (o que um publisher descreveu como "livros descartáveis" – leia, apague tudo, compre o próximo) seja acompanhado de uma reavaliação de livros impressos em outras categorias, com alguns leitores dando mais valor a livros impressos, principalmente às edições em capa dura, com uma bela produção, àqueles autores e livros que apreciam e valorizam. Quem sabe? Além disso, embora seja relativamente fácil disponibilizar eletronicamente um texto de narrativa linear, é muito mais complicado e caro produzir outros tipos de livros em formato eletrônico, sobretudo livros muito ilustrados, como livros de culinária, livros de arte e livros para crianças, e, no momento, não está claro se os consumidores desejam comprar tais livros nesse formato. Também não se tem certeza se eles desejam comprar livros em que houve acréscimo de um grande volume de conteúdo multimídia – simplesmente é muito cedo para saber.

Portanto, como as editoras devem se preparar para um mundo que está mudando rapidamente, mas onde ainda há tanta incerteza em relação a quais formatos provarão sua popularidade para diferentes tipos de conteúdo e quais resistirão? Felizmente, essa não é uma questão para a qual as editoras comerciais precisam ter uma resposta. Embora o mundo ao redor delas esteja tomado de especulações e mudanças, elas podem se dar ao luxo de continuar agnósticas quanto à questão de entrega de conteúdo, pois estão na posição de uma companhia de água, que possui e controla o suprimento de água, mas não é proprietária da tubulação que entrega a água aos consumidores. Se alguns consumidores decidem que prefeririam receber a água através de um tipo diferente de tubulação, então a companhia de água precisa ter condições de fornecê-la por meio dessa tubulação. Ela não necessariamente precisa construir a nova tubulação – outros poderão fazê-lo e arcar com os riscos. Entretanto, ela precisa garantir que a água seja bombeada através da nova tubulação e que aqueles que possuem e controlam a tubulação não sofram um estrangulamento na cadeia de fornecimento. E isso significa que o que elas precisam fazer em primeiro lugar é construir um arquivo digital.

CONSTRUINDO O ARQUIVO DIGITAL

Steve é diretor de uma divisão chamada Media Asset Development [Desenvolvimento de Ativos da Mídia] de uma grande editora de Nova York. Ele ingressou na companhia em 1995, depois de ter trabalhado no segmento digital da indústria da música durante vários anos. Steve chegou num momento em que o debate sobre a digitalização na indústria editorial estava apenas começando a ser levado a sério pelos executivos. A maior parte da produção de livros ainda era feita de forma convencional, e, então, um pequeno número de livros foi selecionado para ser produzido "digitalmente". "Havia a edição e a edição digital. Havia a produção e havia a produção digital. A batalha, desde que cheguei aqui, tem sido convencer a companhia a parar de pensar dessa maneira. Não há produção sem arquivos, não há mais nenhum mecanismo por meio do qual se possa ir para a gráfica que não seja digital. Então, precisamos parar de dizer 'produção digital' e começar a chamar o setor de produção de 'setor de produção'." Havia pessoas na companhia que achavam (e algumas ainda acham) que era possível contratar alguém do departamento de produção que não entendesse de gerenciamento de arquivos. "Um enorme equívoco", diz Steve. "Acho que está ficando claro na empresa que quem não entende de gerenciamento de arquivos não pode trabalhar no departamento de produção; simplesmente não faz mais sentido. É como dizer: 'Entendo de cavalos e quero trabalhar na indústria automotiva'." É como se o tempo dessas pessoas tivesse passado.

A companhia também acabou percebendo que precisava ter a posse de seus arquivos de uma forma como nunca teve antes. Isso aconteceu entre 1998 e 1999; o fato gerador foi a decisão de começar a passar alguns dos títulos mais antigos da *backlist*, disponíveis em papel, para a impressão sob demanda. "Como uma empresa, decidimos que impressão sob demanda é algo que nós definitivamente precisamos oferecer. Nenhum livro jamais deixará de ser impresso novamente. Impressão sob demanda requer um arquivo – está certo –, e essa foi a primeira vez que tivemos uma necessidade real. E-books podem ser uma espécie de brinquedinho legal, mas, com a impressão sob demanda, surgiu uma necessidade. Esse é o primeiro passo: a empresa está dizendo: 'Precisamos de arquivos'. Mas só que não era fácil conseguir os arquivos, pois eles estavam com a gráfica", explicou Steve. "Todas as gráficas e diagramadores com que trabalhamos diziam: 'Temos os seus arquivos; vamos guardá-los para vocês; podemos devolvê-los por 200 dólares ou algo em torno disso'. Fizemos uma análise de nossa lista de títulos e calculamos que havia algo em torno de 15 ou 20 mil livros que queríamos; então dissemos: 'Ótimo, devolvam os arquivos'. A resposta da gráfica e dos diagramadores foi basicamente essa: 'Sabem de uma coisa? Na verdade, não podemos devolver, porque não temos certeza de qual é a última versão. Nós os desmembramos em fitas e temos 5 mil fitas; provavelmente vamos ter de verificar todas elas para descobrir a versão certa'. E, das 15 mil que pedimos, trezentas estavam disponíveis." Rapidamente ficou muito claro que a gráfica e os diagramadores não estavam, na verdade, arquivando os trabalhos da editora. Eles faziam cópia do trabalho em andamento, mas não a arquivavam, e há uma grande diferença entre guardar e arquivar. "Arquivar na verdade significa que o livro está pronto para ser impresso em sua versão mais recente, em um conjunto completo de arquivos, a qualquer momento. Copiar é somente: 'Bem, se o computador parar de funcionar temporariamente, será que podemos restaurar?'. Eles nunca mantêm nossa versão mais recente; apenas recuperam o trabalho em andamento. Portanto, não há nenhum arquivo."

A essa altura, ficou claro que a editora precisava criar seu próprio arquivo e seus próprios métodos de arquivamento. "Ficou evidente que precisávamos dominar o processo. Isso foi uma enorme surpresa – saber que ninguém lá, exceto nós, se preocupa com nossos arquivos; ninguém cuida deles, ninguém faz versões deles, ninguém faz qualquer controle de qualidade."

Uma vez que a empresa decidiu que precisava criar seu próprio arquivo digital, ela então tinha de estabelecer os métodos de arquivamento do ativo digital da empresa. Isso era muito mais complicado do que parecia à primeira vista. Primeiro, havia a enorme quantidade – em uma grande editora como essa, que engloba muitos selos com seus próprios e longos históricos de lançamentos, havia entre 40 e 50 mil títulos ainda em catálogo. Depois, há as diferentes finalidades para as quais o conteúdo digital poderia ser utilizado. "Estamos falando de impressão sob demanda e de e-books? Porque são coisas diferentes. Fazendo uma analogia com animais, está-se falando de capturá-los só pelo prazer de capturá-los, ou realmente se quer captar coisas que têm valor imediato? Quer um retorno de investimento sobre o que se obtém instantaneamente ou trata-se de um investimento a longo prazo? Começamos a ter essas conversas, mas o ponto onde deveríamos ter começado – e essa é a filosofia que tentamos implementar aqui – é que um livro não é um livro. Livros são categorias. Livros são tipos. Livros são estilos diferentes de coisas. Portanto, não se pode simplesmente dizer: "Vá capturar 20 mil livros". Steve elabora suas ideias mais um pouco:

Se continuarmos a pensar em livros como objetos genéricos, estaremos pensando na forma como eles são no papel. No papel, são todos iguais – é um livro, está-se fornecendo árvores. Assim, se seu mecanismo de fornecimento é de árvores, não há mais o que discutir. Quando se trata de bens digitais, eles são diferenciados em múltiplas facetas. Então, quando se começa a discutir a *backlist*, começa-se perguntando: "Qual é a sua meta? Quais são as especificações? O que você está achando disso e para que tipo de livro?" Fica muito mais complicado. As pessoas sempre esperaram que o mundo digital seria mais simples e, na verdade, ele é muito mais complicado, porque o resultado final não é o mesmo. O resultado final é um banco de dados, o resultado final é um PDF baseado em imagem, é um arquivo XML, é um conjunto de ferramentas, um mecanismo de pesquisa no Google baseado em anúncios – há muito mais propriedades digitalmente do que na forma física. Temos sete propriedades físicas agora: grandes tiragens, mercado de massa, capa dura, brochura, e existem também algumas estranhas edições de compêndios e coisas do gênero. Em formato *on-line*, temos conteúdo baseado em anúncios, baseado em algum dispositivo, baseado em e-book, baseado em assinatura, baseado em fragmentos – há centenas de formatos, tipos e estilos. Portanto, o mundo digital é muito maior do que o do impresso. Então, quando se diz: "Ah, vamos capturar toda a *backlist*", é... ei, espere um minuto... quer que captemos livros de culinária? Quer que captemos edições esgotadas? Quer que captemos apenas os 10 mil livros mais vendidos? Pois é, tivemos essas discussões. O que decidimos foi a lista dos 10 mil livros mais vendidos de todos os tempos daquele ano para trás – vamos considerar esses e decidir como torná-los disponíveis. Essa foi a aventura da *backlist*.

Cada um dos livros dessa lista dos 10 mil mais vendidos foi escaneado e transformado em um arquivo XML, usando software OCR (Reconhecimento Óptico de Caracteres). Foi mais caro do que simplesmente produzir um PDF – custou cerca de 200 dólares para transformar um livro de tamanho médio em um arquivo XML, ao passo que se pode produzir um PDF com uma simples digitalização por aproximadamente 50 dólares. O PDF funciona bem para impressão sob demanda, mas é menos adaptável; não pode ser usado para saída de e-books e é um arquivo muito maior e, portanto, mais caro para armazenar.

Aos 10 mil títulos da *backlist*, acrescentaram os cerca de 4 mil novos títulos que estavam sendo produzidos a cada ano, de forma que em 2008 possuíam um arquivo digital com 40 mil títulos. Além de povoar o arquivo, eles precisavam desenvolver procedimentos para lidar com o conteúdo. Esses procedimentos envolviam três processos distintos – "gerenciamento do ativo digital", "transformação digital" e "distribuição digital". Steve puxou uma folha de papel em branco e desenhou um esboço (ver Figura 9.3).

Do lado direito da figura, estão os diferentes departamentos de produção da companhia, que produzem livros novos e os liberam como arquivos digitais para o sistema Digital Asset Management [Gerenciamento do Ativo Digital] (DAM), que é o arquivo da companhia. O que acontece nos departamentos de produção depende dos seus fluxos de trabalho e do grau de sofisticação que querem inserir nos arquivos – se querem fazer codificação em XML, por exemplo, é lá que isso acontece. Quando os arquivos estão completos, eles são descarregados no DAM – o arquivo –, que armazena diferentes tipos de arquivo – arquivos Quark, arquivos InDesign, arquivos PDF, arquivos XML etc. – para cada livro. Os arquivos para cada livro são armazenados sob um ISBN, geralmente o ISBN de capa dura, de forma que se tem quatro ou cinco arquivos diferentes para cada livro. Isso cria, de imediato, um nível de complexidade que precisa ser cuidadosamente gerenciado. Então, por exemplo, caso se deseje fazer uma correção em uma página específica de determinado livro, é preciso ter os procedimentos apropriados para garantir que a correção seja feita antes de o livro ser reimpresso, seja qual for a edição que estiver sendo reimpressa. "Manter correto esse arquivo para impressão é o caminho", explica Steve. "Se existe uma coisa de que o arquivo precisa é a versão correta para impressão – sempre. Essa é a regra de ouro que não pode ser quebrada."

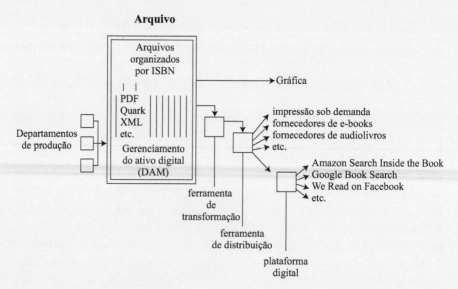

Figura 9.3. O arquivo digital.

MERCADORES DE CULTURA

Isso pode parecer muito simples, mas é fácil incorrer em erro. Por exemplo, suponhamos que um dos selos tenha um livro que esteja vendendo bem e que precisa de uma reimpressão rápida, mas eles acham que existe um caractere corrompido na página 90. A gráfica diz que provavelmente poderá fazer a retificação; então, eles pedem a ela que vá em frente e conserte-o, porque precisam dos livros o mais rápido possível. "Eles recebem uma ligação de volta dizendo que a retificação foi feita; ótimo, vamos em frente e, então, você diz 'Graças a Deus'. Mas esse arquivo não está mais em sincronia com meus arquivos digitais. E nós pedimos de volta o arquivo corrigido? Não. Será que estamos esperando para ver o mesmo problema acontecer novamente quando fizermos uma reimpressão? Um erro de produção atrapalha tudo e ponto final. Se alguma coisa está deteriorada ou quebrada ou está na gráfica e contém erro, é preciso consertá-la imediatamente; não há o que discutir sobre isso. O problema é a recuperação do arquivo – precisamos do arquivo de volta. Isso simplesmente costuma ser esquecido." Assim, agora o arquivo da gráfica está fora de sincronia com o arquivo digital, e a editora não sabe onde o arquivo foi modificado para corrigir o erro. O problema pode se repetir na próxima vez em que o livro for reimpresso. A integridade dos arquivos no arquivo maior ficou comprometida pela necessidade de resolver o problema da produção e garantir a rápida reimpressão do livro.

Fazer que os profissionais das várias divisões editoriais pensem de forma diferente acerca dessas questões não é fácil, porque eles não são recompensados por ajudar a manter a integridade de um banco de dados; eles são recompensados por vender livros. E garantir que um livro que está gerando boas vendas seja prontamente reimpresso e esteja disponível para satisfazer a demanda atual é vital para isso. Porém, a questão é que, ao se concentrarem no problema a curto prazo e não pensarem no longo prazo, elas estão apenas armazenando problemas para os outros que vêm a seguir no decorrer do processo. Quando os consumidores do mercado de massa forem comprar o livro cerca de um ano ou um ano e meio depois, eles estarão pegando seu problema. Para evitar isso, um esforço vigoroso precisa ser feito para "incentivar o cuidado", como diz Steve – isto é, fazer que todos na organização percebam que manter a integridade dos arquivos é de interesse geral. "A meta nas editoras não é tropeçar na porta e conseguir jogar o livro dentro da gráfica, pôr um fim na questão e dizer 'Graças a Deus'. A meta é manter o conteúdo apropriado e atualizado para o ciclo de vida daquela obra."

Além de administrar o depósito dos ativos e assegurar que os arquivos mais recentes, corrigidos ou atualizados sejam mantidos no sistema, é preciso também oferecer conteúdo em formatos adequados a vários clientes externos.

Os arquivos Quark são enviados diretamente do arquivo digital para a gráfica, mas outros arquivos podem necessitar de conversão para outros formatos antes de serem utilizados por clientes e fornecedores. Assim, por exemplo, se um e-book está armazenado em formato e-pub, ele pode necessitar de conversão para um formato exclusivo para fornecedor de e-book; se um arquivo de áudio estiver armazenado em formato WAV, ele pode necessitar de conversão para um arquivo AIFF para um fornecedor de livro de áudio específico, e assim por diante. Nesses casos, uma ferramenta de transformação converterá o arquivo antes que ele seja passado adiante para uma ferramenta de distribuição, que o envia ao cliente ou comerciante pertinente. Sem dúvida, seria muito mais fácil se todos esses clientes e fornecedores usassem os mesmos formatos de arquivo, mas eles não o fazem; portanto, as ferramentas de transformação e distribuição visam ao fornecimento a cada cliente e a cada comerciante dos arquivos nos formatos específicos de que eles precisam.

Além de fornecer arquivos a vendedores, algumas editoras também armazenam arquivos em determinados formatos em uma plataforma digital acessível a outros, com regras que governam o que pode ser acessado, por quem e sob que condições. Em alguns casos, a plataforma é hospedada no servidor da própria editora; em outros, é terceirizado, como, por exemplo, o LibreDigital. A finalidade da plataforma é fornecer à editora uma face digital para o mundo exterior, permitir que parte do conteúdo seja visto na internet e, na verdade, que projete parte de seu conteúdo nesse ambiente, mas mantendo o controle sobre ele. Assim, por exemplo, o conteúdo mantido na plataforma pode ser disponibilizado na Amazon e no Google para seus programas de pesquisa de livros por meio de uma ligação dinâmica de rede (mais sobre essa questão adiante).

Construir todos esses sistemas é complicado e dispendioso, e empresas como a de Steve tiveram de fazê-lo quando viam muito pouco retorno em termos de receita – se é que havia algum. Eles estavam construindo seus arquivos digitais quando a porção maior de sua receita ainda era gerada pela venda das várias edições impressas – capa dura, brochura comercial, mercado de massa, etc. "Eu diria que algo entre 97% e 95%", diz Steve, tentando apreender alguns percentuais aproximados (isso aconteceu em 2008). "Os e-books, sem dúvida, representam algum ganho, o áudio, sem dúvida, representa algum ganho, as licenças, sem dúvida, também representam algum ganho. Então, há aí um punhado de caminhos para se ganhar algum dinheiro, mas a maior parte vem do arquivo impresso."

Na verdade, entre essas fontes alternativas de receita de não impressos (e deixando de lado a renda de direitos, que é outra questão), o setor de áudio foi o principal gerador de receita durante o período em que está sendo feito investimento em arquivo digital. As vendas de audiobooks representam uma pequena proporção da receita total das grandes editoras comerciais – provavelmente cerca de 5%; mas elas estavam ainda gerando muito mais renda do que e-books até 2008-2009. A regra prática nos negócios com audiolivros é que, quando se tem uma grande obra adequada para áudio, pode-se gerar vendas de áudio de até 10% das vendas da obra impressa em capa dura. Portanto, quando se vende 100 mil exemplares em capa dura, é possível vender até 10 mil áudios, porém não mais do que isso. E, com certeza, há muitos livros que não são apropriados para áudio e nunca serão transformados em audiolivros – tendo em vista a regra dos 10%, a divisão de áudio de uma grande editora comercial normalmente nem considera um livro se não houver uma clara expectativa de gerar vendas de, no mínimo, 50 mil exemplares em capa dura. E depois ainda é preciso considerar se irá funcionar em áudio. "Livros de culinária, de dieta, não funcionam em áudio, exceto em raríssimos casos", explicou o gerente de uma divisão de áudio. "E existem categorias particulares que podem funcionar extremamente bem em áudio – memórias, por exemplo, livros que têm um narrador personalista. Ficção comercial, ficção voltada para trama, também funcionam muito bem em áudio. Ficção 'literária', mais complexa, ficção mais voltada para personagem, não funciona muito bem em áudio, porque não se consegue seguir a trama; parece que a narrativa continua e ainda se está tentando entender o que significava aquela sentença."

Esses princípios não mudaram muito desde que os audiolivros apareceram pela primeira vez nos anos 1980, mas a forma como eles foram oferecidos aos consumidores evoluiu de um formato para outro. "Grande parte da história do áudio tem sido sobre essa transição, a caminhada através dos diferentes formatos." Os primeiros audiolivros eram vendidos como fitas cassete, mas os cassetes foram gradativamente retirados de circulação e substituídos por CDs, que agora são o meio dominante de venda de audiolivros. A transição da fita cassete para o CD foi uma transição do analógico para o digital, mas o produto digital ainda era oferecido em suporte físico – o CD, muitas vezes um conjunto de cinco ou seis, dependendo da extensão da gravação, comumente vendido em uma caixa. Entretanto, o *download* digital agora responde por uma crescente participação no mercado. Em 2005, os CDs respondiam por cerca de 90% da receita da divisão de áudio de uma grande editora comercial, e o volume de *downloads* respondia por cerca de 10%; em 2007, essa proporção passou para 85% de CD, 15% de *download* digital. "Acho que chegaremos a um ponto em que provavelmente os CDs desaparecerão e os *downloads* começarão a aumentar rapidamente, e isso tem muito a ver com a penetração do iPod", explicou a gerente. Entretanto, diante da importância do iPod como aparelho de áudio, até que ponto o mercado de *download* digital (se) expandirá e a taxa em que isso ocorrerá provavelmente irão depender de quais varejistas podem vender *download* compatível com o iPod. "Até agora, apenas o Audible e a Apple conseguem disponibilizar arquivos compatíveis com o iPod para *download* com proteção DRM (*digital rights management*) [gerenciamento de direitos digitais]", continua ela. "E com um revendedor tão poderoso como é o iTunes, acho que provavelmente o crescimento de *downloads* digitais está reprimido, porque são somente esses dois varejistas que os vendem. Se amanhã estivermos diante de uma situação em que cada revendedor de CDs também venda *download* digital, acho que o ritmo de crescimento provavelmente será muito mais rápido."

Quanto a Steve, ele sabia que o áudio era o principal gerador de receita entre os produtos não tradicionais, não impressos, vendidos pela companhia e de que a receita gerada por e-books continuava insignificante, mas ele estava convencido de que a receita proveniente dos e-books iria crescer. Em sua opinião, o livro impresso em papel é apenas uma ferramenta como qualquer outra, uma peça de tecnologia que tem pontos fortes e pontos fracos – "É uma boa ferramenta; não precisa de pilhas, é fácil de usar, e todas essas coisas; mas, assim que tivermos uma ferramenta melhor, acho que os livros simplesmente irão desaparecer. Eles são caros, pesados, não conseguimos fazer buscas neles – há tudo isso contra eles." Ele nutre pouca simpatia pela ideia de que um livro pode ser mais do que isso para muitos leitores – um objeto cultural que pode ter valor estético e emocional, algo que eles valorizam como uma obra de arte. Sem dúvida, há livros para os quais isso pode ser verdadeiro, mas são uma minoria – "20%, talvez". Na opinião de Steve, os livros não deixarão de ser impressos, da mesma forma que a invenção da televisão não matou o rádio ou a invenção do DVD acabou com a televisão; mas a "triagem" será diferente:

> Nem sempre os livros são a mesma coisa. Faça uma triagem melhor deles. Você preferiria receber a lista telefônica ou o Google? Bem, não imprima mais a lista telefônica; ela não é uma obra de arte, certo? Quem se importa com a lista telefônica? A maioria das brochuras que se compra no aeroporto, não seria preferível ir até a livraria e pedir-lhes que transmitissem para alguma coisa que você pudesse levar no avião e ler de forma mais barata, mais fácil e mais rápida? E então você diz: "Bem, quero um livro grande e bonito, cheio de ilustrações". Bem, isso sempre existirá, nunca será substituído por um livro digital. Há livros que são objetos de arte e que

permanecerão na história e durarão muito tempo, e esses, definitivamente, queremos imprimir. Mas romances horrorosos? Quer mesmo sacrificar uma árvore por eles?

Evidentemente, Steve podia estar equivocado (embora com o benefício da visão em retrospectiva, seus comentários, feitos em 2008, revelem uma presciência extraordinária). Porém, o bom de sua posição é que ele não precisa estar certo. Ele apenas precisa estar pronto. "As editoras devem pensar sobretudo em garantir que tenham conteúdo que resulte em vendas. Elas realmente não se importam como esse conteúdo vende; elas apenas querem vendê-lo. O fato de que a forma impressa é o seu meio de venda, e de que elas precisam atingir seus números este ano, não é responsabilidade minha. Minha responsabilidade é garantir que estejamos posicionados de tal forma que, quando alguma coisa mudar, ela esteja pronta. Então, quando eles dizem: 'Acreditamos que 10% de nosso mercado agora é digital', eis uma oportunidade, não um problema. Portanto, eu gostaria que fôssemos céticos em relação a seja lá o que for que venha a acontecer. E eu me importo se as pessoas compram ou não o livro em determinado suporte? Eles também não deveriam se preocupar se é audiolivro, e-book, eletrônico, assinatura – tudo o que realmente importa é se vendemos." Contanto que o arquivo digital seja construído e esteja funcionando bem, e contanto que todo o conteúdo da companhia esteja armazenado em formatos digitais apropriados e adequadamente preservados, a editora estará em condições de responder às mudanças do mercado. Ela terá condições e estará pronta para fazer a entrega do conteúdo em um formato diferente – se, de fato, os consumidores demonstrarem, por meio de suas decisões de compra, que preferem usar um canal diferente.

Então, nessa situação, existem perigos para uma editora comercial? O que preocupa Steve e outros gerentes em sua companhia e em outras similares? Eles se preocupam com muitas coisas, mas há duas que os preocupam mais: pirataria e preço.

A AMEAÇA DA PIRATARIA

A reprodução não autorizada de livros e trechos de livros não é nenhuma novidade. Há muito tempo essa é uma característica do mundo das obras impressas, exacerbada pela máquina fotocopiadora, mas de forma alguma inventada por ela. Entretanto, com a conversão do livro em arquivo digital, os riscos de reprodução e circulação não autorizadas do conteúdo do livro se elevam a um nível inteiramente novo. Se o conteúdo estiver em formato digital e não for protegido, é rápido, fácil e barato produzir múltiplas cópias e compartilhá-las com outros – um PDF pode facilmente ser enviado a vários destinos ou disponibilizado *on-line* para que outros o vejam ou baixem. E tudo isso pode ser feito sem permissão ou remuneração, infringindo os direitos autorais de uma editora e privando-lhe e ao autor da receita. Basta olhar a indústria da música para ver os danos que podem ser causados em uma indústria criativa pelo compartilhamento desmedido de arquivos, facilitado por sistemas de distribuição como o Napster. As editoras sabiam que não podiam ignorar os riscos. Então, como estão tentando lidar com essa ameaça? Basicamente de três maneiras: segurança, monitoramento e fornecimento proativo do mercado.

Segurança significa tomar cuidado para manter o controle dos ativos digitais e protegê-los contra reprodução não autorizada. Essas questões, geralmente conhecidas como gerenciamento de direitos digitais ou DRM, são um tópico importante de discussão e de política na maioria das editoras hoje. Cada companhia precisa formar uma ideia de que conteúdo digital disponibilizará a quem e de que forma. "Qual é nossa filosofia de distribuição? Estamos distribuindo arquivos genéricos ou arquivos criptografados? Esses parceiros são confiáveis ou não? Estamos distribuindo cartas para seguir em seus envelopes criptografados ou estamos protegendo as cartas antes de distribuí-las? Esse é outro conjunto de questões que nós, como uma editora, precisamos responder", diz Steve. Em sua empresa, eles decidiram distribuir arquivos não criptografados para seus principais clientes do varejo, como a Amazon, e deixar que eles criassem a proteção e as chaves – o envelope DRM, por assim dizer – que seriam acrescentados ao arquivo antes de ser, em seguida, vendido a um cliente como um e-book. Eles estão dispostos a fazer isso porque têm um claro acordo contratual com os consumidores, que estipula as condições sob as quais podem vender os livros, da mesma forma que têm um claro acordo quanto às condições sob as quais podem vender ou devolver seus livros físicos: "Fizemos um contrato com eles e presumimos que não irão abusar dessa relação. É como se enviássemos a você uma remessa de 10 mil livros: temos confiança de que você irá vendê-los, fazer um relatório de vendas e depois devolver apenas os livros que não foram vendidos". Entretanto, uma auditoria nas vendas de e-books levanta questões novas, simplesmente porque não temos o mesmo cálculo físico que o dos livros físicos, em que exemplares enviados menos exemplares devolvidos = exemplares vendidos. Isso reafirma a necessidade de se tomar cuidado extra na escolha dos clientes varejistas.

Todavia, quando se trata de amostragem digital, a companhia de Steve adota uma postura mais cautelosa. Eles querem participar do Search Inside the Book, da Amazon, e do Google Book Search, mas estão preocupados em ceder seu conteúdo digital a terceiros e permitir a eles que o mantenham em seus servidores – principalmente terceiros muito poderosos como a Amazon e o Google. Em parte, trata-se de uma questão de confiança, ou melhor, de falta de confiança: embora as editoras saibam que seu próprio destino tornou-se intrinsecamente entrelaçado ao de poderosas companhias baseadas na internet, como a Amazon e o Google, elas também sabem que seus interesses não coincidem inteiramente e preocupam-se de ceder-lhes o controle de seu ativo mais importante – o conteúdo. "Muitas editoras neste prédio e também em outros locais ainda não se sentem totalmente confortáveis para ceder arquivos à Amazon e ao Google", explicou um colega de Steve. "Em parte porque não sabemos bem o que irão fazer com o arquivo." Eles podem mostrar espírito de cooperação agora, mas, à medida que se tornarem maiores e mais poderosos, podem simplesmente ignorar as preocupações e as solicitações das editoras. Havia também questões de qualidade e razões mais práticas e objetivas. A editora não estaria controlando a qualidade se entregasse livros à Amazon e ao Google para serem escaneados, e eles não poderiam mudar as regras sobre a quantidade de texto que os usuários podem ver. Se a editora mantiver seu conteúdo, então ela poderá planejar suas próprias regras de acesso, estipulando exatamente quanto de cada livro pode ser visto e como pode ser visto – se 10%, 20%, um capítulo, apenas o primeiro capítulo etc. Poderá também remover ou substituir rapidamente uma versão antiga de um livro, em vez de esperar as oito semanas que a Amazon leva para remover um livro de seu programa. Assim, a empresa de Steve escolheu construir sua própria plataforma para manter arquivos digitais que possam ser acessados por terceiros por um acesso dinâmico na *web*. Para o consumidor, a experiência do Search Inside the Book parece exatamente a mesma de qualquer outra experiência de busca da Amazon – não é necessário sair do ambiente da Amazon, mas, quando a Amazon exibe as páginas de amostra, ela o faz a partir do servidor da editora, e não do seu servidor. Isso permite que a editora mantenha o controle sobre o conteúdo e decida exatamente como e o que deixar disponível, enquanto, ao mesmo tempo, se beneficia dos sistemas de navegação como o Search Inside the Book, da Amazon.

Embora introduzam medidas para salvaguardar seu conteúdo, muitas editoras e agentes monitoram constantemente o mercado em busca da exibição de conteúdo não autorizado, e estão prontas para tomar medidas contra aqueles que consideram estar infringindo seus direitos autorais. *"Harry Potter* é rigorosamente controlado"*, explicou um agente que trabalhou na agência contratada para gerenciar os direitos de J. K. Rowling. "Temos agências que passam o tempo todo navegando na internet procurando conteúdo ilegal." E quando o encontram? "Então é preciso se esforçar para localizar o criminoso e adverti-lo ou até processá-lo." Outras agências e editoras fazem coisas semelhantes. A maioria das grandes editoras ou tem pessoal interno fazendo isso ou contrata empresas de fora, que buscam material pirateado *on-line*, notificando *sites* para que retirem conteúdo não autorizado e levando-os ao tribunal se a infração continuar, sempre buscando dificultar cada vez mais a pirataria, embora reconheçam que essa será uma luta constante. "Podemos embalar a coisa do jeito que quisermos", comentou um alto gerente de uma grande editora, "mas qualquer um pode comprar um livro, levá-lo para casa, digitalizá-lo e postá-lo na internet – é fácil demais. Faz-se isso em uma hora e meia. Quem estamos enganando com nosso DRM [gerenciamento de direitos digitais] blindado?" Segurança e policiamento são importantes, mas, no frigir dos ovos, o elemento crucial é a criação de um ambiente em que os consumidores possam adquirir o conteúdo – e estão propensos a fazê-lo – por meio de canais legítimos e a preços razoáveis, uma questão à qual retornaremos.

Editoras e associações de escritores também se dispõem a adotar ação coletiva contra o que consideram infração de direitos autorais – o caso mais significativo foi o da ação coletiva movida contra o Google em 2005. A fonte de preocupação para editoras, agentes, associações de escritores e outras entidades correlatas no mundo editorial era o Library Project, do Google. Trata-se de parte de um ambicioso projeto desenvolvido pelo Google, que visava a fortalecer sua posição nas guerras dos mecanismos de busca – ou seja, a luta pela participação no mercado entre o Google e seus maiores rivais, Yahoo e MSN. No início da década de 2000, o Google adotou a posição de que uma maneira de aumentar sua participação no mercado frente a seus concorrentes era procurar formas de garantir que mais conteúdo de alta qualidade aparecesse em resultados de busca. Em vez de confiar apenas em informação recuperada da *web* pelos indexadores, eles queriam acrescentar mais conteúdo de alta qualidade ao seu banco de dados para que as buscas contivessem um volume de material mais rico a que fosse possível recorrer. Escanear livros e acrescentá-los ao banco de dados era uma das maneiras de fazer isso. Assim, o Google lançou dois programas, o Partner Program e o Library Project, com o propósito de acrescentar conteúdo de livros ao seu banco de dados. O Partner Program envolvia persuadir as editoras a conceder ao Google permissão para escanear seus livros; em resposta a uma consulta, um usuário obteria um *link* para um texto relevante do livro e poderia visualizar um número limitado de páginas. O benefício para a editora seria que o livro chamaria a atenção do usuário, que poderia folhear algumas páginas no Book Search e clicar em um *link* da Amazon, do *site* da editora ou de outro varejista para comprar o livro – era, na verdade, uma forma gratuita de marketing digital. Como a editora tinha um contrato com o Google que regulava as condições sob as quais o texto poderia ser visualizado e lhe permitia remover qualquer título a qualquer momento, esse programa não era fonte de preocupação para a maioria das editoras.

O Library Project foi uma questão completamente diferente. O Google também fechou acordos com várias bibliotecas – Harvard, Stanford, a Bodleian em Oxford, Universidade de Michigan e a Biblioteca Pública de Nova York – para escanear o seu material e acrescentá-lo ao banco de dados que havia criado.[9] Em resposta aos pedidos de consulta, os usuários poderiam folhear o texto completo de materiais em domínio público, mas apenas algumas sentenças de texto – o que o Google chama de "trecho" – de livros ainda sob direitos autorais. Cada biblioteca receberia de volta uma cópia digital dos livros escaneados de seu acervo. Para o Google, disponibilizar trechos estava dentro da legislação de uso aceitável. Eles anunciaram também que permitiriam que detentores de direitos autorais optassem por não participar do projeto, fornecendo ao Google a lista de títulos que desejassem excluir. Para muitos detentores de direitos autorais, entretanto, essa opção concedida pelo Google colocava o princípio básico de direitos autorais de cabeça para baixo. Em vez de solicitar ao usuário que tentasse receber permissão para usar material sob direitos autorais, o Google exigia do detentor dos direitos autorais que lhe informasse se não quisesse que seu material protegido fosse utilizado.

Em 20 de setembro de 2005, a Authors Guild [Associação de Autores] e vários escritores ingressaram com uma ação coletiva contra o Google por infringir direitos autorais, e, um mês depois, cinco editoras – McGraw-Hill, Pearson, Penguin, Simon & Schuster e John Wiley & Sons – ajuizaram uma ação contra o Google. Em 28 de outubro de 2008, depois de muitos meses de negociação, os requerentes e o Google anunciaram um acordo.[10] Em resumo, o acordo cria um mecanismo – o Books Rights Registry [Registro de

---

9 Para um relato mais detalhado dessas questões, ver Band, *The Google Library Project*.
10 O texto completo do acordo está disponível em: <www.googlebooksettlement.com/agreement.html>. Para um resumo, ver Band, *A Guide for the Perplexed*.

Direitos sobre o Livro] ou BRR – para o Google pagar detentores de direitos autorais pelo direito de expor livros. O Google faria um adiantamento de pelo menos US$45 milhões à BRR para serem distribuídos a detentores de direitos cujos livros haviam sido digitalizados. O Google também poderia gerar receita com a venda do acesso ao texto completo e imprimindo livros a preços que podem ser estabelecidos pelo detentor dos direitos (ou o Google estabeleceria o preço usando um algoritmo); quaisquer receitas geradas dessa forma serão divididas 37 por 63 entre o Google e o BRR, que irá distribuir sua parte entre os detentores de direitos. O acordo distingue três categorias de livros – com direitos autorais e comercialmente disponíveis (ou seja, em condições de impressão ou disponíveis para impressão sob demanda), com direitos autorais e não disponíveis comercialmente (as chamadas "obras órfãs") e de domínio público – e estabelece regras padrão para o que o Google pode fazer com as duas categorias de livros sob direitos autorais. O Google calcula que a maior parte das obras publicadas cai na categoria sob direitos autorais e não disponível comercialmente – 70%, comparados aos 20% relativos a obras de domínio público e 10% sob copyright e disponíveis comercialmente. Considerando que os detentores dos direitos podem remover obras específicas do banco de dados do Google, variar as regras-padrão ou optar por sair, a categoria que provavelmente seria mais afetada pelo acordo é a das "obras órfãs" – isto é, obras que estão sob copyright, mas não são reivindicadas por nenhum detentor de direitos.

O acordo proposto tem sido objeto de muita crítica, tanto dentro dos Estados Unidos quando no exterior, e enfrentou dificuldades na justiça norte-americana. Em setembro de 2009, o Departamento de Justiça dos Estados Unidos levantou objeções ao acordo, sugerindo às partes que encerrassem o acordo original e submetessem uma versão revista, o que foi feito em 13 de novembro de 2009. As revisões referiam-se principalmente aos mecanismos para lidar com obras órfãs e com a restrição em relação a livros publicados nos Estados Unidos, no Reino Unido, na Austrália e no Canadá. Neste último caso, a restrição tinha por objetivo satisfazer objeções dos governos francês e alemão, que alegavam que o acordo não obedecia às leis de copyright de seus países; tendo em vista que grande proporção dos livros nas bibliotecas parceiras do Google não era em inglês (talvez chegassem a 50%), isso representava uma redução significativa no alcance do acordo.[11] O acordo revisto

---

11 A sentença integral pode ser encontrada em: "The Authors Guild et al. against Google Inc.: Opinion", disponível em: <www.nysd.uscourts.gov/cases/show.php?db=special& cid=115>.

MERCADORES DE CULTURA 397

ficou sujeito a aprovação pela Corte Distrital norte-americana do Distrito Sul de Nova York, e, em 22 e março de 2011, Denny Chin, juiz da primeira instância, anunciou que estava rejeitando o acordo porque ele "não é justo, adequado ou razoável". Ao colocar o ônus sobre os detentores de direitos autorais para que se apresentassem para proteger seus direitos, o acordo era, na argumentação de Chin, inconsistente com os princípios básicos da lei de direitos autorais – e, nesse sentido, ele dizia o que muitas editoras haviam sempre pensado. Chin também argumentou que o acordo daria ao Google "um monopólio de facto sobre obras não reivindicadas", recompensando-o por realizar a reprodução não autorizada de livros e dando-lhe uma vantagem significativa sobre qualquer concorrente potencial. Embora a sentença de Chin fosse inquestionavelmente um duro golpe naqueles que elaboraram o acordo, Chin deixou a porta entreaberta, indicando que algumas objeções poderiam ser solucionadas se o referido acordo passasse de um acordo de não participação para um acordo opcional. Na opinião de Chin, o status de obras órfãs deveria receber atenção separada da legislação do Congresso, em vez de ser um acordo celebrado entre partes particulares, com interesses próprios.[12]

Não está claro como as partes prosseguirão a partir desse ponto. Eles podem revisar o acordo de maneira a buscar satisfazer as objeções levantadas pelo juiz Chin ou podem abandonar o acordo; podem continuar o litígio e permitir que a questão seja decidida nos tribunais – é cedo demais para saber. Entretanto, seja qual for o resultado final, a disputa ilustra muito bem a maneira como as editoras e outros que atuam na indústria editorial se viram enredados em desdobramentos pelos quais não são responsáveis, cujo ritmo de mudança está sendo fixado por atores muito mais importantes do que eles próprios, que estão lutando batalhas diferentes e buscando objetivos diferentes. Ninguém na indústria tem uma ideia muito clara de onde tudo isso poderá levar e onde terminará, nem se pode esperar que a tenham – há simplesmente muitas coisas absolutamente imponderáveis. Muitos na indústria ficariam contentes de ver uma versão do acordo aprovada: eles o veem como uma espécie de vitória e estão, sem dúvida, certos em fazê-lo, já que o acordo reconhece formalmente os direitos dos detentores de copyright, obriga o Google a fornecer compensação financeira para aqueles cujos livros já foram digitalizados e coloca restrições claras sobre o que o Google pode fazer com material sob copyright; estabelece também alguns padrões em relação ao que era antes território completamente inexplorado, de forma que

---

12 Para uma descrição mais detalhada das principais mudanças no acordo com as alterações, ver Band, *A Guide for the Perplexed Part III*.

nem o Google nem qualquer outro *player* da área pode começar a digitalizar bibliotecas e achar que podem fazer o que quiserem com o conteúdo. Por outro lado, há alguns que temem, não sem razão, que qualquer acordo desse tipo coloque o Google em uma posição ainda mais poderosa na nova economia da informação, tornando-o efetivamente inexpugnável como o maior depositário de conteúdo de livros digitalizados. Seria um monopólio em tudo, exceto no nome, e há quem argumente que a herança cultural representada pelos inúmeros livros publicados anteriormente – tanto de domínio público quanto de obras órfãs – é simplesmente importante demais para ser deixada nas mãos de uma empresa privada cuja direção futura e prioridades serão decididas por acionistas, e não pelo interesse público.[13]

A terceira maneira como as editoras podem reagir à ameaça de pirataria e infração – real ou alegada – de direitos autorais é adotando uma atitude proativa quanto a suprir o mercado com conteúdo em formatos eletrônicos adequados. Muitas editoras adotam a posição de que nada estimularia mais o comércio ilegal em arquivos eletrônicos do que a incapacidade ou a má vontade dos detentores de direitos autorais em satisfazer uma demanda genuína por conteúdo quando surge um dispositivo de leitura que é amplamente adotado por usuários. "Apenas queremos garantir, quando isso acontecer, que a indústria esteja lá para dar respaldo ao tipo certo de vendas para aquele dispositivo, para que não acabemos virando uma indústria dominada pela pirataria, em oposição a uma indústria que vende de forma legítima", explicou um executivo de alto escalão de uma grande editora; daí a quantidade de tempo, esforço e investimento da maioria das editoras para garantir que seu conteúdo esteja em formatos digitais apropriados e seus arquivos digitais estejam em ordem. Como ocorreu com a Lei Seca, é provável que a indisponibilidade de conteúdo desejável por meio de canais legítimos só estimule o comércio ilegal de mercadorias de contrabando.

Embora as questões de pirataria e infração de direitos autorais sejam uma grande preocupação para aqueles envolvidos na distribuição de conteúdo digital, há outra questão que vem se tornando crescente fonte de ansiedade entre as editoras. Eu estava entrevistando o alto executivo que acabo de mencionar em novembro de 2007, no exato dia em que a Amazon

---

13 Robert Darnton vem sendo um dos mais destacados críticos da estrutura montada pelo Google e desenvolveu poderosos argumentos a respeito dessa questão. Ver, de Robert Darnton, "Google and the Future of Books", *New York Review of Books*, v.56, n.2; Id., reimpresso em *The Case for Books*, p.3-20; e Six Reasons Google Books Failed, *New York Review of Books*.

lançou o Kindle nos Estados Unidos, e ele, como todo mundo na indústria editorial, foi completamente tomado de surpresa quando a Amazon anunciou que iria vender os best-sellers do *New York Times* e novos lançamentos no Kindle por 9,99 dólares. "Sabe onde foi que eles conseguiram esse preço?", perguntou-me, sugerindo em seu tom que ainda sentia o impacto do choque. "Não foi conosco. Na verdade, eles estão perdendo dinheiro na maioria dos livros que vendem. O que será que eles estão pensando?"

O ESPECTRO DA DEFLAÇÃO DE PREÇOS

Até 2008, todas as grandes editoras comerciais possuíam suas próprias políticas de preços de e-books – políticas que, em alguns casos, flutuavam de forma bastante confusa no decorrer dos meses e dos anos. Quando os e-books surgiram, muitos pensavam que os preços de e-books deveriam ser menores que os de livros físicos, já que há algumas economias reais que podem ser obtidas com a distribuição digital de conteúdo em comparação com um livro impresso e encadernado (embora menos do que a maioria das pessoas pensa, como já indicamos anteriormente). Para refletir isso, algumas editoras decidiram apreçar seus e-books em 20% menos do que o preço de capa dura ou brochura, qualquer que fosse a edição atual; portanto, um novo livro com preço de venda, digamos, de US$ 24,99 em capa dura seria vendido a US$ 19,99 no formato de e-book. Outros decidiram vender seus e-books a um preço estabelecido – digamos US$ 16,99 – independentemente do preço da versão impressa. Embora alguma redução de preço para e-books fosse prática comum entre editoras comerciais, algumas decidiram não reduzir o preço e vender e-books ao mesmo preço da edição impressa prevalente, alegando que a economia era mínima e que o valor maior do livro era seu conteúdo, não o ambiente em particular em que ele era oferecido ao consumidor.

Seja qual for a política de preços adotada para seus e-books, as editoras dariam o desconto normal aos clientes varejistas – digamos 48% do preço de lista da editora –, e o varejista ficaria livre para descontar do preço de capa da editora, exatamente como fazem com livros impressos. Assim, embora a Penguin estivesse vendendo seus e-books ao mesmo preço que os livros impressos, a Sony os estava vendendo com um desconto de 20% – nesse caso, o desconto era da Sony, não da editora. A maioria das editoras esperava que a Amazon adotasse estratégia semelhante, descontando do preço de capa da editora. O que elas não esperavam de forma alguma era

que a Amazon anunciasse um preço fixo de 9,99 dólares para todos os best-
-sellers do *New York Times* e os lançamentos.

Os números simplesmente não faziam sentido. Se um novo livro em capa dura estivesse sendo vendido ao preço de capa de 25 dólares e a editora estivesse colocando o e-book à venda com um desconto de 20%, então o preço deveria ser 20 dólares. Com um desconto de 48% ao varejista, o custo para a Amazon seria de 10,40 dólares. Para a Amazon vender esses e-books a 9,99 dólares, ela estava perdendo 41% em cada exemplar que vendia, sem levar em conta alguma margem para cobrir os custos. E se o novo livro em capa dura estava sendo vendido por mais do que isso – digamos que fosse *A Era da Turbulência*, de Alan Greenspan, vendido a um preço de capa de 35 dólares – e se a editora não estivesse oferecendo um desconto pelo e-book (como foi o caso da Penguin, que lançou o livro de Greenspan), então o prejuízo da Amazon em cada exemplar vendido da edição para Kindle seria de aproximadamente de 8,20 dólares. Não fazia sentido.

Sem dúvida, do ponto de vista da Amazon, havia um fundamento lógi-co. Eles queriam fazer uma declaração: compre o Kindle (ao preço de 399 dólares, quando foi lançado), e todos os best-sellers do *New York Times* e os lançamentos serão vendidos a apenas 9,99 dólares – muito menos do que os 25 ou 26 dólares que seriam pagos, com um possível desconto para 17 ou 18 dólares, se comprasse a edição em capa dura. Ela estava fixando o preço de um livro novo exatamente abaixo do limiar simbólico de 10 dóla-res. Como a Apple e o iTunes, ela estava utilizando o conteúdo de um livro como alavanca para impulsionar as vendas de seu *hardware*. Ela ganhava dinheiro com a venda do *hardware*; depreciava o conteúdo, fixando-o em 9,99 dólares e, pelo menos por enquanto, subsidiava quaisquer prejuízos em que incorresse, na esperança de que isso pudesse permitir que vendesse dispositivos de *hardware* em quantidade suficiente para estabelecer uma posição dominante no mercado.

Então, por que as editoras estavam incomodadas com essa estratégia? Por duas razões. Primeiro, ela desvaloriza o livro e cria a impressão na mente dos consumidores de que um novo livro "vale" 9,99 dólares. Isso, porém, é uma ilusão criada pelo fato de que determinado *player* poderoso da área decidiu, por razões que de maneira alguma estão associadas a custos, fixar o preço em um nível baixo e apenas simbólico. "O perigo das mercadorias digitais", explicou o gerente de uma grande editora comercial, "é o mesmo da indústria da música. Por que faixas de música custam 99 centavos? Porque a Apple disse que sim. A indústria da música pode ganhar dinheiro com 99 centavos? Não. Mas agora quanto todo mundo acha que uma música deve valer? 99 centavos. Se os livros caíssem para 9,99 dólares, estaríamos perdidos. Não podemos ganhar dinheiro algum praticando esse nível de preço."

Obviamente, o preço baixo estava sendo sudsidiado pela Amazon, disposta a aceitar prejuízos a curto prazo para estabelecer sua posição no mercado. "Mas a preocupação", continua o gerente, "é que eles irão incutir nas pessoas que esse é o valor, e depois voltarão para nós e dirão: 'Todo mundo quer isso, outras editoras vão fazê-lo, e não queremos mais que vocês nos vendam por 10 dólares; queremos pagar 5 dólares'." Então, o segundo motivo para preocupação é que, se a Amazon conseguir estabelecer uma posição dominante no mercado de e-books, ela irá usar sua força para exercer pressão sobre as editoras para que reduzam seus preços de e-books e/ou aumentem seus descontos; assim, ela poderá continuar a vender best--sellers da *frontlist* e outros lançamentos por 9,99 dólares sem sofrer prejuízo.

Quanto mais forte for a posição da Amazon no mercado de e-books, maior é o perigo para a editora. "Haverá um monopólio, exatamente como a Apple e o iPod formam um circuito fechado. A Amazon será um circuito fechado com o Kindle, e eles dirão: 'Neste mundo de circuito fechado, este é o preço'." Como apenas a Amazon pode vender conteúdo para o Kindle, o consumidor tem de comprar ebook para o Kindle pela Amazon. A Amazon terá o mesmo tipo de monopólio sobre conteúdo de livros para o Kindle que a Apple tem em termos de áudio protegido por DRM para o iPod. "Se for esse o caso", disse outro gerente da mesma editora, "o que isso causa às negociações com esse varejista?"

Portanto, é assim que eles querem forçar a editora a oferecer-lhes conteúdo a preços cada vez mais baixos. No fim das contas, eles dizem: "Veja bem, nosso mercado cresceu aqui; levamos na cabeça durante muitos anos porque não tivemos lucro sobre o conteúdo que estamos vendendo, ao passo que pagávamos a vocês, editores, o valor que pediam. Mas agora há um grande mercado aí, e não podemos mais nos dar ao luxo de fazer isso. Portanto, se vocês querem continuar a vender conteúdo para o Kindle, agora precisam nos dar um desconto de 75% ou terão de baixar seus preços para 5 dólares." Então, diga-me, o que fazer?

É evidente que, se a editora concordasse em aumentar o desconto para 75%, ela teria de dar o mesmo desconto a qualquer um no mesmo canal de vendas e no mesmo formato de e-book – a lei Robinson-Patman exigia isso. "Mas, se realmente não há mais ninguém no jogo, de que importa?"

E como uma editora responde a essa ameaça que se agiganta no horizonte digital? Na opinião de muitas editoras, o grande perigo é que a agressiva estratégia de preços da Amazon cria na mente dos consumidores a impressão de que a maior parte do valor de um livro novo à venda por 25 dólares está no papel e na impressão gráfica, isto é, no recipiente físico, e que o conteúdo vale apenas 9,99 dólares, exatamente como a Apple criou a impressão de que uma faixa musical vale apenas 99 centavos. Quanto mais disseminada for essa impressão, maior será o risco de que essa desvalorização leve a um sangramento de valor na indústria editorial – um escoamento de valor para fora da indústria, que seria maior do que as economias que poderiam ser obtidas com a mudança para um mundo de oferta de conteúdo digital. Portanto, a questão principal para as editoras é que elas devem ter bem claro qual é o valor de seu conteúdo, e depois o que elas podem fazer para defender suas convicções quando negociarem com *players* poderosos no mercado de e-books. Uma publisher disse o seguinte:

> Como uma empresa editorial, temos de dizer com muita convicção que o valor do livro é o seu conteúdo, e que o valor é 15, 20 dólares – seja qual for o preço que determinarmos – e que, a propósito, o valor pode ser diferente para livros diferentes, dependendo de quem seja o autor, do tamanho do livro, do tema. Precisamos ter a coragem de afirmar nossa posição e manter o nível de preços que queremos, e depois entrar em negociação com o varejista, dizendo: "Eis o desconto que estamos lhe oferecendo". No mundo digital, talvez o desconto não devesse ser de 50% – não há estoque, não se precisa administrar um centro de distribuição, não precisa manter uma livraria de tijolo. Talvez precisemos dar um desconto de apenas 25% e depois contribuir com uma verba extra para o marketing; mas somos nós que controlamos os gastos. Portanto, acho que é muito importante, desde o início, sermos firmes quanto à decisão de manter o conteúdo tão valorizado quanto precisamos que ele seja. A Amazon encontra-se agora em um momento em que eles precisam da cooperação das editoras para inscrever títulos em seu programa, e, portanto, não é como se não tivéssemos nenhuma carta na manga.

Como a maioria das editoras, esta quer que a Amazon tenha sucesso com o Kindle, mas não que tenha sucesso *demais*. As editoras querem ver um mercado de e-book diversificado, com outros fornecedores de *hardware* e revendedores prosperando junto com a Amazon. Elas querem ver a Barnes & Noble e a Sony serem bem-sucedidas, assim como a Amazon, e gostariam de ver a Apple e o Google, entre outros, se tornarem *players* importantes no cenário. "Se a Amazon tem 35% do canal de vendas físicas e 90% do canal digital, então estamos todos ferrados", disse um CEO. O circuito fechado é o cenário-pesadelo das editoras – e esse pesadelo será maior ainda se o *player* que controla esse circuito for, por coincidência, o que domina o lado físico do negócio varejista do livro.

Considerando a sensibilidade das questões que envolvem preço, a maioria das editoras comerciais não tem pressa em ver a expansão do mercado de e-books. Elas estão se sentindo muito bem em fornecer seu conteúdo em formato eletrônico mais do que no tradicional formato impresso e em ver os e-books crescerem, mas somente se isso for feito em condições que, como disse um executivo, "não solapem o próprio sangue vivificante da indústria". Ele continuou:

> Não acredito que os autores ou as editoras estejam buscando desesperadamente gerar o que seria, em última análise, um fenômeno canibalístico, ou pelo menos parcialmente canibalístico, de vender material digital em vez de vendê-lo na forma física. Ficamos felizes com o fato de que ele seja comprado digitalmente, desde que isso não crie um tipo de declínio cataclísmico na receita da indústria. E, portanto, não há motivo para correr para reduzir preços e provocar um declínio. Ficaremos felizes em ver isso se desenvolvendo à sua própria maneira desde que – e faço aqui uma grande advertência – uma outra indústria não cresça por debaixo. É absolutamente ilegal fornecer o mesmo produto às pessoas que, de fato, gostam de ter um tipo de experiência, mas não querem pagar por ela. Então, o que estamos tentando fazer é desenvolver uma indústria digital de e-books que ofereça valores adequados a partir de plataformas de leitura a um preço que pareça adequado tanto para o consumidor quanto para o autor, um preço adequado ao bem que está sendo fornecido. Não acho que podemos esquecer que essa é uma forma muito barata de entretenimento em relação a qualquer outra, pelo que ela é em si. Quando a comparamos com filmes, jogos, jornais ou qualquer outra coisa, vemos horas de diversão, digamos, ou de edificação ou qualquer outra coisa que é oferecida por dinheiro, e essa é uma indústria muito competitiva com os preços de hoje. Não precisamos ir a um décimo do preço de hoje para liberar esse tipo de mercadoria, nem acho que podemos dizer que, chegando a preços que são um décimo do que temos hoje, veremos o volume aumentar dez vezes. Isso é uma impossibilidade, porque, com as exigências de tempo das pessoas, elas simplesmente não terão dez vezes mais tempo para ler e não lerão dez vezes mais apenas porque alguma coisa é mais barata.

Então, do ponto de vista desse *publisher*, o maior desafio é duplo: primeiro, tentar manter os preços de conteúdo eletrônico em níveis que reflitam sua avaliação do real valor desse conteúdo, que mantenham a saúde da indústria e permitam que as editoras continuem a recompensar os autores, ao mesmo tempo que não estabeleçam preços tão altos a ponto de fazer que as pessoas sintam que estão sendo ludibriadas. E, segundo, garantir que, quando houver dispositivos que as pessoas realmente queiram utilizar, o conteúdo esteja facilmente disponível para esses dispositivos em formatos digitais apropriados, para que os usuários não se sintam tentados a compartilhar arquivos ilegalmente, como fizeram com música; portanto, fornecer conteúdo a preços compatíveis com o valor daquilo que é oferecido e garantir que a indústria dê suporte a quaisquer dispositivos de leitura que venham a se tornar da escolha dos consumidores: "Essa é a questão fundamental para que as editoras possam navegar com o passar do tempo".

Não há necessidade de tentar acelerar as coisas. "Está-se colocando o carro na frente dos bois, e provavelmente irá fracassar, porque os consumidores virão quando têm de vir." Mas também a ideia não é desacelerar, já que "desacelerar artificialmente, não fornecendo o produto ou fixando preços insignificantes, é igualmente pernicioso aos nossos interesses, porque as pessoas encontrarão outras formas de obter os conteúdos". Contanto que a editora tenha criado um fluxo de trabalho que produza arquivos digitais, contanto que ela tenha criado um arquivo digital potente e insira nele conteúdo em formatos digitais adequados e contanto que ela mantenha seus preços e estruturas de descontos de forma que lhe permitam obter o benefício econômico da venda de uma edição digital ou de uma edição impressa, não há motivo para a editora se preocupar se as vendas de e-books se tornem 10% ou 20% ou até mesmo 50% de sua receita; ela não precisa se preocupar se as vendas de e-books canibalizam ou não as vendas de livros impressos (como, sem dúvida, até certo ponto, acontece); ela também não precisa se preocupar quanto à velocidade com que acontece a migração para e-books, se isso de fato acontecer. Em outras palavras, sob essas condições, a editora pode continuar cética quanto à possibilidade de o futuro ser digital: sua casa está em ordem e ela está preparada para quaisquer possíveis cenários futuros. Entretanto, na eventualidade de os e-books de fato deslancharem, a possibilidade dessas condições se manterem – em especial se as editoras conseguiriam manter um limite de preços e descontos face à forte pressão de varejistas poderosos como a Amazon – é, sem dúvida, outra questão.

Isso foi em março de 2009, e um ano se passou desde que ouvi importantes executivos de grandes editoras de Nova York enfatizando a necessidade de terem a coragem de manter suas convicções e o valor de seu conteúdo, conservando os preços nos níveis que acreditam que o seu conteúdo vale. Eu estava entrevistando o CEO de uma importante editora comercial norte-americana e mal havia me sentado quando ele começou a me contar o que lhe era mais importante:

A coisa mais importante que aconteceu desde que o Kindle surgiu foi a decisão da Amazon de fixar o preço desses livros em no máximo 9,99 dólares, e, em seguida, meus colegas covardes do setor foram nessa onda e reduziram drasticamente o custo de um e-book, em uma época em que nem mesmo os adiantamentos para o autor haviam caído, e não existe uma única editora em qualquer parte do país que consiga ignorar a receita gerada pela venda do livro em capa dura. As principais editoras aumentaram e diminuíram seus preços sem qualquer razão lógica compreensível. Ninguém foi pressionado pela Amazon. Eles haviam anunciado esse preço e ninguém sabia se iriam mantê-lo ou se era apenas um preço introdutório. E as outras editoras decidiram não fixar um valor para seus e-books que fosse drasticamente inferior; na maioria dos casos, era pelo menos 10 dólares inferior ao preço da capa dura.

Ele estava zangado. Estava triste. Ficou aborrecido com seus colegas de outras editoras. As editoras são boas no discurso quando se trata de dizer que têm coragem para se manter firmes quanto ao preço, mas, tão logo enfrentam um grande varejista que adota uma posição agressiva no mercado, elas sucumbem. "Isso me deixa maluco. É como se tudo o mais que tem levado as editoras a esbravejarem há anos, aquele modelo arcaico de distribuição que todos herdamos, esteja finalmente desaparecendo e elas dizem sabe o quê? 'Vamos pegar 5 ou 6 dólares e simplesmente nos confortarmos.' Não consigo compreender isso."

A confusão sobre a questão do preço continuou no decorrer de 2009. As editoras experimentaram diferentes maneiras de apreçamento e publicação de e-books – algumas estavam lançando e-books ao mesmo tempo e com o mesmo preço de catálogo da edição de capa dura e deixando que a Amazon descontasse como bem entendesse; outras retardaram os e-books, isto é, atrasavam o lançamento por cinco ou seis meses para tentar proteger as vendas em capa dura, e algumas faziam as duas coisas. Ao mesmo tempo, era crescente a preocupação entre as editoras em relação às consequências potencialmente prejudiciais da estratégia de estipulação de preços da Amazon. Suas preocupações aumentaram com a guerra de preços que irrompeu entre a Amazon, a Wal-Mart e a Target em outubro de 2009, quando os preços de alguns best-sellers caíram para menos de US$ 10.

A situação atingiu um ponto crucial no início de 2010. O novo ingrediente na mistura e que deu provas de ser um catalisador de mudanças foi a Apple. No final de 2009, a Apple começou a conversar com grandes editoras comerciais sobre a aquisição de conteúdo para iBooks – uma loja de e-books que ela estava desenvolvendo para o iPad e que planejava lançar em abril de 2010. Rapidamente ficou claro que a Apple preferiria usar um modelo de agenciamento – o mesmo modelo que usara para música – em vez do modelo de atacado ou de descontos, que era tradicional no comércio do livro físico. No modelo de agenciamento, a editora estabelece o preço e os varejistas atuam como agentes da editora, recebendo uma comissão – nesse caso, 30% – sobre as vendas. Em janeiro de 2010, John Sargent, CEO da Macmillan – grupo de companhias norte-americanas de propriedade da Holtzbrink – voou para Seattle para propor novas condições de comércio com a Amazon, as quais se baseariam no modelo de agenciamento. A Amazon rejeitou a proposta e retaliou, removendo os botões de compra de todos os livros da Macmillan, tanto das edições impressas quanto para o Kindle, no *site* da Amazon – exatamente o tipo de ação agressiva por parte da Amazon que várias editoras temiam havia muito. Durante um final de semana, no fim de janeiro de 2010, muitos da indústria editorial ficaram com os olhos fixados na tela de seus computadores, observando, estupefatos, o desenrolar de um dos primeiros grandes conflitos da nova era digital. Depois de vários dias de um impasse tenso, a Amazon recuou; com muita relutância, concordou em aceitar o modelo de agenciamento, o que significava que a Macmillan controlaria o preço de seus e-books, e seus títulos da frontlist não poderiam mais ser vendidos a US$ 9,99. A reputação da Amazon sofreu um duro golpe. "O que eles fizeram foi apavorante", comentou o CEO de uma grande editora, que observou de longe o desenrolar dos eventos, "e eles foram rapidamente humilhados, tendo de trazer os livros de volta. Até aquele ponto, eles estavam ganhando a batalha de RP com vários agentes, e então, quando os agentes realmente viram o tamanho da fera, não gostaram nem um pouco. Estrategicamente falando, foi uma manobra pífia da parte deles". Em contraste, foi uma manobra corajosa por parte da Macmillan nas novas guerras de preço que se iniciavam em relação aos livros eletrônicos, e logo ficou claro que outras grandes editoras comerciais adotariam a mesma estratégia. No verão de 2010, a Hachette, a HarperCollins, a Simon & Schuster e a Penguin haviam passado para o sistema de agenciamento. Das seis grandes, somente a Random House resistiu, mas, em março de 2011, ela também passou a adotar tal modelo.

Embora a adoção do sistema de agenciamento pelas seis grandes editoras comerciais possa ter evitado uma deterioração de preços ainda maior, é cedo demais para dizer se isso não é algo apenas temporário. Alguns críticos veem o modelo de agenciamento como um caso de estipulação de preços e afirmam que é uma violação das regras de concorrência e que ele está sendo examinado por investigadores das leis antitruste nos Estados Unidos, no Reino Unido e na Europa. Em junho de 2010, o Procurador-Geral do Texas,

Greg Abbott, iniciou uma investigação preliminar, e em agosto investigação semelhante foi anunciada pelo Procurador-Geral de Connecticut, Richard Blumenthal; tais investigações refletem averiguações semelhantes sobre as práticas comerciais da Apple que estão sendo conduzidas pela Federal Trade Commission [Comissão Federal de Comércio] e pelo Departamento de Justiça. No Reino Unido, o Office of Fair Trading [Departamento de Práticas Comerciais Justas] iniciou, em janeiro de 2011, uma investigação dos preços de e-books, e em março a Comissão Europeia começou a fazer incursões de surpresa em várias editoras suspeitas de fixar preços de e-books. A Amazon pode ter perdido sua batalha com a Macmillan e com as outras grandes editoras comerciais no início de 2010, mas há muitos nessa área comercial que não têm qualquer ilusão quanto à disposição da Amazon de reiniciar a luta. "Há uma percepção global de que há um movimento sísmico na indústria: o pessoal do conteúdo disse 'danem-se' e deu tudo certo para eles", comentou um CEO que havia passado pela transição do modelo de atacado para o de agenciamento, mas suspeitava que a batalha estava longe do fim. "É o primeiro *round*. É como uma luta de trinta *rounds* que vai durar dez anos. Não tenho como saber se o sistema de agenciamento continuará a funcionar. Tudo pode começar de novo."

Há muito mais em jogo nesse debate do que isso que, para um observador externo, pode parecer uma magnífica questão acerca de apreçamento comparativo. Porque uma das maiores ameaças com que deparam as indústrias criativas hoje é, como disse um perspicaz varejista, "a crescente mercantilização de conteúdo por quem não atua na área de conteúdo, o que está provocando uma queda do valor da propriedade intelectual". Quanto ao lado positivo, a liberação de conteúdo em formatos digitais poderia, pelo menos em princípio, permitir às indústrias criativas que eliminem ou reduzam algumas das antigas ineficiências associadas às cadeias tradicionais de suprimento; entretanto, ao mesmo tempo, isso traz o risco – que não é de forma alguma hipotético, como demonstra a indústria musical – de que o conteúdo se torne bucha de canhão para companhias de tecnologia grandes e poderosas, que utilizam conteúdo para impulsionar as vendas de seus dispositivos e serviços, desvalorizando assim a propriedade intelectual e sugando valor do processo de criação de conteúdo. Alguns, sem dúvida, se beneficiariam com isso; outros perderiam. Porém, seja lá como for que isso aconteça em termos de reconfiguração das indústrias criativas, é improvável que uma grande desvalorização da propriedade intelectual e uma constante redução do preço do conteúdo levem a um aumento geral da qualidade de conteúdo com o passar do tempo.

– 10 –

TURBULÊNCIA NO MERCADO

Até aqui, concentrei-me em uma análise da estrutura e da dinâmica do campo de publicações comerciais e no exame das consequências da revolução digital; em termos gerais, tentei me abster de expressar minha opinião de forma mais normativa ou avaliativa. Quero agora mudar o curso e oferecer uma reflexão mais crítica sobre o campo de publicações comerciais. Há aspectos desse campo que são particularmente turbulentos ou preocupantes? Considerando a maneira como esse campo se desenvolveu ao longo dos últimos trinta, quarenta anos, que aspectos são – ou deveriam ser – fonte de preocupação? E preocupação para quem – por que alguém deveria se preocupar? O que acontece na indústria editorial hoje importa, e se importa, por quê?

A QUESTÃO DO CURTO PRAZO

Tradicionalmente, editoras sempre foram um negócio de longo prazo. Uma boa editora tinha a ver com a aquisição de livros que resultassem em boas vendas por um longo período de tempo. Qualquer editora ficaria feliz em ter um livro com vendas excepcionais no primeiro ano de lançamento, mas os livros de valor especial eram aqueles que resultavam em boas vendas depois de um ano, ganhando uma longa e saudável vida na *backlist*. À medida que as publicações comerciais foram se tornando mais integradas verticalmente, a *backlist* se tornava cada vez mais importante como fonte de lucro e estabilidade para editoras comerciais. Algumas editoras que trabalhavam com capa dura não vendiam mais os direitos de brochura a preços promocionais: elas começaram a construir suas próprias *backlists*, lançando selos em brochura ou adquirindo editoras de brochura nas quais pudessem inserir seus livros. Algumas editoras de capa dura que haviam vendido direitos de brochura a preços promocionais começaram a reverter os contratos para que pudessem construir sua própria *backlist*, reeditando em brochura livros que haviam lançado originalmente em capa dura alguns anos (ou até mesmo algumas décadas) antes. Editoras de brochura, por sua vez, começaram a garantir suas fontes de suprimento lançando seus próprios selos de capa dura ou adquirindo editoras de capa dura para suprir suas linhas de brochura. À medida que as grandes corporações começaram a colonizar o campo de publicações comerciais, a partir dos anos 1960, muitas procuraram adquirir editoras com *backlists* longas e já estabelecidas, precisamente porque sabiam que lançamentos de *backlist* eram a forma mais rentável e menos arriscada de publicação.

Entretanto, desdobramentos no campo de publicações comerciais durante os anos 1980 e 1990 começaram a diminuir a ênfase tradicional em publicações da *backlist*. Três desdobramentos foram particularmente importantes. Primeiro, foi a revolução da capa dura: à medida que as redes varejistas abriam suas megastores e os revendedores começavam a oferecer descontos agressivos, e à medida que as grandes corporações editoriais começavam a aplicar técnicas de mercado de massa ao lançamento de capas duras, o volume de vendas que poderia ser atingido na edição inicial em capa dura cresceu exponencialmente. A fórmula financeira que havia escorado a indústria nos anos 1950 e 1960 começou a se reverter por completo: cada vez mais, o motor de crescimento da indústria eram as capas duras da *frontlist*, não as brochuras da *backlist*. No início da década de 2000, as vendas de brochura, sobretudo no formato para o mercado de massa, começaram a cair, minadas pelo declínio no diferencial de preço entre edições em capa dura e em brochura e pela grande oferta de belas edições em capa dura com grandes descontos.

O segundo desdobramento foi o crescente papel desempenhado por grandes corporações do mercado editorial com sua sede de crescimento. Toda empresa precisa crescer, mas as grandes companhias abertas precisam crescer mais do que as outras. Elas precisam manter felizes a bolsa de valores e seus acionistas; e a única maneira de fazê-lo é com o crescimento e a obtenção de bons níveis de lucratividade. As grandes corporações que adquiriram editoras na primeira onda de consolidação nas décadas de 1960 e 1970, sem dúvida, inflaram as expectativas dos níveis de crescimento e rentabilidade passíveis de serem atingidos no campo de publicações comerciais; muitas se salvaram quando perceberam que suas metas financeiras não seriam cumpridas e que outros benefícios que esperavam colher de suas aquisições, tais como sinergias criativas com outros setores de seus negócios de mídia, não estavam se concretizando. As corporações que se tornaram dominantes no campo durante a segunda onda de consolidação, pelo menos em alguns casos, tinham interesses maiores na indústria editorial, estavam mais envolvidas com os livros e eram mais realistas quanto aos níveis de crescimento e rentabilidade que poderiam ser obtidos no campo de publicações comerciais. Não obstante, elas esperavam ver crescimento e bons níveis de lucratividade – dois dígitos, se possível, com 10% de crescimento na receita bruta e lucros de 10% a 15% ou mais como meta típica. Trata-se de uma meta ambiciosa e difícil de atingir em uma indústria como a de publicações comerciais, que se caracteriza por um alto nível de acontecimentos fortuitos felizes e mercados maduros e eminentemente estáveis, crescendo pouco mais do que a taxa de inflação.

No decorrer das décadas de 1980 e 1990, as editoras comerciais de propriedade de grandes corporações ainda conseguiam atingir crescimento significativo, mas elas o faziam pela aquisição de outras companhias, fundindo-as com suas operações editoriais. Essa estratégia de crescimento por aquisição apresentou benefícios em vários níveis: contribuiu imediatamente para o crescimento da receita bruta da companhia; ofereceu a oportunidade de melhorar o resultado líquido, racionalizando operações administrativas e eliminando o excedente; aumentou a escala da companhia como um todo, melhorando assim sua participação no mercado e fortalecendo uma alavancagem nas negociações com outros protagonistas da área; e pôde também acrescentar diversidade editorial e prestígio, elevando o perfil da editora e tornando-a mais atraente para autores e agentes. Entretanto, serviu também para esconder o fato subjacente de que obter 10% de crescimento em um mercado estável seria difícil, se não impossível, de atingir somente por meio de crescimento orgânico. "As corporações compram coisas por muito mais do que valem para esconder o fato de que não há crescimento", comentou um editor sênior que havia trabalhado para várias importantes corporações e observava de perto o comportamento delas. Geralmente, elas acabam tendo de considerar algum investimento como perda. Além disso, conforme as oportunidades de crescimento por meio de aquisições diminuem com o tempo, simplesmente porque sobram cada vez menos editoras para comprar, o enigma do crescimento que está no âmago de cada corporação editorial torna-se mais e mais aparente. Elas são forçadas a fazer mais apostas de alto risco em grandes livros, na esperança de que alguns deles se transformem em best-sellers e deem uma excepcional contribuição ao crescimento, enquanto, ao mesmo tempo, estão sempre à procura de medidas de redução de custos que possam permitir que preservem ou aumentem o resultado líquido se a receita bruta continuar relativamente estagnada.

É essa pressão, apoiada no enigma do crescimento que toda grande corporação enfrenta no campo de publicações comerciais, que hoje leva inexoravelmente à questão do curto prazo na indústria editorial. Dentro das grandes corporações que ocupam o centro do setor, torna-se cada vez mais difícil lançar livros a longo prazo, adotar estratégias de aquisição visando a construir uma *backlist* com o passar do tempo, exatamente porque o imperativo dominante é cumprir as metas do orçamento para o exercício corrente e preencher sem falta o vão que todo ano se abre entre as vendas que provavelmente serão obtidas com a produção atual da companhia e as vendas que os patrões corporativos esperam que sejam obtidas. "É uma pressão implacável, e depois se começa do zero, tudo novamente", como disse um ex-CEO. Dessa forma, investe-se muito esforço – sobretudo por parte da gerência de nível intermediário e também por parte dos editores – na tentativa de encontrar livros importantes que trarão um impacto financeiro imediato. Lançamentos de oportunidade são, por sua própria natureza, um caso de curto prazo: trata-se de lançar obras rapidamente a fim de produzir efeito imediato. Isso não impede as grandes corporações editoriais de correrem riscos com autores novos ou até mesmo de aceitarem contratar a publicação de algumas obras que eles sabem, ou acreditam muito, que são obras pequenas – muitos continuam a fazê-lo por uma série de razões, conforme já vimos. Lançamentos de oportunidade podem caminhar lado a lado – e, de fato, o fazem – com o desenvolvimento de um portfólio variado de livros; mas a implacável pressão do orçamento inevitavelmente produz uma mudança gradual de prioridades dentro das grandes corporações, forçando publishers e editores a dedicarem cada vez mais suas energias e recursos a livros importantes que possam trazer um impacto imediato, e prestarem cada vez menos atenção em obras que poderiam se estabelecer lentamente no decorrer do tempo.

Será que a questão do curto prazo necessariamente leva a lançamentos de má qualidade? Não necessariamente. O CEO da Olympic (objeto de discussão no capítulo 6) tinha muita razão ao dizer que, algumas vezes, obras lançadas rapidamente acabam sendo melhores e mais bem-sucedidas porque estão mais próximas do mercado quando são compradas. Todavia, não há dúvida de que a mentalidade de curto prazo leva a uma abundância de lançamentos de qualidade inferior. Não é necessário ser um esnobe cultural para perceber que um bom número de livros feitos às pressas, muitas vezes "autobiografias" – produzidas por *ghost-writers* – de celebridades, ou livros de fofoca, com muitas imagens, como no caso de *Confessions of an Heiress* [Confissões de uma herdeira], de Paris Hilton, e publicados rapidamente na esperança de que ajudem a preencher um vão no orçamento, não são livros que acrescentam muito ao bem-estar cultural (ou até mesmo, nesse sentido, ao entretenimento) da humanidade. Muitos também fracassam em termos financeiros, quando editoras cada vez mais desesperadas se veem competindo com outras que se encontram no mesmo barco e pagam acima do preço combinado por livros cujo principal objetivo é tapar buraco. Elas podem despachar grandes quantidades de exemplares para registrar as vendas antes do final do exercício financeiro, para, no final, acabarem inundadas com altas taxas de devolução meses mais tarde. E o estresse vivenciado por aqueles que têm de administrar esse processo é palpável. Como um ex-CEO de uma grande corporação disse, "a agonia e o êxtase de um publisher começam com grandes devoluções na primeira parte do ano, vendas decepcionantes e datas de lançamentos adiadas, e depois o absoluto terror, quando contempla o resultado financeiro baseado no que se sabe até aquele momento".

O problema não é apenas o fato de que as exigências financeiras das grandes corporações acentuam a ênfase em livros importantes, para os quais questões de qualidade são secundárias em relação ao seu impacto financeiro imediato: é também o fato de que o modelo em si é insustentável a longo prazo. Contanto que as grandes corporações consigam adquirir outras companhias e integrá-las em suas operações editoriais, elas podem ocultar quanto sua capacidade de satisfazer as metas de crescimento depende do crescimento e das economias de escala que têm conseguido obter por meio de fusões e aquisições; quando não conseguem mais fazer aquisições, as limitações do modelo são vivenciadas com maior intensidade. Os ganhos obtidos com aquisições podem se estender por vários anos e, combinados com o best-seller ocasional, as editoras podem se proteger com muita efi-cácia das tensões inerentes ao enigma do crescimento; mas não podem se proteger para sempre. Em última análise, a sorte acabará, e quando não se pode recorrer a outras economias de escala obtidas por meio de fusões e aquisições, é preciso começar a cortar até o talo. "Quando os best-sellers espetaculares acabam e não se tem mais onde economizar em custos sem mudar a natureza do negócio e a companhia em que se está, então, num mercado estável, chega-se a um limite em algum ponto", explicou o ex-CEO. Esse ponto pode ser aquele em que um CEO ou executivo de alto escalão é demitido e substituído por outro, que pode, com alguma reorganização estrutural, conseguir reduzir despesas operacionais e extrair mais economias da empresa, melhorando assim o resultado líquido. Porém, o alívio provavelmente será apenas temporário. O problema não foi resolvido; foi apenas adiado. Tudo indica que ele ressurgirá dentro de poucos anos, porque está assentado numa contradição que está no âmago da editora corporativa – ou seja, a expectativa de um crescimento substancial em um mercado muito estável.

Então, qual é a solução? Existe alguma? Há algumas figuras importantes nas grandes editoras que acreditam que os CEOs deveriam simplesmente dizer aos patrões corporativos que suas metas de crescimento não são realistas. Eles deveriam explicar que, quando as coisas estão indo bem, podem aumentar a receita bruta em 2% a 3% e podem melhorar o resultado líquido em 4%, mas esperar algo mais do que isso em um mercado estável simplesmente não é realista. Será que as explicações deles caem em ouvidos moucos? Talvez. Depende de que corporação se trata, se é aberta ou fechada e de que outros tipos de pressão ela pode estar enfrentando em determinado momento. "Eu não diria que eles estivessem se fazendo de desentendidos", disse o ex-CEO. "Mas quando se tem um portfólio de negócios, todos eles enfrentando a mesma questão, o que fazer? Aumenta-se a pressão – essa é a resposta clássica das matrizes corporativas. Aumenta-se a pressão e vê quem reage melhor. Aqueles que reagem melhor recebem um pouco mais de reinvestimentos, e aqueles que não são deixados à míngua e vendidos." Há grande quantidade daqueles que trabalham nas grandes editoras que sentem que, no fim das contas, essa poderia ser uma opção melhor. "É melhor dizer: 'Ei, sabe de uma coisa? Então, venda-nos, livre-se de nós'", disse um publisher sênior. Propriedade corporativa tem suas vantagens, mas, quando ela força editoras a se envolverem em atividades ligadas principalmente à satisfação de metas de crescimento não realistas e a curto prazo, em vez de contribuir para a prosperidade a longo prazo da editora e de seu programa, então o preço a ser pago por essas vantagens pode ser alto demais.

A questão do curto prazo na indústria não se deve exclusivamente à pressão financeira produzida por metas irrealistas de crescimento das grandes corporações; ela provém de outras fontes também, inclusive da pressão financeira produzida pelas grandes redes varejistas, cuja necessidade de giro de estoque é muito mais alta do que a das livrarias independentes tradicionais e provém do aumento progressivo de adiantamentos orquestrados por agentes que, apesar de suas promessas de lealdade aos clientes, estão presos no mesmo sistema de conflito e compensação, um sistema que produziu uma revolução de expectativas crescentes, contra o qual ninguém que atua na área – nem mesmo as editoras independentes pequenas e de médio porte – ficou completamente blindado. Para aqueles autores que, graças a uma mistura de talento, boas relações e sorte, colheram as recompensas desse sistema, há muito o que elogiar: os adiantamentos são maiores do que jamais foram, os livros estão disponíveis em mais pontos de venda no varejo e em um maior número de cidades do que jamais estiveram, e, com uma boa estratégia de marketing e uma força de vendas grande e potente atrás do livro, as vendas podem alcançar níveis sem precedentes. Esses, entretanto, são uns poucos afortunados. Para a vasta maioria de escritores ou aspirantes, esse sistema parece uma fera alienígena que se comporta de maneira imprevisível e irregular, algumas vezes buscando-os com um sorriso caloroso e um punhado de dinheiro, convidando-os a ingressar no grupo e acreditando na perspectiva de um futuro de riqueza e fama, e depois, subitamente, sem muito aviso ou explicação, retrocedendo, recusando-se a responder-lhes ou talvez cortando de vez a comunicação. Esse é um sistema orientado para a maximização de retornos em prazos razoavelmente curtos; ele não é projetado para cultivar carreiras literárias por toda uma existência. Editoras ponderadas, que entraram no negócio antes que essas características se tornassem tão pronunciadas, preocupam-se com as implicações dessa revolução nas crescentes expectativas diante do futuro da cultura literária: "O que me mantém acordado durante a noite é uma preocupação: como vamos encontrar a próxima geração de autores que podemos construir com o tempo para criar carreiras? Tivemos sorte no sentido de que conseguimos construir as carreiras de dez ou doze escritores realmente muito bons, cujas obras continuamos a lançar, e isso é maravilhoso, mas é com o futuro que precisamos estar conectados."

CARREIRAS PREJUDICADAS

O mundo do escritor não é o mesmo das editoras, agentes e livreiros. Esses dois mundos colidem um com o outro, mas precisam e dependem um do outro; entretanto, a área em que se sobrepõem é pequena e geralmente restrita a interações ritualizadas que ocorrem ao longo das fronteiras. Muitos escritores – há exceções, sem dúvida – sabem muito pouco sobre o mercado editorial e as estruturas do setor do qual suas carreiras como escritores dependem: para eles, trata-se de outro mundo, localizado em algum outro lugar – um lugar muito misterioso no que diz respeito à maneira como funciona, um objeto de admiração, desalento ou simplesmente incompreensão, dependendo da sua experiência. Embora o mercado editorial esteja aparentemente associado a autores tanto quanto a livros, na verdade muitos autores ficam bem à margem desse campo, se não completamente fora dele. Seu contato com o mundo editorial é, em grande parte, mediado pelo seu agente (ou agentes se, como ocorre com muitos autores, tiverem mais de um), e normalmente eles confiam muito nos conhecimentos e conselhos do agente para navegar por esse universo. O universo do escritor é, acima de tudo, o universo de escritores. Aqueles que muitos escritores pensam serem seus amigos e colegas costumam ser outros escritores – estas são as pessoas e as redes que lhes importam. É óbvio que também lhes importa o que seus agentes pensam, o que seus editores pensam e o que seus leitores pensam, mas, para muitos escritores, o que mais importa é o que os outros escritores pensam. "Estou tendo uma conversa com outros escritores", explicou um jovem autor do Brooklyn. "Da mesma forma que escrever um livro é uma oferta a um leitor, é também uma contribuição para uma conversa que está ocorrendo entre escritores, e quero me sentir como se fosse íntimo desses escritores, de escritores que admiro, que estão conversando de forma inteligente e sedutora à mesa. Quero contribuir com eles de forma significativa e inspiradora."

É com a finalidade de contribuir com essa conversa com outros escritores – ou, de fato, com leitores – que muitos escritores se veem às voltas com o mercado editorial; eles precisam desse mundo e dos que nele atuam para fazer o que querem fazer, que, na maioria das vezes, é escrever. A maioria dos escritores, aspirantes a escritores ou a alguma outra atividade afim não escreve em período integral: escrever pode ser sua vocação, sua paixão, mas raramente é – exceto numa proporção muito pequena de casos – seu principal meio de sobrevivência. Porém, se desejam construir uma carreira como escritores, eles sabem que precisarão da ajuda daqueles cujo trabalho é comprar e vender a palavra escrita. Isso não significa que eles vejam o que estão fazendo como escrever *para* agentes ou editores – na maioria dos casos isso não ocorre ("Não escrevi meu primeiro livro para eles e estou determinado a nunca escrever um livro para eles no futuro; portanto, eles têm de estar do outro lado do rio", disse o jovem escritor do Brooklyn);

eles simplesmente percebem logo em sua carreira que precisam de agentes e editores para que possam ir atrás de seus próprios objetivos. É uma relação de dependência mútua mais do que uma convergência de interesses.

Cada escritor tem sua própria história de como deparou com o mundo editorial e o que lhe aconteceu quando tentou seguir sua vocação. Algumas dessas histórias são felizes – jovens aspirantes a escritores que são arrancados da obscuridade de um MFA (mestrado em artes plásticas) ou um programa de MA (mestrado em artes) por um agente que os visita e, miraculosamente, garante um acordo com uma grande editora comercial, envolvendo uma impressionante quantia de dinheiro ("Era totalmente irreal – muito mais dinheiro do que eu jamais havia pensado que alguém algum dia pudesse me dar em toda a minha vida; era como se eu estivesse em outro planeta"); ou escritores que haviam tido a sorte de encontrar um agente logo no início, que lhes deu bons conselhos e ajudou a colocar seus livros nas mãos de editores competentes com os quais eles vêm mantendo relações duradouras e cordiais, permitindo-lhes que prossigam, com relativamente poucos traumas, em sua ambição de escrever (e até mesmo, em um número relativamente pequeno de casos, de viver da escrita). Entretanto, para cada história feliz como essa, há inúmeras histórias de frustração, desapontamento e desespero, conforme os escritores se veem lançados para lá e para cá no mundo editorial, como se fossem um pequeno barco num mar tempestuoso, sem qualquer noção de para onde estão indo e sem a certeza de alcançar a terra.

De maneira breve, sigamos a história de uma escritora. Joanne começou a escrever tarde – ela possuía uma bem-sucedida carreira como professora universitária antes de decidir – depois dos 40 – abandonar a vida acadêmica e dedicar-se a escrever ficção. Havia escrito um romance em seu tempo livre; achou que tinha talento para isso e chegou à conclusão de que queria mais. Amigos aconselharam-na a contratar um agente e lhe indicaram vários contatos. Joanne enviou seu livro a três; todos responderam positivamente e disseram que queriam representá-la; ela escolheu trabalhar com uma agente. Joanne não sabia praticamente nada sobre o mundo editorial. Esperava que sua agente vendesse seu livro ("Eu não percebi que havia alguma coisa mais") e não tinha qualquer noção sobre que editora seria uma boa casa para seu livro. Ela precisava de uma agente para poder publicar seu livro e sentiu-se feliz em deixar tudo nas mãos daquela que escolheu. Como ficou comprovado, sua agente tinha boas conexões na área, e em questão de dias havia alinhavado um bom acordo com uma grande editora comercial em Nova York. Joanne estava jantando em um restaurante quando sua agente ligou. "'Veja bem' ela me disse, 'ele ofereceu certa quantia de dinheiro', o que me pareceu uma quantia surpreendente, 'mas quero que ele dobre essa oferta. Por isso, vou recusá-la em seu nome. Tudo bem?'. E pensei, puxa, que seja! Então eu disse: 'Tudo bem, vá em frente; você é quem sabe – não sei nada a respeito disso tudo'. Eu me senti entusiasmada, animada e um pouco atônita." A editora dobrou o adiantamento, o livro foi vendido em Nova York e a agente usou esse acordo para garantir outro com uma importante editora de Londres. Quando sua agente perguntou a ela se gostaria de incluir alguma cláusula específica no contrato, ela pensou por um segundo e disse: "Sim, eu gostaria que houvesse uma cláusula dizendo que não quero fazer turnês muito longas para divulgação do livro". Uma neófita completa, a maior preocupação de Joanne era a possibilidade de ficar exausta com toda a atenção que receberia quando se tornasse a autora de uma obra publicada. Mal sabia ela.

Joanne imaginava seu primeiro livro como sua obra única, mas seus editores de ambos os lados do Atlântico instigaram-na a tratá-lo como o primeiro de uma série. "Crime é algo que se constrói lentamente", disseram eles. "A melhor maneira de ser notada é criar uma série, para que as pessoas possam se prender nas personagens centrais. Portanto, você pode escrever outro da mesma série?" E eu disse: "Claro!". Porém, fora isso, ninguém jamais a aconselhou sobre como continuar a série, como construir a personagem ou mesmo com que frequência publicar um novo livro – nada, nenhuma palavra, nem de seus editores nem de sua agente. Ela foi abandonada à própria sorte. O primeiro livro foi publicado em capa dura, seguido de uma brochura para o mercado de massa; depois o segundo, depois o terceiro. O *feedback* era mínimo ("As vendas vão bem, mas esperamos que aumentem"), mas tudo parecia estar caminhando tranquilamente. Afinal de contas, o que Joanne sabia? Sua agente parecia satisfeita, seus editores pareciam contentes e Joanne estava fazendo o que queria fazer; mas, então, por volta de 2001, justamente quando Joanne estava terminando seu quinto livro, as coisas começaram a ruir. É assim que ela conta a história:

> Uma autora mais jovem foi contratada [pela minha editora de Londres], e eu a conheci. Alguma coisa aconteceu, e eu percebi que ela tinha um orçamento de marketing relativamente grande. Então, eu perguntei à minha editora: "Qual é o meu orçamento de marketing?", e ela ficou um pouco desconcertada; aí eu disse "O que houve?", e ela disse "Bem, talvez seja melhor você conversar com o diretor de marketing". Telefonei para ele, que me disse "Seu orçamento de marketing é zero". Eles haviam adotado a política de colocar todo o orçamento de marketing nos quatro ou cinco principais best-sellers e retirar integralmente o orçamento de

todos os outros. Não era exatamente zero, porque ainda enviavam exemplares para resenhistas e coisas assim, mas, exceto isso, não havia nada. Fiquei muito chocada e alarmada.

Joanne conversou com sua agente e disse-lhe que estava descontente com isso. Será que ela poderia fazer alguma coisa? Mas sua agente se mostrou "um tanto quanto fatalista a respeito de tudo: 'Bem, é assim mesmo que as coisas caminham'". Joanne pressionou: "Mas não há nada que você possa fazer? Não pode intervir de alguma maneira?" "Bem, hmmm", respondeu a agente. Joanne continuou a demonstrar sua insatisfação com a editora e, no fim das contas, o diretor de marketing a convidou para almoçar. Ele era novo na empresa, gostou de Joanne e, por alguma razão, tomou a liberdade de dar a ela alguns conselhos de amigo:

"Você tem cinco livros conosco", disse ele, "são bons livros, estão melhorando e estamos realmente felizes por tê-los aqui. Mas você não chegará a lugar algum enquanto não tiver uma editora diferente. A sua editora é desinteressada demais; você precisa de alguém como [X], que está mais no centro das coisas". E ele me disse uma coisa que eu não sabia – que minha editora nem mesmo representava meus livros nas reuniões de marketing. Era [X] quem os representava, e [X] podia não os ter lido, porque [X] tinha seus próprios autores. Pela primeira vez, percebi que eu não tinha uma editora [na empresa editorial] que se colocasse na retaguarda de meus livros e os divulgasse. E depois ele disse: "Você também precisa de uma nova agente. Sua agente é boa para conseguir bons preços para os livros, mas nós nunca a vemos aqui, nunca a vemos". Nessa época, ele já estava no cargo havia um ano e meio e disse que, no seu primeiro mês na editora, havia cerca de vinte agentes trabalhando com ele; disse que eles fazem isso sutilmente, sabe, dão um jeito de aparecer algum dia na porta de seu escritório e dizem: "Olá, bem-vindo ao novo cargo; como vai?". Só um bate-papo superficial. E ele disse: "Estou aqui há um ano e meio e nunca troquei nenhuma palavra com sua agente". "Isso é importante", disse ele, "porque os agentes precisam fazer constante divulgação para que seu livro tenha verba de marketing." E foi então que percebi que a mulher mais jovem – que tinha alguma verba de marketing, ao passo que eu não o tinha –, uma das pessoas que me fez perceber que eu estava decadente ali, tinha uma agente muito agressiva e que estava lá o tempo todo.

De repente tudo fez sentido, mas era tarde demais. Dez anos haviam se passado, cinco livros haviam sido escritos, oportunidades foram perdidas – e jamais seriam recuperadas. O diretor de marketing, novo no setor e cometendo uma indiscrição, havia dito a Joanne algo sobre a carreira de um escritor que ninguém, nem sua editora nem sua agente, tivera a coragem ou o atrevimento de dizer-lhes antes. "Eu só gostaria de ter tido essa informação dez anos antes."

Joanne foi se encontrar com sua agente e foi mais agressiva: "'Veja bem', eu disse a ela, 'eu realmente preciso de você lá lutando por mim; é de fato muito importante'. E ela disse: 'Sou uma agente à moda antiga; não faço esse tipo de coisa'. Aí me senti abandonada, como se minha agente não estivesse lá para me ajudar e a editora não estivesse fazendo o que devia pelos meus livros." Joanne chegou à conclusão de que não poderia continuar com essa agente. Percebeu que precisava melhorar suas condições no jogo; precisava de uma agente que se envolvesse mais na carreira dela, que pudesse aconselhá-la e defendê-la nas editoras. Então, ela marcou encontros com várias outras agentes que amigos escritores lhe haviam recomendado. Decidiu-se por uma agente bem conhecida no setor – "muito, muito boa" – com base no fato de que a reputação dela lhe daria o tipo de influência nas editoras que faltava a sua agente anterior.

A essa altura, Joanne havia terminado seu sexto romance. Sua nova agente o havia lido, ficara entusiasmada com ele, dera a Joanne algum *feedback* útil e o havia mandado à editora, que escreveu imediatamente de volta, dizendo que havia achado o livro maravilhoso, mas depois as coisas ficaram silenciosas. No fim das contas, sua agente entrou em contato com a editora, que respondeu que, embora tivesse adorado o livro, "o pessoal do marketing não estava muito entusiasmado e que não iriam aceitá-lo. Isso foi realmente uma surpresa – um choque, na verdade. Mas minha agente disse: 'Não se preocupe, não fique deprimida; é um grande livro e, de qualquer forma, eles não estavam lhe dando respaldo suficiente. Vamos encontrar uma editora melhor para ele'". Joanne continuou:

Depois, não tive notícias dela durante treze meses, o que era realmente estranho. Deixei isso pra lá por um tempo, porque eu sabia que o Natal estava chegando e conseguir as coisas nessa época do ano é complicado. Portanto, durante um tempo, não criei confusão. Mas, depois, comecei a bombardeá-la com cartas e e-mails e ligações à recepção, mas ela simplesmente me apagou; foi a coisa mais absurda. No total, passaram-se treze meses sem que ela entrasse em contato comigo, dissesse a mim o que havia acontecido com o livro – nada. Finalmente, tive de ir à Society of Authors [Associação dos Escritores] porque eu achava que não poderia procurar outra agente enquanto não soubesse para que editoras ela já havia enviado o livro e que resposta elas teriam dado; e ela não me respondia. Procurei, então, os advogados da Society of Authors e disse-lhes: "Vejam bem, estou com esse grande problema com minha agente"; eles enviaram uma carta a ela. Passou-se um mês, e ela ainda não havia respondido. Voltei à Society e disse-lhes: "Há algo mais que vocês possam fazer?". Eles iam fazer algo muito ameaçador e, finalmente, recebi uma mensagem da agente, com três sentenças dizendo: "Prezada Joanne, enviei seu livro para..." e indicou os nomes de cerca de seis editoras. "Todas gostaram do livro, mas os tempos estão difíceis. Se quiser conversar comigo a respeito disso, apareça." Foi isso aí. Nenhum pedido de desculpas. Eu me senti completamente *blaaaaah*, completamente *blaaaah*. Foi horrível.

A essa altura, a carreira de Joanne corria perigo. Ela havia publicado cinco romances bem recebidos, havia até mesmo ganhado prêmios, mas nenhum deles havia dado motivos para convencer sua editora de que era o tipo de livro que mereceria um empurrão e boa publicidade. Seu sexto livro havia sido lançado por uma grande casa editorial de Nova York, mas havia sido rejeitado pela editora de seus livros anteriores em Londres, e então a editora de Nova York telefonou para dizer-lhe que estava deixando a empresa. Agora ela estava sem agente, sem editora e chegando aos 60 – uma órfã literária de meia-idade. Pergunto-lhe como se sente em relação a sua carreira. "Na verdade, acho difícil pensar nisso. Sinto-me inconformada. Sinto-me muito só e meio paralisada pelo que aconteceu. Estou escrevendo meu sétimo livro muito, muito devagar. É um bom livro, um ótimo livro; acredito muito nele, mas não o mostrei para nenhum agente, porque sei que os agentes estão descartando as pessoas feito malucos, e não quero ser rejeitada por um agente agora." Ela é escritora há quase vinte anos e não tem, literalmente, a menor ideia de quem irá publicar seu próximo livro – ou se, de fato, ele será publicado.

Olhando em retrospecto, Joanne agora percebe que foi terrivelmente ingênua. "Eu tinha noções completamente irrealistas sobre o que significava ser uma autora. Eu achava que, quando se escreve um bom livro, sua editora irá transformá-lo em um sucesso, irá apoiá-lo em coisas como divulgação, irá colocar cartazes no metrô e querer que você faça uma turnê por dez cidades, considerando que, na realidade, seu livro chega lá; se tiver sorte, eles preparam uma pequena festa para você e depois algumas pessoas dizem 'gostei do seu livro', e é isso aí." Durante a maior parte de sua carreira como escritora, Joanne não tinha a menor ideia do que aqueles que poderiam fazer da sua carreira um sucesso ou um fracasso esperavam dela. Ela recebeu pouquíssimos conselhos, seja de suas agentes, seja de seus editores, e a única pessoa que lhe deu algum *insight* real sobre os mecanismos da indústria editorial foi um gerente de marketing novo na área, que se dispôs a ajudá-la. Agora, porém, provavelmente é tarde demais. Ela percebeu que se trata de uma indústria que espera que as coisas aconteçam rapidamente, uma indústria que é faminta por algo novo e que não tem muita paciência com aquele que considera um autor já estabelecido na lista intermediária. "Se existe um platô, ele não é bom o suficiente. Então, o fato de que pode haver 5 mil ou 8 mil pessoas lá fora que sempre irão comprar seu livro é irrelevante. Para as editoras, essas pessoas bem que poderiam parar de aborrecer e sumir. Depois de cinco livros, se você não subiu, está fora." Pergunto a ela se tem alguma ideia do que significa "subir", que tipo de vendas seus livros teriam de atingir para ela contar com apoio. "Não, ninguém jamais me disse isso. Não tenho ideia do que possa ser." "Então, você está totalmente no escuro quanto a isso?" "Sim, totalmente."

Joanne está decepcionada, mas não amargurada. A maneira como foi tratada por algumas de suas agentes e editoras foi indesculpavelmente mes-quinha, e ela tinha todo o direito de se sentir magoada, mas admite parte da culpa pelo impasse em que se encontra. Acha que foi ingênua demais quanto à indústria editorial, quando começou. Se soubesse naquela época o que sabe agora, não teria contado com suas agentes e editoras para lhe dar conselhos sensatos nem teria interpretado o encorajamento delas como um sinal de compromisso ou suporte a longo prazo; teria assumido para si a tarefa de descobrir o que precisava fazer para tentar garantir o sucesso de sua carreira e teria sido muito mais assertiva, dizendo à sua agente o que gostaria que ela fizesse e gastando mais tempo em conversas com o pessoal das editoras – dos editores ao pessoal do marketing, só para tê-los do seu lado; falaria de si mesma com mais entusiasmo e frequência, algo que, pessoalmente, teria achado difícil, mas que agora acredita ser essencial, "porque as editoras estão terrivelmente inseguras quanto ao que é bom e ao que não é, quanto ao que será um sucesso e o que não será, e elas precisam ouvir coisas positivas". Acima de tudo, ela teria sido muito mais ambiciosa logo de início. Não teria adotado a noção de que poderia trabalhar devagar e com constância para tentar construir uma carreira como escritora, escrevendo livros cada vez melhores, mas teria dado a si mesma dez anos no máximo para torná-la grande, "porque se até esse momento você não conseguiu, as pessoas irão querer derrubá-la". Ela não culpa as suas editoras; compreende que elas estão sujeitas a pressões semelhantes; "Ou agem rapidamente ou não agem, e grande parte do tempo elas estão no escuro em relação ao que está acontecendo tanto quanto os autores". Porém, ela se ressente do fato de que as grandes companhias editoriais se tornaram tão impacientes, tão preocupadas com números de vendas, que estão querendo se livrar de autores nos quais investiram muito simplesmente porque seus livros, por melhores que sejam, não estão mostrando as curvas ascendentes que elas querem ver. "Sinto a perda de uma ética editorial, em que os editores assumiam um compromisso com os autores que acreditavam ter potencial, mantinham-se fiéis a eles e desenvolviam um conjunto de obras literárias, em vez de produzir best-sellers em série. O que sinto, de uma forma estranha, é uma espécie de nostalgia por algo que nunca vivi."

O único consolo para Joanne é que ela tem muitos amigos escritores e passa muito tempo com eles – na verdade, como muitos escritores, ela ganha a vida não com os seus romances, mas dando aulas a aspirantes a escritores em tempo parcial. Ela se tornou parte de uma comunidade de escritores que tem suas próprias formas de vida social e de amparo, desde redes informais de amigos até encontros e convenções. É uma comunidade unida por um interesse comum em escrever e por formas de amizade e lealdade que são mais profundas e mais importantes para muitos escritores do que as relações que têm com agentes e editores. ("Seus pares escritores se tornam seus amigos e não irão abandoná-la quando você não publicar.") A comunidade de escritores é um universo à parte; ela interage com o mundo editorial, mas essa interseção é carregada de tensão, proveniente do fato de que os interesses dos escritores nem sempre coincidem com os interesses dos agentes e editores, um ponto muito bem ilustrado por uma piada, recontada por Joanne, a qual foi contada por um conhecido escritor ao fazer um discurso após um jantar em uma convenção de escritores:

"Cá estamos", disse o escritor que estava fazendo o discurso, "uma nova reunião da indústria editorial, da indústria da escrita, da indústria do livro. Isso não é maravilhoso? Posso ver todos vocês aí", disse ele, olhando para as pessoas sentadas em suas mesas no salão. "Posso ver os escritores tentando parecer *razoavelmente* antenados, como se não estivessem na fila para o pãozinho gratuito, que é, com certeza, onde eles estão. E cá estão também os publishers – vestidos informalmente, é claro, porque não querem que ninguém saiba que estão indo muito bem. E os agentes", disse ele, fazendo uma pequena pausa ao olhar para a sala novamente, "bem, não estamos vendo muitos agentes, apenas uma barbatana aqui e ali cortando a água".

Sem dúvida, a história de Joanne é singular, como é a história de cada um, mas a trajetória de sua carreira, não. Na verdade, ela é absolutamente comum. Muitos escritores acham que essa não é uma indústria que reage de forma especial às suas necessidades e que busca cultivar sua carreira no decorrer dos anos; pelo contrário, acham que se trata de uma indústria disposta a aceitá-los quando eles ainda são inexperientes e desconhecidos, talvez até mesmo disposta a agradá-los com adiantamentos generosos, muito além do que qualquer coisa que eles jamais imaginaram, mas rápida em descartá-los se, depois de vários livros (talvez até antes), as vendas não chegarem a níveis suficientemente altos – embora o que esses níveis, de fato, representam continue, para muitos escritores, um grande mistério, como se fosse algum segredo comercial guardado a sete chaves. Muitos deles se veem lutando para sair do que se torna, na prática, um círculo vicioso descendente: números de vendas decepcionantes significam que as editoras oferecem menos em termos de adiantamento e fornecem pouco ou nenhum suporte em termos de gastos com marketing, e também significam que as redes de vendas de livros encomendam estoques menores e deixam o livro menos visível nas livrarias – tudo isso aumenta a probabilidade de que as vendas do próximo livro sejam ainda mais decepcionantes. E assim a espiral descendente continua, até que alguém toma alguma providência para tentar interrompê-la – a editora recusa o livro seguinte, ou o agente resolve que a carreira desse escritor não levará a lugar algum, ou o escritor chega à conclusão de que precisa de um novo agente, ou de uma nova editora, ou de ambos.

Não surpreende o fato de que muitos escritores cheguem a sentir que se tornaram prisioneiros de sua "trajetória". "Totalmente", disse uma escritora do Brooklyn, quando lhe perguntei se ela se sentia refém de seu histórico de vendas. "Na verdade, sinto vontade de enviar um cartão de Natal com o fantasma dos Natais passados, arrastando correntes atrás de si com a legenda: 'Estou usando os números de vendas que produzi em vida'. É dessa maneira que me sinto em relação à minha trajetória." Como muitos escritores, sua carreira subiu e caiu no decorrer do tempo. Ela havia publicado quatorze livros por selos importantes, havia tido vendas estáveis e um ou dois modestos sucessos, mas nada de espetacular; vivia com a esperança de ter um livro best-seller, o que nunca aconteceu. Agora, aos 60 anos, sua agente não conseguia vender seu último livro. "Minha agente o enviou a 22 editoras, e houve quatro ou cinco que disseram que realmente gostaram muito do livro e queriam publicá-lo; mas examinaram meus números de vendas e disseram não." É difícil para ela não se sentir desanimada nesse ponto de sua carreira. "Comecei como uma escritora respeitada por outros escritores, por editoras, e agora sou refém dos meus números de vendas. Como se pode imaginar, é bem penoso. Sinto-me como se tivesse caído em uma armadilha. Acho que é assim que a maioria de meus amigos escritores se sentem também – aprisionados por esses números."

Então, o que faz um escritor quando sua carreira chega a esse ponto? Que opções lhe restam? É claro que ele poderia mudar de editora, desistir das grandes e se mudar para a periferia do campo, onde poderia encontrar uma editora pequena, menos preocupada com números de vendas e disposta a aceitá-lo. Muitos fazem exatamente isso. As pequenas editoras independentes têm muitos escritores refugiados das grandes casas editoriais corporativas, e eles estão felizes por terem encontrado uma editora que, segundo eles, leva a sério o que escrevem e está disposta a defendê-los e a publicar seu trabalho, mesmo que as vendas sejam modestas. Entretanto, alguns acham que seus agentes os desencorajam a tomar uma atitude desse tipo, dizendo que isso poderia parecer um retrocesso, "como se sua carreira estivesse regredindo ou coisa parecida", como observou um autor. E, de fato, sejam eles desencorajados ou não por seus agentes, alguns escritores acham que um passo nessa direção seria uma admissão pública de fracasso.

A outra medida – mais radical e talvez mais difícil em nível pessoal e emocional – é adotar outro nome. Não é incomum agentes recomendarem essa estratégia, como vimos no capítulo 2, mas também é cada vez mais comum ver escritores decidirem por conta própria que mudar de nome é a melhor opção em determinada fase da carreira. "É como se estivesse jogando xadrez", explicou um escritor de Nova York com pouco mais de 50 anos, "e ainda não estou em xeque-mate, mas chegando lá e não tem muitas peças no tabuleiro. Não tenho outra saída". Esse escritor acabou mudando de nome, mas não achou isso nada fácil: "Detestei fazer isso, porque sou orgulhoso. Preferiria ter meu nome no livro, porque fui eu que o escrevi, mas fiquei numa posição muito difícil". Ele havia publicado dez livros, alguns com importantes editoras de Nova York, e tinha ganhado vários prêmios por sua ficção, mas havia sido descartado por sua editora, "chutado para escanteio", como disse ele, e agora se sentia refém dos seus números de vendas. "Está-se em melhores condições nessa indústria se for uma pessoa completamente desconhecida. É melhor não ter nenhum histórico do que ter um histórico misto. É uma coisa maluca; não faz qualquer sentido, mas a área editorial é assim." Em uma indústria na qual ele sistematicamente foi ferido e desautorizado – "nada na indústria editorial é permitido ao escritor" –, essa foi a única forma que lhe restou de tentar recuperar um pouco de sua capacidade de ação e sua autoestima.

Seriam essas expressões de descontentamento sobre a indústria sinais de despeito? Palavras furiosas de escritores que simplesmente não foram bons o suficiente para chegar ao nível esperado? Talvez. A indústria editorial é um empreendimento seletivo, e alguns escritores, inevitavelmente, irão se decepcionar. Entretanto, do ponto de vista de muitos deles, o problema não é a seleção em si. Não ligam para a seleção. O problema está no fato de que, em uma indústria preocupada com crescimento e com o resultado líquido, o critério de seleção que agora parece ser mais importante do que qualquer outro é de que é preciso vender. "Não é bem a qualidade, o conteúdo; é algo do tipo: 'Sim, ela é uma grande escritora, mas veja só esses números'." O argumento deles é válido. Há muitos agentes e editores que se sentem genuinamente empenhados em dar assistência aos seus escritores e que valorizam um bom texto, mas, no impiedoso mundo do campo de publicações comerciais, os números falam mais alto do que as palavras. Qualidade é uma questão frequentemente questionável, mas números não mentem jamais. Alguns leitores adoram *O Código Da Vinci*, outros o odeiam, mas não há nenhuma editora que não adoraria ter aquelas cifras de vendas em seu balanço.

Sem dúvida, conforme já vimos, há certa flexibilidade, mesmo dentro das grandes corporações. Algumas corporações possuem selos que recebem uma margem maior em termos financeiros, com base na ideia de que o valor simbólico de sua contribuição é importante para o perfil da editora. Porém, mesmo esses selos não estão imunes à pressão financeira. Eles também precisam garantir seus números. Portanto, por mais que um editor goste do trabalho de um escritor, por mais prêmios que o escritor ganhe e por mais críticas positivas que ele possa receber, há sempre a possibilidade de ele ser descartado se seus livros demonstrarem um padrão de vendas decepcionante. Hoje, mais do que nunca, a carreira de um escritor está sempre oscilando na balança, subindo e descendo com as vendas de seus livros mais recentes e sempre em risco de ser truncada por uma trajetória decepcionante. Carreiras mutiladas no início e escritores descartados fazem parte dos preços a serem pagos na lógica do campo. São os custos humanos de uma indústria na qual, no fim das contas, reinam os números e na qual o crescimento a curto prazo e a rentabilidade que aparece no resultado líquido vêm assumindo importância cada vez maior nos cálculos práticos das grandes editoras.

A ênfase em vendas e rentabilidade não é vivenciada da mesma maneira e no mesmo nível em todos os setores do campo. A pressão é maior nas editoras e selos pertencentes às grandes corporações, exatamente porque essas são as organizações mais afetadas pelo imperativo do crescimento e das consequentes exigências orçamentárias. As editoras independentes pequenas e de porte médio não estão sujeitas ao mesmo tipo de pressão e têm condições de adotar uma visão mais de longo prazo, e, com certeza, há muitos escritores que se têm beneficiado de uma abordagem mais magnânima por parte delas. Todavia, considerando a preponderância das grandes corporações no campo de publicações comerciais, o fato de que as independentes pequenas e de porte médio com frequência agem de forma diferente não altera a questão fundamental do curto prazo praticado na indústria como um todo.

A DIVERSIDADE EM QUESTÃO

A questão do curto prazo pode ser lamentável; pode ser dolorosa para escritores que não contam com o apoio das grandes editoras, e estressante para publishers e editores que vivem sob pressão para atingirem as metas orçamentárias; pode também levar a lançamentos de baixa qualidade. Entretanto, haveria alguma razão para pensarmos que os desdobramentos que caracterizam o campo de publicações comerciais resultam – ou provavelmente resultarão – no empobrecimento da cultura do livro? Será que os processos de consolidação e da dinâmica do campo levaram a um declínio na diversidade da produção, a uma homogeneização crescente de conteúdo e a uma idiotização da qualidade dos livros produzidos? Muitos acreditam ou temem que isso seja um fato. O argumento que, em geral, apresentam é esse. Graças à consolidação da indústria, as grandes editoras corporativas e as grandes redes varejistas agora controlam uma importante parcela do mercado livreiro. Essas editoras e esses varejistas são induzidos, acima de tudo, pela busca de lucro e crescimento, e é a quantidade de exemplares que conseguem vender, mais do que a qualidade dos livros que estão lançando ou vendendo, que necessariamente se torna sua preocupação dominante. A questão da qualidade fica pelo caminho, à medida que as avassaladoras forças corporativas se empenham na busca implacável por lucro e crescimento. Editores da velha guarda que acreditavam que lançar livros era oferecer ao público boa literatura ou contribuir com o debate social, colocando em domínio público ideias sensatas e obras acadêmicas, são empurrados para fora ou forçados a engolir seus princípios e redirecionar suas atividades para as novas normas baseadas em vendas. A produção das grandes casas editoriais se torna mais homogênea, mais comercial e mais associada a celebridades e entretenimento, enquanto a boa literatura e os títulos sérios de não ficção estão cada vez mais marginalizados, se não totalmente abandonados. No bravo novo mundo das editoras corporativas e das redes varejistas, literatura de boa qualidade e não ficção séria não têm espaço – assim como as editoras independentes e os livreiros dos quais dependiam, elas foram postas de lado pelas mudanças sociais e econômicas que vêm transformando o campo de publicações comerciais desde os anos 1960. O resultado, dizem alguns críticos, é uma preocupante deterioração da cultura contemporânea, tanto que agora estamos correndo o risco de perder alguns dos atributos essenciais a uma cultura vibrante e criativa e a uma democracia esclarecida.[1]

Há, sem dúvida, certa solidez nessa linha de raciocínio. Dentro das grandes corporações, há forte pressão no sentido de concentrar os esforços, a atenção e os recursos em livros importantes, e a prestar menos atenção, ou até se recusar a publicar livros que possam ser considerados menores e intermediários na lista. Há limites em relação a até que ponto os editores podem seguir sua intuição e fazer experiências com novos livros que não trazem consigo os sinais óbvios de sucesso – embora, conforme já vimos, esses limites sejam sempre negociáveis; variam consideravelmente de um selo para outro e de uma editora para outra e, com frequência, dependem de uma série de características pessoais e contextuais. A preocupação com as vendas tende a produzir um grau de homogeneização dentro do campo, já que editoras, publishers e agentes estão sempre esquadrinhando números de vendas e listas de best-sellers para ver o que está rendendo boas vendas e rapidamente pegam carona no sucesso mais recente – muitos na indústria deploram o que chamam de "eu também estou lançando". De maneira mais geral, a preocupação com os livros importantes e a dependência da avaliação de outros – a rede de crença coletiva – tendem a produzir certa homogeneidade no campo, pois é difícil não se deixar seduzir pelo entusiasmo do momento e influenciar-se por aquilo em que tantos colegas confiáveis parecem acreditar.

Entretanto, embora haja limites para experimentação nas grandes corporações e pressão para uma homogeneização no setor, as questões são mais complicadas do que a linha de argumentação esboçada acima sugere. Em primeiro lugar, esse argumento repousa em uma visão simplificada demais do que acontece no interior do mundo editorial corporativo. Conforme já vimos, esse é, na prática, um mundo plural, e diferentes corporações operam de diferentes maneiras. Algumas operam com um modelo altamente federado e concedem autonomia aos selos ou divisões que as constituem para

---

1 André Schiffrin oferece uma versão convincente, mesmo que um pouco radical, desse argumento: "Livros hoje se tornaram meros acessórios do mundo dos meios de comunicação de massa, oferecendo entretenimento leve e a segurança de que tudo é pelo melhor, o melhor de todos os mundos possíveis. O controle que resulta na disseminação de ideias é mais rigoroso do que qualquer um poderia ter pensado ser possível em uma sociedade livre. A necessidade de debate público e discussão ampla, inerente ao ideal democrático, conflitua com a exigência ainda mais rigorosa de lucro total" (*O negócio dos livros:* Como as grandes corporações decidem o que você lê).

desenvolver seus programas de publicações – desde que, é óbvio, satisfaçam certas condições financeiras. Entre boa parte das corporações editoriais, há editoras ou selos que têm reputação estabelecida por publicarem obras de boa qualidade, tanto ficção "literária" como não ficção séria, e até mesmo a maioria dos gerentes corporativos que trabalham com números de larga escala reconhece que publicar obras de boa qualidade é e deve continuar sendo parte importante daquilo que uma companhia editorial faz. Isso pode não dar uma grande contribuição para o lucro e o crescimento da corporação, mas contribui com algo mais que, por mais importante que as considerações econômicas tenham se tornado, não foi eliminado do campo: o capital simbólico. Ganhar prêmios ainda é importante, até mesmo para grandes corporações editoriais – talvez principalmente para grandes empresas editoriais, já que é uma forma de mostrar que, apesar de tudo, elas ainda são verdadeiras editoras. Será que isso significa que os publishers e editores das grandes corporações que se preocupam com literatura de boa qualidade e não ficção séria não estão sob pressão? Não, não significa. Significa que eles estarão sempre protegidos, como um porto seguro protegendo seus barcos da tempestade, e que o futuro deles está assegurado? Não, não significa. Mas significa que há uma compensação estável entre qualidade e vendas, e dizer que a compulsão por crescimento e lucro nas grandes corporações necessariamente elimina de seus programas todas as publicações de boa qualidade é simplista demais e não faz justiça à complexa realidade da vida dentro do universo das editoras corporativas.

Há outra objeção patente na linha de argumentação esboçada acima: seja lá o que for que estiver acontecendo dentro das corporações editoriais, elas não compreendem a totalidade do setor, e, com muitas dezenas de milhares de novos títulos sendo lançados a cada ano, seria difícil dizer que há pouca diversidade, ou mesmo uma redução na diversidade do campo como um todo. Com mais de 300 mil novos títulos lançados a cada ano nos Estados Unidos e mais de 150 mil no Reino Unido, e com os números mostrando tendência de aumento ano após ano, não há nenhum indício de que a cultura do livro esteja sendo estrangulada pelas ambições financeiras das grandes corporações. É preciso admitir: nem todas essas obras são comerciais – muitas são obras profissionais ou acadêmicas, e outras tantas podem ser lançadas em tiragens bem reduzidas. Porém, seja lá como for, essa não parece ser uma cultura que está sofrendo uma constrição preocupante quanto a números e diversidade de títulos produzidos; pelo contrário, o setor se caracteriza por um enorme volume e grande diversidade de produção, e a consolidação das grandes editoras vem caminhando lado a lado com a proliferação de pequenas operações editoriais e uma verdadeira explosão no número de títulos lançados a cada ano.

Então, será que isso destrói a linha de argumento esboçada acima? Com toda a certeza, segue a réplica, a própria quantidade e variedade de livros lançados atualmente oferece um grande testemunho do entusiasmo pela cultura do livro, e demonstra – mais claramente do que qualquer reflexão acerca dos méritos literários, ou seja lá o que for, de autores ou títulos específicos jamais poderia demonstrar – que o corporativismo dos negócios editoriais não traz qualquer risco à cultura literária. Então, a questão termina aí? A linha de argumento apresentada acima está agora decididamente derrotada? Não necessariamente. Para que possamos compreender por que, precisamos distinguir com mais clareza entre dois tipos de diversidade: *diversidade de produção*, de um lado, e *diversidade de mercado*, de outro. É fato que existe uma enorme variedade de títulos sendo lançados hoje, não apenas pelas grandes corporações, mas também por editoras de médio porte e pelas incontáveis pequenas editoras e outros *players* que vivem à margem do campo. A diversidade de produção é provavelmente tão grande quanto sempre foi, se não maior, e não seria fácil argumentar que menos obras de boa qualidade – seja de ficção ou de não ficção – estão sendo impressas do que trinta, quarenta ou cinquenta anos atrás. Podemos tentar esse argumento, mas será uma luta, porque, para cada exemplo que produzirmos de quão difícil é hoje para uma editora correr risco com uma voz nova e ainda não testada, podemos achar uma dezena de exemplos de oportunidades desse tipo que estão sendo dadas.

Contudo, atualmente, a questão maior no campo de publicações comerciais não é tanto a diversidade de produção; é a diversidade do *mercado*. Em outras palavras, a verdadeira fonte de preocupação não é a diversidade, ou qualquer outra coisa, dos livros que estão sendo *lançados*, mas, sim, a diversidade, ou qualquer outra coisa, dos livros que são *notados*, *comprados* e *lidos*. O setor pode se caracterizar por uma produção extremamente variada, mas, se apenas um pequeno número e variedade de títulos são escolhidos e notados – isto é, têm visibilidade em um mercado saturado –, temos, então, um tipo diferente de problema quanto à questão da diversidade. Organizações editoriais de vários tipos podem estar produzindo uma gama diversificada de livros, mas essa diversidade não necessariamente se reflete no espaço do visível. E, considerando o foco de algumas redes varejistas – sobretudo os comerciantes do mercado de massa, os supermercados e também as cadeias de vendas de livros especializados – em best-sellers, em autores de renome e em títulos com vendas rápidas, há uma tendência para que sucesso gere sucesso e para que os títulos de maior sucesso ofusquem outros.

MERCADORES DE CULTURA

Consideremos alguns números. A Tabela 10.1 e a Figura 10.1 mostram a quantidade de títulos de ficção em brochura em certas faixas de vendas no Reino Unido, nos anos-calendário entre 2002 e 2006. Podemos ver que o número de títulos entre 10 mil e 49.999 exemplares por ano caiu de 446 em 2002 para 305 em 2006 – uma queda de 32%. O número de exemplares de títulos vendidos entre 50 mil e 99.999 por ano continuou bastante estável – um pequeno número de títulos, entre 67 e 80. Entretanto, o número de títulos com vendas entre 100 mil e 199.999 exemplares aumentou de 39 para 52 – um aumento de 33%. Mais drasticamente ainda, o número de títulos com vendas acima de 200 mil exemplares dobrou de dezesseis para 31. Juntando as duas últimas faixas, o número de títulos que vendem acima de 100 mil exemplares por ano aumentou de 55 em 2002 para 83 em 2006 – um aumento acima de 50%. Isso sugere que um pequeno número de títulos tem feito mais sucesso do que nunca, ao passo que o número de títulos que têm feito sucesso moderado – isto é, com vendas modestas, mas ainda dentro de parâmetros aceitáveis de 10 mil a 50 mil exemplares em brochura – está em acentuado declínio. As duas faixas superiores, que mostram vendas vigorosas, estão aumentando em termos de números de títulos incluídos, mas o aumento aqui – um total de 28 títulos a mais – é pequeno em comparação com a queda no número de títulos perdidos na faixa inferior (141 títulos a menos, com vendas entre 10 mil e 50 mil cópias entre 2006 e 2002). Em outras palavras, o mercado está se concentrando em um pequeno número de títulos que geram boas vendas – na verdade, essas vendas nunca foram tão boas –, enquanto o número de títulos com vendas modestas, mas em números aceitáveis, está em declínio. Esse não é propriamente um mercado do tipo tudo para o vencedor, mas um mercado do tipo *mais para o vencedor*.

Tabela 10.1. Faixas de vendas de ficção em brochura no Reino Unido, 2002-2006

	2002	2003	2004	2005	2006
>200 mil	16	25	31	29	31
100-199 mil	39	53	52	57	52
50-99 mil	69	70	80	70	67
10-49 mil	446	455	438	396	305
Total	570	603	601	552	455

Vendas totais no mercado consumidor em cada ano. As vendas referem-se apenas a ficção em brochura no formato A (110 x 178 mm) e no formato B (130 x 198 mm).
Fonte: Nielsen BookScan.

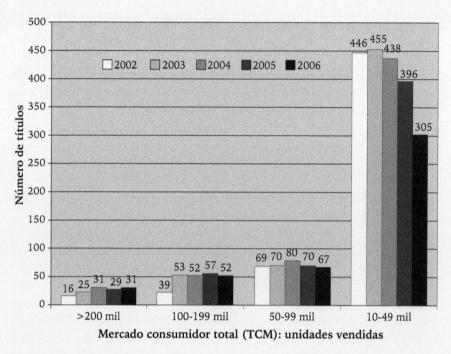

Figura 10.1. Faixas de vendas de ficção em brochura no Reino Unido, 2002-2006.
Fonte: Nielsen BookScan (apenas ficção em brochura, formatos A e B; vendas TCM em cada ano indicado).

É bastante compreensível que o que acontece em um mercado assim é que seus protagonistas concentram sua atenção cada vez mais nos vencedores. As grandes agências querem representá-los, as grandes editoras querem publicá-los e os grandes varejistas querem estocá-los e exibi-los, porque esses são os autores e livros com os quais se pode ganhar bastante dinheiro. É por essa razão que um número relativamente pequeno de autores e livros tende a se tornar o foco de atenção do setor e dominar o espaço varejista – eles aparecem nas mesas de frente das lojas e nos cubos promocionais das redes varejistas, nas prateleiras e nos *pallets* dos comerciantes do mercado de massa, nos clubes atacadistas e no número limitado de espaços disponíveis nos supermercados. Esses tendem de maneira desproporcional a ser os livros lançados pelas grandes editoras corporativas – em parte porque elas podem gastar mais para pagar as exposições na mesa de frente das lojas e também porque elas têm mais condições de pagar os altos adiantamentos que os vencedores podem exigir do mercado de conteúdo. O resultado é que, nos principais espaços varejistas, onde os livros estão mais visíveis para

MERCADORES DE CULTURA 433

leitores e consumidores, os vencedores devem expulsar outros livros. Não inteiramente, é claro; sempre haverá exceções – aqueles livros menores que vêm sabe-se lá de onde e se tornam best-sellers, surpreendendo a todos. Isso, entretanto, não deve nos cegar para o fato de que, apesar do enorme volume e da diversidade de produção, o mercado livreiro é, cada vez mais, um mercado em que os vencedores levam mais e todo o resto enfrenta uma batalha cada vez mais árdua para se fazer notar, ser comprado e lido. A diversidade de produção não é complementada por um mercado diverso, mas, sim, por um mercado em que uma pequena fração de títulos – e geralmente títulos respaldados por recursos das grandes corporações – tende a dominar os espaços visíveis.[2]

Publicar algo significa, em parte, tornar algo publicamente disponível – isto é, disponível para que o público veja, leia e saiba a respeito. Porém, estar disponível é uma coisa; ser notado, lido e conhecido é outra coisa bem diferente. E um livro ou texto pode influenciar o debate público ou se tornar uma entidade cultural significativa somente se for notado, lido e assimilado. Estar disponível, simplesmente, não é suficiente – é uma condição necessária, mas não suficiente. Portanto, as forças que moldam os espaços visíveis são de importância crucial tanto para a prosperidade da vida cultural quanto para a vitalidade do que se poderia chamar de esfera pública.[3] Sem dúvida, as lojas varejistas físicas e as redes nas quais os livros são expostos e vendidos são apenas parte do complexo conjunto de locais que constituem os espaços visíveis, mas na cultura do livro elas continuam a ser uma parte crucial. Quanto mais esse espaço for colonizado por grandes corporações, que podem usar sua força financeira para ganhar vantagem na luta por visibilidade, mais provável será que as conversas culturais e públicas

---

2 O fato de que os espaços para exibição altamente visíveis tendem a ser povoados de forma desproporcional por livros lançados pelas grandes editoras corporativas pode não ser imediatamente aparente ao observador casual, em parte por causa do grande número de selos operando sob os auspícios de cada casa corporativa. Entretanto, a deturpação dos espaços visíveis em favor dos grandes grupos corporativos se torna aparente assim que se consideram as afiliações corporativas. Em um dia de 2009, em uma loja da Barnes & Noble em Nova York, a mesa de frente dos novos livros de não ficção possuía um total de 68 livros em exposição, 41 dos quais lançados por selos dos cinco maiores grupos corporativos. A mesa da frente com lançamentos de ficção possuía um total de 66 livros em exposição, 44 dos quais lançados por selos dos cinco maiores grupos corporativos. Portanto, nesse dia especificamente, 60% dos novos livros de não ficção e 67% dos novos livros de ficção em exposição nas duas mesas de frente haviam sido lançados pelos cinco maiores grupos corporativos. Compare isso com o fato de que esses cinco grupos respondiam por 46% do mercado comercial dos Estados Unidos entre 2007 e 2008 e, sem dúvida, respondem por apenas uma pequena fração da produção total de títulos.

3 Ver Habermas, *The Structural Transformation of the Public Sphere*; Thompson, *The Media and Modernity*.

das quais os livros fazem parte sejam distorcidas pelo poder corporativo. Mais livros do que nunca podem estar disponíveis, mas poucas pessoas os notam, leem ou até mesmo sabem que existem. A rica diversidade da produção não pode compensar um mercado sistematicamente distorcido em favor dos maiores e mais poderosos *players*.

Embora diversidade de produção não seja a mesma coisa que diversidade de mercado, ambas estão, com certeza, associadas, e há um risco, não de todo fantasioso, de que uma diminuição na diversidade do mercado possa eventualmente levar a uma diminuição na diversidade de produção. Se as editoras acham cada vez mais difícil obter certos tipos de livros ou fazer que certos autores sejam notados, elas podem se ver diante de uma crescente pressão para que parem de publicá-los. É verdade que esses livros e autores poderiam migrar para outro lugar e conseguir ser publicados por casas menores, mas não há garantia disso. Um mercado que se torna mais restrito, com mais concentração de poder nas mãos de cada vez menos compradores, cujas decisões se tornam mais e mais influentes no destino de determinados títulos e autores, pode eventualmente ter suas implicações no rendimento produtivo da indústria. Diminuir a diversidade no mercado significaria forçar algumas editoras a fechar seus negócios e a acelerar processos de consolidação, deixando menos alternativas para autores que poderiam ser vistos como marginais pelas grandes editoras.

Por isso, é tão importante manter um mercado variado – é vital para a diversidade e a criatividade na indústria como um todo. O declínio dos livreiros independentes representou uma séria perda dessa diversidade: quanto mais compradores há no mercado, exercitando seu próprio juízo individual acerca de que livros estocar e expor em suas lojas, mais diverso é o mercado e melhor é para a indústria. O fim da Borders e as dificuldades que atualmente enfrentam as redes especializadas de vendas de livros, como a Waterstone's, no Reino Unido, e a Barnes & Noble, nos Estados Unidos, representam outra séria ameaça à diversidade. Embora as redes especializadas usem compradores centrais, elas estão, não obstante, envolvidas com livros como uma forma cultural (diferentemente dos comerciantes que operam com o mercado de massa, por exemplo, para os quais livros são apenas mais uma linha de produtos). Elas se dispõem – em níveis variados, dependendo do varejista – a correr riscos com novos livros e novos autores e manter uma ampla gama de estoque e títulos de *backlist*; são vitrines fundamentais para as editoras. Seus espaços podem ser distorcidos por interesses poderosos, mas, pelo menos, são espaços, e sem eles as oportunidades para tornar os livros visíveis seriam muito reduzidas. As editoras estariam agindo mais sensatamente se percebessem que é do seu próprio interesse fazerem o que puderem para garantir que esses varejistas consigam sobreviver em um mundo em que as pressões financeiras sobre livrarias físicas devem se intensificar, e que não sejam prejudicados por condições que dão vantagens significativas a revendedores de não ficção, que estocam uma pequena quantidade de títulos e concentram-se nos vencedores – um ponto que é de relevância especial no Reino Unido, onde a rejeição ao Net Book Agreement sem o tipo de proteção fornecida pela Lei Robinson-Patman dos Estados Unidos criou um mercado fortemente inclinado em favor dos *players* mais importantes e mais poderosos do campo. Campos estáveis nos mercados são bons não apenas para revendedores menores, que têm menos influência em suas negociações com fornecedores; no final das contas, eles são bons também para os fornecedores.

– CONSIDERAÇÕES FINAIS –
ENFRENTANDO UM FUTURO INCERTO

A recessão econômica provocada pela crise financeira de 2008 atingiu em cheio a indústria editorial, principalmente nos Estados Unidos. Começando em agosto de 2008 e acelerando-se nos meses de setembro e outubro, a maioria das editoras comerciais sofreu uma acentuada queda nas vendas. No período entre julho e dezembro de 2008, as vendas de novos títulos em capa dura caíram entre 15% e 20% na maioria das editoras. "Foi pior do que o 11 de Setembro", afirmou um publisher veterano. Até mesmo os autores de best-sellers foram afetados – Grisham, Patterson, Crichton etc. Mais preocupante ainda, as vendas de títulos centrais da *backlist* estavam caindo a uma taxa muito mais alta do que o normal; dessa forma, as editoras não podiam confiar em suas vendas de *backlist* para amortecer o impacto de uma *frontlist* em declínio. E, como se isso não bastasse, as principais redes varejistas começaram a devolver mais estoque do que o normal e a comprar novas obras com mais cuidado, o suficiente para três ou quatro semanas, em vez de dez ou doze semanas, como já haviam feito, em parte para fortalecer suas reservas de caixa e reduzir seu passivo, caso a recessão se prolongasse. Com vendas menores e devoluções maiores, as editoras comerciais não estavam apenas ganhando menos; elas também estavam enfrentando baixas devido a adiantamentos não compensados e maiores provisões para devoluções. E se alguns varejistas ou atacadistas encerrassem suas operações – como de fato fizeram, inclusive a Borders –, eles enfrentariam outras baixas substanciais de dívidas perdidas, que podiam obliterar qualquer lucro que restasse. Tendências semelhantes, menos radicais, eram evidentes no Reino Unido.

Diante de um acentuado declínio nas vendas durante a segunda metade do exercício financeiro e do aumento de vendas no período de Natal, que normalmente é uma das épocas mais fortes para editoras comerciais, a maioria das grandes editoras procurava fazer o que qualquer grande corporação faria: salvar o resultado líquido. Se sua receita bruta está em queda livre e não há muito o que fazer a curto prazo para interromper ou reverter a situação, a única maneira de salvar o resultado líquido é cortar despesas. "Em quatro meses, minha agenda virou de ponta-cabeça", disse o CEO de uma importante corporação. "Antes de a recessão nos atingir, minha agenda estava entre 80% e 90% voltada para o crescimento, e entre 10% e 20% para eficiência. Agora, ela está 80% a 90% voltada para eficiência." Em um mercado que não é mais estável, que, na realidade, está em declínio (súbita e acentuadamente), a maior preocupação dos executivos de alto escalão nas grandes corporações está em reduzir gastos, onde quer que seja possível, para que elas ainda tenham condições de lucro, ou pelo menos de minimizar o prejuízo, apesar da queda nas vendas. Os cortes foram profundos. Algumas grandes editoras eliminaram departamentos inteiros e distribuíram seus selos entre outras divisões. Muitos empregos se foram – o 3 de dezembro de 2008 ficou conhecido nos círculos editoriais de Nova York como "a Quarta--Feira Negra", depois que várias importantes editoras, incluindo a Random House e a Simon & Schuster, anunciaram vários pedidos de demissão e dispensa de funcionários. O pessoal que permaneceu nos respectivos cargos temia pelo futuro, pois os gerentes deixaram claro que, seguindo adiante, nem todos os cargos poderiam ser garantidos; muitos ficaram ansiosos, desmoralizados, trabalhando mais do que nunca, pois se viram assumindo tarefas que anteriormente eram feitas por outros. Para os executivos de alto escalão, a meta era simples: corte de gastos até o ponto de correr o risco de chegar ao talo, quando então se para e faz uma reavaliação. A organização é redimensionada, uma nova base é estabelecida e, a partir daí, é possível – com muita esperança – voltar a uma agenda de crescimento.

Como a recessão econômica continuou em 2009 e entrou em 2010 e 2011, as editoras se viram forçadas a lidar simultaneamente com uma revolução tecnológica que, de repente, começava a ter um impacto importante em seus negócios. Os e-books já não eram tema para especulação em momentos de ócio, a ideia fixa do Diretor da Divisão Digital que, ritualmente, era introduzido nas reuniões anuais para discussão do futuro digital, como uma Cassandra do mundo editorial, tolerado com complacência pela alta administração e visto com um bem-humorado ceticismo por muitos dos que ocupavam postos inferiores. De repente, os e-books tornaram-se reais – e, além disso, tornaram-se a única coisa no mercado editorial comercial que parecia de fato estar crescendo, enquanto tudo o mais parecia estático ou em declínio abrupto. Portanto, as editoras tinham de lidar não apenas com uma grande recessão que comprimia sua receita, mas também com uma revolução tecnológica, que ameaçava atrapalhar seus negócios de uma maneira nova e imprevisível.

MERCADORES DE CULTURA 439

Seriam apenas temporárias as dificuldades enfrentadas pelas editoras comerciais entre 2008 e 2009, um breve período de reajuste do qual a indústria editorial emergeria mais forte e mais capacitada do que antes, pronta para continuar na trilha do crescimento e de produção cada vez maior? Ou trata-se apenas de um divisor de águas – um momento na longa história do livro em que o caminho da evolução gradativa muda para alguma outra coisa, em que os protagonistas do campo acham que seus métodos costumeiros de fazer as coisas não funcionam mais e eles não têm mais os recursos para vencer os desafios que enfrentam? A verdade é que ninguém sabe – essa é uma indústria que enfrenta um futuro incerto. Há argumentos – sinais talvez seja a melhor palavra – que poderiam nos levar a pender para qualquer das duas direções.

Primeiro, o cenário de um alerta transitório: sem dúvida, as grandes editoras fizeram suas economias, reestruturaram departamentos, cortaram cargos, congelaram salários, reduziram drasticamente os orçamentos do marketing e acabaram com as contas de viagens e entretenimento – tudo com vistas a preservar a lucratividade quando as receitas brutas estão caindo. Porém, ao mesmo tempo, elas estão se posicionando diante de um futuro no qual esperam retomar a agenda de crescimento e contar com as mesmas fórmulas testadas para os resultados financeiros de que necessitam. Elas não estão pagando menos pelos grandes livros que acham que poderiam ser best-sellers – se é que faz diferença, estão pagando mais, apostando cada vez mais alto nos livros que poderiam ser vencedores em um mercado voltado a vencedores, embora pagando menos por tudo o mais (ou simplesmente recusando-se a comprar). Elas não estão abandonando os lançamentos de oportunidade, mas – se é que faz diferença – procurando com mais afinco o livro instantâneo que podem montar rapidamente, na esperança de que resulte em injeção no caixa. Num mercado em recessão, no qual as receitas brutas estão em declínio, as grandes editoras corporativas, mais do que nunca, querem livros importantes para que possam cobrir seus custos operacionais e proporcionar o que acham que será um fluxo confiável de receitas. Elas não estão se resignando a uma receita bruta em permanente declínio, mas estão aguardando um pouco, enquanto buscam novas maneiras de satisfazer as expectativas financeiras de seus patrões corporativos, para os quais crescimento continua tão importante quanto sempre foi. "A ideia não mudou", comentou um CEO, "eles querem que aumentemos a margem de lucro e querem que aumentemos também a receita bruta. Acho que isso é parte integrante do DNA das grandes empresas." Não há aqui qualquer sinal de uma mudança fundamental de atitude ou abordagem por parte dos grandes *players* corporativos, uma crença de que os velhos métodos de fazer as coisas são essencialmente falhos e necessitam de uma vistoria geral. Os negócios estão como sempre foram, com as tendências inerentes à lógica do campo simplesmente exacerbadas pela recessão, para benefício daqueles que já se beneficiaram mais dela e em detrimento de todos os outros. É claro que as apostas que fizeram podem acabar sendo invalidadas. As vendas de seus best-sellers mais esperados podem não ter repercussão plena, e, no final das contas, todos os que atuam no campo de publicações comerciais – autores e agentes incluídos – podem ter de ajustar suas expectativas para baixo. A revolução de expectativas crescentes que vem caracterizando a indústria ao longo das últimas décadas pode gradativamente se transformar em uma suave espiral descendente. Os protagonistas presos no campo de publicações comerciais – as grandes editoras, as redes varejistas e os agentes – podem, sem saber, acabar sendo cúmplices de sua própria ruína, e aumentar os riscos no exato momento em que as receitas estão caindo pode ser o passo inicial de uma lenta, porém inabalável, *dança macabra*.

Todavia, também há sinais de que alguma coisa mais radical está acontecendo no setor. Há muitos observadores internos nas indústrias que há tempos têm dúvidas quanto à validade de algumas práticas que vieram a definir o campo – os leilões competitivos que forçam um aumento das ofertas a níveis que excedem em muito a renda que a maioria dos livros pode gerar, o despacho de grandes quantidades de livros seguido da quase inevitável onda de devoluções, os altos ágios pagos pelas editoras e (no Reino Unido) os grandes descontos concedidos para que seus livros sejam estocados e expostos nos principais pontos varejistas de vendas, a implacável pressão por níveis de crescimento insustentáveis a longo prazo – porém, contanto que os grandes *players* continuem no jogo e satisfaçam as expectativas de seus patrões corporativos e clientes-chave, é improvável que as regras mudem. Havia muita coisa em jogo, e a necessidade de cumprir metas financeiras a curto prazo sempre pode suplantar quaisquer dúvidas que determinados indivíduos em altos cargos alimentam. Entretanto, quando fica muito mais difícil participar do jogo à moda antiga, até mesmo para aqueles cuja posição dominante na área lhes dá todas as vantagens, a probabilidade de as dúvidas emergirem é muito maior. Sinais de insatisfação se tornam mais aparentes, conversas sobre modelos fracassados se tornam predominantes e novos experimentos que buscam modificar alguns aspectos do jogo – adiantamentos baixos ou nenhum adiantamento, compartilhamento dos lucros com os autores, vendas sem devolução etc. – começam a proliferar, introduzidos em alguns casos por importantes *players* e, em outros, por empresas iconoclastas iniciantes, que atuam às margens do campo. A turbulência econômica dá origem a um renovado questionamento das regras do jogo e a novos empreendimentos que poderiam, de alguma forma e em algum nível, mudar as regras.

Entretanto, na conjuntura em que a indústria editorial se encontra hoje, não se trata simplesmente de lidar com a retração econômica, que dificultou a vida dos que operam no campo: é também uma questão de como lidar com uma revolução tecnológica e, ao mesmo tempo, adaptar-se a ela, tendo a consciência de que as consequências são, potencialmente, de longo alcance. A convulsão tecnológica, que foi bem-sucedida em outras indústrias criativas nos últimos anos, agora começa a ter um forte impacto também na indústria livreira. O notável aumento nas vendas de e-books e a rápida mudança do impresso para o digital em certas categorias de livros está obrigando todos os principais *players* da área a reconsiderar sua posição. Práticas que se tornaram convenções estabelecidas no setor abrem-se subitamente para uma exame detalhado; *players* que interagiram de forma amigável durante anos de repente acabam se engalfinhando em novos conflitos nos quais as regras já não são claras. Até mesmo as novas normas que parecem estar se cristalizando em padrões da indústria – como a taxa de 25% de royalties pelos e-books – são apenas uma trégua temporária que reflete o atual equilíbrio de poder. O campo do poder continua, mas o jogo está mudando. Novos *players* estão entrando em campo, velhos e novos estão competindo por posição e as regras estão sendo redefinidas. Independentemente de quão importantes se tornam os e-books em termos de participação na receita total, não há dúvida de que as formas tradicionais de produção, fornecimento e consumo de livros, e o ambiente simbólico e de informação do qual o livro sempre foi parte, no início do século XXI, estão sofrendo uma mudança monumental e de longo alcance.

Ninguém sabe como essa mudança, combinada com a turbulência econômica dos últimos anos, se realizará no campo das publicações comerciais. Estamos vivendo uma espécie de revolução, e uma das poucas coisas que podemos ter como certeza sobre uma revolução é que, quando estamos no meio dela, não temos a menor ideia de onde e quando ela irá terminar. Algumas tendências de curto prazo são bem fáceis de perceber: a Amazon continuará a crescer como canal varejista, enquanto livreiros especializados (incluindo as redes de vendas de livros) se sentirão cada vez mais comprimidos, o que resultará no fechamento de mais livrarias e na redução das redes de lojas. As editoras com balanço geral fraco e as empresas com alta alavancagem enfrentarão crescentes dificuldades financeiras; a pressão sobre editoras de médio porte se intensificará e algumas grandes corporações provavelmente concluirão que chegou o momento de se livrar de seus interesses editoriais comerciais – que, de qualquer forma, sempre representaram uma parcela pequena de seus negócios. Isso levará a mais consolidação nas mãos de um pequeno número de grandes corporações que continuam dedicadas ao campo editorial comercial e continuam a vê-lo como uma parte válida de seu portfólio. O declínio de espaço físico no varejo tornará mais difícil para as editoras que seus livros sejam notados. Haverá menos espaço disponível para exposição dos livros e para que os leitores os descubram, folheando páginas em livrarias, o que atribuirá um preço mais alto aos espaços físicos de exposição que restam, enquanto, ao mesmo tempo, as editoras estarão obrigadas a dedicar cada vez mais esforços de marketing e despesas ao ambiente *on-line*, onde esperam encontrar novas maneiras de chamar a atenção dos leitores sobre seus livros e gerar interesse (apesar da avalanche de informações que já ameaça soterrar a maioria dos usuários). A mudança do impresso para o digital continuará, embora a velocidade e a amplitude da mudança irá variar de uma categoria para outra, e a renda das vendas não tradicionais, tanto de e-books quanto de outras formas de conteúdo eletrônico, se tornará parte cada vez mais importante da receita das editoras, embora não seja possível dizer neste momento exatamente quão importante – talvez 20%, talvez 30%, talvez 50%, talvez mais. Ninguém sabe. À medida que mais vendas se deslocam para o espaço digital e as vendas de livros físicos diminuem, as grandes editoras enfrentarão mais e mais pressão sobre sua renda bruta, colocando em dúvida sua continuada capacidade de gerar crescimento ano a ano e concentrando sua atenção cada vez mais na redução ou na remoção de custos para manter ou melhorar a lucratividade. Ao mesmo tempo, a infraestrutura da cadeia tradicional de fornecimento de livros – depósito, força de vendas etc. – estará sujeita a uma pressão crescente, o que obrigará as editoras a buscar novas formas de manter a cadeia física de fornecimento em ação, ao mesmo tempo que tentam deslocar a organização para uma nova maneira de fazer negócios. Pequenas operações editoriais irão proliferar à medida que os custos e as complexidades relacionadas com a cadeia de fornecimento de livros evaporarem, e ameaças de desintermediação serão abundantes, pois *players* tanto tradicionais como novos no setor valem--se de novas tecnologias e das oportunidades abertas por eles para tentar abocanhar parte da fatia de mercado de seus antigos colaboradores. Para além dessas tendências de curto prazo, o quadro está muito menos claro. Muitos têm seus palpites, mas, em um mundo em que há tantas variáveis e onde desdobramentos imprevisíveis podem ocorrer a qualquer momento, o palpite de um pode ser tão bom quanto o de outro.

Aconteça o que acontecer, parecer-me que o livro, tanto em seu tradicional formato impresso quanto nos novos formatos eletrônicos, que, no fim das contas, são atraentes e desejados pelos leitores, continuará a desempenhar, no futuro previsível, um importante papel como meio de expressão e de comunicação em nossa vida cultural e pública. Os livros foram, e para muitos continuarão a ser, uma forma privilegiada de comunicação, uma forma para que a genialidade da palavra escrita possa se inscrever em um objeto que é ao mesmo tempo, um meio de expressão, um meio de comunicação e uma obra de arte. As pessoas sempre irão querer histórias, e elas sempre querem maneiras novas de pensar sobre o mundo e sobre elas próprias. Para a narração de histórias mais amplas, sejam de ficção ou não ficção, para uma compreensão profunda do mundo ou uma investigação mais prolongada de nossas maneiras de pensar e agir, o livro deu provas de ser um meio cultural muito satisfatório e flexível, e provavelmente não desaparecerá tão cedo. Entretanto, não devemos nos surpreender se as estruturas básicas e a dinâmica que caracterizaram o mundo editorial comercial de hoje – a lógica do campo – forem, no ambiente simbólico e de informação que está em rápida mudança no início do século XXI, chacoalhadas de maneiras novas e inesperadas. O mundo dos livros e a indústria editorial não existem isoladamente: eles são, e sempre foram, parte integrante de um ambiente simbólico e de informação – em suma, de uma cultura – onde, durante meio milênio, desempenharam um papel importante, até mesmo vital, como formas em que conteúdo pode ser introduzido, embalado e comunicado a outros. Como os livros serão produzidos e oferecidos, quem irá fazer o que e como o farão, que papel os *players* tradicionais da área irão desempenhar (se for esse o caso) e onde os livros se encaixarão nos novos ambientes simbólicos e de informação que irão emergir nos anos vindouros – essas são questões para as quais, no momento, não há respostas claras.

– APÊNDICE 1 –
ALGUNS SELOS DAS PRINCIPAIS CORPORAÇÕES EDITORIAIS

Os selos são listados abaixo em ordem alfabética, embora, na prática, a maior parte deles esteja organizada em divisões ou grupos editoriais. As listas não são completas.

RANDOM HOUSE

Estados Unidos

Alfred A. Knopf
Anchor
Ballantine
Bantam
Broadway
Clarkson Potter
Crown
Delacorte
Dell
Del Rey
Dial
Doubleday
Everyman's Library
Fawcett
Fodor's Travel
Golden Books
Harmony

Ivy
Kids@Random
Main Street Books
Nan A. Talese
One World
Pantheon
Random House
Schocken
Shave Areheart Books
Spectra
Spiegel & Grau
Strivers Row Books
The Modern Library
Rivers Press
Villiard
Vintage
Wellspring

Reino Unido

Arrow
Bantam
BBC Books
Black Lace
Black Swan
Bodley Head
Century
Chatto & Windus
Corgi
Doubleday
Ebury
Everyman

Harvill Secker
Hutchinson
Jonathan Cape
Mainstream
Pimlico
Rider
Transworld
Vermilion
Vintage
Virgin Books
William Heinemann
Yellow Jersey

PENGUIN

Estados Unidos

Ace
Alpha
Avery
Berkley
Dial Books
Dutton
Firebird
Frederick Warne
Gotham
G. P. Putnam's Sons
Grosset & Dunlap
HP Books
Hudson Street Press
Jeremy P. Tarcher

Jove
New American Library
Penguin
Penguin Press
Perigee
Philomel
Plume
Portfolio
Puffin
Putnam
Riverhead
Sentinel
Speak
Viking

Reino Unido

Allen Lane
Dorling Kindersley

Fig Tree
Hamish Hamilton

MERCADORES DE CULTURA

Ladybird
Michael Joseph
Penguin
Puffin

Rough Guides
Viking
Warne

HACHETTE

Estados Unidos

5 Spot
Back Bay Books
Bulfinch
Business Plus
Center Street
FaithWords
Forever
Grand Central Publishing

Little, Brown & Company
Orbit
Springboard Press
Twelve
Vision
Wellness Central
Yen Press

Reino Unido

Abacus
Atom
Bounty
Business Plus
Cassell
Franklin Watts
Gaia Books
Godsfield
Gollancz
Hamlyn
Headline
Hodder & Stoughton
Hodder Children's
John Murray
Little Black Dress
Litte, Brown

Orion
Miller's
Mitchell Beazley
Octopus
Orbit
Orchard
Philip's
Phoenix
Piatkus
Sceptre
Sphere
Spruce
Virago
Wayland
Weidenfeld & Nicolson

HARPERCOLLINS

Estados Unidos

Amistad
Avon
Caedmon
Collins
Harper Perennial
HarperCollins
HarperColins Children's Books
HarperEntertainment
HarperLuxe
HarperOne
HarperTeen
HarperTrophy

Ecco
Eos
Greenwillow Books
Harper
Joanna Cotler Books
Julie Andrews Collection
Katherine Tegen Books
Laura Geringer Books
Rayo
William Morrow
Zondervan

Reino Unido

Avon
Blue Door
Collins
Fourth Estate
HarperPress
Harper Thorsons/Element

HarperCollins Children's Books
HarperEntertainment
HarperFiction
HarperSport
The Friday Project
Voyager

SIMON & SCHUSTER

Estados Unidos

Atria Books
Fireside
Free Press
Howard Books

Pocket Books
Scribner
Simon & Schuster
Touchstone

HOLTZBRINCK

Estados Unidos

Faber and Faber, Inc.
Farrar, Straus & Giroux
Griffin Books
Henry Holt
Hill & Wang
Macmillan
Metropolitan Books
Minotaur
North Point Press

Owl Books
Picador
Roaring Brook Press
Sarah Crichton Books
St Martin's Press
Thomas Dunne Books
Times Books
Tor Books
Truman Talley Books

Reino Unido

Boxtree
Campbell Books
Macmillan
Macmillam Children's Books
Macmillan New Writing
Pan

Picador
Rodale
Sidgwick & Jackson
Think Books
Tor
Young Picador

– APÊNDICE 2 –
NOTAS SOBRE OS MÉTODOS DA PESQUISA

O presente livro baseia-se em pesquisa realizada entre 2005 e 2009, principalmente em Londres e Nova York. Tendo anteriormente analisado os universos de publicação de livros acadêmicos (inclusive de editoras universitárias) e de publicações para a educação superior (inclusive de editoras de livros universitários), meu objetivo neste trabalho foi analisar o mundo de publicações comerciais – isto é, o mercado de livros de interesse geral que visam a um público mais amplo e são vendidos pelas livrarias dos grandes centros comerciais, revendedores em geral e outros pontos de vendas. Meu plano foi focar sobretudo as linhas principais de ficção e de não ficção adultas; não me propus examinar em detalhes os domínios mais especializados do campo de publicações comerciais, tais como livros infantis, livros de arte ilustrados, livros sobre dieta, saúde e autoajuda, ou gêneros mais especializados como romance e ficção científica. Planejei também restringir meu foco ao campo de publicações comerciais de língua inglesa e, mais especificamente, ao ramo de publicações comerciais no Reino Unido e nos Estados Unidos. A inclusão tanto do Reino Unido quanto dos Estados Unidos era, em minha opinião, fundamental, já que a maioria das grandes editoras opera como organizações internacionais e tem presença maior nesses países, e o Reino Unido e os Estados Unidos são as principais fontes de conteúdo para editoras comerciais que operam em língua inglesa e seus dois mercados mais importantes. Focalizar apenas um desses países seria, na melhor das hipóteses, uma empreitada parcial e deixaria de fazer justiça ao caráter internacional e cada vez mais globalizado da área editorial em língua inglesa.

O principal método de pesquisa que utilizei foi o de entrevistas em profundidade, semiestruturadas. A grande vantagem desse método para o tipo de pesquisa que eu estava me propondo fazer é que ele permite entrar nas organizações e ter uma percepção de como elas trabalham, permite explorar questões a fundo e ajuda a ver do ponto de vista de determinados indivíduos, estabelecidos em posições especiais dentro da área. Sempre dei aos meus entrevistados e às organizações a que eles pertenciam a garantia de anonimato e de que qualquer coisa confidencial que dissessem continuaria a ser confidencial. Isso era, em minha opinião, vital, já que estávamos frequentemente discutindo questões delicadas sobre estratégia, política organizacional e desempenho, e por ser difícil falar sobre um setor como o editorial sem usar exemplos específicos e indivíduos para ilustrar os pontos pretendidos. Quis que os entrevistados se sentissem livres para discutir essas questões abertamente, sem se preocupar se suas opiniões seriam registradas literalmente e atribuídas a eles na forma impressa, ou se suas organizações seriam nomeadas. A garantia de anonimato e confidencialidade foi essencial na construção da confiança, em uma relação em que a riqueza e a qualidade da comunicação dependem diretamente do grau de confiança do entrevistado no entrevistador, e se ele acredita que o o trabalho seja louvável. Todas as entrevistas foram gravadas e transcritas – embora, mesmo com minha garantia de anonimato e confidencialidade, houvesse ocasiões esporádicas em que alguns me solicitaram que desligasse o gravador enquanto uma questão particularmente delicada era discutida.

A arte de entrevistar é subestimada. Não é tanto um método, mas uma habilidade ou competência que se aprende praticando – ela se torna cada vez melhor, mas, em minha opinião, nunca chegamos a sentir que a dominamos por completo. Em parte, isso ocorre porque as perguntas feitas pelo entrevistador se tornam melhores à medida que ele compreende melhor como operam uma indústria e as organizações que a ela pertencem; ao reler minhas entrevistas, fico sempre surpreso por ver quão ingênuas foram algumas das minhas perguntas, quantas oportunidades perdi e quantos comentários intrigantes deixei de investigar mais profundamente; em parte, é também porque cada situação de entrevista é diferente e não se pode prever o que acontecerá à medida que ela se desenrola, que tipo de relação será estabelecida com o entrevistado ou mesmo quão longa ela será. Algumas vezes, vamos para uma entrevista esperando que ela irá durar uma hora e, de repente, surge uma emergência e seu tempo foi cortado pela metade. Também há ocasiões em que o que foi programado para durar uma hora acaba sendo uma hora e meia ou até mesmo duas, em que a entrevista começa a fluir para uma conversa sem limite de tempo. Na condição de entrevistador, é preciso ter flexibilidade e perspicácia para responder a essas circunstâncias variadas, agarrar oportunidades inesperadas quando quer que elas surjam e obter o máximo do tempo que lhe foi reservado.

Sempre me apresentei para as entrevistas com um conjunto estruturado de tópicos e perguntas, moldados para o profissional e para a empresa em questão, mas nunca considerei esse plano rígido: eu permitia que a conversa fluísse para outras direções, dependendo dos interesses e da experiência do entrevistado e de sua opinião sobre o que era importante e o que não era. Algumas vezes, apareciam tópicos em uma entrevista sobre os quais eu não havia pensado antes, talvez nem mesmo soubesse que existiam; parte da habilidade de um bom entrevistador é ter a capacidade de perceber a importância dessas revelações imprevistas, de deixar de lado ideias preconcebidas e, no calor do momento, encontrar uma maneira de explorar melhor as novas informações. Uma entrevista é uma conversa viva, que flui naturalmente, e, como em qualquer conversa, *o timing* é um elemento crucial: se algo inesperado é dito, tem-se a chance de explorar isso melhor – se conseguir encontrar as palavras certas rapidamente; caso contrário, a oportunidade se vai. Se foi perdida, pode ser que ela jamais volte – essa pode ser a sua única chance de conversar com determinada pessoa. Sem dúvida, é possível enviar um *e-mail* mais tarde – "Posso lhe fazer mais uma pergunta sobre algo que você disse?" – porém, jamais será a mesma coisa: provavelmente não virá uma resposta, e, se vier, ela com certeza não terá o tipo de franqueza espontânea e o detalhe judicioso de uma resposta dada a uma pergunta direta, feita face a face no pleno fluir de uma conversa. Ao sair de uma entrevista, sempre penso: "Eu devia ter perguntado a ele...".

Tive sorte: foram muitas as segundas chances que apareceram de fazer as perguntas que não havia feito na primeira vez e de explorar pontos que não havia explorado melhor no decorrer da entrevista; pude entrevistar muitos profissionais duas ou até três vezes ao longo de vários meses ou, em alguns casos, vários anos. Isso acabou sendo de um valor incalculável como forma de aprofundamento de minha compreensão acerca do setor de publicações comerciais e de como ele estava mudando. Algumas vezes, as segundas entrevistas são muito mais reveladoras do que as primeiras, em parte porque a relação e o nível de confiança já se estabeleceram, e em parte porque o terreno básico já foi coberto: é possível, então, concentrar-se em questões específicas e explorá-las com muito mais profundidade; e elas também podem ser mais reveladoras porque sua compreensão do negócio e da área melhorou desde o primeiro encontro; por conseguinte, suas perguntas são mais precisas e apropriadas.

Muito embora entrevistas sejam um método incrível de ganharmos *insight* sobre como as empresas trabalham, elas também têm suas limitações. Por mais generoso que os entrevistados sejam (e alguns dos meus entrevistados foram extraordinariamente generosos), seu tempo é limitado e outros compromissos sempre os estão pressionando; pode-se aprender muito em uma ou duas horas, mas muito, certamente, ficará por dizer. E, o mais importante, alguns entrevistados são mais abertos do que outros; alguns se reclinam na poltrona, colocam os pés sobre a mesa e contam honestamente como as coisas funcionam e como eles fazem seu trabalho, ao passo que outros se sentam atrás de suas mesas de trabalho e tentam preencher o tempo com descrições anódinas de tendências gerais ou afirmações enfadonhas sobre as políticas da empresa, vez ou outra olhando nervosamente para o microfone. Sempre que me vi enfrentando a fala de uma organização (aconteceu, embora com menos frequência do que se possa pensar), tentei, tão suavemente quanto possível, contornar a situação: eu queria saber o que realmente importava para o profissional que eu estava entrevistando, como ele realmente fazia seu trabalho e o que pensava a respeito. Entretanto, por mais que se volte a uma questão e a repita de maneira levemente modificada, nem sempre é possível ter plena certeza de que o que está ouvindo é o que essa pessoa realmente pensa, ou meramente o que ela quer que você pense que ela está pensando. Por isso, é bom espalhar sua rede por um território amplo e não confiar demais no que uma única pessoa diz. Geralmente, é possível perceber – se você for razoavelmente competente, experiente na arte comum da conversação – quando alguém está falando franca e abertamente e quando está enganando. Porém, nunca é possível ter certeza.

Minhas entrevistas se concentraram, acima de tudo, nos três protagonistas do campo de publicações comerciais: publishers, agentes e livreiros. Selecionei cuidadosamente as editoras. Trabalhar com as grandes editoras corporativas foi essencial, pois elas haviam se tornado tão atuantes e dominantes, que ocuparam o que poderia ser considerado o centro da área. Contudo, eu também queria conversar com as pessoas que trabalhavam em editoras pequenas e de médio porte – algumas tão pequenas, que eram literalmente uma operação de apenas um homem ou uma mulher, administradas a partir de um computador e um telefone em seu próprio apartamento no tempo livre –, para ver como suas perspectivas e práticas operacionais difeririam e para entender as dificuldades que enfrentavam. Eu quis compreender as semelhanças e as diferenças entre o Reino Unido e os Estados Unidos; portanto, procurei me assegurar de que trabalhava com ambos os países. Nas grandes editoras e nas editoras de médio porte, entrevistei CEOs, CFOs, COOs e outros gestores de alto escalão, incluindo gerentes comerciais e de marketing e, onde houvesse, gerentes responsáveis pelo desenvolvimento de estratégias digitais e iniciativas de novos negócios. Entrevistei muitos publishers, editores e funcionários envolvidos em diferentes níveis da empresa, desde os diretores de selos e divisões e editores sêniores que haviam trabalhado para a companhia durante muitos anos até editores juniores e assistentes editoriais que estavam na companhia por apenas um ano ou dois (e, em alguns casos, até menos). Como principiantes na área, os editores juniores e os funcionários mais jovens ainda estão aprendendo as manhas do negócio e lhes faltam a postura, a autoridade, a segurança e, em alguns casos, a convicção de seus colegas mais experientes, o que significa que estão propensos a ter uma perspectiva diferente e, em alguns aspectos, nova – *outsiders* que estão dentro; algumas coisas que seus colegas em posições superiores às deles têm como certas ainda são confusas para eles, e ouvi-los descrever as práticas e procedimentos aos quais estavam, algumas vezes com dificuldade, tentando se adaptar ajudou a colocar tais práticas e procedimentos em um relevo bem claro. Entrevistei também vários ex-CEOs, publishers e executivos que se haviam retirado do negócio por diferentes razões; em alguns casos, consegui entrevistá-los quando ainda exerciam seus cargos e também depois de os terem deixado. Essas entrevistas pós-afastamento foram, muitas vezes, extremamente reveladoras: o fato de que esses indivíduos haviam se afastado em geral lhes dava certa distância das organizações que os haviam empregado e lhes permitia falar com uma espécie de sinceridade que teria sido difícil se ainda estivessem ocupando seus cargos.

Entrevistei uma ampla gama de agentes, inclusive agentes bem conhecidos e com longa experiência, que foram fundadores – ou sócios – de agências importantes e influentes; agentes que haviam se desvinculado recentemente de agências conhecidas e aberto suas próprias agências, ou que haviam desistido de suas carreiras como publishers ou editores e que "haviam passado para o outro lado"; e numerosos agentes jovens que trabalhavam para agências e lutavam para construir suas próprias carreiras. Quanto ao lado do varejo, entrevistei pessoas que trabalhavam para algumas das principais redes de vendas de livros, bem como uma grande variedade de livreiros independentes; entrevistei também alguns compradores de livros em supermercados do Reino Unido.

Para agendar as entrevistas, recorri, sempre que possível, a contatos – depois de ter realizado pesquisa sobre a área de publicações acadêmicas, eu já possuía muitos contatos no mundo de publicações comerciais. Também pedi aos entrevistados conselhos sobre outras pessoas que, em sua opinião, seria válido entrevistar, e, dessa forma, consegui gerar uma rede de contatos em constante expansão, além de entrevistados em potencial. O acesso foi mais fácil do que eu poderia imaginar. A área editorial é uma indústria da palavra, e aqueles que trabalham nela – publishers, editores, agentes e outros – gostam de falar. A única área em que passei por dificuldades significativas em termos de acesso foi na área varejista do negócio; não entre livreiros independentes – eles se mostraram muito dispostos a conversar, sentindo-se, como ocorre com muitos, como se tivessem uma profissão sob ataque. As grandes redes varejistas, entretanto, foram uma história bem diferente. Conseguir acesso aos altos dirigentes não foi tão difícil – eles foram surpreendentemente generosos com o tempo de que dispunham; mas tentar conseguir acesso à administração intermediária e a atores-chave, como compradores, foi, em alguns casos, como tentar achar uma agulha no palheiro. De toda forma, consegui falar com compradores ou ex-compradores em número suficiente para sentir que tinha uma boa noção da maneira como eles operavam e dos problemas que enfrentavam, embora essa seja uma área que eu gostaria de ter tido a oportunidade de explorar mais.

Além de entrevistar o pessoal que trabalhava para editoras, agências e varejistas de livros, também entrevistei muitas outras pessoas ligadas, de alguma forma, ao mercado de publicações comerciais, inclusive editores de resenhas de livros que trabalhavam em veículos importantes como o *New York Times Book Review*, editores de ficção de revistas literárias relevantes, como a *New Yorker*, produtores que trabalhavam para os clubes do livro de programas de televisão, como o *Richard and Judy*, designers que prestam serviço tanto para editoras grandes como pequenas, olheiros que trabalhavam sob contrato para editoras estrangeiras, gestores que trabalhavam para companhias de tecnologia interessadas na área editorial e, é claro, escritores – inclusive autores escrevendo em seu próprio nome, autores escrevendo sob pseudônimo e *ghost-writers*. Embora não fizesse parte de meu plano estudar o universo (ou universos) dos escritores, foi sempre parte de meu projeto realizar entrevistas com vários escritores; no fim, acabei fazendo mais do que havia planejado originalmente, em parte porque as próprias entrevistas foram tão interessantes e em parte porque eles ofereceram uma perspectiva muito diferente e extremamente importante sobre uma área à qual eles pertencem e, ao mesmo tempo, não pertencem, como algum primo distante que nós toleramos, mas que não é, na verdade, bem-vindo às reuniões de família. Um estudo propriamente dito do universo dos escritores seria um projeto maravilhoso por si só, mas esse não foi o projeto no qual embarquei aqui.

No total, fiz cerca de 280 entrevistas, perfazendo cerca de quinhentas horas de gravação. A maioria das entrevistas durou aproximadamente uma hora e meia (o período padrão que eu pedia quando as agendava), mas muitas duraram duas horas, e algumas muito mais do que isso. Uma vez transcritas, eu as lia, anotava temas comuns, arquivava e voltava a elas posteriormente, relendo algumas muitas vezes no decorrer de meses e anos. Tendo em vista que eu mesmo fiz todas as entrevistas, já me sentia familiarizado com o conteúdo delas, mas os detalhes se perdem com o tempo; fazer uma releitura delas e anotar tópicos e temas comuns foi um exercício muito útil quando chegou o momento de desenvolver as principais linhas de argumento e análise.

Além de conduzir as entrevistas, participei de reuniões de compras em algumas grandes editoras, o que me deu uma noção de como eram tomadas as decisões e de como eram conduzidos os negócios numa grande organização. Muitos publishers se dispuseram de bom grado a compartilhar comigo números de vendas e outros documentos internos. Visitei a Nielsen Book-Scan, a Bowker e o Book Industry Study Group, e todas essas organizações me concederam generoso acesso aos seus dados e relatórios de pesquisa. Guardei notas de campo detalhadas durante o tempo em que estava fazendo pesquisa; essas notas, registradas em dezenas de cadernos, foram uma maneira de realçar para mim certos temas que emergiram da pesquisa e começar o processo de tentar entender o mundo no qual eu estava imerso.

Entender um mercado como o de publicações comerciais não é tarefa fácil: como muitas esferas da vida social, esse é um mundo desordenado e confuso, cheio de práticas enigmáticas e sujeitos excêntricos e, acima de tudo, muito diversificado e complexo. Há muitas editoras diferentes, cada qual com sua própria história e características organizacionais distintas; há centenas de agentes e agências e milhares de livreiros; esses e outros *players* estão constantemente interagindo um com o outro de maneira elaborada e astuciosa, e esse campo complexo de interação é, por si só, condicionado por uma série de fatores – sociais, legais, econômicos, tecnológicos – que, com frequência, surgem fora do campo e se estendem para muito além dele. Tentar entender tudo isso é como se ver diante de uma grande pilha de peças de um quebra-cabeça, sem saber se se trata de uma figura ou até mesmo se as peças à sua frente formam de fato uma figura. Minha suposição era de que, se brincasse com as peças por tempo suficiente e olhasse para elas de ângulos diferentes, acabaria conseguindo ver como elas se ajustam umas às outras, sendo capaz de discernir alguma ordem no caos, alguma estrutura no fluxo; ou, para lembrar uma metáfora diferente, usada na introdução deste livro: se ouvisse atentamente pessoas falando uma língua desconhecida, acabaria conseguindo apreender as regras gramaticais que tornam essa língua inteligível e permitem que as pessoas se comuniquem umas com as outras. Minha tarefa como analista foi encontrar essa ordem e trazê-la para o primeiro plano, apreender essas regras e torná-las explícitas – ou, para dizer de forma mais técnica, reconstruir a lógica do campo. Reconstruir essa lógica é uma forma de tentar identificar as forças e os processos que são mais importantes quando se moldam a estrutura e o desenvolvimento do campo; é uma forma de separar o essencial do não essencial, as coisas que importam mais das coisas que importam menos. Isso não quer dizer que outras coisas não são importantes ou que não têm lugar em um relato completo sobre o mundo de publicações comerciais; é simplesmente dizer que eles são menos importantes quando se quer compreender o que faz esse mundo girar.

Sem dúvida, posso estar equivocado. Pode ser que os fatores que escolhi e encadeei no que chamo de a lógica do campo sejam menos importantes do que penso, ou que deixei de notar alguma coisa crucial se quiser entender como o mundo de publicações comerciais evoluiu nos últimos quarenta ou cinquenta anos – se for esse o caso, então, como ocorre com qualquer tentativa séria de entender o mundo social, minha reconstrução está aberta a revisão e meu argumento aberto as críticas. Entretanto, a suposição básica subjacente à minha abordagem é de que, apesar da enorme complexidade desse mundo e do caráter arcano, até mesmo desnorteador de algumas de suas práticas, esse é um mundo que se pode compreender.

"Que se pode compreender" não significa que temos de aceitar algo menos do que um relato rigoroso, social e científico desse mundo, como se "compreender" fosse o irmão frágil na família das Ciências Sociais. Compreender o que é confuso, esclarecer o que é obscuro, tornar inteligível o que parece, à primeira vista, desafiar nossa compreensão – essas são metas perfeitamente legítimas da investigação social e científica. Somente aqueles apegados a uma concepção estreita das Ciências Sociais pensaria de outra maneira. Porém, colocar a questão dessa forma não faz jus à noção da lógica do campo, pois reconstruir essa lógica não é apenas uma forma de compreender um mundo que poderia soar como desconcertante e obscuro: ajuda-nos também a ver por que aqueles que atuam no campo agem como agem – por que, por exemplo, alguns protagonistas situados em determinadas posições no campo estão dispostos e em condições de pagar tanto por determinado livro escrito por certo autor, enquanto outros, situados em outras posições, não estão, ou por que algumas organizações de propriedade de grandes corporações estão dispostas (e ansiosas) a adquirir outras editoras, enquanto outras não estão, e assim por diante. Em outras palavras, a lógica do campo tem algum valor explicativo: ajuda-nos não apenas a compreender um universo, mas também a explicar por que os protagonistas e organizações que habitam esse universo agem como agem. Isso pode não ser uma explicação no sentido de tentar formular uma lei geral que demonstre uma relação regular entre causa e efeito, mas há outras maneiras de pensar sobre uma explicação, talhada com mais sensibilidade para o tipo de lugar que é o mundo social do que esse modelo simplificado de explicação que poderia sugerir a regularidade de uma lei.

A lógica do campo fornece a espinha dorsal de meu estudo sobre o mundo de publicações comerciais – sem ele, poderíamos ter uma coletânea de boas histórias, mas ela seria vacilante, seria desprovida de estrutura e argumentos e não daria ao leitor qualquer sentido dos processos da dinâmica que aglutina os protagonistas em relações de competição e dependência mútua; mas, ao mesmo tempo, tentei enriquecer este relato reunindo na análise as percepções e histórias de determinadas pessoas. Há sempre indivíduos situados em pontos específicos do campo ou às margens dele, muitas vezes pertencentes a organizações que, elas próprias, se situam em posições específicas. Como já explicado antes, utilizei pseudônimos para a maioria desses profissionais e inventei nomes para suas organizações, para preservar seu anonimato; no pequeno número de casos em que atribuí as opiniões expressas em entrevistas a pessoas reais, eu o fiz com a permissão delas. As citações foram literais, embora eu tenha tomado a liberdade de depurar a gramática aqui e acolá e de remover algumas idiossincrasias da palavra falada, quando sentia que elas poderiam atrapalhar mais do que ajudar o leitor. Evidentemente, não foi fácil decidir a que indivíduos entre os muitos que entrevistei deveria ser dada voz, não apenas porque houve tantos que falaram com muita eloquência sobre o mundo do qual fizeram parte e ao qual dedicaram a maior parte da sua vida profissional – se não toda ela –, mas também porque qualquer seleção será necessariamente parcial – um conjunto particular de visões de um conjunto particular de lugares, expressando um conjunto particular de experiências. Entretanto, quando essas vozes são colocadas dentro do contexto da estrutura e da dinâmica do campo, sua parcialidade pode ser relativizada. Elas podem ser vistas pelo que são: não vozes desincorporadas, reivindicando algum privilégio especial para falar sobre esse mundo, mas, sim, vozes falando de posições específicas dentro do campo, recorrendo a todo o conhecimento e *expertise* que ganharam para falar sobre esse mundo conforme eles o veem, para explicar como fazem seu trabalho e para descrever sua experiência. O ponto de vista de qualquer *player* nesse cenário é apenas um: a visão a partir de um ponto. Sua singularidade não é uma parcialidade que distorce nossa compreensão desse mundo, mas um momento complementar que o enriquece – é o particular dentro do geral, o concreto dentro do abstrato. Entrelaçar as visões e histórias de indivíduos na análise traz a lógica do campo para uma posição mais objetiva e dá ao leitor um olhar de relance – ou, mais precisamente, uma série de lampejos – sobre o que é habitar esse mundo, viver em suas diferentes vizinhanças e falar a língua que todos os seus habitantes, à sua própria maneira idiomática, aprenderam a falar.

Como ocorre com qualquer tentativa de compreender o mundo dos outros, atribuo grande valor ao que todos aqueles cujo mundo procurei entender atribuem à minha tentativa de encontrar sentido nele. Quando terminei a primeira versão do original, enviei-a a vários indivíduos que trabalham no campo de publicações comerciais no Reino Unido e nos Estados Unidos e os convidei a comentá-la; isso foi extremamente valioso como uma verificação do meu próprio entendimento de seu mundo e como uma forma de garantir que os detalhes de minha análise eram acurados; tive também a oportunidade de testar minha exposição da lógica do campo com as experiências e intuições de seus protagonistas. Não considerei a hipótese de que a validade de minha análise exigisse que todo e qualquer membro atuante no campo a aceitasse como uma análise justa e precisa de seu mundo – essa seria uma exigência rigorosa demais. Mas pensei, e ainda penso, que, se este trabalho fosse inteiramente irreconhecível para aqueles cujo mundo buscou refletir, então eu teria fracassado em minha tarefa de entendê-lo. Eles reconhecerem em minha análise os contornos de um mundo que conhecem de dentro, vê-la como uma representação acurada de seu mundo (embora não a única representação possível), foi, para mim, um teste importante da validade dessa empreitada, mesmo que não seja a única. Eles não tinham de concordar com cada detalhe de meu relato, nem compartilhar de minha avaliação crítica, mas espero, pelo menos, que reconheçam aqui os contornos de seu mundo, pois o que estamos tentando compreender, afinal de contas, são as regras da língua que eles falam.

– REFERÊNCIAS BIBLIOGRÁFICAS –

ANDERSON, C. *The Long Tail*: why the future of business is selling less of more. Nova York: Hyperion, 2006.

AUSTIN, J. L. *How to Do Things with Words*. In: URMSON, J. O.; SBISÀ, M. (Eds.). 2.ed. Oxford: Oxford University Press, 1976.

BAGDIKIAN, B. H. *The New Media Monopoly*. Boston: Beacon Press, 2004.

BAND, J. *The Google Library Project*: the copyright debate. American Library Association, Office for Information Technology Policy (jan. 2006). Disponível em: www.policybandwidth.com/doc/googlepaper.pdf. Acesso em: dez. 2009.

_____. *A Guide for the Perplexed*: libraries and the Google Library Project Settlement. American Library Association and Association of Research Libraries (13 nov. 2008). Disponível em: www.arl.org/bm-doc/google-settlement-13nov08. pdf. Acesso em: dez. 2009.

_____. *A Guide for the Perplexed Part II*: the amended Google Michigan Agreement. American Library Association and Association of Research Libraries (12 jun. 2009). Disponível em: wo.ala.org/gbs/wp-content/uploads/2009/06/google-michigan-amended.pdf. Acesso em: dez. 2009.

_____. *A Guide for the Perplexed Part III*: the amended Google Michigan Agreement. American Library Association and Association of Research Libraries (23 nov. 2009). Disponível em: www.arl.org/bm-doc/guide_for_the_perplexed_part 3_ final.pdf. Acesso em: dez. 2009.

BERG, A. S. *Max Perkins*: editor of genius. Nova York: Riverhead Books, 1978.

BIRKETS, S. *The Gutenberg Elegies*: the fate of reading in an electronic age. Londres: Faber & Faber, 1994.

BOURDIEU, P. *Language and Symbolic Power*. In: THOMPSON, J. B. (Ed.). Cambridge: Polity, 1991.

_____. Some Properties of Fields. In: *Sociology in Question*. Londres: Sage, 1993. p.72-7.

_____. *The Field of Cultural Production*: essays on art and literature. In: JOHNSON, R. (Ed.). Cambridge: Polity, 1993.

_____. *The Rules of Art*: genesis and structure of the literary field. Cambridge: Polity, 1996.

BOWER, J. L.; CHRISTENSEN, C. M. Disruptive Technologies: Catching the Wave. *Harvard Business Review*, p.43-53, jan.-fev. 1995.

BRADLEY, S. (Ed.). *The British Book Trade*: an oral history. Londres: British Library, 2008.

BROWN, A. C. "The Commercialization of Literature" and the Literary Agent. *Fortnightly Review*, v.80, 1 ago. 1906.

CAVES, R. E. *Creative Industries*: contracts between art and commerce. Cambridge: Harvard University Press, 2000.

CERF, B. *At Random*. Nova York: Random House, 1977.

COSER, L. A.; KADUSHIN, C.; POWELL, W. W. *Books*: the culture and commerce of publishing. Nova York: Basic Books, 1982.

CRYSTAL, D. *English as a Global Language*. Cambridge: Cambridge University Press, 1997.

DARDIS, T. *Firebrand*: the life of Horace Liveright. Nova York: Random House, 1995.

DARNTON, R. *The Case for Books*: past, present and future. Nova York: Public Affairs, 2009.

_____. Google and the Future of Books. *New York Review of Books*, v.56, n.2, 12 fev. 2009.

DE BELLAIGUE, E. *British Book Publishing as a Business Since the 1960s*: selected essays. Londres: British Library, 2004.

_____. "Trust Me, I'm an Agent": The Ever-Changing Balance between Author, Agent and Publisher. *Logos*, v.19, n.3, p.109-19, 2008.

ENGLISH, J. E. *The Economy of Prestigie*: prizes, awards, and the circulation of cultural value. Cambridge: Harvard University Press, 2005.

EPSTEIN, J. *O negócio do livro*: passado, presente e futuro do mercado editorial. Rio de Janeiro: Record, 2002.

FARR, C. K. *Reading Oprah*: how Oprah's Book Club changed the way America reads. Albany: State University of New York Press, 2005.

FEATHER, J. *A History of British Publishing*. 2.ed. Londres: Routledge, 2006.

FISHMAN, C. *The Wal-Mart Effect*: how an out-of-town superstore became a superpower. Londres: Penguin, 2006.

GASSON, C. *Who Owns Whom in British Book Publishing*. Londres: Bookseller, 2002.

GILLIES, M. A. *The Professional Literary Agent in Britain, 1880-1920*. Toronto: University of Toronto Press, 2007.

GOMEZ, J. *Print is Dead*: books in our digital age. Nova York: Macmillan, 2008.

GRECO, A. N.; RODRIGUEZ, C. E.; WHARTON, R. M. *The Culture and Commerce of Publishing in the 21ˢᵗ Century*. Stanford: Stanford University Press, 2007.

HABERMANS, J. *The Structural Transformation of the Public Sphere*: an inquiry into a category of bourgeois society. Cambridge: Polity, 1989.

HALL, M. *Harvard University Press*: a history. Cambridge: Harvard University Press, 1986.

HARTLEY, J. *The Reading Groups Book, 2002*. 3.ed. Oxford: Oxford University Press, 2002.

HEPBURN, J. *The Author's Empty Purse and the Rise of the Literary Agent*. Londres: Oxford University Press, 1968.

HERMAN, E. S.; MCCHESNEY, R. W. *The Global Media*: the new missionaries of corporate capitalism. Londres: Cassell, 1997.

HORVATH, S. The Rise of the Book Chain Superstore. *Logos*, v.7, n.1, p.39-45, 1996.

KORDA, M. *Another Life*: a memoir of other people. Nova York: Random House, 1999.

KOVAČ, M. *Never Mind the Web*: here comes the book. Oxford: Chandos, 2008.

LANE, M.; BOOTH, J. *Books and Publishers*: commerce against culture in postwar Britain. Lexington: D. C. Heath, 1980.

LEWIS, J. *Penguin Special*: the life and times of Allen Lane. Londres: Viking, 2005.

MAHER, T. *Against My Better Judgment*: adventures in the city and in the book trade. Londres: Sinclair-Stevenson, 1994.

MCCHESNEY, R. W. *Rich Media, Poor Democracy*: communication politics in dubious times. Nova York: New Press, 1999.

MILLER, L. J. *Reluctant Capitalists*: bookselling and the culture of consumption. Chicago: University of Chicago Press, 2006.

NORD, D. P.; RUBIN, J. S.; SCHUDSON, M. *A History of the Book in America*, v.5: the enduring book: print culture in postwar America. Chapel Hill: University of North Carolina Press, 2009.

ODA, S.; SANISLO, G. *The Subtext 2007-2008 Perspective on Book Publishing*: numbers, issues and trends. Darien: Open Book, 2007.

PUBLISHING in the Knowledge Economy: competitiveness analysis of the UK publishing media sector. Londres: Department of Trade and Industry ad UK Publishing Media, 2002. Disponível em: www.publishingmedia.org.uk/download/02dti_competitive_analysis.pdf. Acesso em: dez. 2009.

PUBLISHING Market Watch: final report, submitted to the European Commission, 27 jan. 2005. Disponível em: ec.europa.eu/information_society/media_taskforce/doc/pmw_20050127.pdf. Acesso em: dez. 2009.

READING At Risk: a survey of literary reading in America. Washington, D.C.: National Endowment for the Arts, 2004.

ROONEY, K. *Reading With Oprah*: the book club that changed America. 2.ed. Fayetteville: University of Arkansas Press, 2008.

SCHIFFRIN, A. *O negócio dos livros*: como as grandes corporações decidem o que você lê. Rio de Janeiro: Casa da Palavra, 2006.

SHATZKIN, L. *In Cold Type*: Overcoming the Book Crisis. Boston: Houghton Mifflin, 1982.

SMITH, A. *The Age of Behemoths*: the globalization of mass media firms. Nova York: Priority Press, 1991.

SPECTOR, R. *Amazon.com*: get big fast. Londres: Random House, 2000.

STRIPHAS, T. *The Late Age of Print*: everyday book culture from consumerism to control. Nova York: Columbia University Press, 2009.

SUTHERLAND, J. *Bestsellers*: a very short introduction. Oxford: Oxford University Press, 2007.

TALEB, N. N. *The Black Swan*: the impact of the highly improbable. Nova York: Random House, 2007.

TEBBEL, J. *A History of Book Publishing in the United States*, v.3: the golden age between the two wars, 1920-1940. Nova York: R. R. Bowker, 1978.

_____. *A History of Book Publishing in the United States*, v.4: the great change, 1940-1980. Nova York: R. R. Bowker, 1981.

TEBBEL, J. *Between Covers*: the rise and transformation of American book publishing. Nova York: Oxford University Press, 1987.

THOMPSON, J. B. *The Media and Modernity*: a social theory of the media. Cambridge: Polity, 1995.

_____. *Books in the Digital Age*: the transformation of academic and higher education publishing in Britain and the United States. Cambridge: Polity, 2005.

TO READ or Not to Read: a question of national consequence. Washington, D.C.: National Endowment for the Arts, 2007.

UNDER THE RADAR. Nova York: Book Industry Study Group, 2005.

USED-BOOK Sales: a study of the behavior, structure, size, and growth of the US used-book market. Nova York: Book Industry Study Group, 2006.

WASSERMAN, S. Goodbye to All That. *Columbia Journalism Review*, set.-out. 2007.

WHITESIDE, T. *The Blockbuster Complex*: conglomerates, show business, and book publishing. Middletown: Wesleyan University Press, 1980.

WISCHENBART, R. *Diversity Report 2008*: an overview and analysis of translation statistics across Europe (21 nov. 2008). Disponível em: www.wischenbart.com/diversity/report/Diversity%29/report_prel-final_02.pdf. Acesso em: dez. 2009.

_____. *The Many, Many Books – For Whom?* (11 set. 2005). Disponível em: www.wischenbart.com/de/essays_interviews_rw/wischenbart_publishingdiversity_oxford-2005.pdf. Acesso em: dez. 2009.

– ÍNDICE REMISSIVO –

A

"A" listas, *ver* livros importantes
ABA (Associação Americana de Livreiros), 39, 41
acadêmica, área editorial
  editoras universitárias, 198-204
  lógica do campo, 17-8, 20, 317-24, 338
  periódicos, 69, 71, 91, 374, 378, 380
  tecnologia digital, 378-81
acesso, tecnologia digital, 369
adiantamentos
  autores de renome/veteranos, 234-6
  editoras de porte médio, 195
  editoras universitárias, 201
  grandes corporações, 154, 166-7
  papel dos agentes, 78-80, 104-10
  pequenas editoras independentes, 120, 174, 180
  Randy Pausch: *The Last Lecture*, 7-9, 321-4
agentes
  autores de renome/veteranos, 234-6
  avaliação de, 96-97, 100
  Estados Unidos, 71-2
  gerenciamento da carreira do autor, 108-11
  histórico da carreira, 103
  interação autor-publisher, 22-3
  listas "A", 205
  livros importantes, 210-1, 228-9
  negociação de contrato, 106
  negociação dos direitos, 72, 75-6, 79-80, 106-7
  origens dos, 69-73
  pequenas editoras independentes, 174-5, 180, 188
  pitching, 99-104
  processo de propostas de livro, 146-9
  proliferação de, 81-8
  que recebem apenas comissão, 90
  questões de carreira, 99, 110
    aprendizado/aconselhamento, 88-91
    construindo uma carteira de clientes, 88-96
    pagamento, 90
    "roubando"/perdendo autores, 77-8, 91-3, 95-6

  rede social, 97-100
  Reino Unido, 69-72
  salário de, 90
  superagentes, 73-81
  venda/adiantamentos, 78-9, 104-6, 108-9
Albom, Mitch: *Tuesdays with Morrie*, 322
Allen Lane, 43, 132-3, 138
Amazon, 49-54, 56-7, 67, 441
  BookScan, 217
  Kindle (*e-book reader*), 346-7, 365, 399, 400-3, 405-6
  marketing e vendas, 361, 365, 368
  negociação de direitos digitais (DRM), 391-3
  publicidade pré-venda, 272-3
  queda de preço, 367
  Reino Unido, 51, 63-4, 67, 336
  Search inside the Book [pesquisa dentro do livro], 363, 392-3
  termos de negociação com a Macmillan, 406
  vendas, 49-52
  vendas de *backlist*, 240
American Book Publishing Record (ABPR) (Bowker), 260
American Booksellers Association (ABA), 39-42
"amostragem digital", 362-3, 393
Andersen, Chris, 342, 360
Anjos e Demônios (Brown), 302-5
aprendizado/aconselhamento de agentes, 88-91
aquisição de conteúdo, 12, 22, 25, 374, 380, 405
arquivos digitais, 386-8, 393, 398, 404
  construindo, 383, 388
  revistas eletrônicas, 374
Asda, 54, 64, 329-30, 335
Association of American Publishers [Associação de Editores Americanos], 342, 348
Association of Author [Associação de Autor], 81
  Representatives [Representantes], 81
"ativadores de reconhecimento", 300-2, 307
audiolivros, 262, 386, 389
autores
  capital simbólico, 14-5

466 JOHN B. THOMPSON

comunidade de, 423-4
consagrados, 207, 230-7
gerenciamento de carreira, 108-11, 415-427
mudança de nome, 109, 425
novos, 156-7, 218, 232-3
"órfãos", 99
plataforma, 97-9
trajetória, 215-6, 218-9
turnês por várias cidades, 268
perder/"roubar" autores, 77-8, 91-3, 95-6
ver também adiantamentos
avaliação/gosto de editores/publishers, 114-6,
149-50
livros importantes, 247, 253, 257, 286, 318
pequenas editoras independentes, 180-1

B
B. Dalton Booksellers, 34-6, 42
Barnes & Noble, 35-43, 49, 56
b&n.com, 49-52
BookScan, 217
clássicos em domínio público, 239
devoluções, 309-10, 425
exposição na frente da loja, 318, 432
pequenas editoras independentes, 173
Sterling, 131, 239
Bertelsmann, 49, 121, 125-6, 129-30, 134, 137
best-sellers
comerciais, 56, 154
listas de, 273
Bezos, Jeff, 49
blogueiros/blogosfera, 175, 275-6
Bloomsbury, 137-8, 191, 198
Bodley Head (CBC), 134
Book Industry Study Group (BISG) [Grupo
de Estudo da Indústria do Livro], 29, 59,
168, 381, 457
Book Rights Registry (BRR), 396
BookScan, 263, 295-7, 302-4, 306-7, 431-2,
457
Borders, 34-8, 39-42, 49, 56
Books Etc., Reino Unido, 64, 66
BookScan, 217
Borders.com, 50
devoluções, 309-10
Bourdieu, Pierre, 9
Bowker, J. L. e Christensen, C. M., 341-2
Bowker: *American Book Publishing Record*
(ABPR), 260
brochura, 43-4
Brown, Curtis (Curtis Brown), 72, 87
Brown, Dan
Anjos e Demônios, 302-4
O Código Da Vinci, 45, 218, 220, 270, 426
burburinho, 107, 211-2, 272

C
cadeia de valor, 21-3
campo editorial, caráter relacional do, 10
capa dura, revolução da, 45-9, 239, 310-1, 410

capa dura e brochura, mercado de, 44-9,
123, 194, 200, 239, 293-5, 311, 409-10
capacidade
de atualização, tecnologia digital, 369
de previsão, 312-15
Cape, Jonathan, 138
capital
de agentes, 97-100
de campos editoriais, 11-16
econômico, 11-2, 15-6
humano, 12-3
intelectual, 11-3
pequenas editoras independentes, 175,
181-2
simbólico, 11-2, 14-5
social/redes, 12, 13
carreiras
de autores, 108-11, 415-27
ver também agentes, questões de carreira
Cassells, 71, 135
CDs, 376, 378, 389-90
Cedar Press, 147-9
censura de conteúdo, 155-6
Century Hutchinson, 134-5
Cerf, Bennett, 115, 117-9
Chatto, Bodley Head e Jonathan Cape
(CBC), 134
Cheetham, Anthony, 134-5
ciclos de vendas
fluxo de caixa, 119-20
preenchendo os vãos, 243-9, 250-3, 256-7
priorização de títulos, 206-8
cinema, adaptações/direitos, 72, 76, 256,
300-5
clubes atacadistas, 54-6, 310
clubes do livro, 293
clubes do preço, 54-5
Código Da Vinci, O, 45, 218, 220, 270, 426
compras por impulso, 280-3
compressão das margens, 338-9
'comps' (livros comparáveis), 219-20
comunidade de autores, 423-4
conglomerados alemães de mídia, 121
Bertelsmann, 49, 121, 125-6, 129-30,
134, 137
ver também Holtzbrinck
conglomerados de mídia, 121
europeus, 121, 124-5
ver também conglomerados de mídia nomeados
Consortium, 170-1, 183, 196-7
corporações editoriais, 132-9, 445-7
Corrigan, Kelly: *The Middle Place*, 278-9
Costco, 56-7, 59, 217, 282, 310
crise financeira e recessão, 437-40
Curtis Brown, 70, 72, 87
curto prazo, a questão do, 409-15, 442

D
de Bellaigue, Eric, 87, 117, 132-3, 135
descontos, 162-3, 324-35
capa dura *vs* brochura, 47-8

MERCADORES DE CULTURA

diferencial de preço reduzido, 47
e interesse a longo prazo das editoras, 335-7
"em alta", 309
on-line, 50-1, 53-4,
papel dos comerciantes para o mercado de massa, 53-9
transparência, 46
ver também legislação antitruste
desenvolvimento de conteúdo, 25
design de capa, 46
devoluções/estoque não vendido, 309-14
diagramação, tecnologia digital, 357
direitos
  Book Rights Registry, 395-6
  digitais, gerenciamento e tecnologia, 390
  em línguas estrangeiras, 72, 76, 79-80, 106-7
  internacionais, 79-80
  para o cinema/adaptações para o cinema, 72, 76, 256, 300-5
Dillons, 60-3
domínio público, clássicos em, 239
Doubleday, 48, 114, 126, 138, 169, 218, 445-6
DVDs, 378

E
e-books, 346-7, 365
  deflação de preços, 366-8, 399-407
  vendas e receita, 343, 346-54, 441-3
  vs livros impressos, 343-6, 351-2, 381-2, 390-1
economia
  de escala, grandes corporações, 161-7
  de favores, pequenas editoras independentes, 171
editoras
  hierarquia das, 101-2
  independentes, *ver* pequenas editoras independentes
  universitárias, 198-203
editores, 12-3
  agentes e, 83-7, 100-2, 223-9
  grandes corporações, 150-3, 162
  mitos, 156-9
  mudanças organizacionais (Cedar Press), 147-50
  questões financeiras (Star), 144-6, 152-3
  ver também avaliação/gosto de editores/ publishers
editorial
  benefícios de escala campos, 161-7
  cadeia, 20-9
  campos, 9-11
  carreira do autor, 415-24
  cinco mitos sobre, 154-9
  conglomerados de mídia europeus *vs* Estados Unidos, 124-5
  corporações, 113-7, 445-9
  crise financeira e recessão, 437-40
  enigma do crescimento, 122-3, 206-12, 410-4
  Estados Unidos, 126-31, 445-6, 448
  fase da "sinergia", 117-20

fase de crescimento, 120-5
microambientes, 144-54
modelos centralizados e federados, 139, 140, 142-3
questão da diversidade, 427-30, 433-4
Reino Unido, 132-9, 445, 447
elitismo, 328
enigma do crescimento, corporações editoriais, 122-3, 206
Epstein, Jason, 30, 34, 43, 48, 102
Estados Unidos, 18-20
  agentes, 71
  compressão das margens, 338
  corporações editoriais *vs* conglomerados mídia europeus, 126-31, 445-9
  estatística de produção de títulos, 260-2
  marketing
    Oprah Book Club, 294-9, 300, 305, 307-8
    redes varejistas, 33-45, 54-9, 309-10
    vendas e, 324-9
    New York Times, lista de best-sellers, 202, 215, 271-2, 279, 294-5, 302, 304, 323, 399-400
  editoras, 128-30
  participação no mercado, 58
  varejistas, 59-62
  Robinson-Patman Act (1936), 40-1, 325-8, 338, 401, 434-5
  ver também Amazon
estatística de produção de títulos, 260-2
estoque não vendido/devoluções, 41-3, 57-8
exportações conglomerados franceses de mídia, 121
  ver também Hachette
exposição na entrada da loja, 259-60, 280, 284-5

F
Faber, 177, 191
  "Alliance", 196-8
fase de crescimento, corporações editoriais, 120-5
feiras de livros, 106
filme, 72, 76, 256, 300-5
"fiscais", 23
fluxo
  de caixa, 119-20, 178-9, 188-90
  de trabalho digital, 356, 358
funções de gerenciamento e coordenação de publishers, 26-7
fusões e aquisições, finanças/orçamentos, 115-26, 140, 162
Frankfurt, Harry: *Sobre falar merda*, 202
Frazier, Charles, 194
Frey, James: *Um milhão de pedacinhos*, 295, 297-8

G
Galaxy, 251-4
gerenciamento de direitos digitais (DRM), 390, 392, 394, 401

gerentes de nível médio, 154, 412-3,
giro de estoque 42, 415,
Google
  Book Search, 362-3, 393
  caso de infração de direitos autorais (Library Project), 394-8
  marketing e vendas, 275-7
  Partner Program, 395
grandes corporações, *ver* corporações editoriais
Grann, Phyllis, 232
Grove Atlantic, 185, 191, 194

H
Hachette, 121, 124, 128, 130-1, 134-8, 142, 236, 406, 447
  espectro centralizado/federado, 142-3
  selos, 136, 447
Hamish Hamilton, 132-3
Hamlyn, Paul, 135
Harcourt, 129, 131, 191
HarperColins, 61, 126-7, 129, 133, 138
  censura, 155-6
  espectro centralizado/federado, 142-3
  selos, 127, 138, 448
Harry Potter, 131, 138, 197, 335, 339, 394
Harvard University Press, 199-200
Heanage, James, 62
Heinemann, William, 70, 135
Hill & Wang, 295-6
histórico
  de agentes, 224
  de autores, 215, 218, 229
  de editores, 179, 223
HMV, grupo de mídia, 63, 77
Hodder Headline, 61, 136, 329, 333
Holtzbrinck, 121, 128-9, 131, 138
  espectro centralizado/federado, 142
  selos, 138, 413
Houghton Mifflin, 128-9, 131, 191
Hutchinson, Tim Hely, 61, 136, 329
Hyperion, 240, 322-3

I
IDPF (International Digital Publishing Forum), 347-8
impressa, publicidade, 269
impressão
  digital a curto prazo (SRDP), 359-60
  números de, 79
  reimpressão, 163-4
  sob encomenda, 360
  tecnologias, 69, 357-60
incógnitos, lançamentos adicionais, 250-2
"indústria do cisne negro", 208-10
infração de direitos autorais, tecnologia digital, 366, 391-8
interação autor-agente-publisher, 22-3
"integração vertical" em publicações, 45, 121
International Digital Publishing Forum, 347-8
intertextualidade, tecnologia digital, 372-3

investimento e funções de risco de editoras, 25-6
iPad, 347, 368, 405
iPods, 344, 371, 390, 401
ISBN, 169-70, 386

J
Janklow, Morton, 73-5, 81
jornais, resenhas em, 265-6

K
King, Stephen, 342
Klopfer, Donal, 118-9
Knopf, 118, 194
Kostova, Elizabeth: *The Historian*, 271

L
lançamento, data, 270-1
  de obras de referência, eletrônico, 199, 351, 376-8
  editoras de médio porte, 192-5
  editoras universitárias, 201-3
  pequenas editoras independentes, 181-3
Lane, Allen, 43, 132-133
Last Lecture, The (Pausch), 7-9, 321-3
legislação antitruste, 111, 118-9
  Net Book Agreement (NBA), 60-4, 327-30, 338-9, 434-5
lei da concorrência, *ver* legislação antitruste
leilões, 104, 227-9
leitor, lealdade do, 230-1
leitores externos, 226-7
leitura
  declínio, 265
  em e-book, 344-5
    Amazon Kindle, 365
    Sony, 365
  grupos de, 278, 298-9, 305
Library Project, Google, caso de infração de direitos autorais, 394-5
língua estrangeira, 72, 76, 79-80, 106-7
língua inglesa
  editoras comerciais anglo-americanas, 18, 20
  direitos, 72, 79-80, 106
"lista intermediária" de títulos, 200
listas de best-sellers, 273
  New York Times, Estados Unidos, 202, 215, 271-2, 279, 294-5, 302, 304, 323, 399-400
  Reino Unido, 65, 334
Little, Brown (Grand Central Publishing), 124, 128, 134
Liveright, Horace, 115
livrarias independentes, 33-4
  de autores consagrados, 207, 230-7
  de celebridade, 221-2, 246, 313, 412-3
  de "virada", 293
  e pequenas editoras independentes, 171-2
  declínio, 38-40, 434
  desafios legais para as redes, 40-1
livros
  importantes, 205-6, 413, 428
  "pequenos", 209-10

MERCADORES DE CULTURA 469

lojas de departamento, 33, 34
ver também lojas de departamentos nomeadas
lucros & perda (L&P), demonstrativos, 144-6,
151-2, 214, 256, 267, 309
ver também adiantamentos; descontos;
vendas; ciclos de vendas

M
MacMillan, 60, 128-9, 138, 406
Maher, Terry, 60
manuscritos, preparação para proposta, 101-2
marketing, 23-4, 27
batalha pelo globo ocular, 280-5
boca a boca, 269-70
capa dura e brochura, 44-8, 123, 194, 200,
239, 293-5, 311, 409-10
colocação dentro da loja, 165
competitivo, 15-16
devoluções/estoque não vendido, 309-15
diversidade, 430-3
economia de escala, 162
estatística e luta por visibilidade, 260-5
expositores na entrada da loja, 259-60,
280, 284-5
mídia para o mercado de massa/micromí-
dia, 265-73
on-line, 269-70, 273-80
publicidade *co-op*/cooperativa, 41-2, 283-5,
326-7
redes varejistas, 59-66, 329-37
regras das seis semanas, 289-94
respaldando sucesso, 285-9
Richard and July Book Club, 299-302, 307-8
televisão, 266-7, 294-308
"tagarela"/boca a boca, 269-70, 294
ver também Amazon; marketing on-line
MCA, 232
McEwan, Ian, 304-7
médio porte, editoras, 128-9
dificuldades, 190-5
e lançamento para preencher o vão, 257-8
e pequenas companhias, agremiações, 195-8
megastores/lojas de shopping centers, 34-45
Menzies, 329
mercado de livros usados, 52-3
mercado do "vencedor leva mais", 431-2
Michael Joseph, 132-3
Middle Place, The (Corrigan), 278-9
mídia
atenção da, 179, 186, 188, 210
conglomerados, 121-5
ver também conglomerados de mídia nomeados
de massa/micro, 265-73
pequenas editoras independentes 182-3, 188
Milhão de Pedacinhos, Um (Frey), 297-8
modelos de corporações federadas e centralizadas, 139-40, 142-3
Mosaic, 254-6
multimídia, tecnologia digital, 372
Murdoch, Rupert, 121, 126
Murray, John, 136

N
National Endowment of the Arts (NEA)
Reading at Risk
Pesquisa, 263-4
Net Book Agreement (NBA), 60-4, 327-30,
338-9, 434-5
New York Times, lista de best-sellers, 202,
215, 271-2, 279, 294-5, 302, 304, 323,
399-400
News Corporation, 121, 126
nicho, audiência de, 269, 275
Nielsen, Arthur/Nielsen Company, 215-6
Nixon, Richard (livro), 73-4
Noite, A (Wiesel), 294-6
North Carolina Booksellers Association,
caso legal, 41-2
notícias, revistas de, 266
novos autores, 156-7, 218, 232-3

O
Octopus Publishing Group, 135
oferta de conteúdo, tecnologia digital, 355-61,
363-8
Olympic, 243-59, 412-3
operação, sistemas de, tecnologia digital, 355
Oprah Book Club, 294-300, 305, 307-8
Orçamentos, 153, 257-8, 326, 374, 380
"órfãos", autores, 99
organizações sem fins lucrativos, 171
editoras universitárias, 198-203
Orion, 135
Ottakar's, 62, 66

P
participação no mercado
editoras do Reino Unido, 136-8
editoras dos Estados Unidos, 129-31
varejistas do Reino Unido, 65-6
varejistas dos Estados Unidos, 57-8
Patterson, James, 236, 271, 291, 333
Paul Hamlyn Books, 135
Pausch, Randy: *A lição final*, 7-9, 321-3
PDFs, 360, 385-6, 391
Pearl, Frank, 195-6
Pearson, 121, 126-7, 133
Penguin, 126-7, 129, 131-3, 138
Backlist, 239-40
e-books, 400
espectro centralizado/federado, 142
selos, 127, 138, 446
pequenas editoras independentes
adiantamentos, 120, 174, 180
agentes e, 174-5, 180, 188
atenção da mídia, 178-9,
atitude contracultura, 176-7
autores e, 180-2, 425-7
best-sellers, 179-80
capital de giro, 173-4, 177-8, 189-90
crescimento de corporações editoriais e,
120-1
economia de favores, 171-3

lançamentos para fechar o vão e, 257-8
empresas de médio porte,
  ligas e agremiações, 196-9
livrarias independentes e, 173
"livros da virada", 293
redes sociais, 12-3
Reino Unido, 132-9
taxas de freelancers, 172-3
terceirização, 170-1
terceiros, vendas e distribuição para, 183-4,
  189
virtudes e vulnerabilidades, 166-88
vs livros importantes, 210-1, 228-9
vs livros de qualidade 155, 249
perder/"roubar" autores, 77-8, 91-3, 95-6
periódicos
  científicos e acadêmicos, 374-6
  eletrônicos, 375-6
  literários, 92
Perseus Books Group, 185, 195-6
pesquisa
  capacidade de, tecnologia digital, 451-60
  métodos de, 371
pirataria, ver infração de direitos autorais,
  tecnologia digital
plataforma, 97-8, 221-2
pluralidade de campos editoriais, 10
POD (impressão sob encomenda), 360
portabilidade, tecnologia digital, 371
pré-lançamento, publicidade, 272-3
preço, deflação, tecnologia digital, 399-407
premiações de livros, 301
Price, Sol e Robert, 54-5
PriceWaterhouseCoopers, 342
Princeton University Press, 202
priorização de títulos, 206-8
privadas vs abertas, corporações, 254-6
processo de submissão de proposta, 97-8
programas de lançamentos, 248
propondo livro, 96-7, 99
propostas, preparação para submissão, 97-8
publicações adicionais
  corporações abertas vs fechadas, 254-7
  editoras independentes pequenas e de
    médio porte, 257-8
  incógnitos, 249-51
  preenchendo o vão, 244-54, 257-8
  questão do curto prazo, a, 412-3
"público classe A", 34
publishers-proprietários, 114-6, 173-6, 257-8
Publishers Group West, 169, 195-6
publishers, funções-chave, 24-8
Publishersmarketplace.com, 81-2
PubTrack, 281-2
Putnam, 232-3
Putnam Berkeley, 133

Q
qualidade
  autores e agentes, 77-8
  diversidade e, 427-35

lançamentos adicionais e, 248-9
principais funções dos publishers, 26
vs best-sellers, 154-5, 170-2

R
RCA, 119, 126, 132
racionalização, fusões e aquisições, 140, 162
rádio, marketing no, 267
Random House, 115-9, 126, 128-9, 131, 136-8
  Backlist, 239-40
  CBC, 134
  espectro centralizado/federado, 148
  matriz, 149
  selos, 126, 136-7, 445-6
  pequenas editoras independentes e, 194
Rashid, Ahmed: Taliban, 202
recursos, ver capital
rede
  de crença coletiva, 86, 211-2, 223-7
  de suprimento, 20-1
    capacidade, 312-5
Reed Consumer Books, 60
Reed Elsevier, 129, 135
regra das seis semanas, 289-94
Reino Unido
  Agentes, 69-71
  Amazon, 51, 63-4, 66, 337-8,
  Border Group (Books Etc), 63, 65
  compressão das margens, 338-9
  grupos editoriais dominantes, 132-8
  listas de best-sellers, 65, 334
  participação no mercado
    editoras, 136-8
    varejistas, 65-6
Reparação (McEwan), 304-6
representantes, 46-7, 207-8
  ver também marketing; vendas; redes vare-
    jistas
responsabilidade de gerenciamento, 152-3
Restrictive Practices Court, Reino Unido, 60-1
revisão editorial, tecnologia digital, 357
revistas, 92
Reynolds, Paul Revere, 71
Richard and Judy Book Club, 299-302, 307-8
riscos, assumindo, 26, 85-6, 166-7
Robinson-Patman Act (1936), 40-1, 325-8,
  338, 401, 434-5
  Estados Unidos, 40-1, 325-8, 338-9, 402,
    434-5
Rosenthal, Arthur, 199

S
Safire, Bill, 73-4
Sam's Club (atacadista), 54-6, 217
Schiffrin, André, 30, 428
self-publishing, 169
selos, 445-9
  ver também corporações nomeadas
Simon & Schuster, 124-7, 131, 133, 138-9
  Backlist, 240

MERCADORES DE CULTURA

espectro centralizado/federado, 142
selos, 448
"sinergia" fase de, corporações editoriais,
117-20
sistema de Gerenciamento de Arquivo Digital (DAM), 385-6
sistemas EDI (Electronic Data Interchange),
355
sistemas EPOS (pontos de venda eletrônicos), 215-6
BookScan, 215-9, 236
Sony
e-reader, 346, 365, 400
Penguin e, 400
Sparrow Press, 185-8
SRDP (impressão digital a curto prazo), 359-60
Star, 144-8, 152-3
Sterling, 131, 239
submissões múltiplas, 104, 226
supermercados, 65-7, 329-37
suplementos, 20-1

T
Taliban (Rashid), 202
taxas de freelancers, grandes *vs* pequenas
editoras, 172-3
tecnologias digitais, 440-3
campos editoriais e, 373-81
custos para pequenas editoras independentes, 170
deflação de preços, 399
e valor agregado, 369-73
e-books, 353
ver também Amazon Kindle (*e-book reader*)
impressão, 69, 358-62
infração de direitos autorais, 366, 391-8
infraestrutura de grandes corporações,
166
"máquinas de ensinar", 117-9
marketing digital, 269-70, 72-9
revolução oculta, 354-68
terceirização, 23-5
pequenas editoras independentes, 169-70
seleção inicial por agentes, 85-6
taxas de freelancers, 172
terceiros, vendas e distribuição, 183-5, 188
Tesco, 64, 210, 329-30, 332-3, 335
Thomas Nelson, 134-5, 190
Thompson, John B., 135
Thomson Organization, 135
Tilling, 135
Time Warner, 128, 131, 134, 136
timing do lançamento, 270-1

títulos em *backlist*, 238-40, 360-1, 409-10
Total Consumer Market (TCM), BookScan, 216
traduções, 19
direitos em língua estrangeira, 72, 76, 79-80, 106-7
Tuesdays with Morrie (Albom), 322
tutoria/aprendizado de agentes, 88-91

U
um a um, proposta, 104

V
valorizando o que não tem valor, 212
varejistas, redes
agentes e, 72
colocação dentro da loja/*co-op* (publicidade cooperativa), 326-7
editoras universitárias e, 200-1
Estados Unidos, 34-45, 54-9, 309-10
grandes corporações e, 164-5, 433-5
Reino Unido, 33-40, 329-38
títulos de *backlist* e, 239
vendas
adiantamentos, papel dos agentes, 78-9,
104-5
Book Industry Study Group (BISG), 168-70, 381
de ficção em brochura, 430-3
distribuição de pequenas editoras independentes, 182-4, 188
registros (EPOS/BookScan), 215-8, 236
Viking Press, 133
virtudes da *backlist*, 238-40
Vivendi, 128

W
Walden Book Company/lojas Waldenbooks,
34-9, 42-3
Wal-Mart, 54-7, 310-1
BookScan, 216
Waterstone, Tim, 62-4
Waterstone's, 62-7, 330, 336-7
Watt, A. P., 69-70
Weidenfeld & Nicolson, 135-6
WH Smith, 61, 63, 66, 136, 330
Wiesel, Elie: A *Noite*, 294-6
Wikipedia, 277
Winton, Charlie, 185
Workman, 240
Wylie, Andrew, 73, 76-81, 104, 228

Y
Yale University Press, 202
YouTube, 277-9, 321

SOBRE O LIVRO

Formato: 16 x 23 cm
Tipologia: Iowan Old Style 10/13,1
Papel: Off-white 80 g/m² (miolo)
Cartão Supremo 250 g/m² (capa)
1ª edição: 2013

EQUIPE DE REALIZAÇÃO

Edição de texto
Michelle Strzoda/Babilonia Cultural Editorial (Copidesque)
Sâmia Rios (Preparação de original)
Pedro Barros/Tikinet (Revisão)

Capa
Estúdio Bogari

Editoração Eletrônica
Eduardo Seiji Seki (Diagramação)

Assistência Editorial
Jennifer Rangel de França